Brad Stone

Amazon unaufhaltsam

Brad Stone

Amazon unaufhaltsam

Wie Jeff Bezos das mächtigste Unternehmen der Welt erschafft

Aus dem Amerikanischen von
Claudia Arlinghaus, Ariane Böckler,
Bernhard Josef und Inge Wehrmann

ARISTON

Die Originalausgabe erschien 2021 unter dem Titel
»Amazon Unbound« bei Simon & Schuster.

Bibliografische Information der Deutschen Bibliothek
Die Deutsche Bibliothek verzeichnet diese Publikation in der
Deutschen Nationalbibliografie; detaillierte bibliografische Daten sind
im Internet unter www.dnb.de abrufbar.

MIX
Papier aus verantwortungsvollen Quellen
FSC www.fsc.org
FSC® C014496

Penguin Random House Verlagsgruppe FSC® N001967

Aus dem Amerikanischen von
Claudia Arlinghaus, Ariane Böckler, Bernhard Josef und Inge Wehrmann

Redaktion: Jordan T. A. Wegberg
Umschlaggestaltung: Hauptmann & Kompanie Werbeagentur, Zürich,
unter Verwendung eines Fotos von © John Keatley/Redux
Satz: Satzwerk Huber, Germering
Druck und Bindung: GGP Media GmbH, Pößneck
Printed in Germany
ISBN: 978-3-424-20225-0

Für meinen Vater, Robert Stone

Inhalt

Teil I

Erfindung als A und O

Teil II
Leverage

Teil III
Unbesiegbarkeit

»Sein Genie lag nicht darin, etwas zu erfinden, sondern ein System der Erfindung zu erfinden. Dutzende Forscher, Ingenieure, Entwickler und Tüftler arbeiteten unter seiner Ägide, in einem sorgfältig hierarchisch strukturierten Unternehmen, das er gegründet hatte und überwachte.«
Graham Moore, übersetzt aus dem Englischen
von Kirsten Riesselmann, Die letzten Tage der Nacht

»Mir war von jeher verwunderlich«, führte Doc aus: »alles, was wir an Menschen bewundern: Edelmut, Güte, Aufrichtigkeit, Ehrlichkeit, Anstand, Mitgefühl, Herz führen in unserm Gesellschaftssystem nur zu Fehlschlägen. Während alle Eigenschaften, die wir angeblich verachten, Härte, Raffsucht, Selbstsucht und Charakterlosigkeit, zum Erfolg beitragen. Jenen guten Eigenschaften gilt die Bewunderung der Menschen, doch was sie mit Vorliebe produzieren, sind diese grundschlechten.«
John Steinbeck, übersetzt aus dem Englischen
von Rudolf Frank, Die Straße der Ölsardinen

Einleitung

Es war eine Versammlung im geschlossenen Raum, die kurz darauf schon etwas Anachronistisches haben sollte, vergleichbar mit dem Brauch einer vergessenen Zivilisation. An einem Sonntagabend im November 2019, einen Monat bevor das Auftauchen von Covid-19 im chinesischen Wuhan die schlimmste Pandemie der Neuzeit lostrat, traf sich im Rahmen einer Gala Prominenz aus Politik, Medien, Kunst und Wirtschaft in der National Portrait Gallery der Smithsonian Institution in Washington. Michelle Obama, Hillary Clinton, Nancy Pelosi und Hunderte weiterer geladener Gäste drängten sich im überdachten Patio des Museums. Gekommen waren sie zur feierlichen Aufnahme von sechs neuen Porträts amerikanischer Ikonen in die permanente Sammlung des Instituts, unter anderem des Komponisten und Texters des Musicals *Hamilton*, Lin-Manuel Miranda, der *Vogue*-Herausgeberin Anna Wintour sowie eines der reichsten Menschen der Welt – des Amazon-Gründers und CEO Jeff Bezos.

Bezos' lebensechtes Porträt des Fotorealisten Robert McCurdy zeigte ihn vor einer nüchternen weißen Leinwand, mit gestärktem weißem Hemd, Silberkrawatte und dem durchdringenden Blick, der seine Beschäftigten ein Vierteljahrhundert lang aus der Fassung gebracht hatte. In seiner Ansprache zur Entgegennahme des Portrait of a Nation Prize, der für die Hingabe an »Leistung, Kreativität, Individualität, Einsichten und Genie« verliehen wird, dankte Bezos dem großen Kreis von Familie und Kollegen im Publikum und schlug dann, wie bei all seinen Auftritten in der Öffentlichkeit, betont bescheidene Töne an.

»Mein Leben fußt auf einer langen Serie von Fehlern«, sagte er nach einer eloquenten Vorstellung durch seinen ältesten Sohn, den 19-jährigen Preston Bezos. »Dafür bin ich ja gewissermaßen berühmt in der Geschäftswelt. Wie viele von Ihnen hier haben ein Fire Phone?« Schallendes Gelächter, dann Stille – der Flop von Amazons Smartphone hatte es 2014 zu trauriger Berühmtheit gebracht. »Eben, keiner, nicht einer von Ihnen. Danke«, sagte er unter weiterem Gelächter.

»Was immer ich Interessantes gemacht habe, was immer ich Wichtiges gemacht habe, was immer ich zum Nutzen anderer gemacht habe, es kam dazu in einer Kaskade von Experimenten und Fehlschlägen«, fuhr Bezos fort. »Ich trage die Narben von allen, von Kopf bis Fuß.« McCurdy, so erzählte er, habe er sich aus einer Reihe von Mappen ausgesucht, die ihm das Museum vorgelegt hatte, weil er jemanden wollte, der ihn »hyperrealistisch« malte, »mit jedem Makel, jedem Schönheitsfehler, jeder Narbe, die ich nur habe«.

Das Publikum reagierte auf Bezos' Rede stürmisch mit stehenden Ovationen. Es war nun mal solch ein Abend. Earth, Wind & Fire spielten, die Gäste tranken und tanzten, der Komiker James Corden überreichte Wintour die Auszeichnung als sie selbst: mit blonder Perücke, dunkler Sonnenbrille und Mantel mit Pelzbesatz. »Sagen Sie doch Jeff Bezos, er soll mir Kaffee holen!«, improvisierte er unter dem entzückten Kreischen der betuchten Gäste.

Abseits der elitären Veranstaltung freilich gestaltete sich die Einstellung gegenüber Amazon und seinem CEO im sechsundzwanzigsten Jahr des Unternehmens nicht ganz so unkompliziert. Amazon boomte, aber mit angeschlagenem Ruf. Wo immer die Firma beklatscht wurde, waren auch kritische Dissonanzen zu hören. So sehr Amazon bewundert, von seinen Kunden gar heiß geliebt wurde, so sehr misstraute man vielerorts der Heimlichtuerei hinsichtlich der Absichten des Unternehmens, und das schwindelerregende Vermögen seines Gründers vor dem Hintergrund der Misere seiner Beschäftigten an der Basis warf besorgniserregende Fragen über die asymmetrische Verteilung von Geld und Macht auf. Amazon war nicht länger nur die inspirierende Erfolgsstory eines Unternehmens, sondern ein Volksentscheid über die Gesellschaft und die Verantwortung, die ein Großkonzern gegenüber seinen Beschäftigten, seiner Gemeinschaft und der Unverletzlichkeit unseres fragilen Planeten trägt.

Bezos hatte Letzteres mit seiner Climate Pledge anzugehen versucht, Amazons Versprechen, bis 2040 klimaneutral zu werden, zehn Jahre vor der vom Pariser Klimaabkommen gesetzten Frist. Kritiker beharkten Amazon, seine CO_2-Bilanz – den Beitrag des Unternehmens zur rasanten Erwärmung der Planeten – offenzulegen wie andere Firmen auch. Amazons Nachhaltigkeitsabteilung hatte jahrelang an effizienteren Standards für seine Gebäude und den verschwenderischen Umgang mit Verpackungsmaterial laboriert. Aber nur deren Ergebnisse herauszugeben und wie andere Unternehmen einen CO_2-Bericht zu veröffentlichen genügte nicht. Bezos bestand darauf, dass Amazon das Problem kreativ anging, sodass der Konzern womöglich gar als Vorreiter gelten würde und seine millionenstarke weltweite Kundschaft beim Klick auf »Jetzt kaufen« kein schlechtes Gewissen zu haben bräuchte.

Einen konkreten Ansatz für die Erfüllung dieses hehren Ziels freilich gab es nicht, insbesondere angesichts von Amazons wachsender Armada umweltverschmutzender Flugzeuge, Trucks und Vans.[1] Aber Bezos wollte mit seinem Klimaversprechen an die Öffentlichkeit gehen und andere Unternehmen mit großer Geste zur Mitunterzeichnung auffordern. Einer firmenintern diskutierten Idee zufolge sollte er die Initiative mit einem Video bekannt geben, das er auf einer der Polarkappen aufzeichnen wollte. Sowohl in Amazons Nachhaltigkeits- als auch in der PR-Abteilung zerbrach man sich einige Tage lang den Kopf darüber, wie dieser ebenso komplexe wie kohlenstoffintensive Albtraum von einem PR-Stunt über die Bühne zu bringen wäre – bis man zu ihrer Erleichterung davon Abstand nahm. Man entschied sich für die weit besser erreichbaren und obendrein wärmeren Gefilde des National Press Club in Washington.

Am Morgen des 19. September 2019, zwei Monate vor der Gala im Smithsonian, versammelten sich mehrere Dutzend Presseleute zu einer der eher seltenen Audienzen bei Amazons CEO. Bezos saß auf einem kleinen Podium, zusammen mit Christiana Figueres, der ehemaligen Generalsekretärin des Sekretariats der UN-Klimarahmenkonvention. »Vorhersagen von Klimawissenschaftlern von vor gerade mal fünf Jahren«, so begann er, »erweisen sich als falsch. Die arktischen Eisdecken schmelzen um 70 Prozent schneller als vor fünf Jahren vorhergesagt. Die Weltmeere erwärmen sich um 40 Prozent schneller.« Als Beitrag zur Erfüllung seiner neuen Ziele, so fuhr er fort, würde Amazon seine geschäftlichen Aktivitäten zu 100 Prozent auf erneuerbare Energien umstellen. Der erste Schritt wäre eine Bestellung von 100.000 Elektrovans bei Rivian Automotive, einem von Amazon mitfinanzierten Start-up in Plymouth, Michigan.

In der folgenden Q&A-Runde fragte einer der Reporter Bezos nach einer Gruppe von Arbeitern, die sich unter dem Motto »Amazon-Angestellte für Klimagerechtigkeit« organisiert hätten. Sie forderten unter anderem, dass der Konzern nicht länger klimaleugnende Politiker unterstützte und sein Cloud-Computing-Geschäft CO_2-neutralen Unternehmen übertrug.[2] »Ich halte das für völlig verständlich«, sagte Bezos zu den Bedenken der Gruppe, merkte jedoch an, dass er nicht all ihre Forderungen teile. »Wir wollen doch nicht die Tragik der Allmende wiederholen. Wir müssen hierbei alle an einem Strang ziehen.« Einige Monate später, inmitten der Covid-19-Pandemie, feuerte Amazon zwei Wortführer der Gruppe.

Ich war bei der Audienz selbst mit im Publikum und hob die Hand, um Bezos die letzte Frage des Vormittags zu stellen: Ob er denn zuversichtlich sei, dass die Menschheit rasch genug handeln könnte, um den schlimmsten Szenarien der Erderwärmung zu entgehen? »Ich bin von Natur aus optimistisch«, sagte er und fixierte mich dabei mit dem Laserblick, denn der Maler Robert McCurdy so gut getroffen hatte. »Wenn man etwas mit Findigkeit, mit Fantasie angeht, wenn man sich zu etwas entschließt und die Leidenschaft zum Zug kommt, wenn man sich starke Ziele setzt – dann glaube ich wirklich, dass man sich aus jeder Zwangslage befreien kann. Genau das müssen wir Menschen jetzt tun. Ich glaube, wir schaffen das. Ich bin sicher, wir schaffen das.«

Aus seiner Antwort sprach der absolute Glaube an die fundamentalen Tugenden der Technik und die Fähigkeit der klügsten und entschlossensten Innovatoren, uns aus welcher Patsche auch immer zu manövrieren. Wenigstens in diesem Augenblick wirkte er wie *der alte Jeff* und ganz und gar nicht wie der Milliardär, Gründer und Chef eines Unternehmens, das die Welt – je nach Perspektive – entweder in eine aufregende Zukunft führt oder das auf immer die kraftspendende Sonne fairen Wettbewerbs zu verdunkeln droht.

Heute verkauft Amazon so gut wie alles und liefert es prompt, betreibt über seine Rechenzentren einen Gutteil des Internets, streamt Filme und Fernsehserien in unsere Wohnzimmer und vertreibt eine beliebte Kollektion sprachgesteuerter Lautsprecher. Vor knapp dreißig Jahren jedoch war Amazon gerade mal eine Idee, die im 40. Stock eines Wolkenkratzers in Midtown Manhattan die Runde machte. Für den Fall, dass Sie mit dieser fundamentalen Internetlegende nicht vertraut sein sollten, sei sie hier kurz erzählt:

Zu seinem Dreißigsten gelobte sich Jeffrey Preston Bezos, den Weg des Unternehmers zu gehen; er hängte seinen hoch dotierten Job beim renommierten Wall-Street-Hedgefonds D. E. Shaw an den Nagel, um ein auf den ersten Blick bescheidenes Geschäft in Form eines Online-Buchversands aufzuziehen. Mit seiner 24-jährigen Gattin MacKenzie flog er nach Fort Worth, holte dort den 88er Chevy Blazer der Familie aus der Lagerhalle und bat seine Frau, einfach in Richtung Nordwesten zu fahren, während er neben ihr, den Laptop auf dem Schoß, mit seiner Tabellenkalkulationssoftware Hochrechnungen anzustellen begann. Das war 1994, das für das Internet paläolithische Jahr.

Er begann sein Start-up etwas außerhalb von Seattle, in der Garage eines kleinen Ranch-Style-Bungalows mit nichts weiter als einem alten Kanonenofen in der Mitte, und baute seine ersten beiden Schreibtische eigenhändig aus zwei Holztüren aus dem Heimwerkermarkt zu je 60 Dollar. Er nannte seine Firma zuerst Cadabra Inc., kam ins Wanken, überlegte Bookmall.com, Aard.com und Relentless.com, bevor er schließlich zu dem Schluss kam, dass der Welt größter Fluss die weltweit größte Auswahl an Büchern wohl am besten traf: Amazon.com.

Er finanzierte das Start-up zunächst selbst, zusammen mit einer 245.000-Dollar-Investition seiner treusorgenden Eltern Jackie und Mike. Als die Website 1995 online ging, befand Amazon sich sofort mitten im Wirbelwind der eben aufkommenden Begeisterung für eine neue

Technologie namens World Wide Web. Man verzeichnete bei den Bestellungen wöchentliche Zuwachsraten von 30, 40, 50 Prozent, was freilich jeden Versuch einer sorgfältigen Planung unterminierte und das erste Häuflein eklektischer Beschäftigter zu einem derart rasenden Tempo zwang, dass die Beteiligten später hinsichtlich dieser Anfangszeit eine greifbare kollektive Amnesie befiel. Die ersten potenziellen Geldgeber schreckten größtenteils vor der Investition zurück, misstrauisch einerseits dem Internet gegenüber, andererseits gegenüber diesem selbstbewussten jungen Geek von der Ostküste mit dem bekloppten Lachen, das eher nach einem Bellen klang. 1996 jedoch nahmen sich Risikokapitalgeber aus dem Silicon Valley des Start-ups an. Der plötzliche Geldsegen legte einen Schalter im Gehirn des künftigen CEO um – was einen draufgängerischen Eifer wilder Ambitionen und fieberhafter Dominanzträume auslöste.

Das erste firmeninterne Motto lautete »Get Big Fast«. Amazons rasantes Wachstum während des Dot.com-Booms Ende der 1990er-Jahre, wie man ihn später nennen sollte, war phänomenal. Bezos stellte neue Manager ein, eröffnete neue Verteilungszentren, inszenierte 1997 medienträchtig einen Börsengang und erwehrte sich der verzweifelten Klage seines ersten Rivalen, der Buchkette Barnes & Noble. Seiner Ansicht nach war Amazon als »Marke« formbar nach Art von Richard Bransons Virgin, und so stürzte er sich kopfüber in neue Produktkategorien wie CDs, DVDs, Spielzeug und elektronisches Gerät. »Wir fliegen mit dem Teil hier noch auf den Mond«, sagte er seinem CEO-Kollegen Howard Schultz, dem damaligen Chef von Starbucks.

Bezos wollte eigene Erfolgsmaßstäbe setzen, ohne die Einmischung ungeduldiger Außenseiter. Und so formulierte er seine operative Philosophie in seinem ersten Aktionärsbrief, in dem er gelobte, sich nicht auf unmittelbare finanzielle Gewinne oder die Befriedigung kurzsichtiger Forderungen der Wall Street, sondern auf die Erhöhung des Cashflows und einen wachsenden Marktanteil zu konzentrieren. Er versprach treuen Aktionären langfristigen Wert. »Heute ist Tag eins für das Internet und, wenn wir alles richtig machen, auch für Amazon.com«, schrieb er und prägte damit die legendäre Wendung »Day One«, die firmenintern bei Amazon künftig für die Notwendigkeit permanenter Neuerung, schneller Entscheidungen und das eifrige Aufgreifen breiterer technologischer Trends stehen sollte. Investoren stellten sich ein und trieben den Wert der Aktie in unvorstellbare Höhen. Der CEO wurde Millionär und Prominenter. Er erschien als »Person des Jahres« auf dem Cover von *Time*, wo sein kahles Haupt etwas dusselig aus einem Karton voll bunter Verpackungschips ragt.

Hinter den Kulissen jedoch ging es drunter und drüber. Amazons verschwenderische Investitionen in andere Dot.com-Start-ups liefen schief, eine ganze Reihe von Akquisitionen hatte nichts gebracht, und viele der ersten Angestellten, die man traditionellen Einzelhändlern wie Walmart abgeworben hatte, suchten nach einem befremdeten Blick auf das Chaos das Weite. Die ersten Versandzentren waren über die Weihnachtsfeiertage derart überfordert, dass Angestellte aus Seattle jeden Dezember ihren Schreibtisch verlassen, die Ärmel hochkrempeln und an der Front mit anpacken, das heißt Geschenke verpacken mussten, wozu sie paarweise in frugalen Hotelzimmern einquartiert wurden.

Die nächsten beiden Jahre über verlor die Firma Geld an allen Ecken und Enden und wäre während des Platzens der Dot.com-Blase um ein Haar baden gegangen. Ein Finanzblatt bedachte das Unternehmen mit dem Beinamen »Amazon.bomb« und erklärte dazu: »Investoren kommen langsam, aber sicher dahinter, dass diese Märchenaktie ihre Probleme hat.« Was an der Firma haften blieb. Bezos wurde allgemein belächelt und musste sich 2001 sogar letztlich unbegründeten Ermittlungen der Börsenaufsicht wegen Insiderhandels stellen. Ein ganz bestimmter Analyst sorgte immer wieder für Schlagzeilen mit wiederholten Vorhersagen, dass dem Unternehmen jeden Augenblick das Geld ausgehen würde. Damals war Amazon bereits in ein ehemaliges Art-déco-Krankenhaus des Veteranenamts auf einer Anhöhe mit Blick auf das Zentrum von Seattle gezogen. Als im Februar 2001 das Nisqually-Erdbeben den pazifischen Nordwesten erschütterte, regnete es dort Ziegelbrocken und Mörtel, was sich wie eine düstere Prophezeiung ausnahm. Bezos und seine Angestellten flüchteten sich unter ihre Schreibtische aus dicken Türen.

Amazons Aktie sank in die Einstelligkeit; mit den Träumen vom schnellen Vermögen war es aus. Der damals 37-jährige Bezos kritzelte »Ich bin nicht mein Aktienkurs!« auf ein Whiteboard in seinem Büro und legte beim Service für seine Kundschaft zu, so etwa mit einer Blitzauslieferung des jüngsten *Harry-Potter*-Romans noch am Tag des Erscheinens.

Die Angestellten hatten Angst, aber Bezos schien Eiswasser in den Adern zu haben. Durch eine gut getimte Schuldenemission und eine Finanzspritze über 100 Millionen Dollar vom Online-Dienst AOL im Sommer 2001 bekam die Firma genügend Geld zusammen, um ihren Verpflichtungen nachzukommen und dem Schicksal der meisten anderen Dot.coms zu entgehen. Als Amazon die Kosten schließlich weit genug reduziert hatte, um das Frühjahrsquartal 2003 mit einem Gewinn abzuschließen, versteckte der nachtragende CEO mit dem Akronym *milliravi* in der Ergebnismeldung einen Insiderscherz auf Kosten des Analysten, der bereits Amazons Ableben prophezeit hatte.[3]

Das Unternehmen hatte überlebt, nur schien es einfach nichts Besonderes mehr zu haben. Der große Rivale unter den Online-Händlern – eBay – hatte weit mehr Produkte im Angebot; die Discounterkette Walmart war billiger; Googles wachsende Suchmaschine zog die besten Ingenieure der Welt ebenso an wie die Online-Shopper, um dann Amazon für die Platzierung von Werbung in den Suchergebnissen zur Kasse zu bitten, damit Bezos' Unternehmen seine Kundschaft zurückbekam.

Was folgte, war eine der bemerkenswertesten Trendwenden der Wirtschaftsgeschichte. Nachdem Bezos nicht mit eBays Erfolg in Sachen Online-Auktionen gleichziehen konnte, öffnete Bezos Amazon für Fremdverkäufer und ermöglichte ihnen, ihre Waren neben seinen eigenen Produkten zu präsentieren – sollten die Kunden entscheiden, von wem sie was kauften. Dann hatte er eine Erleuchtung bezüglich des Circulus virtuosus beziehungsweise des Schwungrads, das sein Geschäft antrieb. Indem firmenfremde Verkäufer und eine zusätzliche Auswahl von Produkten mit ins Angebot genommen wurden, zog Amazon nicht nur neue Kundschaft an, sondern kassierte obendrein Provisionen für diese Verkäufe, mit denen sich die Preise senken oder eine schnellere Lieferung unterstützen ließen. Das zog weitere Kundschaft und diese wiederum neue Verkäufer an. Wenn man in irgendeinen Teil dieser Kette investierte, so Bezos' Kalkül, ließe der Kreislauf sich beschleunigen.

Darüber hinaus stellte Bezos mit Jeff Wilke einen Manager des Avionik-Riesen AlliedSignal ein. Wilke war Bezos nicht ganz unähnlich: altklug, ehrgeizig und hauptsächlich auf die Zufriedenheit des Kunden ausgerichtet, praktisch vor allem anderen, einschließlich der Gefühle seiner Angestellten. Zusammen modelten die beiden Amazons Lagerhäuser um, nannten sie »Fulfillment Centers (Erfüllungszentren)« und schrieben ihre Logistiksoftware von Grund auf um. Die Fähigkeit, Kundenbestellungen effizient und voraussagbar zu erfüllen, erlaubte Amazon, in immer neue Produktkategorien – wie etwa Schmuck und Kleidung – zu expandieren; und schließlich führte man für 79 Dollar jährlich mit Amazon Prime die verlockende Zwei-Tages-Liefergarantie ein.

Mit Andy Jassy, einem anderen gleichgesinnten Manager, expandierte Bezos in eine sogar noch überraschendere Richtung. Als er bei der Beschäftigung mit der Arbeitsweise seiner Ingenieure verstand, welche Erfahrung sein Unternehmen beim Aufbau einer Computerinfrastruktur gesammelt hatte, die selbst enormen saisonalen Traffic-Spitzen standhalten konnte, kam ihm mit den Amazon Web Services eine ganz neue Geschäftsidee. Der Gedanke dahinter war der, Amazons gewaltige Rechenleistung an andere Organisationen zu verkaufen, die online Zugang dazu hätten und damit ihre eigenen Arbeitsabläufe wirtschaftlich durchführen könnten.

Der Businessplan wollte vielen nicht so recht einleuchten, selbst vielen von Amazons eigenen Angestellten und einigen aus dem Board. Aber der mittlerweile 42-jährige Bezos glaubte daran; das Projekt bis ins Kleinste managend, schickt er den AWS-Teamchefs außerordentlich detaillierte Empfehlungen und Zielvorgaben, oft noch spät in der Nacht. »Es muss sich unendlich skalieren lassen, und das ohne geplante Ausfallzeiten«, sagte er den leidgeprüften Ingenieuren, die mit dem Projekt beschäftigt waren. »Unendlich!«

Gleichzeitig war Bezos entsetzt über Apples rasanten Zuwachs beim Verkauf von Musik über seinen iPod-Player und iTunes-Store. Besorgt über ein ähnliches Eindringen Apples ins Buchgeschäft initiierte er ein geheimes Projekt zur Entwicklung von Amazons eigenem E-Book-Reader, der schließlich als Kindle auf den Markt kam. Kollegen hielten es für verrückt, dass ein fortwährend Geld verlierendes Unternehmen wie Amazon auch noch Gadgets herstellen sollte. »Ich weiß sehr gut, wie schwierig das ist«, sagte Bezos ihnen, »aber wir lernen das schon.«

Er vertraute das Projekt Steve Kessel an, den er von seiner Verantwortung als Leiter von Amazons Buchgeschäft abzog. Er gab ihm die Anweisung, vorzugehen, »als wollten Sie den ganzen traditionellen Buchhandel arbeitslos machen«. Die daraus resultierenden Scharmützel mit traditionellen Verlegern um die Konditionen für den neuen E-Book-Markt zogen sich über Jahre hinweg und brachten Amazon den Vorwurf räuberischen Verhaltens ein. Paradoxerweise führten sie auch zu einer Kartellklage gegen fünf große Verleger und Apple, denen man illegale Absprachen zur Festlegung der Preise für E-Books oberhalb von Kindles Standardverkaufspreis von 9,99 Dollar vorwarf.

Das Zusammentreffen der drei genannten Initiativen – Fulfillment Center, AWS und Kindle – machte Amazon einmal mehr zum Liebling der Wall Street. 2008 überholte Amazon eBay bei der Marktkapitalisierung und wurde bald in einem Atemzug mit Google, Apple und Facebook, einem vielversprechenden Neuling aus dem Silicon Valley, genannt. Dann setzte Bezos alle ihm zur Verfügung stehenden Mittel ein, um Walmart den Rang abzulaufen und zwei eben aufkommende Online-Rivalen aufzukaufen: den Schuhhändler Zappos und Quidsi, einen Verkäufer von Verbrauchsgütern, dem die beliebte Windel-Website Diapers.com gehörte. Kartellrechtlich waren diese Deals rasch genehmigt – Entscheidungen, denen man später, im Lichte von Amazons wachsender Macht, skeptisch begegnen sollte.

Wie sich herausstellte, steckte hinter dem zunehmend fitten CEO mit dem mittlerweile rasierten Haupt weit mehr, als man ihm zugetraut hätte. Er war ein begieriger Leser, führte Führungskräfte durch Diskussionen von Titeln wie Clayton Christensens *The Innovator's Dilemma* und hatte eine tiefe Aversion dagegen, irgendetwas auf konventionelle Weise anzugehen. Angestellte wurden angehalten, für seine vierzehn

Führungsprinzipien zu stehen, so etwa Kundenfixierung, Sparsamkeit oder höchste Ansprüche an Bewerber; außerdem sollten sie diese täglich bei ihren Entscheidungen berücksichtigen: bei Neueinstellungen, bei Beförderungen, ja selbst bei belanglosen Veränderungen am einen oder anderen Produkt.

PowerPoint-Präsentationen mit ihren zahllosen Stichpunkten und unausgegorenen Gedankengängen waren in der Firma verboten, so beliebt sie beim Rest der amerikanischen Geschäftswelt auch sein mochten. Stattdessen begannen alle Meetings mit einer geradezu meditativen Lektüre datenschwangerer sechsseitiger Dokumente, die intern als »Narrative« bekannt sind. Der Akt des Geschäftsaufbaus war bei Amazon ein redaktioneller Prozess, alle Papiere erfuhren zahlreiche Revisionen, immer wieder wurde über die Bedeutung selbst einzelner Wörter debattiert; es gab dazu akribische Anmerkungen von der Führungsriege, vor allem von Bezos selbst. Arbeitsgruppen bei Amazon wurden in kleine, wendige Einheiten aufgeteilt, die man als Zwei-Pizzen-Teams bezeichnete (weil sie klein genug waren, um sie mit zwei Pizzen satt zu bekommen); sie waren zur flinken Arbeit angehalten, zuweilen auch in Konkurrenz miteinander.

Was diese ungewöhnliche, dezentralisierte Unternehmenskultur auf keinen Fall duldete, waren Kompromisse zwischen Tempo und Qualität. So schnell man auch zu arbeiten hatte, es durfte dabei nichts kaputtgehen – *nichts!* Zielvorgaben, Verantwortlichkeiten und Deadlines kamen von oben, Metriken wurden von unten nach oben durchgegeben. Die Tools dazu waren wöchentliche beziehungsweise vierteljährliche Geschäftsberichte sowie halbjährliche unternehmensweite – als OP1 (im Spätsommer) und OP2 (nach dem Weihnachtsgeschäft) bekannte – Performance-Reviews. Dabei wurde die Leistung der einzelnen Teams durch das S-Team *(senior team)* beurteilt, also durch Bezos' sakrosankten, mit seelenverwandten Mathegenies besetzten Führungsrat. An der Spitze von alledem saß Bezos selbst, der vielversprechende neue Projekte durchdachte und sich um Teams mit enttäuschenden Resultaten kümmerte; beides erledigte er mit derselben Konzentration, denselben hohen Maßstäben, die er bereits von Anfang an in die Firma eingebracht hatte.

Nichts war für ihn selbstverständlich, schon gar nicht Amazons wachsender Erfolg.

Legendär waren seine ungehaltenen Ausbrüche gegenüber Angestellten, die seinen Standards nicht gerecht wurden. »Warum verschwenden Sie mein Leben?«, fragte er sarkastisch Untergebene, von denen er sich enttäuscht sah. Oder er vernichtete sie mit einem: »Sorry, hab ich heute meine Dämlich-Pillen geschluckt?« So enervierend der brutale Führungsstil und die markante Unternehmenskultur auch für viele seiner Leute sein mochten, sie erwiesen sich ganz eindeutig als effektiv. Im Frühjahr 2011 schätzte man Amazon auf 80 Milliarden Dollar. Der Wertzuwachs seines Aktienpakets hatte den 47-jährigen Bezos auf Platz 30 der weltweit reichsten Personen katapultiert; sein Vermögen betrug damals 18,1 Milliarden Dollar.[4]

Dieser überdimensionale Erfolg begann Aufmerksamkeit zu erregen. Die Behörden einiger US-Bundesstaaten merkten plötzlich, dass die wachsende Flut an steuerfreien Verkäufen über das Internet der Staatskasse beträchtliche Mittel entzog; entsprechend sorgten die einzelnen Gesetzgeber dafür, dass künftig auch Online-Händler Umsatzsteuer zu zahlen hatten; sie schlossen damit ein Schlupfloch, das man – noch vor dem Internet – für Versandhäuser geschaffen hatte. Bezos war durchaus bereit, für so einen erheblichen Preisvorteil gegenüber seinen Offline-Rivalen in die Schlacht zu ziehen; er unterstützte sogar eine kalifornische Wählerinitiative mit dem Ziel, dort ein neues Gesetz abzubügeln, das Online-Händler zum Aufschlag der Mehrwertsteuer zwingen sollte. Mitten im Schlachtgetümmel änderte er jedoch plötzlich die Richtung; die Vermeidung der Umsatzsteuer hatte dem Unternehmen durchaus Probleme beschert, weil man sich bei der Eröffnung neuer Zentren einschränken und selbst die Angestellten bei Geschäftsreisen aufpassen mussten, wo sie hindurften und wohin nicht. Indem er schließlich ebenfalls Mehrwertsteuer aufschlug, gab Bezos zwar seinen Preisvorteil auf, handelte aber wie immer auf lange Sicht: Amazon konnte damit Büros und Fulfillment Centers auch in den bevölkerungsreicheren Bundesstaaten einrichten, was ihn seinen Kunden weit näher brachte. Unter dem Strich legte er damit das Fundament für die größte Expansion der Wirtschaftsgeschichte.

Amazon breitete sich in jede nur erdenkliche Richtung aus, sowohl online als auch am Standort. Die Firma zog von einem über ganz Seattle verteilten Sammelsurium von Büros in einen noch in Entwicklung begriffenen Bürobezirk am südlichen Zipfel von Lake Union, wo der Amazon-Campus fast ein Dutzend Gebäude umfasst. Die anonymen Flyer, die Anfang 2012 in der Gegend von South Lake Union auftauchten, hatten einen abfälligen Namen für das wachsende Heer von Angestellten mit den markanten Namensschildern, das die Gegend mit Beschlag zu belegen begann: »Am-holes«.[5] Es waren die ersten Vorboten einer wachsenden Spannung zwischen dem Unternehmen und der eher linken Blue-Collar-Bevölkerung seiner Heimatstadt.

Bei den Widrigkeiten, über die er triumphiert hatte, sah Jeff Bezos derlei negative Presse – wie etwa die alte »Amazon-bomb«-Titelgeschichte in *Barron's* – gern an den Wänden seines Büros, damit er und seine Leute die Angst nicht verloren und entsprechend motiviert blieben. »Wir haben immer noch Tag eins!«, erinnerte er in jenem Frühjahr seine Angestellten und Investoren pflichtbewusst im Aktionärsbrief. Immerhin gab es, wollte man das nahezu endlose Sortiment an physischen und digitalen Produkten in den virtuellen Regalen des »Everything Store« (dt: *Der Allesverkäufer*) noch erweitern, noch weit mehr zu tun.

Ich habe im Oktober 2013 ein Buch mit diesem Titel herausgebracht, mitten in der wachsenden Welle weltweiter Faszination für Amazon. Es war der Erklärungsversuch einer klassischen modernen Unternehmensgeschichte – wie der Impresario des Online-Buchhandels sich des so gut wie sicheren Ruins erwehrte und dabei nicht nur den Einzelhandel, sondern auch die digitalen Medien und IT-Abteilungen von Unternehmen auf den Kopf stellte.

Das Buch wurde überwiegend positiv aufgenommen, auch wenn einige negative Rezensionen es zu trauriger Berühmtheit brachten. »Ich wollte das Buch mögen«, schrieb MacKenzie Bezos in ihrer bösen Ein-Stern-Bewertung des Buches auf Amazon.com. Sie unterstellte Sachfehler und ein »einseitiges und irreführendes Porträt der Menschen wie der Kultur bei Amazon«; außerdem kritisierte sie, dass ich die Jünger ihres

Gatten, die nach seinen Maximen und seinem Führungsstil handelten, als »Jeff-Bots« bezeichnet hatte. Später erfuhr ich dann, dass Bezos sich an der Art und Weise störte, wie ich seinen leiblichen Vater aufgespürt hatte, den mittlerweile verstorbenen Ted Jorgensen. Er hatte seine Familie verlassen, als Bezos gerade mal laufen lernte, und gar nicht gewusst, was aus seinem Sohn geworden war, bis ich 42 Jahre später bei ihm vorbeikam.

Ich hatte damals gedacht, alles über Amazons Aufstieg gesagt zu haben, was es dazu zu sagen gab. Dann jedoch passierte etwas Merkwürdiges. 2014 brachte Amazon den ersten Echo heraus, einen sprachgesteuerten Lautsprecher zur Bedienung von Alexa, Amazons virtueller Assistentin. Das Produkt war ein Riesenerfolg und verkaufte sich in den nächsten fünf Jahren über 100 Millionen Mal, was nicht nur eine neue Welle sprachgesteuerter Informationstechnik lostrat, sondern auch Amazons Fehlschlag in Sachen Gadgets – mit dem Fire Phone – wieder wettmachte. Amazon zog damit von der Haustür direkt ins Wohnzimmer der Kundschaft ein und hatte Zugang zu einer breiten Palette von Wünschen und Fragen sowie potenziell auch zum intimsten Gespräch.

Um etwa dieselbe Zeit erweiterte Amazons AWS-Abteilung ihr Datenbankangebot, um auch Großunternehmen und Behörden in die ätherische Zukunft namens »Cloud« zu locken. Im Frühjahr 2015 gab man zum ersten Mal das Geschäftsergebnis für AWS bekannt, deren Profitabilität und Wachstum die Investoren derart überraschten, dass die Bekanntgabe eine weitere Runde fieberhafter Begeisterung für die Amazon-Aktie lostrat.

Einige Tage darauf eröffnete Amazon in Seattle mit Amazon Go den ersten Prototyp eines Ladengeschäfts, das sich auch tatsächlich betreten ließ. Mithilfe eines Bilderkennungssystems und künstlicher Intelligenz wurde das Konto der Kunden beim Verlassen des Geschäfts automatisch mit ihren Einkäufen belastet, ohne dass sie an einer Kasse anstehen mussten. Außerdem expandierte das Unternehmen geografisch, unter anderem nach Indien und Mexiko, was nicht nur ungeheure Summen verschlang, sondern auch zur direkten Konkurrenz mit Walmart führte, dem an Verkaufszahlen gemessen größten Konzern der Welt. Inzwischen hatten auch die Amazon Studios, seine Investition in Hollywood, erste kritische Erfolge wie *Transparent*, *The Marvelous Mrs. Maisel* und *Jack Ryan* verbucht, neben einigen ausgesprochenen Flops wie etwa Woody Allens *Crisis in Six Scenes*. Damit rangierte Amazon im Rennen um die Neudefinition des Heimunterhaltungsmarkts einer neuen Ära direkt hinter Netflix, der Nummer eins der Branche.

Darüber hinaus verpasste Amazon auch seinem Stammgeschäft eine Verjüngungskur. Amazon Marketplace, wo unabhängige Verkäufer ihre Waren über Amazon.com vertreiben können, explodierte geradezu unter einer Flut von Niedrigpreisprodukten aus China (darunter auch Fälschungen und Billigkopien). 2015 überholte der Gesamtwert der auf dem Marktplatz verkauften Produkte erstmals die Summe der von Amazon auf der eigenen Site verkauften Einheiten. 2017 erwarb Amazon dann auch noch die Bio-Kette Whole Foods Market, was dem legendären Lebensmittelhändler die unliebsame Übernahme durch aktivistische Investoren ersparte und Amazons bis dato eher erfolglosen Einstiegsversuchen ins Lebensmittelgeschäft Auftrieb gab.

Auch Amazons Auslieferungsaktivitäten bekamen ein Makeover: ein eigenes Netz von Sortierzentren, Fahrern und Frachtmaschinen mit dem Amazon-Prime-Logo machte das Unternehmen unabhängiger von Partnern wie UPS. Und schließlich hauchte man auch dem Werbegeschäft neues Leben ein, indem man Anzeigen in seine Suchergebnisse schaltete, ganz so, wie Google das ein Jahrzehnt früher zu Amazons großem Ärger vorgemacht hatte; auch das brachte dem Unternehmen profitable neue Umsätze ein.

Das Unternehmen, über das ich mein Buch geschrieben hatte, war Ende 2012 an die 120 Milliarden Dollar wert gewesen. Amazons Marktkapitalisierung berührte im Herbst 2018 zum ersten Mal die Billionengrenze und war damit in kaum sechs Jahren um das Achtfache gestiegen; Anfang 2020 überschritt man diese Grenze schließlich, und das allem Anschein nach für immer. Mein Amazon hatte unter 150.000 Angestellte; Ende 2020 beschäftigte das Unternehmen erstaunliche 1,3 Millionen. Ich hatte noch über den Kindle-Konzern geschrieben; jetzt war es der Alexa-Konzern. Und der Cloud-Konzern. Und ein Hollywood-Studio.

Und ein Produzent von Videospielen, ein Robotics-Hersteller, Inhaber einer Lebensmittelkette und so weiter und so fort.

Während Amazon Investoren und Kunden bezirzte, manövrierte sich das Unternehmen auch ins Zentrum eines erbitterten politischen Ringens, das durchaus das Zeug hatte, den Marktkapitalismus neu zu definieren. Nach Ansicht seiner vehementesten Kritiker hatte eine derart unverfrorene Anhäufung von Macht und Reichtum auch ihren Preis; sie verschlimmerte die Einkommensungleichheit und verschlechterte die Chancen von Arbeitern ebenso wie die von lokalen Einzelhändlern.

»Die großen Tech-Unternehmen von heute haben zu viel Macht – zu viel Macht über unsere Wirtschaft, unsere Gesellschaft und über unsere Demokratie«, schrieb die Senatorin Elizabeth Warren 2019 zu Beginn ihres erfolglosen Anlaufs auf das Präsidentenamt. »Amazon vernichtet kleine Firmen, indem es die Produkte kopiert, die diese auf dem Amazon Marketplace verkaufen, und dann eine eigene markengeschützte Version davon verkauft.« Sie drängte darauf, Jeff Bezos zur Aufteilung seines kunstvollen Unternehmensgebildes zu zwingen und Zappos und Whole Foods Market auszugliedern.[6]

Mit der Veränderung von Amazon ging auch mit Bezos selbst eine bestürzende Veränderung vor.

In den Anfangsjahren des Unternehmens trug er für gewöhnlich gebügelte Khakihosen und marineblaue Hemden mit Button-down-Kragen; wenn er mit dem Segway durchs Büro fuhr, hallte sein Lachen in den Fluren wider. Er lebte mit seiner Frau und den vier Kindern in dem Nobelvorort Medina, direkt am Lake Washington, und er achtete sorgsam auf die Privatsphäre der Familie. Trotz seines wachsenden Reichtums schien er wenig Interesse am Sammeln von Kostbarkeiten zu haben. Ihn interessierten weder gepflegte Oldtimer noch auf exklusiven Auktionen teuer ersteigerte Gemälde; niemand hätte ihm eine Begeisterung für Luxusjachten unterstellt. Nur sein Privatjet schien bei ihm offene Begeisterung auszulösen, da sich so eine Ressource sparen ließ, die er mit Geld nicht kaufen konnte, nämlich Zeit.

Gegen Ende der Zehnerjahre gehörte Bezos, der unmodische, zielbewusste Geek, größtenteils der Vergangenheit an. Selbst der halb reformierte Nerd vom Fire-Phone-Launch 2014, der so sichtlich Freude daran gehabt hatte, die technischen Spezifikationen seines unglückseligen Smartphones aufzuzählen, war nicht mehr da.

Nachdem er das Image des ungelenken, wenn auch selbstbewussten Geeks abgestreift hatte, tauchte Bezos als Wirtschaftskapitän auf, als große Nummer, den zunächst eine fast mystische Aura von Unbesiegbarkeit zu umgeben schien. Im Sommer 2017 wurde Bezos die reichste Person der Welt, eine mathematische Folge von Amazons steigendem Börsenwert und dem im Vergleich langsamer wachsenden Vermögen von Microsoft-Mitbegründer Bill Gates, der sein Geld in philanthropische Projekte steckte, ein Prozess, der bei Bezos noch nicht so recht ins Rollen gekommen war. Als Bezos an die Spitze der Reichenliste kletterte, ging ein bei der renommierten Sun-Valley-Konferenz von Allen & Company geschossenes Foto durch die Presse, auf dem er mit modischer Garrett-Leight-Klappsonnenbrille, kurzärmeligem Polohemd und Daunenweste zu sehen war, die den Blick auf ein Paar muskulöser Arme freigab. Das Foto ging schlagartig rund um die Welt. Jeff Bezos war mit einem Mal der Action-Hero der Wirtschaftswelt.

Zunächst hätten selbst Insider schwer sagen können, wie sehr Bezos sich tatsächlich verändert hatte. Kollegen meinten, er sei nach wie vor in die Einzelheiten von Amazons neuen Projekten – wie etwa Alexa – vertieft. Allerdings beanspruchte jetzt auch anderes seine Zeit, so etwa seine noch eher zaghaften philanthropischen Bemühungen, die aufs Neue erwachten Ambitionen hinsichtlich seiner Weltraumfirma Blue Origin und die *Washington Post*, jene renommierte Zeitung, die er 2013 gekauft hatte und die immer wieder zur Zielscheibe des ungestümen Präsidenten Donald J. Trump geworden war.

Jamie Dimon, CEO von JPMorgan und langjähriger Freund von Bezos, meinte: »Der Jeff, den ich kenne, ist immer noch derselbe alte Jeff.« Als Dimon jedoch mit Bezos in Foren wie dem Business Council zusammenarbeitete, einer Washingtoner Organisation, die sich mehrmals im Jahr zu politischen Diskussionen trifft, und bei Haven Healthcare, dem gescheiterten Gemeinschaftsprojekt von Amazon, JPMorgan und Berkshire Hathaway zur Senkung ihrer betrieblichen Gesundheitsaufwendungen, fiel ihm auf, dass sein Freund langsam den Blick zu öffnen schien: »Jeff war wie ein Kind im Süßwarenladen. Es war alles neu für ihn. Er hatte sich so lange auf Amazon konzentriert. Dann kam allmählich der Weltbürger durch.«

Für andere wies Bezos' Metamorphose auf etwas ganz anderes hin, nämlich auf die Hybris, die mit einem so unvorstellbaren Erfolg einhergeht. Im Herbst 2017 wies er Amazon an, einen Wettbewerb auszurichten: unter dem Namen HQ2 sollten sich mehrere nordamerikanische Städte als Standort für ein zweites Amazon-Hauptquartier bewerben. Der beispiellose öffentliche Wettbewerb zwischen 238 Regionen, die sich schier überschlugen, um den Tech-Riesen anzuziehen, sorgte siebzehn Monate lang für ungeheuren Wirbel. New York City und Northern Virginia galten bereits als Sieger, nur war inzwischen die politische Stimmung umgeschlagen, und dem Unternehmen wehte ein scharfer Wind um die Ohren, nicht zuletzt der satten lokalen Steueranreize wegen, um die Amazon warb. Progressive Gesetzgeber in Queens wie etwa die beliebte Kongressabgeordnete Alexandria Ocasio-Cortez und ihre Verbündeten bei den Gewerkschaften sorgten für so viel Ärger, dass Amazon sein Angebot zur Eröffnung des Büros in Long Island City, New York, zurückzog.

Von da an nahm die Geschichte eine sogar noch merkwürdigere Wendung. Im Januar 2019 gab Bezos per Twitter zu jedermanns Überraschung die Scheidung von MacKenzie bekannt, der Frau, mit der er 27 Jahre verheiratet gewesen war; selbst Leute aus dem engsten Bekanntenkreis des Paars waren wie vor den Kopf geschlagen. Tags darauf brachte das berüchtigte Sensationsblatt *National Enquirer* eine elfseitige Story über Bezos' Affäre mit der Fernsehberühmtheit Lauren Sánchez, komplett mit der einen oder anderen schlüpfrigen privaten SMS des Paars. Bezos verlangte eine Untersuchung, wie das Blatt an die Texte und die intimen Fotos der beiden gekommen war. Im Lauf des folgenden Jahres wuchs das geschmacklose Drama sich weiter aus, bis schließlich Vorwürfe weltweiter Spionage und Andeutungen auf eine Verschwörung dazukamen, in die angeblich Saudi-Arabiens Kronprinz Mohammed bin Salman involviert war. *Wie kommt einer der diszipliniertesten Män-*

ner der Welt nur in eine solche Situation?, fragte sich damals insgeheim so mancher Manager in Bezos' eigenem Haus.

Amazons Gründer hatte plötzlich in den Augen der Öffentlichkeit viele Gesichter: Investor, zweifelsohne der kompetenteste CEO der Welt, Raumfahrtunternehmer, Zeitungsretter und lautstarker Verfechter einer freien Presse – aber auch ein bedrohlicher Monopolist, Feind kleiner Geschäftsleute, Ausbeuter von Lagerhausarbeitern und jetzt auch noch Objekt der Begierde einer lüsternen Boulevardpresse. Entsprechend breit war auch das Spektrum der Reaktionen auf seine Ankündigung im Februar 2021, dass er sich künftig bei Amazon mehr um neue Produkte und Projekte und um seine anderen Interessen kümmern und deshalb den Posten als CEO seinem langjährigen Stellvertreter Andy Jassy übergeben wolle; er selbst würde den geschäftsführenden Vorsitz im Vorstand übernehmen.

Trotz all dem Optimismus in Bezug auf Lösungen für das Klimaproblem, den er bei der Pressekonferenz zur Vorstellung seines Klimaversprechens an den Tag gelegt hatte, war dies eindeutig *nicht* mehr der alte Jeff. So entschloss ich mich denn, die vorliegende Fortsetzung zu schreiben, um herauszufinden, wie Amazon in so kurzer Zeit derart groß hatte werden können. Ich wollte einmal mehr die kritische Frage stellen, ob Amazon und Jeff Bezos der wirtschaftlichen Konkurrenz, der modernen Gesellschaft und letztlich auch unserem Planeten zuträglich sind.

Ich erledigte diese Aufgabe mit Unterstützung von Amazon, der *Washington Post* und Blue Origin, wo man mir zahlreiche Interviews mit dem Management ermöglichte. Trotz wiederholter Anfragen und persönlicher Bittgesuche entschied Amazon sich letztlich doch dagegen, mir Bezos selbst zur Verfügung zu stellen. Ich sprach jedoch mit Hunderten von gegenwärtigen und ehemaligen Mitarbeitern, Partnern, Konkurrenten und vielen anderen, die vom Wirbelsturm um Jeff Bezos und dessen zahlreiche Unternehmungen und persönliche Dramen mitgerissen wurden.

Das Resultat ist dieses Buch. Es ist die Geschichte eines dynamischen CEO, der für eine Unternehmenskultur sorgte, die fruchtbar genug war, um ungeachtet der eigenen Größe ihre Bürokratie um der Erfindung aufregender neuer Produkte willen infrage zu stellen. Das Buch erzählt darüber hinaus, wie ein führendes Tech-Unternehmen im Verlauf eines einzigen Jahrzehnts so allmächtig werden konnte, dass so mancher sich Sorgen zu machen begann, das sprichwörtliche Spielfeld könnte sich endgültig zu Ungunsten der Kleinen neigen. Und es zeigt außerdem auf, wie einer der größten Geschäftsmänner der Welt vom Weg abzukommen schien und ihn dann wiederzufinden versuchte – inmitten einer entsetzlichen weltweiten Pandemie, die sowohl seine Macht weiter vergrößerte als auch seinen Profit.

Dieses Buch beschäftigt sich mit einer Periode der Wirtschaftsgeschichte, in der für die Platzhirsche unter den Weltkonzernen die alten Gesetze nicht mehr zu gelten scheinen. Außerdem geht es der Frage nach, was genau denn da nun passierte, als ein Mann und sein ungeheures Imperium sich kurz vor der totalen Entfesselung sahen.

Teil I

Erfindung als A und O

31. Dezember 2010

Jahresnettoumsatz:	34,20 Milliarden $
Voll- und Teilzeitbeschäftigte:	33.700
Marktkapitalisierung zum Jahresende:	80,46 Milliarden $
Jeff Bezos’ Nettovermögen zum Jahresende:	15,86 Milliarden $

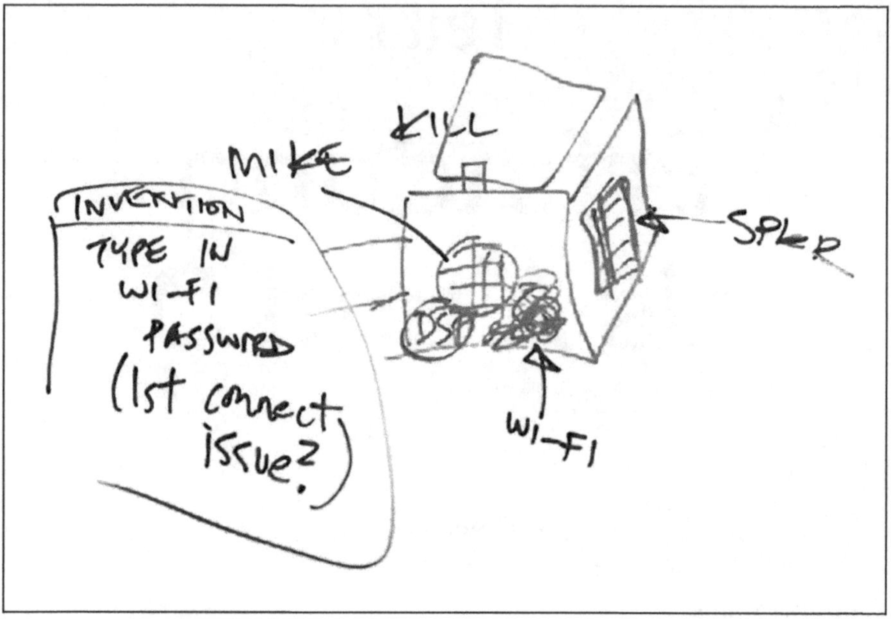

Jeff Bezos' Whiteboard-Skizze eines sprachgesteuerten Lautsprechers, Ende 2010

Kapitel 1

Der Über-Produktmanager

Das knappe Dutzend Gebäude, die Amazon 2010 in Seattles aufstrebendem Bezirk South Lake Union bezog, unterschied sich nicht groß von anderen Bauten ringsum. Von der Architektur her völlig nichtssagend, verwiesen darüber hinaus – auf ausdrücklichen Wunsch des CEO – weder Schilder noch Schriftzüge auf die Präsenz eines ikonischen Internetunternehmens mit fast 35 Milliarden Dollar Jahresumsatz. Eine derart ostentative Selbstdarstellung, so hatte Jeff Bezos den Kollegen gesagt, wäre allenfalls kontraproduktiv. Wer bereits geschäftlich mit dem Unternehmen zu tun hätte, wüsste ohnehin, wo es zu finden sei, und alle anderen – allen voran lästige Reporter, die einem der Executives aufzulauern versuchten – kamen so vielleicht nicht gleich darauf.

Während die rund um die Kreuzung Terry Avenue North und Harrison Street gruppierten Bürogebäude von außen weitgehend anonym waren, zeigte ihr Inneres ganz eindeutig die spezifischen Merkmale einer so einzigartigen wie eigenwilligen Unternehmenskultur. Die Beschäftigten trugen Namensschilder um den Hals, deren Farbe die Zahl der Dienstjahre im Unternehmen verriet (blau für unter fünf, gelb für zwischen fünf und zehn und rot für bis zu fünfzehn Jahre); Büros und Aufzüge schmückten Plakate mit Bezos' vierzehn geheiligten Führungsprinzipien.

Bezos war hier allgegenwärtig. Schon die äußere Erscheinung des 46-Jährigen stand für Amazons einzigartige operative Ideologie. So gab sich der CEO zum Beispiel große Mühe, Amazons Führungsprinzip Nummer 10 – Sparsamkeit – zu illustrieren. *Mehr mit weniger erreichen. Einschränkun-*

gen führen zu Einfallsreichtum, Selbstgenügsamkeit und Erfindungsgabe. Pluspunkte gibt es weder für zunehmende Budgets oder Fixkosten noch für mehr Personal. Meist fuhr ihn seine Gattin MacKenzie im Honda Minivan der beiden zur Arbeit, und wenn er mit Kollegen in seiner eigenen Dassault Falcon 900EX unterwegs war, wies er immer wieder mal darauf hin: Nicht etwa Amazon, sondern er selbst bezahle den Flug.

Wenn Bezos selbst sich eines seiner Führungsprinzipien besonders zu Herzen nahm, dann war es das Prinzip Nummer 8: »Think Big«: *Klein zu denken ist eine sich selbst erfüllende Prophezeiung. Wahre Führer schaffen und kommunizieren eine kühne Richtung, die zu Ergebnissen führt. Sie denken anders und blicken um Ecken auf der Suche nach Möglichkeiten, dem Kunden zu dienen.* 2010 war Amazon ein erfolgreicher Online-Händler, ein kommender Cloud-Provider und ein E-Book-Pionier. Bezos' Vision von seinem Unternehmen war jedoch weitaus größer. Sein Aktionärsbrief in diesem Jahr war ein Lobgesang auf zwei esoterische Computerdisziplinen, die Amazon eben erst zu erforschen begann: Künstliche Intelligenz und Maschinenlernen. Er begann mit einer Liste unheimlich obskurer Begriffe wie »naiver Bayes'scher Schätzer«, »Klatschprotokolle« und »Daten-Sharding«. »Neues zu erfinden ist in unserer DNA verankert«, so schrieb Bezos, »und Technologie ist das fundamentale Werkzeug, mit dem wir jeden Aspekt des Erlebnisses, das wir unseren Kunden bieten, weiterentwickeln und verbessern.«

Bezos stellte sich diese technologischen Möglichkeiten nicht nur vor. Er gab sich darüber hinaus auch alle Mühe, Amazons nächste Produktgeneration an der denkbar fernsten Grenze des Machbaren zu positionieren. Er begann damals intensiver denn je mit den Ingenieuren im Lab126 zusammenzuarbeiten, Amazons F&E-Tochter im Silicon Valley, wo man mit dem Kindle auch das erste Gadget der Firma entwickelt hatte. In einer Reihe fieberhafter Brainstorming-Sessions stieß er mehrere Projekte zur Komplementierung des Kindle und der kommenden Kindle Fire-Tablets an, die firmenintern als Projekt A bekannt waren.

Projekt B, aus dem schließlich Amazons glückloses Fire Phone wurde, sollte mithilfe einer Gruppe nach vorn gerichteter Kameras und Infrarotlicht ein scheinbar dreidimensionales Bild auf das Display des Smartphones zaubern. Projekt C – »Shimmer« – sah aus wie eine Schreibtischlampe und sollte eine Art Hologramm entweder auf die Tischplatte oder an die Decke projizieren. Es ging jedoch seiner viel zu hohen Kosten wegen nie an den Start.

Bezos hatte eigene bis eigenartige Vorstellungen von der Interaktion der Kundschaft mit diesen Geräten. Die mit der dritten Version des Kindle befassten Ingenieure erfuhren das, als sie ihm das für den E-Book-Reader geplante Mikrofon auszureden versuchten, für dessen Benutzung Features noch nicht einmal angedacht waren. Der CEO jedoch blieb hart, das Mikrofon blieb. »Ich bekam damals die Antwort, dass wir Jeffs Ansicht nach in Zukunft mit unseren Geräten sprechen werden«, sagte Sam Bowen, der damals für die Hardware des Kindle verantwortlich war, »was sich für mich eher nach *Star Trek* anhörte als nach Realität.«

Die Designer konnten Bezos schließlich dazu bringen, das Mikrofon bei künftigen Versionen des Kindle wegzulassen, aber er hielt an seinem Glauben an die Unvermeidlichkeit des »Conversational Computing«, der sprachlichen Interaktion mit dem Computer, fest; die künstliche Intelligenz, davon war er überzeugt, würde dies ermöglichen. Es kam in all seinen SciFi-Favoriten vor, von *Star Trek* (»Computer, öffne Kanal!«) bis hin zu Autoren wie Arthur C. Clarke, Isaac Asimov und Robert A. Heinlein, deren Werke zu Hunderten in der Bibliothek seines Seegrundstücks in Medina stehen. Während andere diese Klassiker lasen und von alternativen Realitäten gerade mal träumten, schien Bezos die Bücher als Entwürfe für eine aufregende Zukunft zu sehen. Seinen Gipfelpunkt sollte dies in einem Produkt finden, welches das kommende Jahrzehnt bestimmen würde: einem zylindrischen Lautsprecher, der eine Welle von Nachahmern fand, unser Verständnis von Privatsphäre herausforderte und für ein neues Bild von Amazon sorgte, weil die Firma in den Augen der Öffentlichkeit fortan nicht mehr nur ein Riese im Internethandel war, sondern ein findiges Tech-Unternehmen, das die Grenzen der Informatik selbst verschob.

Die erste Anregung dazu kam aus dem Lab126 und firmierte unter dem Codenamen Projekt D. Letztendlich sollte es als Amazon Echo bekannt werden, vor allem aber unter dem Namen seiner virtuellen Assistentin Alexa.

Wie einige andere Amazon-Projekte auch lassen sich die Ursprünge von Projekt D auf Diskussionen zwischen Bezos und seinem »Technischen Berater« oder TB zurückführen, einem vielversprechenden Executive, der – von Bezos handverlesen – dem CEO praktisch auf Schritt und Tritt zu folgen hatte. Zu den Aufgaben des TB gehörte es unter anderem, sich bei Meetings Notizen zu machen, den ersten Entwurf des alljährlichen Aktionärsbriefs aufzusetzen und beim Meister über ein Jahr lang in eine von enger Interaktion geprägte Lehre zu gehen.

Von 2009 bis 2011 hatte diese Rolle der Amazon-Executive Greg Hart inne, ein Veteran aus der Anfangszeit, als Amazons Angebot noch auf Bücher, Musik, DVDs und Videospiele beschränkt war. In Seattle geboren, hatte Hart das Williams College in Western Massachusetts besucht, um dann nach einem kurzen Zwischenspiel in der Werbebranche – zur Zeit der Dämmerung der Grunge-Ära – mit Spitzbärtchen und einer Schwäche für Flanellhemden nach Hause zurückzukehren. Zu Bezos' »Schatten« erkoren, war das Bärtchen verschwunden und Hart ein aufgehender Stern am Unternehmenshimmel. »Man kommt sich ein bisschen wie ein Assistenzcoach vor, der John Wooden zuguckt, wissen Sie, dem womöglich größten Basketball-Coach aller Zeiten«, sagte Hart über seine Zeit als TB.

Hart erinnerte sich daran, sich mit Bezos eines Tages Ende 2010 im Blue Moon Burgers in Seattle über Spracherkennung unterhalten zu haben. Beim Mittagessen hatte Hart seiner Begeisterung für die Google-Sprachsuchfunktion seines Android-Handys Luft gemacht. »Pizza in der Nähe«, sagte er und zeigte Bezos dann die Liste der Links zu nahe gelegenen Pizzerien auf dem Display. »Jeff war ein bisschen skeptisch gegenüber dem Einsatz von so was auf Handys, weil er dachte, das wäre im Beisein anderer vielleicht peinlich«, erinnerte sich Hart. Aber sie unterhielten sich darüber, dass die Technologie endlich gut genug für Diktat und Suche zu werden begann.

Was Bezos damals ebenfalls aufregend fand, war Amazons wachsendes Geschäft mit der Cloud. Ständig fragte er seine Executives: »Was tun

Sie eigentlich zur Unterstützung der AWS?« Angeregt durch die Gespräche mit Hart und anderen über die Möglichkeiten von Computern mit Spracherkennung schickte er schließlich Hart sowie dem Vice President für Geräte Ian Freed und Senior Vice President Steve Kessel am 4. Januar 2011 eine E-Mail, in der er die beiden Themen miteinander verband: »Wir sollten ein intelligentes 20-Dollar-Gerät für die Cloud bauen, das ausschließlich von unserer Stimme gesteuert wird.« Es war zunächst nur eine weitere Idee vom Boss, der einen unerschöpflichen Vorrat von Einfällen zu haben schien.

Bezos und seine Leute spielten einige Tage per E-Mail mit der Idee, aber da man keine konkreten Schritte unternahm, hätte das Ganze durchaus wieder im Sande verlaufen können. Einige Wochen später dann traf Hart sich mit Bezos in einem Konferenzraum im 6. Stock von Amazons Hauptquartier Day One North, um über seine künftige Laufbahn zu sprechen. Seine Zeit als TB neigte sich ihrem Ende zu, also diskutierten sie einige Möglichkeiten, im Unternehmen neue Initiativen zu leiten, darunter die eine oder andere Position im Bereich Videostreaming oder Werbung. Bezos notierte sich ihre Ideen auf einem Whiteboard, fügte noch einige eigene hinzu und klopfte dann alle nach seinen üblichen Kriterien auf ihre Vorzüge ab: Wenn sie funktionieren, wird dann Big Business daraus? Würde man sich eine Gelegenheit vergeben, wenn das Unternehmen sie jetzt nicht mit Nachdruck verfolgte? Schließlich hatten Bezos und Hart alle Punkte der Liste bis auf einen gestrichen: Bezos' Idee für einen sprachgesteuerten Cloud-Computer.

»Jeff, ich habe keine Erfahrung mit Hardware, und das größte Softwareteam, das ich je geleitet habe, hatte gerade mal vierzig Leute«, erinnerte Hart sich, gesagt zu haben.

»Du machst das schon«, sagte Bezos ihm.

Hart dankte ihm für das Vertrauen und gab nach: »Okay, schön, ich hoffe nur, du denkst daran, wenn wir mal Mist bauen.«

Bevor sie auseinandergingen, illustrierte Bezos noch seine Idee für einen displaylosen sprachgesteuerten Computer mit einer Skizze auf dem Whiteboard. Die erste bildliche Darstellung von Alexa zeigte die Lautsprecherbox, ein Mikrofon und eine Stummtaste. Außerdem identifizierte die Skizze noch die Herausforderung, das Gerät irgendwie ins WLAN einzubinden, schließlich wäre es von sich aus nicht in der Lage, auf gesprochene Kommandos zu hören. Hart schoss mit dem Smartphone ein Foto von der Skizze.

Bezos blieb dem Projekt aufs Engste verbunden, beriet sich jeden zweiten Tag mit dem Team, traf detaillierte Entscheidungen hinsichtlich des Produkts und genehmigte die Investition von Hunderten von Millionen Dollar in das Projekt, bevor der erste Echo auf den Markt kam. Seine Mitarbeiter bezeichneten ihn – nach dem deutschen Präfix – als *Über*-Produktmanager.

Die eigentliche Leitung des Teams jedoch hatte Greg Hart im Kindle-Gebäude – »Fiona« – gleich auf der Bezos' Büro gegenüberliegenden Straßenseite. Im Verlauf der nächsten Monate heuerte Hart eine kleine Gruppe von Leuten aus dem Unternehmen, aber auch von außerhalb an; er schickte den Kandidaten E-Mails mit dem Motto »Join the mission« in der Betreffzeile. Beim Einstellungsgespräch selbst stellte er dann Fragen wie die folgende: »Wie würden Sie einen Kindle für Blinde bauen?« Von Geheimhaltung nicht weniger besessen als sein Boss, weigerte Hart sich, den Kandidaten Näheres über das Produkt zu sagen, an dem sie arbeiten sollten. Einer von ihnen erinnerte sich, die Vermutung geäußert zu haben, dass es sich um Amazons Smartphone handele, über das allenthalben Gerüchte im Umlauf waren, worauf Hart ihm geantwortet hätte: »An dem arbeitet ein anderes Team. Das hier ist was viel Interessanteres.«

Einer der ersten Ausgewählten war der hauseigene Ingenieur Al Lindsay, der an der ursprünglichen Software für die sprachgesteuerte Telefonauskunft von US West mitgearbeitet hatte. Lindsay verbrachte die ersten drei Wochen des Projekts in seiner Ferienhütte in Kanada, wo er in einem sechsseitigen Narrativ schilderte, wie externe Entwickler ihre eigenen sprachgesteuerten Apps für das Gerät schreiben könnten. Ein anderer Mitarbeiter aus den eigenen Reihen war der Amazon-Manager John Thimsen, der zum Leiter der technischen Entwicklung gemacht wurde und der Initiative den offiziellen Decknamen »Doppler« gab, nach Projekt D. »Also, wenn ich mal ehrlich sein will, ich glaube nicht, dass anfangs auch nur einer an den Erfolg geglaubt hat«, sagte mir Thimsen. »Aber auf halbem Weg waren wir dann dank Greg alle zu Gläubigen geworden.«

Die ursprüngliche Crew machte sich, der Ungeduld des Chefs Rechnung tragend, mit fieberhafter Dringlichkeit ans Werk. So unrealistisch das war, Bezos wollte mit seinem Gerät in sechs bis zwölf Monaten auf den Markt. Er hatte guten Grund für seine Eile. Am 4. Oktober 2011, das Doppler-Team hatte sich eben eingearbeitet, stellte Apple mit iPhone 4S eine virtuelle Assistentin vor: Siri. Es war das letzte Herzensprojekt des Apple-Mitgründers Steve Jobs, der tags darauf seinem Krebsleiden erlag. Dass Apple, damals wieder im Aufschwung, ebenfalls die Idee für einen sprachgesteuerten Assistenten gehabt hatte, gab Hart und seinen Leuten zwar recht, war aber gleichzeitig auch entmutigend, da Siri, wenn auch zunächst mit gemischten Bewertungen, die Erste auf dem Markt war. Das Team bei Amazon versuchte, sich Mut zuzusprechen, indem man sich sagte, dass man mit Doppler etwas Einzigartiges, weil vom Smartphone Unabhängiges schuf. Ein noch wichtigeres Unterscheidungsmerkmal freilich war, dass Siri künftig ohne Steve Jobs' aktive Unterstützung würde auskommen müssen, während Alexa sich der von Bezos und einer nachgerade manischen Aufmerksamkeit im ganzen Unternehmen erfreute.

Zur Beschleunigung der Entwicklung und um den Zielen ihres CEO nachzukommen, begannen Hart und seine Crew sich nach Start-ups zum Aufkaufen umzusehen. Diese Aufgabe war alles andere als einfach. Der Bostoner Sprachgigant Nuance, dessen Technologie Apple für Siri in Lizenz gekauft hatte, war im Lauf der Jahre durch den Aufkauf der Top-Riege unter den amerikanischen Sprachsoftwareunternehmen gewachsen. Die Doppler-Executives versuchten in Erfahrung zu bringen, welche der verbliebenen Start-ups vielversprechend waren, indem sie potenzielle Kandidaten baten, ihnen den Titelkatalog des Kindle mit einer Sprachsteuerung zu versehen, um sich dann ihre Ergebnisse und Methoden anzusehen. Die Suche führte in den nächsten beiden Jahren in rasanter Folge zu einer Reihe von Akquisitionen, die letztlich für Alexas Gehirn und sogar für das Timbre ihrer Stimme verantwortlich waren.

Das erste Unternehmen, das Amazon kaufte, war Yap, ein Start-up mit einer Belegschaft von gerade mal zwanzig Leuten in Charlotte, North Carolina. Hier übersetzte man menschliche Sprache – wie etwa Voicemails – in Text, ohne auf ein geheim gehaltenes Heer menschlicher Transkriptoren in Niedriglohnländern angewiesen zu sein. Obwohl später so einiges von Yaps Technologie auf der Strecke blieb, sollten seine Ingenieure zur Entwicklung der Technologie beitragen, die alles, was die Kundschaft zu Doppler sagte, in ein maschinenlesbares Format übertrug. Während des langen Werbens um die Firma setzten Amazons Executives Yaps Geschäftsleitung arg zu mit ihrer Geheimhaltung dessen, worum es bei dem Projekt denn nun ging. Selbst als Al Lindsay eine Woche nach Abschluss des Deals mit Yaps Ingenieuren zu einer Fachtagung ins italienische Florenz reiste, bestand er darauf, dass sie so tun sollten, als würden sie ihn nicht kennen, damit niemand Amazons plötzliches Interesse an Sprachtechnologie mitbekam.

Nachdem der Kauf für rund 25 Millionen Dollar unter Dach und Fach gebracht war, entließ Amazon die Unternehmensgründer, behielt aber die sprechwissenschaftliche Gruppe in Cambridge, Massachusetts, und legte damit das Fundament zu einem neuen F&E-Ableger am Kendall Square, ganz in der Nähe des MIT. Die Ingenieure von Yap flogen schließlich nach Seattle und saßen dann im Erdgeschoss von Fiona in einem Konferenzraum mit zugezogenen Jalousien und verschlossenen Türen. Dort beschrieb ihnen Greg Hart »dieses kleine Gerät, etwa von der Größe einer Cola-Dose, das zu Hause auf dem Tisch stehen sollte und dem man in natürlicher Sprache Fragen stellen könnte, ein intelligenter Assistent sozusagen«, erinnerte sich der Vice President für Forschung von Yap, Jeff Adams, der auf zwanzig Jahre in der Spracherkennungsbranche zurückblicken kann. »Die Hälfte meines Teams verdrehte die Augen und meinte: ›Ach du meine Güte, worauf haben wir uns da eingelassen?‹«

Nach dem Meeting versuchte Adams Hart und Lindsay vorsichtig beizubringen, wie unrealistisch ihre Vorstellungen seien. Die meisten Fachleute waren sich darin einig, dass »Fernfeld-Spracherkennung«, das heißt, Sprache aus einer Entfernung von bis zu zehn Metern zu erkennen, womöglich auch noch bei Stimmengewirr und Hintergrundgeräuschen, die Möglichkeiten der etablierten Informatik weit überstieg. Töne würden von Oberflächen wie Wänden und Decken reflektiert, und die dabei entstehenden Echos würden einen Computer verwirren. Amazons Executives reagierten mit Bezos' Entschlossenheit. »Im Grunde sagten die mir: ›Ist uns egal. Stellt mehr Leute ein. Nehmt euch die Zeit, die ihr braucht. Löst das Problem‹«, erinnerte sich Adams. »Die waren unerschütterlich.«

Einige Monate nach dem Ankauf von Yap erwarben Greg Hart und Kollegen ein weiteres Teil des Doppler-Puzzles. Technisch gesehen handelte es sich dabei um das Gegenstück zu Yap, wo man Sprache in Text übersetzte. Stattdessen beschäftigte sich das polnische Start-up Ivona mit computergenerierter Sprache, die der menschlichen Stimme zum Verwechseln ähnlich war.

Ivona war 2001 von Lukasz Osowski gegründet worden, einem Informatikstudenten der Technischen Hochschule Danzig. Osowskis Auffassung nach könnte eine sogenannte »Text-to-Speech«-Engine digitale Texte mit einer natürlichen Stimme vorlesen und so sehbehinderten Polen das geschriebene Wort nahebringen. Zusammen mit Michal Kaszczuk, einem etwas jüngeren Studienkollegen, zerlegte er Tonaufnahmen von Texten, die von Schauspielern eingesprochen worden waren, in – als Diphone bezeichnete – Wortfragmente, um sie dann in unterschiedlichen Kombinationen zu verketten (»konkatenieren«); heraus kamen dabei annähernd natürlich klingende Wörter und Sätze, die der Schauspieler nie von sich gegeben hatte.

Die Gründer von Ivona bekamen bald einen ersten Eindruck von der Macht ihrer Technologie. Noch als Studenten bezahlten sie den beliebten polnischen Schauspieler Jacek Labijak dafür, stundenlang Texte zu sprechen, die sie aufzeichneten, um eine Datenbank aus Lauten beziehungsweise ein Diphon-Inventar aufzubauen. Ergebnis ihrer Mühe war ein erstes Produkt, Spiker, das sich rasch zu Polens meistverkaufter Computerstimme mauserte. Im Lauf der nächsten Jahre setzte man sie in U-Bahnen, Aufzügen und für automatisierte Telefonkampagnen ein. Labijak hörte sich bald überall und erhielt sogar regelmäßig Anrufe mit seiner eigenen Stimme, in denen er sich zum Beispiel aufgefordert sah, bei anstehenden Wahlen einen bestimmten Kandidaten zu wählen. Spaßvögel manipulierten die Software, um ihm allerhand ungebührliches Zeug in den Mund zu legen, und stellten die Clips online, wo seine Kinder sie dann entdeckten. Ivonas Gründer mussten daraufhin den Vertrag mit dem Schauspieler neu verhandeln, nachdem er ihnen erbost die Rechte an seiner Stimme zu entziehen versuchte.[7] (Noch heute ist »Jacek« eine der polnischen Stimmen im Angebot von Amazon Polly, einem Service von AWS, der gedruckte Texte in Audio konvertiert.)

Ab 2006 nahm Ivona an der jährlichen Blizzard Challenge teil, einem von der Carnegie Mellon University veranstalteten Wettbewerb für die natürlichste Computerstimme, den das Unternehmen wiederholt gewann. Bis 2012 brachte Ivona es auf zwanzig weitere Sprachen und hatte über vierzig Stimmen im Programm. Nachdem sie von dem Start-up erfahren hatten, machten Greg Hart und Al Lindsay auf ihrem Europatrip auf der Suche nach brauchbaren Firmen einen Abstecher nach Danzig. »Schon beim ersten Schritt in ihr Büro war uns klar, dass das ein Culture Fit war«, sagte Lindsay und verwies damit auf Ivonas Fortschritte auf einem Gebiet, in dem die Forschung sich gern mal von hehren Bestrebungen ablenken lässt. »Sie hatten genug Biss, um die Scheuklappen der Wissenschaft abzunehmen und über die akademische Welt hinauszublicken.«

Den Ankauf der Firma – für rund 30 Millionen Dollar – brachte man bereits 2012 unter Dach und Fach, hielt ihn aber ein ganzes Jahr lang geheim. Das Team von Ivona und die wachsende Zahl von Sprachingenieuren, die Amazon darüber hinaus noch für sein neues Danziger F&E-Zentrum einstellen sollte, waren allein mit der Entwicklung von Dopplers Stimme betraut. Die Leitung des Projekts übernahm Bezos persönlich und kümmerte sich darum bis ins letzte Detail. Was auch bedeutete, dass sich die Danziger seinen üblichen Eigenheiten und Schrullen ausgesetzt sahen.

Zuerst sagte Bezos, er wolle Dutzende eindeutig voneinander zu unterscheidende Stimmen aus dem Gerät hören, jede mit ihrer eigenen

Bestimmung beziehungsweise Aufgabe. Als sich das als impraktikabel erwies, überlegte das Team, ob man nicht einer bestimmten Persönlichkeit eine Liste von Eigenschaften – wie etwa Vertrauenswürdigkeit, Empathie und Wärme – zueignen könnte, und kam dann zu dem Schluss, dass man derlei Züge im Allgemeinen mit einer Frauenstimme verband.

Zur Entwicklung einer solchen Stimme und um sicherzugehen, dass ihr auch nicht der Hauch eines regionalen Akzents anhaftete, arbeitete das polnische Team mit GM Voices, einem in Atlanta, Georgia, beheimateten Synchronstudio, das bereits dabei mitgewirkt hatte, die Stimme der Synchronsprecherin Susan Bennett in Apples Assistentin Siri zu verwandeln. Zur Entwicklung der synthetischen Persönlichkeiten gab GM Voices mehreren Synchronsprecherinnen Hunderte von Stunden Text zu lesen, von ganzen Büchern bis hin zu willkürlich ausgewählten Artikeln, eine stupide Prozedur, die sich über Monate hinziehen konnte.

Greg Hart und seine Kollegen verbrachten ihrerseits Monate damit, die von GM Voice besorgten Tonaufnahmen durchzugehen, und legten ihre Topkandidaten dann Bezos vor. Wiederum wählte man die Besten aus und bat um weitere Beispiele, bis es endlich zu einer Entscheidung kam, die Bezos unterschrieb.

In der für das Unternehmen typischen Geheimniskrämerei gab Amazon den Namen der Synchronsprecherin hinter Alexa nie bekannt. Ich kam ihr durch systematisches Durchforsten des Pools an professionellen Synchronsprechern auf die Spur; es handelt sich um die Sängerin und Synchronsprecherin Nina Rolle aus Boulder, Colorado. Auf ihrer Website fand ich Links zu alten Radiospots für diverse Produkte wie Mott's Apple Juice und den VW Passat. Das warme Timbre von Alexas Stimme war unverkennbar. Rolle sagte, sie dürfe nicht mit mir sprechen, als ich sie schließlich im Februar 2021 telefonisch erreichte. Und als ich bei Amazon selbst nachfragte, wies man mich ab.

Während das Doppler-Team noch mit der Einstellung von Ingenieuren und dem Aufkauf von Start-ups beschäftigt war, wurde bei Amazon in Seattle sowie im Lab126 im Silicon Valley jeder andere Aspekt des Produkts heiß diskutiert. In einem der ersten Doppler-Meetings hob Hart die Fähigkeit der Musikwiedergabe per Sprachbefehl als wesentliches Feature des neuen Produkts heraus. Bezos »nickte dieses Rahmenkonzept ab, betonte aber auch, dass selbst wenn wir Musik mit 51 Prozent ansetzten, auch die anderen 49 Prozent wirklich wichtig wären«, sagte Hart.

In den folgenden Monaten freilich wurde aus dem freundschaftlichen Konsens ein langwieriges Tauziehen zwischen Hart und seinen Ingenieuren auf der einen Seite, die in der Musikwiedergabe ein so praktikables wie marktfähiges Feature sahen, und Bezos auf der anderen, der in weit größeren Dimensionen dachte. Bezos begann vom »*Star-Trek*-Computer« zu sprechen, einer künstlichen Intelligenz, die auf jede Frage eine Antwort hätte und obendrein als persönlicher Assistent bei der Hand wäre. Um auszudrücken, wonach Bezos war, sprach das Team schließlich intern von einem »Generalbevollmächtigten«: einem Assistenten mit Handlungsvollmacht, der im Namen seiner Nutzer sowohl ein Taxi rufen als auch eine Bestellung im Lebensmittelmarkt aufgeben könnte. Von Science-Fiction besessen, wie er nun mal war, zwang Bezos sein Team, größer zu denken, über die Grenzen der etablierten Technologie hinaus. Hart jedoch, dem es letztlich oblag, das Produkt auch tatsächlich unter die Leute zu bringen, sprach sich für eine Reihe von Merkmalen aus, die er als »magisch und alltäglich« bezeichnete. Entsprechend drängte er darauf, die grundlegenden, zuverlässigen Features hervorzuheben – dass das Gerät den Wetterbericht parat hätte und sich als Timer und Erinnerungsassistent nutzen ließ.

Die Debatte manifestierte sich in endlosen Entwürfen der »PR-FAQ«, des sechsseitigen Narrativs, das Amazonianer zu Beginn einer neuen Initiative in Form einer Presseverlautbarung darüber verfassen, wie sie sich die Marktwirkung des Produkts vorstellen. Dieses Referat, das Teil des festgeschriebenen Rituals um jede Innovation bei Amazon ist, zwingt sie, jedes Gespräch über ein neues Produkt unter dem Aspekt des Kundennutzens anzugehen. Im Fall des Doppler-Projekts erfuhr diese PR-FAQ Dutzende von Überarbeitungen, die allesamt vorgelegt, diskutiert, überschlafen, mit ins Bett genommen und umgeschrieben wurden, bevor man sie dann verwarf. Wann immer diese Presseverlautbarung sich auf die Musikwiedergabe zu kaprizieren drohte, »konnte Jeff schon mal der Kragen platzen. Das schmeckte ihm ganz und gar nicht«, erinnerte sich einer der ersten Produktleiter.

Ein anderer aus den ersten Tagen des Doppler-Projekts spekulierte später, dass bei Bezos' Reaktion womöglich sein berüchtigter Mangel an Sinn für gute Musik eine Rolle spielte. So verlangte Bezos zum Beispiel bei einem der frühen Tests eines Doppler, die Titelmelodie der klassischen TV-Serie *Battlestar Galactica* zu hören.[8] »Jeff setzte wirklich alles daran, damit es bei dem Produkt um mehr als nur um Musik ging«, sagte Greg Harts Vorgesetzter Ian Freed. »Ihm war eher nach was in Richtung eines Computers ganz allgemein.«

Eine ähnliche Diskussion drehte sich um die Wahl des »Weckbefehls«, einer Äußerung des Benutzers, die Doppler aus dem passiven Modus holte, in dem er nur auf seinen Namen lauschte. Erst nach dieser Aktivierung sollte das Gerät die Anfragen des Benutzers über das Internet an Amazons Server weiterleiten und dann deren Antwort wiedergeben. Die Sprechwissenschaftler wollten, dass der Weckbefehl aus einer eindeutigen Kombination von Phonemen und mindestens drei Silben bestand, damit das Gerät nicht durch ein normales Gespräch eingeschaltet würde. Darüber hinaus sollte es etwas ganz Markantes sein (wie »Siri«), damit sich mit dem Namen auch werben ließ. Hart und sein Team legten Bezos Hunderte von Flashcards vor, jede mit einem anderen Namen, die er dann während der endlosen Beratungen auf den Konferenztischen ausbreitete.

Bezos meinte, der Weckbefehl sollte etwas »Einschmeichelndes« haben, und sagte dann, der Name seiner Mutter zum Beispiel – »Jacklyn« – sei »zu hart«. Zu den anderen eigenen Vorschlägen, die er selbst gleich wieder verwarf, gehörten »Finch«, der Titel eines fantastischen Detektivromans von Jeff VanderMeer; »Friday«, nach dem »persönlichen Assistenten« in Daniel Defoes *Robinson Crusoe*; und »Samantha«, die Hexe aus der TV-Serie *Bewitched*, die nur mit der Nase zu wackeln brauchte, schon war jeder Wunsch erfüllt. Eine Zeit lang fand er, dass der Weckbefehl »Amazon« lauten sollte – damit, so meinte er, würde das von dem Gerät erzeugte gute Gefühl auf das Unternehmen abstrahlen.

Die Doppler-Executives hielten dagegen, die Leute würden nie und nimmer zu Hause mit einer Firma sprechen wollen, was wieder zu endlosen Meinungsverschiedenheiten führte. Bezos schlug schließlich auch »Alexa« vor, als Hommage an die Bibliothek im antiken Alexandria, die als Hauptstadt des damaligen Wissens galt. Es war dies auch der Name eines mit dem Projekt in keinerlei Beziehung stehenden Start-ups, das Amazon in den Neunzigerjahren aufgekauft hatte und das als unabhängige Firma Handel mit Daten zum Web-Traffic betreibt. Nach endlosen Debatten und Tests im Labor waren schließlich »Alexa« und »Amazon« als Topkandidaten für den Weckbefehl übrig geblieben, als das Gerät Anfang 2013 zum internen Probebetrieb in die Wohnzimmer von Unternehmensmitarbeitern einzog.

Die Geräte, die man den Mitarbeitern mitgab, sahen dem ersten Echo, den Amazon knapp zwei Jahre später herausbringen sollte, zum Verwechseln ähnlich. Die Produktgestalter im Lab126 hatten es »Pringles-Dose« getauft: ein länglicher Zylinder, der für ausreichende Trennung zwischen den sieben Mikrofonen mit kugelförmiger Richtcharakteristik und den Lautsprechern sorgt, das Ganze in einem Metallgehäuse mit 1400 Löchern für Luft und Sound. Oben hatte das Gerät, ebenfalls eine von Bezos' Ideen, einen Ring aus LEDs, die auf der Seite der Person aufleuchteten, die gerade sprach. Letzteres sollte den Blick eines Gegenübers suggerieren, der sich auf einen Gesprächspartner richtet. Da Bezos die Designer angewiesen hatte, sich die Form von der Funktion diktieren zu lassen, war Doppler nicht gerade ein Ausbund von Eleganz.

Die Doppler-Prototypen im Wohnzimmer Hunderter von Amazon-Mitarbeitern waren freilich nicht »smart« – allem Vernehmen nach waren sie so langsam wie dumm. Neil Ackerman, einer der Amazon-Manager, die sich zum Test eines internen Betamodells gemeldet hatten, führte das Gerät Anfang 2013 seiner Familie vor. Er und seine Frau mussten gleich mehrere Verschwiegenheitserklärungen unterschreiben, in denen sie versicherten, das Gerät abzuschalten und verschwinden zu lassen, wann immer Besuch vorbeikam. Einmal die Woche mussten sie eine Tabelle mit Fragen ausfüllen und eintragen, was sie das Gerät gefragt hatten und wie die Reaktion darauf war. Ackermans Frau nannte es »das Ding«.

»Wir waren beide ziemlich skeptisch«, sagte er. »Wir bekamen so gut wie nie die richtige Antwort, und die Musik, die aus dem Ding rauskam, war eher gemischt und sicher nicht nach dem Geschmack der Familie.« Unerklärlicherweise schien Doppler ihren Sohn – trotz seiner Sprachbehinderung – am besten zu verstehen.

Auch andere frühe Betatester hielten mit ihrer Meinung nicht hinterm Berg. Parag Garg, einer der ersten Ingenieure, die an Fire TV arbeiteten, nahm ebenfalls ein Gerät mit nach Hause und sagte: »Es funktionierte beschissen und fehlte mir ganz und gar nicht, als es wieder aus dem Haus war. Ich dachte mir, das Teil hat ja wohl nicht die geringste Chance.« Einer der anderen Fire-Phone-Manager erinnerte sich, dass ihm die Hardware gefiel, »aber ich sah echt nicht, wozu es gut sein sollte. Als Produkt fand ich das Ding bescheuert.«

Zwei Doppler-Ingenieure erinnerten sich an eine andere grauenhafte Rezension – diese von Bezos selbst. Der CEO hatte offenbar ebenfalls eine Alexa zu Testzwecken mit nach Hause genommen und ihr irgendwann gesagt: »Jag dir doch eine Kugel in den Kopf.« Einer der Ingenieure, die mit der Durchsicht der Interaktionen mit dem Gerät befasst waren, sagte dazu: »Wir dachten alle, damit ist das Projekt wohl gestorben – oder jedenfalls ein paar von uns bei Amazon.«

Alexa, so viel stand fest, brauchte eine Gehirntransplantation. Amazons anhaltende Bemühungen, das Produkt intelligenter zu machen, sollten zu einer dogmatischen Schlacht im Doppler-Team führen und damit zur größten Herausforderung überhaupt.

Ihr erster Schritt bestand darin, die Technologie einer dritten Akquisition – Evi – zu integrieren. Das im englischen Cambridge beheimatete und mit künstlicher Intelligenz befasste Start-up war 2005 von dem britischen Unternehmer William Tunstall-Pedoe auf der Basis eines auf Fragen und Antworten spezialisierten Tools namens True Knowledge gegründet worden. Als Student hatte Tunstall-Pedoe Websites entwickelt wie zum Beispiel den Anagram Genius, eine Software, die Wörter automatisch so arrangierte, dass ein neues Wort oder ein neuer Satz entstand. Der Schriftsteller Dan Brown schuf damit später einige der Rätsel für seinen Roman *The Da Vinci Code*.

Durch Siri inspiriert, verlagerte Tunstall-Pedoe seine Bemühungen und arbeitete Evi zu einer App für Apple und Android um. User konnten ihr durch Tippen oder Audioeingaben Fragen stellen. Anstatt das Web nach Antworten zu durchforsten wie Siri oder wie Google Voice Search einen Satz Links zu zeigen, wertete Evi die Fragen aus und versuchte sich auf der Stelle an einer Antwort. Die App hatte bereits in der ersten Wochen 250.000 Downloads und führte um ein Haar zum Crash des App-Store-Servers.[9] Apple drohte schließlich damit, sie aus seinem iOS-Store zu verbannen, weil sie dem Unternehmen Siri »verwirrend ähnlich« schien, lenkte dann aber aufgrund von Protesten der Fans ein. Dank der Aufmerksamkeit hatte Evi mindestens zwei Übernahmeangebote und eine potenzielle Investition von einem Risikokapitalgeber, als Amazon 2012 für 26 Millionen Dollar, so munkelte man, den Zuschlag bekam.[10]

Evi arbeitete mit einer als Knowledge Graph bezeichneten Technik, einer riesigen Datenbank von sogenannten Ontologien, in denen Konzepte und Kategorien aus bestimmten verwandten Umfeldern miteinander verbunden sind. Wenn man Evi zum Beispiel fragte: »Wie viele Einwohner hat Cleveland?«, dann interpretierte die Software die Frage und wusste, dass sie sich zu ihrer Beantwortung mit einer Quelle für demografische Daten kurzschließen musste. *Wired* bezeichnete die Technik als »riesige baumartige Struktur« logischer Verknüpfungen mit nützlichen Fakten.[11]

Alexa Evis Wissensbank zu verpassen half bei der Art von informellem, aber kulturell allgemein üblichem Austausch, bei dem der soziale Kontakt im Vordergrund steht und der in der Linguistik als »phatische Kommunikation« bezeichnet wird. Fragte zum Beispiel ein Benutzer das Gerät: »Guten Morgen, Alexa, wie geht es dir?«, dann war Alexa in der Lage, für die richtigen Verknüpfungen zu sorgen, und kam so auf eine Antwort. Tunstall-Pedoe erzählte, er hätte sich mit den Kollegen in den USA in die Wolle gekriegt wegen der etwas ungewöhnlichen Idee, Alexa auf eine derart zwischenmenschliche Ansprache reagieren zu lassen. Wie er sich erinnert, war den Leuten »nicht recht wohl bei dem Gedanken, eine Maschine darauf zu programmieren, auf ein ›Hallo‹ zu reagieren«.

Wie auch immer, Evis Technologie half Alexa, auf Sachfragen zu antworten, wie etwa auf die Frage nach den Namen der Planeten in unserem Sonnensystem. Und sie vermittelte den Eindruck, Alexa sei »smart«. Aber war sie das? Vertreter einer anderen, als Deep Learning bezeichneten Methode natürlichen Sprachverstehens waren der Ansicht, dass Evis Knowledge Graphs Alexa nicht zu jener authentischen Intelligenz verhelfen würde, die Bezos' Traum von einem vielseitigen Assistenten entsprach, der sich sowohl mit dem Benutzer unterhalten als auch jede nur erdenkliche Frage beantworten könnte.

Bei der Deep-Learning-Methode werden Maschinen mit immensen Datenmengen darüber gefüttert, wie Menschen sich unterhalten und welche Antworten sie als befriedigend empfinden; dann programmiert man sie darauf, sich selbst beizubringen, die besten Antworten vorauszusehen. Wesentlicher Vertreter dieses Ansatzes ist der gebürtige Inder Rohit Prasad. »Ihn einzustellen war ein entscheidender Zugewinn«, sagte der technische Leiter John Thimsen. »Dass das Projekt erfolgreich war, verdanken wir zu einem Gutteil dem Team, das er zusammengestellt hat, und der Forschung, die sie bei der Fernfeld-Spracherkennung geleistet haben.«

Prasad kommt aus Ranchi, der Hauptstadt des indischen Bundesstaats Jharkhand. Er ist in einer Familie von Ingenieuren groß geworden und hat sich schon als Kind in *Star Trek* verguckt. Obwohl Personal Computer in Indien damals Mangelware waren, lernte er das Programmieren schon in jungen Jahren auf dem PC einer technischen, auf Metallurgie spezialisierten Beraterfirma, bei der sein Vater angestellt war. Da die Kommunikation in Indien durch eine unzureichende Telekommunikationsinfrastruktur und hohe Kosten für Fernverbindungen behindert wurde, beschloss Prasad, als er schließlich zum Studium in die USA ging, sich mit der Komprimierung von Sprache und deren Übertragung in WLAN-Netzwerken zu befassen.

Nach seinem Abschluss Ende 1990 ließ Prasad den Dot.com-Boom außen vor und ging stattdessen zu BBN Technologies, einem später von Raytheon übernommenen Rüstungsbetrieb in Cambridge, Massachusetts, wo er an der Arbeit an einem der ersten Spracherkennungs- und natürlichen Sprachsysteme beteiligt war. Die Entwicklung eines der ersten Spracherkennungssysteme für Kraftfahrzeuge sowie automatisierte Auskunftsdienste für Telefonanbieter gehörten dabei zu seinem Tätigkeitsbereich. 2000 arbeitete er dann an einem System für die automatische Transkription von Gerichtsverhandlungen. Über das Problem, Gespräche mittels mehrerer im Gerichtssaal verteilter Mikrofone aufzuzeichnen, kam er auf die Herausforderungen der Fernfeld-Spracherkennung. Zu Beginn des Projekts, so erzählte er, hätte man 80 von 100 Wörtern fehlerhaft aufgezeichnet; aber binnen eines Jahres habe man diese Fehlerquote auf 33 reduziert.

Jahre später, als das Doppler-Team an Alexas »Verständnisproblemen« arbeitete, machte Bill Barton, der Chef von Amazons Bostoner Dependance, Prasad mit Greg Hart bekannt. Prasad wusste nicht viel über Amazon und kreuzte – ein kleiner Fauxpas – zu dem Vorstellungsgespräch nicht nur in Anzug und Krawatte auf, sondern auch ohne eine Ahnung von Amazons vierzehn Führungsprinzipien zu haben, was schon ein schlimmerer Verstoß war. Er brachte seine Vorbehalte gegen den Einstieg bei einem großen, trägen Tech-Unternehmen zum Ausdruck, aber er war eben wieder in sein Hotel zurückgekommen, da hakte Hart bereits mit einer Textnachricht nach, in der er ihm versicherte: »Wir sind im Grunde ein Start-up. Wir sind zwar ein großes Unternehmen, handeln aber nicht so.«

Das überzeugte Prasad, und er stieg in das Team ein, um an den Problemen der Fernfeld-Spracherkennung zu arbeiten, wurde aber dann zum Anwalt des Deep-Learning-Modells. Evis Knowledge Graphs waren einfach zu stark reglementiert, um als Fundament für Alexas Reaktionsmodell herzuhalten. Wenn ein Benutzer sagte: »Play me music by Sting«, so erklärte Prasad später, dann denke so ein System womöglich, er hätte sich mit einem »bye« von Sting verabschieden wollen, und sei entsprechend verwirrt. Mithilfe der statistischen Trainingsmethoden des Deep Learning kann das System rasch ermitteln, dass sich hinter dem Satz mit an Sicherheit grenzender Wahrscheinlichkeit der Wunsch verbirgt, »Every Breath You Take« zu hören.

Tunstall-Pedoe dagegen führte ins Feld, dass Evis Knowledge Graphs eine praktischere Lösung darstelle. Er misstraute dem Deep-Learning-Ansatz. Seiner Ansicht nach neigte dieser zu Fehlern und bedürfe einer endlosen Zufuhr von Trainingsdaten zur Ausformung von Alexas Lernmodellen. »Die Sache mit auf das Maschinenlernen fixierten Wissenschaftlern ist die, dass sie nie zugeben, wenn sie geschlagen sind, da all ihre Problemen mit immer mehr Daten zu lösen sind«, erklärte er. In seiner Antwort klingt womöglich eine gewisse Enttäuschung mit, denn für den Über-Produktmanager Bezos bestand kein Zweifel daran, in welche Richtung der Pfeil der Zeit wies: in die des Maschinenlernens und der Tiefen Neuronalen Netze. Mit den riesigen, hoch entwickelten Datenzentren von AWS war Amazon überdies in der einzigartigen Position, eine große Zahl von Hochleistungsrechnern zum Trainieren seiner Sprachmodelle einzuspannen, womit sich der Vorteil der Cloud auf eine Weise nutzen ließ, wie das nur wenigen seiner Konkurrenten möglich war.[12] Tunstall-Pedoe gab sich schließlich geschlagen und schied 2016 aus dem Unternehmen aus.

Aber auch wenn nun der Deep-Learning-Ansatz das Rennen gemacht hatte, so blieb Prasad und seinen Kollegen dennoch das Paradox, dem alle mit künstlicher Intelligenz befassten Unternehmen gegenüberstehen: Wer will schon mit einem »dummen« System auf den Markt? Die Kunden würden es nicht benutzen, sodass es auch nicht genügend Daten generieren könnte, um seine Nützlichkeit zu verbessern. Und man würde eine ungeheure Menge Daten benötigen, wenn das System wirklich smarter werden sollte.

Google und Apple lösten das Paradox teils damit, dass sie in Lizenz Technologie von Nuance Communications übernahmen, um mit deren Ergebnissen ihre eigenen Sprachmodelle zu trainieren; danach trennten sie sich von Nuance. Außerdem sammelte Google jahrelang Sprachdaten aus seiner gebührenfreien Telefonauskunft 800-Goog-411. Amazon standen solche Ressourcen nicht zur Verfügung, und Greg Hart sprach sich strikt gegen eine Lizenzierung externer Technologie aus; seiner Ansicht nach würde darunter auf lange Sicht die Flexibilität des Unternehmens leiden. Aber die spärlichen Trainingsdaten aus den Betatests mit den eigenen Mitarbeitern liefen summa summarum auf die sprachlichen Äußerungen einiger Hundert gebildeter Angestellter hinaus, die sie für gewöhnlich morgens und abends quer durch ein lärmiges Zimmer riefen, wenn sie nicht in der Arbeit waren. Die Daten waren mit anderen Worten lausig und reichten nicht aus.

Bezos scharrte inzwischen mit den Hufen. »Wie wollen wir denn dann überhaupt wissen, ob das Produkt was taugt?«, fragte er im Frühjahr 2013 immer wieder. Hart, Prasad und ihr Team zeigten ihm Hochrechnungen, welche Fortschritte Alexa mit steigender Datenmenge machen würde. Mathematisch gesehen, würde man beim Sammeln von Daten seine Bemühungen in etwa verdoppeln müssen für je 3 Prozent Fortschritt bei Alexas Genauigkeit.

In diesem Frühjahr legte das Team, nur wenige Wochen nach Rohit Prasads Einstieg, Bezos ein sechsseitiges Narrativ mit besagten Fakten vor, in dem es eine Verdoppelung des sprechwissenschaftlichen Teams und die Verschiebung der geplanten Produktpräsentation vom Sommer auf den Herbst vorschlug. Das Meeting, das in Bezos' Konferenzraum stattfand, verlief alles andere als erfreulich.

»Ihr geht das falsch an«, sagte Bezos nach Lektüre des Narrativs. »Sagt mir erst, wie ein magisches Produkt aussehen würde, dann könnt ihr mir sagen, wie es zu machen ist.«

Bezos' damaliger Technischer Berater, Dilip Kumar, wollte daraufhin wissen, ob das Unternehmen über genügend Sprachdaten verfüge.

Prasad, der dem Meeting von Cambridge aus beiwohnte, antwortete, man brauche Tausende weitere Stunden komplexer sprachlicher Fernfeld-Befehle. Einem der Executives zufolge, die damals mit dabei waren, hatte Bezos das Ersuchen um Aufstockung des sprechwissenschaftlichen Teams in seine Rechnungen miteinbezogen, als er einige Augenblicke später sagte: »Versteh ich das richtig: Ihr sagt mir, dass wir für ein erfolgreiches Produkt statt vierzig nur zwanzig Jahre brauchen, wenn ich eurem Antrag stattgebe?«

Prasad versuchte erst, darum herumzureden: »Jeff, so haben wir das nicht gemeint.«

»Zeigt mir, wo ich mich verrechnet habe!«, sagte Bezos.

Hart ging dazwischen: »Moment mal, Jeff, wir verstehen ja, wir haben's kapiert.«

Prasad und andere Amazon-Executives sollten dieses Meeting – und die problematischen Interaktionen mit Bezos während Alexas Anfangsschwierigkeiten – unterschiedlich in Erinnerung behalten. Aber einem der Executives zufolge, die damals mit dabei waren, stand ihr CEO auf und meinte: »Euch ist es nicht wirklich ernst mit diesem Produkt.« Womit das Meeting zu Ende war.

In denselben Gebäuden in Seattle und im kalifornischen Sunnyvale, in denen das Doppler-Team Alexa gescheiter zu machen versuchte, torkelten Amazons Bemühungen um ein eigenes Smartphone langsam, aber sicher gegen die Wand.

Einige Jahre zuvor hatten Apple, Google und Samsung große Claims im eben aufkommenden Smartphone-Markt abgesteckt, dabei aber für den Eindruck gesorgt, dass womöglich noch Platz für innovative Newcomer war. Wie es Bezos' Art war, hatte er nicht die Absicht, eine kritische strategische Position im digitalen Bereich anderen zu überlassen, schon gar nicht, wenn er der Ansicht war, der Boden sei noch fruchtbar genug für innovative Ansätze. So schlug er einmal in einer Brainstorming-Session einen Roboter vor, der in der Lage wäre, ein achtlos abgelegtes Handy aufzuspüren und in Reichweite eines drahtlosen Ladegeräts zu bringen. (Einige seiner Leute hielten das für einen Scherz, aber man reichte ein Patent für die Idee ein.[13]) In einer anderen schlug er ein Telefon mit einer Art SciFi-3-D-Display vor, das auf Gesten in der Luft statt wie ein Touchscreen nur auf Berührungen reagiert. Es würde in allen Läden seinesgleichen suchen. Bezos hielt an der Idee fest, die auch den Keim des Fire-Phone-Projekts bildete.

Das erste Designteam einigte sich auf ein Handy mit vier Infrarotkameras, eine in jeder Ecke auf der Vorderseite des Geräts, die dem Blick des Benutzers folgen und die Illusion eines 3-D-Bilds schaffen sollten; eine fünfte Kamera war für die Rückseite gedacht. Da das Gerät nach vorne und hinten »sehen« könnte, gab man dem Projekt den Codenamen Tyto (Schleiereule). Die speziell in Japan gefertigten Kameras würden

5 Dollar pro Handy kosten, aber Bezos hatte sich nun mal ein Amazon-Smartphone mit Spitzenkomponenten in den Kopf gesetzt.

Drei Jahre lang konferierte Bezos alle paar Tage mit dem Tyto-Team, während er sich nicht weniger oft mit dem Alexa-Team traf; er war nun mal vernarrt in neue Technologien und Geschäftsbereiche. Außerdem stellte er gern Ideen in den Raum und überprüfte die Fortschritte des Teams. Und auch wenn er in anderen Geschäftsbereichen seines Unternehmens übermäßig auf das Feedback der Kundschaft fixiert war, glaubte Bezos nicht, dass es zu dramatischen Neuerungen in seiner Produktpalette führen würde, auf sie hören. Stattdessen predigte er das kreative »Wandern«, das seiner Überzeugung nach zu dramatischen Durchbrüchen führte. »Wirklich spektakulär wird immer das sein, wonach die Kundschaft noch nicht mal zu fragen wusste«, sollte er später in einem Aktionärsbrief schreiben. »Deswegen müssen wir uns Neues einfallen lassen. Dazu müssen wir in den Tiefen unserer Fantasie nach dem Möglichen graben.«[14]

Allerdings mochte so mancher Skeptiker aus dem Tyto-Team seine Vision für Smartphones nicht teilen. Keiner hätte sagen können, ob das 3-D-Display womöglich nichts weiter als ein akkuintensives Gimmick war. Bezos hatte nachweislich einige bedenkliche blinde Flecken, was Smartphones anging. »Benutzt wirklich jemand den Kalender auf seinem Handy?«, fragte er mal in einem Meeting. »Natürlich benutzen wir den Kalender«, antwortete jemand, der nicht mit mehreren persönlichen Assistenten herumlief.

Wie beim Doppler-Projekt waren die von Bezos gesetzten Deadlines unrealistisch, aber um sie einzuhalten, heuerte das Team weitere Ingenieure an. Mehr Ingenieure auf eine zum Scheitern verurteilte Technologie anzusetzen ließ diese jedoch nur umso spektakulärer scheitern. Kindle war damals von strategischer Bedeutung für Amazon, und so musste sich die Tyto-Gruppe, anstatt in den eigenen Reihen zu wildern, außerhalb des Unternehmens – bei Motorola, Apple, Sony und anderen – nach Hardwareentwicklern umsehen. Selbstverständlich sagten sie keinem von ihnen, woran sie arbeiteten, bis er dann endlich bei ihnen anfing. »Wenn man einen guten Ruf in der Tech-Branche hatte, dann fanden die einen«, sagte einer der Fire-Phone-Manager.

Die Produktpräsentation war stets in sechs Monaten. Im Bemühen um ein funktionsfähiges 3-D-Display zog sich das Projekt endlos hin. Da die ursprünglich brandaktuellen Komponenten im Handumdrehen veraltet waren, entschloss man sich zu einem Reboot des Projekts mit einem leistungsfähigeren Prozessor und neuen Kameras. Um beim Eulenmotiv zu bleiben, erhielt es den Codenamen Duke.[15] Die Gruppe legte los und kippte dann ein anderes Smartphone-Projekt, ein schlichtes preisgünstiges Handy mit dem Codenamen Otus, das – bei HTC gefertigt – das spezielle Amazon-Android-Betriebssystem bekommen sollte. Damit liefen auch die neuen Fire-Tablets, die als preiswerte Alternative zu Apples iPad Anlass zu berechtigen Hoffnungen gaben.

Die mit dem Projekt betrauten Mitarbeiter waren enttäuscht, als man Otus aufgab, da sie insgeheim Amazons Chance nicht in überkandidelten 3-D-Displays sahen, sondern darin, mit einem preiswerten oder gar kostenlosen Smartphone den Markt aufzumischen. Die Moral des Teams sank. Eine der Gruppen zweifelte derart an dem ganzen Projekt, dass sie ostentativ mit einer Erkennungsmarke um den Hals herumliefen, wie Soldaten sie tragen. Darin eingeprägt war das Motto des dreizehnten Führungsprinzips, »Disagree and commit«, was besagt, dass Mitarbeiter zwar anderer Meinung sein können, aber nach einer endgültigen Entscheidung zu dieser stehen.

In seinem jährlichen Aktionärsbrief vom April 2014 schrieb Bezos: »Neues zu erfinden ist ein chaotischer Prozess, und wir können davon ausgehen, im Lauf der Zeit auch einige große Wetten zu verlieren.« Diese Bemerkung erwies sich auf kuriose Weise als prophetisch. Das Team bereitete sich auf die Präsentation des Handys anlässlich eines großen Events im Sommer vor. Bezos' Frau MacKenzie schaute bei den Proben vorbei, um mit Rat und Tat zur Seite zu stehen.

Am 18. Juni 2014 enthüllte Bezos das Fire Phone in einer Veranstaltung in den Freemont Studios in Seattle, wo er sich, um Steve Jobs' magisches Charisma bemüht, so langatmig wie begeistert über das 3-D-Display und die Gestensteuerung seines Handys ausließ. »Ich glaube wirklich, dass er daran geglaubt hat«, sagte Craig Berman, der damalige Vice President von Amazons PR-Abteilung. »Im Ernst. Und wenn nicht, dann hätte er sich das sicher nicht anmerken lassen, nicht vor dem Team.«

Die Besprechungen des Geräts waren vernichtend. Der Smartphone-Markt hatte sich während der vier schmerzlichen Jahre, die das Fire Phone hinter sich hatte, nicht nur verlagert, sondern auch eine gewisse Sättigung erreicht. Was als aufrichtiger Versuch gedacht war, ein neuartiges Produkt zu schaffen, schien jetzt irgendwie an den Erwartungen der Kundschaft vorbeizugehen. Da es nicht mit Googles autorisierter Android-Version lief, gab es dafür keine der beliebten Apps wie Gmail oder YouTube. Und auch wenn es billiger war als das kommende iPhone 6, so war es doch teurer als die Vielzahl schlichter, aber preisgünstiger Handys aus Asien, die damals im Gegenzug für einen Zwei-Jahres-Vertrag mit erheblichen Summen von den Mobilfunkanbietern subventioniert wurden.

»Es unterschied sich in vieler Hinsicht von anderen, aber letztendlich sagte es eben den Kunden nichts«, sagte Vice President Ian Freed, der die Leitung des Projekts hatte. »Ich habe einen Fehler gemacht, und Jeff hat einen Fehler gemacht. Wir haben das Wertversprechen des Fire Phone nicht mit dem der Marke Amazon in Deckung gebracht, die nun mal für hohen Wert steht.« Freed erzählte mir, Bezos habe ihm hinterher gesagt: »Du darfst dir keinen Kopf wegen des Fire Phone machen, auch nicht eine Minute. Versprich mir, dass du darüber keinen Schlaf verlierst.«[16]

Im Spätsommer fanden Arbeiter in Amazons Logistikzentrum in Phoenix, Arizona, eine Reihe von Holzpaletten mit Tausenden von unverkauften Fire Phones. Im Oktober schrieb man 170 Millionen Dollar aus dem Lagerbestand ab und kippte das Projekt in der Erkenntnis, dass es einer der teuersten Fehlschläge des Unternehmens gewesen war. »Es scheiterte aus genau den Gründen, die wir vorausgesagt hatten – das ist das Verrückte daran«, sagte Isaac Noble, einer der frühen Softwareentwickler, die von Anfang an ihre Zweifel gehabt hatten.

Es entbehrte nicht einer gewissen Ironie, dass das Fire-Phone-Fiasko ein gutes Zeichen für Doppler war. Da man nun keinen Marktanteil zu verteidigen hatte, konnte Amazon sich mit ungeteiltem Ehrgeiz auf die bahnbrechende neue Kategorie smarter Lautsprecher konzentrieren.

Vielen der Ingenieure, die sich plötzlich ohne Aufgabe sahen, gab man, sofern sie nicht bereits bei Google und Apple untergekommen waren, ein paar Wochen, um sich innerhalb des Unternehmens nach einem neuen Job umzusehen. Einige von ihnen gingen zu Doppler, andere zu einem neuen Renner im Programm: Fire TV. Am wichtigsten bei alledem war jedoch, dass Bezos Ian Freed und die anderen Fire-Phone-Manager nicht zur Rechenschaft zog, was auf die unmissverständliche Botschaft hinauslief, dass bei Amazon die Risikonahme belohnt wurde – zumal Bezos sich das ganze Debakel letztlich vor allem selbst zuzuschreiben hatte.

Auf der anderen Seite freilich enthüllte die Episode einen beunruhigenden Aspekt des Lebens bei Amazon. Viele der mit Fire Phone befassten Mitarbeiter hatten ernsthafte Zweifel daran gehabt, aber nicht einer, so schien es, war mutig oder clever genug gewesen, seinem sturen Chef die Stirn zu bieten und in der Auseinandersetzung mit ihm zu bestehen.

Nachdem Jeff Bezos sie wütend hatte stehen lassen, zogen die mit dem Prototyp für Alexa betrauten Doppler-Executives sich in ihrem Stolz verletzt in einen nahe gelegenen Konferenzraum zurück und ließen sich ihre Lösung für das Datenparadox noch mal durch den Kopf gehen. Der Boss hatte schon recht. Interne Tests mit Amazon-Mitarbeitern waren vom Umfang her zu begrenzt. Ihnen würde also nichts anderes übrig bleiben, als die Tests massiv auszuweiten und dabei das Geheimnis der Alexa-Beta zu wahren.

Rasch hatte Greg Hart grünes Licht für ein entsprechendes Programm gegeben, das Rohit Prasad und die Sprechwissenschaftlerin Janet Slifka während einiger Tage im Frühjahr 2013 ausgearbeitet hatten. Es sollte das Doppler-Projekt auf Steroide setzen und außerdem eine Frage beantworten, die später die Fachwelt beschäftigte: Wie in aller Welt konnte Amazon, praktisch aus dem Nichts kommend, Google und Apple im Wettlauf um einen sprachgesteuerten virtuellen Assistenten überrunden?

Firmenintern bekam das Programm den Decknamen AMPED. Amazon tat sich mit der australischen Datenerhebungsfirma Appen zusammen und ging mit einer getarnten Alexa auf Tournee. Appen mietete, anfänglich vor allem in Boston, Häuser und Wohnungen an, von denen Amazon dann einige Zimmer zur Ablenkung mit Geräten aller Art vollstellte: Standmikros, Xbox-Spielkonsolen, Fernseher und Tablets. Darüber hinaus platzierte man in diesen Zimmern etwa zwanzig Alexa-Boxen, alle in verschiedenen Höhen, alle mit akustischem Gewebe verkleidet, das sie vor Entdeckung schützte, aber den Schall durchließ. Appen tat sich dann mit einer Zeitarbeitsfirma zusammen, und schon floss, acht Stunden am Tag, sechs Tage die Woche, ein endloser Strom von Leiharbeitern durch diese Räume, die von iPads Texte ablasen, zum einen vorgegebene Sätze, die jeder aufzusagen hatte, zum anderen offene Fragen wie etwa »Bitten Sie jemanden, Ihren Lieblingssong zu spielen« und »Bitten Sie einen Assistenten um irgendetwas, was Sie gern erledigt hätten«.

Die Boxen waren dabei abgeschaltet, sodass Alexa keinen Piep von sich gab, aber die sieben Mikrofone in jedem der Geräte zeichneten alles auf und streamten Aufnahmen auf Amazons Server. Schließlich ging ein weiteres Heer von Arbeitern die Aufnahmen händisch durch, kommentierte die Abschriften und markierte Fragen, die eine Maschine womöglich vor ein Rätsel stellten – zum Beispiel »Turn on *Hunger Games*« als Aufforderung an Alexa, den Jennifer-Lawrence-Film zu spielen –, damit Alexa beim nächsten Mal Bescheid wüsste.[17]

Die Bostoner Testreihe erwies sich als vielversprechend, und so weitete Amazon das Programm aus, indem man während der nächsten sechs Monate weitere Häuser und Wohnungen in Seattle und zehn anderen Städten anmietete, um die Stimmen und Sprachmuster Tausender bezahlter Freiwilliger aufzuzeichnen. Man erhielt so geradezu explosionsartig einen Atompilz von Daten im Hinblick auf das Platzieren der Geräte, auf akustische Umgebungen, Hintergrundgeräusche, regionale Akzente und auf all die unglaublich beliebigen Phrasen, mit denen ein Mensch eine schlichte Aufforderung ausdrücken konnte – etwa nach dem Wetter zu fragen oder etwas von Justin Timberlake hören zu wollen.

Der endlose Strom einer völlig willkürlichen Auswahl von Leuten, der durch diese Häuser und Wohnungen zog, ließ argwöhnische Nachbarn immer wieder mal die Polizei rufen. In einem Fall vermutete der Bewohner eines Bostoner Apartmentkomplexes einen Drogen- oder Prostituiertenring in der Nachbarwohnung und benachrichtigte die Polizei, die eingelassen zu werden verlangte. Die beunruhigten Tester lieferten eine vage Erklärung und führten die Polizisten durch die Räumlichkeiten, brachen danach jedoch die Arbeit dort ab. Gelegentlich kam es auch vor, dass einer der Leiharbeiter die ganze Situation und das merkwürdige Skript scheel beäugte, um schließlich die Teilnahme zu verweigern. Ein Amazon-Mitarbeiter, der mit der Kommentierung von Transkripten betraut war, erinnerte sich später, gehört zu haben, wie einer der Leute eine Sitzung unterbrach und sich flüsternd an einen vermeintlichen Lauscher wandte: »Das ist so was von dämlich. Das ist doch absolut peinlich!«

Amazon war das ganz und gar nicht peinlich. Bereits 2014 hatte man seinen Sprachdatenschatz um einen Faktor von 10.000 aufgestockt und damit die Datenlücke gegenüber Rivalen wie Apple und Google größtenteils geschlossen. Bezos war ganz aus dem Häuschen. Hart hatte ihn erst gar nicht um seinen Segen für das AMPED-Projekt gebeten, aber einige Wochen vor Start des Programms brachte er Bezos mit einem sechsseitigen Dokument auf den Stand der Dinge. Er beschrieb darin das Projekt und die Kosten: einen mehrstelligen Millionenbetrag. Bezos begann bei der Lektüre übers ganze Gesicht zu grinsen; wie weggewischt war der verdrossene Ausdruck der letzten Zeit. »Jetzt weiß ich, dass es dir ernst damit ist! Was machen wir als Nächstes?«

Nun, als Nächstes folgte Dopplers lang ersehnte Produktpräsentation. Bei achtzig, neunzig Wochenstunden musste das Team auf die Familie mehr oder weniger verzichten, und Bezos ließ nicht einen Augenblick locker. Er wollte alles bis ins letzte Detail sehen und stellte impulsiv eine neue Forderung nach der anderen. Eines für Seattle ungewöhnlich klaren Tages zum Beispiel – der Konferenzraum war ins Licht der untergehenden Sonne getaucht – fiel Bezos auf, dass ihm der Leuchtring oben auf dem Gerät nicht markant genug war, also ordnete er eine komplette Überarbeitung an. Fast als Einziger sprach er sich für ein Feature namens Voice Cast aus, das Alexa mit einem Fire Tablet verband, sofern eines in der Nähe war, sodass die Fragen an Alexa auf dem Bildschirm zu sehen waren. Als das Ingenieursteam das Feature sang- und klanglos verschwinden lassen wollte, bekam er das sofort mit und sagte seinen Leuten, es werde ohne das Feature keine Präsentation geben. (Letztlich machte kaum ein Benutzer davon Gebrauch.)

Aber er lag auch mit vielem richtig. Die Präsentation rückte schon näher, als eine Fraktion des Teams die Sorge äußerte, das Gerät könnte unter bestimmten Umständen – wie bei lauter Musik oder Gesprächslärm – die Kommandos nicht hören; also machten sie sich für den Einbau einer Fernbedienung stark. Als Vorbild diente ihnen dabei die von Fire TV. Bezos war dagegen, erklärte sich jedoch bereit, mit dem ersten Kontingent Lautsprecher auch eine Fernbedienung auszuliefern, um zu sehen, ob die Kunden sie benutzten.[18] (Taten sie nicht, worauf sie wieder verschwand.)

Außerdem verhinderte er eine Katastrophe, als es um die Taufe des Geräts ging. Vier Jahre lang war es hierin nicht zum Konsens gekommen. Endlos diskutierte man darüber, ob man beiden Komponenten Namen geben sollte, also sowohl der virtuellen Assistentin als auch der Hardware. Nachdem man sich für zwei Namen entschieden hatte, ging man endlos die Optionen für den Lautsprecher durch und einigte sich schließlich auf … Amazon Flash. Die täglichen Besprechungen liefen darauf unter dem Namen »Flash Briefings«; die Verpackungen mit Flash als Markenname waren bereits gedruckt.

Dann jedoch, nicht einmal einen Monat vor der Präsentation, sagte Bezos bei einem der Meetings: »Ich denke, wir können das besser.« Auf der Suche nach Ersatz entschloss man sich schließlich, den Namen von Alexas Echo-Feature zu mopsen, über das der Kunde Alexa bitten konnte, etwas – ein Wort, einen Satz – zu wiederholen. (Den Befehl für das Feature änderte man auf »Simon says«.) Für neue Verpackungen oder Bedienungsanleitungen freilich blieb keine Zeit mehr, sodass die ersten Kunden Alexa in schlichten schwarzen Kartons bekamen. Toni Reid, die Hart als Direktorin für die Produktpräsentation aus einer anderen Abteilung geholt hatte, musste die Bedienungsanleitung schreiben, ohne das Produkt beim Namen zu nennen. »Das ist eine Fertigkeit, die jeder haben sollte«, sagte sie.

Die Vorstellung des Amazon Echo am 6. November 2015 war von der Pleite des Fire Phone nur einige Monate früher geprägt. Es gab weder eine Pressekonferenz noch eine visionäre Ansprache von Bezos – überhaupt schien er seine halbherzigen Versuche, Steve Jobs' schwungvolle Produktvorstellungen zu imitieren, für immer aufgegeben zu haben. Er machte ganz den Eindruck, als wäre ihm mit dem neuen, von Understatement geprägten Ansatz bei Weitem wohler in seiner Haut. Das Team kündigte den Echo mit einer Presseverlautbarung und einer zweiminütigen Video-Erklärung auf YouTube an, die eine strahlende Familie beim Plausch mit Alexa zeigte. Die Amazon-Executives priesen das neue Gerät keineswegs als vollwertigen Konversationscomputer, sondern hoben bewusst einige Anwendungsbereiche heraus, deren Nützlichkeit sie sich sicher sein konnten, so etwa Nachrichten und Wetter, Timer-Funktionen, Einkaufslisten und Musik.

Man bat die Kundschaft, sich auf eine Warteliste für einen Echo setzen zu lassen, und sah sich diese unter Erwägung von allerhand Faktoren sorgfältig an: nutzten die Interessenten Amazon Music, besaßen sie einen Kindle et cetera. In der Erkenntnis, dass es sich hier um einen völlig unerforschten Markt handelte, bestellten sie zunächst gerade mal 80.000 Einheiten, was wenig war im Vergleich zu über 300.000 Fire Phones, und brachten diese innerhalb der nächsten Monaten unter die Leute. »Das Fire Phone hatte die Kunden zweifellos ein bisschen vorsichtiger gemacht«, sagte Greg Hart. »Es hatte uns dazu gebracht, alles immer wieder zu überdenken.«

Nach vier Jahren Entwicklungszeit argwöhnten mehr als ein Dutzend Doppler-Veteranen, der Amazon-Echo würde im Bereich Verbrauchertechnologie einen rauchenden Krater hinterlassen – gleich neben dem von Fire Phone. Am Tag der Präsentation saßen sie in ihrem neuen Bürokomplex im Prime-Building, ein paar Minuten zu Fuß von Fiona, in einem »War Room« und verfolgten, wie die Warteliste selbst ihre optimistischsten Hochrechnungen überstieg.

Inmitten ihrer »Nachtwache« wurde plötzlich jemandem klar, dass sie bei alledem einen wesentlichen Teil der Anerkennung versäumten. »Das war der Augenblick unserer Präsentation, und wir waren darauf nicht gefasst«, sagte Al Lindsay. Also zog eine gute Hundertschaft von Amazon-Leuten in eine Bar in der Nähe, um die lang ersehnte Feier nachzuholen; und eine Handvoll übernächtigter Executives machte dort an diesem Abend auch das Licht aus.

Im Verlauf der nächsten paar Wochen registrierten sich 109.000 Kunden für einen Echo. Neben der einen oder anderen verständlichen skeptischen Äußerung trudelten die positiven Rezensionen ein: »Ich habe eben mit der Zukunft gesprochen, und sie hat mir zugehört«[19] und »Das ist das innovativste Gerät, das Amazon seit Jahren vorgestellt hat«.[20] Bei Toni Reid und Greg Hart trafen E-Mails von Amazon-Angestellten ein mit der Bitte um Geräte für Angehörige und Freunde.

Nach Auslieferung des Echo konnte das Team nachverfolgen, wann die Geräte eingeschaltet wurden und dass die Leute sie tatsächlich nutzten. Bezos hatte mit seiner Eingebung recht behalten – es hatte etwas Magisches, zu Hause einen Computer aufzurufen, ohne das Display eines Smartphones zu berühren, ganz zu schweigen davon, dass es nützlich war, einen ansprechbaren Lautsprecher zu haben, der nicht nur Musik abspielen, sondern auch auf praktische Fragen antworten konnte (»Wie viele Tassen hat ein Liter?«), ja mit dem sich sogar schäkern ließ: »Alexa, bist du verheiratet?«

Viele aus dem Doppler-Team waren davon ausgegangen, jetzt erst einmal Luft holen zu können, womöglich sogar all die Überstunden abzufeiern, die sich angesammelt hatten. Wozu es freilich nicht kam. Statt dass sie von der rauen See erschöpft an den Strand wanken konnten, schlug gleich die nächste Welle über ihnen zusammen. Bezos folgte seinem Lehrbuch für Experimente, die vielversprechende Funken schlugen: Er schüttete sofort Benzin darauf. »Wir hatten einen Erfolg an der Hand, und damit war mein Leben nicht mehr das alte«, sagte Rohit Prasad, der zum Vice President befördert und schließlich auch noch in Amazons sagenumwobenen Führungskreis, das S-Team, aufgenommen wurde. »Ich kannte die Pläne für die Präsentation von Alexa und Echo«, sagte er. »Von den Plänen für die nächsten fünf Jahre hatte ich keine Ahnung.«

Im Verlauf der folgenden fünf Monate erfolgte das Roll-out von Alexas Skills Kit, das es anderen Firmen ermöglichte, sprachgesteuerte Apps für den Echo und für den Alexa Voice Service zu programmieren; damit konnten die Hersteller von Produkten wie Glühbirnen oder Weckern Alexa in ihre eigenen Geräte integrieren. Dann gab Bezos Greg Hart noch zu verstehen, dass das Team in wöchentlicher Folge mit neuen Features aufzuwarten hätte. Und da man keine Möglichkeit hatte, den Leuten hinsichtlich Updates Bescheid zu geben, sollte Amazon die Kunden Woche für Woche per E-Mail über neue Features für ihr Gerät informieren.

Bezos' Wunschliste wurde zum Produktplan – er wollte Alexa nicht nur überall sehen, sie sollte auch *alles* tun, und das *auf einmal*. Dienste, die man im Run auf die Präsentation beiseitegeschoben hatte, wie etwa über Alexa einzukaufen, hatten mit einem Mal höchste Priorität. Bezos orderte eine kleinere und billigere Version des Echo, ein kleines Ding von der Größe eines Eishockey-Pucks, den Echo Dot. Darüber hinaus wollte er noch eine tragbare, batteriebetriebene Version: den Amazon Tap. In einem Kommentar zum Wettlauf um einen virtuellen Assistenten mit Smart Speaker sagte Bezos ein Jahr nach Alexas Präsentation im Rahmen der alljährlichen Reihe von OP1-Planungsmeetings im Spätsommer: »Amazon kommt schon klar, selbst wenn uns jemand überholen sollte. Aber wäre es nicht unglaublich ärgerlich, wenn wir bei dieser Entwicklung nicht vorn lägen?«

Das Leben im Prime Building wie überhaupt in der wachsenden Zahl von Alexa-Büros im Bezirk South Lake Union wurde immer hektischer. Viele der neuen Features nickte man einfach nur ab, um Feedback sammeln zu können. Unter Start-ups im Silicon Valley bezeichnet man so etwas als »Minimalprodukt« *(Minimal Viable Product* oder *MVP)*. Jeff Wilke hatte bei Amazon statt MVP den Begriff MLP *(Minimal Lovable Product)* eingeführt. Seine Frage lautete: »Was würden wir mit Stolz auf den Markt bringen?« Es schien keine Rolle zu spielen, dass viele von Alexas Features wie der Sprachanruf ursprünglich unausgegoren waren und kaum genutzt wurden. Was zählte, war, dass Amazon 2015 über die Weihnachtsfeiertage eine Million Echos verkaufte.[21]

Das neue Motto der Division griff mit »Get Big Fast« den Slogan aus Amazons Anfangszeit wieder auf. Die Geschichte wiederholte sich. Eine Organisation von wenigen Hundert Mitarbeitern schwoll im ersten Jahr nach der Vorstellung des Produkts auf 1000 und in den nächsten fünf Jahren auf sage und schreibe 10.000 an. Die ganze Zeit über spritzte Bezos wie ein Pyromane Feuerzeugbenzin in die Flammen. So gab er im Januar 2016 schätzungsweise zehn Millionen Dollar für Amazons ersten Super-Bowl-Werbespot aus, in dem neben dem ehemaligen Quarterback der Miami Dolphins Dan Marino auch Alec Baldwin und Missy Elliott zu sehen waren.

Bei all der Aufmerksamkeit hatte man bei Amazon intern das Gefühl, dass die Alexa-Organisation nicht flink genug war. Greg Hart, der das Gerät auf der Basis einer E-Mail und einer Whiteboard-Skizze von Bezos praktisch aus dem Nichts geschaffen hatte, verließ die Abteilung, um bei der Leitung von Prime Video zu helfen. »Ich bin jeden Tag aufgestanden und habe mich drauf gefreut, Alexa zu schaffen«, sagte er Jahre später wehmütig. Aber als die Alexa-Gruppe dann rasant zu wachsen begann, »war sie wahrscheinlich in den Händen eines neuen Leiters besser aufgehoben«.

So nahm mit Mike George ein alter Günstling von Bezos seinen Platz ein, ein charismatischer kahlköpfiger Amazonianer in Cowboystiefeln mit einer Schwäche für Gesichtsbemalung, der gern mit einem plärrenden Amazon Tap unterm Arm zu den Meetings kam.

Mike George hatte, was Bezos als »fungible« – sprich universell einsetzbare – Energie bezeichnete. Im Lauf der Jahre schickte er ihn denn auch als Feuerwehrmann überall dorthin, wo loderndes Chaos zu löschen und Ordnung zu schaffen war – Personalwesen, Marktplatz, Ausgaben –, um ihn dann später mit seinen privaten philanthropischen Bemühungen, dem Day 1 Academies Fund, zu betrauen. Verschiedene Kollegen bezeichneten ihn liebevoll als »Raubein«, als »unverbesserliche Sportskanone« und als »aus demselben Holz geschnitzt wie Jeff«.

Mike George leitete Alexa nur ein Jahr lang, aber sein Wirken ist noch heute zu spüren. Da die Alexa-Abteilung nicht schnell genug Leute einstellen konnte, um ihren Bedarf zu decken, sorgte Amazon für eine Art unternehmensweite Rekrutierungsstrategie, in deren Rahmen man jedem Neuen – sei es bei AWS oder im Einzelhandel – bei der Einstellung alternativ auch einen Job bei Alexa anbot. Die betroffenen Manager waren alles andere als glücklich darüber, dringend benötigte Ingenieure zu verlieren, die sie gerade eingestellt zu haben meinten.

George sorgte darüber hinaus für eine dramatische Veränderung in Alexas Gruppenstruktur. Die Abteilung hatte als Organisation durchaus funktioniert mit ihren zentralisierten Teams für Programmierung, Produktmanagement und Marketing. Nur wuchs das Ganze für Bezos' Geschmack nicht organisch oder schnell genug. Also organisierte George Alexa anhand von Amazons altem Ideal der flinken und beweglichen »Zwei-Pizzen-Teams«, von denen jedes mit einem speziellen Bereich von Alexa betraut war: Musik, Wetter, Beleuchtung, Thermostate, Videogeräte et cetera.

Die Leitung eines solchen Teams hatte ein sogenannter Single-threaded Leader, der letztlich das Sagen und dann auch für das Abschneiden des Teams geradezustehen hatte. (Der Begriff kommt aus der Informatik, wo Single-threaded-Software Programme bezeichnet, die jeweils nur einen Befehl auf einmal ausführen können.) Alexa geriet schließlich – wie Amazon selbst – zu einem Konstrukt mit zahllosen autonom arbeitenden CEOs. Um sie alle zusammenzuspannen, sorgte George für die Abfassung eines »North-Star«-Dokuments, einer Art Referenz mit klaren Angaben über die Strategie einer globalen sprachgesteuerten Rechenplattform.

Bezos nickte diese Änderungen ab und kümmerte sich auch weiterhin persönlich um die Details, besuchte Produktbesprechungen und las den Update-Katalog sämtlicher Zwei-Pizzen-Teams, der ihm jeden Freitagabend vorzuliegen hatte. Er stellte dazu detaillierte Fragen oder wies auf Probleme hin, die dann von den Gruppen übers Wochenende zu beseitigen waren. Alexas Führungsriege geriet immer wieder zur Zielscheibe der im ganzen Unternehmen gefürchteten »Eskalations-E-Mails« des CEO, in denen Bezos – nur mit einem Fragezeichen versehen – die Beschwerde eines Kunden weiterleitete. Man hatte vierundzwanzig Stunden, um darauf zu reagieren. Darüber hinaus war er Alexas wesentlicher

Fürsprecher im Unternehmen. »Was tun denn Sie für Alexa?«, fragte er jeden seiner Executives, genau wie er das Jahre zuvor im Fall von AWS gemacht hatte. Jeder Einzelne im Unternehmen hatte Alexa in die OP1-Dokumente mit den jeweiligen Plänen fürs kommende Jahr aufzunehmen, die dem S-Team vorzulegen waren.

Gegen Ende 2016 gab Geräte-Chef Dave Limp firmenintern bekannt, dass Amazon mittlerweile weltweit die Nummer eins der verkauften Lautsprecher war. Acht Millionen amerikanische Haushalte hatten mittlerweile einen Echo oder Echo Dot. Womit der Kreuzzug gerechtfertigt war. Aber selbstverständlich genügte Bezos das nicht; er wollte Amazon als Nummer eins auf der Rangliste der KI-Firmen sehen, und in dieser Hinsicht hatte er bald ernsthafte Konkurrenz.

Im Herbst desselben Jahres brachte diese Konkurrenz mit Google Home eine intelligente Lautsprecherbox auf den Markt. Sie bot ein entschieden schmuckeres Bild – sie sah aus »wie etwas, in das man Sukkulenten pflanzen könnte«, wie *Wired* schrieb.[22] Außerdem hatte sie einen knackigeren Klang, und wie nicht weiter verwunderlich fand sie souverän jede Antwort im Web. Das Alexa-Team hatte »Jahr für Jahr nur darauf gewartet, dass zu Weihnachten entweder Apple oder Google etwas ankündigen würde, und immer wenn es wieder nicht dazu gekommen war, klatschten wir ab«, sagte der ehemalige Alexa-Chef Charlie Kindel. Beide Unternehmen mochten hochgradig allergisch gegen Nachahmerprodukte sein, letztendlich konnten sie dem rasant wachsenden Smart-Speaker-Markt jedoch nicht widerstehen.

Das freilich erhöhte den Druck auf das Alexa-Team, das damit nicht nur schneller vorankommen, sondern auch vorn bleiben musste, was neue Features und Hardware-Varianten anging. Anfang 2017 bekam Bezos eine E-Mail von einem schwedischen Kunden, der wissen wollte, warum Amazon auf die Entwicklung sprachspezifischer Versionen von Alexa wartete, bevor man den Echo in Europa auf den Markt brachte. Man könne das Gerät doch einfach erst mal überall in der englischen Version verkaufen? Die Idee an sich hatte längst auf Amazons Meilensteinplan gestanden, aber keine Priorität gehabt. Einem seiner Executives zufolge traf besagte E-Mail um zwei Uhr morgens in Seattle ein, und schon am nächsten Vormittag war ein halbes Dutzend unabhängiger Gruppen damit beschäftigt, Alexa in 80 neuen Länder zu verkaufen.[23]

Später dann sollten Alexa-Executives behaupten, Bezos' enge Verbundenheit mit dem Projekt hätte ihnen zwar das Leben schwerer gemacht, aber auch zu enormen Resultaten geführt. Jeff »gab uns Freiheit und grünes Licht für so einiges, was wir machen mussten, um schneller und größer zu werden«, sagte Toni Reid. »Es ist recht einfach, sich selbst zu reglementieren oder zu überlegen, wie man bestehende Ressourcen einsetzen soll ... Manchmal weiß man einfach nicht, wo die Grenzen sind. Jeffs Willen zufolge sollten wir uns in keiner Weise eingeschränkt fühlen.«

Freilich hatten das irrwitzige Tempo und das rasante Wachstum auch ihre Nachteile. So sah zum Beispiel Alexas Smartphone-App aus, als hätte ein Designstudent sie nachts auf einer Kneipentour gemacht. Installation, Einrichtung und Vernetzung des Echo im eigenen Zuhause waren weit komplizierter, als sie hätten sein müssen. Außerdem war es verwirrend und schwierig, Befehle so zu formulieren, dass die Nutzer auf externe Anwendungen oder spezielle Features zugreifen konnten.

Der dezentralisierte und chaotische Ansatz – zahllose Zwei-Pizzen-Teams unter Leitung je eines Single-threaded Leaders – führte dazu, dass der eine oder andere Aspekt zu komplex geriet. Grundlegende Aufgaben, wie etwa die Einrichtung des Geräts und der Anschluss smarter Haushaltsgeräte waren »eine Quälerei für den Kunden, es tat richtig weh«, sagte Tom Taylor, ein Amazon-Executive von ausgeglichenem, wenn auch sardonischem Naturell, der 2017 den Posten des Alexa-Chefs von Mike George übernahm. Er machte sich daran, »all die Stellen in unserer Organisationstruktur zu finden, unter denen der Kunde litt«.

Es gab jedoch eine Menge Turbulenzen, die Taylor und seine Kollegen nicht zu beruhigen vermochten. So führte im März 2018 ein Bug dazu, dass Alexa überall auf der Welt immer wieder mal ganz spontan in irres Gelächter ausbrach.[24] Einige Monate später zeichnete Echo versehentlich die Privatgespräche eines Paars in Portland, Oregon, auf und schickte die Aufzeichnung einem der Angestellten des Ehemanns in

Seattle, dessen Telefonnummer im Adressbuch stand. Amazon entschuldigte das damit, dass das Gerät wohl einen Weckbefehl gehört haben müsste und anschließend eine Reihe von Befehlen, das Gespräch aufzuzeichnen und zu verschicken. Es handele sich um einen »extrem seltenen Vorfall«, sagte das Unternehmen und versprach: »So unwahrscheinlich diese Folge von Ereignissen an sich schon ist, wir sind bereits bei der Auswertung von Möglichkeiten, einen solchen Fall noch unwahrscheinlicher zu machen.« Nach diesem Zwischenfall hatten die Mitarbeiter einen »Fehlerkorrektur«-Bericht einzureichen, der einen Zwischenfall im Detail analysiert und dann seiner Ursache auf den Grund zu gehen versucht, indem sie schrittweise die »die fünf Warums« durchgingen, eine Abfolge von Fragen und Antworten. Das Memo ging dann bis hinauf zu Bezos. Es beschrieb, was passiert war, und sprach eine Empfehlung aus, wie der Fehler, der das Problem ausgelöst hatte, zu beheben sei.

Einige Fehler freilich waren nicht zu beheben, wie etwa Alexas Neigung, den Weihnachtsmann zu killen – jedenfalls in den Augen jüngerer Nutzer. Zu einem dieser Zwischenfälle kam es im Rahmen des Alexa-Prize-Wettbewerbs, den Amazon an Colleges ausgelobt hatte. Es ging dabei um die Entwicklung eines Chatbots, der in der Lage wäre, eine niveauvolle Unterhaltung mit mehreren Teilnehmern zu führen. Wenn die Benutzer sagten: »Alexa, lass uns plaudern«, konnten sie sich mit einem der Chatbots unterhalten und dessen Leistung dann bewerten. Während des ersten Wettbewerbs dieser Art 2017 holte sich der Chatbot der University of Washington einige seiner Antworten aus dem Online-Forum Reddit und ließ ein Kind versehentlich wissen, dass der Weihnachtsmann ein Mythos sei. Die Eltern beschwerten sich, und man zog den Chatbot (der später den mit 500.000 Dollar dotierten Preis gewann) vorübergehend aus dem Verkehr.

Die immer wieder mal auftretenden Probleme mit Alexa unterstrichen zum einen, wie weit man gekommen war, zum anderen, wie weit man noch zu gehen hatte. Wie auch immer, 2019 hatte Amazon 100 Millionen Echos unter die Leute gebracht. Binnen eines Jahrzehnts war damit ein aus Bezos' Liebe zur Science-Fiction und seiner Erfindungsfreude geborener Artikel zu einem weltweit anerkannten Produkt geworden, dessen Macken und Herausforderungen an konventionelle Vorstellungen von Privatsphäre ständig in den Medien waren.

Aber Alexa war eben immer noch nicht der Gesprächspartner, den Bezos und Rohit Prasad sich ursprünglich erhofft hatten. Und auch wenn das Gerät eine kleine Heimindustrie von Start-ups und anderen Firmen ins Leben gerufen hatte, die ihre Hoffnungen an sprachgesteuerte Geräte und Dienste knüpften, wurden Alexas als »Skills« bezeichnete Add-ons nicht allzu viel genutzt, und die Einkünfte der Entwickler waren im Vergleich zu dem, was Apps in den Stores von Apples und Google brachten, noch eher karg.

Bezos glaubte fest daran, dass all das in den nächsten paar Jahren Wirklichkeit würde. Die Beeindruckten unter Amazons Fans und Mitarbeitern, die miterlebt hatten, wie er Alexa praktisch kraft seines Willens aus dem Nichts geschaffen hatte, waren der festen Überzeugung, der CEO könne in die Zukunft sehen. Aber zumindest in einer Hinsicht konnte er das eben nicht.

2016 verfolgte er die Entwicklung des Echo Show, des ersten Alexa-Geräts mit Bildschirm. Die mit dem Projekt betrauten Executives erinnerten sich, dass Bezos Alexa bei mehreren solcher Gelegenheiten ein Video zu spielen bat, das einen gewissen Präsidentschaftskandidaten der Republikaner durch den Kakao zog.

»Alexa, zeig mir das Video ›Donald Trump sagt China‹«, sagte er, oder: »Alexa, spiel Stephen Colberts Monolog von gestern Abend.« Dann »brach er in schallendes Gelächter aus«, sagte ein Vice President, der bei den Vorführungen mit dabei war.

Bezos hatte keine Ahnung, was da auf ihn zukam.

Kapitel 2

Langweilig genug, um keine Aufmerksamkeit zu erregen

Im November 2012, als Donald Trump noch seine Reality-TV-Sendung hatte und der erste Prototyp von Alexa kurz vor dem Einzug in die Wohnzimmer – von Amazon-Mitarbeitern – stand, stellte Charlie Rose in seiner Talkshow Jeff Bezos die Frage, die mittlerweile bei Journalisten zum Standardrepertoire gehörte: ob Amazon nun auch Ladengeschäfte kaufen oder aufmachen würde? »Nur wenn wir ein Konzept finden, mit dem wir uns deutlich von anderen unterscheiden«, sagte Bezos. »Wir wollen etwas machen, das nur Amazon macht. Wir haben bislang noch nichts gefunden, aber wenn wir auf ein Konzept dieser Art stoßen, ja, warum nicht.«[25]

Diese Antwort entsprach nur teilweise der Wahrheit, da bei Amazon längst – unter Bezos' persönlicher Leitung – ein kleines Team über einem neuen Konzept für eine Kette von Ladengeschäften saß. Man bereitete damit etwas vor, was sich als eine der überspanntesten und teuersten Wetten in der Geschichte des Unternehmens erweisen sollte.

Zu der Zeit beobachtete Bezos nicht nur, wie zunehmende Rechenleistung und abnehmende Rechenkosten Computern zum Verständnis menschlicher Sprache verhalfen. Er verfolgte auch das Potenzial von Computern, mittels Kameras tatsächlich zu sehen, das heißt Bilder und Videoaufzeichnungen zu erkennen und zu verstehen. Etwas früher in diesem Jahr hatte Bezos seinen leitenden Ingenieuren einen Artikel der *New York Times* zugeschickt, der beschrieb, wie ein Google-Supercomputer sich anhand von zehn Millionen Fotos beigebracht hatte, Katzen zu erkennen.[26] »Jeff hat fest daran geglaubt, dass es sich da um einen wirklich wichtigen Trend handelte, den wir im Auge behalten sollten«, sagte Joseph Sirosh, seinerzeit Technischer Direktor von Amazons Einzelhandelsgeschäft. »Er begann sich damals nicht nur für die Spracherkennung per Computer zu begeistern, sondern auch für Computervision zu interessieren.«

Die Faszination eines »sehenden« Computers im Verein mit Bezos' Vision, mithilfe von Amazons Vorsprung in der Cloud die Grenzen künstlicher Intelligenz neu zu stecken, beflügelte einmal mehr die fruchtbare Fantasie des CEO. Laut Statistischem Bundesamt tätigten die Amerikaner mehr als 90 Prozent ihrer Einkäufe in einem Ladengeschäft. Womöglich gab es ja eine Möglichkeit, dieses Potenzial über ein – mithilfe neuer Technologien wie Computervision und Robotik – komplett auf Selbstbedienung umgestelltes Ladengeschäft anzuzapfen.

Dieses eher vage Konzept legte Bezos 2012 bei einem Meeting abseits vom Amazon-Campus dem S-Team vor. Bezos' engster, handverlesener Führungskreis traf sich jährlich zu solchen Brainstorming-Sessions, im einen oder anderen bequem gelegenen Firmenretreat, um auf neue Ideen zu kommen und die Bedeutung von Amazons Maxime »Think Big« zu beschwören. Jedes Mitglied des Kreises hatte in einem Aufsatz eine Idee zur Erweiterung von Amazons Geschäft auszuführen.

Den Aussagen der Executives nach zu urteilen, die sich mit der Entwicklung der gestellten Aufgabe betraut sahen, legte Bezos großes Gewicht auf die Möglichkeit, mit einem Selbstbedienungssupermarkt ins Ladengeschäft einzusteigen. Zum Chef des Projekts ernannte er Steve Kessel, seine rechte Hand, die vor nunmehr fast einem Jahrzehnt den Kindle zu entwickeln begann. Kessel, der in Dartmouth aufs College gegangen war und in seiner Freizeit Eishockey spielte, war seit 1999 bei Amazon. Bei einer Auszeit in Südfrankreich sprach er den neuen Job mit der Familie durch. Seine Aufgabe bestand darin, konzentriert beziehungsweise mit einem »Single-threaded-Fokus«, wie das in »Amazonspeak« hieß, die Entwicklung einer Kette innovativer Ladengeschäfte anzugehen. Als Managerin des Projekts konnte Kessel Gianna Puerini gewinnen, die als Vice President jahrelang Amazons Homepage sowie die dort ausgesprochenen Empfehlungen – etwa für Filme und Musik – betreut hatte.

Puerini, die Gattin des S-Team-Mitglieds Brian Valentine, war damals bereits im Ruhestand und durchaus zufrieden damit, als Maklerin in Seattle und Umgebung Häuser zu restaurieren und wieder an den Mann zu bringen; sie hatte weder vorgehabt, wieder wirklich zu arbeiten, noch hatte sie es nötig. Aber wie sie selbst sagte, konnte sie Kessels Pitch nicht widerstehen. »Als ich Steve fragte ›Warum ich?‹, war mir mit das Wichtigste an seiner Antwort, dass ich seiner Ansicht nach bei allem, was wir gemeinsam haben, Probleme aus einer anderen Perspektive angehe und vieles schlicht anders sehe«, sagte Puerini. »Was mich ansprach, war seine Art, unterschiedliche Perspektiven und Denkprozesse zu akzeptieren … Ich glaube, ich habe Steve noch am selben Abend gemailt und gesagt: ›Ich bin dabei!‹«

Bezos' Technischer Berater zu der Zeit, Dilip Kumar, der Nachfolger von Greg Hart in der begehrten Rolle als persönlicher Adjutant, stieß Anfang 2013 zu Kessel und Puerini, um die technische Seite des Projekts zu betreuen. Da die traditionellen Einzelhändler Bezos' Ansicht nach glänzende Arbeit leisteten, hatte ihr Konzept höchste Ansprüche zu erfüllen, bevor an einen Start überhaupt zu denken war. »Jeff stellte von Anfang an klar, dass er nicht einfach irgendeinen Laden bauen wollte. Er wollte etwas Disruptives, etwas, das zuvor noch keiner versucht hatte – etwas, das die Art, in der Ladengeschäfte seit Hunderten von Jahren arbeiteten, völlig auf den Kopf stellte«, sagte Bali Raghavan, einer der ersten Technischen Direktoren.

Das Projekt sollte geheim bleiben; selbst andere Amazon-Mitarbeiter sollten davon nichts erfahren. Und so richtete sich das Team denn auch über einem Sportartikelgeschäft in einem anonymen sechsgeschossigen Gebäude in der Westlake Avenue ein. Eine von Puerinis ersten Aufgaben bestand in der Auswahl eines Decknamens, der langweilig genug war, um keine Aufmerksamkeit zu erregen. Die ersten paar Jahre operierte das Team unter dem Kürzel IHM, was für den unsinnigen Begriff »Inventory Health Management« stand. Erst viel später, nach Jahren mühselig erarbeiteten Fortschritts, sollte das Projekt unter dem Namen des Geschäfts firmieren, an dem man arbeitete und das schließlich in fast jeder Großstadt Nordamerikas zu finden sein sollte: Amazon Go.

In den ersten Wochen, in denen eine Brainstorming-Session die andere jagte, überlegte die IHM-Crew, was man eigentlich entwickeln wollte: Kaufhäuser im Stil von Macy's, Elektronikhäuser oder Supercenters im Walmart-Stil. Bezos hatte keine spezielle Meinung dazu, was man verkaufen sollte, nur dass er den traditionellen Einzelhandel aufmischen wollte. Eine der wieder verworfenen Ideen sah zweigeschossige Outlets vor, in der im Obergeschoss mobile Roboter die Ware zusammensuchten; Fließbänder und weitere Roboter sollten sie dann den unten im Auto wartenden Kunden zuführen.

Wie Amazons Executives nimmermüde, um nicht zu sagen zwanghaft beteuern, beginnt man bei den Bedürfnissen des Kunden und »arbeitet dann rückwärts«. Bei der Analyse des Einkaufs im traditionellen Geschäft stellte Puerinis Team eine Liste seiner Vorteile auf, so etwa die augenblickliche Befriedigung, mit der gewünschten Ware aus dem Haus zu gehen. Daneben entstand eine Liste mit den Nachteilen, auf der ganz oben die Frustration wegen langer Warteschlangen an der Kasse stand. »Die Leute haben einen vollen Tag«, sagte Puerini, »sie würden wahrscheinlich lieber was anderes tun.«

Nach monatelangen Recherchen in Sachen Kundenbedürfnisse und technologischer Machbarkeit kamen die Typ-A-Persönlichkeiten des auf Umbruch sinnenden Teams zu der Ansicht, dass das Problem des Anstehens an der Kasse mit Technologie zu lösen sei. Den Leuten zufolge, die die von Bezos handschriftlich am Rand bekritzelten PR-FAQs aus der Zeit zu sehen bekamen, prägte man damals mit dem Begriff »Just-walk-out-Technologie« den Namen für ein System, das es noch gar nicht gab. Nachdem man das Ergebnis vor Augen hatte, versuchte man, ein System zu erfinden, mit dem Kunden sich die gewünschte Ware selbst aus dem Regal holen und beim Verlassen des Ladens automatisch abkassiert werden konnten, ohne auch nur einen Augenblick anstehen zu müssen.

Begeistert nickte Bezos den Ansatz 2013 ab, ohne auch nur ahnen zu können, dass es fünf ebenso harte wie teure Jahre der Recherche dauern würde, um ihn zu verwirklichen. »Ich glaube, anfangs wussten selbst die Wissenschaftler nicht so recht, ob sich das tatsächlich durchziehen ließ«, sagte Doug Harrington, Amazons Senior Vice President für das nordamerikanische Online-Geschäft.

Zunächst erwogen die mit Amazon Go betrauten Ingenieure den Einsatz von RFID-Chips in der Verpackung der Artikel, um zu verfolgen, was im Einzelnen aus dem Regal genommen wird. Oder sollte man die Kunden die Barcodes der Artikel einscannen lassen? Aber so einfach wollte Bezos es ihnen nicht machen; er wollte Innovationen auf dem Gebiet der Computervision sehen, die er für so wichtig für Amazons Zukunft hielt. Also einigte man sich denn auf Kameras an der Decke und Algorithmen hinter den Kulissen, die zu erkennen versuchten, wenn Kunden sich für einen Artikel entschieden hatten, um dann ihr Konto mit dem Preis zu belasten. In den Regalen versteckte Waagen konnten ebenfalls verlässliche Auskunft darüber geben, wenn ein Artikel entfernt wurde, und bestätigten, wer was kaufte.

Während der nächsten fünf Jahre heuerte Dilip Kumar Fachkräfte von außen an, so etwa den renommierten Spezialisten für Computervision von der University of Southern California, Gérard Medioni, der mit so komplexen Technologien wie Amazons Preisalgorithmen befasst war. Das Team stand vor der härtesten Feuerprobe, die man bei Amazon kannte, einem »Jeff-Projekt«, einem Unterfangen mit anderen Worten, das die volle Aufmerksamkeit des stets neugierigen und anspruchsvollen Chefs genoss. Siebzig, achtzig Wochenstunden waren ebenso normal wie der ständige Kampf mit Deadlines und den Grenzen des wissenschaftlich Machbaren. Nachts und über die Wochenenden beantworteten sie E-Mails, verfassten sechsseitige Narrative und bereiteten sich wie ihre Pendants bei den gleichzeitig vorangetriebenen Projekten Alexa und Fire Phone unablässig auf Bezos' regelmäßige Reviews vor. »Wir lebten alle wie in einer Höhle«, sagte der Technische Direktor Bali Raghavan.

Gegen Ende 2013 beschloss man dann, sich auf Lebensmittel zu konzentrieren. Dem Food Marketing Institute zufolge kauften Amerikaner 2013 im Durchschnitt nur einige Male im Jahr Kleidung und Elektronik ein; Lebensmittel dagegen kauften sie 1,7-mal die Woche, wodurch das unbequeme Warten an der Kasse sich multiplizierte. Das Go-Team begann Manager mit Erfahrungen in der Lebensmittelbranche einzustellen, die man bat, von der Änderung ihres LinkedIn-Profils abzusehen. Man stattete sie mit anonymen Handys und Kreditkarten aus, die nicht auf Amazon zurückzuführen waren. »Anfangs hatte das was von 007, man kam sich richtig cool und wichtig vor«, sagte Steve Lamontagne, ein Veteran der Lebensmittelketten Albertsons und SuperValu. »Ist aber ein einsames Arbeiten, vor allem wenn man die Kontakte nicht einsetzen darf, die man sich über Jahrzehnte aufgebaut hat.«

Alle paar Wochen legte das Go-Team Jeff Bezos seine Fortschritte vor. Zu einem erwähnenswerten Meeting kam es am 24. Juni 2014 zu fortgeschrittener Stunde. Einige Mitglieder des Teams haben es in besonderer Erinnerung, weil Amazon an dem Tag die Quartalszahlen bekannt gab, worauf die Aktie um 10 Prozent sank – der tiefste Sturz in einem Jahr, in dem Amazon vom Flop des Fire Phone und einem eher lauen Zuwachs gebeutelt wurde. Aber Bezos blieb unbeirrt. Während er durchaus der gnadenlose Boss sein konnte, der seine Mitarbeiter in Angst und Schrecken versetzte, wenn sie seine hohen Anforderungen nicht erfüllten, schien er ein ungewöhnliches Maß an Geduld für all die zu haben, die mit der schwierigen Kunst der Erfindung befasst waren. »Wenn der Mann sich wirklich über was hätte aufregen können, dann waren das wir«, sagte Lamontagne. »Wann immer ich dabei war, hat er uns nicht ein einziges Mal gefragt: ›Wie viel wird mich das denn kosten?‹, oder: ›Können wir bis dann und dann damit Geld verdienen?‹ Er sah uns nur an und meinte: ›Ich weiß, dass das schwer ist und dass es einen aufreibt, etwas Neues erfinden zu sollen. Aber ihr seid auf dem richtigen Weg.‹«

Die Go-Executives stellten sich große Ladengeschäfte von etwa 3000 Quadratmetern vor, also in etwa von der Größe eines Vorstadtsupermarkts. Nach einigen Monaten kamen sie zu dem Schluss, ein solcher Megamarkt sei doch etwas zu ambitioniert, und verringerten die Verkaufsfläche um die Hälfte. Der Lebensmittelmarkt mittlerer Größe würde einen Mix aus Dienstleistungen anbieten, nicht nur reihenweise Regale mit Artikeln zum Mitnehmen, sondern auch Baristas sowie Käse- und Fleischtheken. Die Mitarbeiter stellten sich ein ebenso angenehmes wie einladendes Erlebnis vor; besonders ins Herz schlossen sie die Vorstellung, warme Mahlzeiten und Kaffee zu servieren. Puerinis Team designte den ersten Konzeptstore in einem ihrer Konferenzräume mit Bauklötzen, gewöhnlichen Amazon-Bücherregalen und »Türschreibtischen«, um eine abstrakte Vorstellung vom möglichen Verhalten der Kundschaft in einer solchen Umgebung zu bekommen.

Als das Projekt sich Mitte 2015 einem erhofften Präsentationstermin näherte, mietete Amazon anonym das Erdgeschoss eines neuen Luxus-Apartmentblocks in Seattles Nobelgegend Capitol Hill. Die bei der Stadt zur Genehmigung eingereichten Pläne umfassten unter anderem eine große Obst- und Gemüseabteilung, Kühleinrichtungen für Molkereiprodukte sowie eine Küche zur Zubereitung frischer Nahrungsmittel vor Ort. Schließlich legte das Go-Team seine Pläne Bezos zur Unterschrift vor. Es sollte ein typisches »Jeff-Meeting« werden – endlos umgeschriebene und aufpolierte Narrative, der Präsentationstag bis ins Kleinste choreografiert, und jeder hielt den Atem an und hoffte, dass alles glattging.

Zur Vorführung ihres Konzepts mieteten sie ein Lagergebäude in South Seattle, gar nicht so weit von der Starbucks-Zentrale, und bauten einen Teil des Erdgeschosses zur fast 1500 Quadratmeter großen Attrappe eines Supermarkts um: Sperrholzwände rundum markierten die Umrisse der Räumlichkeit, die Modulregale ließen sich beliebig verstellen, Drehkreuze simulierten die Technologie, die das Smartphone des Kunden scannte, wenn er den Laden betrat. Bezos und die Leute aus dem S-Team kamen und nahmen an einem herbeigeschafften Konferenztisch Platz, um das sechsseitige Narrativ zu studieren.

Wie üblich bei solchen Sitzungen ließ Bezos sich bei der Lektüre mehr Zeit als die meisten anderen; er schien jeden Satz durchzukauen. Als er etwa zu Hälfte durch war, legte er das Dokument auf den Tisch und meinte: »Wisst ihr was, gehen wir doch einkaufen!« Dann führte er das S-Team durch die Ladenattrappe. Sie schoben Einkaufswagen durch die Regalreihen, die mit Konserven sowie Obst und Gemüse aus Plastik gefüllt waren. Mitarbeiter aus dem Go-Team posierten als Baristas, Fleischer und Käseverkäufer, bedienten und addierten die gekauften Artikel auf imaginären Bons.

Alles schien wie geplant zu verlaufen, aber als man sich hinterher wieder in dem provisorischen Konferenzraum einfand, sagte Bezos seinen Leuten, sie hätten zwar gute Arbeit geleistet, aber irgendwie sei ihm das Einkaufserlebnis zu kompliziert. So müsse die Kundschaft bei Fleisch und Fisch immer wieder anstehen, bei Obst darauf warten, bis es gewogen und auf den Bon gesetzt war – das stehe doch im krassen Gegensatz zum wesentlichen Verkaufsargument ihres Stores, laut dem es keine zeitraubenden Schlangen gab. Seiner Ansicht nach bestand der Zauber darin, den Laden zu verlassen, ohne irgendwo anstehen zu müssen – was er als physisches Gegenstück zu Amazons berühmtem Ein-Klick-Einkauf betrachtete. Dieses Konzept sollte auch hier im Mittelpunkt stehen, das Einkaufserlebnis sollte schlanker und simpler sein. »Das Ganze war typisch Amazon: ›Wir sind begeistert – krempeln wir doch alles um!‹«, erinnerte sich Kristi Coulter, die als Brand-Designerin am Projekt beteiligt war.

Wieder im Büro, scharte Steve Kessel seine Leute um sich und ließ sie wissen: Man würde Frischobst, Gemüse, Fleisch und Käse vergessen und in Richtung eines kleineren Formats von der Art eines Mini-Markts gehen. So stand das Ladengeschäft in Capitol Hill, in dem man einen Supermarkt mittlerer Größe hätte aufziehen wollen, während der nächsten fünf Jahre leer, die Schaufenster mit Packpapier abgeklebt – und das im Herzen eines der belebtesten Viertel von Seattle.

Anfang 2016 sah sich das Amazon-Go-Projekt an einem kritischen Punkt: Der weitere Weg würde nicht nur schwierig, sondern auch kostspielig sein. Kessel berief ein weiteres Meeting der Go-Executives ein und fragte sie, ob man ihrer Ansicht nach weitermachen, das Projekt in einer F&E-Phase heranreifen lassen oder einfach aufhören sollte. So skeptisch einige der Executives waren, letztlich war man sich doch einig – es sollte weitergehen.

Einige Ingenieure waren erleichtert darüber, dass man Abstriche bei der Komplexität der Stores machte, indem man Artikel mit variablen Größen wie Gewicht und Preis – etwa Steaks – aus dem Angebot nahm. Andere waren ausgepowert nach zwei Jahren endloser Schinderei; sie kamen sich vor wie Sklaven einer aggressiven Persönlichkeit, die sie gnadenlos antrieb und mit künstlichen Deadlines immer wieder für Sprints sorgte, obwohl das Rennen längst zum mörderischen Marathon geraten war. Überraschenderweise war es diesmal nicht Bezos selbst, der all die typischen Züge an den Tag legte, die ein erfolgreicher Amazon-Executive brauchte, sondern sein ehemaliger TB Dilip Kumar, der Mann, der an der Seite des CEO in die Lehre gegangen war.

Kumar stammte aus Indien, aus dem Distrikt Salem, und war der Sohn eines Drei-Sterne-Generals. Entsprechend war die Familie seine ganze Kindheit hindurch umhergezogen und hatte »zwei Jahre überall« gewohnt, wie er selbst es ausdrückt. Kumar besuchte das renommierte Indian Institute of Technology und ging 1994 in die USA, um an der Penn State University seinen Master in Informatik und Technik zu machen, dem er dann noch einen MBA an der Wharton School folgen ließ. Er stieß 2003 zu Amazon, als das Unternehmen vom Platzen der Dot.com-Blase noch ganz benommen war. Um Stress abzubauen, schloss Kumar sich in einem der Konferenzräume ein und lernte Jonglieren; außerdem trat er bei Open-Mike-Nights als Stand-up-Comedian auf.

Kumar lebte nach einigen Aspekten des Amazon-Führungsmusters, das Bezos in seiner stürmischeren Anfangszeit als CEO geprägt hatte: von Ehrgeiz getrieben, vom Kunden besessen, IQ über EQ, schiere Willenskraft über natürliche Führungsqualitäten. Kollegen bescheinigen Kumar neben einem bemerkenswerten Erinnerungsvermögen ganz allgemein auch ein unglaubliches Gedächtnis selbst für die komplexesten technischen Details. Außerdem hat er ihrer Ansicht nach für ein Arbeitsumfeld gesorgt, in dem Erfolg die einzige Option ist. Wie jeder andere von Amazons Führungskräften hatte er die vierzehn Führungsprinzipien aus dem Effeff parat – und wie sein Boss war er der festen Überzeugung, dass gute Entscheidungen nur über die leidenschaftliche Debatte besonders hartnäckiger Probleme zu fällen seien. »Wenn ich zwischen Eintracht und Konflikt zu wählen habe, entscheide ich mich allemal für den Konflikt«, sagte Bezos immer wieder. »Der führt durch die Bank zum besseren Resultat.«

Im Gegensatz zu Bezos jedoch sparte Kumar Kollegen zufolge am Arbeitsplatz nicht mit Flüchen und Beschimpfungen. Sie erinnern sich an lautstarke Kollisionen mit Gianna Puerini und dass Steve Kessel einmal dazwischenging. Allerdings habe er die beiden nicht getrennt, sondern lediglich gebeten, ihren Streit etwas leiser auszutragen. »Wenn er nett zu einem war, dann hieß das, dass man nicht zählte«, sagte einer der wissenschaftlichen Chefs des Projekts. Und Bali Raghavan fügte dem hinzu: »Das war schon heftig, mit ihm zu arbeiten, er konnte mich zur Raserei bringen. Aber er kitzelt auch das Beste aus einem raus.« Dasselbe war auch immer wieder über Jeff Bezos zu hören.

Nachdem die Go-Executives sich zum Weitermachen entschieden hatten, sollte Kumar seinen Ehrgeiz denn auch nicht weniger brauchen als sein bissiges Genie. Nach der unseligen Vorführung für Bezos und das S-Team reduzierte die Go-Gruppe das Projekt auf einen Supermarkt von der Größe eines 7-Eleven, was es ihnen erlaubte, sich ganz auf die technologischen Möglichkeiten zu konzentrieren. Im Erdgeschoss eines neuen Amazon-Gebäudes mit dem Spitznamen »Otter« bauten sich Kumars Ingenieure ein geheimes Labor. Und obwohl der Zutritt dazu nur von innerhalb des Gebäudes möglich war, mussten die Mitarbeiter noch zwei mit Schlüsselkartensystemen bewehrte Türen passieren. Die Regale waren mit Lebensmittelattrappen aus Ton und Styropor gefüllt; als Salat diente geschreddertes grünes Tonpapier.

Immer wieder forderte Kumar die Go-Mitarbeiter zur Überlistung der Kameras an der Decke und der Computervision und ihrer Algorithmen auf. So rückten sie mal in schweren Mänteln, mal auf Krücken, mal im Rollstuhl an. Eines Tages sollten sie alle mit einem Regenschirm kommen, um zu sehen, ob sich damit den Kameras die Sicht nehmen ließ; ein andermal trugen sämtliche Mitarbeiter Trikots der Seattle Seahawks, um die Algorithmen durcheinanderzubringen, die die Kundschaft nicht zuletzt anhand der Farbe ihrer Kleidung unterschieden.

Die Herausforderung bestand darin, der Technologie, die sich gar nicht so oft täuschen ließ, auch noch die ärgerlichen Unzulänglichkeiten abzugewöhnen, für die ein Einsatz im großen Stil sorgen könnte. Veränderungen bei der Beleuchtung des Ladens und vorbeiziehende Schatten, die Tiefe der Anordnung von Artikeln in den Regalen, Hände und Körper vor den maßgeschneiderten Etiketten auf den Artikeln, all das verwirrte das System durchaus. Eine besondere Herausforderung waren kleine Kinder: sie waren zu klein und für den Computer schwierig von ihren Eltern zu unterscheiden; abgesehen davon stellten sie allerhand »anomalen Unfug« im Laden an. Und dann nahmen Erwachsene sie womöglich auch noch auf die Schultern, hielten sie im Arm, schoben sie im Kinderwagen vor sich her – all das konnte die Algorithmen bei der Identifizierung der Kunden durchaus weiter verwirren, die schließlich darüber entschieden, wem die Ware berechnet wurde.

So verbissen sich Kumar und seine Ingenieure um all das kümmerten, Bezos und Kessel begannen allmählich mit den Hufen zu scharren. Nach drei Jahren intensiver Arbeit hatte Amazon noch nicht ein einziges Geschäft eröffnet. So schuf man denn, getreu der bei Amazon üblichen Art des Erfindens, separate Teams zur Erreichung desselben Ziels: das Unternehmen in das unermessliche Reich des physischen Einzelhandels einzuführen. Bezos sagte gern, Amazon sei »stur bei der Vision, flexibel beim Detail«, und das hier war die beste Illustration dieser Maxime: mehrere Gruppen arbeiteten praktisch parallel, will sagen letztlich in Konkurrenz miteinander, an der Lösung des Problems eines kassenlosen Supermarkts und damit der Erfüllung des »Just-walk-out«-Ideals.

Kumars Gruppe arbeitete weiter mit Hochdruck an der Entwicklung eines Ladens mit in Decke und Regale eingebauter futuristischer Technologie. Kessel beauftragte derweilen Jeremy De Bonet, einen von Amazons technischen Direktoren in der Bostoner Dependance, mit der Gründung seines eigenen firmeninternen Start-ups, komplett mit Ingenieuren und Informatikern, insbesondere Spezialisten auf dem Gebiet der Computervision. Sie drehten das Problem um und integrierten die Computervision-Technologie, anstatt sie im Laden zu verteilen, zusammen mit Sensoren in den Einkaufswagen, was sich in gewisser Hinsicht als weit schwieriger erwies. Während sich für den Go-Store die Identität eines Artikels teilweise aus der Lage im Laden erschließen ließ, musste ein sogenannter Smart Cart mit der Möglichkeit rechnen, dass ein Kunde beispielsweise einen Beutel Orangen zwar aus der Obstabteilung mitnahm, aber anderswo im Laden scannen ließ.

Auch die Bemühungen dieser Gruppe sollten sich über Jahre erstrecken und zu mehreren Technologien führen, die man schließlich in den Go-Store integrierte, ganz zu schweigen von den Amazon Dash Carts, den mit Computervision-Scanner und Touchscreen ausgestatteten Einkaufswagen, die es dem Kunden ermöglichten, noch im Supermarkt auf dem Weg zum Ausgang zu bezahlen.

Dann bildeten Bezos und Kessel noch ein drittes Team, das ein bescheideneres und durchaus unmittelbar erreichbares Ziel zu verfolgen hatte: eine Buchhandlung mit einer eher konventionellen Möglichkeit, seinen Einkauf zu bezahlen. Bücher sind das Gegenteil von Nahrungsmitteln – sie verderben nicht, sind einheitlich ausgepreist, leicht zu lagern und bilden die Produktkategorie, deren Online-Pionier Amazon war. Die Kundschaft geht natürlich nicht so oft in die Buchhandlung wie in den Supermarkt, womit auch das Warten an der Kasse nicht ganz so schlimm ist. Und dann sah man Bücher einmal mehr als Köder, mit dem sich den Kunden die Erfahrung mit anderen Geräten vermitteln ließ, etwa Fire TV, dem jüngsten Kindle-Modell oder dem neuen Amazon Echo.

Als Amazon im Herbst 2015 die Eröffnung der ersten Amazon-Buchhandlung in einer von Seattles nobleren Malls vorbereitete, spekulierte man derart fieberhaft darüber, ob und wann das Unternehmen ins Ladengeschäft einsteigen würde, dass ein Reporter von Seattles Tech-Blog *GeekWire* seine Kamera an eine lange Stange montierte, nur um durch eine Lücke in einem der abgeklebten Fenster im ersten Stock zu spähen.[27] Etwa zur selben Zeit schlich Bezos sich durch eine Hintertür in den Laden, um ihn sich zum ersten Mal anzuschauen – und war begeistert. Er hätte das Gefühl gehabt, so sagte er später, dass sich damit ein Kreis in Amazons Geschäft schloss.

Einige Wochen später, am 2. November 2015, machte die Buchhandlung auf. An dem Projekt beteiligte Mitarbeiter durften ihre Lieblingsbücher in einem speziellen Regal präsentieren. Bezos selbst wählte dafür drei Titel aus, die in gewisser Weise die unerwartete Wendung repräsentierten, die ihm ins Haus stand: *Traps*, einen Roman seiner Frau MacKenzie Scott, *Die fünf Sprachen der Liebe* von Gary Chapman, ein

Buch darüber, wie sich in einer Beziehung die Romantik bewahren lässt, und ein Buch seines Freundes Gavin de Becker, *Vertraue deiner Angst*.

Viele langjährige Angehörige des Go-Teams empfanden die Eröffnung von Amazon Books binnen so kurzer Zeit als schweren Schlag. Aber Anfang 2016 bereiteten auch sie sich endlich auf einen Start vor. Bezüglich der Namensfindung sorgte Puerinis Team für einige Branding-Exercises, Brainstorming-Sessions und Grundsatzerklärungen darüber, was der Name der Kundschaft vermitteln sollte. Zur Vermittlung eines temporeichen Einkaufserlebnisses entschieden sie sich schließlich für »Amazon Go«. »Selbst das Wort hat gerade mal zwei Buchstaben«, sagte sie. »Man kann sich buchstäblich was greifen – and go!«

Im Otter-Versuchslabor ersetzte man mittlerweile die Nahrungsmittelattrappen durch richtige Artikel; dann hatten die Go-Mitarbeiter anhand von Szenarios mit spezifischen Maßgaben einkaufen zu gehen. Das lief, wie Puerini sich erinnerte, folgendermaßen ab: »Sie haben es eilig, zu einem Meeting zu kommen: Kaufen Sie sich zum Lunch einen Salat und etwas zu trinken.« Oder: »Sie haben es eilig, die Kinder aus der Krippe abzuholen: Nehmen Sie unterwegs Milch, Erdbeeren und Cornflakes für das morgige Frühstück mit.« Da Kleinkinder nach wie vor eine Herausforderung waren, bat man Eltern, ihre Kleinen mitzubringen, die dann im Laden zappelten, ausbüxten und Artikel aus den Regalen nahmen, was es dem Team ermöglichte, das System weiteren Stresstests zu unterziehen.

Die Mitarbeiter hatten eher gemischte Gefühle, was ihren Fortschritt anging. Viele hatten ihre Freude an der bequemen Einkaufsmöglichkeit, schwelgten gar darin, sich vor einem Meeting am Nachmittag im »Otter-Lab« noch rasch ein Sandwich zu greifen und dann einfach rauszugehen – genau so, wie sie sich das mal in den PR-FAQ vorgestellt hatten. Hinter den Kulissen jedoch war die Technologie alles andere als perfekt, und es brauchte nach wie vor Menschen, um im Fall eines Versagens einzuspringen. Man bildete Teams, die sich die Aufnahmen ansahen, wann immer das System sich hinsichtlich eines Einkaufs nicht sicher war – Vorfälle mit »geringer Konfidenz«, wie man das in der Statistik nennt. Dass die eigentliche Arbeit dann externe Unternehmen erledigten, die auch

Alexas Reaktionen überprüften und bewerteten, erinnerte viele Mitarbeiter an den Zauberer von Oz, der hinter dem Vorhang die Fäden zog, und ließ sie die Einrichtung dieser Gruppen und damit den Sinn ihrer Bemühungen infrage stellen. »Das war schon ein bisschen schräg«, sagte die Designerin Kristi Coulter. »Wenn man ein Heer von Leuten Videos gucken lässt, kann dann wirklich von einem Scale-up die Rede sein?«

Und noch eine Rolle hatten bei alldem Menschen zu spielen: Es brauchte jemanden, der die Rezepte für die »Kochboxen« entwickelte und täglich den Lunch zubereitete, sagen wir mal Lamm-Sandwiches mit Caprese-Salat. In Vorbereitung auf die Eröffnung eines 160 Quadratmeter großen Prototyps von Go auf Amazons Campus in Seattle engagierte man Köche und Personal aus Großküchen und Restaurantketten. Dann machte man neben der Küche im Go-Prototyp auch eine gewerbliche Küche in South Seattle auf. Sie sollte als Modell für andere Küchen dienen, die im Zuge eines landesweiten Roll-outs der Go-Stores geplant waren.[28] Völlig untypisch für Amazon wurde hier richtig Geld ausgegeben; allein für die deutschen Großküchenherde legte man zigtausend Dollar pro Einheit hin.

Die Küchen freilich schufen eine Reihe weiterer unerwarteter Herausforderungen. Als in der Küche des Stores mal etwas zu muffeln schien, stellte man zur Lösung des Rätsels zwei professionelle Riechnasen ein, die den Missetäter bald gefunden hatten: eingelegter japanischer Rettich. Da die Lebensmittelsicherheit höchste Priorität hatte, war es in der gewerblichen Küche bitterkalt, und Gesuche der nach Stunden bezahlten Angestellten, auf dem eisigen Betonboden wenigstens Fußmatten auszulegen, so erinnerte sich einer von ihnen, lehnte Amazon erst mal ab. Nachdem eine von Amazons Führungskräften die Arbeit in der Küche einen Tag lang verfolgt hatte, bezahlte das Unternehmen für Kapuzenpullis und andere warme Kleidung, bevor man in der Mattenfrage dann doch nachgab. Der Umgang mit den Leuten aus der Gastronomie, so stellte sich heraus, war nicht weniger problematisch als der mit Dilip Kumars Algorithmen.

Im Dezember 2016 öffnete der ursprüngliche Amazon Go Store seine Pforten für alle Mitarbeiter. Die Eröffnung für die Allgemeinheit war für die kommenden Wochen geplant, wurde aber schließlich noch mal um ein Jahr verschoben, als sich eine Reihe ganz neuer Probleme auftat.[29] Dem *Wall Street Journal* zufolge hängte das System im Store sich gern mal auf, wenn zwanzig oder mehr Kunden gleichzeitig einkauften; außerdem verlor es Artikel aus den Augen, die Kunden aus dem Regal nahmen, um sie dann einfach irgendwo anders wieder wegzustellen. In diesem Fall waren Angestellte zu benachrichtigen, die die Artikel auf ihren richtigen Platz zurückbrachten. Überhaupt arbeitete das System selbst unter den günstigsten Umständen nicht präzise, und Amazons Geschäftsleitung konnte sich keine Fehler leisten – die Konten von Kunden falsch zu belasten hieße, mit ihrem Vertrauen zu spielen.

Nicht zuletzt schien das neue Format auch die Kunden selbst zu verwirren. »Wir haben bemerkt, dass viele Kunden am Ausgang zögern und einen der Angestellten dort fragen, ob sie wirklich rauskönnen«, sagte Puerini später. »Wir haben dann testweise ein riesiges Poster angebracht, auf dem stand: ›Nein, wirklich, Sie können einfach rausgehen!‹« Noch heute hängt ein Exemplar dieses Posters im ersten Store.

Als der erste Amazon Go Store schließlich im Januar 2018 für die Öffentlichkeit aufmachte, galt er sofort als Blick in die Zukunft. (»Der ganze Prozess verlief so schnell und nahtlos«, schrieb *CNET,* »dass ich fast vergaß, dass die Sachen nicht umsonst waren.«)[30] Aber angesichts der geringen Größe des Ladens, der begrenzten Auswahl und der enormen Ausgaben für Betriebskosten und Löhne lösten die Zahlen hinter dem Projekt bei Amazons Finanzmanagement schieres Entsetzen aus. Wie ich von einem von ihnen erfuhr, kostete der erste Go Store nebst Küche und Datenzentrum über zehn Millionen Dollar.

»Wenn Sie das als Risikokapitalgeber sehen, dann ergibt das doch keinen Sinn mehr«, sagte mir ein anderer am Entscheidungsprozess beteiligter Executive. Aber Bezos wollte weitermachen. »Jeff ist ein Meister der Maxime ›Was heute nicht geht, könnte morgen gehen‹. Wenn Kunden Gefallen daran finden, dann hat er auch den Cashflow zur Finanzierung«, sagte der Executive. 2017 gab Amazon 22,6 Milliarden Dollar für Forschung und Entwicklung aus[31] im Vergleich zu Alphabet (16,6 Milliarden), Intel (13,1 Milliarden) und Microsoft (12,3 Milliarden). Der in

Sachen Steuern gewiefte CEO wusste vermutlich sehr wohl, dass diese erheblichen F&E-Ausgaben für Projekte wie den Go Store und Alexa nicht nur Amazons Zukunft sichern halfen, sondern zu Steuervergütungen führen oder abgeschrieben werden konnten, was unterm Strich Amazons Steuerbescheid senken würde.

Im Lauf der nächsten paar Jahre machten Amazon Go Stores über Seattle hinaus auch in San Francisco, New York und Chicago auf. Amazon schloss seine Küchen und kaufte seine Mahlzeiten stattdessen von denselben Verkäufern, die auch die mittelmäßigen Salate und Sandwiches für Starbucks und 7-Eleven zubereiten. Die kostspieligen deutschen Herde standen ungenutzt im ursprünglichen Store, das Küchenpersonal wurde entlassen.

Verärgert erzählten die entlassenen Mitarbeiter Geschichten über die nachlassende Qualität der Mahlzeiten und dass man unverkaufte Menüs Tafeln und Obdachlosenheimen gespendet hätte. »Das Einzige, was da noch frisch ist, ist das Gemüse«, nörgelte ein früherer Angestellter. Ein anderer sagte: »Es bricht einem das Herz, das Projekt den Bach runtergehen zu sehen.«

Bezos hatte sich Tausende von Amazon Go Stores in städtischen Räumen vorgestellt.[32] Sieben Jahre nach Beginn des Projekts gab es gerade mal sechsundzwanzig, die kaum das finanzielle Ergebnis brachten, das er sich mit diesem Konzept erhofft hatte. Außerdem hatten die Stores politische Auswirkungen. Man warf Amazon die Vernichtung von Kassenarbeitsplätzen vor; die Arbeit an der Ladenkasse ist laut Bureau of Labor Statistics des Amerikaners zweitbeliebtester Job. Darüber hinaus drohten die Geschäfte, ärmere und ältere Kunden auszuschließen, die kein Smartphone voller Kreditkarten haben. Städte wie New York, Philadelphia und San Francisco erließen Gesetze, laut denen diese Geschäfte auch Bargeld zu akzeptieren haben.

Ich sprach 2019 mit Dilip Kumar, nachdem er zum Leiter von Amazons gesamtem Ladengeschäft ernannt worden war. Kumar war der Einzige, der vom ursprünglichen IHM-Trio noch übrig war, Steven Kessel und Gianna Puerini waren inzwischen beide im Ruhestand. Er beharrte darauf, dass das Go-Projekt noch »ganz am Anfang« stehe, und bemerkte, dass

»Kunden das Erlebnis lieben«, einfach da rauszugehen, ohne zum Bezahlen anstehen zu müssen. Das, so sagte Kumar, gab dem Projekt »eine Menge Spielraum und Freiheiten, auch was anderes auszuprobieren«.

Unter anderem »probierte« man zum Beispiel, mit der reifenden Technologie wieder zurück in städtische Supermärkte mittlerer Größe zu gehen. 2020, kurz vor Beginn der Covid-19-Pandemie, eröffnete man unter dem Namen Amazon Go Grocery den lange ungenutzten Laden in Seattles Nobelviertel Capitol Hill. Hier versuchte man es auch wieder mit Fleisch, Käse und Meeresfrüchten – wie Kumar durchblicken ließ, könnte ein kassenloses System durchaus auch in größeren Geschäften funktionieren. »Wir haben viel dazugelernt«, sagte er dem *Wall Street Journal*. »Es gibt da eigentlich keine obere Grenze. So ein Geschäft könnte auch fünfmal so groß sein. Es könnte zehnmal so groß sein.«[33]

Amazon Go verlor nach wie vor Geld. Aber Bezos sah darin immer noch eine Wette auf Computervision und künstliche Intelligenz, ein langfristiges Experiment mit hohen Einsätzen, wie es bei großen Unternehmen unabdingbar ist, wenn man nennenswerte Gewinne erzielen will. Er drückte das 2015 in seinem Aktionärsbrief folgendermaßen aus:

> Versucht man den Ball übers Feld hinauszuschlagen, das wissen wir alle, geht das oft daneben, aber man erzielt auch den einen oder anderen Homerun.[34] Der Unterschied zwischen Baseball und Business ist allerdings, dass beim Baseball die Ergebnisverteilung gedeckelt ist. Ein Hitter wird, egal wie gut er den Ball erwischt, nie mehr als vier Runs erzielen. Tritt man in der Wirtschaft zum Schlagen an, erzielt man im einen oder anderen Fall durchaus auch mal 1000 Runs. Und diese auf lange Sicht angelegte Ertragsverteilung ist es, was Kühnheit so wichtig macht.

Fast ein Jahrzehnt nach der Konzeption war es nach wie vor völlig ungewiss, ob der Go Store Amazon je die Traumrendite von 1000 Homeruns einbringen würde. Aber die Idee führte auch in neue Richtungen. So begann Amazon das »Just-walk-out«-System an den einen oder anderen Einzelhändler wie Mini-Märkte und Flughafen-Kioske zu lizenzieren.

Amazon Books brachte es auf mehrere Dutzend 4-Star-Stores, in denen sich mithilfe des hauseigenen Datenschatzes über regionale Lesegewohnheiten dem jeweiligen Standort ein eklektisches Sortiment auf den Leib schneidern ließ. Und 2020 begann Amazon dann unter dem Namen Amazon Fresh auch Lebensmittelgeschäfte aufzumachen – ohne die Go-Technologie, aber mit den lange durchdachten Amazon Dash Carts, die es den Kunden gestatten, ihre Artikel bereits unterwegs einzuscannen und so das Warten an der Kasse zu umgehen.[35]

Ein anderes wichtiges Resultat war eine Erkenntnis, zu der man Anfang 2016 kam: dass man weit mehr über den physischen Einzelhandel zu lernen hatte, wollte Amazon beim Kampf um die jährlich 700 Milliarden Dollar Umsatz der amerikanischen Lebensmittelbranche tatsächlich gegen Riesen wie Walmart und Kroger bestehen. Um diese Zeit schloss sich denn auch Steve Kessel einer firmeninternen Kabale an, der ebenso Senior Vice President Doug Herrington und Mitglieder der Go- und M&A-Teams angehörten und bei der es um die Beantwortung einer Frage von immenser Bedeutung ging: ob Amazon eine Supermarktkette kaufen sollte.

Man begann, sich neben lokalen Lebensmittelketten auch regionale und große nationale Player anzusehen. Einer der Anrufe, die man in diesem Jahr tätigte, erfolgte bei Whole Foods Market, der ins Schwimmen geratenen teuren Biokette aus Austin, Texas, deren flächenbereinigte Umsätze eingebrochen und deren Aktien auf einem Fünf-Jahres-Tief waren. Ihr revolutionärer Gründer John Mackey war freilich zuversichtlich, das Steuer noch einmal herumreißen zu können, und nicht zum Verkauf bereit – noch nicht.

Kapitel 3

Cowboys und Killer[36]

Zur selben Zeit, da Bezos mit ehrgeizigen technischen Projekten wie Alexa, dem Fire Phone und der Supermarktkette Amazon Go den nächsten Wachstumsschub zu initiieren suchte, eröffnete er ein Online-Geschäft in Indien, einem Land mit 1,3 Milliarden Einwohnern, in dessen hochmodernen Großstädten Smartphones und Breitband-Internetzugang rasch zum neuen Standard wurden. Über die nächsten paar Jahre sollte das Unternehmen hier etliche Milliarden Dollar investieren. Bezos setzte darauf, die selbstdefinierte Bestimmung von Amazon auf eine neue Ebene zu heben: eine Wandlung vom Allesverkäufer zum Alles-überall-Verkäufer.

Eine frühere Gelegenheit, in Indien zu investieren, hatte Bezos verpasst. 2004 hatte Amazon eines seiner ersten Software-Entwicklungszentren in Übersee eröffnet – ein kleines Büro über einem Autohändler in Bangalore. Mitarbeiter, die an der sehr verbesserungswürdigen Suchmaschine A9 und dem ganz neuen Cloud-Anbieter Amazon Web Services arbeiteten, legten mehrfach Pläne für ein hier anzusiedelndes Online-Geschäft vor. Doch das Platzen der Internetblase hatte auch Amazon geschadet, und so konzentrierte man sich völlig auf den Geschäftsstart in China; Indien rangierte auf der To-do-Liste ganz hinten.

Damit verlor das indische Büro einige seiner ersten Beschäftigten, die lieber eigene Firmen gründeten. 2007 verließen die Programmierer Sachin Bansal und Binny Bansal das Unternehmen, um sich selbstständig zu machen. Die beiden Freunde, die zufällig denselben Nachnamen trugen, kannten sich vom Studium am Indian Institute of Technology (IIT) in Neu-Delhi und wollten mit Flipkart das ursprüngliche Amazon-Wunder des Internetbuchhandels wiederholen. Wenn Amazon sich weigerte, die Angehörigen der wohlhabenden Oberschicht Indiens zu bedienen, die zunehmend online unterwegs waren, würden sie es eben tun.

Amit Agarwal, der Manager, der das Software-Entwicklungszentrum in Bangalore mit aufgebaut hatte, war ein Bezos-Jünger und überzeugter Workaholic; auch er hatte einen Abschluss vom IIT. Von 2007 bis 2009 ging Agarwal zurück nach Seattle, wo er Bezos als persönlicher Technischer Berater nicht von der Seite wich; noch vor Greg Hart und Dilip Kumar nahm er die entscheidende Rolle dessen ein, der dem CEO in sämtlichen Besprechungen wie ein Schatten folgte. Am Ende seiner Amtszeit führte er mit Bezos ein wichtiges Gespräch darüber, wie es für ihn weitergehen sollte. Agarwal bat darum, in den internationalen Geschäftsbereich versetzt zu werden, und entwarf einen Businessplan, der Amazon endlich in das Land bringen sollte, in dem er aufgewachsen war.

Zu jener Zeit allerdings betrachtete Diego Piacentini, der damalige Senior Vice President für Amazons Internationalen Einzelhandelsbereich, eine Ausweitung nach Indien mit gemischten Gefühlen. Zwar betrieben Firmen wie IBM und Microsoft in Indien große, erfolgreiche Niederlassungen, doch existierten im Land komplexe Gesetze zum Schutz der gewaltigen Zahl kleiner inhabergeführter Läden. Diese Bestimmungen zur Regulierung »ausländischer Direktinvestitionen« untersagten ausländischen Unternehmen den Besitz ebenso wie den Betrieb von Einzelhandelsgeschäften. Piacentini, der Anfang 2000 von Apple zu Amazon gewechselt war, fand außerdem, Länder mit höherem Bruttoinlandsprodukt sollten Priorität haben. 2010 bat er Agarwal, ihm zu helfen, Amazon in *sein* Heimatland zu bringen, nämlich Italien. Ein Jahr darauf folgte der Launch einer weiteren fremdsprachigen Website, diesmal in Spanien. Nach diesen beiden erfolgreichen Markteinführungen sahen sie laut Agarwal den »Neustart des weltweiten Geschäfts« als machbar an.

Als Amazon sich schließlich 2012 für seine Eroberung des indischen Marktes rüstete, berücksichtigten die Entscheidungsträger penibel die unangenehmen Lektionen, die sie gerade in China lernten. Amazon hatte sich 2004 Hals über Kopf in den chinesischen Markt gestürzt. Im Glauben, was anderswo funktioniere, werde auch im bevölkerungsreichsten Land der Erde klappen, hatte der Konzern für rund 75 Millionen Dollar das Buchhandels-Start-up Joyo.com erworben. Amazon wollte geduldig investieren und mit breit aufgestelltem Sortiment, niedrigen Preisen und verlässlichem Service seine Kundschaft aufbauen.

Doch plötzlich, nach einigen Jahren stetigen Fortschritts, schien in China alles schiefzulaufen. Alibaba, ein mit reichlich Kapital gesegneter Mitbewerber im Internethandel, eröffnete Tmall, einen Ableger seiner mit eBay vergleichbaren Website Taobao; der im Nu populäre Online-Handel warb mit bekannten Herstellernamen und fixen Preisen. Einige Jahre später baute Alibaba ein Bezahl-Tool namens Alipay dahingehend aus, dass seine Kunden die bestellte Ware digital bezahlen konnten, während Amazon noch immer ans Haus gefesselte Lieferungsempfänger per Nachnahme zahlen ließ. Alibaba und auch Jingdong – JD.com –, ein zweiter im Aufstieg begriffener Rivale, präsentierten sich mit unübersichtlichen, aber auffälligen Websites, die optisch dem Geschmack der chinesischen Internetnutzer entsprachen. Amazons Internetpräsenz für China hingegen unterschied sich nicht von sämtlichen anderen Amazon-Websites. Zugleich waren Amazons Beschäftigte in China auf den technischen Support und andere Unterstützung aus Seattle angewiesen, weshalb sie nur langsam auf diese und andere nicht zu übersehende Signale des Marktes reagieren konnten.

2011, ein Jahr zuvor, hatte Amazon eine weitere Seite seines internationalen Drehbuchs abgestaubt und in China einen Online-Marktplatz eröffnet, über den unabhängige Händler ihre Waren anbieten konnten. Hierbei handelte es sich um einen zentralen Bestandteil des viel gepriesenen Schwungrads: Externe Anbieter lockten neue Kundschaft an und generierten über die anfallenden Gebühren zugleich Einkünfte für Amazon. Mit diesem Cashflow finanzierte Amazon eine Senkung der Warenpreise, was wiederum mehr Käufer anlockte. Doch erneut verpasste Amazon die notwendige Anpassung an die Eigenheiten des chinesischen Internethandels: Die chinesischen Händler waren gewohnt, die Sichtbarkeit ihrer Suchergebnisse mit Anzeigen zu verbessern und darüber hinaus rund 2 bis 5 Prozent ihres Umsatzes an Alibaba abzuführen. Die Führungsriege von Amazon dagegen betrachtete das Anzeigenmodell mit Skepsis; man setzte stattdessen auf Gebühren in Höhe von 10 bis 15 Prozent des Umsatzes, was den Anbietern überhöht erschien. Das Ergebnis war, dass Alibaba seinen Vorsprung rapide vergrößerte.

Dann strahlte Chinas staatlicher Fernsehsender CCTV einen abträglichen Bericht aus, der die Aufmerksamkeit auf Produktfälschungen beispielsweise bei Markenkosmetik lenkte, die von Fremdanbietern über Amazons Marketplace vertrieben wurden;[37] daraufhin war endgültig Schluss mit einem Gewinn von Marktanteilen in diesem Land. Die damaligen Amazon.cn-Manager wussten zu berichten, Bezos habe keinerlei Interesse an den Tag gelegt, die Verflechtungen innerhalb der chinesischen Regierung zu durchschauen, Beziehungen zum Führungspersonal des Landes aufzubauen oder Nutzen aus seiner neuen Berühmtheit zu ziehen, wie es Jahre später Elon Musk für seine Tesla-Gigafactory Shanghai tat.

Ohne engere Beziehungen zur Kommunistischen Partei Chinas verlor Amazon immer mehr an Boden. Das Team fürs Auslandsgeschäft präsentierte dem S-Team 2014 eine Analyse des auf der Stelle tretenden chinesischen Geschäftszweigs, in der von schätzungsweise einer Milliarde Dollar Verlust die Rede war, der in dem Jahrzehnt seit dem Ankauf von Joyo aufgelaufen war. Angesichts der wachsenden roten Zahlen beschloss Bezos, Amazons Engagement in China zu drosseln, um stattdessen in dem Land Profite zu generieren – lieber dies, als weitere Gelder in den Sand zu setzen, nur um das Unternehmen weiterhin in der obersten Liga mitspielen zu lassen.

Ein Finanzmanager von Amazon beschrieb dies später als »Genickschuss fürs Geschäft«. Zwischen 2011 und 2016 fiel Amazons Marktanteil in China von 15 Prozent auf unter 1 Prozent.[38] »Es herrschte immer die Angst, dass wir – egal, wie viel wir in China investierten – am Ende doch die Dummen wären und einen Haufen Geld verbrannt hätten«, erklärte Piacentini Jahre später. »Wir hatten nicht den Mut, den Stier bei den Hörnern zu packen und uns auf den Wettbewerb einzulassen. Wir liefen immer nur ängstlich hinterdrein.«

Am Vorabend von Amazons lang erwartetem Einstieg in den indischen Markt studierte Bezos die teuren Lektionen aus China: Das Unternehmen war dort vor den notwendigen mutigen Investionen und Innovationen zurückgeschreckt, es hatte keine Beziehungen zur Regierung geknüpft, und es hatte sein Geschäft nicht mit der nötigen Unabhängigkeit von Seattle ausgestattet. Während Bezos' ehemaliger »Schatten« Amit Agarwal es kaum erwarten konnte, Amazon in seiner Heimat zum Start zu verhelfen, würde Bezos seinerseits die einmal gemachten Fehler nicht wiederholen.

Zu den ersten Schritten, die Amazon in Indien unternahm, zählte der Versuch, seine beiden ehemaligen Mitarbeiter, die sich inzwischen einen Namen gemacht hatten, zur Rückkehr zu bewegen. In den vier Jahren ihrer Selbstständigkeit hatten Binny Bansal und Sachin Bansal Flipkart zu einer landesweit bekannten Marke ausgebaut, die neben Büchern auch Mobiltelefone, CDs und DVDs im Angebot hatte. Amit Agarwal traf seine früheren Angestellten im ITC Maurya, einem schicken Hotel in Central Delhi, um mit ihnen über einen Erwerb von Flipkart zu sprechen. Im Bewusstsein ihres Erfolgs forderten die beiden Gründer eine Milliarde Dollar.[39] Agarwal lehnte entrüstet ab, und die Verhandlungen waren beendet.

Nach der Zurückweisung durch Bansal & Bansal machte sich Agarwal daran, ein Konkurrenzteam aufzubauen. Dazu ging er in der Konzernzentrale in South Lake Union auf Rekrutierungstour; unermüdlich sprach er von der einmaligen Gelegenheit, Amazon mitzugestalten und die indische Demokratie auf eine neue Bahn zu lenken. Seine Zielgruppe waren aus Indien gebürtige Amazonianer, die mit dem Unternehmen ebenso vertraut waren wie mit den kulturellen Eigenheiten und der Sprachvielfalt des gewaltigen indischen Marktes.

2012 zählte Amazons Indien-Team mehrere Dutzend Programmierer, die in einem Büro im siebten Stock eines geschwungenen gläsernen Hochhauses, des »World Trade Center« in Nord-Bangalore, untergebracht waren. Zunächst musste eine Vorgehensweise gefunden werden. Die indischen Vorgaben für ausländische Direktinvestitionen schienen es unmöglich zu machen, den üblichen Amazon-Webstore zu eröffnen, um zu Großhandelspreisen beim Hersteller eingekaufte Waren an Online-Kunden zu vermarkten.

In typischer Amazon-Manier versuchten sie es mit Raffinesse und eröffneten im Februar 2012 ein Preisvergleichsportal. Indem Junglee.com für Amazon das Netz durchforstete und sämtliche Preise und Produkte anderer Websites listete, ließen sich Daten sammeln und Vermittlungsgebühren erheben, ohne dass mit tatsächlichem Warenhandel gegen das Gesetz verstoßen wurde. Flipkart jedoch erkannte den Vorgang als den Versuchsballon eines gefährlichen Riesen, der hier die Wassertemperatur testen wollte, und sperrte seine Website für die Analyse durch Junglee. So war Junglee nach anfänglich großer Beachtung nicht in der Lage, Fuß zu fassen.

2013 beschlossen Agarwal und sein Team dann, vom üblichen Drehbuch des Unternehmens abzuweichen und Amazon India als reinen Online-Marktplatz für Fremdanbieter (»Seller« in Amazons Sprachgebrauch) zu betreiben. Externe Händler könnten ihre Waren über das frisch aus der Taufe gehobene Portal Amazon.in vertreiben; Amazon trat derweil als Vermittler auf und kassierte dafür Gebühren, ohne selbst Verkaufsgüter zu besitzen. Einen unübersehbaren Nachteil jedoch hatte die Sache: Amazon konnte so zunächst keine Preise festschreiben und hatte keinerlei Einfluss auf Verfügbarkeit und Qualität der beliebtesten Produkte.

Nach mehrmaliger Verzögerung ging Amazon.in am 5. Juni 2013 online. Ein verwackeltes Video der Launch-Veranstaltung auf YouTube zeigt einen überfüllten Tagungsraum, in dem sich aufgeregte Menschen – überwiegend junge Inder – drängen. Als sich die Homepage um 14 Uhr endlich im Browser öffnet, herrscht überschwänglicher Jubel.[40] »Shop with Confidence – das zuverlässige Kauferlebnis«, verkündete die neue Website unübersehbar.

Innerhalb weniger Wochen erweiterte Amazon India nun seine Produktpalette von Medien wie Büchern und DVDs auf Smartphones und Digitalkameras. Bald folgten Beauty- und Pflegeprodukte, Küchenhelfer sowie Amazons eigener Tablet-PC, der Kindle Fire. Agarwal strebte an, jede Woche eine weitere Kategorie hinzuzufügen; wie sein Boss in Seattle setzte er seine Erwartungen gern hoch an. Später erinnerte er sich: »Wenn wir einmal in einer Woche kein neues Angebot präsentiert hatten, saßen wir jedes Mal beisammen und sagten, das war aber eine enttäuschende Woche.«

Obgleich den neuen Amazon-Ableger 13.000 Kilometer vom Hauptstandort trennten, hatte Agarwal es fertiggebracht, wichtige Elemente der Amazon-Unternehmenskultur von dort mitzunehmen. Das Umzugsunternehmen hatte er gebeten, auch den Schreibtisch, den er sich 1999 als frisch Angestellter aus einer Tür gebaut hatte, einzupacken – zum Teil deshalb, so sagte er, weil ihn ein schlechtes Gewissen plagte, da er und seine Familie nur sehr wenige eigene Möbel zu transportieren hatten. Er führte Amazon-Praktiken wie die sechsseitigen Narrative und die sogenannten COE-(Correction-of-Error-)Reports ein, Problemberichte, die dazu dienten, Schwierigkeiten wie etwa Lieferverspätungen während der Monsunregenzeit systematisch zu beheben. Genau wie Bezos leitete auch Agarwal regelmäßig Kunden-E-Mails mit nichts als einem Fragezeichen kommentiert an seine Mitarbeiter weiter – analog zur »Jeff-B.-Eskalation« bezeichneten sie das als »Amit-A.-Eskalation« –, um Probleme aufzuzeigen, die umgehend zu lösen waren, sofern man keine Konsequenzen wollte.

Einige Monate nach dem Launch, im Herbst 2013, flogen Agarwal und seine Vertreter nach Seattle, um Bezos und dem S-Team ihre Roadmap für das Jahr vorzulegen – fester Bestandteil des jährlichen OP1-Planungsprozesses des Unternehmens. Ihr sechsseitiges Narrativ zeigte diverse Investitionsmöglichkeiten auf, von konservativ bis hin zu eher aggressiv, mit denen man in Indien expandieren und im Vergleich zu dem seit sechs Jahren etablierten Flipkart in den Bereichen Umsatz und bei anderen kritischen Benchmarks aufholen könnte. Außerdem skizzierte das Exposé eine experimentelle Werbekampagne, um auszutesten, was beim Verbraucher in Indien Anklang fand.

Inzwischen lief Amazons Engagement in China immer schlechter, weshalb Bezos die Chance auf einen Treffer beim zweitgrößten Markt der Welt nicht vergeben wollte. Üblicherweise sprach er in den OP1-

Sitzungen als Letzter, um der allgemeinen Diskussion nicht mit seiner höchst selten infrage gestellten Meinung die Richtung vorzugeben. Diesmal jedoch schaltete er sich ein, bevor Agarwal seine Präsentation beendet hatte. »Das geht schief. Ich brauche in Indien keine Computeranalysten. Ich brauche Cowboys«,[41] erklärte er der Abordnung aus Indien schonungslos.

»Kommt mir nicht mit einem Plan, der schon in seinem Ansatz davon ausgeht, ich würde mit einer Investition nur soundso weit gehen«, fuhr Bezos fort, wie sich zwei der anwesenden Manager erinnerten. »Erzählt mir stattdessen, wie ich gewinnen kann. Und dann sagt mir, wie viel das kostet.« Die Bedeutung war klar: »Wagt etwas. Nicht kleckern, sondern klotzen. Setzt es um. Wir stehen hinter euch.« So verstand es Amit Deshpande, ein ebenfalls anwesender indischer Manager.

Amit Agarwal aber, der selbst über Informatikabschlüsse von IIT und Stanford verfügte, war erst einmal sprachlos. Zurück in Indien jedoch gab er die Direktive als die neue Parole aus. Bezos' Anordnung entwickelte sich zu einem derart bestimmenden Bestandteil des Unternehmensmythos von Amazon India, dass sich die Manager bisweilen für eine Mitarbeiterversammlung in ein Cowboy-Outfit warfen. Sie knickten ihren frommen OP1-Marketingplan und entwickelten sich zu einem der größten Inserenten Indiens; Werbung für Amazon.in prangte auf dem Titelblatt von Zeitungen wie der *Times of India* und lief als eingängiger Werbespot während der indischen Premier League im Cricket. Eines der neuen gemeinsamen Ziele bestand nun darin, ein derart rasches Wachstum an den Tag zu legen, dass Bezos nicht mehr umhinkonnte, Indien einen Besuch abzustatten – so beschreibt es ein Amazon-India-Manager.

Die nächsten Monate rasten nur so dahin. Etliche Teammitglieder arbeiteten sieben Tage die Woche rund um die Uhr; bei ihren häufigen Reisen nahmen sie den ersten Hinflug am Morgen und den letzten Rückflug am Abend. Lag ihr Flugziel nicht in Indien, dann flogen sie nach China, wo sie die Taktiken von Amazon, Alibaba und JD.com in einem ähnlichen Haifischbecken wie dem indischen unter Beobachtung nahmen. »Bei mir warteten ein gepackter Koffer zu Hause und ein weiterer in meinem Büro«, erzählt Vinoth Poovalingam, ein Koordinator für das operative Geschäft, der in ganz Indien für Amazon Warenlager einrichtete. »Man hörte Leute juxen: ›Hey, wir sitzen hier im Arbeitslager!‹«

In Indien musste Amazon anders als gewohnt arbeiten. In Ermangelung so kritischer Infrastrukturen wie mehrspuriger Autobahnen und bargeldlosen Zahlungsverkehrs, die das Unternehmensprinzip im Westen ermöglichten, musste die Führungsriege eigene Liefer- und Bezahlstrategien für das Land entwickeln, darunter fest angestellte Fahrradkuriere und die Bestellung per Nachnahme. Anstelle des einzigen, weltweit gültigen Quelltextes, der die Grundlage für die Amazon-Shopping-Portale bildete, mussten für Indien ein neuer Quelltext und eine weniger speicherintensive Smartphone-App her, da die Mehrzahl der Kunden die Website mit dem Telefon über langsame WLAN-Verbindungen aufrief. Um die einzelnen Abteilungen agiler zu machen, übernahm Agarwal anstelle der übergeordneten Abteilung in Seattle die Rolle als Ansprechpartner. »Wir stellten wirklich alles grundsätzlich infrage, frei nach dem Motto: ›Gilt dies auch für Indien?‹«, erklärte ein Manager von Amazon India.

Gemeinsam mit Diego Piacentini, dem Chef des Internationalen Geschäftsbereichs, und Peter Krawiec, Amazons Chef für Unternehmensentwicklung, entwickelte Agarwal darüber hinaus eine Lösung für einen ausschließlich mit Fremdanbietern operierenden Marktplatz, auf dem es keinen eigenen Verkauf, keine Preisfestsetzung und keine Liefergarantien durch Amazon gab. Mitte 2014 hob Amazon gemeinsam mit dem Milliardär Narayana Murthy, einem Mitbegründer des indischen Outsourcing-Riesen Infosys, ein Joint Venture namens Prione Business Services aus der Taufe, von dem Amazon 49 Prozent halten sollte. Prione wiederum würde ein Unternehmen namens Cloudtail betreiben, über das beliebte Produkte wie die neuesten Smartphones und Elektronikartikel vertrieben würden. Mit einem Anteil von rund 40 Prozent am Umsatz[42] stieg Cloudtail direkt als größter Drittanbieter auf Amazon. in ein.

Es handelte sich bei Prione um eine durchsichtige Umgehung von Indiens eher schwammiger Regulierung ausländischer Direktinvestitionen. (»Lotet aus, wie weit wir im gesetzlichen Rahmen gehen können«, ist laut der Nachrichtenagentur Reuters in einer internen Powerpoint-Präsentation von damals zu lesen.) Dieses Arrangement gestattete es Amazon, seinen Kunden bei heiß begehrten neuen Smartphones etwa von Samsung und dem indischen OnePlus Exklusivangebote zu machen. Das von Risikokapitalgebern aus Übersee mitfinanzierte Flipkart hatte hierfür den Weg bereitet, und zwar mit einem eigenen Pseudo-Fremdanbieter namens WS Retail, der mit Exklusivangeboten für Smartphones der Marken Motorola, Xiaomi und Huawei warb. Dieses Spiel sollten die beiden Anbieter nun etliche Jahre treiben – ein Gerangel um die Stellung des Platzhirschs mit Rabatten und Exklusivangeboten, bei dem die zahllosen inhabergeführten Läden im Land von vornherein als Verlierer dastanden.

Mitte 2014 übertraf der Traffic auf den Websites selbst die optimistischsten Prognosen – und zwar bei Amazon wie bei Flipkart gleichermaßen. Am 29. Juli, nur wenige Monate nachdem Flipkart seinen Moderivalen Myntra übernommen hatte, verkündete Amazons Konkurrent einen erneuten Zufluss an Risikokapital in Höhe von einer Milliarde Dollar,[43] womit der Unternehmenswert auf sieben Milliarden Dollar anstieg – mehr als die Summe sämtlicher übriger indischer Internet-Start-ups. Einen Tag darauf verkündete Amazon, das nach gerade einmal einem Jahr eine knappe Milliarde Dollar auf dem indischen Markt umgesetzt hatte, per Pressemitteilung eine Kapitalerhöhung für Amazon India um zwei Milliarden Dollar. Der Online-Handel in Indien war ein Echo des vorangegangenen Kampfes um den chinesischen Markt, und er warf Gewinn ab – dieses Mal war Bezos fest entschlossen, den Kampf nicht zu verlieren.

Im September 2014 erfüllte er das Agarwal gegebene Versprechen: Bei einem Besuch in Indien sollte seine zunehmend strahlende Unternehmer-Aura helfen, Amazon voranzubringen. Flipkart bereitete ihm derweil mit einer Werbekampagne an Plakatwänden entlang der Zufahrt zum Flughafen von Bangalore und rings um die Amazon-Büros ein großes Willkommen; dabei kündigte der Konkurrent anlässlich des bevorstehenden Diwali-Fests ein neu erfundenes Rabattfest namens Big Billion Day an.

Bezos plante seinen öffentlichen Auftritt persönlich; er hoffte auf ein Statement von solcher Reichweite, dass es sogar von Flipkarts Investoren bemerkt wurde. Vom Rücken eines Elefanten aus wollte er Agarwal einen überdimensionierten Zwei-Milliarden-Dollar-Scheck überreichen – der Elefant gilt in Indien als Symbol für Weisheit und Stärke. Sämtliche Elefanten jedoch waren zu dem Zeitpunkt bei einem Religionsfest eingebunden. Nach langem erfolglosem Beharren und Drängen erklärte Bezos sich schließlich bereit, für die PR-Aktion auf das Dach eines festlich geschmückten Tata-Trucks zu steigen. Dort überreichte Bezos, in einen förmlichen cremeweißen Bandhgala-Anzug mit kastanienfarbenem Dupatta-Schal gekleidet, den symbolischen Scheck an Agarwal, der entsprechend mitspielte.

Für die Lokalpresse waren das Laienspiel und das Gerangel zwischen Amazon und Flipkart ein gefundenes Fressen. Zur selben Zeit, da Bezos alles gab, um Flipkart zu besiegen, war er bemüht, die Sache herabzuspielen. »Persönlich denke ich, dass die meisten Firmen viel zu viel Zeit darauf verwenden, sich Gedanken um die Konkurrenz zu machen«, erklärte er gegenüber dem indischen Magazin *Business Today.* »Stattdessen sollten sie lieber an ihre Kunden denken.«[44]

Derweil erdachte Bezos als Antwort auf den Big Billion Day einen eigenen Schnäppchentag, der die erfolgreiche Marsumrundung einer von Indien ins All geschickten Weltraumsonde feierte, was zugleich perfekt zu seiner Begeisterung für das Weltall passte. Eine darauf zugeschnittene Werbekampagne, die Amazon aus dem Boden stampfte, spülte zusätzlichen Traffic sowohl zu Amazon.in als auch zu Flipkart.

Bezos nutzte eine ruhige Minute auf dieser Reise, um sich in einem nahe gelegenen Hotel mit seinen hiesigen Managern zu unterhalten. Dort wiederholte er, sie sollten sich als Cowboys betrachten, und Indien sei die weite Prärie. »Ein Unternehmen kann man auf zweierlei Weise aufbauen. Entweder man steht da und zielt – zielt – zielt, um irgendwann endlich zu schießen«, erinnerten sich drei der anwesenden Manager. »Oder aber man ballert drauflos und zielt irgendwann auch ein bisschen. Genau das ist hier nötig. Verschwendet nicht zu viel Zeit auf Analysen und Zielgenauigkeit. Probiert es einfach aus.«

Auch trafen sich Bezos, Piacentini und Agarwal mit ihrem neuen Geschäftspartner Narayana Murthy, dem 68-jährigen Mitbegründer von Infosys, zu Mittag. Er unterhielt sie mit Geschichten von Rucksackreisen durch Europa als mittelloser Master-Student und erzählte von Infosys University, dem gediegenen firmeninternen Trainee-Programm, bei dem frisch diplomierte Studienabgänger die nötigen praktischen Fähigkeiten erwerben. Bezos hing an seinen Lippen; Piacentini beschrieb später, zwischen Bezos und dem um einiges älteren Murthy habe es »sofort gefunkt«.

Von hier flogen Bezos und Agarwal nach Delhi, um sich mit dem Mann zu treffen, in dessen Händen Amazons Zukunft in Indien lag: Premierminister Narendra Modi. In Interviews im Vorfeld des Treffens lobte Bezos Indiens Unternehmergeist, deutete an, im Land AWS-Rechenzentren aufzubauen, und sagte mit Bezug zu dem gerade gewählten Staatsoberhaupt: »Ich stehe ihm ganz zu Diensten;[45] er verfügt über eine fantastische Reputation in der Welt.«

Modi hingegen hielt sich mit öffentlichen Äußerungen sehr zurück. Die lokalen Händler, die seine Regierungskoalition entscheidend mittrugen, beobachteten Amazon mit Misstrauen. Sollte Modi sich jemals ihrer Unterstützung versichern müssen, indem er ausländische Investitionen erschwerte, konnte er das Geschäftsmodell von Amazons aussichtsreichster Überseeunternehmung in Sekundenbruchteilen pulverisieren.

Daheim in Seattle empfand man Amazons Fortschritte in Indien als Wind unter den Flügeln. Wenn Internethandel in Indien möglich war – wie viel Potenzial lag dann in anderen, wirtschaftlich ähnlich dastehenden Ländern brach?, räsonierten Bezos und das S-Team. Der französisch-kanadische Amazon-Manager Alexandre Gagnon präsentierte 2014 den folgerichtigen nächsten Schritt für die globale Expansion des Unternehmens. Nachdem er zunächst dem S-Team-Mitglied Diego Piacentini als Technischer Berater zur Seite gestanden hatte und dann an der Markteinführung in Italien und Spanien beteiligt gewesen war, hatte Gagnon für den kanadischen Markteintritt Amazons verantwortlich gezeichnet.

Ihm war bewusst, dass ein elementarer Vorteil der kanadischen Markterweiterung in der Nähe der US-amerikanischen Warenlager bestanden hatte, denn darüber ließen sich Bestellungen auch solcher Artikel abwickeln, deren Bevorratung in den kanadischen Logistikzentren nicht lohnte. Eine einzige, über den ganzen Kontinent vernetzte Lieferkette konnte auch in Mexiko funktionieren, das mit seinem Bruttoinlandsprodukt zu diesem Zeitpunkt weltweit an fünfzehnter Stelle rangierte. An den Ereignissen des folgenden Jahres waren sowohl eines der gewagteren Experimente während Amazons Expansion in neue Märkte als auch eine der berüchtigtsten Persönlichkeiten der Unternehmensgeschichte beteiligt.

Zu jener Zeit stellte der Einzelhandelskonzern Walmart in Mexiko die größte Warenhauskette; zugleich beherrschte er den dortigen Online-Handel. Das argentinische Start-up MercadoLibre war ebenfalls vertreten, machte auf dem mexikanischen Markt jedoch nicht einmal 7 Prozent seiner Lateinamerika-Umsätze.[46] Den Online-Handel in Mexiko bremsten dieselben Faktoren aus wie in Indien: geringe Internetnutzung, schwache WLAN-Netze und eine geringe Akzeptanz von Kreditkarten. Für solche Probleme aber hatte Amazon inzwischen eine Lösung.

Im März 2014 legte Gagnon dem S-Team seine Mexiko-Pläne vor. Sein sechsseitiges Exposé zog die notwendigen Parallelen zu Indien. Es verwies außerdem darauf, dass viele wohlhabende Mexikaner trotz der internationalen Versandkosten längst auf der US-amerikanischen Amazon-Site Bestellungen tätigten. Einer von Gagnons Kollegen sagte später, sie seien an jenem Tag nicht sonderlich frohgemut in das Meeting gegangen, denn man hatte ihnen gesteckt, Bezos sei nicht gerade guter Laune. Dennoch war die Besprechung bereits nach der Hälfte der angesetzten anderthalb Stunden zu Ende – immer ein gutes Zeichen. »Seine Reaktion war mehr oder weniger die, wir kämen damit zwar nicht sonderlich früh zu ihm, aber auch nicht zu spät«, berichtete Gagnon. »Seiner Meinung nach hatten wir einen guten Plan und sollten diesen baldmöglichst umsetzen.«

Die Investitionen in Mexiko summierten sich letztendlich auf einen Bruchteil der mehrfachen Milliarden, die nach Indien geflossen waren.

Und während die wichtigen Entscheidungen bezüglich der Investitionen in Indien überwiegend Bezos persönlich getroffen hatte – ein Zeichen dafür, wie wichtig ihm dieses Land war –, wurde Gagnon Jeff Wilke unterstellt, dem Vorstand für das weltweite Consumer-Geschäft, in dessen Zuständigkeitsbereich zugleich »alles entlang der I 5« lag – der Autobahn, die sich die Westküste der USA herabschlängelt.

Einer der ersten Tagesordnungspunkte bestand darin, vor Ort in Mexiko einen CEO auszumachen, der die Markteinführung koordinieren und zugleich Amazons »Gesicht« im Land sein sollte. Nach monatelanger Suche kontaktierte Amazons oberste Recruiterin Susan Harker Walmart de Mexicos Manager für Online-Handel Juan Carlos García. Nach einem landesweit beachteten Bestechungsskandal, der mehrere seiner Kollegen zum Rücktritt gezwungen und die Arbeitsmoral im Unternehmen unterminiert hatte, konnte ihm ein Wechsel nur willkommen sein. García hatte zuvor bereits mehrere E-Commerce-Start-ups gegründet und zu Geld gemacht.

Im Oktober reiste García in die Amazon-Konzernzentrale, wo er zwei Tage lang von Interview zu Interview hechelte. Er bekam die Aufgabe, in einem Sechsseiter sein »innovativstes Ding überhaupt« und »das kundenbesessenste Ding seiner gesamten Karriere« zu beschreiben. Am Ende der Tortur folgte unangekündigt etwas, womit er überhaupt nicht gerechnet hatte: eine Schlussbesprechung mit Bezos selbst. Bezos sagt von sich gern, dass er »vor Bewunderung weiche Knie bekommt, sobald er auf echten Unternehmergeist trifft«,[47] und aus dem geplanten zehnminütigen Gespräch wurde eine Stunde. Bezos verriet García, was diesem bis dahin noch keiner explizit gesagt hatte: dass Amazon ein Mexiko-Geschäft aufziehen wollte.

García bekam den Job und übernahm Amazons kleines Mexiko-Team, das ein Büro in einem Regus-Coworking-Space in Mexico Citys wohlhabendem Stadtbezirk Polanco einrichtete. Dann begann die Planung. Das erste sechsseitige Proposal für »Projekt Diego« – benannt nach dem mexikanischen Maler Diego Rivera – lehnte Bezos als zu zurückhaltend ab. García hatte sich dazu an der systematischen Markteinführung in Italien und Spanien orientiert, wo Amazon mit wenigen Produktkategorien eingestiegen war, um später weitere Kategorien und einen Online-Marktplatz für Fremdanbieter (»Seller«) hinzuzufügen. Bezos aber hatte in China und Indien genug gelernt – er wollte schnellstmöglich mit Walmart und MercadoLibre gleichziehen. García schrieb einen neuen Plan, diesmal ging er »in die Vollen«.

Im folgenden März – Amazon Mexico stand kurz vor dem Markteinstieg, García befand sich zum Skilaufen auf dem Whistler Mountain nördlich von Vancouver – rief man ihn zu einer Krisensitzung nach Seattle. Jeff Wilke war es leid, Google jedes Jahr drei bis vier Milliarden Dollar[48] in den Rachen zu werfen, damit die antiquierte Suchmaschine passende Amazon-Annoncen an oberster Stelle der Suchresultate einbaute. Zu dem Zeitpunkt war Google gerade dabei, seinen Warenlieferdienst Google Express auf weitere Orte auszudehnen, zeitgleich investierte das Unternehmen in eine Reihe von E-Commerce-Start-ups – beides Maßnahmen, die Amazon weltweit die Zähne zeigen sollten. Wilke wollte wissen, ob es möglich sei, Amazon in einem Land neu zu implementieren, ohne auf Google-Annoncen zurückzugreifen – ein Experiment, das zeigen sollte, ob Amazon sich von dieser gefährlichen Abhängigkeit von einem erklärten Rivalen befreien konnte. Wilke schlug vor, Mexiko zum Versuchslabor zu machen.

García kam zu der Unterredung hinzu und studierte das Schriftstück, in dem der Plan dargelegt war. Er beschrieb später, wie nach einer Stunde Bezos erschien und um Handzeichen bat, wer dagegen sei. Er sagte mir, er selbst sei der Einzige gewesen. Google war in Mexiko der Platzhirsch unter den Suchmaschinen mit monatlich gut 24 Millionen Aufrufen. Ich selbst konnte später das Schriftstück einsehen – in seiner Prognose der Folgen eines Verzichts auf Google Ads ging Amazon von einem 20-prozentigen Verlust an potenziellem Traffic auf Amazon Mexico aus. Als weitere Folge erwartete man einen Rückgang von 14 auf 11 Prozent bei jenen Website-Besuchern, die einem organischen – unbezahlten – Suchergebnis durch Anklicken folgten.

Um diesen Verlust an Traffic wettzumachen, so die Folgerung, müsse Amazon mit Rabatten und kostenfreier Lieferung locken und zugleich aggressive Markenwerbung betreiben, um die Kundschaft dazu zu bringen, für ihr Online-Shopping nicht bei Google, sondern direkt auf Amazon einzusteigen. Später erklärte Jeff Wilke seine Befürwortung dieses Experiments folgendermaßen: »In allen Ländern, wo wir etabliert sind, bauen wir mehr oder weniger stark auf Google. Jedes Mal wieder stellt sich mir die Frage: Lohnt diese Werbung überhaupt?«

Bezos zeigte sich in der Besprechung zurückhaltend, erinnerte sich García. Wie García schien er den Plan abzulehnen. Doch Wilke konnte ihn überzeugen, dass es sich hierbei nicht um eine Einwegtür handele – Bezos' Bezeichnung für eine nicht wieder rückgängig zu machende Entscheidung –, sondern um eine Pendeltür, also eine Maßnahme, die sich später revidieren lässt. Bezos war mit einem Versuch einverstanden. So lernte García Amazons Prinzip des »Disagree and Commit« kennen – die aktive Unterstützung einer Vorgehensweise, die man eigentlich ablehnt.

Am 30. Juni 2015 ging Amazon.com.mx online; es war Amazons erstes breit aufgestelltes Online-Portal in Lateinamerika.

Über mehrere Quartale hinweg versuchte Amazon nun, das Fehlen der Google Ads in Mexiko durch Plakatwerbung, Radio- und Fernsehspots sowie mit ermäßigten Lieferkosten auszugleichen. Genau wie García befürchtet hatte, geriet das Portal direkt ins Hintertreffen. Die analoge Werbung war bei höheren Kosten weniger effektiv. Die 70 Milliarden Dollar, die Google alljährlich mit Werbung einfuhr, verdankten sich schließlich der Tatsache, dass digitale Werbung *wirkt* und zugleich auf recht kostengünstige Weise Besucher auf Internetseiten lockt. »Ich wollte ausprobieren, ob wir bei einem landesweiten Neustart auch ohne Google vom Fleck kämen«, erklärte Wilke später. »Wie sich herausstellte, war dem nicht so. [...] Wir erreichten zu wenige Kunden.«

García und seine Kollegen beendeten daraufhin das Experiment und brachten Hydra ins Spiel, das interne System, über das Amazon seine umfangreichen Google-Ad-Kampagnen koordiniert; benannt ist es nach der vielköpfigen Wasserschlange der griechischen Sage – aber auch, so munkelt man bei Amazon, nach der Terrororganisation aus den Marvel-Comics. Im Folgejahr 2016 erholte sich die Gewinn-und-Verlust-Rechnung für Amazon Mexico und begann, vielversprechend auszusehen.

Dennoch war Garcías Stern in Seattle im Sinken begriffen. Einige Manager bemängelten, er habe »keinen Zugang zu Amazons Unternehmenskultur«, und von verschiedener Seite heißt es, er sei weder mit Jeff Wilke noch mit seinem direkten Vorgesetzten Alexandre Gagnon klargekommen. Während mehrere Beschäftigte von Amazon Mexico sich an Juan Carlos García als einen ansprechbaren Vorgesetzten erinnern, der häufig bis in die Nacht am Schreibtisch blieb und das Unternehmen gut in der Presse vertrat, erinnerte sich ein Kollege an einen Augenblick im Jahr 2015, da García im Vorfeld der Black-Friday-Rabattschlacht ein gefährliches Temperament offenbarte. García lag mit dem Manager einer Warenkategorie über den Preis eines 60-Zoll-Fernsehers im Clinch, der auf der Internetseite eines kleineren Anbieters massiv im Preis reduziert war. Der Manager war überzeugt, es könne sich dort nur um einen Irrtum handeln, und sah ein viel zu großes Verlustgeschäft auf sich zukommen, sollte Amazon mitziehen. Die Diskussion drohte zu eskalieren; García schlug mit der Hand auf den Tisch: »Ich bin CEO! Die Sache wird gemacht!« Amazon zog gleich, verkaufte im Handumdrehen Tausende Fernsehgeräte und verlor tatsächlich eine Menge Geld.

Ende 2016 schließlich hatte ein Vorstandsmitglied von seinem Ferienhaus im mexikanischen Punta Mita aus etliche Paar Schuhe bestellt und nur eine kleine Teillieferung erhalten; im Zusammenhang damit erreichten die Spannungen zwischen García und seinen Vorgesetzten in Seattle ihren Siedepunkt, so García später. Die Information wurde an Jeff Wilke weitergereicht, der überprüfen sollte, ob es sich um die Spitze eines Eisbergs handele. Wilke leitete es an García weiter und sprach ihn später in einem Meeting darauf an. Es folgte eine immer lauter werdende Diskussion, in deren Verlauf García sich respektlos behandelt fühlte. Nicht lange darauf, im Februar 2017, wurde García gefeuert.

Im September 2019 kontaktierte mich García, um in einem langen Gespräch von seiner Erfahrung mit Amazon zu berichten. Bei dem Treffen im Café, an das sich ein Spaziergang durch San Franciscos Downtown anschloss, erzählte er, er habe die Schuhbestellung des Vorstandsmitglieds überprüft und sei zu dem Schluss gekommen, dieser habe versehentlich über die US-amerikanische Website geordert. Noch bevor er gefeuert worden sei, habe er Wilke darauf hingewiesen, doch dieser habe darauf nie reagiert.

Alexandre Gagnon verbrachte nach Garcías Fortgang mehr Zeit in Mexiko und setzte schließlich einen seiner Stellvertreter aus den USA als Nachfolger ein. Unter beider Ägide und dank der vollen Unterstützung durch Google Ads entwickelte sich Amazon Mexico prächtig. Am Jahresende war es zu einem der größten Mitspieler im 7,1 Milliarden Dollar schweren Online-Geschäft des Landes angewachsen und lag damit knapp vor MercadoLibre und Walmart.[49]

Zu dieser Geschichte gehört allerdings eine unglaubliche Fußnote. Am Ende unserer Unterredung hatten wir verabredet, in Kontakt zu bleiben. Dennoch hörte ich wochenlang nichts von García, obgleich ich mit mehreren E-Mails nachfasste. Im November 2019 schließlich fiel mir ein Zeitungsbericht ins Auge: Der ehemalige CEO von Amazon Mexico Juan Carlos García wurde im Zusammenhang mit dem gewaltsamen Tod seiner Frau Abril Pérez Sagaón gesucht.

Die entsetzliche Geschichte hatte im Januar zuvor begonnen – acht Monate vor meinem Treffen mit García. Berichten zufolge hatte er seine Frau nach einem Streit mit einem Baseball-Schläger geschlagen und ihr Messerschnitte im Gesicht zugefügt. Der 15-jährige Sohn war Zeuge des Zwischenfalls gewesen, und die Tochter, ebenfalls im Teenageralter, hatte die Verletzungen der Mutter in fürchterlichen Fotos festgehalten. Pérez genas und erwirkte ein Kontaktverbot für García, der die nächsten zehn Monate in Untersuchungshaft verbrachte. Die Nachrichtenlage ist nicht ganz klar; jedenfalls war es García auf irgendeine Weise möglich, mich in San Francisco zu besuchen. Da über den Vorfall nicht berichtet worden war, hatte ich davon keine Ahnung.

Am 25. November 2019, nur einige Wochen nach unserem Treffen, war Pérez zu einer Sorgerechtsanhörung für die drei Kinder nach Mexico City geflogen. Als ihr Rechtsanwalt sie anschließend wieder zum Flughafen fuhr, sie auf dem Beifahrersitz, zwei ihrer Kinder auf der Rückbank, hatte ein Motorradattentäter mit dem Wagen gleichgezogen und durch das Seitenfenster zwei Schüsse auf sie abgefeuert. Sie starb noch in derselben Nacht.

Der Mord sorgte in Mexiko wie im Ausland für Wut. »Nach ungeklärtem Mord an seiner Frau: Ex-CEO von Amazon Mexico in den USA auf der Flucht«,[50] verkündete eine der Zeitungsüberschriften in großen Lettern. Im gesamten Land kam es zu Protesten; Aktivisten warfen der Regierung Versagen beim Schutz von Frauen in gewalttätigen Beziehungen vor und dass sie Femizid als Straftatbestand nicht ernst nehme. Eine traurige Ironie dieser Geschichte war, dass bei jeder Suche nach neuen Entwicklungen in der Verbrechensaufklärung Werbung von Amazon Mexico aufploppte; einem Angestellten zufolge stellte das Unternehmen daher zeitweise seine Google-Annoncen ein.

Im März 2020 wurden zwei Männer festgenommen und des Mordes angeklagt. Und doch waren die Polizei und sogar die Kinder des Opfers überzeugt, dass Juan Carlos García die Attentäter angeheuert hatte, und er blieb der Hauptverdächtige. Der mexikanischen Polizei zufolge hatte er sich nur Tage nach dem Anschlag in der Nähe von Tijuana zu Fuß über die Grenze in die USA abgesetzt; zum Zeitpunkt der Abfassung dieses Textes war er noch immer untergetaucht.

Zurück nach Indien. Dort gingen 2015 Amazon und Flipkart wie zwei Schwergewichtsboxer aufeinander los. Sie rangelten mit Smartphone-Herstellern um Exklusivverträge, lockten während der jährlichen Angebotsschlacht zu den Feiertagen mit massiven Rabatten und errichteten in schwindelerregendem Tempo Warenlager um Warenlager im ganzen Land. Vor Amazons eingängigem Fernsehspot »Aur Dikhao« – »Zeigt mir mehr«, ein typischer Kundensatz in kleinen indischen Läden – gab es kaum ein Entkommen. Um den Kleinhändlern beizubringen, wie man online ein- und verkauft, schickte Amazon eine ganze Flotte kleiner dreirädriger Gefährte in die bunten Marktgassen; die »Chai-Carts«[51] gaben umsonst Tee, Wasser und Zitronensaft aus. Amazon-Angestellte brachten den Anbietern den Umgang mit Internettools wie E-Mail und Apps bei und zeigten ihnen, wie sie sich bei Amazon.in registrieren und dort ihre Waren listen konnten.

In jenem Herbst flogen Agarwal und seine Manager erneut nach Seattle zur jährlichen OP1-Planung. Zwei Jahre zuvor hatte man sie noch aufgefordert, ihre vorsichtige Planung zu revidieren; inzwischen hatte Agarwal Bezos' Direktive, Vorsicht und störende Konzepte wie etwa kurzfristiges Gewinndenken in den Wind zu schlagen, vollständig verinnerlicht. Die Strategie fürs kommende Jahr kalkulierte mit dramatischen Investitionen, massivem Umsatzwachstum und Schulden über Schulden. Bezos schwirrte noch immer der Kopf von dem unternehmerischen Wagemut, den er in Indien kennengelernt hatte, und er sprang sogleich darauf an. »Die Zukunft liegt in den USA, in China und in Indien«, erklärte er einem Kollegen zufolge wiederholt. »Amazon ist nur dann ein globales Unternehmen von Weltrang, wenn wir auf zweien dieser drei Märkte tonangebend sind.« Am Ende der Diskussion badeten Agarwal und die Manager aus Indien im Applaus des S-Teams; stehende Ovationen waren ungewohntes Lob in dieser sonst so formellen und einschüchternden Umgebung.

In Indien, am eigentlichen Ort des Geschehens, gab es wenig Applaus, dafür jede Menge komplexer Probleme. Agarwal war schnell klar gewesen, dass er sich nicht allein auf Logistikpartner wie die staatliche India Post verlassen durfte. Also stellte Amazon, genau wie Flipkart, eine eigene Logistik mit Kleintransportern, Motorrad- und Fahrradkurieren und sogar Booten auf die Beine, um auch die abgelegensten Winkel des Landes zu erreichen. Um der indischen Kundschaft digitale Zahlungsmethoden schmackhafter zu machen, gab es die Option, bei einem Barkauf das Wechselgeld als Guthaben auf dem Amazon-Konto zu deponieren.

Jeder dieser Schachzüge war ein Schritt in die richtige Richtung. Im Sommer 2016 bereitete Amazon die Einführung der Prime-Option mit garantierter zweitägiger Lieferfrist in Indien vor. Und in einer bedeutsamen Umkehrung der Machtverhältnisse am Markt stand man kurz davor, Flipkart beim Umsatz zu überholen. Völlig elektrisiert kam Bezos erneut mit Premierminister Modi zusammen, der im Juni am U.S.-India Business Council in Washington, D. C ., teilnahm, und erklärte, Amazon werde weitere drei Milliarden in Amazon India stecken. Modi, der sich auf Goodwill-Tour befand, um ausländische Investoren zu pflegen, schien diesmal zugänglicher für Bezos' dringendes Ansinnen. Er ließ sich mit führenden Persönlichkeiten der Wirtschaft fotografieren und bezeichnete Indien als »weit mehr als ein Markt«[52] sowie als »verlässlichen Partner«[53], mit dem es in Zukunft noch leichter würde, Handel zu treiben.

Amazon legte sich doppelt in die Seile, und sein Rivale geriet ins Schwanken. Flipkarts CEO, der 33-jährige Sachin Bansal, kämpfte derweil mit demselben Problem, das Amazon dazu gebracht hatte, es in Mexiko ohne Internetwerbung zu probieren: Googles Vorherrschaft im Internet. Bansal analysierte Googles Anzeigengebühren und die relativ geringe Verbreitung von PCs in Indien und erklärte, Flipkart und Myntra – das von Flipkart erworbene Fashion-Portal – würden von nun an ihre Energie und Investitionen ganz auf die Smartphone-Apps konzentrieren und ihre mobilen und Desktop-Webauftritte komplett einstellen. Dabei erfuhr er heftigen Widerstand seitens der Mehrzahl seiner Manager, die er kurzerhand feuerte.

Die Strategie jedoch ging nach hinten los. Die Kunden waren irritiert, dass sie auf einmal Apps auf ihre Smartphones laden sollten; zeitgleich schaltete Amazon ganzseitige Annoncen in den Tageszeitungen, in denen Jeff Bezos in einem Brief der Kundschaft in Indien dafür dankte, dass sie Amazon.in zum meistbesuchten Shopping-Portal des Landes gemacht habe.[54] Der Umsatz bei Flipkart ging zurück, und das Unternehmen musste Personal entlassen. Das änderte jedoch nichts an der Verliebtheit privater Investoren in das indische Unternehmen, dem es im Folgejahr gelang, weitere 1,4 Milliarden Dollar von einem Konsortium zu erwirken, zu dem eBay, Microsoft sowie der chinesische Tech-Gigant Tencent gehörten. Es musste jedoch die Feststellung eines um 11,6 Milliarden Dollar reduzierten Unternehmenswerts im Vergleich zur Vorrunde hinnehmen. »Wir hätten den Karren nicht besser in den Sand setzen können, hätten wir eine Anleitung gehabt«, kommentierte ein Vorstandsmitglied von Flipkart. Bald darauf wurde Sachin Bansal in der Funktion des CEO durch seinen Mitgründer Binny Bansal abgelöst; er blieb jedoch als Executive Chairman an Bord – eine vor allem repräsentative Rolle.

Flipkarts Straucheln war ein Faktor in einem komplexen strategischen Umfeld, das Jeff Bezos 2017 sorgfältig prüfte. Die Investoren hatten Flipkarts Unternehmensbewertung in stratosphärische Höhen geschossen;

zugleich verbrannte Flipkart wie auch Amazon.in deutlich über eine Milliarde Dollar pro Jahr. Überdies nahm der Warenhaus-Gigant Walmart unter CEO Doug McMillon erneut das globale Online-Geschäft in den Blick, mit einem Auge darauf, Amazons globale Ambitionen einzudämmen; Investitionen in Flipkart hatte man bereits sondiert.

Unterdessen machte es Modi, der seine erneute Kandidatur zum Premierminister vorbereitete, entgegen aller Versprechungen nicht leichter, sondern schwerer, in Indien Handel zu treiben. Seine Partei, die regierende Bharatiya Janata Party, legte ein neues Regelwerk vor, das es einem einzelnen Händler untersagte, mehr als 25 Prozent des Gesamtumsatzes eines in ausländischer Hand befindlichen Online-Portals wie beispielsweise Amazon.in zu verantworten.[55] Es war eine Spitze, die direkt auf die eng mit Amazon und Flipkart verbandelten Tochtergesellschaften Cloudtail und WS Retail zielte – und zugleich ein Mittel, um Modis mächtige Wählerbasis aus kleinen Händlern zu beschwichtigen, die der hektische Online-Handel zunehmend nervös machte.

Parallel dazu traf Sachin Bansal in Aspen, Colorado, auf Jeff Bezos; beide waren Teilnehmer der elitären Zusammenkunft The Weekend, die Ari Emanuel, CEO der Unterhaltungs- und Medienagentur Endeavor, und der Google-Vorsitzende Eric Schmidt organisierten. Bansal wagte einen Pitch – er schlug eine Übernahme vor, die den kapitalfressenden Konflikt zwischen den beiden Unternehmen beenden würde und gleichzeitig beiden die Unabhängigkeit garantierte. Amazon.in sollte mit Alltagsbedarf wie Lebensmitteln und Büchern handeln, während Flipkart das hochpreisigere Segment abdeckte, was ihm gestatten würde, beim Aushandeln besserer Deals beispielsweise mit Smartphone-Herstellern zusätzlichen Druck auszuüben. Nachdem Bansal infolge seines desaströsen Experiments mit dem reinen App-Store aufs Abstellgleis verfrachtet worden war, könnte er diesen Coup als Hebel für eine Rückkehr in Flipkarts Führungsriege nutzen.

Bezos, der wie immer angesichts solchen Jungunternehmermuts »vor Bewunderung in die Knie ging«, war fasziniert. Er beauftragte den für Mergers & Acquisitions zuständigen Peter Krawiec mit ersten Verhandlungen.

Krawiec stieg mit einem niedrigen Angebot ein, da seine Zahlenbasis Amazon India mittlerweile vor Flipkart platzierte. Flipkart focht die Marktanalyse an. Beide Seiten beharrten darauf, vorn zu liegen, während sie öffentlich verkündeten, die Konkurrenz lasse sie kalt. Da man sich nicht einmal auf die Faktenlage einigen konnte, gingen die Verhandlungen monatelang nur im Schneckentempo voran.

Im Oktober erfuhren einige Mitglieder von Walmarts Führungsriege durch Banker bei Goldman Sachs von den Gesprächen. Berauscht von Indiens Potenzial und in der Furcht, auf einem entscheidenden Wachstumsmarkt ins Hintertreffen zu geraten, stürzten auch sie sich wieder in den Kampf. Im selben Monat pilgerten mehrere Executives von Flipkart nach Arkansas zum Hauptquartier von Walmart in Bentonville. Amazon erfuhr von diesen Gesprächen und engagierte sich ebenfalls ernsthafter.

Flipkarts Investoren und Vorstandsmitglieder teilten sich in drei Lager, deren jedes eine andere Strategie bevorzugte: an Amazon verkaufen, an Walmart verkaufen, unabhängig bleiben. Sachin Bansal stellte sich hinter einen Deal mit Amazon, da er sich davon die Rückkehr in eine Führungsposition im Unternehmen erhoffte.

Die meisten Investoren allerdings waren skeptisch, ob die indischen Kartellbehörden eine Fusion mit Amazon absegnen würden, da das resultierende Unternehmen rund 80 Prozent des Online-Handels im Land kontrollieren würde. Bezos schien sich voll und ganz auf seine werdende Beziehung zu Narendra Modi zu verlassen und gab sich zuversichtlich, er könne den Deal durchsetzen. Mehreren Kollegen zufolge ging er die Übernahme ernsthaft an, wobei er sich sogar über die offensichtlichen Bedenken Amit Agarwals hinwegsetzte, der später eine furchteinflößende Verantwortung übernehmen musste: die Integration zweier völlig unterschiedlicher Marken mit Lieferketten, die nur Verluste schrieben.

Im März 2018 hatte Bezos im Bootshaus unterhalb seines Hauses am Lake Washington Sachin Bansal und Flipkarts CEO Kalyan Krishnamurthy zu Gast. Einige Wochen darauf telefonierte er mit zwei besonders einflussreichen Finanziers von Flipkart – Lee Fixel, einem Partner bei Tiger Global, und Masayoshi »Masa« Son, dem Chairman der Soft-

Bank –, die einen Abschluss mit Amazon deutlich der Alternative Walmart vorzogen und entschlossen schienen, Bezos als dauerhaften Verbündeten an Bord zu haben.

Der Knackpunkt bei den Amazon-Flipkart-Verhandlungen war die Zahlung einer Auflösungsgebühr. Die Flipkart-Investoren plagten Bedenken angesichts des unkalkulierbaren behördlichen Prüfungsverfahrens; zudem war Amazon dafür berüchtigt, sich in Verhandlungen zu stürzen, nur um diese später abzubrechen oder damit lediglich auf einen höheren Preis bei einem entschlosseneren Rivalen zu pokern. Also verlangte Flipkart eine Abbruchgebühr in Höhe von vier Milliarden Dollar in bar mit sofortiger Fälligkeit: Sollte das Prüfverfahren nach einer möglichen Dauer von achtzehn Monaten in eine Untersagung münden, hätte Amazon so nicht durch die Behinderung der Geschäfte des Mitbewerbers profitiert. Vor einer solchen Vereinbarung wiederum schreckte Amazon zurück, denn sie wäre letztendlich auf eine Finanzspritze für den Rivalen hinausgelaufen. Und während Masa bis zum Schluss die Hoffnung nicht aufgab, lehnte der Vorstand von Flipkart den Amazon-Deal schließlich ab.

Walmart hatte derweil schlau gespielt. CEO Doug McMillon, Walmart-International-CEO Judith McKenna und Vorstandsmitglied Greg Penner bauten eine persönliche Verbindung zum Führungsteam von Flipkart auf und vermieden es zugleich, Exklusivrechte ins Spiel zu bringen (die Masa gezwungen hätten, seinen Traum von der Männerfreundschaft mit Bezos aufzugeben), sondern lockten stattdessen mit der Aussicht auf eine weiterhin unabhängige Unternehmensführung von Flipkart.

Nachdem sich das Ganze über ein halbes Jahr hingezogen hatte und die Kalender sämtlicher Beteiligter von endlosen Konferenzschaltungen blockiert worden waren, einigte sich der gespaltene Flipkart-Vorstand schließlich darauf, Walmart als Anteilseigner mit ins Boot zu nehmen. Anfangs hatte man lediglich einen Einstieg der Warenhauskette als Juniorpartner verhandelt, inzwischen jedoch waren die meisten Flipkart-Investoren der Sache so überdrüssig, dass sie ihre eigenen Anteile nur noch zu Geld machen wollten. Und selbst kurz vor Abschluss war Flipkart nicht gegen ein letztes Verhandlungsdrama gefeit: Um ein Haar hätte Sachin Bansal den Deal vermasselt, indem er darauf bestand, dass Walmart ihm eine federführende Rolle in der Firma garantierte. So setzte der erboste Flipkart-Vorstand schließlich durch, dass er das Unternehmen ganz verließ.

Im Mai 2018 verkündeten die Unternehmen, Walmart werde für 16 Milliarden Dollar einen 77-prozentigen Anteil an Flipkart erwerben. Walmarts CEO Doug McMillon stattete Indien nach dieser Verlautbarung einen Besuch ab und ließ die Mitarbeiter von Flipkart wissen: »Wir wollen nichts anderes, als Ihnen die Mittel zum eigenen Erfolg an die Hand zu geben. Geschwindigkeit ist entscheidend. Entschlossenheit ist entscheidend.«

Obgleich die monatelangen Verhandlungen nicht einfach gewesen waren, gingen Sachin und Binny Bansal schließlich als Milliardäre aus der Transaktion hervor; man applaudierte ihnen als zwei der erfolgreichsten Unternehmer in der Geschichte Indiens. Doch wer kann schon sagen, welchen Anfechtungen das Urteilsvermögen eines über die Maßen reichen, weithin bekannten Mannes ausgesetzt ist, wenn er auf die Lebensmitte zusteuert? Binny Bansal wurde Ende 2018 prompt seiner Rolle als Chief Executive der Flipkart Group enthoben,[56] nachdem Walmart dem Vorwurf nachgegangen war, er habe mit einer ehemaligen Mitarbeiterin eine außereheliche Beziehung unterhalten und versucht, dies zu verschleiern. Im Jahr 2020 wiederum geriet ein unschöner Scheidungsprozess zwischen Sachin Bansal und seiner Frau ans Licht der Öffentlichkeit.[57]

Bei Amazon India, das aus dieser hart umkämpften Angelegenheit als Verlierer hervorgegangen war, waren die Manager mit weitaus prosaischeren Dingen beschäftigt. Zwar hatten sie es mit einem schlagkräftigen neuen Rivalen zu tun, doch sie waren überzeugt, dass der Weg, der vor Walmart lag, von ebenso vielen Schlaglöchern durchsetzt war wie eine indische Landstraße. »Wenn wir eines wussten, dann dies: Walmart hatte keine Ahnung, was es da erwarb«, sagte ein langjähriger Manager von Amazon India. »Man muss wirklich erst einmal sieben oder acht Jahre hier gelebt und gearbeitet haben, bis man durchschaut, wie kompliziert alles ist.«

Es war Samstagmittag im Herbst 2018, auf Bangalores Elektronik-Großmarkt SP Road herrschte miese Stimmung. In den kleinen, überwiegend leeren Läden zu beiden Seiten der Straße räumten die Verkäufer ihre Waren von rechts nach links und wieder zurück. Während der Verkauf von Smartphones und Computern auf Amazon und Flipkart in die Höhe schoss, brach hier das Geschäft ein.

Mit im Abwärtstrend gefangen war Jagdish Raj Purohit, der Eigentümer eines Ladens, über dem der Name Sunrise Telecom prangte. Auf der schuhkartongroßen Fläche saß Purohit am Eingang hinter der Kasse. An einer Wand reihten sich Hunderte Smartphone-Hüllen für jedes erdenkliche Modell. An der anderen fanden sich verschiedene Handys im unteren und mittleren Preissegment sowie ein Vivo V11, ein chinesisches High-End-Modell für 26.000 Rupien.

Purohit erwartete bei den Smartphones keinen überwältigenden Verkaufserfolg. »Alle kaufen ihre Mobiltelefone online«, grummelte er als Antwort auf den üblichen Gruß »Dhanda kaisa hai?« – »Wie läuft das Geschäft?«. »Flipkart und Amazon haben ständig Angebote bei dieser Ware, wer soll da schon hierherkommen?« Er versuchte, das Defizit durch den Verkauf von Accessoires auszugleichen.

Ein Stück weiter die Straße hoch, bei Raj Shree Computech, verkauften Mahendra Kumar und seine beiden Brüder seit zwölf Jahren Computer und Zubehör. In den letzten paar Jahren war das Geschäft »thoda thanda« gewesen – eher lau. Woran das lag, war kein großes Geheimnis. »Alle, die in den Laden kommen, rattern als Erstes die Laptop-Preise bei Flipkart und Amazon herunter, noch bevor wir eine Chance haben, den Mund aufzumachen«, sagte Kumar. Oder aber »sie kommen und probieren einen Kopfhörer nach dem anderen aus, testen den Klang, sagen dann, sie kommen später noch einmal wieder, und gehen. Wir wissen genau, dass sie nicht wiederkommen.« Wie der Ladenbesitzer am Anfang der Straße zögerte auch Kumar, selbst über Amazon oder Flipkart zu verkaufen, denn die Gewinnspanne war gering und Rücksendungen kompliziert.

Indiens Wettbewerbsregeln hatten genau diese Art des Aderlasses verhindern sollen. Amazon und Walmart setzten ihren Schlagabtausch fort, dehnten ihr Geschäft auf die Lieferung von Kleidung und haltbaren wie verderblichen Lebensmitteln aus und versenkten dabei beide über eine Milliarde US-Dollar pro Jahr. Die Schlinge des globalen Kapitalismus um den Hals von Millionen kleiner indischer Geschäftsleute schien sich immer fester zu ziehen.

Dann wurde Modi 2019 inmitten des drastischsten Rückgangs der indischen Wirtschaft wiedergewählt, und das Pendel schwang dramatisch gegen die überseeischen Einzelhandelsgiganten aus. Wie schon durch Modis vorherige Regierung angekündigt, wurde die gesetzliche Regulierung ausländischer Investitionen strenger.[58] Amazon und Flipkart mussten ihre Anteile an den Tochtergesellschaften veräußern, sie durften keine Exklusivverträge mehr mit Herstellern abschließen und waren bei der Gewährung von Rabatten beschränkt.

Kleine Händler und ihre Wirtschaftsverbände waren nicht die Einzigen, die nach staatlichem Schutz vor den US-Giganten verlangten. Auch Mukesh Ambani, Indiens reichster Mann, versuchte, die Regierung dazu zu bringen, die Regulierung ausländischer Investitionen in seinem Sinn zu verschärfen. 2019 begab sich sein Unternehmen Reliance Industries, dem die größte Lebensmittelkette Indiens gehörte, ebenfalls in das Online-Getümmel. Die zugehörige Website JioMart jedoch war nicht denselben Restriktionen unterworfen wie Amazon und Flipkart. Ambani, der politisch hinter Modi steht, machte sich den wachsenden Hindu-Nationalismus zunutze und forderte seine Landsleute auf, »sich zu einer neuen Bewegung gegen Datenkolonialismus zusammenzuschließen«.[59]

Als Reaktion auf die neuen Hürden diversifizierte Bezos seine Investitionen in Indien und verbreiterte seine Basis, indem er in einen digitalen Bezahldienst investierte, für Kindle und Alexa warb und sein indisches Prime-Video-Angebot um Bollywoodfilme und Fernsehsendungen in indischen Sprachen ergänzte. Amit Agarwal wollte nicht eingestehen, dass Amazons Indien-Abenteuer vom Kurs abkam. »Jeff sagt immer: ›Es ist noch immer Tag eins‹ – ich aber glaube, hier in Indien hat gerade erst die erste Minute des ersten Tages begonnen«, erklärte er mir.

In vielerlei Hinsicht hatte Amazon in Indien bemerkenswerte Fortschritte gemacht. Kunden nicht nur in den großen Weltstädten, sondern im ganzen Land bestellten online, bezahlten digital statt bar und neigten sich der technologischen Zukunft zu, die Jeff Bezos für sie sah. Kleinunternehmer lernten, über das Internet zu verkaufen und Kundschaft weit jenseits der Straßenmärkte anzusprechen, deren grundlegender Charakter sich in hundert Jahren nicht verändert hatte. Amazon India jedoch würde in der vorhersehbaren Zukunft massiv unrentabel bleiben, und der Wettstreit mit Flipkart hatte ein labiles Quantum an sozialoökonomischen Verwerfungen entstehen lassen, die die schlafenden Hunde des Nationalismus und des entzweienden Populismus weckten. Die gesamte Saga war ein Vorgeschmack auf das politische Kopfweh, das Bezos zu Hause erwartete.

Kapitel 4

Das Jahr der kleinlauten Skeptiker

Im Oktober 2014, nur wenige Wochen nach Jeff Bezos' Rückkehr von seiner ersten Indienreise, äußerte Microsofts ehemaliger CEO Steve Ballmer in der Talkshow *Charlie Rose* ernsthafte Zweifel an seinem Rivalen auf der anderen Seite der Stadt. »Ich weiß nicht, was ich zu Amazon sagen soll. Ich mag Amazon. Nette Firma. Aber, Charlie, bei denen kommt doch kein Geld rein! In meiner Welt ist man keine richtige Firma, bevor nicht ein bisschen Geld reinkommt.«[60]

Amazons Geschäftszahlen schienen Ballmers Einschätzung zu bekräftigen. Das Unternehmen hatte in dem Jahr Verluste von 241 Millionen Dollar eingefahren, und die Wachstumsrate über Weihnachten war die trägste seit den verhängnisvollen Tagen der Dot.com-Pleite. Am 31. Dezember 2014 betrug Amazons Börsenwert nach einem Schwund von 20 Prozent im Verlauf der vergangenen zwölf Monate nur noch dürftige 143 Milliarden Dollar.

Das war denn auch der Grund dafür, dass 2015 ein so kritisches Jahr für das Unternehmen war – und nicht nur für das Unternehmen, sondern auch für seinen CEO: Es markierte den eigentlichen Beginn von Amazons Aufstieg in die hehren Höhen eines Börsenwerts jenseits der Billion-Dollar-Marke.

Ballmer und andere Amazon-Skeptiker wie etwa der Hedgefonds-Manager David Einhorn, der Amazon im Herbst in den »Korb mit den Blasenpapieren« gesteckt hatte, sahen lediglich die gemeldeten Verluste des Unternehmens und seine erheblichen Investitionen in neue Initiativen. Außerdem unterschätzten sie die wahre Performance seiner älteren Geschäftsbereiche, die das Unternehmen nicht preisgab. Amazon war sehr wohl profitabel, vor allem in den reiferen Geschäftsbereichen wie Buchhandel und Elektronik, und das sowohl in den USA als auch in Großbritannien. Amazon war sehr wohl profitabel, vor allem in den alten Geschäftsbereichen wie dem Buchhandel und seiner Plattform für Drittanbieter, dem Marketplace. Aber anstatt Erträge in Rekordhöhe einzufahren und diese wie Microsoft, Apple und andere in der Ertragsrechnung auszuweisen, setzte Bezos – wie ein durchgeknallter Zocker an einem Craps-Tisch in Las Vegas – Amazons Gewinne sofort wieder ein.

Vor Jahren schon hatte Bezos gelernt, dass man sich im Einzelhandel auf seinen Lorbeeren nicht ausruhen kann. Kunden sind nun mal launisch und können einem jederzeit die Loyalität aufkündigen, wenn sie woanders ein besseres Angebot sehen. Amazon konnte also seinen Konkurrenten nur dann einen Schritt vorausbleiben, wenn das Unternehmen weiterhin an seinem Service arbeitete, weiterhin Technologien erfand. Wie wir gesehen haben, verfolgte Bezos dieses Ziel geradezu besessen, indem er nicht nur Milliarden in Projekte wie Alexa, das Fire Phone, den Go Store und die künftige Vormachtstellung in Indien und Mexiko steckte, sondern auch allerhand geheime Initiativen verfolgte, von denen die Öffentlichkeit nie erfuhr.

Keine dieser Wetten hatte bislang Früchte getragen. Allerdings begann sich 2015 endlich eine andere, ältere Wette auszuzahlen. In seiner Gewinn-und-Verlust-Rechnung vom April des Jahres gab Amazon zum ersten Mal Auskunft über die finanzielle Gesundheit seines nunmehr zehn Jahre alten Cloud-Geschäfts Amazon Web Services – und versetzte die Wall Street in höchstes Erstaunen sowohl hinsichtlich seines Umsatzwachstums als auch seiner Rentabilität. Im Juni dann kopierte Amazon einen chinesischen Konkurrenten und führte den ersten Prime Day ein, schlug damit also Kapital aus dem Wachstum eines anderen Programms: der zweitägigen Lieferung. Sowohl die Wall Street als auch die Medien begannen, ein ganz neues Interesse an Amazon zu zeigen, und kurz nach dem zwanzigsten Jahrestag seines Starts sah das Unternehmen sich – aufgrund seines Wachstums – auf einem Prüfstand ganz anderer Art. Im August des Jahres nämlich katapultierte ein brisanter Artikel in der *New York Times* Amazons aggressive Unternehmenskultur landesweit in den Blickpunkt der Öffentlichkeit.

Im Verlauf des ereignisreichen Jahres 2015 legte Amazons Aktie um das Doppelte zu. Da Bezos persönlich etwa 18 Prozent an dem Unternehmen hielt, schoss ihn das laut *Bloombergs* Milliardärs-Index in die Top Five der reichsten Leute der Welt. Wie sich herausstellte, war Steve Ballmers Breitseite gegen Amazon die perfekte Kontraindikation für gewiefte Anleger, markierte sie doch exakt den Zeitpunkt des Beginns einer der sensationellsten Wertzunahmen sowohl eines Unternehmens als auch eines Privatvermögens in der Geschichte des Kapitalismus.

Selbstverständlich hatte Ballmer nichts wissen können von der Leistungsfähigkeit von Amazons Rentabilitätsmotor AWS, aber genau das war Bezos' Plan gewesen. Während des ersten Jahrzehnts seines Bestehens waren Umsätze und Erträge von Amazon Web Services ein streng gehütetes Geheimnis gewesen. Der Geschäftsbereich erwirtschaftete allein 2014 einen Umsatz von 4,6 Milliarden Dollar und wuchs mit einer rasanten Rate von jährlich 50 Prozent. Nur versteckte Amazon diese Zahlen – ebenso wie die langsam zunehmenden Werbeeinkünfte – in einer als »Diverses« ausgewiesenen Kategorie seiner Ertragsrechnung, damit potenzielle Konkurrenten wie Microsoft und Google nicht mitbekamen, wie attraktiv das Cloud-Geschäft tatsächlich war. Beobachter und Analysten konnten lediglich Mutmaßungen über die finanziellen Dimensionen eines so einzigartigen, im Gewand eines Online-Händlers versteckten Geschäftsmodells wie des Cloud Computings für Unternehmen anstellen.

In den Jahren nach der Einführung seiner ersten Produkte im Jahre 2006 benutzte AWS größtenteils Start-ups und Versuchslabore von Universitäten, denen die Extraportion an Rechenleistung übers Internet gerade recht kam, zumal sich das Ganze mit der Kreditkarte zahlen ließ. Wollten Informatiker – von Unternehmen wie von Behörden – rechnerisch experimentieren, umgingen sie die strikten Beschaffungsprozesse ihrer Organisationen ganz gern mal mithilfe der AWS. Wie viele andere technologischen Revolutionen auch war das Cloud Computing vor seiner weiteren Verbreitung zunächst einmal die Domäne von Geeks.

Die ersten Unternehmen, die die Möglichkeiten von AWS nutzten, wurden zu Betatestern und schließlich zu Missionaren. Start-ups aus dem Silicon Valley wie Uber, Airbnb, Dropbox und die Foto-Sharing-Site SmugMug ließen ihre Operationen über AWS laufen und konnten für ihre beispiellosen Zuwachsraten jederzeit zusätzliche Server bestellen. Wie kaum eine andere Einrichtung, womöglich sogar mehr noch als das iPhone, begünstigte AWS den auf die Rezession folgenden Tech-Boom, auch wenn Außenstehende nicht so recht wussten, worum es da eigentlich ging. So begann 2009 das Jet Propulsion Lab der NASA in Pasadena, AWS als Datenspeicher zu nutzen, und streamte darüber später die Bilder des Mars-Fahrzeugs *Curiosity*. »Ich habe noch heute meine Präsentation für die Kollegen«, sagte Tom Soderstrom, der Technische Leiter des JPL. »Die dachten, dass da von Geowissenschaften, also buchstäblich von Wolken die Rede sei.«

Selbst einige der ersten AWS-Executives hatten wenig Verständnis für das enorme Potenzial des Cloud-Geschäfts. »Das könnte mal wirklich gutes Business werden, so im Bereich von einer Milliarde Umsatz vielleicht«, sagte Produktmanager Matt Garman dem staunenden Amazon-Neuling Matt Peterson, einem Jahrgangskameraden von der Business School, 2006 beim Lunch. »Das glaubst du doch selbst nicht, nie und nimmer sind da eine Milliarde Dollar drin. Hast du überhaupt eine Vorstellung davon, wie groß das wäre?«, antwortete ihm Peterson. Garman ist mittlerweile einer der Vice Presidents von AWS und gehört dem S-Team an, Peterson ist einer von Amazons Direktoren für Unternehmensentwicklung, und AWS sorgte 2020 für einen Umsatz von 45,4 Milliarden Dollar.

Erdacht haben Amazons erste Cloud-Produkte Jeff Bezos und einige seiner technischen Leiter in den Jahren 2004 bis 2006. Der Simple Storage Service (S3) und die Elastic Compute Cloud (EC2) boten in etwa die Funktionalität des üblichen Computerraums im Betrieb; immerhin hatte man aus der Ferne Zugriff darauf. Gespeichert wurden die Daten in den riesigen klimatisierten Serverfarmen, die Amazon an diversen über die

USA verteilten Standorten bauen sollte. Diese sollten im Zuge der explosionsartigen Verbreitung des Internets zu den »Amtsfreizeichen« des 21. Jahrhunderts werden. Außerdem stellte Amazon 2007 mit SimpleDB eine eher primitive Datenbank vor, die es der Kundschaft gestattete, strukturierte Sets ihrer Daten sowohl zu speichern als auch abzurufen.

Der Eintritt ins Geschäft mit Datenbanken, das sich eher langweilig anhört, aber in Wirklichkeit eine ebenso blühende wie hart umkämpfte Industrie mit 46 Milliarden Jahresumsatz ist, sollte sich für AWS als einer der wichtigsten Wege zum Erfolg erweisen. Amazon selbst benutzte Oracles relationale Datenbank zur Verwaltung von Amazon.com, und der ständig zunehmende Traffic strapazierte die Software derart, dass immer wieder die Stabilität der Site bedroht war. Was Bezos natürlich enorm frustrierte. Ihm war von Anfang an daran gelegen, im Online-Geschäft wie in den Logistikzentren Amazons Abhängigkeit von anderen zu minimieren, und jetzt stellte sich heraus, dass ausgerechnet die eigenen Kapazitäten seiner primitiven Datenbanken der Aufgabe nicht mehr gewachsen waren. Als SimpleDB sich als zu klobig und obendrein zu komplex bei der Nutzung erwies, setzten sich die AWS-Informatiker an die Entwicklung einer schnelleren und flexibleren Version, um des für das Internet typischen massiven Verkehrsaufkommens Herr zu werden; sie gaben ihr den Namen DynamoDB.[61]

Ein anderer eifriger Nutzer von SimpleDB war ein früher AWS-Kunde, der in der Datenbank Titel und Thumbnails für seinen Entertainment-Katalog speicherte: Netflix. Reed Hastings' Mail-Order-DVD-Startup wollte weitere Teile seiner technologischen Operation in die Cloud verlegen, als das Unternehmen vom Versender zum Streaming-Service gedieh. Um diese unterzubringen, musste Amazon erst cloud-fähige Versionen relationaler Datenbanken bauen und dazu ein als Datenlager bezeichnetes Tool. So machten sich Andy Jassy, damals Chef von AWS, und ein Vice President namens Raju Gulabani 2010 an die Arbeit an ebendiesem Projekt und versorgten das S-Team regelmäßig mit Updates über ihre Fortschritte.

Bei diesem Meeting rechnete Gulabani einem Beteiligten zufolge mit zehn Jahren Entwicklungszeit für eine voll funktionsfähige relationale

Datenbank. »Ich wette, dass es mehr als zehn Jahre dauern wird, bis das so weit ist«, sagte Bezos und zog sich damit den Unwillen der AWS-Crew zu. »Also legt mal besser gleich los.« Da er verstanden hatte, dass robuste Datenbanken eine der größten Geschäftsmöglichkeiten im Cloud-Geschäft wären, stockte Bezos den Betrag von Jassys Budgetgesuch deutlich auf.

Gulabani warb Oracle den ebenfalls in Indien geboren Executive Anurag Gupta ab, und zusammen eröffneten die beiden ein Büro im Silicon Valley. Im Lauf der nächsten Jahre scharte Gupta ein Team um sich, das mehrere AWS-Datenbanken auf der Basis kostenloser und zunehmend beliebter Open-Source-Software-Tools wie MySQL und Postgres einrichtete. 2012 stellte AWS Redshift vor, ein sogenanntes Datenlager, das es Unternehmen erlaubte, die von ihnen in der Cloud gespeicherten Daten dort auch zu analysieren; und 2015 folgte dann das Roll-out von Aurora, einer relationalen Datenbank. Beide Namen waren typisch für die Geeks von Amazon, obskur und endlos diskutiert, da Bezos einem frühen AWS-Executive zufolge mal gesagt hatte: »Passt auf, der Name ist drei Prozent von dem, worauf es ankommt. Aber manchmal entscheiden drei Prozent nun mal über Sieg und Niederlage.«

Den Namen »Redshift« schlug Charlie Bell vor, der früher mal als Ingenieur bei Boeing an NASAs Spaceshuttle mitgearbeitet hatte und jetzt als Senior Vice President mit der Leitung der AWS-Operationen betraut war. Der Name ist eine Anspielung auf die Lichtgeschwindigkeit; mit dem Begriff »kosmologische Rotverschiebung« bezeichnen Astronomen eine wahrnehmbare Veränderung des Lichts, das von einem sich entfernenden Himmelskörper wie etwa einem Stern ausgeht. Was nichts daran änderte, dass Larry Ellison, der damalige CEO von Oracle, der aufgrund von Oracles rotem Logo darin einen bewussten Affront vermutete, ebenfalls rot sah. »Auf den Gedanken sind wir noch nicht mal gekommen, weswegen ich das irgendwo witzig fand«, sagte Jassy später, als er von Oracles Interpretation des Namens erfuhr. Die ohnehin schon erbitterte Rivalität zwischen Oracle und Amazon, die sich an Amazons Eintritt ins Datenbankgeschäft entzündet hatte, nahm daraufhin noch zu.

Das Portfolio cloud-basierter Datenbanken von AWS, allen voran Klassiker wie S3 und EC2, überzeugte Unternehmen jeder Größe vom Cloud-Computing und sorgte für eine entsprechende Abhängigkeit. Lagen ihre Daten einmal auf Amazons Servern, sahen die Unternehmen wenig Grund, sich die Unbequemlichkeiten des Schritts zurück zur eigenen Datenbank anzutun. Außerdem stieg die Möglichkeit, dass sie die anderen profitablen Dienste nutzten, die AWS nach und nach bot. Im Verlauf der nächsten Jahre gingen sowohl der Umsatz als auch die Handelsspannen von AWS rasant nach oben. »Von all den Diensten, die wir hinzufügten, war es das Datenbank-Portfolio, das die Attraktivität von AWS erhöhte«, sagte Tamur Rashid, ein ehemaliger AWS-Manager.

Fast so bemerkenswert wie die Entwicklung der AWS-Sparte zum profitablen Geschäft während der ersten Hälfte der Zehnerjahre war ihr Hervortreten als eigene unverwechselbare, aus dem Schoß des Mutterunternehmens geborene Organisation. So trennte sich denn die AWS-Division auch von Amazons Zentralcampus in South Lake Union und zog ein Stückchen weiter die Eighth Avenue hinauf in die Nummer 1918, einen 150 Meter hohen gläsernen Wolkenkratzer, der bei Amazonianern Blackfoot hieß. Ganz und gar Bezos' Jünger, hängte Jassy dort nicht etwa die positiven, sondern die kritischen Artikel über die Firma an die Wand, darunter auch einen aus *Business Week* von 2006 mit folgender Dachzeile: »Amazons CEO möchte Ihr Geschäft mit der Technologie hinter seiner Website leiten. Nach Ansicht der Wall Street sollte er sich besser um seinen Laden kümmern.«[62]

Hinsichtlich seiner Unternehmenskultur war AWS ein Mikrokosmos des Mutterschiffs: tough, gnadenlos, der Fokus stets auf die Erfüllung unmöglich hoher Standards gerichtet. Jassy und seine AWS-Manager stellten ihren Untergebenen bohrende Fragen und überfuhren jeden, der keine passende Antwort parat hatte oder seine Verantwortlichkeit für ein Problem in seinem Zuständigkeitsbereich nicht sah. Motor der täglichen Agenda war neben den datengefüllten sechsseitigen Narrativen die obsessive Beschäftigung mit den Bedürfnissen des Kunden. Wann immer Mitarbeiter ein starkes Ergebnis erzielten, richtete man die Aufmerksamkeit sofort darauf, wie man es noch besser hätte machen können. Ein ehemaliger Executive beschrieb die Mentalität folgendermaßen: »Wir waren wirklich gut, wenn's darum ging, aufs Siegertreppchen zu steigen und dann zu maulen, dass die Goldmedaille nicht wirklich glänzt.«

Die Ingenieure bekamen Pager und standen im Schichtdienst auf Abruf bereit für den Fall, dass mal irgendwo ein System ausfiel. Ergab sich ein ernstes Problem während eines AWS-Meetings, wo die Pager abzuschalten waren, umging Amazons Pager-Programm den »Stumm-Modus«, was dazu führte, dass es während des Meetings reihum zu einem chaotischen Piepskonzert kam.

In vieler Hinsicht handelte es sich bei Jassys Geschäftsphilosophien um ein Destillat der Ansichten des CEOs. Einige Jahre nachdem er 1997 von der Harvard Business School zu Amazon gekommen war, wäre Jassy um ein Haar einer frühen Säuberung von Amazons Marketingabteilung zum Opfer gefallen. Laut Diego Piacentini, einem ehemaligen Angehörigen des S-Teams, bewahrte ihn Bezos persönlich davor, indem er ihm das Prädikat »Einer unserer Leute mit dem größten Potenzial« verlieh. Achtzehn Monate lang fungierte er als Bezos' erster Vollzeitschatten oder Technischer Berater. Zu diesem brandneuen Posten gehörte, dass er Bezos geradezu sklavisch hinterherlief, was Jassy den Spott der Kollegen eintrug.

Jassy war die fleischgewordene Verkörperung von Amazon-Werten wie Sparsamkeit und Bescheidenheit. Für gewöhnlich trug er billige Sportsakkos und schwärmte lautstark für schlichte Zerstreuungen wie New Yorker Sportteams, Buffalo Wings und die Dave Matthews Band. Selbst als zusammen mit dem Wert von AWS sein persönliches Vermögen nach oben schnellte – er bekam im Rahmen seines Salärs allein 2016 ein Aktienpaket von 35 Millionen Dollar –, mied er das protzige Drum und Dran des Erfolgs wie etwa Reisen im Privatjet. Jedes Jahr gab er eine Super-Bowl-Party in der Sportsbar, die er sich im Keller seines Hauses in Seattle eingerichtet hatte. Bezos kam ebenfalls vorbei, jedenfalls bis 2019, als er sich – in einem weiteren Vorausblick auf die drastischen Veränderungen in seinem Leben – das Spiel von der Commissioner's Box aus ansah.

Bezos sagte gern, dass »gute Absichten nichts bringen, nur Mechanismen«.[63] Jassy setzte dieses Motto bei AWS geradezu grimmig um. Die Rhythmen bei AWS richteten sich nach mehreren offiziellen »Mechanismen«, gut eingeschliffenen Prozeduren oder Ritualen. Ideen für neue Services, deren Namen, Preisänderungen und Marketingpläne Jassy akribisch formuliert als sechsseitige Narrative in seinem Konferenzraum im 26. Stock vorzulegen waren, »the Chop«, wie die Räumlichkeit intern genannt wurde (nach dem Namen für das Zimmer im Studentenwohnheim in Harvard, einem Akronym des englischen Titels von Stendhals Roman *Die Kartause von Parma*, den sie für ein Seminar für englische Literatur zu lesen hatten). Die Executives stellten dabei knifflige technische Fragen, und Jassy ergriff für gewöhnlich als Letzter das Wort. Kollegen sagten, er lege ein schier unmenschliches Maß an Disziplin an den Tag, dass er zum Beispiel zehn Stunden am Tag in Meetings verbrachte und dabei komplexe, dicht formulierte Dokumente verarbeitete, ohne im Lauf des Tages abzubauen.

Die wöchentlichen Highlights bei AWS waren die beiden Meetings am Mittwochvormittag. Mittags leitete Jassy die 90-minütigen Business Reviews, bei denen die 200 ranghöchsten Manager bis ins kleinste Detail die jüngsten Entwicklungen diskutierten: hinsichtlich Kunden, Konkurrenz und der finanziellen Gesundheit jeder einzelnen Produkteinheit. Das eigentliche Kernstück der Woche war jedoch das Forum, das diesem Meeting vorausging: die zweistündige Betriebsanalyse zur Bewertung der technischen Performance der einzelnen Web-Services. Abgehalten wurde die Sitzung im großen Konferenzraum im dritten Stock unter Leitung des bedrohlichen und ausgesprochen direkten ehemaligen Spaceshuttle-Ingenieurs Charlie Bell.

Die Executives und Ingenieure von Amazon Web Services schildern diese bemerkenswerte Sitzung durch die Bank mit einer Mischung aus Ehrfurcht und posttraumatischer Störung. Rund um den riesigen Tisch in der Mitte saßen mehr als 40 Vice Presidents und Direktoren, während Hunderte weitere (fast alles Männer) in den Kulissen standen oder aus der ganzen Welt per Telefon zugeschaltet waren. Auf der einen Seite des Raums stand ein buntes Rouletterad, um das herum die verschiedenen Web-Services aufgezeichnet waren. An diesem Rad wurde jede Woche gedreht (bis es 2014 zu viele Services waren und eine Software die Rolle des Rads übernahm). Ziel der Übung war, so sagte Jassy, dafür Sorge zu tragen, dass die Manager »die ganze Woche über die wichtigsten Metriken ihrer jeweiligen Services im Auge behielten, weil sie damit rechnen mussten, en détail darüber zu referieren«.

Hier an die Reihe zu kommen konnte ein entscheidender Augenblick für die Karriere der Betreffenden bei AWS sein. Manager konnten mit einer umfassenden und zuversichtlichen Präsentation ihre Aussichten verbessern. Drückten sie sich freilich nicht klar genug aus, irrten sie sich in den Zahlen oder war auch nur ein Hauch von Bullshit zu riechen, ging Charlie Bell auf sie los, und das zuweilen mit beeindruckender Herablassung. Wenn Manager die operative Rolle ihres Dienstes nicht bis ins letzte Detail verstanden oder darzustellen vermochten, konnte dies das Ende ihrer Karriere sein.

Nichtsdestoweniger wurden die AWS angesichts steigender Umsätze und Gewinne bei Herannahen ihres zehnten Geburtstags für Amazons Tech-Elite zur begehrtesten Abteilung, sozusagen zu einer Art Ivy League unter den Geschäftsbereichen des Unternehmens. Sich inmitten all dieser Genies und ihrer diabolischen Rituale zu behaupten und aufzublühen kam der Verleihung eines Verdienstkreuzes gleich.

In den ersten Jahren mischte Bezos selbst bei der Detailarbeit von AWS mit, begutachtete Webseiten für die ersten Produkte, studierte Umsatzberichte von EC2 und malte gelegentlich einen Smiley an den Rand. Im Lauf der Zeit konzentrierte er sich dann auf neuere Projekte wie Alexa und die Amazon Go Stores; von da an durfte Jassy die AWS in Eigenregie führen. Er ließ sich nicht mehr regelmäßig sehen, außer wenn es um die Prüfung erheblicher Investitionsentscheidungen und die Leitung der jährlichen OP1- und OP2-Sitzungen ging, bei denen er für gewöhnlich darauf drängte, AWS mit anderen Teilen von Amazons Geschäft zu kombinieren. »Jeff kümmerte sich eher wie ein Investor um AWS«, sagte der ehemalige AWS-Executive Joe DePalo. »Er stellte Fragen, stocherte in allem rum und sah alles durch. Aber was das Tagesgeschäft anging, das führte Andy unabhängig.«

Bezos diente zudem Jassy und seinem Führungsteam als eine Art strategischer Guru. Als Google und Microsoft sich des Potenzials des Cloud-Geschäfts bewusst zu werden und massiv in Konkurrenzdienste zu investieren begannen, drängte er Jassy, sich zu überlegen, wie Amazons Vorsprung zu schützen sei. »Du hast diese herrliche Burg gebaut, und jetzt blasen Horden reitender Barbaren zum Sturm«, sagte Bezos einem ehemaligen AWS-Executive zufolge, der die Bemerkung gehört haben will. »Du brauchst einen Burggraben. Wie sieht denn der Graben um deine Burg aus?« (Amazon bestritt, dass Bezos diese Aussage tätigte.)

Eine von Jassys Antworten darauf bestand darin, dass Amazon im Januar 2015 für 400 Millionen Dollar den israelischen Chiphersteller Annapurna Labs aufkaufte, um preiswerte Hochleistungsprozessoren für seine Server herzustellen. Man erhoffte sich einen Preisvorteil für Amazons Datenzentren, mit dem die Konkurrenz nicht mithalten könnte.

Darüber hinaus wirkte Bezos noch anderweitig auf AWS ein: Sowohl er als auch Jassy machten sich dafür stark, die finanziellen Einzelheiten des Cloud-Geschäfts vor der Öffentlichkeit zu verbergen, selbst vor dem Hintergrund der allgemeinen Skepsis, die das Unternehmen und den Kurs seiner Aktie 2014 in Bedrängnis brachte. Im Jahr darauf jedoch führte Amazons Finanzabteilung ins Feld, dass die Einnahmen des Geschäftsbereichs sich der 10-Prozent-Marke von Amazons Gesamtumsatz näherten und irgendwann die gesetzlich vorgeschriebene Offenlegungspflicht greifen würde. »Ich war nicht begeistert davon, unsere Finanzen offenzulegen«, gestand Jassy, »schließlich enthalten sie für die Konkurrenz nützliche Informationen.«

Nichtsdestoweniger ließ Amazon im Januar verlauten, man würde die finanziellen Ergebnisse von AWS zum ersten Mal im kommenden Quartalsbericht bekannt geben. Die Investoren spitzten schon mal die Ohren. So einige Analysten prophezeiten, AWS würde sich letztlich doch nur als ein weiteres von Amazons vielen »wissenschaftlichen Projekten« erweisen – mit anderen Worten als lausiges Geschäft mit kleinen Spannen, das den fortschrittlichen Bemühungen des Unternehmens im Einzelhandelsbereich nur Energien entzog.

In Wirklichkeit verhielt es sich genau umgekehrt. Die Web Services verzeichneten einen Zuwachs von 70 Prozent und eine Handelsspanne von 19,2 Prozent; die nordamerikanische Einzelhandelsgruppe brachte es im Vergleich dazu gerade mal auf 25 Prozent Wachstum und auf eine Handelsspanne von 2,2 Prozent. AWS war eine Goldgrube, auch wenn es den größten Teil seines Erlöses sofort wieder in noch größere Kapazitäten steckte und mit rasant wachsenden Internetunternehmen wie etwa Snapchat Schritt zu halten versuchte, die auf seine Server zu drängen begannen.

Derlei Berichte waren eine Riesenüberraschung für Analysten und Investoren, die Amazons Entwicklung mit Argusaugen verfolgten. Eine noch viel größere Überraschung waren sie freilich für Microsoft, Google und den Rest der Cloud-Computing-Branche. Analyst Ben Thompson bezeichnete die Ergebnismeldung vom April 2015 als »einen der größten und wichtigsten Börsengänge der Tech-Industrie«.[64] Nach dem Bericht schnellte Amazons Börsenwert an einem Tag um fast 15 Prozent nach oben und überstieg damit zum ersten Mal die 200-Milliarden-Dollar-Marke, womit auch der Mythos von Amazon als ewigem Verlustgeschäft zu Grabe getragen war.

Einige Monate vor der Ergebnismeldung hatte das S-Team die sich verschlechternde Wettbewerbssituation des Unternehmens in China und den Erfolg von Alibabas alljährlicher Weihnachtsaktion namens »Singles' Day« diskutiert. Die letzten fünf Jahre über hatte Jack Mas Online-Ungetüm den 11. November zu einer Mischung aus Black Friday und Valentinstag stilisiert; allein 2014 hatte der daraus resultierende Kaufrausch für neun Milliarden Dollar Umsatzerlös und einen verlässlichen Tsunami von kostenloser PR in der Presse gesorgt.[65]

In seiner China-Präsentation schlug der Verantwortliche für das internationale Geschäft Diego Piacentini dem S-Team vor, doch einen eigenen Shopping-Feiertag zu kreieren. Jeff Bezos fand die Idee gut, nur versuchte er zu dem Zeitpunkt gerade, alles und jedes mit Amazons verführerischem Prime-Service zu kombinieren. Also schlug er einen weltweiten Roll-out des Feiertags vor, um damit neue Kundschaft für Amazon Prime anzuziehen.

Man übertrug die Aufgabe dem für Prime verantwortlichen Vice President Greg Greeley, der sie an eine Stellvertreterin, die langjährige Amazon-Managerin Chris Rupp, weitergab. Rupp wusste, dass bei Amazons Kundschaft gewohnheitsmäßig nur am Black Friday und am Cyber Monday das Geld locker saß; ein weiteres Shopping-Event zu Weihnachten würde ihre Ermessensausgaben also lediglich um einige Wochen verschieben. Sie wusste auch, dass Amazon noch nie ein besonderes Händchen für das Geschäft mit dem Schulanfang gehabt hatte, eine Zeit, die von Shopping-Ritualen wie etwa Nordstroms Anniversary Sale geprägt war.

Rupps entsprechender Vorschlag, das Verkaufsevent auf Mitte Sommer anzusetzen, löste in Amazons Reihen hitzige Debatten aus. Ihrer Ansicht nach hatten die Kunden im Sommer nicht nur das nötige Kleingeld für Ausgaben, Amazon könnte so auch die überschüssigen Lagerkapazitäten nutzen, die auf das weihnachtliche Spitzengeschäft ausgelegt waren. Die bei Amazon für die Lieferkette verantwortlichen Executives, die ihren vergleichsweisen ruhigen Sommer damit verbrachten, sich auf das Weihnachgeschäft vorzubereiten, hatten herzlich wenig Interesse an einem erhöhten Geschäftsaufkommen mitten im Jahr.

Greeley und Rupp legten ihren Vorschlag im Januar 2015 dem S-Team vor, und Bezos gab ihnen grünes Licht. »Macht das nicht unnötig kompliziert. Prime Day hat nur eines zu bedeuten, und das müssen wir wirklich gut machen«, sagte er den beiden.[66] Im Anhang strich er einen Punkt heraus, der eine Zielvorgabe von 10.000 Sonderangeboten am Prime Day vorsah, mit anderen Worten: eine größere Auswahl als am Black Friday.[67] Um das zu erreichen, müssten sie Amazons Einkaufsteams dazu bekommen, sich dem Konzept anzuschließen, damit sie ihre Verkäufer beknieten, mit den nötigen Rabatten mitzuziehen.

Anfang März schließlich übertrug man die Leitung des Events der 30-jährigen Produktmanagerin Meghan Wulff aus Rupps Team. Wulff wurde zum »Single-threaded Leader« für den Prime Day; sie hatte sich auf nichts anderes zu konzentrieren als auf dieses Event (und darauf, die übliche Angst aller Amazonianer zu verdrängen, einen Bock zu schießen und gefeuert zu werden). Da es ein weltweites Event werden sollte, versprach es entsprechend viele Überraschungen bereitzuhalten. Wulff und Kollegen gaben ihm den Decknamen »Projekt Piñata«, was ein umständliches Manöver auf dem Keyboard nötig machte, wann immer sie ihn in ein Dokument oder eine E-Mail tippten. »Nie wieder kommt mir ein *n* mit Tilde in einen Projektnamen«, scherzte Wulff.

Wulff hatte damit einen ganz und gar neuen Feiertag aus dem Ärmel zu zaubern, und das mit einer unmöglichen Deadline. Amazon wollte ihn auf den 15. Juli gesetzt sehen, um damit das 20-jährige Jubiläum des ersten Verkaufs auf Amazon.com zu markieren. Im Mai machte sie sich auf eine Blitzreise nach Tokio, London, Paris und München, um Amazons einschlägige Executives – Einkauf, Marketing und Lieferkette – für eine Initiative zu gewinnen, an der so gut wie jeder seine Zweifel hatte. Da es den Prime Day noch nicht gab, sahen weder Amazons Einzelhandels- noch die Werbeteams einen Grund, alles stehen und liegen zu lassen, um die Lieferanten zur Unterstützung zu gewinnen. »Es kam mir so vor, als wollte ich einen Pyramidenschwindel aufziehen«, sagte Wulff. Einzig und allein Bezos' Imprimatur veranlasste andere Amazon-Executives, ihre Apathie abzulegen und mitzuspielen.

Als der Tag näher rückte, ging Wulff und Rupp plötzlich auf, dass vom Prime Day womöglich mehr abhing, als sie vermuteten. Bezos wollte sich auch ins kleinste Detail noch einmischen und das Werbematerial sehen. *Good Morning America* war an einer Preview des Events interessiert. »Zuerst haben wir gedacht, das ist ja fantastisch«, sagte Rupp, »und dann: oh, Augenblick mal, das ist womöglich größer, als wir dachten.«

Es schien noch nicht einmal dem eigenen Management aufgefallen zu sein, wie sehr Amazon 2015 eins mit dem Zeitgeist geworden war. Das Event startete in Japan, wo die Website prompt unter der Last des überwältigenden Ansturms zusammenbrach; dann zog es sich über Europa hinweg, um schließlich auf die USA überzuschwappen, wo die sozialen Medien denn auch auf der Stelle reagierten – nur eben negativ, und das ganz brutal. Die Sofa-Shopper ignorierten Amazons vorgeschlagenen Hashtag *#HappyPrimeDay* und machten auf Twitter ihrem Ärger über ausverkaufte Artikel, Nachlässe auf banale Produkte wie Spülmittel und die Überfülle an mittelmäßigen Schnäppchen Luft. »Ich komm immer wieder auf den Amazon *#PrimeDaySale* zurück wie eine Freundin in der Hoffnung, dass alles besser wird«, hieß es in einem typischen Twitter-Posting. »Das beste Schnäppchen, das ich bisher gesehen habe«, hieß es in einem anderen, »sind 15 Prozent auf Pop Tarts.«

In Seattle hatten Rupp, Wulff und ihr Team einen Konferenzraum im Arizona Building zum War Room erklärt. Zwei Tage und zwei Nächte beobachteten sie den Traffic und bewarben jedes Schnäppchen auf Teufel komm raus. Wulff erinnerte sich, schließlich nach Hause gefahren zu sein, um einige Stunden zu schlafen. Jeff Wilke schaute inmitten des Chaos vorbei, um ihnen Mut zuzusprechen. Das Event wurde schließlich zum größten Shopping-Day seit Amazons Bestehen, aber angesichts ihrer Schwierigkeiten, in diesem ersten Jahr Amazons Einkäufer mit ins Boot zu bekommen, war Wulff von der negativen Reaktion in den sozialen Medien nicht überrascht.

Hinter den Kulissen »drehte Jeff durch« wegen der negativen Reaktionen im Internet, sagte Craig Berman, ein Senior Vice President aus der PR-Abteilung, der bei einem Schwimmwettkampf seines Sohnes in Oregon war, als plötzlich die Hölle losbrach. »Er schrie uns an, mich und mein Team, wir sollten uns darüber im Klaren sein, dass das keine beschissenen Schnäppchen waren. Er ist völlig ausgerastet: ›Seht zu, dass das in Ordnung kommt! Ihr müsst klarstellen, dass das ein Erfolg ist!‹«

Berman und Julie Law, eine Kollegin aus der PR-Abteilung, gingen die Umsatzzahlen durch und veröffentlichten so viele Daten wie nur möglich darüber, welche Artikel herabgesetzt und wie schnell sie ausverkauft waren. Den Mob in den sozialen Medien beruhigte das nicht, aber die Presseberichte über den ersten Prime Day fielen etwas ausgewogener aus. »Zu Jeffs Ehrenrettung muss man sagen«, erklärte Berman, »dass man eben nur *eine* Chance hat, einen guten ersten Eindruck zu hinterlassen. Und für ihn stand sein Name auf dem Spiel.«

Als sich einige Tage später das Prime-Day-Team in der Büroküche des Arizona Building zusammenfand, um das Ende dieses anstrengenden Abenteuers zu begehen, hängten sie eine echte Piñata auf und droschen abwechselnd auf sie ein. Aber zum Feiern blieb nicht viel Zeit. Rupp und Wulff waren gebeten worden, die gemischten Resultate des Tages in einem sechsseitigen Bericht darzustellen: 34,4 Millionen verkaufte Artikel, darunter 24.000 programmierbare Schnellkochtöpfe (Instant Pot 7-in-1) und weltweit 1,2 Millionen neue Prime-Kunden, so das Resümee eines internen Berichts. Dieser hob außerdem hervor, dass »eine Teilmenge unserer Mitglieder und der Presse, vor allem in den USA, keinen Zweifel daran ließ, dass die Schnäppchen willkürlich, das Einkaufserlebnis mühselig und das Event alles in allem eine Enttäuschung gewesen sei«.

Bei einem wehmütigen Rückblick auf das Event bezeichnete Wulff es Jahre später als gutes Beispiel für Amazons Führungsprinzip, laut dem Vorgesetzte »offen Selbstkritik zu üben hätten«. »Das war eine Lektion für mich: Selbst wenn du gerade für den umsatzstärksten Tag in Amazons Geschichte gesorgt hast, du hast dir als Erstes zu sagen: ›Wir haben Scheiße gebaut.‹«

Nach der Manöverkritik zum Prime Day war Chris Rupp völlig ausgepowert. Sie nahm ein längst überfälliges Sabbatical und akzeptierte während der Zeit ein Angebot, zu Microsofts Xbox-Division zu gehen. Über den ersten Prime Day sagte sie: »Das war hart, hart, hart.«

Meghan Wulff war im Kielwasser ihres Zwischenspiels als Single-threaded Leader, das sie rund um die Welt geführt hatte, schlicht und ergreifend müde. »Ich war völlig ausgelaugt, emotional und physisch, und nahm mir ein paar Wochen frei, um mich zu erholen und nachzudenken«, sagte sie. Als Greg Greeley und das Prime-Team sich im Jahr darauf an die Arbeit für den nächsten Prime Day machten, lehnte Wulff das Angebot ab, ihn noch einmal zu leiten, und sah sich firmenintern nach einem anderen Posten um. Im Verlauf der nächsten paar Jahre hatte sie mehrere Positionen bei Amazon, darunter Technische Beraterin für die neue Chefin der Personalabteilung Beth Galetti.

2019 nahm schließlich auch Wulff ein Sabbatical und besuchte ihre Familie in North Carolina. Sie war mit vier älteren Brüdern in einer Familie aufgewachsen, der es ständig an Geld fehlte. In einem unbedachten Augenblick wandte sie das bei Amazon übliche kritische Feedback auf ihre über alles geliebte Mutter an, die darauf seelenruhig sagte: »Hör bitte auf, deine Führungsprinzipien auf unsere Beziehung anzuwenden.«

Als hätte sich eben ein dichter Nebel verzogen, begann Wulff ihre Zeit bei Amazon in einem ganz neuen Licht zu sehen. So dankbar sie für die Erfahrung war, sie war hin- und hergerissen. Sie mochte die »schöne Maschinerie der Zusammenarbeit« und dass sie dort operative Disziplin lernen durfte; außerdem habe sie bleibende Freundschaften geschlossen. Auf der anderen Seite hatte sie auch das Gefühl »mehr gegeben zu haben, als ich zurückbekam«, und mochte nicht, was aus ihr wurde, weder als leitende Angestellte noch als Mensch.

Wulff begann sich zu fragen: War die Gesamtwirkung von Amazons Kundenbesessenheit auf örtliche Geschäfte, auf das Klima und die Arbeit in den Logistikzentren die Sache wert? Warum gab es im S-Team nicht mehr Frauen und unterrepräsentierte Minoritäten? Warum musste das Arbeitsumfeld gar so mörderisch sein, und warum trug sie dazu bei? Als Amazonianerin hatte sie sich das Vertrauen ihrer Kollegen und Vorgesetzten Tag für Tag aufs Neue zu verdienen. Hatte Jeff Bezos, so überlegte sie, ihr Vertrauen verdient?

Schließlich wurde Wulff als desillusionierte Ex-Mitarbeiterin von Amazon Mitglied eines mittlerweile überlaufenen Clubs. »Irgendwann wurde die bewundernswerte Mission zu der unbequemen Erkenntnis, dass Jeff Bezos für mich eben oft alles andere als bewundernswerte Entscheidungen traf«, sagte sie. »Er scheffelte nach wie vor einen geradezu unanständigen Haufen Geld, tat damit aber herzlich wenig Gutes für die Gesellschaft.«

Sie stellte sogar die alljährliche Schnäppchenorgie infrage, die sie selbst mitgeschaffen hatte. Als ein Artikel in *Fast Company* unterstellte, Prime Day manipuliere die Kunden auf zynische Weise dazu, Sachen zu kaufen, die sie nicht brauchten, hätte sie das nicht besser sagen können.[68] »Es war ein Shopping-Feiertag«, gab Wulff rundweg zu. »Wir überredeten die Leute dazu, Instapots zu kaufen und einem Treueprogramm beizutreten, das nur darauf abzielt, dass sie noch mehr bei Amazon kaufen.«

Wulff schied 2019 aus dem Unternehmen aus und ging zu Zillow, einem ebenfalls in Seattle ansässigen Online-Immobilienmakler. Kurz darauf kündigte sie ihre Prime-Mitgliedschaft, brachte ihre Amazon Echos zum Recycling und gab ihr Konto bei Amazon für immer auf.

Nur eine Woche nach dem ersten Prime Day gab Amazon am 23. Juli 2015 sein zweites Rekordgeschäftsergebnis in Serie bekannt; man hatte wieder Gewinn gemacht und schlug nach wie vor Kapital aus seinem von AWS beflügelten Schwung. Die Aktie schoss über Nacht um 18 Prozent nach oben, was eine Neuausrichtung der Sterne am Wirtschaftshimmel zur Folge hatte. Zum ersten Mal überstieg Amazons Börsenwert den von Walmart; das Unternehmen war damit der wertvollste Einzelhändler der Welt.[69] Zur Feier sowohl des zwanzigsten Jubiläums des ersten Verkaufs als auch zweifelsohne ihres neuen Erfolgs strömten die Mitarbeiter am Tag nach der Ergebnismeldung zu einer Privatvorstellung des lokalen Hip-Hop-Duos Macklemore and Ryan Lewis in eine von Seattles größten Sportarenen, das CenturyLink Field.[70]

Aber die Party sollte von kurzer Dauer sein. So sehr die Entwicklung von AWS und der rasante Roll-out des Prime Day Zeugnis für Amazons flinke und innovative Kultur waren, die negativen Auswirkungen waren nicht zu übersehen – namentlich das gnadenlose Tempo und die nicht weniger unerbittliche Selbstkritik, die vielen Mitarbeitern zu schaffen machte und zur robusten Fluktuationsrate des Unternehmens beitrug. Noch im August des Jahres geriet dieser Unmut schlagartig ins Rampenlicht, als die *New York Times* dem Unternehmen mit einem wortgewaltigen Artikel einen Schlag in die Magengrube versetzte: »Amazon von innen: Im Clinch mit großen Ideen an einem mörderischen Arbeitsplatz«.[71]

Die Reporter Jodi Kantor und David Streitfeld schilderten ein Umfeld mit brutalen Meetings, überzogenen Maßstäben mit Achtzig-Stunden-Wochen und Angestellten, von denen so mancher regelmäßig am Schreibtisch in Tränen ausbrach. Sie berichteten von Angestellten, die sich aufgrund kritischer Erkrankungen, Fehlgeburten oder persönlicher Krisen beruflich bestraft sahen. Und sie schilderten die Praxis des »Stack

Ranking«, eines Beurteilungssystems, bei dem regelmäßig die unproduktivsten Mitarbeiter entlassen würden, was auf einen »methodischen Darwinismus« hinauslaufe, und dieser wiederum schaffe ein Arbeitsklima voller Angst.

In Antwort auf den Artikel brach Amazons streitbarer neuer Senior Vice President für Unternehmenspolitik und Kommunikation Jay Carney mit der Aversion des Unternehmens gegen öffentliche Debatten mit Kritikern und postete auf der Website *Medium*, dass er Amazon in der *New York Times* »falsch dargestellt« sehe.[72] Carney war ein viel beachteter Neuzugang in dem Jahr. Im Weißen Haus war er Pressesekretär von Präsident Barack Obama und Kommunikationschef von Obamas damaligem Vize Joe Biden gewesen. Er behauptete, die Reporter hätten gegen journalistische Standards verstoßen, und griff dann eine ihrer Primärquellen mit vertraulichen Details aus deren Personalakte an: Amazon hätte den Betreffenden wegen Fehlverhaltens entlassen, weswegen er es auf das Unternehmen abgesehen habe. Von da an wurde Amazon sowohl offener als auch aggressiver, wenn es um die Verteidigung des Unternehmens in der Presse ging. Executives gaben sich nicht weiter damit zufrieden, sich im Stillen zu sagen, man verstehe sie eben nicht.

Carneys Posting war die Reaktion auf eine firmeninterne E-Mail von Amazons CEO an seine 220.000 Vollzeitbeschäftigten, in der er sie aufforderte, den Artikel zu lesen, ihnen aber gleichzeitig versicherte, er beschreibe keineswegs das Unternehmen, »das ich kenne, oder die einfühlsamen Amazonianer, mit denen ich jeden Tag arbeite«.[73] Bezos bat seine Mitarbeiter, ähnliche Artikel über gefühllose Managementpraktiken an die Personalabteilung zu schicken oder über seine allseits bekannte E-Mail-Adresse direkt an ihn selbst. Einige Hundert von ihnen kamen seiner Aufforderung tatsächlich nach, und diese Antworten gingen direkt an einen von Amazons ältesten »Personalern« David Niekerk.

Niekerk ist Absolvent der Militärakademie in West Point und Kriegsveteran mit Geschichten vom Schlachtfeld, die er nicht erzählen darf. Er war in Brasilien und bereitete den dortigen Start des Unternehmens vor, als der Artikel der *Times* wie eine Bombe einschlug. Wie viele andere Mitarbeiter des Unternehmens reagierte er darauf, indem er es in Schutz nahm: Der Artikel, so fand er, sei Sensationsmache und ziehe aus einigen negativen Anekdoten die falschen Schlüsse. »Bei Amazon zu arbeiten, das ist, als wäre man in einem Trainingslager für die Olympiade«, sagte Niekerk mir einige Jahre später. »Es gibt nun mal sehr hohe Maßstäbe, und man sieht sich ständig angehalten, alles hinzubekommen.« Auf der anderen Seite habe er eine Menge Beispiele für schlechtes Management gesehen, und einiges an dem Bericht der *Times*, so räumte er ein, sei ihm durchaus nicht fremd.

Bezos, der Architekt von Amazons Unternehmenskultur, war seit jeher skeptisch gewesen hinsichtlich des nicht eben originellen Personalmanagements vieler Unternehmen. Andere CEOs aus dem Silicon Valley hatten mal mehr, mal weniger, aber kaum großes Interesse, sich mit so banalem Kram wie dem Personal zu befassen oder eine Unternehmenskultur aufzubauen. Steve Jobs zum Beispiel hatte nach seiner Rückkehr zu Apple 1997 in Cupertino seinen versammelten Personalern in einer Ansprache frei von der Leber weg gesagt: »Für mich nehmt ihr euch wie ein Haufen Idioten aus.«[74]

Bezos dagegen stürzte sich kopfüber in die langweiligen Einzelheiten des Personalwesens und versuchte Mechanismen zu formulieren, die als Ersatz für gute Absichten dienen sollten. Ihn hatten Organisationen, Kultur und Innovation immer schon beschäftigt. Von Anfang an lag ihm daran, nicht die besten Menschenführer, sondern stets die intelligentesten Leute zu engagieren: seinen Leuten aus der Personalabteilung – wie Niekerk – sagte er, es gehöre in ihren Verantwortungsbereich, aus ihnen gute Manager zu machen.

Außerdem sprach Bezos sich für die Praxis des »Stack Ranking« aus, bei der Mitarbeiter von ihrem Manager auf der Basis ihrer Leistung bewertet werden – denen mit der schlechtesten Leistung stellte man den Stuhl vor die Tür. Niekerk erinnerte sich, dass Bezos sich die Praxis aus Bradfords Smarts *Topgrading* abgeguckt hatte, dem Buch des Mannes, der dem legendären CEO Jack Welch bei der Einrichtung eines Einstellungsverfahrens bei General Electrics geholfen hatte. Dessen System stufte Kandidaten in »A-Player«, »B-Player« und »C-Player« ein. Und Bezos wollte diese Prinzipien angewendet sehen, nicht nur bei der Einstellung, sondern auch im Unternehmen selbst.

»Was Leader wirklich schmerzt, das sind die offenen Stellen in ihrer Organisation«, sagte er Niekerk mal. »Was bedeutet, dass Leader Leute nur sehr ungern gehen lassen.« Bezos vermutete, man könne sich nicht darauf verlassen, dass Manager freiwillig die Umstände von Neueinstellungen auf sich nahmen, und fürchtete, eine Toleranz gegenüber mittelmäßigen Leistungen könne sich im Unternehmen ausbreiten und die »Day-1-Mentalität« unterminieren. »Stack Ranking« würde die Manager zur ständigen Verbesserung ihres Personals zwingen. »Die Leute hielten das für fies, und in gewissem Sinne war es das auch«, sagte Niekerk. »Aber von einer höheren Warte aus gesehen blieb Amazon dadurch frisch und innovativ.«

In dem Augenblick jedoch, in dem Amazon zu expandieren begann, genügte es nicht mehr, nur Mitarbeiter mit ungenügenden Leistungen zu feuern. Bezos schien der Ansicht, dass auch eine allzu bequeme oder wohlhabende Belegschaft Amazons Verderben bedeuten könnte. Empfanden Mitarbeiter noch die alte Leidenschaft für ihren Job? Oder waren sie nur noch um immer größerer Vergütungen willen dabei und entzogen dem Unternehmen Energie, während sie auf Reichtum und Ruhestand warteten? So mied Bezos finanzielle Anreize wie ständig steigende Vergütungen in Aktienpaketen, die Mitarbeiter bei der Stange hielten, obwohl sie an ihrer Arbeit längst nicht mehr interessiert waren.

Das für Amazon typische Vergütungspaket spiegelte diese Prioritäten wider. Es umfasste ein Grundsalär von etwa 150.000 Dollar, ein Antrittsgeld und ein Paket von Aktien, die im Verlauf von vier Jahren prozentual gestaffelt – 5, 15, 20 und 40 Prozent – unverfallbar wurden; das Vergütungsziel eines Mitarbeiters bestand demnach aus einer Kombination von festem Gehalt und gestaffelt übertragenen Unternehmensanteilen.

Wenn Mitarbeiter es bei Amazon nicht brachten und ihren Job gleich in den ersten paar Jahren wieder verloren, behielten sie nur den bereits übertragenen Teil ihres Aktienpakets und verloren den noch ausstehenden Teil ihres Handgelds. Und schnellte der Kurs von Amazons Anteilscheinen in einem bestimmten Jahr über 15 Prozent hinaus, überstieg die jährliche Gesamtkompensation die Zielvergütung, was sich in ihren leistungsbezogenen Aktienboni niederschlug, die dann entsprechend niedriger ausfielen, erst später zugeteilt wurden oder gar ganz verschwanden.

Konkret bedeutete das, dass nach all den Jahren, in denen der Wert des Amazon-Papiers weit über 15 Prozent hinaus stieg, viele Mitarbeiter sich hinsichtlich ihrer Gesamtkompensation vor einer »Klippe« sahen: Ihr Verdienst überstieg die Zielvergütung bei Weitem, sodass ihre Aktienboni über den Rand der Klippe in den Abgrund fielen. Das war ein weiterer Grund für die relativ hohe Fluktuation erfahrener und geschätzter Executives; es war zum Beispiel mit der Grund dafür, dass Leute wie Chris Rupp Angebote anderer Unternehmen beim Schopf packten und gingen. (Bezos selbst verdiente gerade mal knapp 82.000 Dollar im Jahr und erhielt – über seine große Anfangsbeteiligung am Unternehmen hinaus – keinerlei Vergütung in Form von Anteilscheinen; sein Reichtum erwuchs allein aus Amazons steigendem Börsenwert.)

Bezos wusste sehr wohl, dass diese Praxis Amazon als Arbeitsplatz mancherorts in ein schlechtes Licht gerückt haben könnte; auf der anderen Seite war er eben der Ansicht, dass Sonderleistungen – wie üppige Boni, unbegrenzter Urlaub, kostenlose Mahlzeiten und Massagen –, die man bei medienträchtig präsentierten Hitlisten attraktiver Arbeitsplätze gemeinhin mit einkalkulierte, herzlich wenig mit der Leidenschaft und dem Missionsbewusstsein zu tun hatten, mit denen Angestellte ihren Job erledigten. »Er hat mir mal gesagt: ›Sollten wir je in den »hundert besten Arbeitsplätzen Amerikas« auftauchen, dann habt ihr den Laden versaut‹«, sagte Niekerk. (Leider sollte Amazon bald zum Dauergast solcher Listen werden.[75])

Obwohl Niekerk 2015 in den Ruhestand zu gehen gedachte, hatte Amazon noch eine letzte Mission für den alten Kämpen parat. Als nach dem Artikel in der *Times* und Bezos' Memo rund 250 Amazon-Angestellte CEO und Personalabteilung mit ihren Horrorstorys eindeckten, leitete man sie an Niekerk weiter. Im Verlauf der folgenden vier Wochen ordnete er sie, ging sie durch und legte dann einen Aktionsplan mit zehn Vorschlägen vor, wie besagte Probleme eventuell zu lösen seien. So schlug er zum Beispiel vor, alle Mitarbeiter in führenden Positionen einen Kurs mit dem Motto »As Life Happens« absolvieren zu lassen, in dem sie den sensiblen Umgang mit Untergebenen lernten, deren Privatleben die Erfüllung ihrer beruflichen Aufgabe zu beeinträchtigen drohte.

Niekerk erinnerte sich, dass einige Kollegen nach der Lektüre seiner Überlegungen von einer der besten Analysen der kulturellen Herausforderungen sprachen, mit denen sich das Unternehmen im zwanzigsten Jahr seines Bestehens intern konfrontiert sah.

Aber noch bevor seine Analyse auch nur in Umlauf kommen konnte, schoben Amazons Anwälte einen Riegel vor. Die Artikel, die die Angestellten auf Bezos' Drängen hin eingeschickt hatten, so behaupteten sie, seien einseitig und unbelegt. Entsprechend seien Niekerks Empfehlungen »Früchte eines verbotenen Baumes«. Niekerk ging kurz darauf in den Ruhestand, und das S-Team bekam seinen Bericht nie zu sehen.

Nichtsdestoweniger sorgte Amazon nach dem *Times*-Artikel für einige Veränderungen in seiner Unternehmenskultur, die – wie man nicht sehr glaubwürdig versicherte – bereits vor Erscheinen des Artikels in Arbeit gewesen seien. Auch wenn Bezos öffentlich die Stacheln ausfuhr, insgeheim schien er doch einzuräumen, dass an der Kritik etwas dran war und dass eine Kultur, die geschaffen wurde, um das manische Tempo eines Start-ups zu stützen, in einem reifenden Unternehmen mit 230.000 Beschäftigten denn doch entwicklungsbedürftig war.

So gab man die Praxis des Stack Ranking, der programmierten Abgangsquote mit anderen Worten, weitgehend auf; das Management sah sich nicht länger gezwungen, in hitzigen Diskussionen darüber zu entscheiden, wer rausfliegen sollte und wer nicht. Man stellte es Angestellten frei, innerhalb der Firma den Arbeitsplatz zu wechseln, wenn sie einem schlechten Manager entkommen wollten. Das wiederum zwang die Manager zum sorgsameren Umgang mit Untergebenen. Außerdem sorgte man für einen internen Beschwerdeprozess zur Beurteilung von Fällen, in denen Angestellte sich mit einem Plan zur Leistungsverbesserung oder mit einer Entlassung konfrontiert sahen. Außerdem richtete das Unternehmen ein einzigartiges Elternzeitprogramm ein, das es Angestellten erlaubte, ihre Auszeit binnen einer zwölfmonatigen Periode in mehrere Intervalle aufzuteilen oder sich mit ihren Partnern zu arrangieren, deren Job keine derartigen Vorteile bot. Dazu kamen noch weitere Kleinigkeiten, wie etwa frischgebackenen Müttern zu erlauben, den Milk-Stork-Service (der es einer Frau auf Geschäftsreise ermöglicht, gekühlte Brustmilch nach Hause zu schicken) auf die Spesenabrechnung zu setzen. Nach dem Artikel in der *Times* sagte eine Amazon-Managerin: »Wir bekamen viel mehr Spielraum für menschliche Entscheidungen.«

Die größte Veränderung erfuhr womöglich das bei Amazon übliche System zur Leistungsbewertung. Das alte System hatte von allen Kollegen gleichen Rangs langatmige gegenseitige Bewertungen verlangt, die dann an deren Manager gingen, der sie in einer einzigen Bewertung zusammenfasste, auf deren Basis dann ein persönliches Gespräch zu führen war; das wiederum kulminierte schließlich in einer hitzigen Debatte über die Unzulänglichkeiten des Betreffenden. »Wir stellten bei einer Umfrage fest, dass 90 Prozent der Amazonianer nach der Bewertung demotiviert waren, sogar wenn sie die besten Angestellten waren«, sagte die oberste Personalchefin Beth Galetti, die nach Antritt ihres Postens – einige Monate nach dem *Times*-Artikel – um eine »drastische Vereinfachung« des Review-Prozesses gebeten wurde.

Die neue Leistungsbewertung verlangte von jedem Kollegen auf gleicher Ebene und deren Managern sechzig Wörter zur »Superpower« ihres Mitarbeiters und noch mal sechzig Wörter zu einer »Wachstumsidee« fürs kommende Jahr. »Es drehte sich alles darum, nach vorne zu blicken und zu motivieren«, sagte Galetti.

Bezos selbst räumte ein, dass das alte Verfahren zu negativ geworden sei, als er einer Gruppe von Großinvestoren bei einem privaten Meeting seine Einsicht in die Mängel des alten Systems gestand: »Stellen Sie sich vor, Sie setzen sich einmal im Jahr mit Ihrer Frau zusammen. Sie zählen ihr all das auf, was Sie an ihr so lieben, und zum Schluss sagen Sie: ›Und ein bisschen zu dick bist du auch.‹ Das ist alles, was sie sich von der ganzen Unterhaltung merken wird!«

Einem Investor zufolge, der bei dem Meeting anwesend war, brach Bezos bei der Pointe in schallendes Gelächter aus: »Wir wollen ein System zur Leistungsbewertung, das unsere Angestellten nicht als zu dick bezeichnet.«

Zum Ausklang des Jahres 2015 zweifelte so gut wie keiner mehr daran, dass Amazon auf dem Weg zur Marktherrschaft war. Das Unternehmen gab seinen dritten Quartalsprofit in Folge bekannt, darüber hinaus einen Umsatzzuwachs von 69 Prozent bei Andy Jassys boomender AWS-Division. Amazons Marktkapitalisierung hatte sich innerhalb eines Jahres verdoppelt und lag nun bei 315 Milliarden Dollar. Steve Ballmer und die anderen Skeptiker mussten in diesem Jahr kleinlaut zurückrudern. Das Tempo, mit dem Amazons Jahresumsatz die 100-Milliarden-Dollar-Grenze überschritten hatte, suchte in der Wirtschaftsgeschichte seinesgleichen. Für Bezos und das S-Team war damit ein lange gehegtes Ziel erreicht.

In seinem Investorenbrief vom folgenden April hob Bezos nicht nur diese Benchmark hervor, er versuchte auch, das letzte Wort in der Debatte über Amazons Unternehmenskultur zu haben. »Man kann die eigene Unternehmenskultur zu Papier bringen, aber damit wird man sie entdecken, aufdecken – nicht schaffen«, schrieb er. »Geschaffen wird sie im Lauf der Zeit von Menschen und Ereignissen – von vergangenen Erfolgen und Misserfolgen, die Eingang in die Unternehmensgeschichte finden.«

Die Ereignisse von 2015 sollten Eingang in diese bereits reiche Geschichte finden. Und wenn im Verlauf dieser zwölf kritischen Monate in den Augen der Welt etwas Amazons dramatischem Wandel in diesem kritischen Zeitraum gleichkam, dann war das der Imagewandel des Unternehmensgründers Jeff Bezos selbst. Er war als strenger Zuchtmeister in die Wirtschaftsgeschichte eingegangen, der eine Unternehmenskultur von unumstrittener Effizienz geschaffen hatte; er war der geniale Erfinder hinter Kindle und Alexa, aber auch der vielseitige CEO, der eine Rechenplattform für Unternehmen geschaffen hatte, die sich als Goldgrube erwies. Nach wie vor hatte er seine Zweifel am größten Teil der Berichterstattung über sein Unternehmen, und doch stand Jeff Bezos kurz davor, sich aufgrund einer Reihe unvermuteter Umstände einen Namen als zungenfertiger Verfechter der Pressefreiheit zu machen.

Kapitel 5

»Die Demokratie stirbt im Dunkeln«

Was veranlasste Donald Trump dazu, eine Schmähtirade gegen die *Washington Post* abzufeuern? Vielleicht war es die monatelange kritische Berichterstattung über seinen Präsidentschaftswahlkampf in der drittgrößten Zeitung des Landes, die ihn dazu getrieben hatte. Oder vielleicht war es der Artikel vom 7. Dezember 2015 in Glenn Kesslers Kolumne »Fact Checker«. An diesem Morgen nahm der Journalist die absurde Behauptung des Republikaners ins Visier, er habe die Bedrohung durch Osama bin Laden vorausgesehen. »Ich habe Osama bin Laden prophezeit«, hatte Trump auf seiner Wahlkampftour in Knoxville, Tennessee, erklärt. »Ich habe den Terrorismus prophezeit. Ich habe ein Gespür für Terrorismus, genau wie ich ein Gespür für eine gute Immobilienlage habe.«[76] Für diese Behauptung wies Kessler Trump die höchste Punktzahl auf seiner Lügenskala zu: »Vier Pinocchios.«

An diesem Morgen um kurz nach sieben Ostküstenzeit antwortete Trump mit einer Salve von Tweets gegen Amazon.com, die *Post* und den Mann, der sie besaß: Jeff Bezos.

Donald J. Trump
@realDonaldTrump

Die @washingtonpost, die ein Vermögen verliert, befindet sich in Besitz von @JeffBezos, mit dem Zweck, die Steuern bei seiner No-Profit-Company, @amazon niedrig zu halten.

7:08 AM

Donald J. Trump
@realDonaldTrump

Die @washingtonpost verliert Geld (eine logische Folge) und gibt dem Besitzer@JeffBezos die Macht, das Volk mit der niedrigen Besteuerung von @Amazon reinzulegen! Eine riesige Steueroase

7:18 AM

Donald J. Trump
@realDonaldTrump

Wenn @amazon jemals faire Steuern zahlen müsste, würde seine Aktie zusammenbrechen wie eine zerknitterte Papiertüte. Die @ washingtonpost Betrugsmasche rettet das Unternehmen!

7:22 AM

Trumps Behauptungen waren genauso haarsträubend wie seine Prahlerei über bin Laden; die Gewinne der *Post* hatten keinerlei Auswirkung auf Amazons Körperschaftsteuern. Bezos hatte die schwächelnde Zeitung im August 2013 als Privatperson für 250 Millionen Dollar in bar erworben und versuchte, seine beiden namhaften Konzerne streng voneinander zu trennen. Jetzt zertrampelte der opportunistische Präsidentschaftskandidat Bezos' sorgfältige Bemühungen um Abschottung.

Etwas später an diesem Morgen schickte Bezos auf der anderen Seite des Landes eine E-Mail an Jay Carney, seinen Senior Vice President für globale Unternehmensangelegenheiten. Die Antwort enthüllte nicht nur Bezos' überraschende Schwäche für Emoticons, sondern führte auch zu einem aufschlussreichen Gedankenaustausch, der mir einige Jahre später zugeschickt wurde.

> Von: Jeff Bezos
> An: Jay Carney
> Betreff: Trump Trashtalk
>
> Trump beschimpft Amazon/mich/WaPo. Denke, ich sollte eine geistreiche Antwort geben. Will ihn nicht damit durchkommen lassen. Gute Gelegenheit (patriotische Pflicht), diesem Typen, der ein gruseliger Präsident wäre, einen Dämpfer zu verpassen. Habe keine Erfahrungen mit Trashtalk, bin aber lernfähig. :) Ideen?
> Habe gleich einen schon seit Langem vereinbarten Termin mit deutschen Presseleuten. Die könnten danach fragen.

Carneys Umgang mit Medienberichten, die dem Unternehmen nicht gefielen (also mit den meisten), war sehr angriffslustig. Bezos glaubte eigentlich, dass Presseangriffe durch Reaktionen nur noch mehr befeuert wurden, und Carney musste ihn überreden, bis er ihm erlaubte, negative Berichterstattungen anzufechten, wie den Enthüllungsbericht der *New York Times* über Amazons Unternehmenskultur. Doch was Donald Trump anging, so ahnte der politikerfahrene Carney, dass es auf ein zynisches Spiel hinauslaufen würde, und riet Bezos, sich herauszuhalten:

> Von: Jay Carney
> An: Jeff Bezos
> Re: Trump Trashtalk
>
> Wir haben diskutiert und werden dafür sorgen, dass die Presse erfährt, dass es keine Verbindung zwischen Wa/Po und Amazon gibt.

Er will nur seinen unzufriedenen Wählern nach dem Mund reden, indem er der Presse und einem Großkonzern im selben Tweet eins überbrät. Politisch spielt es für ihn keine Rolle, dass er die Fakten völlig verdreht. So toll ich es fände, wenn du ihm eine Retourkutsche verpasst, fürchte ich, dass du ihm nur einen Gefallen tun würdest, wenn du seinen Trashtalk erwiderst. Mit jedem Streit, in den er gerät, kommt sein Wahlkampf mehr in Schwung.
Wenn du von den Deutschen darauf angesprochen wirst, sag einfach: »Wie Sie wissen, handelt es sich bei Amazon und der *Washington Post* um zwei gänzlich voneinander getrennte Unternehmen. Ich habe keine Ahnung, wovon er redet.«

Normalerweise hätte Bezos Carneys Rat bereitwillig angenommen und seinen Mund gehalten, doch jetzt war es anders. Zu Trumps Zielscheiben gehörten zu diesem Zeitpunkt seine Rivalen bei den republikanischen Vorwahlen, bekannte Journalisten und Wirtschaftsbosse wie Barry Diller. Bezos war offensichtlich erpicht darauf, diesem erlesenen Club beizutreten, und wollte Trump angreifen, seine Unwahrheiten entlarven und die Zeitung verteidigen.

Von: Jeff Bezos
An: Jay Carney
Re: Trump Trashtalk

Dies ist einer der seltenen Momente, in denen ich einen wirklich guten Rat ausschlagen könnte! :) Könnt ihr Jungs mir nicht ein paar gute Vorschläge machen, damit wir uns die Sache näher ansehen können?

In den nächsten paar Stunden brainstormte Carney per E-Mail und Telefon mit den Amazon-PR-Executives Drew Herdener, Craig Berman und Ty Rogers. Sie erwogen und verwarfen die Idee zu erklären, dass Amazon und die *Washington Post* »so scharf voneinander getrennt sind wie Trumps Haar durch seinen Scheitel«. Berman schlug vor, Trump einen Platz in einem Blue-Origin-Raumschiff zu reservieren, als kleines Ablenkungsmanöver, um ein drittes Bezos-Unternehmen zur Sprache zu bringen. Carney gefiel die Idee, und er schlug sie Bezos vor, der darum bat, sein Bedauern zu betonen, sich von Trumps haltlosen Denunziationen bislang »ausgeschlossen zu fühlen«.

Nachdem sie den ganzen Nachmittag über den genauen Wortlaut und die Frage diskutiert hatten, ob sie einen Link zu einem Blue-Origin-Video hinzufügen sollten, antwortete Ty Rogers auf Bezos Twitter-Account:

> **Jeff Bezos**
> @JeffBezos
>
> Wurde von @realDonaldTrump getrasht. Werde ihm trotzdem einen Platz in der Blue-Origin-Rakete reservieren. #sendDonaldtospace. http://bit.ly/1OpyW5N
>
> 3:30 PM

Unaufhaltsam auf Chaos und Konflikte zusteuernd, antwortete Trump prompt, indem er bei einem Fernsehinterview, das Bezos in die Wege geleitet hatte, die *Post* beschuldigte, politischen Einfluss auszuüben, und versprach, dass Amazon »große Probleme bekäme«,[77] wenn er gewählt würde. Später versuchte er, die Zeitung weiter zu denunzieren, indem er sie mit dem Hashtag #*AmazonWashingtonPost* verhöhnte.

Damit hatte Jeff Bezos ganz offiziell das politische Schlachtfeld betreten.

»Warum sollte ich für die *Post* überhaupt als Kaufanwärter infrage kommen? Ich habe keine Ahnung von der Zeitungsbranche.«

Mit diesem offenkundigen Desinteresse gegenüber den Investmentbankern, die die *Washington Post* vertraten, begann Jeff Bezos eines der illustreren Kapitel seiner Karriere. Die *Post* sollte Bezos' Ruf stärken[78] als einer der erfolgreichsten Unternehmer seiner Generation, als Organisationstheoretiker, dessen Führungsstil nicht nur in schnell wachsenden IT-Unternehmen erfolgreich war, sondern auch auf andere Branchen übertragen werden konnte.

Die *Post* befand sich im Besitz der ehrwürdigen Graham-Familie und wurde von Donald Graham geleitet, dem Sohn der legendären Eigentümerin Katherine Graham, und stand seit Jahren finanziell auf wackeligen Füßen. Sie blieb eine lokale Zeitung für die D.C.-Region mit landespolitischem Schwerpunkt, während die lokalen Annoncen ins Web abwanderten und das klassische Anzeigengeschäft von Websites wie Craigslist aufgesogen wurde. Die Finanzkrise von 2008 verstärkte diesen Trend noch mehr. Sieben Jahre mit stetigen Umsatzrückgängen »schärfen den Geist«[79], wie Don Graham es gern ausdrückte.

Graham war in der *Post*-Redaktion sehr beliebt, weil er mit allen per Du war und für den Journalismus brannte. Doch unter seinem wachsamen Auge geriet die *Post* mehr und mehr in eine Sackgasse. 2005 traf Graham ein Abkommen mit Facebook-Gründer Mark Zuckerberg, in das aufkeimende soziale Netzwerk zu investieren, doch dann erlaubte er Zuckerberg, von dem Deal zurückzutreten und bei der Silicon-Valley-Risikokapitalgesellschaft Accel Geld mit höherem Wertansatz aufzunehmen. Nachdem er einen historischen Glücksfall zur Rettung des Unternehmens verwirkt hatte, trat Graham dem Aufsichtsrat von Facebook bei, wo er sich in den folgenden Jahren immer wieder anhören musste, wie Zuckerberg sich dafür aussprach, dass Web-Content kostenfrei sein sollte. Als große Medienkonzerne wie der Rivale *New York Times* 2011 mit der Einführung von Paywalls begannen, erkannte die *Post* den Trend zu spät; ihre Paywall war durchlässig und von Lesern leicht zu umgehen.

2013 hatte sich eine melancholische Untergangsstimmung über den kastigen Fünfzigerjahre-Betonbau mit der Adresse 1150 15th Street NW, Washington, D. C., gesenkt, in dem sich die Zentrale der Washington Post Co. befand. Ihr einst gewinnbringendes Bildungsunternehmen Kaplan war bei einer Neustrukturierung dezimiert worden, wie es bei profitorientierten kommerziellen Bildungsanbietern häufig geschieht. Die Redaktion, in der einst über 1000 Journalisten tätig gewesen waren, war nach mehreren Kündigungswellen auf etwa 600 Mitarbeiter geschrumpft. Die Stimmung war im Keller, und es herrschte tiefes Misstrauen zwischen Redaktion und Geschäftsbereich. Das Unternehmen hatte nicht die Mittel, um in nationale und internationale Nachrichten und Distribution zu investieren oder sich aus der Zwangsjacke der Regionalnachrichten und seiner schwierigen wirtschaftlichen Lage zu befreien. So entschied sich Graham für den Verkauf der Zeitung.

Post-Executives suchten einen vermögenden, technologisch versierten Kaufinteressenten, dem an der journalistischen Mission der Zeitung gelegen war. Jeff Bezos stand ganz oben auf ihrer Liste, zusammen mit Internet-Milliardären wie eBay-Gründer Pierre Omidyar. Bezos' erste Reaktion bei Gesprächen mit den Investmentbankern der *Post* und seinem langjährigen Freund Graham war eher zurückhaltend. Erst im Juli 2013, als Bezos Graham um ein privates Treffen auf der jährlichen Konferenz von Allen & Company in Sun Valley bat, wurde Graham klar, dass Bezos die Kaufmöglichkeit recherchiert hatte und stärker daran interessiert war, als er zugegeben hatte. In den darauf folgenden kurzen Gesprächen akzeptierte Bezos Grahams erste Preisforderung von 250 Millionen Dollar und zahlte in bar. Amazons Gründer kaufte die Zeitung nicht via Amazon, sondern als Privatmann.

Bezos war das Ideal eines *Post*-Besitzers – ein Chef mit unerschöpflichen Ressourcen, mit dem weltbekannten Ruf eines digitalen Erneuerers und einer Aura der Glaubwürdigkeit, die sich auf alles zu übertragen schien, was er anfasste. Er fühlte sich der redaktionellen Unabhängigkeit verpflichtet und zeigte offenbar kein Interesse, die Zeitung zur Vermittlung irgendeiner politischen Agenda zu nutzen. Als Fred Hiatt, der Redakteur der Kommentarseite, ihm anbot, im Herbst zurückzutreten,[80] und erklärte: »Es ist völlig legitim, als Eigentümer eine redaktionelle Seite zu haben, die die eigene Weltsicht reflektiert«,[81] lehnte Bezos das Angebot dankend ab.

Bezos hatte eine traditionsbewusste Ansicht von der Medienbranche. In seiner ersten Ansprache an die *Post*-Angestellten im Gebäude an der 15. Straße im September erklärte er sein Vertrauen in »das Bündel«, die Mischung aus Nachrichten und Berichten über Kultur und Unterhaltung, die eine Zeitung auszeichnet. Er beklagte auch den Aufstieg sogenannter Aggregatoren wie der *Huffington Post*,[82] die die Arbeit anderer Organisationen zusammenfassten. Aber er hatte keine Gewissensbisse, die lokalen Ambitionen der Zeitung herunterzufahren und ihre Printversion zugunsten einer ambitionierten Online-Zukunft in den Hintergrund zu rücken. »Sie müssen erkennen, dass das physische Printgeschäft sich im strukturell bedingten Niedergang befindet«, teilte er seinen neuen Angestellten mit. »Das müssen Sie akzeptieren und nach vorn schauen. Die Glorifikation der Vergangenheit, wie gut sie auch sein mochte, ist der Sargnagel für jedes Unternehmen – besonders für eine Institution wie die *Washington Post*.«[83]

Ihr neuer Besitzer war bereit, mit den Gepflogenheiten der Vergangenheit zu brechen. Graham hatte Geschäfts- und Redaktionsteams weitgehend voneinander getrennt und diese beiden heiligen Lager, die innerhalb der meisten Medienunternehmen herrschten, akzeptiert wie die Trennung von Kirche und Staat. Doch als Bezos das Managementteam der *Post* im Herbst für ein Wochenende nach Seattle einlud, bat er ihren Chefredakteur, Marty Baron – den früheren *Boston-Globe*-Chef, der später in dem Film *Spotlight* porträtiert wurde –, mit von der Partie zu sein. »Wenn man das Restaurant wechselt, sollte der Chefkoch mit an Bord sein«, argumentierte er.

Baron begleitete Herausgeberin und CEO Katharine Weymouth, Präsident Steve Hills und Chief Information Officer Shailesh Prakash auf der Reise zum anderen Ende des Landes. Am ersten Abend aßen sie mit Bezos im Canlis, einem exklusiven Restaurant mit traumhaftem Blick auf den Lake Union; während des Essens spannte sich ein perfekter doppelter Regenbogen über den See (der zukünftige Name der wie ein Online-Magazin aufgebauten Tablet-Version für die nationale Ausgabe der Zeitung sollte Rainbow lauten). Am nächsten Morgen traf sich die Gruppe auf Bezos' 2700 Quadratmeter großem Anwesen am Ufer des Lake Washington und lernte MacKenzie und die vier Bezos-Kinder kennen. Bezos machte für alle Pfannkuchen zum Frühstück (danach nannte sich das Führungsteam der *Post* »The Pancake Group«). Während man den ganzen Tag lang die redaktionellen und geschäftlichen Strategien der Post erörterte, schaute Bezos kein einziges Mal auf sein Handy. Falls ihm an diesem Tag andere Dinge durch den Kopf gingen, gelang es ihm, sie vollkommen auszublenden.

In den darauf folgenden Jahren machten Freunde sich gelegentlich über seinen Kauf der *Washington Post* lustig. »Man witzelte: ›Als MacKenzie zu Jeff gesagt hat, er soll eine Zeitung kaufen, meinte sie nur ein Exemplar‹«, erzählte sein alter Highschool-Kumpel Joshua Weinstein. Aber Interviewer und Kollegen stellten immer die Frage: Warum hatte er ausgerechnet so ein anachronistisches Digitalrelikt wie eine Zeitung gekauft?

Vielleicht lösten das stetige Wachstum seines privaten Vermögens und sein immer reicher werdender Amazon-Konzern bei Bezos den Wunsch aus, seine Ressourcen für Dinge zu nutzen, die er wertschätzte, wie die Gewährleistung einer starken und unabhängigen Presse. Die Rettung der *Post* würde nicht nur seinem Freund Don Graham helfen, sondern wäre auch ein Segen für die amerikanische Medienwelt und ein symbolischer Beitrag zum Wohle des Staats und der Demokratie. Doch seine öffentliche Antwort auf diese Frage klang wie immer viel einfacher und ernsthafter. »Es ist die wichtigste Zeitung in der wichtigsten Hauptstadt der westlichen Welt. Ich wäre verrückt, wenn ich sie nicht retten würde«, sagte Bezos einige Jahre später bei einem Bühnengespräch mit Mathias Döpfner, dem Vorstandsvorsitzenden der Axel Springer SE. »Wenn ich achtzig bin, werde ich sehr glücklich sein, dass ich diese Entscheidung getroffen habe.«[84]

Ein Jahr nach dem Kauf stellte Fred Ryan, der Mitbegründer der Nachrichtenseite *Politico*, bei einem Frühstück im Amazon-Gebäude Day One North Bezos dieselbe Frage. Die Unterhaltung sollte dazu führen, dass Bezos Ryan einstellte, um Weymouth als Unternehmensleiterin und Herausgeberin zu ersetzen. Ryan, ein früherer Berater von Ronald Reagan, war nach Seattle eingeladen worden, nachdem er Bezos in einer spontanen E-Mail seine Begeisterung für die Zeitung mitgeteilt hatte. Später erinnerte er sich, er habe damals gedacht, dass »reiche Leute manchmal Leidenschaften und Spleens haben oder vielleicht auch ein Publikationsmedium besitzen wollen, um Dinge zu beeinflussen«.

Bezos überraschte ihn mit seiner Erwiderung. »Ich habe seine Antwort noch im Gedächtnis, weil er bis heute danach handelt«, sagte Ryan. »Er sagte, er habe den Eindruck, dass es für die Gesundheit unserer Gesellschaft von zentraler Bedeutung sei, eine starke und unabhängige Presse zu haben.«

Wenn Mitglieder der Pancake Group geglaubt hatten, dass Bezos die *Post* retten würde, indem er planlos Unsummen in das Unternehmen pumpte, wurden sie bald enttäuscht. Anfang 2015 reisten sie ein weiteres Mal nach Seattle und präsentierten ihm einen mehrjährigen Ablaufplan, der für die Zeitung in den kommenden vier Jahren zu einem Verlust von über 100 Millionen Dollar geführt hätte. Bezos zerriss den Plan augenblicklich in der Luft. »Daran habe ich kein Interesse«, erinnerte sich einer der Anwesenden an seine Worte. Nach dem Meeting setzten sich Bezos und Fred Ryan zusammen und entwickelten einen Plan, um die Zeitung als diszipliniertes, eigenständiges Business zu leiten und nicht als Hobby eines superreichen Mannes. Im Laufe der nächsten paar Jahre gab es in der Redaktionsabteilung des Unternehmens eine unauffällige, zielgerichtete Kündigungsserie, gefolgt von einer kleineren, aber augenfälligeren Einstellungsserie, bei der IT-Medienfachleute angeheuert wurden.

Neben seinem Ziel, die *Post* im Rahmen ihrer Mittel zu führen, übertrug Bezos Teile seiner bewährten Unternehmensphilosophie auf die Zeitung. Er predigte generelle Technologieoffenheit, Experimentierfreudigkeit und eine optimistische Einstellung gegenüber den Möglichkeiten des Internets anstelle von Resignation. »Sie haben durch das Internet Nachteile erlitten, jetzt müssen Sie lernen, seine Chancen zu nutzen«, sagte Bezos zu seinen neuen Angestellten. »Der Vertrieb ist kostenlos, und Sie haben ein riesiges Publikum.«

Eine seiner ersten Ideen war, Abonnenten anderer Zeitungen freien Zugang zur Online-Ausgabe der *Post* zu gewähren.[85] Etwa 250 Zeitungen wie *Toledo Blade* und *Dallas Morning News* meldeten sich für das neue Partnerschaftsprogramm der *Post* an. Es brachte zwar nicht allzu viele neue Abonnenten, doch das Programm und Bezos' cooles digitales Flair sorgten für eine frische Welle interessanter Berichte über die *Post*.

Ein weiteres Bezos-Prinzip führte zu einem greifbareren Ergebnis. Der Amazon-Gründer suchte immer nach Möglichkeiten, seine verschiedenen Geschäftsbereiche miteinander zu verknüpfen. Sorgsam darauf bedacht, keinen allzu großen Druck auszuüben, stellte er *Post*-Executives ihren Berufskollegen bei Amazon vor und regte an, dass es vielleicht nützlich sein könnte, miteinander zu sprechen. Im Herbst 2014 erhielten Amazons Fire-Tablet-Besitzer ein sechsmonatiges Gratisabonnement der nationalen *Post*-Ausgabe auf einer App, die bereits auf dem Gerät installiert war. Ein Jahr später bot man Millionen von Prime-Mitgliedern denselben Deal an.

Zwischen 2014 und 2015 stieg die Zahl der Unique Visitors auf den Sites und Apps der *Post* um 56 Prozent. Im Oktober 2015 hatte die *Post* sogar für kurze Zeit mehr monatliche Unique Visitors als die *New York Times*. Bezos ergriff die Gelegenheit, den Konkurrenten unter Beschuss zu nehmen und die Truppen zu sammeln, und erklärte in der CBS-Sendung *This Morning*, dass die *Post* »daran arbeite, zum neuen Leitmedium Amerikas zu werden«.[86] Daraufhin schaltete die Zeitung Anzeigen mit dem Text »Danke, dass Sie die *Washington Post* zum neuen Leitmedium Amerikas gemacht haben«.[87]

Während die Mitarbeiterzahl der Anzeigenabteilung zurückgefahren wurde, gab Bezos grünes Licht für eine systematische Erhöhung der Einstellungsrate im Redaktions- und IT-Bereich. In den beiden Jahren nach der Übernahme stellte Marty Baron 140 Vollzeitjournalisten ein und stockte die Belegschaft auf etwa 700 auf – im Vergleich zu den 1300 Journalisten und Redakteuren der *Times*. Die Neuen landeten hauptsächlich an den Schreibtischen der Landes- und Politiknachrichten sowie in den Investigativ-, Wirtschafts- und Technologieressorts. Die Ressourcen der Regionalnachrichten, des unrentablen Schwerpunkts unter der ehemaligen Leitung der *Post*, blieben relativ gering.

Bezos hatte auch einige seltsame Ideen zur Optimierung der redaktionellen Abläufe. Er dachte laut darüber nach, ob die Zeitung einfach sehr gute Journalisten einstellen sollte, damit nicht so viele Redakteure benötigt würden. Baron erwiderte, dass die Zeitung eher mehr als weniger Redakteure brauche. Bezos wiederholte seinen Vorschlag so oft, dass einige Redakteure ihm die Rohfassungen von Texten hochrangiger Journalisten zuschickten. Amazon erklärte, dass Bezos niemals derartige E-Mails erhalten oder gelesen habe. Er habe Baron jedoch schließlich zugestimmt.

Marty Baron erinnerte sich daran, dass Bezos ständig anders reagierte, als er es erwartet hatte. So hatte er zum Beispiel angenommen, dass Bezos am liebsten für jeden Leser eine personalisierte Homepage der *Post* erstellen lassen wollte. Doch Bezos beobachtete, dass Leser sich unter anderem deshalb für die Zeitung entschieden, weil sie dem redaktionellen Urteil der Mitarbeiter vertrauten. Baron sagte, dass Bezos »die Zeitung nicht neu erfinden wollte; er wollte bewahren, was sie zu etwas Besonderem machte«.

Bezos versuchte jedoch, die Systeme hinter der Zeitung durch eine Flut von Amazon-Ritualen neu zu erfinden. Die Pancake Group, der sich gelegentlich auch Finanz- und Kundenentwicklungs-Executives hinzugesellten, sprach an jedem zweiten Mittwoch im Monat um 13 Uhr Ostküstenzeit eine Stunde lang mit Bezos. Bezos forderte die *Post*-Manager auf: »Bringt mir was Neues«; er wollte über alles informiert werden, beispielsweise über Änderungen der Preisgestaltung oder über Möglichkeiten, Leserschaft und Umsätze der Zeitung zu vergrößern, und zwar in sechsseitigen Narrativen, die er gründlich studierte und akribisch hinterfragte.

Es war ein standardisiertes Bezos-Ritual, eine verstärkende Funktion, die sein Team zu kreativem, innovativem Denken antreiben sollte. *Post*-Executives sagten, dass Bezos jedes Memo im Vorfeld gelesen hatte, bis auf eine Ausnahme. Er entschuldigte sich, dass er nicht dazu gekommen war, und nahm sich die Zeit, es zu Beginn des Meetings zu studieren. Er versorgte das Team auch mit zahlreichen Jeffismen: dass es Einweg- und Pendeltüren gebe; dass doppelt so viele Experimente zu doppelt so vielen Innovationen führten; dass »Fakten Hierarchien außer Kraft setzen« und dass »viele Wege zum Ja führen« – ein amazonianischer Leitsatz, der besagt, dass ein Mitarbeiter mit einer neuen Idee, der von einem

Executive eine negative Reaktion erhalte, dieselbe Idee getrost einem oder mehreren anderen vorstellen solle, damit ein vielversprechendes Konzept nicht im Keim erstickt werde.

Bezos traf nur eine einzige folgenschwere Fehlentscheidung, zumindest in den Augen vieler heutiger und ehemaliger *Post*-Mitarbeiter. Ende 2014 beschloss er aufgrund der Bedenken, die ihm während seiner sorgfältigen Prüfung der Kaufoption gekommen waren, die Pensionspläne der *Post* einzufrieren.[88] Er kürzte die Rentenzahlungen langjähriger Mitarbeiter und wandelte die Pensionspläne neuerer Mitarbeiter in 401(k)-Rentenkonten mit relativ knauserigen Unternehmenszuschüssen um.

Die Pension war ein stabiles Fundament, das zum Teil den Warren-Buffett-Berkshire-Hathaway-Anteilen des Pensionsfonds zu verdanken war. Die Veränderungen reduzierten die Verpflichtungen der *Post* gegenüber ihren treuesten Angestellten, und den aktuellen Mitarbeitern wurden geringere finanzielle Anreize geboten, ihr gesamtes Berufsleben bei der Zeitung zu verbringen. Bezos' Kürzung des Pensionsfonds und seine ablehnende Haltung gegenüber der *Washington-Post*-Guild entsprachen seinem Führungsstil bei Amazon und spiegelten seine altbekannte Abneigung gegen Gewerkschaften und übertriebene Sonderzulagen für Angestellte wider. »Die einzige Erklärung, die er jemals dazu abgab, lautete, dass ein Unternehmen seiner Meinung nach keinerlei Verpflichtung gegenüber seinen Mitarbeitern habe, sobald diese die Firma verlassen hatten«, sagte ein *Post*-Journalist. (Amazon erklärte, dass dies Bezos' Ansichten nicht genau wiedergebe.)

Dieser Schritt führte zu einem frostigen Verhältnis zwischen Bezos und der *Post*-Guild. Während der schwierigen Verhandlungen, die alle paar Jahre stattfanden, protestierten einige Mitarbeiter vor den Gebäuden der *Post* gegen die Änderungen ihrer Verträge. Doch sie blieben eine lautstarke Minderheit. Viele *Post*-Mitarbeiter waren dankbar für die Wiederbelebung der Zeitung und blieben überzeugte Mitglieder der Bezos-Kirche. Nur Donald Trump, der aus der Ferne seine Twitter-Granaten abfeuerte, erkannte das Zerwürfnis und versuchte, die Unzufriedenheit im Unternehmen zu schüren:

Donald J. Trump
@realDonaldTrump

Washington-Post-Angestellte wollen streiken, weil Bezos ihnen nicht genug bezahlt. Ich glaube, ein richtig langer Streik, wäre eine großartige Idee. Die Angestellten würden mehr Geld kriegen und wir wären die Fake News für längere Zeit los! Ist @WaPo ein registrierter Lobbyist?

Wie vorherzusehen, interessierte sich Bezos am meisten für die Produkte und den IT-Bereich der *Post*. Er schloss eine Partnerschaft mit CIO Shailesh Prakash, einem Absolventen des Indian Institute of Technology in Bombay, und prahlte damit, dass die Zeitung bessere Ingenieure habe als viele Silicon-Valley-Start-ups.[89] Prakash arbeitete daran, das Hochladen von Websites und komplexen Grafiken um Millisekunden zu beschleunigen. Er forderte auch kundenspezifische Messtechnik-Software, um das tatsächliche Leserinteresse an bestimmten Inhalten zu bewerten und zu ermitteln, ob ein Artikel wirklich »fesselnd«[90] geschrieben war.

Als Bezos die Zeitung kaufte, entwickelte Prakash gerade ein Content-System mit dem Namen Arc Publishing für die *Post*, um Funktionen wie Online-Publishing, Blogging, Podcasting und Advertising zu administrieren. Natürlich war Bezos begeistert von der Idee, diese Technologie an andere Zeitungen zu verkaufen, und ermutigte Prakash, sie Radio- und Fernsehsendern und sämtlichen anderen Unternehmen anzubieten, die Publishing-Software benötigten. 2021 versorgte Arc 1500 Websites und stand kurz davor, einen Jahresumsatz von 100 Millionen Dollar zu generieren.[91]

Bezos und Prakashs Team verbrachten zudem acht Monate mit der Entwicklung der Rainbow-App für Tablets im Stil eines Online-Magazins. Diese digitale Ausgabe der Zeitung, die zweimal am Tag aktualisiert wurde, hatte keine eigene Homepage. Das Layout der Artikel entsprach dem einer Zeitung, und die Nutzer konnten durch Seiten mit jeweils zwei Artikeln blättern und alle Berichte anklicken, die sie interessierten. Prakash bezeichnete Bezos als »Produktleiter« der App; er erinnerte sich daran, dass Bezos die Lösung des Problems der »kognitiven Informationsüberlastung« zum übergeordneten Ziel erklärte, indem man dem Leser ermöglichte, wie ein Gleitsegler über den Tagesereignissen dahinzuschweben. Die *Post* startete die App im Juli 2015. Seitdem gehört sie zur Standardausstattung von Amazons Fire Tablet.

Mit Prakash hatte Bezos einen Seelenverwandten gefunden. Sie waren sich in allem einig – in fast allem. Als Apple (ein Amazon-Rivale) die *Post* bedrängte, sich zusammen mit vielen anderen Zeitungen bei dem neuen Service Apple News+ anzumelden, erkannten Prakash und andere Mitglieder der Pancake Group das enorme Potenzial von 1,5 Milliarden iPhones und iPads und schrieben ein sechsseitiges Memo, das die Vor- und Nachteile eines Beitritts analysierte. Aber Bezos fürchtete, dass man durch den Beitritt das etwa gleich teure *Post*-Abonnement-Angebot untergraben würde, und sprach sich leidenschaftlich dagegen aus, weshalb die *Post* diese Chance verpasste.

Als das *Wall Street Journal* Anfang 2017 versuchte, Prakash als Chief Technology Officer anzuwerben, überredete Bezos ihn zum Bleiben – unter anderem indem er ihm einen Platz im Beratungsausschuss seines privaten Raumfahrtunternehmens Blue Origin anbot. Ab und an flog Prakash am Wochenende nach Kent, Washington State, um dem Unternehmen bei seinen Supply-Chain-Systemen zu helfen. »Das Wichtigste, das Bezos mitbrachte, war die Einführung einer Experimentierkultur«, sagte Prakash. »Keiner von uns muss fürchten, sich vor einem Audit-Komitee verantworten zu müssen, wenn er viel Geld für ein großes Projekt ausgegeben und es dann in den Sand gesetzt hat. Wir haben keine Angst zu versagen.«

Bezos' Unterstützung bewirkte mehr, als der *Post* zu erlauben, größere Risiken einzugehen. Dem Anzeigenbereich verlieh allein die Nähe des weltbekanntesten Unternehmers einen strahlenden Glanz. Ein vom Anzeigenteam entwickeltes Sales Deck warb auf der zweiten Seite mit dem »Bezos-Effekt«, daneben prangte ein Porträt des kahlköpfigen IT-Impresarios. *Post*-Werbeleute sagten, dass Bezos' Beteiligung die Zeitung für

Sponsoren interessant mache, auch wenn die Executives ständig erklären mussten, dass Amazon nicht der Eigentümer sei. »Die Geschichte hat uns mehr geholfen als alles andere«, sagte ein Executive aus der Geschäftsabteilung. »Das ist ein Teil von Jeff Bezos' Magie – dass er Jeff Bezos ist.«

Die *Post* war jetzt ein privates Unternehmen und legte finanzielle Informationen nicht mehr offen. Doch nach den Worten eines mit den Zahlen vertrauten Executives gingen die Werbeeinnahmen zwischen 2015 und 2018 von 40 Millionen hoch auf 140 Millionen Dollar. Die Anzahl der Digitalabonnenten stieg um mehr als 300 Prozent und überschritt zum ersten Mal die 1,5-Millionen-Marke.[92] (Diese Zahl sollte sich bis zu Marty Barons Pensionierung im Januar 2021 verdoppeln.) Während die Zeitung 2015 etwa 10 Millionen Dollar Verlust gemacht hatte, verdiente sie in den drei folgenden Jahren mehr als 100 Millionen – eine bemerkenswerte Umkehr der ursprünglich einkalkulierten Verluste, die Bezos abgelehnt hatte. »Ich kann nicht fassen, wie schnell das alles passiert«, sagte er zur Pancake Group, nachdem er das gewaltige Ausmaß des Umschwungs miterlebt hatte.

Glück spielte gewiss auch eine Rolle: Die chaotische Präsidentschaft Donald Trumps ließ das Interesse an politischen Nachrichten steigen. Doch Bezos, seine Führungsmethoden und seine Anpassung an die Realität eines im Umbruch begriffenen Nachrichtengeschäfts hatten der 140 Jahre alten Institution auch eine frische Brise strategischer Klarheit beschert.

Ein Jahr nachdem Bezos die *Post* gekauft hatte, wurde Jason Rezaian, einer ihrer Korrespondenten in Teheran, von der iranischen Regierung in Haft genommen und wegen Spionage verklagt. Rezaian sollte die folgenden achtzehn Monate im Gefängnis verbringen, zum großen Teil in Einzelhaft, »in der Stadt, die früher meine Heimatstadt war«, wie er in seinem Buch *Prisoner* schildert. Nach seiner Verhaftung glaubten die *Post*-Executives, die Haft würde nur eine kurzzeitige Schikane sein. Als die Wochen zu Monaten wurden, erkannten sie, dass die Situation weitaus gefährlicher war und dass Rezaian von den religiösen Hardlinern des Landes vor ein Gericht gestellt und zum Tode verurteilt werden konnte.

In den USA wandten sich Rezaians Familie, Marty Baron, Fred Ryan und viele andere namhafte *Post*-Executives an US-Regierungsbeamte aller Ebenen. Wenn ausländische Staatsführer die Hauptstadt besuchten, bat Ryan sie bei privaten Audienzen, ihren Einfluss auf die iranische Regierung geltend zu machen und sich für Rezaians Freilassung einzusetzen. Von Seattle aus bat Bezos um regelmäßige Updates und erwog kurz einen »Free Jason«-Werbespot beim Superbowl 2015. Später in diesem Jahr, als die US-Regierung einen komplizierten und später umstrittenen finanziellen Deal mit der iranischen Regierung abgeschlossen hatte, durch den Rezaian und drei weitere Gefangene freikamen, wollte Bezos persönlich hinüberfliegen und ihn nach Hause holen.

Am 21. Januar 2016 flog Bezos in seinem neuen, 65 Millionen Dollar teuren Gulfstream-G650ER-Privatjet[93] nach Landstuhl, wo sich Rezaian in Begleitung seiner Familie im U.S. Army Medical Center erholte.[94] Bezos hatte sein Flugzeug mit *#FreeJason*-Schildern und -Wimpeln, Burritos und Bier beladen, da Rezaian zuvor in einem Interview mit Fernsehmoderator Anthony Bourdain gesagt hatte, dass er vor allem das Essen vermisst hätte. Sie flogen nach Bangor in Maine – ein gut zu erreichender Einreiseort mit wenig Luftverkehr –, wo Rezaian und seine Frau, denen man während der Torturen die Pässe und andere Ausweispapiere abgenommen hatte, von einem Immigration Officer willkommen geheißen wurden, der sagte, dass die Iraner sich eines merken sollten: »Wenn sie sich mit einem von uns anlegen, kriegen sie es mit uns allen zu tun.« Dann flog Bezos Rezaian und seine Frau persönlich nach Florida, wo sie sich in Key West eine kurze Ruhepause gönnen durften.

Einige Tage später waren alle zurück in Washington und trafen sich am 28. Januar zu einem Essen mit den *Post*-Executives, und am Tag darauf besuchten sie die Eröffnungsfeier des funkelnagelneuen *Post*-Hauptsitzes an der K Street mit Blick auf den historischen Franklin Square. Die Büros waren supermodern, mit neuen Arbeitsplätzen und besonderen Bereichen für Entwickler und Designer, die jetzt in der Nähe der Journalisten untergebracht waren. Videostudios erleichterten es Reportern, im

Kabelfernsehen zu erscheinen. Rezaian hielt bei der Eröffnungsfeier eine emotionale Rede. Dann sprach Bezos, der eine *#FreeJason*-Reversnadel trug, zu den Angestellten: »Bedeutende Institutionen wie die *Post* haben einen Wesenskern, sie haben ein Herz, sie haben eine Mitte – das, was Marty eine Seele nannte«, sagte er. »Und wenn man das ändern wollte, wäre man verrückt. Das ist es, was diesen Ort ausmacht. Es ist das, was ihn so besonders macht.«

Bezos hatte die *Post* gerettet. Doch auch für ihn war der Kauf der Zeitung ein Gewinn, denn er konnte sich im Glanz ihrer noblen journalistischen Mission spiegeln. 2016 setzte das *Fortune Magazine* Bezos an die Spitze seiner Liste der fünfzig weltbesten Führungspersönlichkeiten – vor Angela Merkel, Papst Franziskus und Tim Cook. Im Begleitartikel erhielt der Aufschwung der Zeitung genauso viel Aufmerksamkeit wie der Erfolg von Amazon. »Wir haben uns immer darüber lustig gemacht, dass Jeff den Einzelhandel auf den Kopf gestellt, eine Zehntausend-Jahre-Uhr gebaut und Raketen ins All geschossen hat. Aber erst als er einem Zeitungsunternehmen unter die Arme griff, wurde er als größte Führungspersönlichkeit der Welt bezeichnet«, erzählte mir ein ehemaliger *Post*-Executive.

Washington schien Bezos zu schätzen und er erwiderte diese Wertschätzung. In diesem Herbst zahlte er 23 Millionen Dollar für das größte Anwesen der Stadt, das ehemalige Textilmuseum und eine angrenzende Villa im eleganten Kalorama-Viertel; seine Nachbarn waren Barack und Michelle Obama, die Tochter seines Widersachers Ivanka Trump und ihr Ehemann Jared Kushner. In den folgenden drei Jahren zahlte Bezos zwölf Millionen Dollar für die Renovierung des gut 2500 Quadratmeter großen Gebäudekomplexes, in dem es elf Schlafzimmer und fünfundzwanzig Bäder gab.[95] Er wollte in Zukunft mehr Zeit in der Stadt verbringen und jene überschwänglichen Dinner-Partys für reiche, mächtige und interessante Persönlichkeiten ausrichten, die das Markenzeichen der ehemaligen Besitzerin Katharine Graham gewesen waren.

»Jetzt verstehe ich«, hatte Bezos zu Sally Quinn, der Witwe des gefeierten ehemaligen *Post*-Chefredakteurs Ben Bradlee, auf dessen Beerdigung gesagt. Die *Post* war nicht nur ein Unternehmen, das nach Amazon-Prinzipien neu erfunden und in sein Ökosystem von Kindle-

Geräten und Prime-Mitgliedschaft integriert wurde. Sie hatte auch eine Mission, die es zu schützen galt, und eine Community, die Bezos willkommen hieß und sogar verehrte. Und wenn diese Institution von einem Feind angegriffen wurde – beispielsweise von einem Kandidaten für die Präsidentschaft der USA – würde Bezos seine Vorsicht über Bord werfen und reagieren.

Während des Präsidentschaftswahlkampfs bat Bezos die Pancake Group, ein unverwechselbares nationales Branding Statement zu erfinden, das diese Mission auf den Punkt brachte. »Wäre es ein Vereinsname, hättet ihr Lust, dabei zu sein?«, erinnerte sich Fred an Bezos' Worte, als er beschrieb, was der Slogan ausdrücken sollte. »Wäre es ein Spruch auf einem T-Shirt, würdet ihr es gern anziehen?« Bezos schlug nur einen einzigen Satz vor. Er hatte ihn in den Reden von Watergate-Reporter Bob Woodward gehört, der den Leitspruch vor langer Zeit in einem berufungsgerichtlichen Beschluss entdeckt hatte: »Democracy dies in darkness (Die Demokratie stirbt im Dunkeln).«

Post-Executives verbrachten ein ganzes Jahr damit, etwas Besseres zu ersinnen und wieder zu verwerfen. Sie engagierten externe Markenagenturen, nur um sie nach kurzer Zeit wieder zu feuern. Schließlich versammelten sich alle zu einem stundenlangen Brainstorming an einem Tisch. Sie wollten etwas, das Optimismus und Hoffnung ausdrückte, doch von unzähligen Ideen wie »Freedom moves in light« war keine genauso poetisch und volltönend, insbesondere nach Donald Trumps schockierendem Sieg. Also entschieden sie sich schließlich für Bezos' ersten Vorschlag, ließen den Satz nach der Sitzung auf ein T-Shirt drucken und schickten es ihm zu.

Verärgert über die penetrante Berichterstattung über seinen chaotischen Regierungsstil ließ Trump in den nächsten Jahren seinen Rachegelüsten gegenüber Bezos und der Zeitung via Twitter immer ungehemmter freien Lauf. Er drohte Amazon mit neuen, strengeren Auflagen und attackierte Amazons Beziehungen zum U.S. Postal Service. Die Berichte der Zeitung über Menschenrechtsverletzungen verstimmten totalitäre Regierungen anderer Länder, darunter Russland und Saudi-Arabien. Als Reaktion richteten sie ihren Zorn auf Amazon und seinen prominenten

Konzernchef. Bezos' geschmeidige Abschottung gegen all die Probleme, die aus den vielen Bereichen seines wachsenden Business-Imperiums an ihn herangetragen wurden, erwies sich bald als unhaltbar.

Bezos' einzigartige Managementmethoden und sein unerschütterliches Vertrauen in die neuen Technologien hatten der Zeitung unbestreitbar gutgetan. Doch am Ende sollte der Besitz der *Washington Post* Amazon – und Bezos persönlich – einen höheren Tribut abverlangen, als er jemals ahnen konnte.

Kapitel 6

Angriff auf Hollywood

Während den Reportern und Redakteuren der *Washington Post* noch der überraschende Wahlsieg Donald Trumps zu schaffen machte, waren die Public-Relations-Leute, die für Amazons Film- und Fernsehabteilung arbeiteten, mit einer ganz anderen Herausforderung konfrontiert: eine medienwirksame Kampagne für ihren oscarwürdigen Film *Manchester by the Sea* zu entwickeln. Bei einem Brainstorming kam einer von ihnen auf die Idee, den Boss selbst zu fragen, ob er vielleicht in Los Angeles eine Party für den Film geben wolle. Sie schrieben ihm eine E-Mail und bekamen ungewöhnlich schnell eine Antwort: »Ja! Die veranstalten wir in meinem Haus.«

Am Samstag, dem 3. Dezember, einem kühlen, wolkenlosen Abend, fielen die Prominenten in Bezos' 1115-Quadratmeter-Anwesen in Beverly Hills ein, einer Villa im spanischen Baustil, die er neun Jahre zuvor für 24 Millionen Dollar gekauft hatte. Ein extravaganter, zeltartiger Bau war im Garten errichtet worden, auf einem kunstvoll gefliesten Patio neben dem Swimmingpool. Matt Damon, einer der Produzenten des Films, und sein Star Casey Affleck hielten Hof, während Schauspieler, Regisseure und Agenten an der gut sortierten Bar Schlange standen.

Ein beträchtlicher Teil von Hollywoods erster Garde hatte sich versammelt,[96] eingeladen entweder, weil sie mit Amazons Produktionssparte Amazon Studios zusammenarbeiteten, oder weil sie Mitglieder der Academy of Motion Picture Arts and Sciences waren: Michelle Williams (die auch im Film mitspielte), Gael García Bernal, Joseph Gordon-Levitt, Andy García und Megan Mullally; die Regisseure Joel Coen und

Kenneth Lonergan (der das Drehbuch für *Manchester* geschrieben und Regie geführt hatte); die Hollywoodlegenden Faye Dunaway, Diane Keaton, John Lithgow und Ben Kingsley; die Musiker T Bone Burnett und Beck; Maria Shriver und ihre Töchter und viele mehr.

Im Mittelpunkt des Abends stand Bezos in einem schlichten anthrazitfarbenen Anzug mit einem nicht ganz bis zum Kragen zugeknöpften weißen Hemd – damals noch immer die vorsichtige Kleiderwahl eines sich allmählich wandelnden Technik-Nerds. MacKenzie war nicht dabei. »Jeff ist das Gegenteil von mir«, hatte sie in einem ihrer seltenen Interviews der Zeitschrift *Vogue* gestanden. »Er ist gern unter Leuten. Er ist sehr gesellig.«[97]

In der Tat amüsierte sich Bezos blendend. Haus und Garten wimmelten von Stars mit gewaltiger Strahlkraft, doch da er der Gastgeber und der Boss des Unternehmens war, das die Eventfotografen engagiert hatte, konzentrierte sich die Aufmerksamkeit auf ihn. Von den vielen Bildern, die an diesem Abend geknipst wurden, sollte eines später intensiv studiert und oft nachgedruckt werden. Bezos war darauf zusammen mit Patrick Whitesell zu sehen, dem mächtigen Direktor der Unterhaltungs- und Medienagentur Endeavor, und dessen Frau, der früheren Nachrichtenmoderatorin Lauren Sánchez, die sich zwischen den beiden sichtlich wohlfühlte.

Bezos' Aufpasser bemühten sich, dafür zu sorgen, dass er mit so vielen Gästen wie möglich sprach. Irgendwann mussten sie seine Unterhaltung mit der Schauspielerin Kate Beckinsale und ihrer Begleiterin, Ski-Ass Lindsey Vonn in einem spektakulären cremeweißen Jumpsuit, unterbrechen. Immer wieder beugte sich sein langjähriger Stellvertreter Jeff Blackburn zu ihm herunter, ein einen Meter dreiundneunzig großer früherer College-Footballspieler, der Amazons Videostreaming-Sparte Prime Video leitete. Anfangs ebenso an Bezos' Seite, aber an diesem Abend früh gegangen war Roy Price, der Chef der Amazon Studios, in Jeans und einer schwarzen Motorradjacke über einem weißen T-Shirt mit V-Ausschnitt.

Als Event, das Aufsehen erregen und Amazons Präsenz in Hollywood verstärken sollte, funktionierte die Party prächtig. Branchenblätter brachten zahlreiche Fotos und schrieben darüber wie über einen Ball der High Society aus der guten alten Zeit. Bezos' »Absicht an diesem Wochenende war klar«,[98] schrieb der Entertainmentkolumnist Peter Bart in *Deadline.* »Er will mehr Präsenz in der Stadt, sowohl für sich selbst als auch für sein Unternehmen.«

Im Lauf der nächsten Wochen sollte Bezos in Hollywood allgegenwärtig sein. Er war die Zielscheibe eines Scherzes in Jimmy Fallons Eröffnungsrede bei den Golden Globes (»Eigentlich ist er gestern schon angekommen, aber es war niemand da, der für ihn unterschrieben hätte«). An diesem Abend richtete er im Stardust Ballroom des Beverly Hills Hilton eine der spektakulärsten After-Show-Partys aus. Casey Affleck bekam den Golden Globe als bester Darsteller in einem Filmdrama; im Monat darauf gewann er den nämlichen Preis bei den Oscars, trotz eines anschwellenden Sturms der Entrüstung, bei dem es um Anschuldigungen wegen sexueller Belästigung vonseiten früherer Kolleginnen ging.

Amazon wurde nun im selben Atemzug mit Netflix genannt, einem weiteren Hollywood-Emporkömmling, der eine radikale Umwälzung für die Unterhaltungsbranche bedeuten sollte. Doch in den Amazon Studios, weit entfernt vom Glamour, wuchsen die Spannungen. Unabhängige Filme wie *Manchester by the Sea* und Nischen-TV-Hits wie *Transparent* über eine jüdische Familie in L. A., die mit Fragen der Geschlechtsidentität ringt, konnten Lob und Begeisterung auf sich ziehen. Doch sie stellten nicht die Art von Mainstream-Unterhaltung dar, die ein großes Publikum auf der ganzen Welt begeistern und andere Sparten von Bezos' Internethandelsimperium beflügeln konnte.

Und so erließ Bezos eine Anordnung gegenüber Roy Price und den bereits alarmierten Managern der Amazon Studios. Sie sollte wie ein Damoklesschwert über ihnen schweben und zu einer kaum glaublichen Abfolge von Ereignissen führen, die Amazons Hollywood-Ambitionen jeglichen Glanz rauben und vorübergehend alles in Zank und Streit versinken lassen sollten: »Ich will mein eigenes *Game of Thrones.*«

Alles hatte, wie so oft bei Amazon, mit einer schwer nachvollziehbaren Entscheidung von Bezos begonnen, die seine Kollegen befremdete und sich erst im Lauf der Zeit als clever erweisen sollte. Ende 2010 war Amazon eine von mehreren Firmen, die Online-Zugang zu einem identischen Katalog von Spielfilmen und Fernsehsendungen anboten. Die Kunden bezahlten ein paar Dollar dafür, dass sie einen Titel einmal per Internet streamen durften, oder sie bezahlten mehr, um ihn zu »besitzen« und öfter anzusehen.

Unterdessen hatte Netflix einen Dienst für 8 Dollar im Monat eingeführt, der von seinem ursprünglichen DVD-per-Post-Programm völlig unabhängig war. Damit konnten die Abonnenten die älteren Fernsehsendungen und Filme im digitalen Katalog der Firma jederzeit streamen. Obwohl die Netflix-Videothek normalerweise keine Neuerscheinungen enthielt und die Firma noch keinen eigenen Content produzierte, reagierten ihre Kunden genau wie die Investoren positiv auf ihren Vorstoß für eine weniger streng reglementierte und kundenfreundlichere Zukunft für das Entertainment zu Hause.

Im Lauf der Jahre hatten Amazon-Manager immer wieder erwogen, Netflix zu kaufen, jedoch stets den Preis als zu hoch empfunden und die Sache daher nie ernsthaft verfolgt. Nun hatte es den Anschein, als hätten sie ihre Chance verpasst – die Firma aus Los Gatos, Kalifornien, entwickelte sich zu einem ernsthaften Konkurrenten. Typischerweise war Bezos nicht bereit, einem Rivalen einen bedeutenden Sieg zu überlassen. Er bat Bill Carr, den für digitale Musik und Video verantwortlichen Vice President, sich etwas einfallen zu lassen, um in dem wachsenden Geschäft von Subscription-Video-on-Demand oder SVOD konkurrenzfähig zu sein. Im Lauf der nächsten Monate trafen sie sich regelmäßig, bis Bezos die Lösung eines Tages selbst präsentierte: Sie würden einen kostenlosen Videodienst für Abonnenten anbieten – und zwar für die Mitglieder von Amazon Prime.

Carr und andere Manager verblüffte die Idee. Prime, das ursprünglich 79 Dollar im Jahr gekostet hatte, garantierte Amazon-Kunden, dass ihre Käufe ohne zusätzliche Versandkosten innerhalb von zwei Tagen bei ihnen eintrafen. Jetzt wollte Bezos Prime anders und weniger durch

Transaktionen geprägt definieren: als uneingeschränkten Zugang zu einer Sammlung digitaler Inhalte. »Zuerst habe ich es nicht kapiert«, sagte Bill Carr. »Aber im Lauf meiner Karriere hatte ich mittlerweile begriffen, dass man, wenn Jeff mit einer neuen Idee ankommt, zuerst aufmerksam zuhört und eine Menge Fragen stellt, um herauszufinden, wie man das Ganze verstehen muss, und dann später die Details mit ihm bespricht.«

Rückblickend betrachtet war die Lösung genial. Amazon-Kunden wären nicht erfreut gewesen, wenn sie für einen Service zusätzlich hätten bezahlen müssen, der schlechter war als das bereits etabliertere Angebot von Netflix. Das Streamen als »Gratis«-Leistung einzuführen – die Menschen haben einen Hang zu Gratisangeboten – könnte manche Prime-Mitglieder veranlassen, ihre jährliche Mitgliedsgebühr rational zu begründen, selbst wenn sie nur ein paar Mal im Jahr etwas bei Amazon bestellten. (Anschließend erhöhte Amazon zweimal die Gebühr für Prime: 2014 auf 99 Dollar und 2018 auf 119 Dollar.)

Es waren immer noch magere Zeiten für Amazon, also erhielt Carr ein in seinen Augen beträchtliches Budget von etwa 30 Millionen Dollar, um den Service namens Prime Video aus der Taufe zu heben. Er konnte nicht ahnen, dass vier Jahre später Amazon-Manager darüber nachdenken sollten, für 240 Millionen Dollar die Lizenz für ein Programmpaket der 20th Century Fox zu erwerben, zu dem supererfolgreiche Serien wie *24* zählten. Bei der Besprechung debattierten sie darüber, ob Amazon in seiner zwanzigjährigen Geschichte jemals so viel für irgendetwas bezahlt habe, eingeschlossen die neue Konzernzentrale, die gerade ein paar Blocks entfernt von South Lake Union im Denny-Triangle-Viertel von Seattle im Bau war.

Sie entschieden sich für das Geschäft und legten dann richtig los. Amazon erwarb die Streamingrechte für die Dramaserie *Justified* von Sony Pictures, für *Downton Abbey* von PBS, für *Orphan Black* von BBC America und für zahllose andere beliebte Serien. Netflix schloss einen umfassenden Vertrag mit Disney über seine Marvel- und Pixar-Filme sowie Klassiker des Animationsfilms und mit ABC über Serien wie *Scandal* und mit The CW für *Gossip Girl*. 2014 hatte Amazon 40.000 Titel in seinem Videokatalog; Netflix hatte 60.000. Reed Hastings und Netflix waren Amazon nach wie vor an jeder Ecke einen Schritt voraus. »Netflix hat unsere Strategie angeheizt«, sagte Carr. »Es ist mir nicht peinlich zuzugeben, dass wir von ihnen gelernt haben.«

Mittlerweile hatte Jeff Wilke die Aufsicht über das digitale Videogeschäft seinem mehr künstlerisch angehauchten Kollegen Jeff Blackburn aus dem S-Team übergeben, dem früheren Sportler, der nun mit seiner Intelligenz und seiner umgänglichen Art als Leiter der Abteilungen für Fusionen und Übernahmen (M&A) und Unternehmensentwicklung bei Amazon fungierte. Blackburn kontrollierte nicht nur die Ausgaben für die Content-Lizenzen, sondern auch das Ziel, die Amazon-Prime-Video-App auf so viele Set-Top-Boxen, Videospielkonsolen und Smart-TVs wie möglich zu bekommen. Ende 2015 begann sein Team die Verhandlungen mit dem Kabelgiganten Comcast, um den Dienst auf der neuen Xfinity-X1-Kabelbox vorzuinstallieren, die letztlich ihren Weg in Dutzende Millionen amerikanische Haushalte finden würde. Doch laut mehreren Managern, die an diesem lange ausgebrüteten Deal arbeiteten, wurde einem von Blackburns Untergebenen, einem launenhaften Manager namens Jim Freeman, angesichts des Looks von Prime Video auf dem Startbildschirm von Comcast so mulmig, dass er ausrief: »Netflix würde dieses Geschäft nie abschließen!«

Die Gespräche versandeten. Ein paar Wochen später schloss Comcast stattdessen das Geschäft mit Netflix ab,[99] obwohl Reed Hastings sich dort nicht viele Freunde gemacht hatte, als er Netflix' 2014 vorgeschlagene Fusion mit Time Warner Cable wettbewerbswidrig[100] genannt hatte. Comcast machte schließlich in seinem gesamten Marketing Werbung für Netflix. Amazon musste den Schwanz einziehen, gelangte aber wenige Jahre später zu einer eigenen Vereinbarung mit der Kabelnetzfirma.[101]

Solche Duelle mit Netflix um den Ankauf von Premium-Programmen und deren Vertrieb waren teuer, anstrengend und trugen letztlich wenig dazu bei, das Wettbewerbsgleichgewicht zu verändern. Beide Firmen hatten eine wertvolle Lektion gelernt, die eine Generation zuvor schon Kanäle wie HBO und Showtime hatten lernen müssen: Indem sie sich ein Wettrennen darum lieferten, Höchstpreise für die Lizenzen für verschiedene Filme und Sendungen zu bezahlen, hatten sie die Hollywood-Studios und andere Akteure der Unterhaltungsbranche reicher gemacht, sich jedoch selbst geldverschlingende Dienste aufgehalst, die nur schwer voneinander zu unterscheiden waren.

Wenn sie mit wirklich einzigartigen Videoangeboten Zuschauer anziehen wollten, so war es wesentlich sinnvoller, Top-Fernsehsendungen und Filme selbst zu produzieren.

Beide Unternehmen kamen bei ihren Ambitionen, Videostreamingdienste zu entwickeln, früh zu dieser Erkenntnis. Bei Amazon beauftragte Bill Carr mit Roy Price einen seiner Stellvertreter damit, eine Außenstelle in Los Angeles aufzubauen und Möglichkeiten für die Produktion eigenen Contents zu ergründen.

Price war in Beverly Hills aufgewachsen und stammte aus einer richtigen Hollywood-Dynastie. Roy Huggins, sein Großvater mütterlicherseits, war ein bekannter Film- und Fernsehautor gewesen. In den Fünfzigerjahren wurde er als Kommunist gebrandmarkt, kam auf die schwarze Liste und musste vor dem Ausschuss für Unamerikanische Umtriebe aussagen. Später schuf er erfolgreiche Serien wie *Auf der Flucht* und *Detektiv Rockford – Anruf genügt*. Price' Vater Frank Price war ein Gigant der Traumfabrik: Er leitete in den späten Siebzigern und frühen Achtzigern Columbia Pictures und brachte Klassiker wie *Gandhi* und *Ghostbusters* heraus, war später Präsident der Universal Studios und zeichnete verantwortlich für *The Breakfast Club, Back to the Future* und die Peinlichkeit *Howard – Ein tierischer Held*. Der jüngere Price wuchs umgeben von Prominenten auf – er machte mit Sidney Poitier Ferien auf den Bahamas und lernte von Lee Majors schwimmen, dem Star aus *Der Sechs-Millionen-Dollar-Mann*.

Price hatte bei Disney und McKinsey & Company gearbeitet, ehe er 2004 zu Amazon kam, um dort die digitale Videostrategie des Unternehmens aufzubauen. Jahrelang hatte er sich dafür eingesetzt, Serien und Filme zu entwickeln, um sich mit Amazons Videoangebot von anderen abzuheben. Er war, laut Firmenjargon, ein starker Verfechter des

Führungsprinzips »Think Big« und imstande, seine Ideen überzeugend in sechsseitigen Exposés darzulegen. Bezos reizte der Gedanke auch, aber typischerweise wollte er den gesamten Hollywood-Entwicklungsprozess neu denken. Er war kein Freund der »Gatekeeper«, die allein aufgrund ihrer persönlichen Geschmacksurteile darüber entschieden, was die Leute lesen oder anschauen durften – was ohnehin nur zu einer vernachlässigbaren Erfolgsrate führte, wie man an den vielen gefloppten Sendungen mit schwachen Konzepten sah.

Bezos schlug einen völlig neuen Ansatz vor, den er »das wissenschaftliche Filmstudio« nannte. Jeder sollte ein Drehbuch einsenden können, nicht nur die Elite aus L. A. und New York; Kunden und unabhängige Juroren sollten dann diese und die beigelegten Storyboard-Illustrationen beurteilen. Aus ihrem Feedback würden schließlich objektive Daten gewonnen, mit deren Hilfe Amazon eine Entscheidung darüber fällen konnte, was man tatsächlich produzieren wollte. »Es war eine typische Jeff-Idee«, sagte Price später über den ursprünglichen Ansatz der Amazon Studios. »Statt einer Erfolgsquote von zehn Prozent hätten wir dann genug Daten, um die Quote auf vierzig Prozent anzuheben.«

2010 forderte Amazon alle und jeden auf, Drehbücher einzureichen,[102] und lobte für die besten davon Hunderttausende Dollar als Preisgelder aus. Natürlich funktionierte es nicht. Professionelle Autoren hielten sich fern, und alles in allem waren die Einreichungen nicht besonders gut. Amazon brauchte acht Jahre, um das System einzumotten (aus dem eine Kindersendung hervorging: *Gortimer Gibbon – Mein Leben in der Normal Street,* und ein weiterer Pilotfilm, *Those Who Can't,* der von der Warner Media-Tochter truTV zu einer Serie ausgebaut wurde). Bezos sah stillschweigend ein, dass er eben doch Profis brauchte, um vielversprechende Konzepte herauszufiltern und zu entwickeln.

2012 begann Price regelmäßig von Seattle nach L. A. zu reisen und Experten für Contententwicklung zu engagieren, die sich um Entwicklung und Strategie für Komödien und Kindersendungen kümmern sollten. Damals versuchte Amazon immer noch, die kalifornische Umsatzsteuer zu vermeiden, daher wurde die Gruppe als unabhängige Tochter namens People's Production Company gegründet und dazu vergattert, spezielle Visitenkarten und E-Mail-Adressen ohne Verweis auf Amazon zu verwenden. In Sherman Oaks teilte man sich über einem Fuddruckers-Restaurant Büroräume mit IMDb, der Amazon-Tochter, die eine beliebte Datenbank für Filme und Fernsehsendungen pflegt, bevor man später in einen etwas schickeren, aber nichtssagenden Bürokomplex in Santa Monica umzog, den sogenannten Water Garden.

In diesem Jahr justierten Price und Bezos ihre ursprünglichen Vorgaben neu. Die Manager der Amazon Studios setzten sich mit Agenten und Autoren zusammen, überarbeiteten Drehbücher und machten Möglichkeiten für Pilotfilme ausfindig. Doch dann ließen sie die Zuschauer abstimmen und so ihre Entscheidungen darüber beeinflussen, welche Filme zu vollständigen Serien entwickelt werden sollten. Im April 2013, zwei Monate nachdem Netflix gleich mit der Erstausstrahlung eines Films der Produktionsfirma Media Rights Capital einen Hit gelandet hatte – der Polit-Dramaserie *House of Cards* –, schickte Amazon seine erste sogenannte Pilotenstaffel ins Rennen.

Die Kunden konnten vierzehn Pilotfilme testen. Die Politkomödie *Alpha House* (die ungefähr in die gleiche Richtung ging wie HBOs spätere, witzigere Serie *Veep – Die Vizepräsidentin*) und eine Internet-Comedy namens *Betas* (genau wie HBOs *Silicon Valley*) zählten zu den Auserwählten. Doch als die Staffeln später im Jahr schließlich ausgestrahlt wurden, zogen sie zwar die Aufmerksamkeit der Medien auf sich, machten aber bei den Zuschauern nur wenig Furore. Die Autoren dieser Serien bekamen ein positives Feedback von Amazon, äußerten sich später jedoch enttäuscht über das Ausbleiben von Nielsen-Ratings für Online-Sendungen und das Fehlen jeglicher nennenswerten Werbeunterstützung.

Mit Stellvertretern, die für Dramen, Komödien und Kindersendungen zuständig waren, legte Price den Grundstein für eine einzigartige Sensibilität der Amazon Studios: Sie wollten qualitativ hochwertige Serien produzieren, die eher zu Serien umgewandelten Filmen ähnelten als eigenständigen Episoden. Indem man hochwertige Independent-Filme als Inspirationsquelle nutzte und die Tatsache berücksichtigte, dass die Kunden bereits sehr viele Fernsehoptionen hatten, machte man sich daran, Fernsehen zu erschaffen, das anders und anspruchsvoll war und die Auswahl erweiterte, die den Zuschauern zur Verfügung stand. Die Sendungen sollten Fenster zu unvertrauten Lebensweisen und Welten öffnen. Man wollte die Art von Sendungen schaffen, welche die großen Fernseh-Networks in ihrer Fixierung darauf, unterschiedliche Versionen von Alltagskost wie *Navy CIS* auszustoßen, niemals anfassen würden. Amazon »hatte den Nimbus eines Kleinanbieters«, sagte Price. »Wir mussten die Leute überraschen und uns auf die Qualität konzentrieren.«

Der Ansatz zahlte sich schnell aus. Zu den Pilotfolgen, die Prime-Mitglieder Anfang 2014 testen konnten, zählten *Mozart in the Jungle* über die Eskapaden einer fiktiven New York Symphony; *Bosch* über einen geplagten Ermittler der LAPD und *Transparent*, eine Serie, in deren Mittelpunkt eine Transgender-Matriarchin namens Maura Pfefferman stand. Im März holte Bezos das Team der Amazon Studios nach Seattle, um zu besprechen, welche Pilotfolgen man weiterproduzieren solle. Die Pilotfolge von *Transparent* hatte reihenweise überschäumende Kritiken bekommen, in denen sie für ihre gewagte Thematik und das offene Ende gelobt wurde, doch sie hatte nicht die höchste Zuschauerzahl von allen Neuvorstellungen erreicht. Trotzdem eröffnete Bezos das Meeting, indem er den Besprechungsraum betrat und erklärte: »Also, ich denke, wir werden *Transparent* weiterverfolgen.«

Genau das taten sie, und die Serie verlieh den Amazon Studios den Ruf, visionäre Kreative und historisch vernachlässigtes Material zu fördern. Im Januar 2015 gewann *Transparent* als erste Streaming-Serie einen Golden Globe[103] – sowohl in der Kategorie Beste Serie – Komödie/Musical als auch in der Kategorie Bester Serien-Hauptdarsteller für Jeffrey Tambor.

Falls Price sich der schönen Illusion hingegeben hatte, das öffentliche Gesicht dieses Erfolgs zu werden, so wurde diese rasch zerstört, denn Bezos wollte auch an der Preisverleihung teilnehmen. Er brachte MacKenzie mit und saß bei den Golden Globes an einem Tisch mit Price, seinem Comedychef Joe Lewis, dem Schöpfer der Serie Joey Soloway und den wichtigsten Darstellern.

Später besuchten sie von HBO und Netflix ausgerichtete After-Show-Partys. Begleitet von seiner Frau sonnte sich Bezos im Glanz der Bewunderung von ganz Hollywood. »Sie machte immer den Eindruck, als amüsiere sie sich gut«, sagte ein Mitarbeiter der Amazon Studios rückblickend über das Paar bei Hollywood-Events, »während er sich ganz offensichtlich blendend amüsierte.«

Wenige Wochen später erschien Bezos auf *CBS This Morning* mit Tambor und Soloway, um weiteren Beifall für den Sieg von *Transparent* entgegenzunehmen. Er erklärte, Amazon habe die Serie unterstützt, weil sie auf erstaunliche Weise eine Geschichte erzähle. »Wenn wir etwas machen, wollen wir kein Remake von irgendetwas produzieren«, sagte er. »Wir möchten eine bestimmte Perspektive beleuchten, eine Verbesserung erzielen, etwas, worauf die Kunden reagieren können. *Transparent* ist dafür ein perfektes Beispiel.«

Der Filmliebhaber Bezos begeisterte sich nun für die Idee, Original-Content zu erschaffen. Dies sollte sich – neben Alexa, den Amazon Go Stores, den Expansionen in Indien und Mexiko und den Amazon Web Services – zu einem weiteren wichtigen und langfristigen Standbein entwickeln. Zum Erstaunen der Leiter der Amazon Studios, die sich oft fragten, ob der Boss eines Hundert-Milliarden-Unternehmens nichts Besseres zu tun hatte, bat er sie oft, nach Seattle zu kommen, um darüber zu sprechen, welche Projekte grünes Licht bekommen sollten. »Das Beste an dieser Pilotfolge ist, dass sie nur eine halbe Stunde dauert«, motzte er Anfang 2015 bei einer Debatte darüber, ob man *The New Yorker Presents* weiterspinnen solle, eine Dokuserie des legendären gleichnamigen Magazins aus dem Verlagshaus Condé Nast.

Bezos stellte bohrende Fragen, beugte sich jedoch Price' Urteil, selbst wenn er anderer Meinung war. »Sie können machen, was Sie wollen, aber ich an Ihrer Stelle würde eine Nacht darüber schlafen«, sagte er in Bezug auf die *New-Yorker*-Serie.

In der nächsten Woche nahmen sich Price und sein Dramachef Morgan Wandell das dystopische Drama *The Man in the High Castle* vor, das auf dem gleichnamigen Roman (dt. Buchtitel *Das Orakel vom Berge*) von Philip K. Dick basierte, dazu noch ein paar andere Serien sowie das relativ kostengünstige Projekt *The New Yorker Presents*. Eine leitende Mitarbeiterin der Amazon Studios, die an der Besprechung teilnahm, sagte, sie habe sich damals im Stillen gefragt, ob Price damit einer direkten Anweisung zuwiderhandelte.

Damals arbeitete Price Vollzeit in L. A. und gewöhnte sich schnell an seinen neuen Hollywood-Lifestyle. Er hatte sich von seiner Frau getrennt und war in eine Wohnung in Downtown L. A. gezogen. Den Mitarbeitern der Amazon Studios entging seine Verwandlung nicht. Früher, in Seattle, hatte man ihn meist in Sakkos und hellen Chinos und gelegentlich mit einer Fliege gesehen. Jetzt in Los Angeles nahm er ab und begann, Schuhe von Valentino und eine Lederjacke zu tragen, ließ sich das Logo der wegweisenden, aus L. A. stammenden Punkband Black Flag auf die rechte Schulter tätowieren und kaufte sich einen auffälligen Dodge Challenger. »Er wirkte wie jemand, der voll in der Midlife-Crisis steckt«, sagte jemand aus dem Team.

Amazon hatte einen Lauf. *Mozart in the Jungle* bekam gute Kritiken und sollte die Amazon Studios zum ersten Fernseh-Network machen, das zwei Jahre nacheinander einen Golden Globe für die beste Komödie gewann. Die Strategie von Bezos und Price ging auf – also bekam Price die Befugnis, größere Wagnisse einzugehen und schneller zu agieren. Er hatte seinen Freund Conrad Riggs, einen früheren Partner des *Survivor*-Produzenten Mark Burnett, dafür engagiert, Reality-TV-Shows für Amazon zu entwickeln. Auf einer Reise nach London im Juni 2015 besuchte Riggs zusammen mit Jeremy Clarkson, dem früheren Moderator von *Top Gear*, einer Reality-TV-Show der BBC über Autos, der aus der Sendung gekickt worden war, weil er einen BBC-Produzenten verbal und körperlich attackiert hatte, ein Konzert von The Who. Riggs registrierte, dass Clarkson sogar ein noch größerer Star war als die Mitglieder der weltberühmten Rockband. Schließlich überbot Amazon Apple und Netflix, um ihn und seine drei Co-Moderatoren für drei Jahre und 250 Millionen Dollar[104] unter Vertrag zu nehmen und mit ihnen eine ähnliche Show namens *The Grand Tour* aufzuziehen. Es war einer der größten Deals in der ungeschriebenen Geschichte des Fernsehens. Riggs erinnerte sich, dass Bezos die Ausgabe per E-Mail binnen »etwa fünfzehn Sekunden« genehmigte.

Roy Price konnte offenbar nichts falsch machen. Im Monat darauf nahm er an der Comic-Con in San Diego teil, wo Amazon der alljährlichen Versammlung von Science-Fiction- und Fantasy-Begeisterten die ersten beiden Episoden von *The Man in the High Castle* präsentierte. Für die Amazon Studios bedeutete die Serie die Möglichkeit, bei dem wachsenden Publikum für teure Genreproduktionen zu punkten, und tatsächlich wurde sie bei der ersten Vorführung auf der Comic-Con von den Fans begeistert aufgenommen. Die Studiomanager waren überglücklich.

An diesem Abend feierte Price zusammen mit Kollegen und den Schöpfern der Serie bei einem Abendessen und unzähligen Champagnerrunden. Danach teilte er sich ein Uber-Taxi mit seinem Amazon-Kollegen Michael Paull und einer Frau, die er an diesem Abend erst kennengelernt hatte: Isa Hackett[105], Executive Producer der Serie und Tochter des legendären Science-Fiction-Autors Philip K. Dick.

Darüber, was in diesem Taxi und auf der Party danach geschah, gibt es mehrere Versionen, die in zentralen Punkten voneinander abweichen. Allerdings sind sich alle darüber einig, dass Price, der zu lockeren und gelegentlich auch grenzüberschreitenden Scherzen neigte, ein paar Drinks zu viel intus hatte und mehrere anzügliche Witze und sexualisierte Bemerkungen an Hackett richtete, von der er wusste, dass sie lesbisch und verheiratet war. Hackett fand seine Bemerkungen ziemlich vulgär und unangebracht.

Nachdem sie aus dem Taxi ausgestiegen waren, verlangte Price, dass Hackett mit ihm für ein Selfie posierte, indem er ihr erklärte, es wäre gute Werbung für die Serie, wenn die Leute glaubten, sie hätten eine Affäre. Hackett war entsetzt. Drinnen auf der Party begegnete Price ihr abermals und hörte anscheinend nicht auf, ihr drastische Anzüglichkeiten an den Kopf zu werfen.

Der begriffsstutzige Price ahnte nicht, dass er Hackett beleidigt hatte, und versuchte am nächsten Tag, sie auf Facebook als Freundin hinzuzufügen. Doch sie war außer sich. Sie meldete den Vorfall einem leitenden Mitarbeiter von Amazon Studios, der die Sache an Amazons Rechtsabteilung weiterleitete. Amazon beriet sich anschließend mit einer Firma aus L. A., die auf Fehlverhalten am Arbeitsplatz spezialisiert war, um der Sache auf den Grund zu gehen. Eine der erfahrensten Personen aus deren Ermittlungsteam begann, Amazons weibliche Angestellte in Hollywood über ihren Boss zu befragen. Zu Wort kam auch Hackett, die erklärte, sie hoffe, der bedauerliche Vorfall werde sich als Katalysator für gravierende Umwälzungen in dem Studio erweisen.

Das Bild, das sich nach und nach herauskristallisierte, war wenig schmeichelhaft. Mehrere von Price' Mitarbeiterinnen äußerten sich negativ und sagten, dass er des Öfteren am Arbeitsplatz unangemessene Witze mache. Sie schilderten auch einige seiner abstoßenden Gewohnheiten – wie zum Beispiel bei Besprechungen mit untergeschlagenen Füßen im Schneidersitz dazusitzen, die Augen zu schließen und vor und zurück zu schaukeln. Außerdem kritisierten sie ihn als schlechten Manager, der den größten Teil seiner Aufgaben delegierte und offenbar lieber mit Promis essen ging, um sie dann auf seinem Instagram-Kanal zu präsentieren.

Amazon bot sich nun die Gelegenheit, Price ohne Aufsehen aus seiner Führungsposition zu entfernen und zukünftiges Unheil zu vermeiden. Doch das geschah nicht. Er hatte dazu beigetragen, das Studio zu entwickeln und aufzubauen, das mittlerweile vielversprechend angelaufen war. Bezos' ausgeprägte Schwäche für Macher schien von anderen bei Amazon durchaus geteilt zu werden, unter anderem von Jeff Blackburn. Außerdem zeigte sich Price reuig und wollte sich bei Hackett entschuldigen, doch Amazons Anwälte baten ihn, sie nicht mehr zu kontaktieren. Sie wiesen ihn an, auf Firmenpartys nichts mehr zu trinken, Fortbildungen über Verhalten am Arbeitsplatz zu besuchen und Methoden zu erlernen, sich als Manager weiterzuentwickeln. Wie das Unternehmen später in einer Presseerklärung verlauten ließ, habe man »auf den Vorfall in angemessener Weise reagiert, unter anderem durch das Hinzuziehen einer externen Ermittlerin«.

Als eine weibliche Angestellte der Amazon Studios später einen Freund aus der Rechtsabteilung fragte, was denn aus den Ermittlungen geworden sei und warum auf diese keine Disziplinarmaßnahmen gefolgt seien, antwortete er ihr, dass die Firma aus den Vorwürfen folgenden Schluss gezogen habe: »Das ist nicht der Roy, den wir kennen.«

Roy Price konnte seinen Job behalten, stand nun aber einer noch verhängnisvolleren Bedrohung gegenüber. Jeff Bezos hatte sich voll und ganz auf die Chancen und Herausforderungen beim Aufbau einer erfolgreichen Film- und Fernsehsparte eingestellt. Und wenn der Amazon-Boss sich auf etwas fixierte, dann wollte er meist alles größer, gewagter und ehrgeiziger haben. Die Firma gab 2016 etwa 3,2 Milliarden Dollar für Prime Video aus[106] und 2017 knapp 4,5 Milliarden.[107] Selbst sein sonst so langmütiger Vorstand beäugte die wachsenden Ausgaben argwöhnisch und stellte pointierte Fragen dazu. »Jeff war uns gedanklich voraus, was das Verhältnis zwischen Content und Prime betraf«, formulierte es ein früheres Vorstandsmitglied, der Risikokapitalgeber Bing Gordon.

Bezos führte ins Feld, dass das Mediengeschäft die Attraktivität und »Stickiness« (die Konsumentenbindung einer Website) von Amazon Prime erhöhe, was die Leute wiederum dazu motiviere, mehr Geld auf Amazon auszugeben. »Wenn wir einen Golden Globe gewinnen, verkaufen wir schlagartig auch mehr Schuhe«,[108] sagte er auf der Bühne bei einer Tech-Konferenz im Jahr 2016. Nicht wenige seiner Angestellten in Hollywood zogen dies in Zweifel. Sie verstanden sich nicht als Schuhverkäufer, obwohl alle dankbar dafür waren, dass sie einen profitablen Internetriesen hinter sich hatten, der die von ihnen eingegangenen kreativen Risiken deckte. Sie trackten jede Sendung und analysierten, wie viele Leute zusahen und daraufhin ihre kostenlosen Prime-Testzeiträume in ein festes Abonnement umwandelten oder ihre bereits laufende Mitgliedschaft verlängerten. Doch es gab nur wenig Hinweise auf einen Zusammenhang zwischen Zuschauer- und Kaufverhalten – erst recht keine, die die enormen Ausgaben für das Videostreaming gerechtfertigt hätten. Zudem wurde jegliche Korrelation durch die Tatsache vernebelt, dass Prime ganz von allein rapide wuchs.

Die Wahrheit lag auf der Hand: Bezos wollte einfach, dass Amazon Fernsehsendungen und -serien produzierte. Er hatte begriffen, dass die jahrzehntealte Art, wie Fernsehsendungen und Filme produziert und vertrieben wurden, sich wandelte, und wollte Amazon dafür in eine zentrale Position bringen. Wie in der ersten Zeit von Alexa, Amazon Go und Amazon India mochte die wirtschaftliche Rechtfertigung dünn sein, doch Gelegenheiten zum Geldverdienen würden sich mit jedem neuen Tag ergeben.

Damals bereitete sich das Unternehmen gerade darauf vor, Prime Video in 242 Ländern einzuführen und separate Gebühren dafür zu berechnen. Unter dem Codenamen Magellan sollte das Projekt Amazons Eintrittskarte in viele Weltregionen sein, wo das Unternehmen noch nicht mit einem Online-Vertrieb vertreten war. Video war das Einstiegsprodukt für neue Märkte, wie es einst Bücher gewesen waren. Doch die dritte Staffel von *Transparent*, in der es darum geht, dass die Hauptfigur über eine geschlechtsangleichende Operation nachdenkt, war nicht die Begrüßung, die Bezos für Länder wie Kuwait, Nepal und Belarus vorschwebte.

Und so waren die Weichen für eine Reihe von Besprechungen in angespannter Atmosphäre zwischen Bezos und den Amazon Studios gestellt, die in der zweiten Hälfte des Jahres 2016 begannen und sich über das gesamte Jahr 2017 hinzogen. Allmählich mussten sie unbedingt einen großen Hit landen, vergleichbar mit HBOs Blockbuster *Game of Thrones*. Doch Price stieß nach wie vor Mittelmäßiges aus wie *One Mississippi*, *Good Girls Revolt* und *Mad Dogs*. Er hatte zwar den Ankauf von *Manchester by the Sea* verantwortet, der Preise und die denkwürdige Party in Bezos' Haus nach sich gezogen hatte, Amazon aber auch mit den Vorwürfen wegen sexueller Belästigung gegen Casey Affleck in Verbindung gebracht hatte. Price bezahlte außerdem erstaunliche 80 Millionen Dollar für Woody Allens erste Fernsehserie mit dem Titel *Crisis in Six Scenes*, die wenig Anklang fand. (Price war ein großer Woody-Allen-Fan und ein guter Freund von Allens langjährigem Agenten John Burnham; Kollegen sagten, die Serie sei Price' »Traumprojekt« gewesen.) Price trat also nicht nur in Geschäftsbeziehung zu einem Filmemacher, dessen Werk bald von Kontroversen belastet sein sollte, sondern schuf zur gleichen Zeit, als Bezos abrupt die Richtung wechseln und Prime Video zu einem überall gefragten globalen Angebot machen wollte, nach wie vor prestigeträchtigen amerikanischen Content, der sich für Preise empfahl.

Price verstand Bezos' Anweisung, wandte jedoch ein, dass es Jahre dauere, solche Projekte zu entwickeln. Im Januar 2017 engagierte er eine in Israel geborene Fernsehmanagerin namens Sharon Tal Yguado, die am weltweiten Vertrieb der beliebten Zombie-Serie *The Walking Dead* beteiligt gewesen war. Die Neueinstellung, auf die Price die Kollegen nicht richtig vorbereitet hatte, ehe sie offiziell verkündet wurde, sorgte für weiteres Reibungspotenzial innerhalb der Amazon Studios. Trotzdem fand Yguado einen Draht zu Bezos, mit dem sie die Liebe für literarische SciFi-Sagas wie *Die Kultur* und *Ringwelt* teilte. Etwas später im selben Jahr sollte Tal Yguado Amazon dazu verhelfen, für, wie es hieß, 250 Millionen Dollar die Rechte an noch unentwickeltem Material aus den *Herr-der-Ringe*-Büchern von J. R. R. Tolkien zu erwerben.

Bezos gingen die Veränderungen jedoch nicht schnell genug. Bei Besprechungen in aggressiver Atmosphäre forderte er ungeduldig sein *Game of Thrones* ein. Price versuchte, ihn zur Vernunft zu bringen. Es würde keinen zweiten Instant-Hit wie diesen geben – der nächste wäre eine Produktion, die so frisch und gewagt wirkte wie einst der Blockbuster von HBO. Er bat um mehr Zeit und gab zu bedenken, dass vielversprechende Kandidaten in der Pipeline seien, wie etwa eine Serie, die auf der von Tom Clancy erschaffenen Figur Jack Ryan basierte.

Bezos stellte Price auch darüber zur Rede, ob er Titel und Konzepte in ausreichendem Umfang mit einer Online-Fokusgruppe aus Vorabzuschauern testete, die Amazon aufgebaut hatte, dem sogenannten Preview-Tool. Unter anderem hatte das Tool dazu beigetragen, einer Serie mit Billy Bob Thornton, die ursprünglich *Trial of the Century* geheißen hatte, einen bestechenden neuen Titel zu verleihen, und zwar *Goliath*. Doch Price behauptete, das Tool sei unzuverlässig – man könne nicht dieselben Crowdsourcing-Prinzipien dafür verwenden, die Vorzüge von Serienideen zu messen, wie dafür, den Nutzwert von Küchengeräten aus den Regalen eines unerschöpflichen virtuellen Ladens zu bestimmen. Die Entwicklungsexperten mussten oft schnell sein, um umworbene Deals mit gefragten Fernsehproduzenten und Filmemachern abzuschließen; manchmal mussten sie die Daten vernachlässigen und einfach auf ihr Bauchgefühl setzen. Price fand es überdies suspekt, kreative Konzepte mithilfe von Crowdsourcing zu bewerten: Schließlich waren auch Serien wie *Seinfeld* und *Breaking Bad* zuerst unbeliebt gewesen. Vertraute man Geschichtenerzählern oder vertraute man Daten; dem Einfallsreichtum von Künstlern oder der Weisheit der vielen?

Bei der *Washington Post* kämpfte Bezos mit den gleichen Fragen: Dort hatte er auf zusätzliche Methoden zum Messen der Beliebtheit von Artikeln gedrungen, sich aber letztlich dem Urteilsvermögen seiner Experten aus der Redaktion gebeugt. Bei Amazon, seinem eigenen Spielfeld für den rücksichtslosen Umbau ganzer Branchen mithilfe von Informatik, Experimenten und Unmengen von Daten, war er ungeduldiger. Er wollte einen wissenschaftlichen Ansatz für kreative Entscheidungen, und er wollte schnell Ergebnisse sehen. Und in dieser Hinsicht lagen Bezos und Roy Price immer weniger auf einer Linie.

Anfang 2017 war Amazon in sein neues 37-stöckiges Bürohochhaus mit den getönten Fensterscheiben eingezogen, das mit Day One den gleichen Namen bekommen hatte wie die frühere Konzernzentrale 600 Meter weiter weg. Bezos' alte Vorstellungen von Firmenanonymität waren für ein Unternehmen von Amazons Sichtbarkeit mittlerweile obsolet. Das Gebäude wurde vom ersten Amazon-Go-Supermarkt flankiert und trug ein riesiges gelbes Leuchtschild mit der Programmierphrase »Hello World« auf der Seite, die dem Park im Osten zugewandt war.

Bezos' neues Büro und die Flucht von Besprechungsräumen lagen im fünften Stock – genau wie im alten Gebäude –, damit er die Treppe nehmen konnte und so zusätzlich Bewegung bekam. In jenem März reisten die Manager der Amazon Studios nach Seattle, um sich dort mit ihm zu treffen, während auf der anderen Straßenseite eilig und unter enormer Lärmentwicklung ein weiterer Wolkenkratzer sowie die drei miteinander verbundenen Amazon Spheres errichtet wurden – Treffpunkte für die Mitarbeiter und Orte, die nach ihrer Fertigstellung auch als Gewächshäuser fungieren sollten.

In einem der Besprechungsräume monierte der frustrierte Firmenchef den trägen Erzählfluss von *The Man in the High Castle.* »Die Umsetzung ist schrecklich«, klagte er. »Warum habt ihr das nicht gestoppt? Warum habt ihr das nicht neu gedreht?«

Bezos kritisierte Price weiter. »Sie und ich liegen nicht auf einer Linie«, schimpfte er. »Es muss einen Weg geben, um diese Konzepte zu testen. Sie wollen mir erzählen, dass wir Entscheidungen über hundert Millionen Dollar fällen und dann keine Zeit haben, um zu evaluieren, ob es gute Entscheidungen sind? Es muss einen Weg geben, wie wir herausfinden können, was funktioniert und was nicht, damit wir nicht all diese Entscheidungen in einem Vakuum treffen müssen.«

Nach weiteren Auseinandersetzungen brachte Bezos die Sache auf den Punkt: »Hören Sie mal, ich weiß, was man braucht, um eine tolle Serie zu produzieren. Es kann nicht so schwer sein. All diese legendären Serien haben grundlegende Gemeinsamkeiten.« Und dann legte er los: Indem er seine charakteristische Fähigkeit demonstrierte, zigmal am Tag zwischen einzelnen Disziplinen hin- und herzuwechseln und komplexe Angelegenheiten auf ihre Essenz herunterzubrechen, begann er aus dem Stegreif, die Zutaten für episches Erzählen herunterzurattern:

- ein Held, der mit seinen Aufgaben wächst und sich verändert
- ein überzeugender Gegenspieler
- Wunscherfüllung (z.B . der Protagonist besitzt verborgene Fähigkeiten wie Super- oder Zauberkräfte)
- moralische Entscheidungen
- Aufbau abwechslungsreicher Welten (verschiedene geografische Landschaften)
- Verlangen, die nächste Folge anzuschauen (Cliffhanger)
- schwere zivilisatorische Gefahren (eine globale Bedrohung der Menschheit wie etwa eine Invasion von Außerirdischen – oder eine verheerende Pandemie)
- Humor
- Verrat
- positive Emotionen (Liebe, Freude, Hoffnung)
- negative Emotionen (Verlust, Kummer)
- Gewalt

Price half dabei, die Liste weiter auszubauen, und schrieb brav alles mit. Danach mussten die Manager der Amazon Studios Bezos regelmäßige Updates über die in der Entwicklung befindlichen Projekte schicken; dazu zählten Arbeitsblätter, in denen beschrieben wurde, inwiefern jedes der genannten erzählerischen Elemente in jeder Produktion enthalten war, und wenn ein Element fehlte, mussten sie erklären, warum. Doch Price schärfte seinen Kollegen auch ein, die Checkliste vor der Außenwelt geheim zu halten. Amazon sollte erfahrenen Autoren nicht die Zutaten zu einer guten Geschichte diktieren. Gute Serien durchbrachen solche Regeln, sie unterwarfen sich ihnen nicht.

Price' riskante Entscheidungen schienen sich zu häufen. Er autorisierte eine Dokuserie über Novak Đoković, die Nummer eins der Weltrangliste der Männer im Tennis, für die Hunderte von Stunden Filmmaterial aufgezeichnet wurden, bis sich der serbische Star verletzte und aus dem Projekt zurückzog.[109] Dann traf er eine Vereinbarung mit dem dänischen Regisseur Nicolas Winding Refn über die gewaltbetonte und schwerfällige Krimiserie *Too Old to Die Young*, über Matthew Weiners weitschweifige Anthologie-Serie *The Romanoffs* und ein nie mit einem Titel versehenes Werk von Regisseur David O. Russell, in dem Robert De Niro und Julianne Moore mitspielen sollten und das von einer Familie handelte, die im Norden des Bundesstaats New York ein Weingut führt. Die ersten beiden Serien wurden nach der ersten Staffel eingestellt; die Letztere, produziert von der Weinstein Company, platzte noch vor Produktionsstart infolge der explosiven Enthüllungen über das jahrelange groteske sexuelle Fehlverhalten des Produzenten Harvey Weinstein.

Einigen früheren Mitarbeitern zufolge unterhielt Weinstein eine freundschaftliche Beziehung zu Bezos, Jeff Blackburn und Roy Price und reiste regelmäßig nach Seattle, um Amazon in seiner schwierigen Frühphase in Hollywood beizustehen. Später war keiner von ihnen mehr besonders erpicht darauf, über diese Beziehung zu sprechen. Angestellte von Prime Video sagten jedoch, dass der berüchtigte Produzent irgendwann einmal mit Amazon zusammengearbeitet habe, um einen Service namens Prime Movies zu entwickeln, bei dem Prime-Mitglieder eine gewisse Anzahl von Gratis-Tickets bekommen hätten, mit denen sie bestimmte Filme im Kino hätten anschauen können. Das Programm, ein Vorläufer des unglücklichen Start-ups MoviePass, kam nie über die Planungsphase hinaus.

Price' Abmachungen mit Woody Allen und Harvey Weinstein rückten sein Urteilsvermögen später in ein schlechtes Licht. Auch legte er weiteres fragwürdiges Verhalten an den Tag. 2017 verlobte er sich mit der Schauspielerin und Autorin Lila Feinberg und versuchte, seine Angestellten zu überreden, ihre Idee für eine Fernsehserie mit dem Titel *12 Parties* anzukaufen. Kollegen wiesen ihn darauf hin, dass hier ein Interessenkonflikt vorlag, und so sicherte sich stattdessen die Weinstein Company eine Option auf den Stoff. Sie beschwerten sich außerdem darüber, dass Price sein eigenes Drehbuch namens *Shanghai Snow* entwickelte, das von stereotypisierten ethnischen Zuschreibungen sowie einem Übermaß an Sex und Gewalt ohne jede thematische Relevanz strotzte und bei niemandem, der es gelesen hatte, gut ankam.

Viele weibliche Angestellte der Amazon Studios waren 2017 weiterhin unglücklich mit ihrem Boss oder ihrem Arbeitsumfeld. Eine beschrieb einen Besprechungsraum im Büro von Amazon Offices, an dessen Wänden zahlreiche Porträts von Jeffrey Tambor, Woody Allen und Kevin Spacey (dem Star des Amazon-Films *Elvis & Nixon*) hingen. Alle drei sollten durch die sich gerade formierende Bewegung gegen sexuelle Belästigung ins Straucheln kommen. Bekannt unter dem Hashtag *#MeToo* sollte die Bewegung auch Roy Price zu Fall bringen und Amazon in einen Skandal verwickeln, den dessen Management bereits überwunden glaubte.

Im Oktober 2017 wurden ungefähr einhundert stilprägende Persönlichkeiten, Vordenker, Autoren, Musiker, Schauspieler und Produzenten mitsamt ihren Familien am Van Nuys Airport in L. A. abgeholt und mit einer Flotte von Privatflugzeugen nach Santa Barbara geflogen. Von dort aus chauffierte man sie in einem Konvoi aus schwarzen Limousinen ins nahe gelegene Four Seasons Resort. Das Fünf-Sterne-Hotel war an diesem Wochenende für die Öffentlichkeit geschlossen, genau wie der Coral Casino Beach & Cabana Club auf der anderen Straßenseite. Betreuerinnen erwarteten jede Familie, jeweils eine pro Kind. In den Hotelzimmern warteten Geschenke im Wert von Tausenden Dollars auf die Gäste, einschließlich Luxusreisegepäck, mit dem sie alles nach Hause transportieren konnten.

Dies war Campfire, Amazons private Klausurtagung für Literaten und glamouröse Promis. Die Firma hatte das alljährliche Event erstmals 2010 als Wochenendsalon für Autoren und ihre Familien in Santa Fe, New Mexico, ausgerichtet. 2016, als das Event für den ursprünglichen Veranstaltungsort zu groß wurde, verlagerte Amazon es nach Santa Barbara. Bezos bezeichnete es gern als den »Höhepunkt meines Jahres« und schien es zu genießen, wenn es anderen ebenso gefiel. Der Umzug nach Südkalifornien fiel passenderweise mit Amazons Ambitionen zusammen, sich von der Bücherbranche in die große Welt des Entertainments auszudehnen.

Das Wochenende, für das Amazon ganz alleine aufkam, bestand aus Vorträgen, üppigen Mahlzeiten, vertraulichen Gesprächen und Wanderungen. Bezos brachte einige der interessantesten Menschen der Welt zusammen und erfreute sich an ihrer Gesellschaft. Bei fast jedem Vortrag saß er in der ersten Reihe, die Arme um die Schultern seiner Frau und seiner vier Kinder gelegt. Meist stand er im Mittelpunkt der Aufmerksamkeit, und sein Lachen übertönte das aller anderen. Die Gäste mussten Vertraulichkeitsvereinbarungen unterschreiben und durften unter keinen Umständen jemals mit der Presse über Campfire sprechen.

Auf der Gästeliste standen in diesem Jahr Oprah Winfrey, Shonda Rhimes, Bette Midler, Brian Grazer und Julianne Moore sowie die Indie-Schauspielerin und Musikerin Carrie Brownstein, der Schriftsteller Michael Cunningham, der Chefredakteur der *Washington Post* Marty Baron und der Musiker Jeff Tweedy. Benjamin Berell Ferencz, der letzte noch lebende Chefankläger bei den Nürnberger Prozessen, hielt einen Vortrag. Ebenfalls zu den Festlichkeiten eingeladen waren mehrere Führungskräfte der Amazon Studios, darunter Price, der seine Verlobte Lila Feinberg mitbrachte.

Als Campfire seinen Anfang nahm, war Price' Position in der Firma bereits ins Wanken geraten. Im Vormonat hatten Hulu und HBO mehrere Primetime-Emmys abgeräumt, während Amazon leer ausgegangen war. Das *Wall Street Journal* registrierte dieses enttäuschende Ergebnis in einem kritischen Beitrag, demzufolge Amazon Studios Hits wie *The Handmaid's Tale – Der Report der Magd* und *Big Little Lies* verschmäht hätten. Der Artikel zitierte David E. Kelley, den Schöpfer von *Lies* und *Goliath*, der das ganze Unterfangen als »eine Art Rohrkrepierer«[110] bezeichnete und in Bezug auf Amazon meinte: »Sie sind komplett überfordert.«[111]

Doch das war das geringste von Price' Problemen. In den vergangenen Monaten war die rührige Journalistin Kim Masters aus L. A. der Geschichte über Price' unangebrachte Bemerkungen gegenüber Isa Hackett nach der Comic-Con von 2015 sowie Amazons darauf folgenden internen Ermittlungen nachgegangen. Zahlreiche Medien, darunter die *New York Times, BuzzFeed* und der *Hollywood Reporter*, die vor anderen Berichten in Verbindung mit *#MeToo* nicht zurückgeschreckt waren, verzichteten auf die Story. Price hatte persönlich einige derselben Anwälte engagiert, die Harvey Weinstein vertreten hatten. Doch im August druckte die Online-Nachrichtensite *The Information* eine Kurzversion von Masters' Artikel. Hackett lehnte jeden Kommentar ab und bezeichnete ihre Begegnung mit Price lediglich als »belastenden Vorfall«.

Als das Campfire-Wochenende begann, nahm die *#MeToo*-Bewegung Fahrt auf. Ronan Farrow hatte gerade im *New Yorker* über seine vernichtenden Ermittlungsergebnisse im Fall Harvey Weinstein berichtet. (Weinstein hatte an früheren Campfire-Wochenenden teilgenommen und Vorträge gehalten, war jedoch jetzt Persona non grata.) Am Nachmittag vor dem ersten Tag twitterte die Schauspielerin Rose McGowan, ein Opfer Weinsteins, an die Adresse @JeffBezos, dass sie Roy Price von Weinsteins Vergehen berichtet und die Amazon Studios gedrängt habe, »Vergewaltiger, mutmaßliche Pädophile und sexuelle Belästiger nicht weiter zu finanzieren«. Price hatte ihr empfohlen, die Straftat bei der Polizei anzuzeigen. Dennoch hatte Amazon viele Geschäfte mit der Weinstein Company und etlichen anderen Hollywoodgrößen abgewickelt, denen sexuelle Belästigung und andere gesetzwidrige Verhaltensweisen vorgeworfen wurden. Das war innerhalb der angespannten gesellschaftlichen Atmosphäre eine unbestreitbare Tatsache – und gerade zum Auftakt von Amazons großem Wochenende eine besonders peinliche.

Schließlich änderte der *Hollywood Reporter*, wo Masters feste freie Mitarbeiterin war, seinen Kurs und veröffentlichte ihren ganzen Text.[112] Diesmal hatte sich Isa Hackett geäußert und das »schockierende und surreale« Erlebnis sowie die unangebrachten Bemerkungen geschildert, die Price ihr vor mehr als zwei Jahren nach der Comic-Con in jenem Uber-Taxi an den Kopf geworfen hatte. Die Manager der Amazon Studios mussten bereits einen Tag vor dem offiziellen Beginn des Events bei Campfire sein, und so befand sich Price in seiner Hotelsuite, als die Story publik wurde. Seine Verlobte Lila Feinberg war mit anderen Leuten von Amazon Studios unten und brach in Tränen aus, als sie es auf ihrem Smartphone las.

Es war ein extrem peinlicher Augenblick. Price und Feinberg wurden aufgefordert, unverzüglich nach L. A. zurückzukehren. »Es war entsetzlich aufwühlend und demütigend. Logisch, oder?«, sagte Price später. Andere Manager der Amazon Studios nahmen an einem mit höchster Dringlichkeit anberaumten Konferenzgespräch mit Jeff Blackburn teil, der sie anwies, vor Ort zu bleiben.

Hinter den Kulissen rang Amazon abermals um die richtige Strategie. Blackburn beurlaubte Price mit sofortiger Wirkung, während er seine Loyalität gegenüber dem Mann neu bewertete, der Amazons Vorstoß in die Schaffung eigenen Contents initiiert und ein Team geleitet hatte, das eine Reihe prestigeträchtiger Preise gewonnen hatte. Roy Price hatte Jeff Bezos in Hollywood den Weg bereitet. Führungsfiguren »haben recht, ganz oft«, wie es in den geheiligten Führungsprinzipien hieß.

Das hatte Bezos genügt – und dann auf einmal nicht mehr. Es gab immer noch kein *Game of Thrones*. Price hatte überdies bei einem großen Teil seines Teams das Vertrauen eingebüßt, und seine gesellschaftlichen Fehltritte und gelegentlichen Anzüglichkeiten waren abstoßend und im Fall Hackett verstörend. Amazons Manager hatten von seinem Verhalten gewusst, waren aber davon ausgegangen, es hätte sich jemand darum gekümmert. Konnten sie mitten in einer um sich greifenden kulturellen Abrechnung wirklich einen in Bedrängnis geratenen Manager unterstützen? Am Dienstag erklärte Price sich bereit, seinen Posten zu räumen.

Mitten in dem ganzen Tumult rief Blackburn bei Isa Hackett an, um zu versuchen, eine Einigung mit ihr zu erzielen. Inzwischen lag klar auf der Hand, dass es das Amazon-Management mit seinem überwiegend männlichen S-Team versäumt hatte, ihre Vorwürfe ernst genug zu nehmen. Infolge der aufgestauten Belastung nach dem Versuch, ein traumatisches Erlebnis mit Amazons Ermittlern zu regeln und sich dann, nach dessen Scheitern, offen in den Medien äußern zu müssen, war Hackett von Emotionen überwältigt. Sie weinte am Telefon. »Ich habe versucht, es euch zu sagen. Ihr hattet monatelang Gelegenheit, etwas dagegen zu unternehmen! Ihr habt mich in diese Lage gebracht, was furchtbar schmerzlich für mich und meine Familie war!« Blackburn hörte ihr zu und und stimmte ihrer flehentlichen Bitte zu, dafür Sorge zu tragen, dass Amazon seine vielfältigen Ressourcen dazu einsetzen würde, gegen den umfassenden Sexismus in Hollywood und in der amerikanischen Geschäftswelt vorzugehen.

Ein paar Tage später befand sich Blackburn in Santa Monica und sprach mit diversen Gruppen von Mitarbeitern der Amazon Studios. Manche wollten wissen, warum Price nicht gleich 2015 gefeuert worden sei; andere fragten sich, ob Amazon Price hinauswarf, um von den Verbindungen des Unternehmens zu anderen *#MeToo*-Gestalten abzulenken wie Harvey Weinstein. Die wenigen, die Price in Schutz nahmen, glaubten, man habe ihn zum Sündenbock gemacht, und gaben zu bedenken, dass Amazon unter seiner Führung mehr weibliche Kreative unterstützt habe als jedes andere Studio. Einigen Leuten zufolge, die bei dem Meeting zugegen waren, räumte Blackburn ein, dass man sich früher um die Situation hätte kümmern sollen, und entschuldigte das Versäumnis mit neuen Erkenntnissen. Seine Erklärung klang zumindest in den Ohren einiger Mitarbeiter hohl. Ende der Woche versuchte Blackburn einen Schlussstrich unter die ganze leidige Geschichte zu ziehen. »Die Amazon Studios waren in letzter Zeit aus den falschen Gründen in der Presse«, schrieb er in einer internen E-Mail an die Mitarbeiter des Studios. »Eigentlich müssten wir mit unserem fantastischen Programm für unsere Kunden und den für nächstes Jahr geplanten neuen Shows Furore machen.«

Price versuchte später, sich öffentlich zu entschuldigen und seinen Namen vom Bannstrahl Hollywoods zu befreien, doch mit wenig Erfolg. »Ich entschuldige mich aufrichtig für all die Unannehmlichkeiten, die ich 2015 durch meine verfehlten Witze gegenüber Isa Dick Hackett verursacht habe«, schrieb er mir in einer E-Mail. »Ich wünschte, Amazon hätte mir erlaubt, mich gleich damals bei ihr zu entschuldigen, wie ich es unbedingt wollte, aber nicht durfte.... Auf jeden Fall hatte ich wirklich nichts anderes im Sinn, als uns alle bei Laune zu halten, während wir mit dem Taxi die paar Blocks von der einen Party zur nächsten fuhren.«

Price' Verlobte verließ ihn nach dem Skandal postwendend, wenige Wochen vor ihrer geplanten Hochzeit. Price wurde aus der Entertainmentbranche ausgeschlossen und in die Kategorie von Sexualstraftätern wie Weinstein, Les Moonves und Matt Lauer einsortiert. Eingedenk dessen, was sein Großvater eine Generation zuvor während der berüchtigten Hexenjagd auf kommunistische Sympathisanten durchgemacht hatte, zog Price nun bittere historische Parallelen.

Er erwartete nicht, etwas von Bezos zu hören, und so war es auch. Man befand sich hier schließlich bei Amazon, wo die Aufgabe der Mitarbeiter darin bestand, Ergebnisse zu erzielen, nicht persönliche Bindungen zu knüpfen. Nachdem Price geschasst worden war, setzte Amazon seinen Stellvertreter Albert Cheng, den Chief Operating Officer der Amazon Studios, für einen Übergangszeitraum an seine Stelle, der sofort etliche Manager der ersten Stunde aus dem Weg zu räumen begann, darunter auch Joe Lewis, der an der Entwicklung so bahnbrechender Serien wie *Transparent* und *The Marvelous Mrs. Maisel* beteiligt gewesen war. (Lewis erhielt einen über zwei Jahre laufenden Produktionsvertrag und sollte *Fleabag* produzieren, was Amazons wachsende Sammlung von Preisen noch erweiterte.) Kurz darauf engagierte Amazon die NBC-Managerin Jennifer Salke, die die Position dauerhaft übernehmen sollte, und kündigte das Vorhaben an, endlich das nichtssagende Bürogelände in Santa Monica zu verlassen und in einen historischen Filmkomplex in Culver City zu ziehen – die Villa aus *Vom Winde verweht*.

So sahen die Amazon Studios sich denn unter neuer Leitung. Ironischerweise sollten sich viele der Serien, die die skandalgeplagte alte

Garde noch in die Produktion gegeben hatte, wie *The Boys* und Tom Clancys *Jack Ryan*, als weltweite Hits erweisen. Bezos gab weiterhin Unsummen für Videostreaming aus. Prime Video verschlang fünf Milliarden Dollar im Jahr 2018 und sieben Milliarden im Jahr darauf. Die Debatte über die tatsächliche Rendite aus dieser Investition riss nicht ab, obwohl die Einwände von Amazons Vorstand und den Kapitalgebern nicht ganz so laut waren. Während Rivalen wie Walmart und Target mit ihrem Service zu Amazon aufschlossen, eine Lieferung innerhalb von zwei Tagen zu garantieren, wurden kostenlose Medien ein noch wichtigerer Teil von Primes Angebotspaket. Amazons eigene Serien und Filme trugen ebenfalls dazu bei, die Position des Unternehmens hinter Netflix und neben Disney, Apple, Paramount, HBO und anderen Firmen im Wettlauf darum zu festigen, die Zukunft des Home Entertainment zu definieren.

Prime Video war ein weiteres der großen Wagnisse, die Jeff Bezos im Lauf eines fruchtbaren Jahrzehnts einging. Indem er seinen Mitarbeitern wieder und wieder die Richtung wies, ihre Leistungen streng überwachte und seinen eigenen zunehmenden Ruhm nutzte, um ihre Sichtbarkeit zu erhöhen, hatte Bezos vielversprechenden neuen Technologien und Geschäftsfeldern den Weg bereitet. Alexa, Amazon Go, Amazon India, Prime Video und alles Weitere konnten sich zwar in Anbetracht der massiven Investitionen noch immer als Enttäuschungen erweisen – sie konnten Amazon aber auch zu neuen potenziellen Gewinnen verhelfen.

Doch während Bezos sich in den kreativen Prozess vertiefte, überwachte er andere Bereiche von Amazon entsprechend weniger eng – wie zum Beispiel Einkauf, Verkauf, Lagerung und Vertrieb von Waren. Selbstverständlich bestand darin Amazons ursprüngliches und größtes Geschäft. Und während das öffentliche Profil des Unternehmens und seines Chefs an Gewicht zunahm, begann sich das Getriebe dieser erbarmungslosen Maschinerie immer schneller zu drehen.

Teil II

Leverage

31. Dezember 2016

Jahresnettoumsatz:	135.987 Milliarden Dollar
Voll- und Teilzeitbeschäftigte:	341.400
Marktkapitalisierung zum Jahresende:	355,44 Milliarden Dollar
Reinvermögen Jeff Bezos:	65,4 Milliarden Dollar

Kapitel 7:
Die Auswahlmaschine

An einem verregneten Sonntagmorgen im Oktober 2016 werkelte der Rechtsanwalt Victor Vedmed gerade in seiner Garage in Miami, als es unerwartet an der Haustür klopfte. Vedmeds Frau und seine beiden Kinder saßen im Pyjama im Wohnzimmer und schauten fern, deshalb wischte er sich die Hände ab und öffnete die Tür. Im Nieselregen standen ein Jugendlicher und zwei Männer mittleren Alters. Vor dem Haus parkte kein Auto. Einer der Männer sagte, er sei Joshua Weinstein und habe früher in der Nachbarschaft gewohnt. Als er seinen Begleiter vorstellen wollte, wurde Vedmed plötzlich klar, wen er vor sich hatte: »Ich kenne Sie!«, platzte er heraus.

Jeff Bezos begrüßte Vedmed und sagte, dass er häufiger von Leuten erkannt werde. Er erklärte, er habe vor über fünfunddreißig Jahren, während seiner Highschool-Zeit, hier in Palmetto Bay gelebt und in Vedmeds Haus gewohnt. Er und sein zweitältester Sohn George hatten einen Tagesflug hierher gemacht, um seinen Jugendfreund Weinstein zu besuchen, dessen Vater vor Kurzem gestorben war. Bezos fragte schließlich, ob er hereinkommen und sich ein wenig umschauen dürfe.

Vedmed war wie vom Donner gerührt. Er hatte nicht geahnt, dass sein bescheidener Bungalow das frühere Zuhause eines der reichsten Menschen der Welt war. »Dieses Haus bringt Glück«, hatte der Vorbesitzer ihm nur erzählt, als er es 2009 gekauft hatte. Doch Vedmeds Frau Erica, die immer noch im Wohnzimmer auf dem Sofa saß, hatte keine Ahnung, wer ihr Gast war. Zu jener Zeit war Bezos einem interessierten Publikum der Wirtschafts- und Mediennachrichten bereits bekannt, aber vielleicht noch nicht der breiten Öffentlichkeit. Erica nahm an, ihr Ehemann hätte einen Kandidaten für das örtliche Bürgerbüro hereingelassen, und starrte ihnen genervt entgegen. Durch die unerwartete Situation verunsichert, vergaß Vedmed, die Gäste vorzustellen oder seiner Frau und seinen Kindern zu erklären, was los war.

Nun standen alle in der Diele. Rechts befanden sich die Küche und die hohe Doppelgarage, in der Bezos und seine Freunde einst einen Science-Club-Festwagen für die Homecoming-Parade gebaut hatten. Zur Linken gelangte man durch den Flur zum Elternschlafzimmer und zu den drei Kinderzimmern, in denen Bezos und seine beiden jüngeren Geschwister Mark und Christina aufgewachsen waren. Am Ende des Flurs befand sich ein Badezimmer mit einer Tür zum Garten, durch die sich der junge Bezos nach einem heftigen Streit mit seinem Vater Mike eines Nachts aus dem Haus geschlichen hatte, womit er seine Mutter Jackie in Angst und Schrecken versetzte. In einem der Kinderzimmer, die zur Straße hin lagen, hatte Bezos seine Schulabschlussrede geschrieben und die kühne Vision entworfen, Raumstationen ins All zu schicken, die umweltverschmutzende Fabriken überflüssig machen und den Planeten in einen Naturschutzpark verwandeln könnten.

Bezos schaute sich im Haus um und betrachtete die Veränderungen und die Dinge, die gleich geblieben waren. Als er durch die Terrassentür schaute, fiel ihm auf, dass die Fliegendrahtkonstruktion über dem Pool, eine im Süden Floridas übliche Schutzmaßnahme gegen lästige Insekten, verschwunden war. Vedmed erzählte ihm, dass sie schon beim Einzug seiner Familie gefehlt hatte.

Als die Gäste sich eine Weile später verabschieden wollten, stand Erica schließlich doch noch auf und fragte George, ob er die Miami Palmetto Senior Highschool, Bezos' Alma Mater, besuchen würde. Der Junge teilte ihr höflich mit, dass seine Familie in Seattle wohne und er dort zur Schule gehe.

Schließlich machte man noch ein Gruppenfoto zur Erinnerung an das Treffen, und die Besucher sagten auf Wiedersehen. Später erinnerte sich Vedmed daran, dass Bezos einen bodenständigen, freundlichen Eindruck auf ihn gemacht hatte. Doch wenn er jene merkwürdige Viertelstunde Revue passieren ließ, wünschte er sich, er hätte sich während des Besuchs souveräner und lockerer verhalten.

»Es ist wirklich schwierig, miteinander zu reden, wenn man sich auf zwei derart verschiedenen Ebenen befindet«, gestand Vedmed einige Jahre später. »Es wäre besser gewesen, wenn ich nicht gewusst hätte, wer er war.« Er erklärte, viele berühmte Menschen seien von einer imaginären Glaskugel umgeben, die eine einschüchternde Wirkung auf ihre Mitmenschen habe. Dieser Effekt sollte sich mit Jeff Bezos' wachsendem Reichtum immer mehr verstärken.

Wenn wir den Aufstieg von Bezos' Billionen-Dollar-Imperium und das gleichzeitige Anwachsen seines Privatvermögens verstehen wollen, müssen wir die Zeit zurückdrehen, um das zunehmende Tempo von Amazons Online-Handelsgeschäft und einige der daraus resultierenden Auswirkungen zu begreifen. 2015 erreichten Amazons inländische Einzelhandelsumsätze eine ansehnliche Wachstumsrate von 25 Prozent; 2017 stieg die Wachstumsrate sogar auf 33 Prozent. Amazon generierte größere Umsätze und brachte höhere Gewinne ein als jemals zuvor in seiner Geschichte. Trotz seiner über 100 Milliarden Dollar schweren Gewinne allein aus den US-amerikanischen Einzelhandelserträgen schienen die Hormone eines viel jüngeren Unternehmens in den Adern des Konzerns zu kreisen.

Amazons Führungskräfte erklärten dies als Triumph ihres Schwungrads, jener positiven Dynamik, die ihr Unternehmen leitete. Wieder funktionierte es folgendermaßen: Amazons niedrige Preise und die Loyalität seiner Prime-Mitglieder führten zu mehr Kundenbesuchen, was wiederum weitere Drittanbieter motivierte, ihre Waren auf Amazons Online-Markt anzubieten. Ein größeres Warenangebot zog noch mehr Kunden an. Und die Kommissionen, die Online-Markt-Anbieter an Amazon zahlen mussten, erlaubten dem Unternehmen, die Preise weiter zu senken, in eine schnellere Zustellung für einen größeren Prozentsatz von Waren zu investieren und Prime dadurch noch attraktiver zu machen. So lief das legendäre Schwungrad wie von selbst und drehte sich schneller und schneller.

Eine weitere Erklärung für das gewaltige Wachstum des Amazon-Konzerns liegt in seiner erfolgreichen Nutzung des Leverage- oder Hebeleffekts, der bewirkt, dass die Wachstumsrate der Erträge höher ist als die der Ausgaben. Die Nutzung des Hebeleffekts ist ein bisschen wie das Ausrichten der Segel, während das Boot Fahrt aufnimmt. Bezos und seine Kapitäne im S-Team stellten den Führungskräften der älteren, gereifteren Unternehmensbereiche dieselben Fragen: Wie konnten sie die Kosten ihrer Betriebsabläufe senken und gleichzeitig das Umsatzwachstum aufrechterhalten? Wie konnten sie die Produktivität jeder einzelnen Arbeitsstunde ihrer Angestellten maximieren? Wo konnten Automation und Algorithmen den Anstieg der Mitarbeiterzahl eindämmen oder die Angestellten vollständig ersetzen?

Jedes Jahr versuchte das Unternehmen, effizienter zu werden und den Leverage-Effekt zu verbessern, und sei es auch nur um die kleinste Marge. Die daraus resultierenden Veränderungen konnten die Arbeit der Angestellten erschweren.

Eines der neuen Projekte kam im Sommer 2013 in Schwung, als der Animationsfilm *Ich – Einfach unverbesserlich 2* in die Kinos kam. Ein Mitarbeiter der Amazon-Spielwarengruppe war offenbar ganz begeistert von dem Film und bestellte eine große Anzahl von Lizenzprodukten. Damals gaben die Supply-Chain-Manager der Einzelhandelsabteilung noch per Hand Bestellungen für Waren auf. Die Bestellung dieses Mitarbeiters beinhaltete Stoff-Minions, die aussahen wie die lustigen Figuren aus dem Film.

Der Film erzielte recht gute Gewinne an den Kinokassen, aber zu Amazons Pech verkauften sich die Stoffpüppchen aus irgendeinem Grund sehr schlecht und verstaubten in den Regalen der Amazon-Logistikzentren. »Die Lizenz war ein gewaltiger Flop«, erinnerte sich Jason Wilkie, ein ehemaliger Supply-Chain-Manager der Spielwarengruppe. »Man konnte sie nicht mal verramschen. Niemand wollte sie.« Nach der Analyse des Fehlers zogen die Einzelhandels-Executives die Schlussfolgerung, dass menschliche Emotionen die nüchterne Auswertung der vorliegenden Daten gestört hatten, durch die es vielleicht zu einer konservativeren Warenbestellung gekommen wäre.

Das Projekt, das sich daraus entwickelte, wurde »Hands off the Wheel« genannt. Im Lauf der nächsten paar Jahre wies man Supply-Chain-Managern der gesamten Einzelhandelsgruppe andere Jobs zu, oder man kündigte ihnen und ersetzte sie durch automatisierte Systeme. Das Rechnen und die Warenbestellungen sollten nicht von Menschen, sondern von Software vorgenommen werden. Algorithmen mochten vielleicht nicht in der Lage sein, die Nachfrage nach Filmlizenzprodukten einzuschätzen, aber sie konnten zum Beispiel das Kaufinteresse für Hunde-Anti-Stress-Westen voraussagen, die die Tiere beim jährlichen Feuerwerk am 4. Juli beruhigen sollten, oder für Schneeschieber vor einem bevorstehenden Schneesturm im Mittleren Westen der USA und so weiter.

Bezos und seine Executives glaubten, dass Algorithmen die Arbeit besser und schneller erledigen konnten als Menschen. Sie konnten sogar ermitteln, wo die Waren in Amazons Logistiknetzwerk platziert werden mussten, um die zu erwartende Nachfrage zu decken. Amazon entwickelte darüber hinaus auch Systeme, um automatisch Bedingungen mit Anbietern auszuhandeln und Marken zu erlauben, eigene Kampagnen zu starten, ohne jegliche Unterstützung durch Amazon-Beschäftigte.

Der Aufbau solcher Systeme erforderte erhebliche Vorinvestitionen und ließ Amazons Fixkosten ansteigen. Doch in den folgenden Jahren zahlten diese Ausgaben sich aus, da sie ersetzten, was zu weitaus höheren variablen Kosten geführt hätte. Es war der ultimative Leverage-Effekt: die Umwandlung von Amazons Einzelhandelsgeschäft in eine weitgehende Selbstbedienungsplattform, die mit minimaler menschlicher Unterstützung Gewinne generieren konnte.

Die Verfolgung des Leverage-Effekts entwickelte eine Eigendynamik auf Amazons Online-Markt für Drittanbieter und durch den damit verbundenen Service »Fulfillment by Amazon (Abwicklung durch Amazon)« oder FBA. Die kontraintuitive Idee hinter FBA war, Anbietern zu gestatten, ihre Waren an Amazons Lagerhäuser zu schicken und sie von Amazon lagern und an Kunden ausliefern zu lassen. Diese Unternehmen blieben im Besitz ihres Warenbestands und bestimmten ihre eigenen Preise, aber ihre Produkte wurden durch die zweitägige Zustellung an Prime-Kunden attraktiver. Die Einladung unabhängiger Händler auf die Amazon-Website und in seine Logistikzentren ermöglichte es dem Unternehmen, das Warenvolumen zu erhöhen, das durch seine Lagerhäuser geschleust wurde, und seine Einnahmen im Verhältnis zu den Fixkosten zu steigern.

Als Amazon den Service im Jahr 2002 unter dem Namen »Self-Service Order Fulfillment« einführte, fürchteten Händler, möglicherweise die Kontrolle über ihre Geschäfte zu verlieren. Doch bald erkannten viele, dass die Lagerung und der Versand ihrer Waren an die Kunden nicht ihre Stärke waren, während die Nutzung von FBA gute Kundenerfahrungen garantierte und ihre Waren auf der Amazon-Website sichtbarer machte. Nach einigen Jahren strömten Artikel aller Größen, darunter auch schwierig zu lagernde Gegenstände wie Bowlingkugeln und Whiteboards, in die Amazon-Lagerhallen. »Für mich war es ein Albtraum«, erinnerte sich Marc Onetto, ein ehemaliger General-Electric-Executive und Amazons Senior Vice President of Worldwide Operations zwischen 2006 und 2013. »Diese Jungs haben mir sämtliches Gerümpel von ihrem Dachboden gebracht. Aber natürlich mussten wir dafür sorgen, dass es funktionierte.«

In den späten Nullerjahren leitete Bezos FBA mit strenger Hand, kontrollierte kleine Details wie die Preisliste für Verkäufer und erklärte, dass Amazon die Dinge möglichst simpel gestalten solle, bis der Service eine gewisse Größe erreicht habe, selbst wenn man dadurch Geld verlor. »Ich bin mir noch nicht sicher, ob es schon so weit ist«, sagte er jedes Mal, wenn FBA-Executives versuchten, Amazons Gebühren für bestimmte Lagerbestände zu erhöhen, um einen weiteren Schritt in Richtung Rentabilität zu gehen.

»Was ist das?«, fragte er eine FBA-Executive während einer denkwürdigen Besprechung im Oktober 2008 und deutete auf eine Tabelle im Excel-Anhang eines sechsseitigen Narrativs über das FBA-Überseegeschäft. Dies war noch in jenen prägenden Jahren, in denen Bezos zum Konzernchef heranreifte, bevor er gelernt hatte, seinen temperamentvollen Führungsstil und die schlechte Angewohnheit, Untergebenen vernichtende Feedbacks zu geben, gelegentlich unter Kontrolle zu halten.

Cynthia Williams, die Leiterin der Finanzabteilung und Verfasserin des Dokuments, hatte schon vermutet, dass irgendetwas mit ihrer Analyse nicht stimmte, war jedoch nicht in der Lage gewesen, das Problem vor der Besprechung zu lösen. »Ich blickte auf die Tabelle, und der Fehler sprang mir sofort ins Auge«, sagte sie Jahre später. »Ich sage Ihnen, mir ist das Herz in die Hose gerutscht.«

Bezos meinte darauf: »Wenn diese Zahl falsch ist, weiß ich nicht, ob ich mich auf irgendeine Ihrer anderen Zahlen verlassen kann. Sie haben eine Stunde meiner Zeit verschwendet.« Damit zerriss er das Schriftstück, warf es vor Williams auf den Tisch, marschierte aus dem Zimmer und ließ seine verschreckten Executives sprachlos zurück.

»Nun, das lief wohl nicht ganz so wie geplant«, krächzte Tom Taylor, der damalige FBA-Chef, und jagte Bezos hinterher.

An diesem Nachmittag schickte Williams eine Mail an Bezos, in der sie sich entschuldigte und die korrigierten Dokumente hinzufügte. Dann fuhr sie nach Hause und öffnete eine Flasche Wein. Bezos antwortete am selben Abend gegen acht Uhr. Er erwähnte seinen Ausbruch mit keiner Silbe, dankte ihr jedoch für das Update und fügte hinzu, dass er niemanden kenne, dem trotz aller Sorgfalt noch nie ein solcher Fehler unterlaufen sei. Williams, die noch weitere zehn Jahre bei Amazon blieb und später zur Vizepräsidentin ernannt wurde, bevor sie schließlich zu Microsoft wechselte, sagte, die Mail habe ihr ein gutes Gefühl gegeben, und einige Wochen später legte sie Bezos das überarbeitete Angebot erneut vor.

Die Geschichte wurde bei Amazon noch jahrelang diskutiert und zelebriert – nicht als Beispiel eines cholerischen Führungsstils, sondern als Exempel für das hohe Niveau von Konzernleitern und für den Mut und die Belastbarkeit ihrer Mitarbeiter, die eine Voraussetzung dafür waren, komplexe Dienstleistungen wie FBA zu realisieren.

Bezos glaubte, dass FBA die Chance hatte, erfolgreich zu werden und eine große Bedeutung für das Unternehmen zu erlangen. »Ich brauche euch, um zu liefern, damit wir das Portfolio anderer Unternehmensbereiche finanzieren können«, die ebenfalls enormes Potenzial hätten, sagte er nach den Worten Tom Taylors und wies das FBA-Team an, dreimal schneller zu agieren als normale Amazon-Teams.

Andere »Jeffismen«, die den Mitgliedern des FBA-Teams von den jährlichen OP1-Planungssitzungen mit Bezos vertraut waren, prägten sie noch mehr. Hier seine größten Hits, aufgezeichnet in einem Memo, das später an mich weitergeleitet wurde:

> »Konzentriert euch auf die Senkung der Kostenstruktur. Es ist besser, die Kosten niedrig zu halten und dann Gebühren zu erheben, um den Gewinn zu maximieren, als Gebühren zu erheben, um die Kosten zu decken.«
> »Dumme Preislisten führen dazu, dass dumme Sachen passieren. Preislisten müssen dem Wert entsprechen.«
> »Wir verlangen nicht mehr Geld, weil wir nicht wissen, wie die Kosten gesenkt werden können. Wir erfinden etwas, damit die Kosten sinken.«
> »Wir sollten in der Lage sein, 100 Prozent des Seller-Business zu erfüllen. Ich weiß nicht, was es zu diskutieren gibt, ja, wir müssen eine kostengünstige Auswahl treffen, das ist von entscheidender Bedeutung.«
> »Was soll ich mit Durchschnittswerten? Ich will konkrete Werte sehen, Ausschläge nach oben und nach unten und konkrete Gründe dafür – keinen Durchschnittswert. Durchschnittswerte sind nichts weiter als Faulheit.«

2014, nach mehr als einem Jahrzehnt einer derart raubeinigen Führung, brachte der Service zum ersten Mal Gewinne, und die Anzahl der Anbieter, die FBA nutzten, vergrößerte sich schnell. »Tut nicht so, als wäre irgendjemand anders bei diesem Projekt ein Genie gewesen, denn das stimmt einfach nicht«, sagte Neil Ackerman, ein ehemaliger FBA-Executive. »Jeff war derjenige, der uns alle aufgefordert hat, die Gebühren zu senken und sich nicht auf die Einnahmen zu konzentrieren. Stattdessen lenkte er unsere Aufmerksamkeit darauf, neue Anbieter zu gewinnen und die Warenauswahl zu erweitern. Er wusste, dass wir auf diese Weise das Geschäft zum Wachsen bringen und profitabel machen konnten. Jeff hat immer gesagt, wir sollten uns auf die Business-Inputs konzentrieren, dann würden die Outputs, wie Erträge und Gewinne, von selbst laufen.«

Während Bezos FBA vorantrieb, förderte er dessen siamesischen Zwilling Amazon Marketplace, der es Drittanbietern ermöglichte, sich auf der Amazon-Website anzumelden und ihre neuen und gebrauchten Waren zum Verkauf anzubieten. Im Jahr 2007 war der Marketplace schon einige Jahre alt, doch er war im Grunde nichts weiter als ein staubiges Lager für gebrauchte Bücher mit geschätzten mageren 13 Prozent aller auf der Site verkauften Warengruppen. Bezos war frustriert, dass der Marketplace so erfolglos war, zerriss bei OP1-Meetings die Dokumente des Teams und forderte ambitioniertere Neufassungen. »Wie würden Sie eine Million Seller auf den Marketplace holen?«, fragte er in Bewerbungsgesprächen die zukünftigen Führungskräfte, die er einstellen wollte, um die Gruppe zu übernehmen.

Am Ende fand er die richtige Person. Anfang 2009 lud Peter Faricy, der Leiter von Amazons boomendem Musik- und Filmgeschäft in den Jahren vor Prime Video, den Schauspieler Tom Cruise ein, um bei einer Mitarbeiterversammlung in der im Zentrum von Seattle gelegenen Benaroya-Halle eine Rede zu halten. Hinter der Bühne hatten sich Bezos und Cruise so sehr in ein Gespräch über Flugzeuge und Raumfahrt vertieft, dass es Faricy nicht gelang, den Konzernchef rechtzeitig für die Fragerunde mit den Angestellten auf die Bühne zu holen. Als Anerkennung für den Erfolg seiner Abteilung lud Bezos Faricy kurz darauf zu einem Mittagessen mit dem S-Team ein. Einen Monat später übertrug er ihm die Leitung des Teams, das er als eines der leistungsschwächsten Teams des Unternehmens bezeichnete.

Faricy wusste, dass es im Bewerbungsgespräch nur eine Antwort auf Bezos' Frage gab – man konnte unmöglich Kontakt mit Verkäufern aufnehmen und eine Million von ihnen gewinnen, indem man einen nach dem anderen ansprach. Man musste ein System aufbauen, das von selbst lief, dann würden die Verkäufer auf Amazon zukommen statt umgekehrt.

Im Lauf der nächsten paar Jahre bauten Faricy und sein Team Seller Central, die Website für Drittanbieter, neu auf. Sie gab Händlern die

Möglichkeit, ihre Waren auf einfache Weise auf Amazon.com zu platzieren, Preise festzulegen und Werbekampagnen zu starten – all das mit einem Minimum an Kontrolle durch Amazon-Mitarbeiter. Wie bei FBA überwachte Bezos auch dieses Projekt anfangs sehr genau. »Ich glaube, in meinen ersten beiden Arbeitswochen bekam ich von Jeff sieben Fragezeichen-Mails«, erinnerte sich Faricy. »Es war wie ein Sprung ins kalte Wasser und ermöglichte mir eine einzigartige Lernerfahrung.«

Was Amazon dabei half, Drittanbieter zu gewinnen, war sein Rivale eBay, der seine eigensinnige Anbieter-Community durch Gebührenerhöhungen verprellte und großen Einzelhändlern günstige Verträge bot. Bei der Amazon-Seller-Eröffnungskonferenz im Marriott Hotel beim Seattle-Tacoma-Flughafen im Jahre 2010 sprach Faricy seine Zuhörer mit folgenden Worten an: »Alle jene von Ihnen, die hauptsächlich auf eBay verkaufen.« Er erklärte, dass Amazon sich für einen fairen Online-Marktplatz und gleiche Wettbewerbschancen für alle Anbieter engagiere und ihnen ermöglichen wolle, ihre Geschäfte durch die Zusammenarbeit mit dem Unternehmen zu verdoppeln. Er erhielt stehende Ovationen. Doch diese Begeisterung sollte nicht lange anhalten.

Wie andere Amazon-Executives übernahm Faricy einige der strengen Führungsmethoden, die Bezos im Unternehmen eingeführt hatte. Faricy stammte aus Detroit und hatte vor Amazon für McKinsey & Company und die Buchkette Borders gearbeitet, sich jedoch schnell am neuen Arbeitsplatz akklimatisiert. Wenn seine Manager ihre wöchentlichen Berichte verspätet abgaben, würde Faricy beiläufig sagen, dass sie vielleicht zu gut bezahlt oder nicht die Richtigen für den Job seien. Er stritt sich auch mit seinen Kollegen aus dem Einzelhandelsteam, deren Priorität ein erstklassiges, breit gefächertes Warenangebot war, um gute Kundenerfahrungen zu garantieren – ein krasser Gegensatz zur Alles-ist-erlaubt-Anarchie, die auf der Seller-Plattform herrschte, wo jeder sich registrieren und minderwertige Billigprodukte anbieten konnte.

Bei den Diskussionen im Amazon-Konzern ging es immer wieder um *Qualität* versus *Quantität* der Waren. Die Querelen mussten häufig von Faricys Chef, Senior Vice President Sebastian Gunningham, oder von Bezos persönlich geschlichtet werden. Beide tendierten sehr dazu, die

Bandbreite der Warenauswahl so schnell wie möglich zu erweitern. »Jeff und Sebastian glaubten, dass eine große Auswahl in jedem Fall etwas Positives war«, sagte Adrian Agostini, ein langjähriger Marketplace-Executive. »Ihnen reichten diese Regeln: Du darfst niemanden beleidigen, niemanden töten, niemanden vergiften. Ansonsten nimm, was du kriegen kannst, und lass die Kunden entscheiden.«

Anfang der Zehnerjahre entdeckten aufmerksame Unternehmer lukrative Chancen auf Amazons Hauptmärkten in den USA und in Europa. Sie konnten ein unverwechselbares Produkt entwickeln, sich einen Hersteller suchen, häufig in China, und es Millionen von Online-Shoppern verkaufen. Faricy und sein Team betrachteten Anbieter als ihre Kunden und unterstützten sie mit Programmen wie Amazon Exclusives, um besondere Produkte ins Scheinwerferlicht zu rücken, und Amazon Lending, das Anbietern bei der Finanzierung ihrer Expansionspläne half und ihre Lagerbestände als Sicherheit akzeptierte. Sie beriefen ständig Fokusgruppen ein und ermunterten Anbieter, Probleme aufzuzeigen, die es zu lösen galt, und neue Tools zu fordern, die entwickelt werden sollten.

»Damals war Amazon tatsächlich daran interessiert, Marken auf Erfolgskurs zu bringen«, sagte Stephan Aarstol, dessen Firma auf Amazon eine erfolgreiche Stand-up-Paddle-Marke verkaufte, die in einer Folge der Serie *Shark Tank* präsentiert wurde. 2015 beschäftigte Aarstol zehn Leute in San Diego und verdiente über vier Millionen Dollar im Jahr – er war einer der zahlreichen Unternehmer, die auf Amazons florierender Plattform ein kleines Vermögen machten. Doch seine Begeisterung dafür sollte nach und nach schwinden, wie wir später sehen werden.

Bezos war erfreut über die Fortschritte. In diesem Jahr übertraf der Wert der über den Marketplace verkauften Artikel[113] zum ersten Mal Amazons Verkäufe im Einzelhandelsbereich. Und das Beste war, dass das Geschäft weitgehend nach dem Self-Service-System lief und die Einnahmen dadurch viel schneller anstiegen als die Mitarbeiterzahl. »Endlich ein Geschäft, in dem der Leverage-Effekt greift, nachdem es Erfolg hat«, rief Bezos beim jährlichen OP1-Meeting und deutete auf das sechsseitige Narrativ. »Ich nehme dieses Dokument mit nach Hause und leg es mir unters Kopfkissen.«

Darauf ließ Bezos Faricy wissen, er wolle den Marketplace nicht länger persönlich auf den jährlichen OP1-Sitzungen kontrollieren, sondern seine Zeit nur noch für neue Geschäftsfelder wie Amazon Lending verwenden. Er wolle seine Aufmerksamkeit vermehrt auf neue Produkte des Unternehmens richten. Faricys Geschäfte seien mittlerweile derart komplex und detailreich geworden, dass er ohnehin das Gefühl habe, nur noch in begrenztem Maße Hilfe und Führung anbieten zu können.

Dem FBA-Team teilte er dasselbe mit. Er werde die Geschäfte weiterhin im Auge behalten, Auseinandersetzungen schlichten und Fragezeichen-Mails verschicken, wenn er von Problemen erfahre. Aber er müsse nicht länger an den einzelnen Planungsstufen beteiligt sein.

Dies sollte für eine gewisse Distanz zwischen Bezos und dem bevorstehenden Chaos sorgen.

Während Amazon Marketplace und FBA größer und größer wurden, beobachteten die verantwortlichen Führungskräfte einen potenziell gefährlichen Konkurrenten. 2010 gründete Peter Szulczewski, ein aus Polen stammender Kanadier, zusammen mit einem Partner ein Startup für Internetwerbung namens ContextLogic.[114] Als es sich nicht recht durchsetzen wollte, lenkte er das Unternehmen in Richtung Online-Handel, indem er einen genialen Trick anwandte – eine Art geografische Arbitrage. Die meisten Internetanbieter bezogen ihre Waren von chinesischen Herstellern, schickten sie in großen Mengen in den Westen und ließen sie als Eilzustellung an relativ zahlungskräftige städtische Online-Kunden ausliefern. Warum sollte man stattdessen nicht chinesischen Händlern erlauben, billige, markenlose Produkte auf direktem Wege an westliche Kunden zu verkaufen, die es vielleicht nicht stören würde, wenn die Ware erst nach mehreren Wochen bei ihnen eintraf?

Szulczewski benannte sein Unternehmen in Wish.com um und begann Ende 2012, chinesische Mitarbeiter einzustellen, die Händler anwerben und die Kundenbetreuung übernehmen sollten.[115] Sein Timing war perfekt. Die Handelsplattform Alibaba hatte dabei geholfen, eine lebendige Community findiger chinesischer Internetanbieter zu schaffen, die nun nach neuen Kunden außerhalb ihres Heimatlandes Ausschau hielten. Alibaba hatte dieselbe Idee wie Szulczewski und entwickelte eine grenzübergreifende Handels-Site namens AliExpress, die in Mexiko und Europa schnell an Zugkraft gewann.

Die Wish.com- und AliExpress-Websites waren vollgepackt mit Waren und für unerfahrene Online-Shopper schwierig zu bedienen. Doch die Kunden fanden die Jagd nach Wegwerfmode offenbar spannend und freuten sich zum Beispiel über Zwölf-Dollar-Sneaker aus Kunstleder. 2014 besorgte Wish sich 69 Millionen Dollar bei Risikokapitalgebern[116] und wurde im *Wall Street Journal* vorgestellt. Nach einem Gespräch über das Start-up sagte Bezos zu Sebastian Gunningham: »Sie behalten das im Auge, okay?« Gunningham erzählte später: »Wish hat uns inspiriert. Sie haben einen Nerv getroffen.«

Amazons Strategie im Umgang mit derart revolutionären Start-ups besteht normalerweise darin, mit ihnen in Kontakt zu treten und herauszufinden, was sie können – häufig indem man eine mögliche Übernahme in Aussicht stellt. Im selben Jahr wurden Szulczewski und sein Partner Danny Zhang nach Seattle eingeladen, wo sie einen Tag lang mit einer Gruppe von Marketplace-Executives sprachen. Sie bekamen den Eindruck, dass die Amazon-Chefs ihrem Geschäftsmodell skeptisch gegenüberstanden.[117]

Doch im Lauf der nächsten zwei Jahre nahm Wish weiterhin Kapital auf und wurde größer und größer. 2016 machte Amazon einen weiteren Kontaktversuch und lud Szulczewski zu einem Treffen mit Bezos ein. Mittlerweile zweifelte der Wish-CEO an Amazons Absichten und sagte, er werde mit Bezos nur unter vier Augen sprechen. Als er erfuhr, dass weitere Amazon-Führungskräfte auf der Einladungsliste standen, sagte er ab und blieb zu Hause.[118]

Inzwischen hatte Amazon es eilig, sich an eine veränderte Online-Handelslandschaft anzupassen. Die Flut von chinesischen Anbietern im Internet verkörperte eine potenzielle kambrische Explosion einer neuen, preisgünstigen Warenauswahl. Diese No-Name-Produkte mochten zwar nicht jeden ansprechen, aber sie konnten jüngere oder finanzschwächere Kunden zum Online-Shoppen animieren, die später vielleicht zu teureren Produkten wechseln oder sich sogar bei Amazon Prime anmelden würden.

Amazon war es bis dahin nicht gelungen, einen Online-Marktplatz für chinesische Händler *innerhalb* von China zu entwickeln. Dies war eine weitere Chance, im bevölkerungsreichsten Land der Erde Geschäfte zu machen. Als Teil einer neuen Initiative namens Marco Polo, benannt nach dem italienischen Entdecker des 13. Jahrhunderts, heuerte Amazon Teams in Peking an, um örtliche Anbieter anzuwerben, Seller Central in Mandarin zu übersetzen und vor Ort die Kundenbetreuung zu übernehmen. Um die Frachtkosten zu senken und den Überseeversand zu optimieren, entwickelte das Unternehmen eine Initiative namens Dragon Boat. Der Service sammelte Handelswaren in Küstenmetropolen wie Schanghai und Shenzhen, brachte sie in großen Mengen durch den Zoll und verschiffte sie dann in Containern, die Amazon bei Reedereien wie Maersk zu günstigen Frachtraten reservieren ließ.[119]

Die neu eingestellten Mitarbeiter der für den Welthandel zuständigen Teams wurden zur Eile gedrängt, *um schnell groß zu werden.* Interne Dokumente, die mir von einem ehemaligen Mitarbeiter gezeigt wurden, schildern die damaligen Ziele der Teams. Die chinesische Mitarbeiterzahl sollte rasch erhöht werden, um lokale Anbieter zu gewinnen und ihnen die FBA-Nutzung zu erklären. Während AliExpress in den USA noch nicht richtig in Fahrt gekommen war, beobachteten die Führungskräfte, dass Alibaba niedrigere Gebühren erhob als Amazon. Sie fürchteten sogar, dass Alibabas hyperaktiver Konzernchef Jack Ma auf die Gebühren verzichten könnte, um in den westlichen Ländern Fuß zu fassen. »Tun wir genug, um die Handelsmöglichkeiten in China auszuschöpfen?«, wurde in einem Amazon-Dokument gefragt. »Sollten wir das Onboarding chinesischer Seller vereinfachen, indem wir unsere Zulassungsbestimmungen lockern, um das Angebotswachstum zu beschleunigen?«

Es ist zwar nicht belegt, ob Amazon die Zulassungsbestimmungen tatsächlich gelockert hat, doch es ist offensichtlich, dass sie ohnehin nicht sehr hoch waren. Zwischen 2015 und 2016 meldeten sich täglich Tausende von chinesischen Händlern auf Amazons Online-Marktplatz an. »Die Zahlen waren astronomisch. Niemand hatte jemals ein solches Ausmaß erlebt«, sagte Sebastian Gunningham. Wie zu erwarten, gab es gewaltige Qualitätsunterschiede. »Die Leute sahen eine Jacke, die sich in den USA gut verkaufte, und ein paar Stunden später erschien sie auf der Website eines chinesischen Anbieters«, berichtete Gunningham. »Dann zahlte ein Kunde für diese Jacke und schrieb in der Bewertung, dass die Ärmel direkt nach Erhalt der Ware abgefallen seien.«

Gunningham, ein Mitglied des S-Teams, leitete den Globalhandel sowie FBA und den Marketplace. Er war auf einer Ranch in Argentinien aufgewachsen, schloss ein Mathematikstudium an der Stanford University ab und arbeitete für Larry Ellison bei Oracle und für Steve Jobs bei Apple, bevor er einen Hightech-Hattrick landete und zu Jeff Bezos und Amazon wechselte. Kollegen beschrieben ihn als kreativ und empathisch – und als jemanden mit einem den Amazon-Maßstäben entsprechenden Ehrgeiz.

Gunningham erkannte schnell, dass die Flut von chinesischen Waren bei den westlichen Anbietern, die mit den niedrigen Preisen nicht mithalten konnten, für Unmut sorgen würde. Zunächst versuchte man, das Problem herunterzuspielen. »Der riskante Nachteil bei dieser Sache ist, dass US- und EU-Händler von dieser Lawine chinesischer Seller nicht begeistert sein werden«, schrieb Gunningham in einer E-Mail an seine S-Team-Kollegen, die später bei kartellrechtlichen Anhörungen im Kongress als Zeugenaussage vorgelegt und an die Öffentlichkeit gebracht wurde: »Ich habe das Team angewiesen, in China aggressives Marketing zu betreiben, um den globalen Handel zu stärken, in den Importländern jedoch zurückhaltender vorzugehen.«[120]

Die Billigwaren waren auch unter den Amazon-Mitarbeitern umstritten, also beschloss Gunningham, die Vor- und Nachteile auf symbolische Weise zu demonstrieren. Eines Tages trug er bei der Arbeit eine billige Halskette mit einem kitschigen Eulenanhänger. Amazon verkaufte monatlich Zigtausende von den Dingern. Chinesische Händler erzielten damit winzige Gewinnmargen. Gunningham ging es darum, dass Amazon all diese Billigartikel nicht missachten sollte. »Alle glaubten, dass Berge von Schund auf die Website kommen würden, aber was Schund ist, liegt im Auge des Betrachters«, erklärte er. »Viele Leute finden solche Sachen sehr schick.«

Gunningham kaufte auch Dutzende von schwarzen Cocktailkleidern in verschiedenen Größen und Ausführungen auf dem Amazon-Marketplace, hängte sie an einen Kleiderständer und stellte ihn in seinem Besprechungsraum auf. Amazon verkaufte Tausende von diesen Kleidern, markenlose Ware mit großen Qualitätsunterschieden, die aus China eingeführt wurde. Einige waren lang, andere kurz; manche kosteten ein paar Hundert Dollar und andere nur zwanzig; manche waren solide gearbeitet, bei anderen schienen sich die Reißverschlüsse bei der ersten Benutzung selbst zu zerstören. Kollegen erinnerten sich daran, dass der Kleiderständer monatelang im Besprechungsraum stand. Gunningham wollte mit der Aktion zeigen, dass sein Team lernen musste, die Unterschiede zwischen den Kleidern zu erkennen und Kunden zu ermöglichen, die Qualität der einzelnen Modelle einzuschätzen, damit das bewährte Bewertungssystem die Anbieter, die minderwertige Ware verkauften, abstrafen konnte. Die Kleider »symbolisierten all die Probleme, die sich hauptsächlich bei dem Zeug ergaben, das aus China kam«, stellte er fest.

Trotz dieser Demonstrationen blieb der Zustrom chinesischer Waren auf den Online-Marktplatz ein Streitpunkt bei Amazon sowie zwischen dem Unternehmen und seinen Partnern. Er wirkte wie ein Brandbeschleuniger für die ohnehin schon hitzigen Reibereien zwischen Anbietern in den USA und in China sowie zwischen Amazons Direktverkäufer-Abteilung (1P) und seiner Marketplace-Gruppe (3P). Wieder einmal wurde Qualität gegen Quantität aufgewogen. Wollte Amazon einen ruhigen, geordneten Laden, in dem nur bekannte und vertrauenswürdige Marken angeboten wurden? Oder bevorzugte es einen chaotischeren Online-Marktplatz mit einer breiteren Auswahl an Produkten und Preisen?

Die Führungskräfte brauchten nicht lange zu raten, was die Kunden favorisierten: Ihre Wahl war durch zahlreiche Versuche und Experimente belegt. Amazons deutsche Website erlaubte zum Beispiel Drittanbietern, eine große Auswahl an Marken- und Billigschuhen zu präsentieren und zu verkaufen, während die UK-Site einen betreuten Schuhladen anbot, in dem nur teurere Markenschuhe bestellt werden konnten. Die deutsche Website erwies sich aufgrund der größeren Auswahl und der preisgünstigeren Alternativen als weitaus erfolgreicher.

Diese Erkenntnis war bedeutsam, weil Amazons Unternehmenskompass nur in eine Richtung zeigte, nämlich auf das, was Kunden wollten. Und es stellte sich heraus, dass sehr viele Menschen gern spottbillige Sneakers im Internet kaufen, selbst wenn sie ahnen, dass die Schuhe nicht besonders lange halten.

Nichtsdestotrotz sperrten sich Amazons Einzelhandels-Executives weiterhin gegen die Flut minderwertiger Waren, und ihre Querelen wurden regelmäßig ins S-Team weitergetragen. Bei einem Meeting wurde Jeff Bezos gebeten, einen der Konflikte zu lösen: Wie sollte Amazons allgemeine Strategie beim Verkauf von Textilien aussehen? Sollte man den Verkauf von hochwertiger, in erster Linie westlicher Markenkleidung auf sorgfältig betreuten, engagierten Websites priorisieren? Oder sollte man auf den Verkauf von Billigtextilien und Eigenmarken auf Amazon.com und dem Amazon-Marketplace setzen?

Im Raum wurde es still, und alle warteten gespannt darauf, für welche Alternative Bezos sich entscheiden würde.

»Ich glaube, wir sollten alle ansprechen, die Kleidung tragen; in letzter Zeit sind mir nur sehr wenige nackte Menschen über den Weg gelaufen«, sagte er schließlich und brach in schallendes Gelächter aus. »Ich glaube, Menschen werden noch sehr lange Zeit Kleidung tragen.«

Es war eine jener Fragen gewesen, die nach Bezos' Meinung nicht beantwortet werden sollten. Er wollte, dass Amazon alles machte. Doch indem er eine Antwort schuldig blieb, sprach er sich auch für eine uneingeschränkte, preiswerte Auswahl auf dem Online-Marktplatz aus, die gewaltige Auswirkungen haben würde.

Chinesische Start-ups, darunter einige sehr erfolgreiche, tauchten fast wie aus dem Nichts auf, um auf Amazon.com zu verkaufen. 2011 hatte ein Software-Ingenieur namens Steven Yang seinen guten Silicon-Valley-Job gekündigt und war nach Shenzhen gegangen, um das Elektronikunternehmen Anker zu gründen, das Zubehörteile wie Austausch-Akkus für Laptops verkaufte.[121] In den nächsten paar Jahren erweiterte er seine Produktpalette, die schließlich sämtliche Arten von Kabeln, Ladegeräten und Akkus enthielt. Viele davon landeten auf dem begehrten ersten Platz der Amazon-Bestsellerlisten.

Yang arbeitete eng mit örtlichen Fabriken zusammen, sodass Anker zeitnah auf Markttrends und Kundenfeedback reagieren und Produktänderungen vornehmen konnte. Er zahlte seinen Mitarbeitern einen Bruchteil des Gehalts, das westliche Händler ihren Beschäftigten zahlten, und da das Unternehmen sich in China befand, musste es nicht dieselben hohen Einkommens- und Umsatzsteuern zahlen wie seine US-amerikanischen und europäischen Konkurrenten. Dank eines Abkommens zwischen China Post und US Postal Service profitierte Anker darüber hinaus von stark subventionierten Frachtgebühren in den Westen, wodurch es billiger wurde, Güter von China in die USA zu verschicken als innerhalb der USA.[122]

Mit anderen Worten, Anker und ähnliche chinesische Anbieter hatten deutliche Vorteile, was auf einem wettbewerbsintensiven Online-Marktplatz wie dem von Amazon von großer Bedeutung war. Yang war mit Bernie Thompson befreundet, dem Gründer des in Seattle ansässigen Unternehmens Plugable Technologies, das ähnliche Computer-Zubehörteile verkaufte. Beide erkannten, dass chinesische Marken, die an eine globale Zielgruppe verkauft wurden, den Online-Handel auf den Kopf stellen würden. »Bernie, es tut mir leid, aber ich werde an dir vorbeirauschen«, soll Yang einmal zu Thompson gesagt haben (obwohl Yang sich nicht daran erinnern konnte).

Viele chinesische Händler wie Anker verkauften hochwertige Produkte zu günstigen Preisen. Es gab jedoch auch etliche schwarze Schafe unter Chinas frischgebackenen unerschrockenen Kapitalisten. Um ihre Websites zu schützen und Betrüger abzuschrecken, verlangten örtliche Player des Online-Handels wie Alibaba und JD.com Sicherheitskautionen von neuen Anbietern und ließen nach Warenverkäufen manchmal mehrere Monate verstreichen, bevor sie Zahlungen an die Händler überwiesen. Außerdem sorgten sie in regelmäßigen Abständen dafür, dass die schlimmsten Schurken von ihren Websites verschwanden. Amazon hatte sein amerikanisches Online-Marktplatz-System nach China exportiert und zunächst nur wenige Schutzmaßnahmen installiert, wodurch es kaum Möglichkeiten hatte, gute von schlechten Anbietern zu unterscheiden. Infolgedessen wurde es zum attraktiven Zielobjekt für Betrugsversuche, Fälschungen und Verkäufer minderwertiger Ware.

Bezos wollte niemals Kompromisse bei der Qualität machen – schließlich waren auf Amazon keine Trade-offs erlaubt. Er wollte Qualität *und* Quantität und erwartete, dass Amazons Ingenieure neue Tools entwickelten, um gefährliche Produkte und Fälschungen zu blockieren. Doch das Rad der Veränderung drehte sich schneller, als Amazon Kontrollsysteme zum Schutz seiner Website entwickeln konnte.

Gefälschte Vitamine, gefährliche Lichterketten und andere unsichere Produkte sowie mit Druckfehlern gespickte Bücher fanden ihren Weg in die Regale des Allesverkäufers. 2015 waren sogenannte Hoverboards der Renner im Weihnachtsgeschäft. Diverse chinesische Modelle hatten die unglückliche Neigung, in Flammen aufzugehen, wodurch ganze Häuser niederbrannten. Amazon nahm die Hoverboards am 12. Dezember 2015 von seiner Website, schickte E-Mails an die Käufer, in denen auf »Berichte über Sicherheitsmängel« hingewiesen wurde, und bot Rückzahlungen an. Eine Recherche des *Wall Street Journal* ergab später, dass fehlerhafte Lithium-Akkus in den Hoverboards 57 Hausbrände und Sachschäden in Höhe von 2,3 Millionen Dollar verursacht hatten; etwa die Hälfte der gefährlichen Boards waren bei Amazon gekauft worden, mehr als bei jedem anderen Einzelhändler, was eine Vielzahl von Gerichtsverfahren gegen das Unternehmen nach sich zog.[123]

In den folgenden Monaten führten auf Amazon verkaufte defekte Handy- und Laptop-Akkus sowie E-Zigaretten zu Verletzungen, weiteren Gerichtsverfahren und weiteren Medienberichten.[124] Bezos schäumte vor Wut über die Probleme und die schlechte Publicity, berichteten Kollegen, obwohl er durch seinen unerbittlichen Kampf um die Erweiterung der Warenauswahl und die Erzielung des Leverage-Effekts diese Situation mit herbeigeführt hatte. »Jeff ließ so etwas durchklingen wie ›Wieso habt ihr Typen das nicht kommen sehen?‹«, sagte Marketplace-

VP Adrian Agostini. »Wir hatten eine harte Lektion erhalten.« Als Reaktion beeilten sich die Executives, das Trust-and-Safety-Team zu erweitern, das Tools entwickelte, um die Website zu scannen, Betrug zu entlarven und Regelverstöße zu ahnden. Doch das Programm war zunächst ineffektiv, da die Täter oft erst von der Seite gelöscht wurden, nachdem sie Kunden hintergangen hatten.

Westliche Anbieter fürchteten sich davor, zu weit zu gehen und Ärger mit Amazon zu bekommen. Doch in China wusste man nicht, wo die Grenze lag, und scherte sich oft nicht darum. Gerissene chinesische Händler entwickelten betrügerische Taktiken, zum Beispiel den Kauf von Bewertungen auf der Amazon-Website, was damals – bevor Amazon Werbung innerhalb der Suchergebnisse gestattete – die einzige Möglichkeit war, dafür zu sorgen, dass ihre Waren ganz oben auf der Seite erschienen. Wenn sie erwischt und ihre Konten gesperrt wurden, eröffneten sie einfach neue.

Amazon-Executives sahen, was passierte, hatten jedoch Mühe, das Chaos zu zügeln; das Marketplace-Team betrachtete schließlich die Anbieter als seine Kunden, die als unschuldig galten, solange ihre Schuld nicht bewiesen war. »Wir waren alle sehr idealistisch«, sagte ein ehemaliger in Peking tätiger Amazon-Executive. »Ich habe das Gefühl, ich hätte viel schneller und aggressiver reagieren sollen. Ich glaubte an das Märchen, dass alle Anbieter gute Menschen waren.«

2016 flogen Faricy und seine Executives nach China, um die komplizierte Seller-Dynamik besser verstehen zu lernen. Sie reisten nach Hongkong und Schanghai, teilten sich dann in Gruppen auf und konzentrierten sich auf Elektronik und Bekleidung. Die erste Gruppe fuhr nach Shenzhen, die anderen nach Guangzhou, Zengcheng, Peking und in andere Städte. Dann trafen sich alle wieder in Schanghai, um ihre Erfahrungen auszutauschen.

Die Executives waren erstaunt über die Ergebnisse. Die Kleidungsgruppe besuchte eine Textilfabrik, die Neun-Dollar-Sakkos für den Retailer Abercrombie & Fitch herstellte, der sie dann im Einzelhandel für 500 Dollar das Stück verkaufte. Dieselbe Fabrik verkaufte die Jacken mit etwas anders angeordneten Knöpfen auch für 90 Dollar direkt übers

Internet – und machte immer noch satte Gewinne. Das Team besuchte auch eine Fabrik, die Damentops für die Kette Zara nähte. Als die Amazon-Executives von einem Balkon aus in die Fabrikhalle schauten, erkundigten sie sich nach einer getrennt arbeitenden Gruppe, die ganz ähnliche Kleidungsstücke anfertigte. Sie verkauften auf Alibaba unter der Eigenmarke der Fabrik, teilte man ihnen mit.

Die Elektronikteams der Reisegesellschaft beobachteten Ähnliches. In ganz China wandten sich Fabriken übers Internet direkt an Kunden, umgingen die traditionellen Läden und boten Konsumenten große Preisvorteile. Mit anderen Worten, der Einzelhandel erlebte gerade einen massiven Umbruch, trotz Betrug, Fälschungen und minderwertiger Ware. »Es war unglaublich, was wir gesehen haben«, sagte Faricy. »Uns wurde klar, dass die Zeiten, in denen man nur aufgrund eines Markennamens für einen Artikel den zehn- bis fünfzigfachen Preis seiner Herstellungskosten verlangen konnte, bald vorbei waren. Und die Kunden würden die Gewinner sein.«

Am letzten Tag im Mai 2016 trafen sich etwa hundert Bekleidungshändler in Seattle auf Amazons erster Fashion Seller Conference. Die Konferenz fand in Amazons nagelneuer Tagungsstätte in der 7th Avenue statt, einen Block entfernt vom neuen Day-One-Turm. Sie dauerte anderthalb Tage und bot Vorträge, Seminare und Meetings. Sebastian Gunningham läutete das Event mit einer Kaminplauderei ein.

Gunningham hatte vorausgesagt, dass die »Lawine« chinesischer Händler die US-amerikanischen Händler verstimmen würde. Nun erfüllte sich seine Prophezeiung. Während seiner Frage-und-Antwort-Runde stand ein Anbieter nach dem anderen auf, um nach dem Mikrofon zu greifen und ihm zornige Fragen und Anschuldigungen entgegenzuschleudern: Wie sollten sie denn bitte schön nach Amazons Meinung mit den chinesischen Anbietern mithalten? Die hielten sich nicht an die Regeln! Wieso schützte Amazon nicht die Rechteinhaber und Einzelhändler und verpasste den Rechtsbrechern einen Tritt? Warum begünstigten die Suchergebnisse immer ihre Konkurrenz?

Mehrere Teilnehmer erinnerten sich daran, dass eine Frau eine Viertelstunde lang das Mikrofon in Beschlag nahm. Sie stellte sich als T-Shirt-

Herstellerin aus dem Mittleren Westen vor. Sobald sie ein erfolgreiches Design entwickelt habe, werde es von einem chinesischen Händler kopiert, der es zu einem günstigeren Preis anbiete und ihre Umsätze einbrechen lasse. Als sie fragte, wie viele ihrer Kollegen dieselben Probleme hätten, erhob sich allgemeines Gemurmel und brachte den kollektiven Zorn des Publikums zum Ausdruck.

Gunningham stand geduldig auf der Bühne, nahm Stellung zu den Klagen und versprach zu tun, was er konnte, um die Widrigkeiten zu beheben. Doch die unaufhaltsamen Kräfte des grenzüberschreitenden Handels und der Globalisierung waren ein Teil des Problems, und daran konnte er nichts ändern. »Ich war extrem angespannt«, sagte Brad Howard, Chef des Online-Einzelhändlers Trend Nation, der unter den Zuhörern war. »Als sie uns aufforderten, ihnen Fragen zu stellen, entstand eine Rebellion in ihrem Gebäude, in das sie uns auf ihre Kosten eingeladen hatten.« Amazon-Executives und die Teilnehmer der Fashion Conference redeten noch Jahre später über die drohende Meuterei.

Viele Modemarken waren ebenso frustriert wie die Anbieter. Im Juli 2016 nahm der Sandalenhersteller Birkenstock seine Ware unter großem Getöse von der Amazon-Website und untersagte seinen sämtlichen autorisierten Drittanbieter-Resellern den Verkauf von Birkenstock-Produkten auf der Website.[125] Unternehmen wie Nike und Ikea folgten diesem Beispiel und regten Spekulationen darüber an, dass Amazon durch seine Unfähigkeit, Fälschungen zu stoppen, seine Beziehung zu den Markenherstellern schädigte.

Die Amazon-Mitarbeiter, die das Einzelhandelsmodegeschäft leiteten, wo Amazon bei etablierten Markenherstellern Waren zu Großhandelspreisen einkaufte, befanden sich nun in einer schwierigen Lage und steckten in der Zwickmühle zwischen wütenden Anbietern und dem unkontrollierten Wachstum des Marketplace. Mit großem Trara hatte Jeff Wilke 2009 Cathy Beaudoin eingestellt, eine Senior Executive von The Gap, und sie damit beauftragt, Designermode an einen Standort zu bringen, den niemand angesteuert hätte, um dort Kleidung zu kaufen. Beaudoin hatte eine 3700 Quadratmeter große Fabrik in Williamsburg, Brooklyn, eröffnet, wo Fotografen und Models wie am Fließband exquisites Bildmaterial für die Website erstellten. Außerdem überredete sie Jeff und MacKenzie Bezos, die Met Gala 2012 zu besuchen – der erste große Auftritt des Paares mit der Promi-Elite, bei dem sie mit Mick Jagger und Scarlett Johansson am Tisch saßen.

Jetzt machte der schwer kontrollierbare Marketplace den sorgfältigen Aufbau von Beziehungen zunichte. Gefälschte Handtaschen, Jeans und Abendkleider, die den echten Modellen täuschend ähnlich waren, führten zu endlosen angespannten Diskussionen. Auf Meetings schimpfte Beaudoin über die schlechten Kundenerfahrungen auf dem Marketplace, berichteten Kollegen; sie glaubte, dass die Ware der Drittanbieter den Ruf der Marketplace-Website schädigte und Amazons Partner verärgerte. 2017 verließ sie das Unternehmen, gerade als Amazon aufgrund seiner riesigen preiswerten Auswahl zu einem der führenden Bekleidungseinzelhändler der USA wurde.[126]

Trotz seines Erfolgs hatte Amazon noch immer ein großes Problem. Fälschungen, unsichere und abgelaufene Artikel sowie minderwertige Waren drohten seinen Ruf zu schädigen und das Vertrauen der Kunden zu zerstören. 2017 startete Amazon ein Projekt namens Brand Registry,[127] mit dem Marken ihre Logos und Designs schützen und potenzielle Verletzungen bei Amazon melden konnten. Amazons Führungskräfte behaupteten, das Projekt sei bereits vor der Meuterei auf der Fashion Conference gestartet worden. Doch in den Monaten nach der Revolte stellte das Unternehmen einen Senior Manager für das Brand-Registry-Projekt ein, vergrößerte das Team, das die Beschwerden bearbeiten sollte, und scheute weder Kosten noch Mühen, um die Tools zur Betrugsaufdeckung zu optimieren. Im Lauf der nächsten Jahre meldeten sich 350.000 Marken an.[128]

Das war nur der Anfang. Brand Registry führte zu einer neuen Beschwerdewelle, weil Amazon zu lange für die Bearbeitung von Klagen brauchte und das Problem der betrügerischen chinesischen Händler, die nach Schließung ihrer Accounts einfach neue eröffneten, immer noch nicht gelöst war. »Brand Registry verbesserte manches, doch es wurde nur wenig Druck ausgeübt«, sagte Larry Pluimer, ein früherer Amazon-Executive, der ein Online-Einzelhandelsberatungsunternehmen eröffnete, das Marken bei der Bewältigung dieser Probleme unterstützte.

In dieser Zeit verlor die Marketplace-Abteilung ihren Einfluss auf das S-Team. Sebastian Gunningham, der jahrelang direkt an Bezos berichtet hatte, wurde seinem früheren Kollegen Jeff Wilke unterstellt, nachdem Wilke und Andy Jassy 2016 bei einer konzernweiten Umstrukturierung zu Leitern der Einzelhandels- und Amazon-Web-Service-Abteilungen befördert worden waren. 2018 beendete Gunningham seine Serie führender, innovativer IT-Arbeitgeber, indem er Amazon verließ und zu dem wenig erfolgreichen Büro-Sharing-Start-up WeWork wechselte.

Durch den Fortgang des Seller-Champions und den damit einhergehenden Wegfall von Gunninghams direktem Draht zu Bezos und Wilke wurden Peter Faricy und sein Team Doug Herrington und der Einzelhandelsgruppe unterstellt und mussten sich mit den ständigen Debatten zwischen Erst- und Drittanbieter-Unternehmen und den Diskussionen über Qualität versus Quantität herumschlagen. Über ein Jahrzehnt lang hatten sich die beiden Unternehmensbereiche getrennt voneinander entwickelt; jetzt legte Bezos sie zusammen, was dazu führte, dass sich der Einzelhandel auf dem Markt behauptete.

In diesem Herbst verabschiedete sich auch Faricy von Amazon, zusammen mit vielen von Gunninghams langjährigen Executives. Sie beschrieben ein Arbeitsumfeld, das nicht mehr viel Spaß machte; es wurde zu viel Zeit darauf verwendet, den Marketplace in Schach zu halten, statt ihn zu vergrößern, und über eidesstattliche Aussagen bei Rechtsfällen zu diskutieren, die nur ein Vermächtnis der uneingeschränkten Expansion des Marketplace darstellten. Das Team war auch einem unerbittlichen Sperrfeuer von Bezos-Mails ausgesetzt, in denen er die Probleme des Marketplace beklagte und sofortige Antworten erwartete. »Ich glaube, ich habe jede Woche eine Fragezeichen-Mail von Bezos erhalten«, sagte Ella Irwin, Leiterin eines Teams, das sich mit Händlerbetrug beschäftigte.

Amazon-Executives befanden sich nun in einer schwierigen Lage. Sie wollten die Erfolge des Marketplace feiern und sich damit brüsten, dass Amazon Hunderttausende von unabhängigen Unternehmern unterstützte. Im Aktionärsbrief vom April 2016 schrieb Jeff Bezos, dass selbstständige Unternehmer jetzt für 58 Prozent aller auf der Website verkauften Produkte verantwortlich seien. »Die Drittanbieter treten unseren Direktanbietern in den Hintern«,[129] schrieb er.

Die Executives mussten den Marketplace jedoch auch häufig verteidigen. »Der größte Teil der Ware ist in Ordnung, doch es gibt eine kleine Minderheit unter den Anbietern, die das System abzocken oder irgendwelche Betrügereien begehen«, berichtete mir Jeff Wilke. »Es ist weiterhin unser Job, Kunden zu schützen und Betrug so schnell und so gründlich wie möglich aufzudecken und auszumerzen. Unser Ruf beruht auf dem Vertrauen unserer Kunden, und das müssen wir uns Tag für Tag aufs Neue verdienen, denn es kann sehr leicht verloren gehen.«

2019 gab Amazon 500 Millionen Dollar für Betrugsprävention aus und schätzte, dass man Betrüger dadurch daran gehindert hatte, 2,5 Millionen neue Accounts zu eröffnen.[130] Amazon führte auch ein neues Anti-Fälschungs-Tool namens Project Zero ein, mit dem zugelassene Marken mutmaßliche Patentverletzer automatisch löschen konnten, ohne ein Genehmigungsverfahren zu durchlaufen. Und es startete den Test eines Systems, durch das jeder einzelne Anbieter mithilfe von Video-Anrufen überprüft werden konnte.[131] Amazon schien sich auf lautlose Weise von der Idee einer vollkommen reibungslosen Selbstbedienungsplattform zu verabschieden.

Was die Executives immer noch nicht gern zugeben mochten, besonders in einer politisch sensiblen Phase der bilateralen Handelsbeziehungen, war die Tatsache, dass nach Angaben des Analyseunternehmens Marketplace Pulse 49 Prozent der 10.000 größten Anbieter auf Amazon von China aus tätig waren.[132] Im April 2020 stufte das Büro des US-Handelsbeauftragten Amazon-Websites in fünf Ländern als »berüchtigte Märkte« mit einem hohen Maß an Betrug und Produktpiraterie ein. Amazon bezeichnete den Bericht als »rein politisches« Pamphlet und Teil eines Racheakts der Trump-Administration.[133]

Trotz all dieser Kümmernisse hatte die Auswahlmaschine Jeff Bezos' hohe Ziele erreicht und Amazon an die Spitze einer schnell wachsenden, globalisierten Einzelhandelslandschaft katapultiert. Die höheren Margen durch den Dritthändler-Marketplace, dessen Gewinne mindestens doppelt so hoch waren wie die aus Amazons eigener Einzelhandelstätigkeit, würden weiterhin andere Teile des Konzernimperiums wie Prime Video sowie neue Logistikzentren ermöglichen, genau wie Bezos es immer gehofft hatte.

Die hohen Margen würden auch dabei helfen, Amazons jahrelange erfolglose Bemühungen zu unterstützen, den 700-Milliarden-Dollar-Rekord des Lebensmittelhandels zu brechen. Wie sich herausstellte, konnte man mit dem Leverage-Effekt sehr vieles anstellen – selbst wenn die Reise dorthin sich schwierig gestaltete und die Kosten für die Gesellschaft unerwartet hoch waren.

Kapitel 8:

Amazons Zukunft ist CRaP

John Mackey hatte Probleme. Man schrieb das Frühjahr 2017, und der Umsatz in seinen 460 Biomärkten war im Vergleich zum Vorjahr zum zweiten Mal in Folge gesunken; der Kurswert seiner Aktie hatte sich seit 2013 halbiert. Für den Unternehmer, der in den USA womöglich am meisten dazu beigetragen hatte, die Forderung nach einer achtsamen Ernährung salonfähig zu machen, sah es schlecht aus.

Ich hatte den Bilderstürmer einige Jahre zuvor kennengelernt; damals hatte Mackey mich durch seinen über 7000 Quadratmeter großen Flagship-Store neben dem Firmensitz von Whole Foods Market in Austin, Texas, geführt. Schon damals schien der Gründer und CEO des Unternehmens, ein Veganer mit ständig verstrubbeltem Haar, frustriert von der Entwicklung – ganz besonders, als ich den abschätzigen Beinamen seiner Läden erwähnte: »Whole Paycheck« – ein ganzer Wochenlohn. Die Journalisten »wollen immer nur unseren Wein für vierhundert Dollar die Flasche fotografieren, nicht den für zwei Dollar neunundneunzig«, beklagte er sich auf diesem Rundgang. Arthritis infolge jahrelanger Überbeanspruchung beim Joggen und Basketball ließ ihn leicht hinken.[134] »Wir haken sämtliche Preiskategorien ab, aber reden wollen sie immer nur über die teuren Sachen. Und das ist jetzt unser Narrativ – dass Whole Foods am Ende ist.«

Vier Jahrzehnte lang hatte Mackey zwischen den Ökopuristen (bei denen Alkohol oder raffinierter Zucker im Leben nicht in die Regale kämen) und den Supermarktketten-Pragmatikern (die eine Biomöhre nicht erkennen würden, wenn sie eine zwischen den Zähnen hätten) laviert. Gelegentlich hatte er den CEO-Verhaltenskodex verletzt – so hatte er in Internetforen unter Pseudonym im Lauf der Jahre Konkurrenten und Kritiker mit Hunderten Postings attackiert.[135] Doch seinen Prinzipien blieb er immer treu: Whole Foods würde niemals Cola light, Oreos, Doritos oder andere ähnlich beliebte, ähnlich ungesunde Produkte ins Programm nehmen. Im Lauf der Jahre baute er so ein Unternehmen auf, das aus Überzeugung gesunde Nahrungsmittel an die breite Masse vermarktete – einst eine Forderung der alternativen Szene – und zu Spitzenzeiten 21 Milliarden Dollar wert war.

Mit einem stagnierenden börsennotierten Unternehmen aber, das »auf einem auf Wertschöpfung für alle Stakeholder ausgerichteten Ethos«[136] basierte – so Mackey in seinem Buch *Conscious Capitalism* aus dem Jahr 2013 –, geht die Wall Street gern rabiat um. Ein Problem bestand darin, dass Whole Foods inzwischen nicht mehr allein auf weitem Feld dastand: Bei Walmart, Costco und Kroger fanden sich immer mehr Gänge, in denen geringfügig verarbeitete Lebensmittel und Bioprodukte angeboten wurden. Ein anderes war die Tatsache, dass durch den Aufkauf regionaler Ketten im Lauf der Jahre ein schwerfälliger Flickenteppich aus unterschiedlichen Backend-Systemen entstanden war. Ohne ein Kundenbindungsprogramm – denn dem verweigerte sich Mackey – wusste man sogar über die allertreuesten Kunden so gut wie nichts. Die dezentrale Aufbauorganisation machte das Unternehmen zu exakt dem Zeitpunkt unbeweglich, da eine rasche Anpassung an wechselnde Ernährungsmoden ebenso gefordert war wie die Einführung von individuellem Lieferservice und neuen digitalen Zahlungsmethoden.

Mackey leitete das Unternehmen zu jener Zeit gemeinsam mit Walter Robb als Co-CEO für das Tagesgeschäft – ein eher ungewöhnliches Arrangement. Vor welchen Herausforderungen sie standen, war ihnen bewusst, und so heuerten sie in Austin ganze Teams von Informatikern an und schlossen einen Vertrag mit dem aus San Francisco operierenden Lebensmittellieferanten Instacart, einem Start-up. Doch sie legten ein Schneckentempo vor – und schließlich war es zu spät.

2016 beschwerte sich die New Yorker Investmentfirma Neuberger Berman in ersten Schreiben sowohl an die Führungsetage von Whole

Foods als auch an andere Shareholder über nachlässiges Management und die unkonventionelle CEO-Struktur und beleuchtete Mängel wie etwa das Fehlen eines Bonusprogramms. Viel bewirkte die Briefkampagne nicht, bis Mackey im November auf den Druck reagierte, indem er allein die Leitung übernahm – das exakte Gegenteil von dem, was die Investmentfirma hatte bezwecken wollen.

Der Schachzug rief den Hedgefonds Jana Partners auf den Plan, einen sogenannten aktivistischen Investor, dessen geschäftsführender Gesellschafter Barry Rosenstein der Überzeugung war, Whole Foods sei »längst über den Jordan«. Jana kaufte Aktien in strauchelnden Unternehmen, forcierte Änderungen und machte schließlich massiven Profit, indem er die Firma zu radikalen Kostensenkungen zwang oder aber zum Bestpreis verkaufte.

Nachdem der Hedgefonds den ganzen Winter über in aller Heimlichkeit Anteile an Whole Foods aufgekauft hatte, gab er sich im April 2017 als zweitgrößter Shareholder des Unternehmens zu erkennen. Man forderte Umstellungen im Management und im Board of Directors; Rosenstein ließ später verlauten, man sei bereit gewesen, das Unternehmen komplett zu übernehmen und »selbst in Ordnung zu bringen«. Das Management von Whole Foods jedoch befürchtete, der eigentliche Plan bestehe darin, die Biokette mit einem anderen Lebensmittelgiganten zu verschmelzen, bei dem Jana ebenfalls Stakeholder war: Albertsons Companies, einem Zusammenschluss traditioneller Supermarktketten wie Safeway und Vons. Nach diesem Szenario würde der Mischkonzern aus dem wohlklingenden Markennamen von Whole Foods und dessen relativ schuldenfreier Bilanz Nutzen ziehen; zugleich würde der störrische John Mackey mit recht großer Wahrscheinlichkeit hinausbefördert werden, während man die Regale mit Cola, Doritos und anderer gut verkäuflicher Massenware bestückte.

Mackey und seine Executives machten sich erbost an eine eilige Verteidigungsstrategie. Sie rekrutierten fünf neue unabhängige Vorstandsmitglieder als Ersatz für lang gedientes Personal, das auf durchschnittlich mehr als fünfzehn Firmenjahre zurückblickte.[137] Außerdem machten sie sich auf die Suche nach einem Weißen Ritter, wofür sie sich einem damaligen Vorstandsmitglied zufolge sowohl an Portfoliounternehmen als auch an den Milliardär Warren Buffett wandten. Doch da die Gewinne stagnierten und der Lebensmittelhändler nicht genügend einnahm, um kreditwürdig zu sein, ging die Rechnung eines Leveraged Buyout nicht auf.

So verblieb nur noch eine Option, die fast jeder bei Whole Foods Market eher gewagt fand. Im Lauf der Jahre waren bereits mehrere Gespräche mit Amazon geführt worden, jedoch alle erfolglos. John Mackey allerdings bewunderte den Marktriesen; ein Jahr zuvor war er nachts aus einem lebhaften Traum aufgewacht, in dem seine Lebensmittelkette von dem Online-Giganten übernommen worden war. (»Das ist verrückt«, lautete damals der Kommentar seiner Frau Deborah.) Als *Bloomberg News* jedoch berichtete, führende Köpfe bei Amazon hätten unlängst eine Übernahme von Whole Foods diskutiert,[138] bat Mackey einen seiner Berater, den Telefonhörer zur Hand zu nehmen und ein letztes Mal zu versuchen, das Unternehmen zu retten.

Jeff Bezos pflegte potenzielle Geschäftsideen auf einem von zwei Stapeln abzulegen. Auf dem einen landeten die Chancen auf Landnahme, bei denen Eile geboten war – die Zeit war reif, die Konkurrenz zog schon ihre Kreise, und Amazon musste schnell handeln, um nicht zu spät zu kommen. Auf dem anderen landete alles Übrige – da konnte man sich Zeit lassen und in Ruhe experimentieren.

Bei Amazon-Projekten wie dem Online-Marktplatz für Drittanbieter, bei Kindle und Alexa hatte es sich um eilige Gelegenheiten zur Landnahme gehandelt. Bezos hatte seine Mitarbeiter mächtig angetrieben, und jeder hatte dabei Kriegsverletzungen davongetragen. In puncto Lebensmittelhauslieferung jedoch hatte er sich jahrelang eher treiben lassen – so lange zumindest, bis ernst zu nehmende Konkurrenz auf den Plan trat. Im selben Moment änderte er abrupt seine Meinung. Der folgende Strategiewechsel sollte nicht nur den gewaltigen Lebensmittelmarkt umkrempeln, sondern sich auch signifikant darauf auswirken, wie Kunden, Wettbewerber und die Regulierungsbehörden den Online-Moloch in Zukunft sahen.

Der Amazon-Executive, der am längsten über den Lebensmittelhandel nachgegrübelt und sich immer wieder für ein aggressiveres Herangehen ausgesprochen hatte, war Doug Herrington, Senior Vice President von Amazons Konsumgütersparte. Herrington, der zur Arbeit gern in Karohemd und Patagonia-Weste erschien, sprach in Meetings dermaßen leise, dass sich die Anwesenden oft vorlehnen mussten, um ihn zu verstehen. Zu einem früheren Zeitpunkt hatte er bei dem Rohrkrepierer Webvan gearbeitet, einem Lebensmittellieferanten der ersten Generation, der 2001 dichtmachen musste, obgleich ihm während der Dotcom-Blase durch private Beteiligungen und Aktienverkäufe eine knappe Milliarde Dollar zugeflossen war.

In die Geschichte des Internets sollte Webvan als das Symbol schlechthin für die arrogante Eile eingehen, mit der das Silicon Valley eine Zukunft erschuf, die die Menschen gar nicht wollten. Laut Herrington – selbst Absolvent sowohl der Princeton University als auch der Harvard Business School, der bei Webvan für Produktentwicklung und Marketing zuständig gewesen war – war die wahre Geschichte deutlich komplexer. Der grundsätzliche Fehler hatte in den zahlreichen Warenlagern bestanden, die CEO Louis Borders – Mitbegründer der gleichnamigen Buchhandelskette – und sein Team eingerichtet hatten und deren Betrieb derart kostenintensiv war, dass das Unternehmen bei jeder Bestellung draufzahlte. Als Reaktion auf die Rezession der frühen Nullerjahre, noch bevor man den Fehler korrigieren oder das Geschäft eröffnen konnte – und dabei bestand die Logistik schon in etlichen Städten –, kappte die Wall Street sämtliche finanzielle Unterstützung für unrentable Start-ups. Obgleich der Umsatz und der Kundenstamm des Unternehmens wuchsen, konnte es sich nicht schnell genug von seinen finanziellen Verpflichtungen befreien und musste Konkurs anmelden. »Mein Fazit« – so Herrington – »lautete: ›Theoretisch kann es funktionieren.‹ Wir haben falsche Entscheidungen getroffen, es fehlte zum Teil an Effizienz, aber die Kundschaft war begeistert.«

Nachdem Herrington 2005 zu Amazon gekommen war, um sich um die Sparte Verbrauchsgüter zu kümmern – Waren wie Reinigungs- und Nahrungsmittel, die relativ rasch verbraucht werden –, diskutierte das von ihm zusammengestellte Mitarbeiterteam nach Feierabend ein ambitioniertes Projekt, das mit ihrem Tagwerk nichts zu tun hatte. Der Auftrag bestand in einem Plan, nach dem Amazon einen landesweiten Lebensmittellieferdienst auf die Beine stellen konnte. Herrington wollte das Problem der individuellen Lebensmittellieferung knacken und endlich den bitteren Nachgeschmack der Webvan-Pleite loswerden. Ein gutes Jahr später, Ende 2006, als Amazon seine Räume in das ehemalige Pacific Medical Center verlegt hatte, begutachtete Jeff Bezos den Plan, der eine anfängliche Investition von 60 Millionen Dollar erforderte, und lehnte ihn ab. »Sein Feedback lautete: ›Tolle Vision, miserable Zahlen‹«, so Herrington. Stattdessen bekam er sieben Millionen Dollar, mit denen er in Seattle einen Betatest mit eingeschränktem Angebot fahren konnte. Der damalige Finanzvorstand Tom Szkutak bat ihn, dafür zu sorgen, dass die übrige Belegschaft dadurch nicht von der Arbeit abgelenkt wurde.

Amazon Fresh ging im August 2007 an den Start. In dem östlich von Seattle gelegenen Ort Bellevue pachtete Herringtons Team ein altes Distributionszentrum von Safeway, das nach dem Kollaps des lokalen Immobilienmarkts leer stand und »die reinste Horrorfilmkulisse« bot, so beschrieb es Ian Clarkson, der erste Geschäftsführer von Fresh. Schlichtweg alles an dem neuen Service musste anders aufgezogen werden als das, was man bisher von Amazon kannte: Das Lagerhaus war mit alten Kühlräumen ausgestattet, und die Website präsentierte auf jeder Seite nicht ein einzelnes Produkt wie sonst, sondern eine Vielzahl von Artikeln. Die Kunden hatten die Möglichkeit, für den Liefertag ein bestimmtes Zeitfenster zu wählen. Bezos begutachtete häufig die Fortschritte, die Amazon Fresh machte; irgendwann schlug er angesichts der in die Höhe schnellenden Lieferkosten eine Auslieferung im Morgengrauen vor. Genau wie die Müllabfuhr konnte man so das geringe Verkehrsaufkommen der Morgenstunden vorteilhaft nutzen.

Den Kunden in Seattle gefiel es, gleich nach dem Aufstehen Lebensmittel auf der Türschwelle vorzufinden. Die anderen Herausforderungen an Fresh waren deutlich schwerer zu bewältigen. Anders als die anderen Geschäftszweige von Amazon, die sofort über nationale oder sogar internationale Reichweite verfügten, war das Potenzial von Fresh auf die wenigen Postleitzahlengebiete limitiert, die seine Auslieferer anfahren konnten. Das Fresh-Team musste darüber hinaus etliche haarige Probleme lösen – was tun mit Lebensmitteln, deren Mindesthaltbarkeitsdatum abgelaufen war? Wie mit dem komplizierten Reifeprozess der Bananen umgehen? Wie reagieren, wenn sich jemand über etwas beschwerte, was nun wirklich nichts in seiner Suppe zu suchen hatte? Und doch – im Verlauf der ersten sechs Jahre machten sie langsam, aber sicher Fortschritte und hatten bald einen rentablen Betrieb in Sichtweite.

Während dieser ganzen Zeit legte Herrington dem S-Team regelmäßig seine Pläne vor, Fresh auch in anderen Städten aufzuziehen. Doch Amazon war damals noch nicht so groß, und Landnahmemöglichkeiten wie die (letztendlich scheiternde) Expansion nach China und das Fire Phone hatten Vorrang. Dass Kunden ihre Lebensmittel tatsächlich nach Hause geliefert haben wollten, wäre wohl ein eher langsamer Gewöhnungsprozess, glaubte Bezos. Herrington wiederum, zum Stillhalten verdonnert, scharrte frustriert mit den Hufen.

Im April 2012 schließlich rief Bezos das S-Team in Willows Lodge – einem Resort in Woodinville, Washington, etwa eine halbe Stunde nordöstlich von Seattle – zu der alljährlichen Klausur zusammen. Jeder Executive sollte ein ein- bis zweiseitiges Exposé mitbringen, das sich mit einer bedeutenden neuen Geschäftsidee für Amazon auseinandersetzte. Herrington war ein Jahr zuvor in den erlesenen Führungszirkel erhoben worden; sein knapp gefasstes Exposé sollte dem S-Team noch jahrelang zu denken geben. Schon die Überschrift war eine Provokation: »Amazons Zukunft ist CRaP«.

Firmenintern stand CRaP für »Can't Realize a Profit« – »Wird nie profitabel« – und hatte mehrere unterschiedliche Bedeutungen. Als CRaP galten Produkte wie Stehleitern und Whiteboards, die weder in Kartons passten noch umstandslos versandt werden konnten. In seiner Darlegung aber ging Herrington vor allem auf die billigen, platzraubenden Supermarkt-Produkte ein wie Trinkwasser in Vierliterbehältern, Colaflaschen oder auch Äpfel als Beutelware. Im Nachgang des Webvan-Fiaskos betrachteten die meisten Online-Händler solche Ware als wirtschaftliche Treibsandgrube. Um zumindest einen Teil dieser Artikel anbieten zu können, hatte Amazon ein »Add-on«-Programm entwickelt, das den wirtschaftlichen Schaden begrenzte: Ein Kunde konnte einen CRaP-Artikel nur dann in den Warenkorb legen, wenn er zugleich weitere Käufe etwa von Büchern oder Elektronikartikeln tätigte.

Herringtons Memorandum verwies auf die Tatsache, dass Walmart, Carrefour, Tesco, Metro AG und Kroger zu dem Zeitpunkt die fünf größten Einzelhandelsunternehmen der Welt waren. »Sie alle sorgen über den Lebensmittelverkauf für ihre Kundenbindung«, schrieb er. Wenn Amazons Warenhandel einen Bruttoumsatz von 400 Milliarden Dollar erreichen sollte, musste ein verändertes Geschäftsmodell her – von eher seltenen Käufen relativ hochpreisiger Artikel hin zu regelmäßigeren Käufen niedrigpreisiger Bedarfsgüter. Anders ausgedrückt: Wollte das Unternehmen in den Kreis der größten Einzelhändler vordringen, musste das S-Team einen Weg finden, wie sich Supermarktware mit Gewinn verkaufen ließ. Gelang das nicht, würden sie jeglichen Angriffen der Konkurrenz, die sich bereits Kauffrequenz und Kostenvorteile über das Lebensmittelmodell gesichert hatte, eine offene Flanke präsentieren.

Er schloss mit einem kleinen Seitenhieb in Richtung seiner Kollegen einschließlich Bezos mit seinem selbst proklamierten unerschütterlichen Mut. »Wir sollten bei der Investition in eine solche Zukunft weniger ängstlich sein«, hatte Herrington geschrieben. »Wir sind in der Lage, einen weitaus höheren Wetteinsatz auf den Tisch zu legen, wenn wir es nur wollen.«

Bezos reagierte im Allgemeinen gut auf derart kritische Selbstbetrachtungen, besonders wenn sie mit einem aggressiven Expansionsplan einhergingen. Eine solche Denkweise spiegelte seine eigene. Nachdem das S-Team mehrere Stunden lang schweigend die verschiedenen Exposés gelesen hatte, griff der Amazon-Chef Herringtons Vorschlag heraus und sagte: »Das hier hat mich wirklich zum Nachdenken gebracht.« Ein paar Monate darauf erhielt Herrington grünes Licht für eine selektive Expansion von Fresh nach Los Angeles und San Francisco.

Er hatte seine Schlacht gewonnen, jedoch noch nicht den Krieg – wie er das bewerkstelligen sollte, musste er noch herausfinden. Die Einführung von Amazons Lebensmittellieferservice in Kalifornien im Juni 2013 wurde von der Presse zunächst mit großem Tamtam begrüßt. Allerdings funktionierte es nicht ganz wie erhofft, oder zumindest nicht in dem von Herrington erhofften Umfang. Zur Deckung der Lieferkosten verlangte Amazon von seinen Kunden ein Abonnement in Höhe von heftigen 299 Dollar. Die notwendige Lieferkette für verderbliche Ware schuf man durch Kühlräume, die in bereits existierenden Logistikzentren in San Bernardino und Tracy – jeweils etwa eine Stunde östlich der Großstadt – eingerichtet wurden. Von dort aus ließ Amazon zwei Mal täglich Lastzüge die verschiedenen Verteilzentren beliefern, wo die Bestellungen für die letzte Meile bis zum Haus des Kunden in knallgrün lackierte Fresh-Lieferwagen umgepackt wurden.[139]

Nach Aussagen von Logistikmitarbeitern, die beim kalifornischen Ableger beschäftigt waren, entpuppte sich dieses Hub-and-Spoke-System jedoch letztendlich als derart ineffizient und unzuverlässig, dass – einer Aussage zufolge – Amazon »praktisch an jede Bestellung eine Zehn- oder Zwanzig-Dollar-Note antackerte«. Das Fresh-Team analysierte außerdem das Nachverfolgungssystem, das immer dann, wenn eine Lieferung prompt und vollständig erfolgte, die Note »perfekt« vergab. Es stellte sich heraus, dass dieses Ziel bei weniger als 70 Prozent der Bestellungen erreicht wurde.

Die Veteranen der Lebensmittelindustrie beobachteten die Versuche aus der Ferne und amüsierten sich. »Amazon Fresh ist ihr Waterloo«, meinte John Mackey zu mir während unseres Gesprächs im Jahr 2014. »Was ist das eine, das jeder Kunde will? Er will es bequem. Das klappt nicht mit Distributionszentren und Lastzügen.«

Sieht man vom Markteintritt in manchen Stadtteilen Brooklyns im Folgejahr ab, der still und leise erfolgte, verlangsamte sich die Eroberung neuer Märkte durch Fresh nach der Ausdehnung nach Kalifornien massiv. Ein erfolgreicher Online-Lebensmitteldienst war auf punktgenaue Logistik angewiesen und darauf, dass dank reichlicher Nachfrage noch ein Profit übrig blieb, nachdem die Fahrer in die Wohngebiete ausgeschwärmt waren. Amazon hatte seine Großlager in zu weiter Ferne von der Kundschaft eingerichtet, hatte an das Abo ein zu hohes Preisschild geklebt und hinterließ den Kunden mit jeder Lieferung voluminöse Tragetaschen und Beutel voller Trockeneis. Bezos stimmte zwar endlich mit Doug Herrington überein, dass Amazon seinen Einzelhandel neu erfinden müsse, aber die dafür erforderliche neue Herangehensweise musste erst noch erfunden werden.

Und dann, wie so häufig in Amazons Unternehmensgeschichte, betraten Wettbewerber das sich verändernde Wettbewerbsumfeld. Bezos und das S-Team waren sofort aufgerüttelt und packten die Angelegenheit mit neuer Entschlossenheit an. Der Wettlauf um Online-Bestellungen und Liefergeschwindigkeit im Lebensmittelsektor sollte sich nun zu dem entwickeln, was ihre Aufmerksamkeit und ihre Investitionen am verlässlichsten auf sich zog: eine Gelegenheit zur Landnahme.

Zwei Rivalen mit ähnlichen Geschäftsmodellen führten die Expresslieferung am selben Tag ein, Same Day Delivery genannt. Das Start-up Instacart aus San Francisco hatte Apoorva Mehta gegründet, ein ehemaliger »fünftrangiger« leitender Entwickler aus Amazons Logistikabteilung (mit anderen Worten, ein auf der von Rang 1 – Neuling in der Kommissionierung – bis Rang 12 – Jeff Bezos – reichenden Skala recht niedrig stehender Mitarbeiter).

Instacart sicherte sich Millioneninvestitionen von Risikokapitalgebern wie Sequoia, dem ersten Finanzier von Webvan, und ging Kooperationen mit Supermarktketten wie Whole Foods Market, Costco und Safeway ein. Hinzu kamen Verträge mit Kommissionierern, die, mit Smartphones ausgestattet, direkt im Supermarkt die jeweilige Bestellung zusammenstellten, und mit Fahrern, die die Bestellungen mit dem eigenen Fahrzeug zur Haustür transportierten. Man ging keinerlei Risiken ein, weder mit einem Warenbestand noch mit teuren Arbeitsverträgen, denn sämtliche Mitarbeiter waren selbstständige Auftragnehmer. Mit nur einem Bruchteil der Fixkosten, die Webvan versenkt hatte, ging bei diesem Start-up ein gewaltiger Hebel einher.

Nachdem Instacart 2012 auf die Bühne gesprungen und sogleich mit rasanter Geschwindigkeit in weitere Städte expandiert war, versuchte Amazons M&A-Team, mit dem Start-up Kontakt aufzunehmen, um es näher kennenzulernen. Apoorva Mehta jedoch, der Amazons Methoden nur zu gut kannte, reagierte nicht.

Hinzu kam der zweite Herausforderer, der noch gefährlicher erschien. Amazons Erzrivale Google führte einen Dienst namens Google Shopping Express (später nur noch Google Express) ein,[140] der den Abonnenten für jährlich 95 Dollar uneingeschränkte Same-Day-Expresslieferungen von Ketten wie Costco, Target und Smart & Final bot. 2014 wurde der Service auf Chicago, Boston und Washington ausgedehnt; wenig später sollte er bereits auf Bezos' eigenem Court aufschlagen – in Seattle. Irgendwelche Zweifel bezüglich der Absichten des Suchmaschinengiganten räumte Google-Chairman Eric Schmidt in jenem Herbst bei einer Rede in Berlin aus. »Viele halten Bing oder Yahoo für unsere Hauptkonkurrenz«, erklärte er. »Tatsächlich ist Amazon unser größter Suchmaschinenkonkurrent. Kaum einer sieht Amazon als Suchmaschine, aber wer eine bestimmte Ware finden will, wendet sich in der Mehrzahl der Fälle an Amazon.«[141]

Amazons Manager und Mitarbeiter waren unterschiedlicher Meinung, welcher der beiden Rivalen die größere Bedrohung darstellte. Jeff Wilke räumte ein, an Google Express mit seinem breit gefächerten Warenangebot aus Geschäften sowie Supermärkten sei zu erkennen, »dass der Kunde die raschere Lieferung bevorzugt«. Eine Gefahr jedoch waren beide. In der Vergangenheit hatte Amazon Wettbewerber wie Zappos und Quidsi (den Eigentümer von Diapers.com), die ihm bei einer beschränkten Produktkategorie in puncto Auswahl und Liefergeschwindigkeit überlegen waren, schlichtweg akquiriert. Im Fall von Instacart und Google jedoch sah man sich einer Herausforderung gegenüber, die sich weder aufkaufen ließ noch verschwinden würde.

Bezos war mit neueren Initiativen wie Alexa beschäftigt; die täglichen Rangeleien beim Verbrauchergeschäft überließ er dem zuständigen CEO. In jenem September, während Google Express gerade eifrig expandierte, saß Wilke anlässlich der vierteljährlichen Manöverkritik mit dem Amazon-Prime-Team beisammen; er bat seine Führungsriege um Vorschläge, wie auf die Bedrohung zu reagieren sei. Seine Executives schlugen vor, das Produktangebot auszuweiten, das Prime-Mitglieder unter Lieferkostenaufschlag per Express bestellen konnten. Wilke genügte dies nicht als Antwort auf die Konkurrenzangebote; er wies den Vorschlag zurück und »ließ das Meeting platzen«, wie er es später formulierte.

Wilke kündigte an, er wolle das Problem aus einer völlig neuen Richtung angehen. Sie würden ein unabhängiges Team bilden, um einen Service aufzubauen, der abseits der Amazon-Website agieren und sich dabei ausschließlich auf Ultrafast-Lieferungen konzentrieren sollte. Dieses, so erklärte er, sollte innerhalb von hundert Tagen seinen Stapellauf haben. Dave Clark, bei Amazon für das operative Geschäft verantwortlich, sollte gemeinsam mit Herrington die Oberaufsicht haben.

Während dieser Besprechung saß als Protokollführerin Stephenie Landry zu Wilkes Seite, seine technische Beraterin, die seit zehn Jahren für Amazon tätig war. Während sie eifrig Notizen tippte, ploppte ein Chatfenster auf – eine Nachricht von Clark, der am anderen Ende des Besprechungstischs saß. Ob sie das neue Projekt leiten wolle? O ja.

Landry war ein aufsteigender Stern am Himmel von Amazon, eine detailorientierte, hartnäckige Sklaventreiberin, die perfekt zu Jeff Bezos' Führungsprinzipien passte. Die New Yorkerin hatte am angesehenen Wellesley College ihren Abschluss in Frauenforschung gemacht und im Anschluss ein Stipendium der Universität erhalten, um ein Jahr lang ausgerechnet Holzschiffe zu bauen. Danach arbeitete sie während der Dot.com-Pleite für eine sich mühsam haltende Internetfirma, erlangte ihren MBA von der University of Michigan und stieß 2003 zu Amazons Abteilung für das operative Geschäft, wo sie zunächst Umbaumöglichkeiten für die Lagerhäuser eruierte, damit dort auch anderes als Bücher, DVDs und kleine Elektronikgeräte vorgehalten werden konnte. Das Foto auf ihrem ersten Namensschild zeigt sie mit einer Art Irokesenschnitt.

Landry stieß zu dem ersten Fresh-Team in Seattle hinzu und leitete danach Prime Pantry, einen weiteren von Herringtons mühseligen Versuchen, das CRaP-Problem zu knacken. Bei diesem Service, der es nie in die Profitabilität schaffte, konnte man einen Karton mit maximal 20 Kilo Lebensmitteln des Grundbedarfs wie Frühstücksflocken, Nudeln und Trinkwasser zu supergünstigen Preisen ordern.

In ihrem neuen Job bestand Landrys erste Aufgabe darin, das PR-FAQ abzufassen, jene hypothetische Pressemitteilung, die genau den Eindruck des neuen Angebots vermittelte, auf den Wilke aus war. Die Ausarbeitung und ihre nachfolgenden Überarbeitungen sprachen von einem auf einer Smartphone-App basierenden Dienst, den Landry zunächst Amazon Magic taufte und dann Amazon ASAP. Sie schlug vor, drei einzelne Teams zu bilden, jedes mit einem nach Zauberwerk klingenden Namen, von denen jedes für sich in eigener Herangehensweise das Ziel der ultraschnellen Lieferung in Angriff nehmen würde.

Eine Gruppe mit dem Codenamen Houdini sollte eine Ordermöglichkeit entwickeln, für die eine beschränkte Auswahl der beliebtesten Amazon-Produkte in strategisch in den Großstädten platzierten Warenlagern vorgehalten und direkt dort bestellt wurde. So könnte Amazon häufig bestellte Produkte innerhalb von Stunden zum Kunden bringen.

Eine zweite Gruppe namens Copperfield sollte sich der Sache aus Richtung eines Drittanbieter-Marktplatzes nähern. Dieses Team sollte Kooperationen mit Kaufhäusern und Supermärkten eingehen, deren Produktpalette auf einer neuen Amazon-Smartphone-App gelistet würde, genau wie bei Google Express und Instacart. Die dritte Gruppe schließlich sollte eine Idee namens Presto verfolgen. Hier sollte eine noch kleinere Auswahl an Topsellern in Last- oder Lieferwagen durch die Gegend gefahren werden, um innerhalb von zehn Minuten aus unmittelbarer Nähe erfolgte Bestellungen zu liefern. Dieser Ansatz erwies sich als reichlich komplex und in zu vielen Beziehungen deckungsgleich mit den anderen beiden, weshalb er rasch ad acta gelegt wurde.

Bezos billigte diese Pläne, engagierte sich dabei aber weniger selbst als bei neuen Technologien wie beispielsweise Alexa. Er nahm die wöchentlichen Updates zur Kenntnis, die Landry dem S-Team mailte, und klinkte sich gelegentlich mit Fragen ein. Ein wichtiger Beitrag allerdings kam von ihm: Während einer Besprechung im November 2014 verwarf er den Namen Amazon ASAP und benannte den Service in Prime Now um, um ihn enger an Amazons wachsenden Mitgliederservice anzubinden. Nur mit größter Mühe konnten Landry und ihr Team das Branding im letzten Moment ändern.

Zu diesem Zeitpunkt legten sie alle an sieben Tagen die Woche Achtzehn-Stunden-Schichten ein, um das Hundert-Tage-Ziel zu packen. Währenddessen hackten in Seattle die Entwickler die neue Prime-Now-App sowie ein Smartphone-Tool namens Rabbit, das die Lieferanten zu den Lieferadressen führen sollte, in die Tastaturen. Das Unternehmen wollte das Angebot zunächst mit fest angestellten Fahrern betreiben, um später zu dem Freelancer-Modell überzugehen, das Uber und Instacart eingeführt hatten.

Die Houdini-Variante von Prime Now setzte Amazon in Midtown Manhattan um; hier bestückten Mitarbeiter nun die Regale eines 4500 Quadratmeter großen Lagers in einem Büroturm direkt gegenüber dem Empire State Building mit beliebten Produkten wie Kopfhörern der Marke Beats, Kaffeemühlen, Toilettenpapier und Selters.

Während der ersten Dezemberwochen schwärmte die Crew in Midtown aus und gab im Testgebiet Probebestellungen auf. Landry, die mit ihrem Lebensgefährten und ihrem zweijährigen Sohn ein Airbnb in Brooklyn quasi dauerhaft bezogen hatte, bestellte ein Paar Havaiana-Flipflops, während sie sich eine Pediküre genehmigte; die Lieferung erfolgte, noch bevor die Fußpflege abgeschlossen war.

Die offizielle Markteinführung von Prime Now erfolgte am 18. Dezember 2014; den Marketing-Gag, zum Launch das gesamte Empire State Building in Geschenkpapier zu wickeln, hatte man allerdings verworfen. Aufgrund einiger Verzögerungen in allerletzter Minute hatten Landry und ihr Team damit die Deadline um elf Tage verpasst – eine zu vernachlässigende Verzögerung, wegen der sie hin und wieder aufgezogen, niemals jedoch gerügt wurden.

Wilke war zufrieden. Der Service versprach Prime-Kunden in ausgewählten Teilen Manhattans eine Lieferung innerhalb von zwei Stunden ohne Extrakosten; für zusätzliche 7,99 Dollar verkürzte sich die Lieferzeit auf maximal eine Stunde. Nach und nach wurde die Lieferzone ausgeweitet. Nach dem Launch ließ sich Bezos mit einer Prime-Now-Packpapiertüte im Arm vor seinem Apartment am Central Park fotografieren, neben sich ein Lieferant, den die Sache völlig cool zu lassen schien.

Houdini allerdings war der leichtere Teil. Copperfield – die Initiative, die über eine App Lebensmittel aus kooperierenden Supermärkten verkaufen sollte – war die eindeutig wichtigere Unternehmung. Während die Kundschaft sich schon mal ein paar Tage geduldete, bis Kopfhörer oder Flipflops geliefert wurden, sollten Lebensmittel normalerweise sofort an die Tür gelangen. Auf der Suche nach einem Geschäftspartner besuchten die Prime-Now-Executives und ihre Pendants von Amazons Unternehmensentwicklung etliche Konzernzentralen – Kroger in Cincinnati, Safeway im kalifornischen Pleasanton, Gelson's Markets in Los Angeles. All diesen Lebensmittelspezialisten war bange vor Amazon, sie waren gleichgültig gegenüber Prime Now und in Sorge bezüglich Amazon Fresh, obgleich das nur in wenigen Städten operierte.

Bezos war besonders erpicht auf eine weitere Kette: Trader Joe's. Aus seinem Umfeld ist zu hören, er sei regelrecht vernarrt gewesen in die Läden und das breite Spektrum an ausgewählten, hochwertigen Produkten der Eigenmarke. Der Leiter von Amazons deutscher Zweigniederlassung, Ralf Kleber, wurde nach Essen geschickt, um sich dort mit der Familie Albrecht vom europäischen Discounter-Mischkonzern Aldi Nord zu treffen, zu dem auch Trader Joe's gehört. Seiner Rückmeldung zufolge war es ein kurzes Meeting, die Albrechts waren an einer Kooperation mit Amazon nicht interessiert.

Schließlich flogen die Copperfield-Manager zu Whole Foods Market nach Austin, um dort ihr Prime-Now-Projekt vorzustellen. John Mackey war bei dem Termin nicht anwesend; seine Manager lehnten den Vorschlag direkt ab. Whole Foods war bereits eine Kooperation mit Instacart eingegangen. Zugleich wollten sie Fragen zu Amazon Fresh beantwortet haben und gaben zu verstehen, es sage ihnen gar nicht zu, dass Lieferwagen von Fresh auf dem Parkplatz einer Whole-Foods-Filiale abgestellt wurden, was sie als einen schäbigen Versuch werteten, sich mit fremden Federn zu schmücken. Die Amazon-Manager reisten unverrichteter Dinge ab. Obgleich Amazon das Geschäftsmodell jeder Branche, in die es vordrang, auf den Kopf stellte, fehlte ihnen offenbar jedes Verständnis dafür, dass so viele Unternehmen Amazon als das personifizierte Böse zu betrachten schienen. Vollkommen umsonst sollte das

Treffen jedoch nicht gewesen sein: Während der Vorbereitungen hatte Amazons Abteilung Unternehmensentwicklung den Immobilienbesitz von Whole Foods unter die Lupe genommen und festgestellt, dass diese Karte perfekt zu der geografischen Verteilung der Prime-Kunden passte.

Der New-York-Launch von Copperfield als Ergänzung zu Houdini war für März 2015 geplant. In Ermangelung großer Geschäftspartner jedoch und angesichts des komplizierteren Vorgangs, den das Befüllen eines Warenkorbs aus Supermarktregalen darstellte, verzögerte sich der Stapellauf um mehrere Monate. Schließlich ging es mit einigen wenigen Läden und einer einzigen landesweiten Marke an den Start: Sprouts Farmers Market, ein Konkurrent von Whole Foods Market. Dennoch dehnte sich Prime Now nach und nach auf ganz New York City aus und eroberte Orte wie London, Los Angeles, San Francisco, Atlanta, Dallas und Miami.

Die Mitarbeiter von Prime Now gestanden später ein, der Service sei übereilt realisiert worden. Anfangs fehlten einige unverzichtbare Features wie etwa die Möglichkeit von Retouren. Traten Probleme auf, erstattete Amazon ohne Rückfrage den Kaufpreis und kam selbst für den Schaden auf. Die durch die rasche Lieferung verursachten Kosten waren ebenfalls beträchtlich, hinzu kamen Pacht und Betrieb von Lagerräumen in den durch hohe Immobilienkosten gekennzeichneten Metropolregionen. Angesichts dieser Bedingungen sollte Prime Now noch über Jahre hinweg tief in den roten Zahlen stecken.

Dennoch – dank der Unternehmung war Amazons offene Flanke geschlossen; zugleich war damit der Bedrohung durch die Konkurrenten Instacart und Google Express begegnet. Die gesamte Prime-Now-Unternehmung galt firmenintern als Erfolg unter erschwerten Bedingungen, und Stephenie Landry wurde gebeten, bei der halbjährlichen Mitarbeiterversammlung in Seattles KeyArena eine Rede zu halten. Auch hatten die vergeblichen Treffen mit feindselig gestimmten Einzelhändlern als Augenöffner gedient: Angesichts der begrenzten Chancen auf Kooperationen musste Amazon die Lieferketten für alltäglichen Hausrat und Lebensmittel selbst deutlich mehr erschließen, wenn es jemals in diesem brutalen Wettbewerb mithalten wollte.

Genau zu der Zeit, da Prime Now weitere Städte mit seiner Blitzoffensive überzog, stellte Doug Herrington Jeff Bezos den Pitch für eine neue Phase seiner fortwährenden Lebensmittelkampagne vor. Es war der Herbst 2015, und die Mitarbeiter des Projekts hörten vom Roxanne-Gebäude aus über Telefon mit, während Herrington und seine Manager drei Häuserblocks entfernt im Konferenzraum von Day One North auf Bezos trafen. Zur Diskussion stand Bloom Street, eine bereits massiv durch Fokusgruppen vorbereitete Eigenmarke, die eine breite Palette an Lebensmitteln und Körperpflegeprodukten aufweisen sollte, von Kaffee, Wein und Knabbereien bis hin zu Rasierern. Das Ziel bestand darin, ein Äquivalent zu Costcos umfangreicher Eigenmarke Kirkland Signature zu schaffen, die für einen Jahresumsatz von fantastischen 30 Milliarden Dollar verantwortlich war.

Herringtons Team hatte monatelang auf diesen Augenblick hingearbeitet, wie so oft, wenn Bezos etwas zur Beurteilung vorgelegt werden sollte. Sie hatten die Produkte entworfen, Produktionsbetriebe identifiziert, Preise ausgehandelt und die Etiketten entworfen. Herrington hatte Bezos sogar ein Kick-off-Produkt zum Probieren mitgebracht – Bloom-Street-Kaffee. Zwei Mitarbeiter, die dabei anwesend waren, erinnern sich, dass Bezos den Kaffee in einem Nebenraum probierte, dann in den Konferenzraum kam und erklärte, der schmecke ihm ziemlich gut. Als Nächstes erklärte er, das Markenkonzept schmecke ihm ganz und gar nicht.

Amazon veröffentlichte später ein Statement, in dem es hieß: »Jeff war einfach der Meinung, Bloom Street habe noch nicht ins Schwarze getroffen, und glaubte, wir könnten etwas Interessanteres, Kreativeres schaffen.« Doch mehrere Mitarbeiter des Projekts hörten eine differenziertere Erklärung. Bloom Street war eindeutig an das Unternehmen gekoppelt, auf der Verpackung prangten Amazons Smile-Logo und andere Firmenzeichen. Diese Mitarbeiter hatten erfahren, Bezos wolle nicht den Namen und die Reputation von Amazon mit einer einzigen, relativ unkreativen Lebensmittelmarke aufs Spiel setzen. Bezos forderte eine komplette Überarbeitung; zudem sollte das Team diverse Eigenmarken mit und ohne »Amazon« im Namen einer Prüfung unterziehen. Da es sich hierbei um ein äußerst scharf beobachtetes neues Geschäftsfeld handeln würde, wollte er von nun an die weitere Arbeit des Teams genauestens beobachten. »Jeff trat voll auf die Bremse«, erinnerte sich JT Meng, der am Projekt beteiligt war.

Die Besprechung sollte eine sechsmonatige Verzögerung der Einführung einer Eigenmarke durch Amazons Konsumgüterabteilung zur Folge haben. Es gab jedoch gute Gründe, am Ball zu bleiben: Eigenmarken machten in den USA rund 20 Prozent des Einzelhandels aus und in europäischen Ländern wie Großbritannien, Deutschland, Spanien und der Schweiz mehr als 40 Prozent.[142] Durch direkte Zusammenarbeit mit den Produzenten konnten die Händler die Preise senken und höhere Gewinnspannen realisieren; zugleich sorgten exklusiv erhältliche Produkte für Kundenbindung. »Wir sind relativ spät hinzugekommen«, sagte Herrington. »Die Anbieter fragten ständig: ›Wann steigt ihr da endlich ein? Ihr seid praktisch die Letzten.‹«

Einige Eigenmarken vertrieb Amazon bereits, allerdings mit gemischtem Erfolg. Manche waren ausgesprochen erfolgreich gewesen – Batterien, HDMI-Kabel und anderes Elektronikzubehör, das Amazon unter Amazon Basics zusammenfasste –, doch es hatte auch einige Debakel gegeben. Einem Mitarbeiter zufolge, der es selbst miterlebt hatte, mussten einmal Bettlaken der Hauswarenmarke Pinzon zurückgerufen werden, weil die Etiketten nicht den Vorschriften entsprachen. Eine Gartenmöbellinie wurde aufgrund miserabler Qualität ganz aus dem Programm genommen – etliche Artikel waren zurückgeschickt worden und konnten nur noch entsorgt werden. Große Beachtung hatten die Windeln und Babypflegetücher gefunden, die Amazon unter Fanfaren im Dezember 2014 unter seinem Label Amazon Elements herausgebracht hatte. Die Windeln wurden prompt mit Ein-Sterne-Bewertungen überschüttet, in denen sich Eltern über mangelnde Passform und Undichtigkeit beschwerten. Unter Schimpf und Schande zog Amazon die Windeln nach wenigen Wochen zurück. Manche Mitarbeiter sahen in der damit verbundenen PR-Katastrophe einen der Gründe, warum Bezos vor einer einzelnen, stark beachteten Konsumgütermarke zurückschreckte.

Nach dem Bloom-Street-Meeting mit Bezos gestaltete Herrington mit seinem Team eine neue Eigenmarkenstrategie; es wurden mehrere

Marken geschaffen, darunter einige, die nicht auf den ersten Blick mit Amazon in Verbindung standen. Mit ihren teils recht bizarren Namen tauchten sie im Lauf des Sommers 2016 auf der Website auf.[143] Es gab Happy-Belly-Kaffee, diverse Snacks und Küchengewürze, die Haushaltsreinigermarke Presto! sowie – unter dem Namen Mama Bear – Babyausstattung für frischgebackene Eltern inklusive eines neuen Windelversuchs, diesmal hergestellt durch den Konsumgüterriesen Kimberly-Clark.

Wickedly Prime, ein Gourmet-Label, das Bezos gemeinsam mit Herrington und Sunny Jain, einem seiner CEOs, entwickelte, debütierte Ende 2016 mit ausgefallenen Snacks wie gerösteten Cashews mit Kokos-Toffee-Note, salzigen Bananenchips und feurig-scharfem Mango-Studentenfutter-Mix. Einige Monate darauf erfolgte der Relaunch von Amazon Elements, einer Marke, bei der die Transparenz im Hinblick auf die Inhaltsstoffe im Mittelpunkt stand. Auf die Verpackungen von Vitaminen, Nahrungsergänzungsmitteln und Proteinpulver war ein Authentizitäts-Code aufgedruckt, der – per Smartphone-App eingescannt – Informationen zu den Inhaltsstoffen des Produkts und zum Herstellungsort abrief. Tatsächlich wurde dieses Angebot nur von wenigen Kunden genutzt.

Bezos und andere Amazon-Executives forderten derweil, alles müsse noch schneller vorangehen. Sie setzten »S-Team-Ziele« wie etwa die Anforderung ans Team, das Sortiment um eine bestimmte Anzahl an Produkten zu erweitern. Etwa 500 solcher firmeninternen Ziele wurden gesteckt und am Ende eines jeden Kalenderjahrs von der Konzernleitung abgesegnet – eine der wichtigsten Schlüsselkennzahlen für jeden Geschäftszweig des Konzerns. Teams, in deren Verantwortung diese Ziele lagen, mussten regelmäßig über ihren Fortschritt berichten und für jeden Verzug eine Erklärung abliefern. Für das S-Team und sein Management des weit verzweigten Mischkonzerns mit nur lose verbandelten Tochtergesellschaften war dies ein unerlässliches Werkzeug.

Die aggressiven neuen Benchmarks hatten das Eigenmarkenteam auf den heißen Stuhl katapultiert. Lücken in Amazons Warenkatalog sollten mit einem stetigen Zustrom neuer Produkte gefüllt werden, zugleich hieß es, die Qualität hochzuhalten und nichts zu tun, was der Reputation des Unternehmens schaden könnte. Mitarbeiter jener Zeit berichten von Arbeiten unter Höchstdruck, wobei die Teams der verschiedenen Eigenmarken im scharfen Wettbewerb lagen und alle sich für die Erfolgsrechnung verantworten mussten. Derweil hatte Bezos alles scharf im Blick, bis hin zu den bei neuen Produkten verwendeten Gestaltungsmitteln, und drückte unnachgiebig aufs Tempo.

Etliche Mitarbeiter der Eigenmarken gestanden später ein, sie hätten sich angesichts dieser Zwickmühle einer Abkürzung bedient: Sie machten sich Amazons gewaltigen Datenschatz zunutze. Jahre später sollte diese Vorgehensweise massiv in den Fokus der Regulierungsbehörden sowohl in den USA als auch in Europa geraten, wobei unter anderem diese Frage gestellt wurde: Hatte sich das Unternehmen die einzigartigen Tools und Geschäftsgeheimnisse zunutze gemacht, die ihm durch den Online-Handel zur Verfügung standen, um seinen Eigenmarken einen unfairen Vorteil zu verschaffen? Anders ausgedrückt: Hatte Amazon beim Wettbewerb mit seinen eigenen Erst- und Drittanbietern betrogen?

Eine von Amazons Datenbanken, Heartbeat genannt, versammelte sämtliche auf der gesamten Website erschienenen Produktbewertungen; die Mitarbeiter konnten darin nach wiederkehrenden Mustern suchen, aus denen sich Verbesserungen für bereits etablierte Produkte ableiten ließen. So zeigten die Produktbewertungen in der elementaren Kategorie Hundekotbeutel, dass die Kunden regelmäßig rätselten, welche Seite des Beutels die offene war. Und schon war auf das von Amazon Basics angebotene Produkt ein Pfeil mit den begleitenden Worten »hier öffnen« aufgedruckt. Ein weiteres wertvolles Hilfsmittel war der Service namens Amazon Vine,[144] bei dem einflussreiche Produktbewerter Artikel begutachteten, die ihnen kostenlos zur Verfügung gestellt wurden – was natürlich ein begeistertes Urteil wahrscheinlicher machte.

Unter der Bedingung, anonym zu bleiben, haben mehrere Markenverantwortliche mir gegenüber eingestanden, eine noch weitaus wertvollere Ressource angezapft zu haben: die Platzierung auf der Seite der Suchergebnisse. Wurde ein neues Produkt lanciert, konnte der Markenverantwortliche zumindest für die ersten Tage die anfängliche Relevanzbewertung des neuen Produkts mit der eines etablierten Produkts verknüpfen – etwa die Mama-Bear-Windeln mit Pampers. Diese Praxis wurde als »Search Seeding« bezeichnet. Das Eigenmarkenprodukt erschien daraufhin bei der Listung ganz oben statt zusammen mit anderen neu gelisteten Artikeln auf der unbeachteten letzten Seite.

Als ich Doug Herrington die Frage stellte, ob Amazon auf die Suchresultate seiner eigenen Eigenmarken Einfluss nehme, leugnete er dies rundheraus. »Wir manipulieren die Suchresultate in keiner Weise«, sagte er und fügte hinzu, Amazon-Marken würden bisweilen – wenn es sich um »Schnäppchen« handele – bei den Suchresultaten durch Annoncen sichtbar gemacht; reagierten die Kunden darauf nicht, verschwanden die Amazon-Produkte wieder in der Versenkung. Er verglich außerdem die Amazon-Taktik mit der Praxis von Ladengeschäften, auf deren beschränkten Regalmetern direkt neben frei verkäuflichen Schmerzmitteln wie Tylenol und Advil die Generika platziert werden. Amazon hingegen habe »unendlich viele Regalmeter«, meinte Herrington, und die Kunden könnten aus einer breiten Vielfalt wählen.

Von den Markenverantwortlichen erfuhr ich jedoch, dass solche Praktiken sehr wohl vorkamen, und dies mit durchschlagender Wirkung. JT Meng, der frühere Eigenmarkenmitarbeiter, erinnerte sich, dass er das Search Seeding der Babypflegetücher von Amazon Essentials zurücknehmen musste, da die Verkaufszahlen auf über 20 Prozent des Gesamtvolumens der Kategorie angestiegen waren und damit die guten Geschäftsbeziehungen mit Procter & Gamble und Kimberly-Clark gefährdeten. Ein Amazon-Betriebswirt, der mit dem Eigenmarkenteam zusammenarbeitete, ergänzte: »Den Markenverantwortlichen wurden sehr hohe Ziele gesteckt, sie haben sich sofort darin verbissen. Sie würden zu jedem Mittel greifen, um ihre Artikel zu platzieren. So läuft das bei Amazon halt.«

Amazons Kritiker und auch manche seiner Drittanbieter warfen dem Unternehmen vor, einen weiteren signifikanten Vorteil auszuschlachten. Anhand der Verkaufsstatistiken zu den Marketplace-Drittanbietern konnten die Markenverantwortlichen rasch neue Kauftrends ausmachen und Produkte identifizieren, die sich gut verkauften und somit zu kopieren lohnten. Von den Amazon-Executives verlautete, es seien Sicherungen eingebaut, die derartige Datenschnüffelei verhinderten. »Wir verwenden die Daten eines einzelnen Drittanbieters nicht, um zu entscheiden, welche Artikel für eine Eigenmarke hergestellt werden sollen«, erklärte Jeff Wilke mir gegenüber. Dies bekräftigte Amazon auch 2019 in einer Zeugenaussage vor dem US-Kongress: »Bei uns gibt es keine direkte Verwertung der Daten einzelner Verkäufer für einen Wettbewerbsvorteil«, so Nate Sutton von Amazons Rechtsabteilung.

Von drei Managern jedoch, die an der Eigenmarkeninitiative beteiligt waren, ist das Gegenteil zu hören.

So sagte mir eine an einer neuen Lifestyle-Marke namens Solimo Beteiligte, sie sei davon ausgegangen, bei Drittanbieter-Daten gelte »Hände weg!«, als sie 2016 zum Unternehmen hinzustieß. Nach einem Jahr habe ihr Boss ihr gezeigt, wie man Zugang zu den Verkaufsdaten bekommt, und sie angewiesen, sich bei Bedarf Hilfe bei Amazons Datenanalysten zu holen. Die Mitarbeiterin, die darum bat, ihren Namen nicht zu verwenden, analysierte in der Folge Drittanbieter-Verkäufe, um festzustellen, welche Nahrungsergänzungsmittel sich am schnellsten und in welcher Menge zu welchem durchschnittlichen Preis verkauften und welche Rentabilität jeweils damit einherging.

Als Nachweis legte sie mir ein Spreadsheet über Drittanbieter-Probiotika vor, das sie von ihrer Arbeit bei Amazon aufbewahrt hatte. Es listete konkrete Marketplace-Anbieter mit ihren Produkten auf sowie die jeweiligen Verkaufszahlen und Durchschnittspreise über die vorangegangenen zwölf Monate. »Wir sahen uns an, was die Konkurrenz tat. Das wurde dann mal exakt kopiert, mal leicht abgewandelt, etikettiert und fertig«, sagte sie. »Die ganze Zeit hieß es, die Daten seien tabu, und dann stellte ich fest, dass das nicht mehr als ein großes Augenzwinkern war.«

Ein Artikel im *Wall Street Journal* aus dem Jahr 2020 berichtete über ähnliche Anwürfe durch ehemalige Mitarbeiter der Eigenmarken, die diese Praxis als »über den Zaun steigen« bezeichneten.[145] In der Reportage ging es um Fortem, einen Vier-Personen-Betrieb in Brooklyn, der eine faltbare Kofferraumtasche vertrieb und einen Albtraum erlebte. Der Erfolg des Organizers blieb bei Amazon nicht unbemerkt, wo man prompt ein Konkurrenzprodukt der Eigenmarke Amazon Basics herausbrachte. »Unseren Mitarbeitern ist es strikt untersagt, nicht öffentliche Händlerdaten zu nutzen, um Entscheidungen zu Eigenmarkenprodukten zu treffen«, erklärte Amazon dem *Wall Street Journal* gegenüber. Die Enthüllungen gaben kartellrechtlichen Untersuchungen in den USA und Europa zusätzlichen Antrieb.

Für die Regulierungsbehörden ging es letztlich um die Frage, ob Amazon sich auf diese Weise unredliche Vorteile sicherte. Bereits 2017, als Doug Herringtons Eigenmarkenoffensive volle Fahrt aufgenommen hatte, dürften die Daten und die internen Analysetools mit ziemlicher Sicherheit das Team bei der Arbeit unterstützt und dazu beigetragen haben, die ehrgeizigen Ziele des S-Teams zu erfüllen. Und doch waren solche Informationen größtenteils auch der Konkurrenz zugänglich – sie brauchten nur auf der Amazon-Website Daten zu schürfen oder bei einem Marktforschungsunternehmen wie Nielsen eine Kauftrendanalyse in Auftrag zu geben. Wenigstens schienen etliche damalige Eigenmarkenprodukte aus dem Konsumgüterbereich – von den Erdnuss-Müsliriegeln von Happy Belly bis zu den gerösteten Mandeln von Wickedly Prime – der Konkurrenz nicht wehzutun, oder jedenfalls nicht schlimmer als vergleichbare Anstrengungen anderer großer Vertreiber. In einer Mitteilung fügte Amazon hinzu: »Sämtliche Einzelhändler verfügen über Informationen, welche Marken und Produkte in ihren Geschäften besonders beliebt sind oder häufig angefragt werden, und nutzen dies bei ihren Entscheidungen für oder gegen bestimmte Eigenmarken.«

Die neuen Produkte trugen wenig dazu bei, die Beliebtheit und Rentabilität von Amazons kämpfenden Lebensmittellieferdiensten Prime Now und Amazon Fresh zu befördern. Im Vergleich zu den Eigenmarken großer Lebensmittelketten wie Whole Foods Market fehlte es den Amazon-Marken sowohl an Zugkraft als auch an liquiditätsfördernder Wirkung. Die Whole-Foods-Marke 365 Everyday Value, die alles von Milch über Fleisch bis hin zu Ahornsirup abdeckte, vermittelte den Verbrauchern das Gefühl, sich sparsam und doch gesund zu ernähren, und trug der Supermarktkette zugleich einen guten Batzen Umsatz ein. Amazon, noch immer das Land der Programmierer und Betriebswirte, dessen Konzernchef sich als draufgängerischer Neuerer sah, wusste noch immer nicht, wie man sich diese Zauberkraft zunutze machte.

Aufgeben aber kam für Bezos nicht infrage. Er hatte zwei weitere Ideen in petto, wie man die Lebensmittelkunden für sich einnehmen und das CRaP-Dilemma lösen könne. Sie zählen bis heute zu den seltsamsten Projekten der Unternehmensgeschichte und gestatten einen weiteren Einblick in Amazons verwunderliche firmeninterne Rituale.

Die erste Idee äußerte Bezos 2014 in einem frei assoziierenden Brainstorming. Sie begann als etwas, was er als »Steak Truck« bezeichnete. Die Grundidee war »ein Eiswagen für Erwachsene« – ein Lieferwagen, der mit blinkenden Lichtern und lautem Hupen durch die Stadtteile gondelte, um den Anwohnern nicht Eiskrem, sondern Steaks zu verkaufen, wie Doug Herrington sich erinnert. Für die Kunden sollte es bequem und günstig zugleich sein, denn das Fleisch sollte in Großportionen abgegeben werden. Irgendwann könnte man hoffentlich sogar die Nachfrage vorherbestimmen und somit ohne die Ineffizienz und Lebensmittelverschwendung der Supermärkte arbeiten.

Die Idee war offenbar gerade irre genug, dass eine Führungskraft mit dem PR-FAQ betraut wurde, jener imaginären Pressemeldung, die den Amazon-typischen Startschuss für eine neue Projektentwicklung gibt. Hierbei bekam die Idee ihren offiziellen Namen: Treasure Truck. Seifenblasenmaschinen und LED-Tafeln sollten für eine volksfestartige Atmosphäre sorgen; zugleich sollten vom Wagen aus Textnachrichten auf Kunden-Smartphones in der näheren Umgebung gepusht werden, um vom jeweiligen Tagesangebot zu künden.

Herrington bildete ein Zwei-Pizzen-Team, das im Herbst 2014 das Projekt konzipieren sollte, parallel zu Prime Now und der Eigenmarkeninitiative. So skurril der Einfall, so kompliziert die technische Umsetzung. So sollte etwa der Lieferwagen seine Ankunft nur den Kunden in nächster Nähe ankündigen, und bei Fleisch und Fisch musste die Kühlkette eingehalten werden.

Im Frühjahr 2015 hatte das Team zwar bereits zwei Patente beantragt, aber das Projekt war noch immer nicht flott. Bald arbeiteten alle rund um die Uhr. Sie konzipierten einen Prototypen des Lkw und ließen ihn von einem Karosseriebauer in Chicago umsetzen; er kam daher wie ein gigantischer Pappkarton, der sich fast wie ein Transformer-Auto aufklappen ließ, um riesige Leuchtanzeigen und Blinklichter zu präsentieren, das Ganze gekrönt von Plastik-Lachsen an einem sich drehenden Rad. Von Mitarbeitern des Projekts war zu hören, der Prototyp habe rund eine Viertelmillion Dollar gekostet. Sie verbargen ihn in einem Parkhaus in South Lake Union, um den Service im Juni zunächst mit etwas deutlich weniger Verderblichem als Steaks zu präsentieren: Stehpaddelbrettern für 99 Dollar.

Am Abend vor dem Launch, die Pressemitteilung war bereits herausgegangen, zeigte sich bei einem internen Test ein Softwarefehler, der willigen Käufern womöglich mitteilte, das Produkt sei bereits ausverkauft. Der Launch wurde gekippt, und die rotierenden Projektmitarbeiter mussten am Samstag ins Büro, um den Fehler zu finden. Amazon schickte sogar seine »Principal Engineers« ins Feld, eine Eliteeinheit von etwa einem Dutzend Technikfreaks, die bei drängenden Problemen zur Klärung der Lage einschweben.

Diese ultimative Eingreiftruppe interviewte die Treasure-Truck-Mitarbeiter zwei Wochen lang, um danach den COE-Report abzufassen, den internen Problembericht, der immer dann fällig war, wenn bei Amazon etwas schieflief. Und noch während dieser schmerzhaften Eigenbeschau schlug das Unheil erneut zu: Durch das Missgeschick eines Beschäftigten ging versehentlich die Textnachricht an die Abonnenten heraus, mit der der Truck und die Stehpaddelbretter für 99 Dollar angekündigt wurden. Auf dem von Seattle aus operierenden Technik-Blog *GeekWire*, der die gesamte Saga aufmerksam begleitet hatte, war zu lesen, das Projekt erreiche »in Windeseile den Status des verkorkstesten Stapellaufs in Amazons Unternehmensgeschichte«.[146]

Sieben Monate später – die anfänglichen Projektmanager waren inzwischen ausgetauscht – rollte der Treasure Truck erstmals über die Hügel von Seattle, um GoPro-Kameras mit 64 Prozent Rabatt zu verticken. Während der nächsten Monate sollte der Truck Shigoku-Austern, Wildlachs, Thanksgiving-Truthähne, das neueste Amazon-Echo-Modell und

Harry Potter und das verwunschene Kind unter das Volk bringen. Das Team ließ weitere Trucks bauen, nicht ganz so bunt, nicht ganz so teuer wie der erste, und weitete das Angebot in den USA auf 25 Großstädte aus.

Doch der Service erreichte nie die Verbreitung oder den Beliebtheitsgrad, die Jeff Bezos und Doug Herrington erhofft hatten. Internetkritiker kratzten sich den Kopf und rümpften über manches eher abstruse Angebot die Nase (»33 Prozent sparen: Bidet-Handbrausen für 19,99 Dollar!«). Ein auf einem Parkplatz in West-Philadelphia geparkter leerer Treasure Truck ging eines Nachts um halb zwei in Flammen auf.[147] Bezos ließ sich in dem Aktionärsbrief für 2017 kurz über die Initiative aus; von einer Führungskraft aus dem Bereich Finanzen erfuhr ich, dass sie nie sonderlich gut lief und nie in den Bereich der Profitabilität kam. Wollte Amazon loyale, begeisterte Kunden für seinen jungen Lebensmittelbringdienst gewinnen, dann war etwas völlig anderes nötig – zum Beispiel ein ganz einzigartiges Produkt, für das sie sich begeisterten.

Nun, auch dafür hatte Bezos eine Idee auf Lager, und sie war nicht weniger bizarr. Im August 2015 war einem in der *Washington Post* erschienenen, magenumdrehenden Artikel zu entnehmen, dass ein einziger Hamburger Rinderhack von bis zu hundert Tieren enthalten könne. Ein Burger aus Gehacktem von nur einem Rind wäre theoretisch geschmacklich deutlich überlegen, zugleich jedoch »schwierig und teuer«,[148] erfuhr die Zeitung von einem Fachgroßhändler.

Bezos merkte auf. Er legte allmählich einen zunehmend abenteuerlustigeren Appetit an den Tag – beispielsweise kostete er später, bei einem Treffen des New York City Explorers Club, auch Leguan.[149] In einem weiteren Brainstorming mit Herrington schlug er vor, einen Rinderbetrieb auszumachen, der für sie diese Single Cow Burger produzieren sollte – ein einzigartiges Angebot, das es nur bei Amazon gäbe. »Ich finde, das solltet ihr wirklich probieren«, meinte Bezos zu Herrington, der sich anfangs auf den Arm genommen fühlte. »Das kann doch nicht so schwer sein.«

Das Projekt der »Ein-Kuh-Burger« wurde zunächst einem neu erstellten Team für kulinarische Neuerungen zugewiesen, das bei Amazon

Fresh angesiedelt wurde, und sofort zu einem S-Team-Ziel erhoben – einer jener Benchmarks mit hoher Priorität, die von Bezos und dem Führungszirkel genau beobachtet wurden. Eine Produktmanagerin namens Megan Rosseter erhielt den Auftrag, die Sache umzusetzen. Die Fleischgroßhändler, die sie zunächst kontaktierte, ließen sie wissen, so etwas sei völlig impraktikabel und würde überdies ihre ganzen Produktionsabläufe stören. »Ich hatte das Gefühl, mir wurden ständig diese verrückten superhohen Ziele gesteckt, die so gut wie unerreichbar waren«, erklärte sie.

Irgendwie schafften es Rosseter und Kollegen, eine Ranch in San Diego County ausfindig zu machen, fast an der Grenze zu Mexiko, die ihre Pattys produzieren konnte. Während des Frühjahrs erarbeiteten sie mit dem Rinderbetrieb eine Möglichkeit, das Hamburgerfleisch für den Transport zu gefrieren, und entwarfen eine Verpackung, die auch noch beim Auftauen dicht blieb. Im Juni 2016 plakatierte Amazon die Website und die Smartphone-App von Fresh mit Werbung für seine Single Cow Burger: Hamburger-Pattys vom Wagyu-Rind, gut 200 Gramm schwer und mit nur 20 Prozent Fettanteil. Gleichzeitig wurde auch Alexa eine Antwort vorgegeben, sollte sie je gefragt werden: »Single Cow Burger: ein Patty aus Hackfleisch von einem einzigen Rind.«

Die anfänglichen Kundenreaktionen waren vielversprechend. »Diese Burger sind RIESIG, SAFTIG und LECKER!!!«, war in einer Produktbewertung auf der Website zu lesen. Einige Monate später jedoch schickte Bezos den Fresh-Verantwortlichen eine E-Mail. Seiner Meinung nach ließ sich die Verpackung zu schwer öffnen, und er beschwerte sich, die Pattys enthielten so viel Fett, dass dieses bei seinem Grill auf die heißen Kohlen getropft und aufgeflackert sei.

Rosseter fand, 1a-Wagyu-Hack gehöre in eine gusseiserne Bratpfanne, nicht auf den Grill. Aber sie würde den Teufel tun, ihrem CEO ungefragt Ratschläge zu erteilen. Zugleich erstaunte sie, dass Bezos die Sache so sehr interessierte. »Das war definitiv einer dieser ›Das glaub ich jetzt nicht‹-Augenblicke in meinem Leben«, sagte sie.

Rosseter wandte sich also erneut an ihren Lieferanten. Dieser nahm daraufhin einen Betrieb in Georgia unter Vertrag, der Hamburgerfleisch vom Aberdeen Angus mit nur 9 Prozent Fettanteil liefern konnte. Nach mehreren Dienstreisen, um verschiedene Varianten einem Geschmackstest zu unterziehen, hatte Rosseter im Januar 2017 ihren zweiten Single Cow Burger startklar, diesmal in einer leicht zu öffnenden Verpackung. Das Fresh-Team schickte Bezos eine Probe, und einige Tage später erhielten sie die Nachricht, er sei zufrieden.

Dieses Projekt war nach einem für Amazon neuen Muster abgelaufen. Diesmal war nicht vom idealtypischen Kunden ausgehend »rückentwickelt« worden, denn es hatte nie jemand nach einem solchen Produkt gefragt. Stattdessen hatten sie Bezos' Intuition zum Ausgangspunkt genommen und alles auf seinen bisweilen schwierig zu treffenden Geschmack hin ausgerichtet. Bezos lag sehr oft richtig, vor allem bei hochinnovativen Technologien. Letztendlich aber führten weder der Single Cow Burger noch die anderen kulinarischen Neuerungen von Amazon Fresh zu sonderlich gesteigertem Kundeninteresse oder spürbar besseren Verkaufszahlen.

Rosseter hielt noch ein paar Monate durch, fühlte sich jedoch nicht angemessen gewürdigt. Die Arbeitsatmosphäre bezeichnete sie als »stressig und unfroh«. So war sie schon fast auf dem Sprung, als bei Amazon Fresh eine Bombe einschlug.

Am 21. April 2017 klingelte bei Jay Carney das Telefon. Am anderen Ende war Matt Yale, ein führender Mitarbeiter von Tusk Ventures, einer der Firmen, die Whole Foods bei der Abwehr der feindlichen Übernahme berieten. Die beiden kannten sich von ihrer Arbeit für die Obama-Regierung. Ob Amazon daran interessiert sei, sich mit dem Biohändler zusammenzusetzen, um über eine freundliche Übernahme zu sprechen? Carney stellte den Kontakt zu Bezos und Jeff Wilke her, der ihn an Peter Krawiec weiterreichte, Amazons Vice President für weltweite Unternehmensentwicklung. Am 27. April nahmen die beiden Unternehmen unter Vereinbarung strengster Geheimhaltung die Verhandlungen auf.

Die positive Reaktion auf die Avancen hatte Amazon offenbar kein langes Nachdenken gekostet. Man hatte inzwischen expandiert: Prime Now war in dreiunddreißig Städten der USA präsent[150] und dazu in einigen in Übersee; Amazon Fresh war in vierzehn Metropolregionen, in London und Deutschland vertreten. Und doch blieben sie in den roten Zahlen und hatten weder Skalen- noch Hebeleffekte erreichen können. Die Preise waren hoch, das Sortiment unspektakulär. Während die Eigenmarken in Amazons Elektronik- und Modesparten eine Eigendynamik entwickelt hatten (auch wenn diese sich in Teilen dem Einsatz der ebenso einzigartigen wie umstrittenen Suchmaschinen und Datenanalysen verdankte), dümpelten die Lebensmittel-Eigenmarken mit ihren seltsamen Namen so vor sich hin. Nur wenige Kunden verlangten ungeduldig nach dem scharfen Mango-Studentenfutter-Mix von Wickedly Prime. Treasure Trucks und Single Cow Burgers wirkten sich ebenfalls nicht sonderlich aus.

Zudem musste man sich neben Instacart und Google Express um einen neuen Konkurrenten sorgen. 2016 hatte Walmart für 3,3 Milliarden Dollar ein Start-up erworben, die Internethandelsplattform Jet.com. Ihr Gründer Marc Lore leitete nun Walmarts heimischen Online-Handel; zugleich hatte er noch immer nicht verdaut, wie Amazon seine frühere Firma Quidsi, jene mit dem Portal Diapers.com, übernommen und kaltgestellt hatte. Er konzentrierte sich geschickt auf das Online-Geschäft im Lebensmitteleinzelhandel, wobei er die gut 4500 Niederlassungen des Warenhausgiganten als seine Zentralen für Warenanlieferung und -abholung nutzte und im Gegensatz zu Amazon echte Fortschritte erzielte.

So flogen am Sonntag, dem 30. April 2017, John Mackey und drei hochrangige Executives von Austin nach Seattle, um in Bezos' privatem Bootshaus am Lake Washington mit dem Amazon-Chef, Krawiec, Steve Kessel und Doug Herrington zusammenzutreffen. Mackey legte die lange, stolze Geschichte von Whole Foods Market detailliert dar, wobei er anmerkte, dass sein Laden fast im Alleingang Grünkohl als Gemüse salonfähig gemacht habe. Nun aber standen gierige aktivistische Investoren vor seiner Tür. »Ich liebe dieses Unternehmen. Ich will, dass es unabhängig bleibt, aber wie es aussieht, wird das nicht gelingen«, erklärte Mackey. »Wenn ich denn übernommen werden muss, dann von der einen Firma, die ich respektiere und bewundere, und das ist Amazon.« So hat es Doug Herrington in Erinnerung.

Mackey sollte den Austausch später als »spontane Verliebtheit« beschreiben: »Noch bevor das erste Meeting vorüber war, sprach einer die Sätze des anderen zu Ende.«[151] Nun hatte Bezos dieses ganz besondere Faible für Unternehmertypen. Er und Mackey waren sich in manchem ausgesprochen ähnlich – detailversessen, hartnäckig, was ihre Visionen betraf, kämpferisch bei öffentlichem Gegenwind. Zugleich aber verfügte Mackey nicht über das Tech-Verständnis wie Bezos und auch nicht über dessen Talent, sein Unternehmen ständig neu zu erfinden. Whole Foods war über die Jahrzehnte erstarrt – ein beständiges, idealistisches Unternehmen, das sich inzwischen selbst zur Gefahr wurde.

Den Mai verbrachte Whole Foods damit, Albertsons Companies hinzuhalten, von denen ein Geschäftsvorschlag nach dem anderen eintrudelte; parallel liefen die geheimen Verhandlungen mit der Amazon-Führung, die ständig neue Fragen beantwortet wollte. Am 23. Mai bot Amazon eine Übernahme zu 41 Dollar pro Aktie, was fast 27 Prozent über dem regulären Kurs lag. Begleitend kam der Hinweis, die Verhandlungen seien hiermit abgeschlossen und das Angebot werde sofort zurückgezogen, sollte es durchsickern. Whole Foods forderte im Gegenzug 45 Dollar, woraufhin Amazon minimal auf 42 Dollar pro Aktie erhöhte und verlauten ließ, dies sei das finale Angebot.

Am 16. Juni 2017 sandten die beiden Unternehmen mit der Ankündigung des 13,7-Milliarden-Dollar-Deals Schockwellen um die Welt: Der bekannteste Online-Händler kaufte eine Lebensmittelkette mit Kultstatus auf. An jenem Morgen flog Jeff Wilke nach Austin, wo er gemeinsam mit den Whole-Foods-Executives an einer Mitarbeiterversammlung im Hauptsaal des Unternehmens teilnahm. Mackey jubelte, er werde auch nach der Hochzeit mit Amazon als CEO bleiben – »bis dass der Tod uns scheidet«. Zugleich nahm er Wilke gnadenlos aufs Korn, der Quinoa wohl als Gemüse bezeichnet hatte.

Die Börse demonstrierte derweil ihr Vertrauen auf alles, was Bezos tat, und so schoss der Wert der Amazon-Aktie an der Wall Street an jenem Tag steil nach oben, was die Marktkapitalisierung des Unternehmens um 15,6 Milliarden Dollar erhöhte und damit über die Marke von 475 Milliarden Dollar trieb. (Im Gegenzug stürzten die Aktienkurse der konkurrierenden Lebensmittelhändler vorübergehend ab, die nun ihrerseits panisch ins Internet drängten, um der Bedrohung durch Amazon zu begegnen, wovon wiederum Instacart profitierte.) Charles Kantor, jener Geschäftsführer von Neuberger Berman, der – wenn man so will – die ganze Entwicklung mit seiner Briefkampagne angestoßen hatte, kommentierte der Nachrichtenagentur Reuters gegenüber, angesichts des gestiegenen Börsenwerts könne man behaupten, Amazon habe »Whole Foods umsonst bekommen.«[152]

Dennoch sollte die Geschichte ihren Preis haben, auch wenn dies nach außen hin fast verborgen blieb. Amazon musste nun seine sich teils überschneidenden Lebensmittelprojekte des letzten Jahrzehnts aufeinander abstimmen und zugleich mit 465 stationären Einzelhandelsgeschäften mit antiquierten Backend-Systemen und der dazugehörigen Lieferkette in Einklang bringen. Als bei der nächsten Besprechung zwischen Bezos und Wilke die Frage aufkam, welchem Executive diese herkulische Aufgabe sowie die Oberaufsicht über Mackey und sein Team übergeben werden sollte, fiel die Wahl auf Steve Kessel, der Amazon Go und die stationären Buchhandlungen und somit die kleinste Abteilung verantwortete.

Die Federal Trade Commission genehmigte die Fusion im August des Jahres mit der Begründung, die beiden Unternehmen seien keine ernsthaften Konkurrenten und die Übernahme ändere die Wettbewerbslage nur unwesentlich. Im Anschluss setzte Kessel ein paar rasche Änderungen um. Zu den Neuerungen in den Whole-Foods-Läden zählten Rabatte für Prime-Mitglieder, die Einrichtung von Abholstationen, den sogenannten Amazon Lockers, sowie Kindle- und Alexa-Geräte in den Regalen. Auf Amazons Website und seinen Smartphone-Apps bekamen die dahinkrebsenden Eigenmarken Gesellschaft durch das weitaus umfangreichere 365-Everyday-Value-Sortiment von Whole Foods. Auch konnte die Biomarktkette mit Preissenkungen punkten, John Mackeys bisherige Achillesferse – das hatte es in der Unternehmensgeschichte wohl noch nie gegeben. Dazu führte Amazon einheitliche Normen und strengere Finanzkonditionen für die Lieferanten ein.[153]

Was Amazon nicht tat, war, die Führungsriege von Whole Foods zu schassen. Die aktivistischen Investoren hatten geunkt, es könne sich nur um Tage handeln, bis John Mackey von Bezos vor die Tür gesetzt werde. Doch Bezos ließ akquirierte Unternehmen und deren exzentrische CEOs gern unabhängig walten,[154] wie man schon Jahre zuvor bei Zappos und dem inzwischen verstorbenen Tony Hsieh hatte beobachten können. So konnte er aus ihren Erfahrungen lernen und neue Zahlen und Geschäftsergebnisse auswerten.

Nun musste Bezos Amazons unterschiedliche Ansätze in der kompliziertesten Produktkategorie, mit der er je zu tun hatte, auf eine Linie bringen. Er übertrug die Verantwortung für Prime Now und Amazon Fresh an Steve Kessel.[155] Im Verlauf der kommenden Jahre bildete Kessel aus den beiden Angeboten ein seltsames Hybridwesen: Zunächst wurde Prime Now fast vollständig auf die Website und die Smartphone-App von Amazon Fresh umgelagert und übernahm auch dessen Markennamen (auch wenn die Prime-Now-App ihren Fans erhalten blieb). Dann wurde die bisherige Prime-Now-Logistik – die zentral gelegenen großstädtischen Warenlager und die flexible unabhängige Lieferantenflotte – zu dem neuen Fresh-Label umlackiert. Außerdem wurde das Sortiment um die Warenpalette der Whole-Foods-Läden und -Warenhäuser ergänzt – genau, wie Amazon es schon vor Jahren bei der Copperfield-Initiative angestrebt hatte. Wieder einmal zeigte sich, dass für ein Unternehmen von Amazons Format und einschüchterndem Ruf nicht die Kooperation, sondern die Akquisition der eher gangbare Weg war. Kessel vereinte zudem die unterschiedlich gestrickten, sich häufig bekriegenden Lebensmittel-Teams unter der Ägide einer gemeinsamen Führungskraft – Stephenie Landry, die sich bereits mit dem Roll-out von Prime Now bewiesen hatte.

2012 hatte Doug Herrington vorhergesagt, Amazons Zukunft liege in den niedrigpreisigen, kaum profitablen Artikeln, die das Gros jeder umgesetzten Ware ausmachten. »Unser angestrebtes Ziel von vierhundert Milliarden Dollar lässt sich mit dem jetzigen Geschäftsmodell nicht erreichen, und es gibt Grund genug zu der Befürchtung, dass die notwendigen Umstrukturierungen nicht stattfinden werden«, hatte er in seinem Exposé düster gewarnt. Doch diese Befürchtung sollte sich nicht bestätigen – fünf Jahre später sollte Amazon gewaltige Mengen an CRaP verkaufen. Damit blieb nur noch die eigentliche Herkulesaufgabe: die logistischen Probleme der Lagerung und der Haustürlieferung zu lösen, und das mit einer Armee von Niedriglohnangestellten und -fahrern, wie die Welt sie kaum je gesehen hatte.

Kapitel 9:

Die letzte Meile

Um zu verstehen, wie Amazon eins der weltgrößten und modernsten Logistik- und Transportnetze aufbauen konnte, müssen wir einmal mehr weiter ausholen und zum Überlebenskampf des Unternehmens während der Dot.com-Blase und nach deren Platzen zurückgehen. Als 1999 Dave Clark zu Amazon kam – sechsundzwanzig Jahre alt, ehemaliger Mittelschulmusiklehrer, Brillenträger –, betrieb das Unternehmen gerade mal sieben Lagerhäuser in den USA und drei in Europa, Einrichtungen, die Spitzenbelastungen wie etwa dem hektischen Weihnachtsgeschäft kaum gewachsen waren. Als er dann 2012 den Posten als weltweiter Operationschef übernahm, betrieb Amazon alleine in den USA um die vierzig Logistikzentren und zwei Dutzend weitere in Übersee.[156] Aber die riesigen Einrichtungen lagen größtenteils weit vom Schuss, eine Strategie, die Amazon zwar wie beabsichtigt Lohnkosten und Steuern sparte, die aber nicht eben im Sinne des Dienstes am Kunden waren. Außerdem verließ man sich darauf, dass die Leute der untersten Lohngruppen dort durchschnittlich 20 Kilometer am Tag zu Fuß zurücklegten, um die gewünschten Artikel aus den Regalen zu holen.

Im Augst 2017, nachdem das Unternehmen sich nicht überall, aber doch in den meisten US-Bundesstaaten bereit erklärt hatte, die Verkaufssteuer aufzuschlagen, und die Akquisition von Whole Foods unter Dach und Fach war, bot Amazons Lieferkette ein von Grund auf anderes Bild. Sie umfasste etwa 140 Logistikzentren in den Vereinigten Staaten und einige Dutzend im Ausland, viele von ihnen in städtischen Ballungsräumen; in allen flitzten Scharen flacher kleiner Roboter mit hoch aufgetürmten, prall gefüllten gelben Regalen von einem Angestellten zum anderen. Daneben betrieb Amazon noch Hunderte von neuen kleineren Sortierzentren, in denen die Sendungen nach Postleitzahlen aufgeteilt wurden, Prime-Now-Zentren für Lebensmittel, Lieferstationen, von denen aus als Subunternehmer beschäftigte Zusteller die Sendungen zum Kunden brachten; und dann gab es noch die hauseigenen Fracht-Hubs an den Flughäfen, wo die nagelneue Flotte glänzender weißer firmeneigener Frachtmaschinen mit dem blauen Schriftzug »Prime Air« bereitstand.

Zusammen mit dem rasanten Wachstum seines Logistiknetzes war auch Amazons Umgang mit den Beschäftigten in seinen Lagerhäusern zunehmend ins Licht des öffentlichen Interesses gerückt. Der Berichterstattung in den Medien zufolge war Amazon ein erbarmungsloser Arbeitgeber, der den Profit über die Sicherheit stellte und sich der Verantwortung für Verletzungen, ja sogar Todesfälle in seiner Lieferkette entzog. Clark, einer der wenigen aus dem S-Team, die sich mit Amazons Kritikern auf Geplänkel einließen, nahm das Unternehmen online in Schutz und reagierte auf einschlägige Vorwürfe aggressiv mit der Behauptung, bei Amazon stehe die Arbeitssicherheit ganz oben. »Sie sind da falsch informiert, Senator«, twitterte er im September 2019 Richard Blumenthal, dem Senator aus Connecticut, nachdem dieser dem Unternehmen eine »herzlose« und »moralisch bankrotte« Haltung gegenüber der öffentlichen Sicherheit vorgeworfen hatte.[157]

Dave Clark kommt aus Dalton, Georgia, einer kleinen Stadt, die sich ihrer hohen Konzentration einschlägiger Fabriken wegen gern als »Teppichhauptstadt der Welt« geriert. Sein Vater, immer schon geschickt mit den Händen, hatte als Wandergewerbetreibender sowohl Radios repariert als auch kleine Golfplätze angelegt und mehrere Häuser gebaut; nicht selten hatte sein einziges Kind dazu die Gräben für die Grundmauern ausheben müssen. Der neunjährige Dave ging noch in die Grundschule, als seine Eltern einen Umzugslaster mit Teppichen beluden, um in Jacksonville, Florida, ein Teppichgeschäft aufzuziehen.

Clarks Mutter focht einen langen, vergeblichen Kampf mit dem Krebs, als er noch die Highschool besuchte. Um »sie nicht ständig zu stören«, suchte er sich erst einen Job als Eintüter in einem Publix-Markt, später dann in der mittlerweile verschwundenen Service-Merchandise-Kette – eine wertvolle Erfahrung, die Clark später sehr gelegen kam, als er die Leitung einer anderen Ladenkette übernahm: Whole Foods Market. Sein Studium an der Auburn University finanzierte er sich als Instrumentenwart in der Musikabteilung, und nachdem er seinen Abschluss als Musiklehrer gemacht hatte, unterrichtete er ein Jahr lang die Anfängerklasse der Marschkapelle an seiner ehemaligen Junior-Highschool. »Zweihundertfünfzig Siebtklässler zu unterrichten, die nie zuvor ein Instrument in der Hand gehabt haben, ist eine gute Vorbereitung auf viele der Herausforderungen im Leben«, sagte er mir.

Während Clark die Business School an der University of Tennessee in Knoxville besuchte, lernte er Jimmy Wright kennen, einen charismatischen ehemaligen Walmart-Executive, den Jeff Bezos kurzzeitig Ende der Neunzigerjahre damit beauftragt hatte, eine neue Art von Logistikzentren aufzubauen. Auf Wrights Anregung hin fuhren Clark und einige seiner Jahrgangskameraden zu Vorstellungsgesprächen nach Seattle, obwohl andere Amazonianer das Unternehmen weniger als ideale Anlaufstelle für Betriebswirtschaftler als für IT-ler sahen. »Wir wissen, warum Sie hier sind«, sagte ein Recruiter Clark, als er wartend in der Lobby stand. »Wir mögen das nicht, also erwarten Sie sich mal nicht allzu viel.«

Nichtsdestotrotz bekam Clark nach seinem Abschluss einen Einstiegsposten als Analyst im Konzernbereich Operations. Eine seiner ersten Aufgaben bestand darin, sich die Löhne der auf Stundenbasis bezahlten Beschäftigten anzusehen; dann wurde er nach Tokio geschickt, um dort Amazons erstes Lagerhaus aufzubauen. Für die Reise ließ er sich den ersten Pass seines Lebens ausstellen. Danach versetzte man Clark in ein Logistikzentrum in Campbellsville, Kentucky, was eine noch nachhaltigere Wirkung auf ihn haben sollte. Das Netz an Beziehungen, das er sich dort schuf, prägte sowohl sein Privatleben als auch die Zukunft von Amazons operativem Geschäft.

Der Geschäftsführer der dortigen Einrichtung war Arthur Valdez, dessen Mutter – wie Bezos' Vater Mike – im Zuge der Operación Pedro

Pan aus Kuba in die Staaten gekommen war. In Colorado Springs aufgewachsen, war er praktisch in der Welt der Logistik groß geworden; beide Eltern fuhren für UPS, und die Familie betrieb nebenbei noch einen Lieferservice für Arzneimittel.

Freilich hätte nichts von alledem Valdez auf die Sturzflut an Bestellungen und den Wahnsinn vorbereiten können, die Jahr für Jahr zur Weihnachtszeit über Amazons Lagerhäuser hereinbrachen. Valdez erinnerte sich daran, welche Probleme er allein mit der Bezahlung der Zeitarbeitsagenturen gehabt hatte, die Amazon mit den Saisonarbeitern versorgten; Bezos hatte Valdez Geld auf sein Privatkonto überweisen müssen, um ihnen Schecks auszustellen. Wann immer das Logistikzentrum mit der Auslieferung spät dran war, hatte er Bezos und Wilke eine E-Mail zu schicken, um zu erklären, was passiert war und wie er das Problem zu lösen gedenke. Einmal war Valdez derart mit Arbeit eingedeckt, dass die Betreffzeile seiner Nachricht an Seattle mit einem einzigen Wort signalisierte, wie kurz er davorstand, das Handtuch zu werfen: »Uncle« – *Ich geb auf!*

Wilke schickte darauf Verstärkung. Dave beaufsichtigte den Versand der Pakete aus Campbellsville. Um des eingehenden Warenstroms der Lieferanten Herr zu werden, versetzte Wilke dann auch noch Mike Roth nach Kentucky, einen deutschen Logistikmanager aus Amazons Leipziger Niederlassung. Beide unterstanden sie dort Valdez.

Gemeinsam ging das Trio beängstigende Herausforderungen an. 2000 polsterte Amazon seine dürftige Bilanz damit auf, dass man den Online-Verkauf für die Spielwarenkette Toys "R" Us übernahm, deren Ware dann auch noch über Campbellsville ging. Im Jahr darauf schloss man noch einmal denselben Vertrag mit Target ab. Durch den damit anfallenden Lagerbestand platzte das Gebäude trotz seiner weit über 70.000 Quadratmeter aus allen Nähten. Um den Warenansturm zu bewältigen, mieteten Valdez, Clark und Roth etwa 600 Kastenauflieger und befüllten sie mit allem, was in den Hallen keinen Platz mehr hatte; man parkte diese rund um die kleine, gerade mal 9000 Einwohner zählende Stadt. »Es ging ums nackte Überleben«, sagte Valdez.

Weihnachten 2002 wurde der Mittelwesten von einem Schneesturm heimgesucht, ausgerechnet in den kritischen Tagen. Amazon hatte einen Spediteur angeheuert, um die Sendungen aus dem Logistikzentrum zum UPS-Hub im 150 Kilometer entfernten Louisville zu fahren. Als der Sturm sich näherte, fuhren die bangen Fahrer früher los und ließen stapelweise Kartons zurück. Amazon-Arbeiter luden diese in einen rasch angemieteten Ryder, und Clark manövrierte den Kastenwagen, mit Valdez auf dem Beifahrersitz, höchstpersönlich über die vereisten Straßen. Zu essen holten sie sich unterwegs was aus einem Drive-in von Burger King.

In Louisville standen sie dann bei UPS vor einem geschlossenen Tor. Die Einrichtung war fest in Gewerkschaftshand, sodass ausschließlich Lkw-Fahrer die Pakete abladen durften. Amazon, von Anfang an gewerkschaftsfeindlich, war der Ansicht, dass sie einen Keil zwischen das Unternehmen und seine Arbeiter trieben, was ihm letztlich den Dienst am geheiligten Kunden erschwerte. Valdez, dessen einziges Ziel es war, die Pakete auszuladen, damit sie rechtzeitig für die Zustellung zu Weihnachten auf Achse kamen, rief schließlich den Manager der Einrichtung an und überredete ihn, sie einzulassen.

Der Manager forderte die beiden Amazon-Executives jedoch gleich auf, so schnell wie möglich zu machen. Also fuhr Clark den Kastenwagen an eine Laderampe, und zusammen mit einigen nicht gewerkschaftlich organisierten UPS-Managern luden sie die Pakete aus, als auch schon eine Schar zornentbrannter Lkw-Fahrer gelaufen kam. Sie sprangen auf den Wagen, droschen gegen Fenster und Motorhaube und schrien, Clark und Valdez sollten sich gefälligst verziehen. Clark erzählte die Anekdote später seinen Angestellten. Es sei ein gutes Beispiel für Amazons »Kundenbesessenheit«, sagte er, aber es stehe eben auch für einen der Gründe, warum Amazon eine derartige Antipathie gegen die Arbeiterbewegung hatte: Gewerkschaftler schienen oft aus einem Reflex heraus gegen viele der improvisierten Anpassungen zu sein, die nötig waren, um zum Versprechen des Unternehmens gegenüber dem Kunden zu stehen.

Alles in allem war die Erfahrung in Campbellsville ausgesprochen lehrreich für alle drei, Valdez, Clark und Roth. So verbrachten sie einige Zeit mit Bezos und Wilke, die jedes Jahr bei ihrer sämtliche Logistikzentren umfassenden Herbsttournee in Campbellsville vorbeischauten. Clark lernte dort auch seine spätere Frau Leigh Anne kennen; sie war die Tochter des Paars, dem das Restaurant im dortigen Golfclub gehörte.

Nach ihrem Zwischenspiel in Campbellsville durchliefen Valdez, Clark und Roth eine Reihe zunehmend wichtiger Positionen bei Amazon. Ihr Aufstieg in die obere Führungsriege war letztlich die Geschichte von Amazon selbst – eine zutiefst menschliche Geschichte voller findiger Lösungen für schwierige Probleme sowie kleinlicher Ressentiments und tief sitzender Überzeugungen, die alle Konsequenzen haben sollten, nicht nur für das Unternehmen, sondern auch für die Gesellschaft. Im Kern stand eine Freundschaft, die fünfzehn Jahre halten sollte. Als Clark und Leigh Anne im Mai 2008 im Fairmont Olymp Hotel in Seattle heirateten, war Mike Roth der Zeremonienmeister und Arthur Valdez sein Trauzeuge.

Nach ihrem Einsatz in Campbellsville ging Roth nach Großbritannien, um die Probleme im dortigen Logistiknetz anzugehen, während Valdez nach Dallas zog, um sich um das Netz von nicht sortierenden Logistikzentren zu kümmern, in denen nur große, sperrige Artikel wie Möbel und Flachbildfernseher gelagert und verschickt wurden. Mit einer herzlichen Empfehlung von Valdez wurde Dave Clark schließlich General Manager eines Logistikzentrums in New Castle, Delaware, etwa eine Dreiviertelstunde südlich von Philadelphia.

Kollegen zufolge war Clark ein eher hemdsärmeliger Manager, und sein Temperament ging gern mal mit ihm durch, wenn ein Angestellter seinen Anweisungen nicht bis aufs i-Tüpfelchen nachkam. So verpasste man ihm denn auch den Spitznamen »The Sniper«, weil er gern am Rand des Geschehens lauerte, um saumselige Untergebene auszumachen und dann zu feuern. Außerdem konnte er Angestellte recht beiläufig abfertigen; bei Vollversammlungen bügelte er Fragen grundsätzlich mit einem »Ich melde mich dazu noch mal bei Ihnen« ab, was er jedoch selten tat. Es kam so weit, dass bei einer der Vollversammlungen genervte Angestellte in den ersten Reihen saßen, auf deren T-Shirts »Ich melde mich dazu noch mal bei Ihnen« gedruckt war. Clark meinte, er würde sich das Feedback zu Herzen nehmen, und bewahrte eines der T-Shirts auf.

Wie dem auch sei, seine Arbeit in Delaware brachte Resultate, und Clark beeindruckte damit die einzige Person, die damals zählte, und das war Operationschef Jeff Wilke. »Er bewies mir wahre Führungsqualitäten, mit denen er eine große Gruppe von Leuten hinter sich bringen konnte«, sagte Wilke, »auch eine gestandene und sture Arbeiterschaft.«

Clarks Zuständigkeit über Amazons Operationen an der Ostküste weitete sich die nächsten paar Jahre über aus, bis er sich schließlich 2008 nach Seattle befördert sah, um dort den Posten als Direktor eines Programms namens ACES (Amazon Customer Excellence System) zu übernehmen. Dazu musste er die Prinzipien der sogenannten Lean Production oder schlanken Produktion vertreten, einer Methode, die Toyota in seinen Werken bekannt gemacht hatte und deren Kernzielsetzung in der Minimierung von Verschwendung und der Maximierung der Produktivität sowie dem Empowerment der Mitarbeiter besteht. Diese Position machte ihn zum Vorreiter einer philosophischen Debatte, die schließlich das Leben in Amazons rasant wachsendem Logistiknetz bestimmen sollte.

Clarks neuer Chef wurde Marc Onetto, wesentlicher Vertreter der schlanken Methode und ungestümer französischer Executive von General Electric, der von Jeff Wilke den Posten als Operationschef übernahm, als Bezos Wilke zum Chef des heimischen Online-Handels beförderte. Onetto war ein Schlankheitsfanatiker. Er führte in den Logistikzentren Stellen wie den »Water Spider« ein, einen Gehilfen, der den Arbeitern brachte, was immer sie brauchten, eine Rolle Packband zum Beispiel. Und er setzte ein japanisches Konzept namens »Poka Yoke« durch, das menschliche Irrtümer vermeiden helfen soll, beispielsweise durch Mülleimer in den Cafeterien, deren Öffnung zu klein ist, um achtlos ein ganzes Tablett zu entsorgen.

Eines von Onettos Zielen war, in Amazons Operationen Empathie und Teamwork zu fördern, nachdem das Management in Seattle sich Sorgen machte, sie könnten zu herzlos und rigoros geworden sein. Zu der Zeit maß das Unternehmen im Sinne des Stack Ranking die Produktivität eines Arbeiters auf jede nur erdenkliche Art und setzte diejenigen mit der geringsten Leistung Jahr für Jahr vor die Tür. Für Toyotas schlanke Methode jedoch war die lebenslange Anstellung bei ein und derselben Firma das Ideal. Das Problem war nur, dass Jeff Bezos diesen Ansatz vehement ablehnte, weshalb seine und Onettos maßgebliche Differenzen in Philosophie und Stil zu einer Reihe heftiger Zusammenstöße führten.

David Niekerk, Onettos rechte Hand in der Personalabteilung, schrieb 2009 einen Aufsatz mit dem Titel »Respekt vor den Leuten« und legte ihn dann bei einem Meeting dem S-Team vor. Die an Toyotas schlanker Ideologie angelehnten Überlegungen sprachen sich neben einer »fairen Behandlung der Leute« für den »Aufbau von gegenseitigem Vertrauen zwischen Managern und Mitarbeitern« und für das Empowerment des Führungspersonals zur Inspiration ihrer Angestellten aus, anstatt sie zu Zuchtmeistern heranzuziehen.

Bezos konnte damit rein gar nichts anfangen; noch im Meeting ereiferte er sich über den Vorschlag und rief Niekerk am folgenden Morgen an, um ihn gleich noch mal maßzuregeln. Es gehe nicht an, dass jemand auch nur den geringsten Zweifel daran aufkommen ließ, der Respekt vor den Leuten gehöre bei Amazon nicht zur Unternehmenskultur. Außerdem, so erklärte Bezos geradezu feierlich, sei eine der größten Gefahren für das Unternehmen ein Heer unzufriedener, aber unkündbarer Stundenlöhner – wie die gewerkschaftlich organisierten Arbeiter, die den amerikanischen Autoherstellern mit Streiks und Tarifverhandlungen ein Klotz am Bein seien. (Amazon bestritt, dass Bezos das gesagt habe.) Er hielt Niekerk und Onetto an, dafür zu sorgen, dass Arbeiter in den Logistikzentren, sofern sie nicht aufstiegen, nicht länger als drei Jahre beim Unternehmen waren.

Amazon sorgte daraufhin für einige Veränderungen in seinen Logistikzentren, um der Gefahr vorzubeugen. Hatten Arbeiter zuvor im Verlauf von fünf Jahren alle sechs Monate mit einer kleinen Erhöhung ihres Stundensatzes rechnen können, schloss man Lohnerhöhungen nach drei Jahren grundsätzlich aus, es sei denn, ein Angestellter wurde befördert oder der Lohn für die ganze Belegschaft nach oben korrigiert. Darüber hinaus führte Amazon, durch den jüngst aufgekauften Online-Händler Zappos inspiriert, unter dem Namen »Pay to Quit« ein System ein, das

Arbeitern, die mangels Freude an ihrem Job gehen wollten, ein Trennungsgeld von mehreren Tausend Dollar bot.

Bezos' gestrenger Paternalismus drückte sich auch in anderer Hinsicht aus. Als Onetto und Niekerk ein breit angelegtes Fortbildungsprogramm für Angestellte vorschlugen, das Logistikarbeitern bis zu 5500 Dollar pro Jahr zu einem Collegeabschluss zuschießen sollte, meinte Bezos nur: »Ich verstehe das nicht, wollen Sie unseren Angestellten unbedingt einen Ballon aufblasen, nur um sie scheitern zu sehen?« Dem überwiegenden Teil der Amerikaner, so erklärte er ihnen, würde der übliche Collegeabschluss in Fächern wie Kunst und Literatur nicht notwendigerweise besser bezahlte Jobs außerhalb von Amazons Logistikzentren garantieren. Das darauf eingerichtete Programm Career Choice bot Unterricht in den Zentren selbst und übernahm in Einzelfällen die finanzielle Seite für eine Bedarfsausbildung, etwa in den Bereichen Informatik, Gesundheitspflege und Transportwesen.

Nach diesen Scharmützeln geriet Marc Onettos Stellung bei Amazon zunehmend in Turbulenzen. Bei Meetings des S-Teams sprach er gern über seine Zeit bei General Electric, wo er für den legendären CEO Jack Welch gearbeitet hatte. Nur besagte die erste Regel dieser Meetings, dass man seine alten Erfahrungen mitsamt seinem Ego an der Tür abgab. Schließlich verschlechterte sich Onettos Ansehen bei Bezos derart, dass seine Teams ihn baten, bei ihren Präsentationen doch einfach den Mund zu halten oder besser noch erst gar nicht hinzugehen.

Mit der letzte Tropfen, der bei Onetto das Fass zum Überlaufen brachte, war ein Artikel im *Morning Call*, einer Zeitung in Allentown, Pennsylvania, vom September 2011. Wie die Zeitung berichtete, war es in Amazons Lagerhaus im Lehigh Valley so stickig und heiß geworden, dass Arbeiter einfach umfielen und dann in einem der Sankas, die Amazon draußen bereitstehen hatte, ins nächste Krankenhaus gebracht werden mussten.[158] Einer der Ärzte in der Notaufnahme zeigte das Unternehmen sogar wegen unsicherer Arbeitsbedingungen bei der zuständigen Bundesbehörde an.

Es war ein Desaster, das man hätte vermeiden sollen. Vor dem Zwischenfall hatte Onetto dem S-Team ein Weißbuch vorgelegt, in dem einige Absätze den dortigen Zuständen gewidmet waren. Er schlug die Installation von Klimaanlagen auf dem Dach von Amazons Einrichtungen vor. Aber Niekerk zufolge schlug Bezos das Ansinnen aus. Nachdem der Artikel im *Morning Call* landauf, landab für Missbilligung gesorgt hatte, nickte Bezos die nötigen 52 Millionen Dollar ab und schuf damit ein Muster, das sich wiederholen sollte: dass er für Veränderungen nur auf Kritik in den Medien hin grünes Licht gab. Außerdem machte er Onetto den Vorwurf, dass er die Krise nicht habe kommen sehen.

Rauchend vor Zorn schickte Onetto sich an, Bezos an seinen Vorschlag von damals zu erinnern. Kollegen baten ihn inständig, es gut sein zu lassen, aber das konnte er nicht. Wie vorauszusehen, verlief das Meeting alles andere als gut. Bezos sagte ihm, er erinnere sich sehr wohl an sein Narrativ, nur sei es so schlecht geschrieben und unklar formuliert gewesen, dass kein Mensch verstanden habe, worum es ihm eigentlich ging. Während die anderen Mitglieder des S-Teams peinlich berührt schwiegen, erklärte Bezos Onetto, die ganze Geschichte sei das beste Beispiel dafür, was passiere, wenn Amazon Leute in Führungsposition befördere, die nicht imstande seien, ihre Ideen sauber und mit Daten belegt zu präsentieren.

Jahre danach sieht Onetto, stets der Gentleman, großzügig über seine Differenzen mit Bezos hinweg, drückt eher Stolz über seine Zeit bei Amazon aus. »Es gibt bei der Leitung einer Operation immer schwierige Augenblicke, man ist nun mal eine Kostenstelle, und man ist nun mal immer der, der Mist gebaut hat«, sagte Onetto, der 2012 sein Ausscheiden aus dem Unternehmen bekannt gab. »Es kam vor, dass ich Bezos etwas vorschlug, worüber er, um es mal nett zu sagen, nicht allzu glücklich war. Aber ich möchte ihn nicht kritisieren. In vielen Fällen hatte er durchaus recht.«

Zu dem Zeitpunkt hatte man Dave Clark bereits zum Vice President befördert; er hatte jetzt alle nordamerikanischen Logistikzentren unter sich und stand kurz davor, eine Wette einzugehen, mit der er nicht nur unweigerlich zum Kandidaten für Onettos Nachfolge aufrücken, sondern auch nachhaltig auf das Arbeitsumfeld in Amazons Lagerhäusern einwirken sollte.

Bezos wollte Onetto nicht durch einen weiteren empathischen Businessphilosophen ersetzt sehen; er stellte sich als Leiter des operativen Geschäfts einen kompromisslosen Technokraten vor – jemanden, der die Kostenlawine in den Logistikzentren im Verhältnis zu den rasant steigenden Umsätzen ausbremste und so einen Umsatzhebel zu schaffen verstand. Die Kosten in den Zentren waren 2011 um 58 Prozent gestiegen und 2012 gleich noch einmal um 40 Prozent. Allein fürs Weihnachtsgeschäft 2012 stellte Amazon 50.000 Aushilfskräfte ein, und um mit den antizipierten Umsätzen Schritt zu halten, würden auch diese Zahlen unaufhörlich nach oben gehen. Der neue Operationschef würde einen entsprechend kompromisslosen Blick auf die gesamte Lieferkette werfen müssen, wollte er eine Möglichkeit finden, wie sich Technik effizienter einsetzen ließ.

Clark war der führende Anwärter auf den Job. Eine große Rolle bei seiner Kandidatur spielten seine Bemühungen zur Übernahme von Kiva Systems, eines Robotics-Start-ups in North Reading, Massachusetts; hier stellte man – dem automatischen Staubsauger Roomba nicht ganz unähnliche – mobile Roboter her. Anstatt die Kommissionierer in den Lagerhäusern 20 Kilometer am Tag laufen zu lassen, um die gewünschten Artikel aus den Regalen der riesigen Hallen zu holen, sollten Kiva-Roboter – in einer von unsichtbarer Softwarehand dirigierten Symphonie – bewegliche Warencontainer durch das Lagerhaus manövrieren.

Geboren wurde die Idee hinter Kiva aus demselben Desaster, das Doug Herrington zu Amazon Fresh inspiriert hatte. Nach der Pleite von Webvan überlegte Mick Mountz, einer der Executives des Lebensmittelhändlers, dass E-Commerce-Unternehmen Leute bezahlten, die zwei Drittel ihrer Arbeitszeit nur herumliefen. So konzipierte er ein Robotersystem, das die Regale zu den Arbeitern bringen sollte, was deren Produktivität erhöhte und potenzielle Engpässe in den Gassen des Lagers vermied. Einige Jahre später taufte er sein Start-up Disrobot Systems in Kiva um – ein Hopi-Wort, das sich auf Ameisenkolonien bezieht.

Im Verlauf der nächsten Jahre entwickelten Mountz und seine Kollegen Prototypen, nahmen Risikokapital auf und verkauften ihre Roboter an Firmen wie Staples, Dell und Walgreens. Sie pitchten ihren Roboter auch bei Amazon, sogar mehrere Male, starteten sogar ein Pilotprojekt für Herrington bei Amazon Fresh. Schließlich erwarb Amazon 2009 respektive 2011 mit Zappos und Quidsi zwei von Kivas Kunden, mottete aber deren Roboter ein. Mountz war der Ansicht, dass Amazon damit in der Tech-Industrie für Skepsis gegenüber seinem Start-up zu sorgen versuchte. Schließlich machte Amazon Kiva im Frühjahr 2011 ein geradezu lächerlich niedriges Angebot. Mountz lehnte ab.

Parallel dazu klopfte Amazon damals klammheimlich andere Robotics-Unternehmen ab, indem man sie um den Bau eines mobilen Lagerroboters bat. Als die Bemühungen fehlschlugen, hob Amazon sein Angebot für Kiva deutlich an. Ein Investmentbanker, der Kiva bei den Gesprächen vertrat, sprach von den »schmerzhaftesten Verhandlungen, die ich je erlebt habe«. Wie für Amazon typisch, stritt das Unternehmen noch ums kleinste Detail. Nachdem man dann Anfang 2012 einen Deal über 775 Millionen Dollar unter Dach und Fach hatte, kamen einige Kiva-Manager nach Seattle und sahen vor einem der Konferenzräume einen der erfolglosen Roboter-Prototypen stehen.

Der Deal um den Erwerb von Kiva Systems war Dave Clarks Baby; er erkannte instinktiv das Potenzial der Firma, die Logistikzentren auf Vordermann zu bringen und damit Amazons steigende variable Arbeitskosten durch eine weit besser kalkulierbare Investition in Robotics und Software zu ersetzen. In einem Meeting zur Diskussion der Akquisition, so hieß es Jahre später in einem *Bloomberg*-Profil über Clark, schob er einen imaginären Haufen Chips auf den Konferenztisch und sagte: »Ich kenne nur eine Art zu pokern – mit vollem Einsatz.«[159]

Vor Abschluss des Deals hatte Mountz darauf bestanden, Kivas Geschäft weiterentwickeln und seine Roboter auch anderen Einzelhändlern anbieten zu können. Clark hatte ihm gesagt, dass ihm das recht sei. »Von mir aus gehen Sie damit zu Walmart.com«, sagte er Mountz, »sollen die ruhig unser Wachstum finanzieren.« Mountz gab das an Kivas Kunden weiter, hatte sich aber dummerweise Clarks Versicherung nicht schriftlich geben lassen. Zwei Jahre nach der Akquisition kamen Clark und Wilke zu dem Entschluss, der durch die Roboter gewonnene taktische Vorsprung sei viel zu kostbar, um ihn zu verschenken, und stoppten einem Unternehmen nach dem anderen den Nachschub an Kiva-Robotern.

Mountz war enttäuscht. »Ich verbriet da Beziehungen in der Branche, die ich mir über Jahre hinweg aufgebaut hatte«, sagte er. »Ich war ziemlich sauer über diese Entwicklung.« Er appellierte an Bezos persönlich, lief aber gegen die Wand.

Bezos, so erinnerte sich Mountz, interessierte vor allem das Potenzial von Roboterarmen in seinen Logistikzentren. Um das Interesse des CEO zu gewinnen und weitere Forschung auf dem Gebiet zu stimulieren, schlug Kivas Mitbegründer Peter Wurman vor, unter dem Namen Amazon Picking Challenge einen Wettbewerb an Universitäten auszuloben – vielleicht fand man so einen Roboter, der etwas mit mehr Geschick aus einem Regal holte als ein Mensch.[160] Der mit gerade mal 20.000 Dollar dotierte Contest dauerte drei Jahre und zeitigte womöglich mehr Händeringen bei den Medien über die Vernichtung von Arbeitsplätzen als brauchbare Fortschritte in der Robotertechnik.

Im Verlauf der nächsten paar Jahre modelte Amazon die Kiva-Roboter methodisch um und verlagerte Kivas Software auf die AWS. Schließlich führte man die Maschinen in seinen neueren Logistikzentren ein, und das mit tief greifenden Resultaten. Ganz wie Clark sich das erhofft hatte, steigerten die Roboter die Produktivität der Arbeiter und senkten die Wachstumsrate des Bedarfs an Saisonarbeitern im Verhältnis zum Umsatz. Die Schwärme mit Regalen beladener Roboter im Erdgeschoss und den verstärkten Zwischengeschossen erlaubten Amazon darüber hinaus eine dichtere Bestückung ihrer Zentren. In einem Fernsehinterview schätzte Clark 2014, dass Amazon durch die Roboter in den neuen Zentren auf derselben Nutzfläche etwa 50 Prozent mehr Ware unterbrachte als in den alten.[161]

Die Roboter veränderten auch die Arbeitsbedingungen in den Zentren; an die Stelle körperlich erschöpfenden Herumlaufens trat geistig ermüdendes Herumstehen, bei dem immer wieder ein und derselbe Handgriff zu erledigen war.[162] (Das vom Center for Investigative Reporting herausgegebene Magazin *Reveal* zitierte ein Schreiben der Arbeits- und Gesundheitsschutzbehörde an Amazon, demzufolge die Angestellten sich durch die Roboter »ergonomischen Risikofaktoren« ausgesetzt sähen, und nannte dabei unter anderem Stress durch wiederholte Bewegungen und das Stillstehen bis zu zehn Stunden am Tag.) So, wie die unsichtbare Tyrannei der Software die Roboterschwärme steuerte, so überwachte sie auch die Leistung der Arbeiterschaft, zeigte jedes auch nur irgendwie quantifizierbare Nachlassen der Produktivität auf und beschickte die Arbeiter mit Plänen zur Verbesserung ihrer Leistung und Hinweisen auf eine mögliche Kündigung.

Die Akquisition von Kiva etablierte Clarks Ruf als überragende Führungskraft, wie Bezos sie sich für die Leitung seines operativen Geschäfts wünschte. So übernahm er denn auch 2012 den Posten von Marc Onetto und wurde im Jahr darauf zum Senior Vice President befördert. Clark hatte damit einen Sitz im S-Team, und seine alten Kameraden aus Campbellsville Mike Roth und Arthur Valdez waren als rechte und linke Hand in Seattle ebenfalls wieder mit dabei. Damit war das Trio bereit zur Umsetzung von Jeff Bezos' bislang kühnster Vision.

Wie so viele Manager bei Amazon, die Jeff Bezos' Führungsideal entsprachen, verfügte auch Clark eher über Intellekt als über emotionale Intelligenz. Er erzählte gern von seiner Familie, unterhielt sich über Football (seine Mannschaft waren die Auburn Tigers) und sprach eloquent und durchaus mit einem Hauch von Romantik über Amazons Mission für den Kunden. Auf der anderen Seite schilderten Dutzende von Untergebenen aus der operativen Division ihren Boss als groben Klotz, der einen auf dem Flur kaum zur Kenntnis nahm und sich, als seine Organisation immer größer zu werden begann, nur sehr zögerlich mit irgendjemandem unter dem Rang eines Vice President traf.

Bei einer der ersten Konferenzschaltungen mit seinen direkten Untergebenen nach Antritt seines Postens als Operationschef verblüffte er seine Leute mit der beiläufigen Erwähnung seines alten Spitznamens aus den Logistikzentren im Osten: »The Sniper«.[163] Viele erinnerten sich später mit Schaudern an einige seiner berüchtigten Sprüche wie etwa »Wir haben hier keinen Platz für Leute mit einem Diplom in Kunst« (obwohl er selbst Musikpädagoge gewesen war). Bei einem denkwürdigen

Meeting zur Diskussion des Vorschlags, Paletten und Pakete zugunsten eines besseren Trackings innerhalb der Zentren mit RFID-Chips zu versehen, kam Clark herein und war von dem Plan offensichtlich überhaupt nicht beeindruckt: »Sagt mir, warum ich euch nicht einfach alle auf Stelle rauswerfen soll.«

Aber all das wurde von Clarks Stärken ausgewogen: seinem scharfen, analytischen Verstand und der geradezu unheimlichen Fähigkeit, ungeachtet des jeweiligen Detaillierungsgrads in etwas einzutauchen und daran die Probleme und negativen Trends zu sehen. Und er verfügte über eine bei Amazon äußerst wichtige Fähigkeit, die sich als außerordentlich nützlich erweisen sollte – er wusste Bezos' ambitionierteste Vision in ein realitätsnahes Konzept zu verwandeln und daraus dann ein System zu entwickeln, das selbst der Last der ungeheuren Größe des Unternehmens standhielt.

Über Weihnachten 2013, als das widrige Wetter mit dem jähen Anstieg der Online-Shoppinglust zusammentraf, knickte Amazons wichtigster Logistikpartner UPS unter dem Volumen der Last-Minute-Bestellungen ein. Das UPS-Worldport-Center in Louisville, mit fast einer halben Million Quadratmetern eine der weltweit größten Einrichtungen zur Frachtgutabfertigung, wurde des Aufkommens schlicht nicht mehr Herr, sodass mehrere Hunderttausend Amazon-Pakete nicht rechtzeitig zum Fest bei der Kundschaft eintreffen würden.[164] Fuchsteufelswild, wie sich Kollegen erinnerten, machte Clark die UPS-Manager am anderen Ende der Leitung zur Schnecke und brachte sie dann säbelrasselnd dazu, Amazon wenigstens dabei zu helfen, die enttäuschte Kundschaft mit einem 20-Dollar-Geschenkgutschein und einer Rückerstattung der Versandkosten zu entschädigen.[165]

Aber das »Weihnachtsfiasko«, wie die Leute aus der operativen Abteilung es nennen sollten, ging nicht allein auf das Konto von Amazons Logistikpartner und wäre womöglich so oder so nicht zu vermeiden gewesen. Wir sollten uns die Zeit nehmen, hier nach dem Warum zu fragen. Das Tempo von Amazons legendärem Schwungrad nahm damals von Tag zu Tag zu, da nicht nur Weihnachtszeit für Weihnachtszeit die Zahl der Prime-Kunden um mehrere Millionen stieg, sondern darüber hinaus auch noch die Ware der Drittanbieter in die Logistikzentren kam.

Amazon betrieb seine Logistikzentren sieben Tage die Woche, um mit den Online-Bestellungen der Kundschaft rund um die Uhr Schritt zu halten. Aber bei UPS und bei FedEx, einem weniger wichtigen Logistikpartner, arbeitete man weder am Sonntag noch an bundesweiten Feiertagen. Den größten Teil des Jahres spielte das keine Rolle, aber an Thanksgiving, wozu diesmal auch der Black Friday kam, gerieten die Zusteller denn doch in Verzug.

Amazon lag sowohl UPS als auch FedEx in den Ohren, seine Sendungen doch auch übers Wochenende zuzustellen und für weitere Kapazitäten zu sorgen, um mit dem rasanten Wachstum des Online-Händlers mithalten zu können. Aber sie waren skeptisch; Amazon allein schon brachte nicht nur die Mitarbeiter der Versandfirmen an die Grenzen ihrer Belastbarkeit, sondern beanspruchte auch die Kapazitäten der Unternehmen derart, dass kein Platz mehr für andere Kunden blieb. Außerdem verhandelte Amazon alle paar Jahre mit ihnen auf Teufel komm raus um immer größere Rabatte. In den Augen der Versandfirmen erzielte der Online-Händler immer höhere Einkünfte und ruinierte gleichzeitig die fetten zweistelligen Dividenden, die bei ihnen für glückliche Investoren und solide Aktienkurse sorgten.

UPS und FedEx versuchten die durch Amazon entstehenden Schäden zum einen durch Preiszuschläge wettzumachen, zum anderen durch eine Deckelung der Nutzung ihrer Luftfrachtnetze über die Feiertage. Amazon-Executives sahen das gar nicht gern. Gleich vier Mitarbeiter aus der Zeit sagten mir, sie hätten Clark und andere aus Amazons Führungsriege über FedEx schimpfen hören; Fred Smith, der Gründer des Unternehmens, so sagten sie, »umgibt sich mit Speichelleckern und ist von beispielloser Arroganz«. Die offensichtliche Ironie dabei war, selbst für Clarks Untergebene, dass das auch für die Chefetage bei Amazon galt.

Zum Ausbruch kamen diese Spannungen schließlich nach dem spektakulären Versagen von UPS über Weihnachten 2013. Amazons Executives hatten damit endgültig die Nase voll. Wenn sie nicht darauf zählen konnten, dass die Versandfirmen Amazons Wachstum unterstützten, müsste man eben ein firmeneigenes Logistiknetz aufbauen; so hätte man die volle Kontrolle über den Weg der Ware von den Lagerhäusern seiner Zulieferer über die Logistikzentren bis an die Haustür der Kundschaft.

Am Tag nach dem weihnachtlichen Super-GAU von 2013 rief Clark Michael Indresano an, einen ehemaligen FedEx-Executive, der mittlerweile Transportmanager bei Amazon war, und fragte ihn, wie viele »Sortierzentren« sich vor dem nächsten Weihnachtsgeschäft bauen ließen. Er meinte damit die Einrichtungen, von denen aus Paketkontingente – nach Postleitzahlen sortiert – an die amerikanische Post weitergegeben werden konnten, die dann die endgültige Zustellung der Sendung, mit anderen Worten »die letzte Meile«, bis an die Haustür des Kunden besorgte. Indresanos Schätzung zufolge ließen sich bis Ende 2014 sechzehn solcher Zentren hochziehen. »Bau mir die«, antwortete ihm Clark, »alle!« Im Gespräch waren Städte wie Atlanta, Miami und Nashville. Firmenintern bekam die Blitzaktion, sechzehn Sortierzentren aus dem Boden zu stampfen, den Beinamen »The Sweet 16«.

Im Zuge dieses Ausbaus begannen Amazon-Pakete auch schon mal am Sonntag beim Kunden einzutreffen. Einem der Executives aus der Betriebsabteilung zufolge war Bezos frustriert über die Weigerung von UPS und FedEx, auch am Wochenende zuzustellen. Clark und seine Kollegen waren auf eine geniale Lösung gekommen: ein Deal mit der amerikanischen Bundespost, auch am sprichwörtlichen Ruhetag zuzustellen.[166] Dieses Arrangement verstärkte über Nacht die Position der Post als Amazons – am Volumen gemessen – größter Versandpartner und ermöglichte es dem Unternehmen, unter dem Strich pro Lieferung auch noch in größerem Umfang Kosten zu sparen als bei FedEx und UPS.

Amazons Sortierzentren veränderten im Verein mit der Sonntagszustellung das Einkaufserlebnis der Prime-Kunden. Die Kundschaft brauchte zur Befriedigung ihrer Wünsche ihren Online-Einkaufswagen nicht mehr länger am Freitagnachmittag stehen zu lassen und in die Mall zu gehen. Stolz auf die Leistung ließ Bezos Amazons Board im kalifornischen San Bernardino eine Tour durch eine der neuen Einrichtungen angedeihen.

Sortierzentren und Sonntagszustellung waren nur die ersten Schritte auf dem Weg zu einem firmeneigenen Logistiknetz. So, wie man UPS und FedEx misstraut hatte, war Amazon nie so ganz wohl dabei gewesen, sich auf die amerikanische Post verlassen zu sollen. Die Bundespost war unvorhersehbaren politischen Schwankungen unterworfen, dazu kam der nicht auszurottende unterschwellige Verdacht der Öffentlichkeit, sie arbeite weniger zuverlässig als andere Zusteller. Und so machten sich denn Clark und Kollegen an ihren bislang ambitioniertesten Pitch: ein sogenanntes »Last-Mile«-Netz bis an die Tür des Kunden. Wenn man sich nicht darauf verlassen konnte, dass die Versandriesen mit Amazons Wachstum mithalten konnten, dann würde man eben auch noch die Zustellung selbst übernehmen.

Mit die größte Sorge dabei war, einigen Executives zufolge, die bei diesen Meetings zugegen waren, nicht etwa die, dass man womöglich nicht in der Lage wäre, ein derart komplexes Netz aufzubauen. Es ging vielmehr darum, dass der Einstieg ins Transportgeschäft Amazon in noch höherem Maße dem Einfluss der Gewerkschaften aussetzen könnte. Man müsste Lieferstationen einrichten, gerade in den Ballungsräumen, wo der größte Teil von Amazons Kundschaft lebt – in Gegenden wie New York und New Jersey mit anderen Worten, wo die Macht der Gewerkschaften besonders groß ist.

Clark und seine Kollegen trösteten sich mit dem Gedanken an das nicht gewerkschaftlich organisierte Personal von FedEx Ground, DHL und so gut wie jedem anderen Zusteller, der mit UPS und seinen organisierten Fahrern konkurrierte. Und so diente ihnen deren Modell denn auch als Vorbild beim Aufbau ihrer neuen Logistikdivision: Amazon Logistics. Man hatte erst gar nicht vor, selbst Leute einzustellen, sondern Beziehungen mit unabhängigen gewerkschaftsfreien Zustellpartnern aufzubauen. So konnte Amazon mit geringeren Tarifen kalkulieren als im Fall von UPS und darüber hinaus dem Albtraum kollektiver Lohnforderungen eigener Fahrer entgehen, die die wirtschaftlich ohnehin schon prekäre Rechnung einer Endzustellung hätten aufs Spiel setzen können.

Solche Deals, mit denen man sich die Fahrer vom Leibe hielt, sollten Amazon vor all den ebenso unschönen wie unvermeidlichen Begleiterscheinungen des Transportgeschäfts schützen, seien das verpfuschte Zustellungen, unverschämte Fahrer oder, schlimmer noch, Verkehrsunfälle, wenn nicht gar Tote. Volkswirtschaftler bezeichnen ein solches Arrangement, anders gesagt das Outsourcing spezialisierter Arbeitsgänge an Subunternehmer, als *fissured workplace* oder »gespaltenen Arbeitsplatz« und werfen ihm neben dem Aushöhlen der Arbeitsgesetzgebung auch die Förderung einer letztlich zu noch mehr Ungleichheit führenden legalisierten Form der Lohndiskriminierung vor.[167] Es handelte sich hier um einen seit Jahrzehnten anhaltenden Trend, der nicht nur von Transportdienstleistern wie FedEx und Uber propagiert wurde, sondern auch von Hotels, Kabelanbietern und anderen Tech-Konzernen wie Apple. Doch Amazons Größe sollte die weitere Ausbreitung des Phänomens garantieren. Die politischen Entscheidungsträger, deren Aufgabe es gewesen wäre, die Arbeitnehmer zu schützen, sahen sich auf dem falschen Fuß erwischt.

Als Amazon nach und nach auch die Zustellung seiner Sendungen in die eigenen Hände nahm, taten Clark und Kollegen einen weiteren entscheidenden Schritt zur Übernahme der gesamten Lieferkette. Bis zu diesem Zeitpunkt hatte Amazon sich großer Frachtunternehmen bedient, um die Ware von den Zulieferern in die Logistikzentren und von diesen in die Sortierzentren zu transportieren. Im Dezember 2015, als Amazon eigene Sortierzentren zu bauen und Amazon Logistics nach und nach in immer mehr Städten aufzutauchen begann, gab das Unternehmen bekannt, Tausende von Kastenaufliegern mit dem Amazon-Prime-Logo erworben zu haben, ein Vorhaben, das unter dem Namen Mosaic lief und für das zum Teil Mike Roth verantwortlich war.[168] Auch hier würden das Fahren nicht etwa Fahrer von Amazon selbst übernehmen, man verließ sich vielmehr auf ein Mosaik von Spediteuren, die Auflieger mit dem Prime-Logo mit ihren eigenen Zugmaschinen transportierten.

Kollegen sahen in dem älteren Roth einen brillanten Strategen und sagten, er spiele eine Partie Go, während alle anderen gerade mal Dame spielten oder bestenfalls Schach. Außerdem galt er als empathische Führungspersönlichkeit, die durchaus geneigt war, sich nach einem schlimmen Meeting nach dem Befinden eines Untergebenen zu erkundigen oder dessen langfristige berufliche Pläne zu diskutieren. »Mike machte eine Menge von Daves Sünden wett«, sagte ein langjähriger Executive aus der Logistikabteilung. »Er war umgänglich, er konnte mit Menschen, er war der Typ, der dir hinter den Kulissen mal den Arm um die Schulter legte und dich wieder aufbaute, nachdem Dave mit dir Schlitten gefahren war.«

Freilich hatte dieses Mitgefühl auch seine Grenzen. Als ein Mosaic-Fahrer offensichtlich angetrunken an der Einrichtung eines Zulieferers auftauchte, ging die E-Mail mit der betreffenden Beschwerde auf der Stelle an Bezos' öffentliche Adresse. Bezos schickte sie weiter an einen seiner Executives, der hier nicht genannt werden möchte; statt des üblichen Fragzeichens in der Betreffzeile standen die drei ominösen Buchstaben »WTF« – *What The Fuck?*.

Der Executive zeigte das Schreiben Mike Roth, der darauf mit seinem unnachahmlichen deutschen Akzent erwiderte: »Oooh, hat's dich erwischt! Oh, das kommt von Jeff. Da steht ›WTF‹! Oh, das ist Jeff, das ist typisch Jeff. Viel Glück damit.«

Roths alter Chef in Campbellsville Arthur Valdez tat sich da schwerer. Valdez war nach seinem Zwischenspiel in Großbritannien wieder in die Staaten zurückgekommen, um die neue Division – Amazon Logistics – zu übernehmen. 2013 warb er FedEx mit Beth Galetti in Europa eine talentierte Logistik-Managerin ab, die ihm beim Aufbau von Zustellungskapazitäten nach dem Muster von FedEx Ground zur Hand gehen sollte. Als Clark dann das Einstellungsgespräch führte, kam er zu dem Schluss, dass sie sich weit besser als Ersatz für David Niekerk eignen würde, den Personaldirektor, der in den Ruhestand trat.

Obwohl Clark mit seinem Instinkt richtig lag und Galetti später als Chefin der gesamten Personalabteilung zum S-Team stoßen sollte, war Valdez irritiert und fühlte sich in seiner Unabhängigkeit angegriffen. Er und Clark wohnten im Osten von Seattle, gerade mal anderthalb Kilometer voneinander entfernt, und die Familien blieben einander freundschaftlich verbunden. Aber der Zwischenfall wirkte sich letztlich doch auf ihre Beziehung aus.

Unter Valdez' Leitung hatte Amazon Logistics einen etwas holprigen Start. Wie vorausgesehen, baute das Unternehmen mit der Delivery

Nachdem Jeff Bezos seinen hoch dotierten Job an der Wall Street aufgegeben hatte, startete er im Juli 1995 mit einem Online-Buchversand ein scheinbar bescheidenes Geschäft. Das erste Lagerhaus der Firma befand sich im Keller des Büros. *Jim Lott/Seattle Times*

(Unten) Der 35-jährige Jeff Bezos und seine Frau MacKenzie zu Hause in Seattle 1999. Amazons Börsenwert erreichte in diesem Herbst die 25-Milliarden-Marke, und das *Time*-Magazin kürte Bezos zur »Person des Jahres«, kurz vor der Internet-Pleite, deren Folgen Amazon nur knapp überstand. *David Burnett/Contact Press Images*

Als Kind schickten seine Eltern Bezos jeden Sommer auf die Ranch seines pensionierten Großvaters in Cotulla, Texas, wo er Werte wie Selbstständigkeit lernte und eine Liebe zu SciFi und Weltraum entwickelte. Das Foto zeigt ihn 1999 bei einem Besuch der Familienranch. *David Burnett/Contact Press Images*

Jeff Bezos wollte ein total einzigartiges Smartphone bauen. Das Amazon Fire Phone, das er 2010 entwarf und dessen Entwicklung er selbst beaufsichtigte, erzeugte die Illusion eines 3-D-Displays. Amazons Ingenieure waren skeptisch, und das Smartphone fiel denn auch nach seiner Vorstellung im Juni 2014 bei den Kunden durch. *David Ryder/Getty Images*

Als Executives von Amazon India ihm einen konservativen Wachstumsplan vorlegten, sagte Bezos: »Ich brauchte in Indien keinen Informatiker. Ich brauche Cowboys.« Er belohnte den daraus resultierenden Ehrgeiz mit einem Besuch im September 2014. Die groß dimensionierte Investition von 2 Milliarden Dollar gab er von einem Truck aus bekannt. *Manjunath Kiran/AFP/Getty Images*

(Links) Bezos wollte den legendären Chefredakteur Marty Baron bei seinen Strategie-Meetings mit Executives der *Washington Post* mit dabeihaben. »Wenn man das Restaurant wechselt, sollte der Chefkoch mit an Bord sein«, sagte er. Die beiden unterhielten sich im Mai 2016 anlässlich einer Podiumsdiskussion.

(Rechts) Jason Rezaian, Chef des Teheraner Büros der *Washington Post,* wurde im Iran fälschlich der Spionage bezichtigt und achtzehn Monate inhaftiert. Bei seiner Entlassung im Januar 2016 flog Bezos in seinem Privatjet nach Frankfurt, um den Journalisten und seine Familie in die Staaten zurückzufliegen. *Alex Wong/Getty Images*

Bezos' Faszination von Hollywood und *Star Trek* gipfelte 2016 in seinem Kurzauftritt in *Star Trek Beyond*. Er besuchte die Premiere mit seiner damaligen Frau MacKenzie und ihren vier Kindern. *Todd Williamson/Getty Images*

Roy Price, der erste Chef der Amazon Studios, gab grünes Licht für Hits wie *Transparent*, die Amazon – und Bezos – die Tür zu Hollywood öffneten. Er war von Amazon-Partys nicht wegzudenken, darunter dieser anlässlich der Emmys im September 2016. Price trat im folgenden Jahr nach Belästigungsvorwürfen zurück. *Charley Gallay/Getty Images for Amazon Studios*

Hollywood fühlte sich von Amazons milliardenschwerem Gründer ebenso angezogen wie umgekehrt. Bei Amazons Golden-Globe-Party im Beverly Hilton Hotel im Januar 2018 feierte Bezos mit der A-List: Matt Damon, Taika Waititi und Chris Hemsworth. *Alberto E. Rodriguez/Getty Images*

(Links) Worldwide-Consumer-CEO Jeff Wilke setzte sich für die menschlicheren Elemente von Amazons bissiger Unternehmenskultur ein. »Er ist schlicht einer der Menschen, ohne die Amazon absolut nicht wiederzuerkennen wäre«, schrieb Bezos, als Wilke 2020 seinen Abschied bekanntgab. *Joe Buglewicz/Bloomberg*

(Rechts) Der CEO von Amazon Web Services Andy Jassy setzte sich dafür ein, den überragenden finanziellen Erfolg seiner Abteilung so lange wie möglich zu verschleiern; sie ist heute für mehr als 60 Prozent von Amazons Betriebsergebnis verantwortlich. 2021 gab Bezos bekannt, dass Jassy seine Nachfolge als CEO des gesamten Unternehmens antreten würde. *David Paul Morris/Bloomberg*

(Links) Beth Galetti, seit mehr als drei Jahren die einzige Frau im S-Team, übernahm die Personalabteilung 2016 kurz nach einem vernichtenden Artikel über Amazons Unternehmenskultur in der *New York Times*. Sie sah sich vor der Aufgabe, Amazons System zur Leistungsbeurteilung »drastisch zu vereinfachen«. *Holly Andres*

(Rechts) Dave Clark leitet Amazons riesige Operative Abteilung seit 2012. Er steht hinter der Akquisition der Robotics-Firma Kiva und Amazons Eintritt ins Zustellungsgeschäft, verantwortet aber nicht zuletzt auch die Kritik an Amazons Sicherheitsbilanz. Er löste 2021 Jeff Wilke als Consumer-CEO ab. *Kyle Johnson*

(Oben links) Donald Trump zog während seiner Präsidentschaft immer wieder gegen Amazon vom Leder, bezichtigte das Unternehmen der Steuervermeidung und des Betrugs am U.S. Postal Service. Im Juni 2017 unternahmen Bezos, Microsoft-CEO Satya Nadella und andere führende Köpfe der Tech-Branche eine größtenteils friedliche Pilgerfahrt ins Weiße Haus. *Jabin Botsford/The Washington Post/ Getty Images*

(Oben rechts) Im Juli 2017 besuchte Bezos Allen & Companys exklusive Sun-Valley-Konferenz in Idaho. Das Foto, das um die Welt ging, zeigte die Erfolge seines neuen Trainingsprogramms, brachte zahllose Internet-Memes hervor und machte die Wendung »swole Bezos« populär. *Drew Angerer/Getty Images*

(Unten) Im November 2015 schoss Blue Origin in einer historischen Leistung mittels wiederverwendbarer Trägerrakete eine Raumkapsel ins All und brachte sie sicher wieder zurück. »Willkommen im Club«, twitterte Bezos an Elon Musk, als SpaceX zwei Monate später folgte. Blue Origins Vorsprung war jedoch von kurzer Dauer. *Blue Origin/ZUMA Press*

Nachdem der *National Enquirer* ihre Beziehung ausposaunt hatte, begannen Bezos und Lauren Sánchez sich offen in der besseren Gesellschaft zu zeigen. Im Februar 2020 besuchten sie eine Modenschau in Los Angeles mit Jennifer Lopez und Anna Wintour, der legendären Chefin der *Vogue*. *Calla Kessler/The New York Times/Redux*

Bezos' Indienbesuch im Januar 2020 unterschied sich erheblich von dem 2014. Während Bezos und Lauren Sánchez in eleganter Aufmachung für ein Foto vor dem Taj Mahal posierten, protestierten dieses Mal kleine Kaufleute gegen den CEO. *PAWAN SHARMA/AFP/ Getty Images*

Zum Zeitpunkt der Eröffnung von The Spheres, dreier verbundener gläserner Wintergärten in Kugelform vor der Konzernzentrale in Seattle, belegte Amazon ein Fünftel der besten Büroimmobilien der Stadt, und das Verhältnis zum progressiven Stadtrat war frostig. *Jack Young – Places/Alamy*

Lautstarke Opposition begegnete Amazons Entscheidung, die Hälfte seiner zweiten Konzernzentrale in Long Island City, Queens, New York anzusiedeln. Demonstranten entrollten Spruchbanner und bedachten im Januar eine Stadtratsitzung zu »HQ2« mit beißendem Spott. Nur wenige Tage später sah Amazon davon ab, dort neue Büros zu bauen. *Drew Angerer/Getty Images*

Zu Beginn der Covid-19-Pandemie kam es zu Protesten unter Amazons Stundenlöhnern. Nach der Erkrankung mehrerer Arbeiter trotz Temperaturchecks, Abstandsrichtlinien und anderer Sicherheitsmaßnahmen warf man dem Unternehmen vor, den Umsatz über die Sicherheit zu stellen. *Leandro Justen*

Nach langer Weigerung, Bezos dem Kongress für eine Aussage zur Verfügung zu stellen, gab Amazon dem Druck schließlich nach. Am 29. Juli 2020 erschien der CEO in virtueller Form zusammen mit Facebooks Mark Zuckerberg, Googles Sundar Pichai und Apples Tim Cook vor dem Unterausschuss des Repräsentantenhauses zur Anhörung über Online-Plattformen und Marktmacht. *Mandel Ngan*

»Mein Leben fußt auf einer langen Reihe von Fehlern«, sagte Bezos im November 2019 anlässlich der American Portrait Gala im Smithsonian, Washington D.C. Vorgestellt wurde er von seinem ältesten Sohn Preston. *Joy Asico/AP for National Portrait Gallery*

Bezos ging die Mappen einiger Künstler durch, bevor er sich für den Fotorealisten Robert McCurdy entschied. Ihm schwebte jemand vor, »der mich hyperrealistisch malt, mit jedem Makel, jedem Schönheitsfehler, jeder Narbe, die ich habe«.

Station eine völlig neue Art von kleinerer Sortierstation im städtischen Raum, wo man Sendungen organisierte, um sie dann an die örtlichen Zustelldienste zu übergeben. Nur war das System zunächst desorganisiert und viel zu teuer. Immer wieder erwiesen Fahrer sich als unzuverlässig, der eine stritt mit Kunden herum, der andere warf eine Sendung aus der Ferne in Richtung Tür. Die Mitarbeiter bekamen von Bezos so viele Fragezeichen zu diesen Vorfällen, dass sie ihrer kaum noch Herr wurden.

Ebenso wenig wollte Bezos in den Kopf, warum die ersten Metriken zur »Last Mile« gar so schlecht waren. Zeitungsjungen und Pizzalieferanten kamen für fünf Dollar bei einem vorbei! In der ersten Phase der Zustellung kostete Amazon Fresh die Lieferung pro Sendung oft ein Vielfaches davon. »Ich habe nichts dagegen, wenn Sie Fehler auf hohem Niveau machen, aber das hier ist einfach blöd«, sagte Bezos bei einer der Besprechungen von Amazon Logistics einem Executive aus der Abteilung zufolge.

Ob zu Recht oder nicht, Valdez schob man den Schwarzen Peter für den peinlichen Start des hauseigenen Zustellnetzwerks zu. Anfang 2015 gab Clark ihm die Aufgabe, sich künftig um Amazons operatives Geschäft in Schwellenmärkten wie Brasilien und Mexiko zu kümmern; sein Chef war damit Mike Roth. Das Ganze lief letztlich auf eine Rückstufung hinaus und damit auf einen erheblichen Abstieg für einen Executive, der in Campbellsville sowohl Clarks als auch Roths Vorgesetzter gewesen und dessen Karriere bei Amazon eindeutig aus der Spur geraten war.

Ein Jahr später sprach der CEO von Target, John Mulligan, Valdez darauf an, ob er nicht als Executive Vice President der Lieferkette bei dem altehrwürdigen Einzelhändler einsteigen wollte. Valdez antwortete zunächst, er habe vor, »bis zu meinem Todestag ein Amazonianer zu bleiben«, überlegte sich das dann aber angesichts der jüngsten Rückschläge noch mal und nahm den Job an.

Target wollte die Ernennung Ende Februar im Rahmen einer Ansprache von CEO Brian Cornell auf einer Branchentagung bekannt geben. Valdez mochte Roth die Neuigkeit nicht ins Gesicht sagen, also rief er

Clark an und fragte, ob sie sich nicht privat in seinem Büro treffen könnten. Aber Clark hatte sich den Tag freigenommen, um auf eine Schulveranstaltung eines seiner Kinder zu gehen. So musste Valdez ihm denn am Telefon sagen, dass er ging. Clark reagierte zunächst herzlich. »Wo gehst du denn hin?«, fragte er.

Als Valdez ihm sagte, dass er bei Target anfangen wollte, ging Clark in die Luft. Es handelte sich um eine der unverhohleneren Heucheleien bei Amazon, einem Unternehmen, das völlig ungeniert bei Konkurrenten wilderte, es aber als unverzeihlichen Verrat betrachtete, wenn einer der eigenen Executives zu einem Rivalen ging. »Er sagte mir, wenn ich mich tatsächlich dazu entschließen sollte, würde Amazon mir das heimzahlen«, erinnerte Valdez sich Jahre später nicht ohne Bedauern. Clark knallte daraufhin den Hörer auf.

Schon wenige Minuten später rief ihn Beth Galetti an, um ihm zu sagen, es stünde ihm ein Riesenproblem ins Haus, wenn er den Job bei Target annahm. »Beth, meine Rolle dort ist das Management von achtzehnhundert Läden und einem kleinen Online-Business«, versuchte Valdez sie zu beschwichtigen. Amazon sehe das ganz anders, sagte Galetti. Valdez schrieb Jeff Wilke, er wüsste »eine Gelegenheit zur Aussprache wirklich zu schätzen«, bekam aber nie eine Antwort darauf.

Amazon reichte schließlich am King County Superior Court Klage gegen Arthur Valdez ein, eine Woche bevor er bei Target anfangen sollte: Er verstoße gegen die Wettbewerbsklausel in seinem Vertrag und teile Firmeninterna mit einem Rivalen.[169] Die Klage forderte den Richter auf, Valdez für achtzehn Monate die Arbeit für Target zu untersagen. Beigelegt wurde sie schließlich, wie viele anderer solcher Klagen Amazons, privat; Target erklärte sich zu einigen banalen Zugeständnissen in Valdez' Vertrag bereit, und die Sache war vom Tisch.

Aber der Schaden an einer fünfzehnjährigen Freundschaft war nicht wiedergutzumachen. Nach dem hitzigen Telefonat redete Dave Clark kein Wort mehr mit dem Mann, der sein Trauzeuge gewesen war.

Indem er die Loyalität gegenüber dem Unternehmen über die persönliche Freundschaft stellte, hatte Clark sich als Amazonianer von echtem Schrot und Korn erwiesen, für den einzig und allein die Erfüllung von Bezos' Vision einer unabhängigen Lieferkette zählte. Aber um diese Aufgabe tatsächlich zu erfüllen, musste er mehr tun, als Vans und Sattelschlepper auf die Straße zu bringen; was ihm noch fehlte, das waren Flugzeuge in der Luft.

UPS Next Day Air und FedEx Express waren Schlüsselelemente in Amazons »Erfüllungsnetz«, die weniger häufig bestellte Artikel an Prime-Kunden lieferten, wenn diese mal nicht in einem der näher gelegenen Zentren auf Lager und damit auf Rädern zustellbar waren. Aber als die Spediteure dem Online-Händler gegenüber argwöhnisch zu werden begannen, musste Amazon feststellen, dass auf sie nicht länger Verlass war.

Besonders deutlich wurde das Ende 2014, ein Jahr nach dem Weihnachtsfiasko, als UPS einmal mehr den Zugang zu seinem Netzwerk zu rationieren begann und Amazons Kontingente – ausgerechnet! – auf seiner Route nach Seattle deckelte. Der letzte »Deal of the Day« des Weihnachtsgeschäfts – versandkostenfreie Kindles – war damit für Kunden in Seattle nicht zu haben. Da das natürlich völlig inakzeptabel war, rief Clark den Logistik-VP Mike Indresano an und fragte, ob er ihm nicht ein Flugzeug beschaffen könnte.

»Wie meinst du das, ein Flugzeug? Ein Ticket mit Gepäckfach oder ein *richtiges* Flugzeug?«, fragte Indresano.

»Besorg mir einfach ein Flugzeug«, entgegnete Clark.

Nachdem Indresano bei Mike Roth nachgefragt hatte, ob es Clark mit dem Flieger ernst sei, rief er Scott Ruffin an, ein Mitglied seines mit den Sortierzentren befassten Teams. Ruffin wiederum rief einen alten Freund an, der einen Charterservice betrieb, und mietete zwei Boeing 727. Amazon ließ die Maschinen mit liegen gebliebenen Sendungen und Ware aus den Logistikzentren in Süd- und Nordkalifornien beladen und zum Seattle-Tacoma International Airport fliegen. Als Scherz kaufte Indresano noch eine rote Weihnachtsmannmütze, die im kalifornischen Ontario auf Lager war, ließ sie als Geschenk verpacken und Clark mit Weihnachtsgrüßen nach Hause liefern.

Es war dies der inoffizielle Geburtstag eines Dienstes, aus dem später Prime Air, dann Amazon Prime Air und schließlich Amazon Air werden sollte. Das Tohuwabohu mit den Namen kam daher, dass Bezos den ersten in seinem berüchtigten Interview mit *60 Minutes* benutzte, in dem er bekannt gab, dass das Unternehmen mit Drohnen experimentiere, die die Sendungen im Hinterhof der Kundschaft abliefern sollten. Mehrere Executives aus dem operativen Geschäft sagten mir, wie peinlich ihnen dieser Stunt gewesen sei (der sieben Jahre später noch immer nicht über private Tests hinausgelangt war). Sie benutzten dabei den alten bei Microsoft intern üblichen Ausdruck des »Cookie Licking« – was bedeutet, dass man ein Vorhaben bekannt gibt, bevor man es angeht, um für PR zu sorgen und andere davon abzuhalten.[170]

Im Gegensatz zum Drohnenprogramm sorgte die Anmietung der Flugzeuge augenblicklich für Resultate. Nach den ersten beiden Charterflügen 2014 beauftragte man Ruffin mit der Entwicklung eines Geschäftsszenarios für ein Luftfrachtnetz. Er heuerte ein halbes Dutzend Kollegen an und verkroch sich mit ihnen in einem fensterlosen Konferenzraum in Amazons Ruby-Dawson-Komplex in South Lake Union, wo man sich dann auch regelmäßig mit Clark beriet.

In dem daraus resultierenden Weißbuch hieß es, dass eine eigene Luftkapazität nicht nur eine Verkürzung der Lieferzeiten bringen würde, Amazon müsste dann auch nur die tatsächlichen Kosten des Lufttransports und nicht die von UPS und FedEx berechneten Endkundentarife bezahlen. Bezos wusste nicht so recht, ob man tatsächlich selbst Flugzeuge kaufen sollte, und überlegte, was man denn anders machen würde als andere Logistikunternehmen, wenn Amazon eine eigene Frachtlinie aufzog. Die Executives waren sich außerdem zweifelsohne darüber im Klaren, dass Amazon sich mit dem Betrieb einer eigenen Fluglinie eine Menge konkreter Probleme einhandeln könnte: eine möglicherweise streitlustige Pilotengewerkschaft, ein Zuviel an Reglements und eine Flugsicherungsbehörde, die von Abkürzungen und Innovationen à la Silicon Valley ganz und gar nicht erbaut war.

Die Lösung, auf die man schließlich kam und die Clark mit Erfolg dem S-Team vorlegte, erlaubte es Amazon, all diese Nachteile zu umgehen. Wie schon bei den parallelen Initiativen am Boden ging es auch bei der Kontrolle des Lufttransports in erster Linie darum, das Unternehmen auf keinen Fall den Unwägbarkeiten der Branche auszusetzen. Die einschlägigen Details bieten einen faszinierenden Einblick in die selbstverstärkenden Vorteile von Amazons Größe und Macht.

Im Frühjahr 2016 gab Amazon bekannt, vierzig Boeing-767-Frachtmaschinen von zwei Airlines mieten zu wollen: ATSG aus Wilmington, Ohio, und Atlas Air aus Purchase, New York. Die Airlines würden die Piloten stellen und die Wartung der Maschinen übernehmen, aber die Maschinen selbst sollten unter dem Prime-Air-Logo fliegen und für einen Zeitraum von fünf bis zehn Jahren ausschließlich Amazon zur Verfügung stehen.

Im Rahmen dieser Deals würde Amazon 19,9 Prozent Anteile an ATSG zu 9,73 Dollar das Stück erwerben und 20 Prozent Anteile an Atlas' Mutterfirma zu 37,5 Dollar pro Aktie. Amazon wusste, die Investoren der beiden Unternehmen würden begeistert sein über die Partnerschaft mit dem E-Commerce-Riesen und am Kursgewinn teilhaben wollen.

Und so kam es denn auch. Kaum hatten die beiden Unternehmen die Nachricht bekannt gegeben, schossen ihre Papiere im Monat darauf um 49 Prozent respektive 14 Prozent nach oben. »Fantastische Arbeit – so macht man das!«, jubelte Bezos in seiner Antwort auf ein Update Clarks an das S-Team. Zum zweiten Jahrestag der Deals hatte Amazon den Zahlen in den bei der Börsenaufsicht eingereichten 8k-Forms zufolge damit zwei Ziele auf einen Schlag erreicht. Nicht nur hatte man sich exklusiven Zugang zu einigen Flugrouten verschafft, sondern obendrein auch noch fast eine halbe Milliarde Dollar an seinen Investitionen verdient.

Die Maschinen mit Prime Air an den Flanken und Amazons Smile-Logo am Heck hatten ihr Debüt im Sommer 2016 auf einer Flugschau in Seattle. Die Presse stand im Banne der Implikationen: Sollte es möglich sein, dass Amazon FedEx, UPS und der Bundespost einen Knüppel zwischen die Beine warf und ihnen in ihrer Eigenschaft als bevorzugte Spediteure heimischer Online-Händler den Rang ablief? Bei einem Earnings-Call mit Investoren bezeichnete der CEO von FedEx Fred Smith derlei Gerede als »fantastisch« und fügte hinzu, er benutze das Wort ganz bewusst.[171]

Öffentlich beantwortete Clark Fragen zur Initiative mit dem Hinweis, sowohl FedEx als auch UPS seien »großartige Partner«, und Prime Air diene nur der »Ergänzung«.[172] Aber ganz zu verhüllen war Clarks aus den Spannungen zwischen den beiden Unternehmen geborener Antagonismus gegen Fred Smith eben auch wieder nicht. »Ho! Ho! Ho! Allen ein fantastisches Weihnachten!«, tweetete Clark später – zusammen mit dem Foto eines Prime-Air-Modellflugzeugs vor einem Weihnachtsbaum.

Zwei Jahre später, 2018, fügte Amazon seiner Flotte noch zehn weitere Maschinen hinzu, zwanzig weitere 2019, zwölf 2020 und im Januar 2021 noch einmal elf. Die Prime-Air-Flotte ermöglichte es dem Unternehmen, sein zunehmendes Verkaufsvolumen nach Kräften auszunutzen und die Maschinen mit sperrigen, aber leichten Sendungen vollzupacken, deren Versand auf traditionelle Weise weit teurer gekommen wäre.[173] Außerdem fügten sich die Maschinen ausgezeichnet in Amazons »Rund-um-die-Uhr«-Philosophie ein; so konnte man zum Beispiel eine Maschine auch mal sonntags um zwei Uhr morgens von einem Sortierzentrum zu einem anderen umdirigieren. UPS and FedEx, die Tausende von anderen Unternehmen bedienten, waren nicht in der Lage, sich mit einer derartigen Flexibilität auf einen einzigen Kunden zu konzentrieren.

Wo er jetzt eigene Frachtmaschinen hatte, fehlte Clark nur noch eines, und das waren Luftfracht-Hubs zur Abfertigung der Fracht vor respektive nach dem Start. Im Januar 2017 kündigte er den Bau eines Prime-Air-Hubs am Cincinnati/Northern Kentucky International Airport an, wo auch DHL seinen internationalen Fracht-Hub betrieb, den Amazon bis zur Fertigstellung der eigenen Einrichtung benutzen wollte.[174] Ausgehandelt wurde der entsprechende Deal zum Bau des Hubs im Wert von 1,49 Milliarden Dollar von Holly Sullivan, Amazons Direktorin für wirtschaftliche Entwicklung, die dabei Stadt und Staat Steueranreize in Höhe von 40 Millionen Dollar abtrotzte.

Falls Clark jedoch ein weiteres Lob von Bezos erwartet haben sollte, hatte er sich getäuscht. Amazons neue Luftdrehscheibe würde etwa 2000 neue Stellen schaffen.[175] Der Elektroautohersteller Tesla, dessen Chef Elon Musk nicht nur in der privaten Raumfahrtindustrie, sondern auch in der öffentlichen Gunst Bezos' großer Rivale ist, hatte einige Jahre zuvor für seine Gigafactory, eine Batteriefabrik in Nevada, Steuerentlastungen in Höhe von 1,3 Milliarden Dollar bekommen. Tesla hatte die Schaffung von 6500 neuen Jobs projiziert und damit mit anderen Worten etwa das Dreizehnfache an Steueranreizen pro Job kassiert.

Bezos hatte diese Differenz natürlich sofort entdeckt. Drei Angestellte erinnerten sich unabhängig voneinander an seine Reaktion auf die Nachricht hinsichtlich des Deals in Kentucky und sahen darin einen schicksalhaften Vorboten für einen Zwischenfall knapp zwei Jahre später – die ebenso öffentlichen wie scharf kritisierten Pläne um »HQ2«.[176] Bezos' E-Mail lautete in etwa folgendermaßen: »Wieso hat Elon Musk und nicht wir die Superpower für große staatliche Anreize?«

Inmitten des Auf- und Ausbaus von Amazon Logistics entbehrte die Vorstellung, dass Bezos für zusätzliche staatliche Beihilfen agitieren sollte, nicht einer gewissen Ironie. Amazon hatte ohnehin schon erhebliche Kosten auf die Öffentlichkeit abgewälzt. So kümmerte man sich weder um die Gesundheitsfürsorge seiner Fahrer noch um die Instandhaltung der völlig überlasteten Straßen zu seinen Logistik- und Sortierzentren, ganz zu schweigen von einer Unterstützung der Aushilfskräfte im Weihnachtsgeschäft, die den Rest des Jahres über arbeitslos und auf Zuwendungen der öffentlichen Hand angewiesen waren. Amazon war vielen der Risiken aus dem Weg gegangen, die mit dem eher reizlosen Speditionsgeschäft sonst gern Hand in Hand gehen.

Diese Herausforderungen waren damit nicht aus dem Weg geräumt. Und zumindest in der Presse und im Urteil der öffentlichen Meinung sollte Amazon sich nie mehr so ganz davon befreien.

Am 22. Dezember 2016 streifte in Chicago ein weißer Nissan NV1500 mit dem Amazon-Logo auf der Hecktür eine 84-jährige Großmutter namens Telesfora Escamilla, die an den Folgen des Unfalls starb. Er fuhr im Auftrag von Inpax Shipping Solutions, einer der unabhängigen Lieferfirmen, die so gut wie ausschließlich für Amazon unterwegs waren.

Dem anschließenden Medienzirkus zufolge hatte Inpax bereits eine zweifelhafte Bilanz. Wie das Arbeitsministerium später herausfand, hatte die Firma Dutzende von Angestellten unterbezahlt und überdies gegen das Arbeitsrecht verstoßen, indem sie sich Überstunden zu honorieren weigerte. Der betreffende Fahrer, der 29-jährige Valdimar Gray, war früher schon bei einem anderen für Amazon tätigen Unternehmen rausgeflogen – wegen eines »vermeidbaren Unfalls mit Fahrerflucht«, wie es später in den Prozessakten hieß. Er besaß noch nicht einmal die für Berufskraftfahrer vorgeschriebene Fahrerlaubnis, hatte den Job trotzdem bekommen und bereits zwei Monate bei Inpax gearbeitet, als es zu dem tragischen Unfall kam.

Gray kam wegen grober Fahrlässigkeit mit Todesfolge vor Gericht – und wurde freigesprochen.[177] Der Chicagoer Richter folgte dem Einwand der Verteidigung, es habe sich um einen Unfall gehandelt. Eine darauf von der Familie des Opfers gegen Amazon und Inpax angestrengte Zivilklage unterstellte, dass das Unternehmen durch exzessiven Druck auf die Fahrer, pünktlich zu liefern, zu Escamillas Tod beigetragen hatte. Eine Woche zuvor hatte Amazon bei Inpax und anderen Zustellpartnern in der Gegend per E-Mail eine »unbefriedigende Abdeckung und Performance hinsichtlich Ihrer Routen« moniert und sie ermahnt: »Unsere oberste Priorität ist es, jede Sendung pünktlich zum Kunden zu bringen.« Amazon und Inpax erklärten sich in einer außergerichtlichen Einigung im März 2020 zu einer Zahlung von 14 Millionen Dollar an die Escamillas bereit.[178]

Es kam im Verlauf von 2019 noch zu ähnlichen Tragödien, deren Aufdeckung oft nur investigativen Berichten in *ProPublica* und *BuzzFeed News* zu verdanken war. Wie die Publikationen herausfanden, waren Fahrer bei der Zustellung von Amazon-Sendungen in mehr als sechzig schwere Unfälle verwickelt gewesen, mindestens dreizehn davon mit Todesfolge.[179] 2018 wurde die 61-jährige Anwaltsgehilfin Stacey Hayes Curry auf dem Parkplatz vor ihrer Kanzlei von einem Fahrer totgefahren, der im Auftrag einer Firma namens Letter Ride Amazon-Pakete ausfuhr. Der Fahrer sagte aus, er habe Curry nicht gesehen und glaubte, eine Rüttelschwelle überfahren zu haben. *ProPublica* zufolge schrieb sein Sohn Jeff Bezos später einen (nie abgeschickten) Brief, in dem es hieß: »Ich glaube, diese Haltung gegenüber rücksichtslosem Tempo breitet sich von oben her nach unten aus.«[180]

Amazon-Executives versicherten mir, dass Sicherheit ihre oberste Priorität sei und das Unternehmen sich an die Gesetze der öffentlichen Sicherheit nicht nur halte, sondern sie sogar übertraf. In einem Interview sagte Jeff Wilke, Amazons Transportpartner hätten 2019 insgesamt etwa 1,2 Milliarden Kilometer zurückgelegt, und er versicherte, dass Amazon in Sachen Sicherheit über dem Bundesdurchschnitt lag. Diese Behauptung war freilich unmöglich nachzuprüfen ohne genaue Daten über Amazons Unfallzahlen, die das Unternehmen jedoch nicht herausgeben wollte. »Ich habe keine Verschlechterung hinsichtlich der Sicherheitskultur gesehen, ich habe sogar eine Verbesserung festgestellt«, sagte Wilke. »Ich glaube einfach nicht, dass es stimmt, dass wir beim Aufbau unserer Kapazitäten die Sicherheit opfern mussten.«

Viele ehemalige Beschäftigte der operativen Abteilung waren sich darin einig, dass Amazon seine Sicherheitsstandards nicht bewusst verwässere; die Paketzustellung, so meinten sie, sei nun mal ein gefährliches Geschäft für Unternehmen. Sie fügten jedoch auch hinzu, dass die Praxis, die Zustellung an Subunternehmer auszulagern, anstatt sie aufzukaufen oder einfach selbst Fahrer einzustellen, der Kontrolle des Unternehmens darüber, was auf der Straße passiert, zwangsläufig Grenzen setze.

Amazon war es gewöhnt, seine Logistikzentren rund um die Welt mit geradezu tyrannischer Autorität zu führen, eine Macht, die sich auch zur Vermeidung von Unfällen einsetzen ließ. So begannen Arbeiter zum Beispiel ihren Tag grundsätzlich mit einem Vortrag über Sicherheit und Dehnübungen; Fahrer dagegen erfuhren keinerlei Unterstützung, es sei denn, man klassifizierte sie wieder als Mitarbeiter. »Wir hatten da diese merkwürdige Dichotomie«, sagte Will Gordon, der drei Jahre im Operations Team Senior Manager gewesen war. »Sicherheit bedeutete verschiedene Dinge, je nachdem, ob es um die Fulfillment Center oder die für die Zustellung zuständigen Vertragsnehmer ging.«

Nachdem sich diese Sicherheits- und Effizienzkultur den Zustellpartnern nicht aufzwingen ließ, setzte Amazon in dem Versuch, ihnen auszuhelfen, technologische Mittel ein. Das Unternehmen gab an die Fahrer eine intern als »Rabbit« bezeichnete App aus, die die Sendungen scannte, die Adressen anzeigte und algorithmisch die schnellsten Routen zur Zustellung der Pakete errechnete.

Entwickelt hatte man Rabbit ursprünglich für einen separaten, nach dem Vorbild von Uber konzipierten Dienst mit Namen Amazon Flex.[181] Dieser erlaubte es privaten Fahrern nach der Anmeldung, online für ein Stundenhonorar von 18 bis 25 Dollar Amazon-Sendungen abzuholen und zuzustellen. Fahrer konnten ihre Arbeitszeit frei wählen, hatten aber sowohl das Fahrzeug als auch Benzin, Versicherung und Smartphones selbst zu stellen. Flex war für die Zustellung von Prime-Bestellungen konzipiert (deshalb auch der Name Rabbit, der auf Stephenie Landrys Liste magischer Markennamen stand). Es wurde jedoch rasch zum De-facto-Tool für alle Zusteller, die für Amazon fuhren.

Ehemaligen Angestellten zufolge, die an der App mitgearbeitet hatten, war deren Entwicklung so planlos wie überstürzt. Zunächst gab es noch nicht einmal eine Funktion, die Fahrer daran erinnert hätte, auch mal eine Pause einzulegen, geschweige denn, dass sie die Routen checkte, um das statistisch besonders gefährliche Linksabbiegen auf ein Minimum zu reduzieren – ein wesentliches Sicherheitsfeature, das bei UPS und FedEx seit Langem gang und gäbe war. »Wie in so vielen Fällen bei Amazon hieß es: ›Achtung, Feuer, legt an!‹«, sagte Trip O'Dell, ein ehemaliger Chef des Designteams der Rabbit-App. »Sie erweiterten das einfach ratzfatz, die Macken konnte man ja später ausbügeln.«

O'Dell erinnerte sich, er und die Leute in seinem Team hätten sich Sorgen gemacht, die App könnte die Fahrer auf gefährlichen städtischen Routen ablenken, womit sie denn auch zu ihren Vorgesetzten gegangen seien. Die Art, wie die App Informationen präsentiere, so erklärten sie, sei zu unübersichtlich und bei Sonnenlicht schwer zu lesen; außerdem lenkten die ständigen Hinweise auf neue Arbeit die Fahrer ab.

Die Probleme mit der App häuften sich, sagte O'Dell. Die Routenführung war schlecht, die Fahrer hatten ihre Mühe, von einer Zustelladresse zur nächsten zu kommen. Betrügereien waren an der Tagesordnung, da Fahrer immer neue Schlupflöcher fanden, sich für nicht geleistete Arbeit bezahlen zu lassen. Ein anderes Problem war, dass Zwei-Pizzen-Teams in Seattle und Austin gleichzeitig im Wettbewerb miteinander an Versionen des Rabbit für iOS und Android saßen, was erheblich zur Verwirrung bei den Zustellern beitrug. »An dem Ding war einfach alles falsch, und alles auf einen Schlag«, sagte O'Dell. »Die App taugte schlicht zu gar nichts.«

Angestellte dagegen sagten, Clark sei eben mehr mit der Lösung der kniffligen wirtschaftlichen Probleme von Amazon Logistics beschäftigt gewesen – wie etwa die Trucks maximal zu beladen und den Fahrern gerade mal so und so viel zu zahlen. Er fällte seine Entscheidungen auf der Basis kalter, harter Daten, während die anfänglichen Sorgen der Angestellten um die Sicherheit eher auf vereinzelten Vorfällen fußten. Gelegentlich beobachtete das Rabbit-Team die Fahrer, sah, dass sie eine Mahlzeit ausließen, Stoppschilder überfuhren und sich ihre Handys ans Hosenbein klebten, um zwischendurch mal rasch einen Blick auf das Display werfen zu können. Hauptsache, sie schafften die Liefertermine.

Ohne quantifizierbare Belege für ein pandemisches Sicherheitsproblem jedoch taten Clark und andere Executives die Beschwerden weitgehend ab. »Ich glaube nicht, dass Sicherheit die Nummer eins ihrer Probleme oder Prioritäten war«, sagte Will Gordon, der Senior Manager. »Denen ging es um Produktivität und Kostenwirksamkeit.«

Nach den vernichtenden Artikeln in *ProPublica* und *BuzzFeed* kündigte Amazon die Zusammenarbeit mit einigen Zustellern auf, darunter Inpax und andere mit Unfällen assoziierte Unternehmen. Eine Sprecherin sagte, Amazon habe »die Verantwortung, dafür Sorge zu tragen, dass diese Partner unsere hohen Maßstäbe hinsichtlich Sicherheit und Arbeitsbedingungen auch tatsächlich erfüllen«. Implizit klang in dem Statement an, dass man in der Vergangenheit wohl in der Tat mit Partnern gearbeitet hatte, die diesen Sicherheitsmaßstäben nicht entsprachen. Wer von Amazon ein expliziteres *mea culpa* erwartet hatte, sah sich enttäuscht.

Was Amazon Air anbelangte, war trotz ähnlicher Umstände noch nicht einmal ein vergleichbares Eingeständnis zu hören. Am 23. Februar 2019 stürzte eine Frachtmaschine mit Sendungen von Amazon und der amerikanischen Bundespost aus Miami kommend beim Anflug auf den George Bush International Airport in Houston in eine Marschlandschaft, wobei die beiden Piloten und ein Passagier ums Leben kamen. Atlas war während der letzten drei Jahre rasch gewachsen, nicht zuletzt wegen seines Deals mit Amazon. Die Fluglinie hatte den Angaben gegenüber der Börsenaufsicht zufolge zu Beginn der Geschäftsbeziehung 1185 Piloten beschäftigt, zur Zeit des Unfalls kaum drei Jahre später waren es 1890 – ein Sprung um 59 Prozent.

In den Wochen vor dem Crash hatte die News-Website *Business Insider* mit dreizehn Piloten von Amazons Fluglinien gesprochen;[182] alle sagten sie, ihre Gehälter und Nebenleistungen lägen unter dem Standard der Branche, und zwölf von ihnen sagten, sie verfügten alles in allem über weniger Erfahrung als ihre Pendants bei anderen Airlines. Einer der Piloten ließ durchblicken, Atlas Air überlaste seine Piloten, und sprach von einer »tickenden Zeitbombe«.

Im Herbst 2017 besorgte Amazon Logistics bereits etwa 20 Prozent seines eigenen Paketaufkommens, einen größeren Anteil als FedEx also, und stand laut Rakuten Intelligence kurz davor, auch noch UPS dauerhaft zu überholen. Durch seine jahrelangen Bemühungen hatte man die Gründung Hunderter kleiner neuer Lieferfirmen angestoßen und für eine Menge Chaos gesorgt, von negativen Schlagzeilen ganz zu schweigen. Außerdem begann man eben die ersten der hehren Zielvorgaben zu erfüllen, die die Führungsriege sich gesetzt hatte.

All das änderte nichts daran, dass Amazon mehr Fahrer brauchte, vor allem während der geschäftigen Weihnachtszeit. So entschied Clark sich zu zwei weiteren Initiativen, um noch mehr Zustellfirmen anzuziehen. Im Juni 2018 führte er ein neues Programm für Zustelldienstleister mit weniger als vierzig Fahrzeugen ein, denen er Nachlässe auf Kastenwagen mit Amazon-Logo, Uniformen, Treibstoff und Versicherungsprämien bot; bei alledem hatten sie weiterhin unabhängig zu operieren, für Sozialleistungen aufzukommen und Überstunden zu zahlen. Die vielen zusätzlichen kleinen Firmen in jeder Stadt versprachen Amazon über eine ausreichende Zahl von Partnern hinaus auch noch eine andere Art von Hebel zu garantieren: die Möglichkeit, Bedingungen zu diktieren und all denen die Partnerschaft aufzukündigen, die nicht spurten oder nicht die gewünschte Leistung erbrachten, ohne dadurch den Dienst am Kunden zu kompromittieren.

Einige Monate später genehmigte Clark den Ankauf von 20.000 blauen Mercedes-Benz-Sprintern und vermietete sie zu diskontierten Tarifen nebst schwarz-blauen Amazon-Uniformen an die neuen Zustellfirmen.[183]

Der Schritt zahlte sich aus und verhalf über tausend neuen Zustellfirmen zum Start. Und Anfang 2019 überholte Amazon denn auch sowohl UPS als auch die US-Bundespost und wurde damit in den USA zu seinem eigenen größten Spediteur.[184] Es war dies eine gewaltige Leistung, selbst wenn sie nur unter erheblichen Kosten errungen war.

Clarks zehn Jahre währende Umrüstung sowohl von Amazons Logistikzentren als auch des Last-Mile-Netzes hatte unerbittlich zu einer Veränderung von Amazons Online-Geschäft geführt. Sie gestattete dem Unternehmen, seine Ware direkt in die Ballungsräume zu bringen und, da man so die hohen Endverbrauchertarife der großen Logistikunternehmen nicht mehr zu zahlen brauchte, obendrein auch noch Transportkosten einzusparen. Außerdem glich man Amazons Zustellkosten damit dem Wachstum des Unternehmens an; je mehr Kunden bei Amazon Prime oder den Lebensmitteldiensten Prime Now und Amazon Fresh mitmachten, desto effizienter und kosteneffektiver wurde es, Fahrer in die entsprechenden Viertel zu schicken.

Das Last-Mile-Netz schützte Amazon nicht nur vor den Forderungen von UPS und FedEx, sondern auch vor den politischen Stürmen, denen sich die amerikanische Bundespost ausgesetzt sieht. Als Donald Trump Amazon vorwarf, die Post abzuzocken, und mit einer Tariferhöhung drohte, protestierte das Unternehmen zwar, aber der Ausgang des Disputs spielte längst keine Rolle mehr.[185] Amazon war in der Lage, das auf die Post entfallende Frachtaufkommen umzuschichten, zum einen auf das eigene Netz, zum anderen auf einen anderen Versandpartner: UPS.

Was UPS anbelangte, so hatte man dort längst erkannt, dass Amazon die Dynamik der Branche auf den Kopf gestellt hatte. 2019 verkündete das Unternehmen seine Bereitschaft, fortan auch am Sonntag zuzustellen, und beugte sich damit den Erwartungen der Kunden und dem

Druck, den Amazons 24-Stunden-Zyklus auf die Rivalen im Online-Geschäft ausübte. Wie schon früher die Post, musste jetzt auch UPS seinen Vertrag mit den Lkw-Fahrern neu aushandeln, um eine neue Kategorie von Beschäftigten zu schaffen, die bereit waren, die Wochenendschichten zu schlechteren Konditionen zu übernehmen.[186]

FedEx, wo man sich auf einen Prozentsatz im unteren einstelligen Bereich von Amazons Netz reduziert sah, begann ebenfalls am Sonntag zu arbeiten, entschloss sich dann jedoch, die Zusammenarbeit mit Amazon ganz einzustellen. Der kalte Krieg zwischen Dave Clark und Fred Smith freilich hielt so unvermindert wie unterhaltsam an.[187] FedEx gab weithin vernehmbar bekannt, seine Verträge mit Amazon sowohl zu Luft als auch zu Boden aufzukündigen, und sagte, man wolle sich künftig um andere Kunden kümmern, darunter Walmart und Target. Smith betonte noch einmal seine Ansicht, Amazon stelle keine disruptive Bedrohung für FedEx dar, und bezeichnete diese Vorstellung im *Wall Street Journal* einmal mehr als »fantastisch«.[188] Clark verbot Drittanbietern vorübergehend den Versand über FedEx Ground.[189] In seinem Büro in Seattle hatte er einen Satz Golfschläger stehen, auf denen »fantastical« stand.

Mit Amazon Logistics waren die beiden sehnlichsten von Amazons Zielen erfüllt: Hebel, die Bezos prompt zugunsten des Kunden einsetzte, und ein wirtschaftlicher Wallgraben gegen die Konkurrenz. Im April 2019 gab Amazon seine Absicht bekannt, für Prime-Kunden von der zweitägigen auf die Lieferung noch am selben Tag umzusteigen.[190] Es war dies mit hohen Kosten verbunden, aber machbar, da dank Clarks Arbeit sowohl in den Logistikzentren als auch beim Transportnetz das Fundament dazu gelegt war. Noch im selben Jahr konnte Amazon auf den Beitrag von 15 Dollar monatlich bei der Lebensmittellieferung verzichten; kostenlose Lieferungen von Amazon Fresh und Whole Foods gehörten von da an zu den Vorzügen der Prime-Mitgliedschaft.[191] Das sollte sich im Jahr darauf von Vorteil erweisen, als die Covid-19-Pandemie Millionen verzweifelter ans Haus gefesselter Shopper ihre Lebensmittel online bestellen ließ.

Clark hatte Bezos' Vision von einer völlig ungebundenen Lieferkette erfüllt und sich damit als höchste Verkörperung von Amazons Ideal einer Führungskraft etabliert: ein großer Denker, der methodisch langfristige Wetten einging, die für ungeduldige Executives eher kurzfristig denkender Unternehmen wohl schwer zu schlucken wären – mit Sicherheit aber für jeden vorsichtigeren und sozial denkenden Wirtschaftskapitän. »Ich bin ein Simplifizierer«, sagte Clark, als ich ihn nach seinen besonderen Fähigkeiten fragte, die ihm den Weg vom Logistikzentrum in Campbellsville bis in die hehren Höhen des S-Teams geebnet hatten. »Ich brauche mir komplizierte Sachen nur anzuschauen, schon sehe ich, was davon tatsächlich nötig ist, um daraus was wirklich Großes zu machen.«

Unterwegs hatte der ehemalige Mittelschulmusiklehrer Hindernisse jeder Art bewältigt, eine gute Freundschaft geopfert, Amazons schlecht bezahlten Arbeitern ein zusätzliches Quäntchen Produktivität abgetrotzt und die erheblichen Kosten von alledem auf die Gesellschaft abgewälzt. Und das alles, ohne Amazons Ruf groß zu strapazieren.

Dave Clark hatte sich mit anderen Worten als nahezu ebenso kreativ und skrupellos erwiesen wie Jeff Bezos selbst.

Kapitel 10:

Die Goldgrube im eigenen Hinterhof

Im Vorfeld der richtungweisenden OP1-Meetings im Herbst 2017 wuchs in etlichen der langjährigen Amazon-Beschäftigten eine heimliche, leise Befürchtung: dass ihr bewunderter Boss sich allmählich vom Unternehmen distanzierte. Bei neuen Geschäftsfeldern, in denen Bezos seine Ideen und seine Unterstützung für wichtig hielt, brachte er sich weiterhin intensiv ein – etwa bei Alexa, Amazon Studios und der Supermarktkette Amazon Go. Aber er kam seltener ins Büro und hatte die Kontrolle über das zunehmend komplexe Hauptgeschäft des Unternehmens – Einzelhandel und Amazon Web Services – den Co-CEOs übertragen, die ihm direkt unterstellt waren, Jeff Wilke und Andy Jassy.

Darüber hinaus verwendete Bezos mehr Zeit auf die *Washington Post* und auf sein privates Raumfahrtunternehmen Blue Origin. Zugleich musste er sich immer stärker damit auseinandersetzen, wie sich seine wachsende Berühmtheit und sein sich mehrender Reichtum auf sein Leben auswirkten. Während seines Italienurlaubs im Mai mit seiner Frau MacKenzie, seinen Eltern, seinen Geschwistern Mark und Christina und deren Angetrauten waren ihm Paparazzi auf Schritt und Tritt gefolgt.[192] Als er sich medialem Druck ausgesetzt sah, endlich einen Teil seines Vermögens zu spenden, rief er am 15. Juni mit einem Tweet zu einem »Ideenwettbewerb«[193] auf, wie sich dringende gesellschaftliche Probleme angehen lassen, um zeitlichen Spielraum für die Entwicklung einer Philanthropie-Strategie zu gewinnen. Im Juli fotografierte man ihn auf der jährlichen Sun-Valley-Konferenz der Investmentfirma Allen & Company mit schwarzem Polohemd, Daunenweste und trainiertem Bizeps; das Bild führte im Internet zu zahllosen Memes und gab Anlass zu dem klingenden Ausdruck »swole Bezos« (»kraftstrotzender Bezos«).[194] Das *Times*-Cover, das ihn mit bunten Styroporchips als »Person des Jahres« gezeigt hatte, lag Lichtjahre zurück.

Der Gründer von Amazon hatte reichlich Grund, sich zurückzulehnen, um seine Gesundheit zu kümmern und dabei ein Stück weit aus dem Tagesgeschäft des von ihm gegründeten Unternehmens zurückzuziehen. Der Wert der Aktie hatte sich in den zurückliegenden zwei Jahren verdreifacht, der Börsenwert des Unternehmens lag seit dem Sommer knapp über einer halben Billion. Das Schwungrad drehte sich munter, und mit einem Privatvermögen von 89 Milliarden Dollar war Bezos der zweitreichste Mensch der Welt.

Gleichzeitig war Bezos von immer mehr Menschen umgeben – ein wachsender Stab an Assistenten, PR- und Sicherheitsberatern kümmerte sich um seinen Kalender und sein öffentliches Image. Seine Agenda planten sie mit der Präzision des Tagesablaufs eines Staatsoberhaupts, und sie sorgten dafür, dass seine Reden und seine Postings in den sozialen Medien nirgends aneckten. Im Oktober des Jahres eröffnete Bezos einen neuen Amazon-Windpark in Texas, indem er oben auf dem Maschinenhaus eine Sektflasche zerschellen ließ und das Video, das davon in luftiger Höhe aufgenommen wurde, per Twitter in die Welt hinausschickte. Auf dem Summit LA, einem Großevent in Los Angeles, interviewte ihn im folgenden Monat ein Gesprächspartner, wie er rücksichtsvoller nicht hätte sein können: der Investor Mark Bezos, sein jüngerer Bruder, der vor Jahren einen TED-Talk über sein Engagement bei der Freiwilligen Feuerwehr gehalten hatte und heute bei Blue Origin als Berater fungierte. Sie plauderten über edle Cocktails, die Erkundung des Weltraums, ihre Großeltern und darüber, wie Jeff und MacKenzie New York City verlassen hatten, um quer durchs Land nach Seattle zu fahren und dort Amazon zu gründen.

Auch wenn Amazons Führungsriege es nie Außenstehenden gegenüber zugegeben hätte – mehr Selbstständigkeit bei der Arbeit, zugleich eine gewisse Befreiung vom hartnäckigen Nachbohren und den hochgesteckten Ambitionen des Unternehmensgründers wären beileibe nicht unwillkommen. Noch immer konnte sich ein Meeting mit Bezos völlig unvorhergesehen entwickeln, mit Projekten, die zurück auf null gesetzt wurden, und dem damit einhergehenden Schock für die Arbeitsmoral. Schon die nebensächlichste Äußerung des scharfsichtigen CEO reichte aus, und die Untergebenen reagierten mit panischer Aktivität und einer Flut von Whitepapern. Viele Executives waren erleichtert, dass die Besprechungen mit Bezos seltener stattfanden, und fragten sich laut, ob sein Interesse an Amazon nachließ. Vielleicht konnten sie ja endlich einmal durchatmen.

Dann begann die unter der Abkürzung OP1 laufende alljährliche herbstliche Planungsrunde, und die betörende Hoffnung, der alles dominierende CEO könne sich herausziehen, verflüchtigte sich – vorläufig jedenfalls.

Der erste, unheilvollste Hinweis ergab sich während des Jahresberichts zum Nordamerikageschäft im Einzelhandelsbereich. Das Meeting fand im fünften Stock des Day-One-Turms statt; dazu waren in einem gewaltigen Tagungsraum mit Blick nach Westen Tische zusammengeschoben worden. Bezos saß mittig auf einer Seite des großen Rechtecks, zu seiner Linken sein Finanzchef Brian Olsavsky, zu seiner Rechten sein damaliger technischer Berater Jeffrey Helbling.

Ihm gegenüber, auf der anderen Seite des Raums, saß Doug Herrington. Links von diesem, beinahe wie einer der *Consigliere* in *Der Pate*, hatte sein langjähriger Finanzchef Dave Stephenson Platz genommen. Jeff Wilke, Mitglieder des S-Teams sowie Führungskräfte aus den Bereichen Einzelhandel, Amazon Marketplace und anderen Abteilungen saßen rings um die Tische und entlang der Wände; andere waren über Amazons unzuverlässige Telko-App Chime zugeschaltet. Das Meeting begann wie gewohnt in völliger Stille, während alle den mit Grafiken gespickten OP1-Bericht des Einzelhandelsbereichs lasen, der einen Überblick über die bisherige Ertragslage gab und die operative Planung für die kommenden Jahre darlegte.

Später fragten sich die Anwesenden, ob Bezos den Überfall geplant hatte oder aber spontan beim Lesen des Dokuments reagiert hatte. Aufgefallen waren jedenfalls ein zunehmendes Stirnrunzeln, während er eine Seite nach der anderen umblätterte, die immer enger zusammengekniffenen Augen und schließlich der leicht schief gelegte Kopf, bis Bezos endlich fragte: »Wie profitabel war dieser Bereich 2017 eigentlich ohne die Annoncen?«

Schon lange zierten Anzeigenbanner die Website von Amazon. Neuer waren die gesponserten Suchergebnisse, bezahlt von ausgewählten Amazon-Anbietern wie Procter & Gamble sowie kleineren Marketplace-Drittanbietern; diese drängten sich in den Suchresultaten zuoberst, dazwischen die unbezahlten Suchergebnisse, die Amazons Suchmaschine ausgeworfen hatte. Analysten schätzten die Einnahmen durch solche Annoncenplatzierung für 2017 auf 2,8 Milliarden Dollar bei einem flotten jährlichen Wachstum von 61 Prozent. Das Management des Einzelhandelsbereichs jedoch betrachtete das Anzeigengeschäft als unverzichtbaren Teil des Ergebnisses ihres Geschäftsbereichs – nicht als etwas Separates, das sich aus ihrer Gewinn-und-Verlust-Rechnung herauslösen ließ.

»Einen Moment, Jeff, das habe ich gleich«, sagte Stephenson, der Finanzchef des Einzelhandelsbereichs. Die Rechnung war nicht ganz trivial. Über dem Raum hing gespannte Stille, während der Amazon-Veteran, der auf siebzehn Jahre Erfahrung im Unternehmen zurückblickte, hinter seinem Aktenberg Zahlen in den Smartphone-Rechner tippte.

Nach rund fünf Minuten verkündete Stephenson sein Ergebnis. Alle atmeten erleichtert auf. Bezos aber fixierte noch immer Herrington und Stephenson mit eiskaltem Blick quer durch den Raum. »Was sagen die Zahlen für 2016?«

Erneut widmete sich Stephenson seinen Ordnern, wieder wagte niemand zu atmen. Nach fünf Minuten hatte Stephenson sein neues Ergebnis, und Bezos fragte nach 2014. »Man kann sich nicht vorstellen, wie furchteinflößend dieser Raum ist, besonders wenn Jeff sich an etwas festgebissen hat und sein Gehirn rattert.« So beschrieb es ein Executive, der dabei gewesen war. »Es ist nicht leicht, dort die Nerven zu behalten. Ich war sehr beeindruckt, wie ruhig Dave blieb.« Ohne die Annoncen kam das finanzielle Ergebnis von Amazons inländischem Einzelhandelsgeschäft plötzlich längst nicht mehr so rosig daher. Tatsächlich war seine betriebswirtschaftliche Lage im Abschwung begriffen.

Bezos hatte an einem Fädchen gezupft, und auf einmal begannen sich ganze Nähte zu lösen. Und Bezos zog weiter. In der anschließenden mehrstündigen Diskussion argumentierte er, die Stagnation beim Online-Geschäft werde durch die steigenden Werbeeinnahmen geschönt. Zwar gehörte es zu Bezos' Grundhaltung, dass ein vielversprechender neuer Geschäftszweig in den ersten zehn Jahren Verluste machen durfte; der Online-Handel aber war längst über dieses Stadium hinweg. Bezos wollte so weit wie möglich in die Vergangenheit schauen, um festzustellen, wann dieser beunruhigende Trend seinen Anfang genommen hatte. Dann forderte er, dass Wilke die mit seinem Team über Monate erarbeitete sorgfältige Planung, die ihrem OP1-Dokument zugrunde lag, in die Tonne trat, um ihm eine überarbeitete Version vorzulegen. Er bestand auf radikalen Einschnitten bei den geplanten Neueinstellungen und anderen Investitionen sowie auf einer Rückkehr zu der grundlegenden Rentabilität der Vorjahre – ohne die Annoncen als Netz und doppelten Boden anzusehen.

Für die Führungsriege des Einzelhandelsbereichs war dies eine erschütternde Entwicklung – eine »Wurzelbehandlung«, wie die grauen Veteranen der Finanzabteilung sarkastisch kommentierten. Bezos hatte selbst darauf bestanden, Niedrigpreise von Konkurrenten zu übernehmen und auch unrentable Produktkategorien zu bedienen. Immer mehr Vergünstigungen, immer besserer Service für die Kundschaft hatten ihren Preis, doch man konnte sich immer darauf verlassen, dass profitablere Unternehmensbereiche diese Investitionen querfinanzierten. Daher hatte das Finanzmanagement nicht im Entferntesten in Erwägung gezogen, das Rechnungswesen so aufzusetzen, dass Werbeeinnahmen herausgerechnet wurden.

Mehr als zwei Jahrzehnte hatte Bezos den taktischen Vorteil niedriger Gewinnspannen und niedriger Preise propagiert, um sich Marktanteile zu sichern – Prozentpunkt um Prozentpunkt, gerade so, als erobere er Kontinente bei dem Strategiespiel *Risiko*. Doch nun dachte er anders; es ärgerte ihn, dass das Online-Geschäft nicht profitabler lief und Jeff Wilke und Doug Herrington – zwei der Co-CEOs, in die er das meiste

Vertrauen setzte – nicht mehr aus ihrem Bereich herausholten. Die Zahlen legten nahe, dass das Management in seinem Auftrag nachließ, das operative Ergebnis ständig zu verbessern, und dass Amazon Eigenschaften entwickelte, die Bezos einem Unternehmen der unheilvollen Kategorie »Tag zwei« zuschrieb. »Tag zwei bedeutet Stillstand, gefolgt von Irrelevanz, gefolgt von langem, qualvollem Niedergang und schließlich Tod«, hatte er erst im selben Jahr bei einer Mitarbeiterversammlung verkündet. »Und darum haben wir immer Tag eins.«

Das S-Team schien die Schuld bei Stephenson zu sehen; ein Jahr später verließ dieser das Unternehmen, um CFO von Airbnb zu werden. »Es schwang der Vorwurf mit: ›Wie konntest du das nur übersehen?‹«, kommentierte ein anderer Executive, der in die Gespräche eingeweiht war. »Fakt aber ist, dass wir alle es die ganze Zeit übersehen hatten.«

Das OP1 für den Einzelhandel bestimmte die Tonart weiterer gereizter Sitzungen im selben Monat. Bezos erteilte einen entsprechenden Auftrag auch an Russ Grandinetti, Senior Vice President für Internationalen Einzelhandel, dessen Finanzen bei herausgerechneten Werbeeinnahmen noch trostloser aussahen. In Ländern, in denen Amazon schon länger aktiv war, wollte Bezos bessere Einzelergebnisse sehen, beispielsweise in Großbritannien; Investitionen, deren Chancen auf brauchbares Wachstum gegen null tendierten, sollten einem kritischen Blick unterzogen werden. Besonders den rote Zahlen schreibenden chinesischen Marketplace, wo Amazon seit über einem Jahrzehnt erfolglos mit Alibaba und JD.com konkurrierte, nahm er aufs Korn. Auch mit Grandinettis Team setzte er mehrere Folgetreffen an.

In einem weiteren OP1-Meeting, bei dem die Rechtsabteilung, HR und International Corporate Affairs gemeinsam abgehandelt wurden, zerlegte Bezos die Personalbedarfsmeldungen und wollte jede einzeln begründet hören. Voller Skepsis stellte er alles infrage, was nach leichtfertiger Expansion aussah. An irgendeinem Punkt murrte er über Neueinstellungen, die das PR-Team für den Einzelhandel geplant hatte, und machte so einige Mitarbeiter sprachlos mit seiner Frage, warum Amazon für seine Bücherkategorie überhaupt noch werben müsse – schließlich sei das Unternehmen dort sicherer Marktführer.

Einzig AWS blieb die vernichtende Prüfung erspart. Die Meetings mit Andy Jassy, bei denen die Cloud-Sparte mit ihren 40 Prozent Wachstum und 30 Prozent Nettoumsatzrendite begutachtet wurde, waren regelmäßig Wohlfühlveranstaltungen. Dennoch bohrte Bezos bei Jassy und seinem langjährigen CFO Sean Boyle nach, ob die von ihnen prognostizierte Finanzentwicklung auf Modellrechnungen basierte oder von ineffizientem Wunschdenken geleitet war wie beim Einzelhandelsbereich.

Die Botschaft der OP1-Meetings in jenem Herbst sowie einer später im Jahr folgenden Direktive des Amazon-Chefs, die das Organigramm des Konzerns durch den Wolf drehte, war eindeutig: Zwar wurde Jeff Bezos reicher und berühmter, doch Amazon war und blieb *sein* Ding. Und er hatte größere Pläne für das bereits zehn Jahre alte Geschäftsfeld der Werbung auf Amazon – als Deckmäntelchen für die Sünden anderer Geschäftszweige sollte sie nicht dienen.

Die Art und Weise, wie Bezos Mitte der Nullerjahre in das Geschäftsfeld der Annoncenplatzierung einstieg, verrät einiges über seine ursprünglichen Bedenken: Er überlegte nicht, welche Annoncen das Unternehmen akzeptieren sollte, sondern welche man ablehnen sollte. Angehörige des S-Teams erzählen, wie Bezos eine Auflistung von Produkten austeilte, für die seiner Meinung nach niemals auf der Website geworben werden sollte – darunter Schusswaffen, Alkohol, Online-Partnerbörsen, Nahrungsergänzungsmittel sowie unseriöse Finanzierungsangebote. Stundenlang diskutierte das S-Team diese Liste und das Pro und Kontra eines Einstiegs ins Werbegeschäft.

Allem Zweifel zum Trotz sprach Bezos sich dafür aus, Annoncen auf Amazon zu platzieren, um so seine Politik der Niedrigpreise zu stützen. In einem Gedankenspiel[195] verglich er zwei Internethandelsplattformen miteinander: eine mit Werbung zur Subventionierung niedriger Preise und eine werbefreie mit höheren Preisen. Die Kunden würden immer zu der Website mit den günstigeren Preisen streben, war sein Argument. »Wir sind dumm, wenn wir es nicht machen«, lautete seine erwartbare Schlussfolgerung, wie mehrere Angehörige des S-Teams berichteten.

Amazon hätte sich im Handumdrehen als Schwergewicht der Online-Werbung etablieren können. Während Google wusste, wonach die Leute suchten, und Facebook wusste, was ihnen gefiel, verfügte Amazon über die mehr oder minder gewichtigsten Daten von allen: was die Leute letztlich kauften. Und doch stieg Amazon erst dann ernsthaft ins Werbegeschäft ein, als sich Yahoo, Google und Facebook durch ihre Werbeeinnahmen längst zu historischen Höhenflügen aufgemacht hatten – und selbst da noch mit allergrößter Vorsicht und etlichen Fehlstarts.

Ende der Nullerjahre begann Amazon, in New York City – Werbehauptstadt der Welt – Mitarbeiter anzuheuern. Um zu verhindern, dass Amazon seinen Kunden in diesem Bundesstaat Mehrwertsteuer berechnen musste, wurden die Mitarbeiter zunächst bei einer Tochtergesellschaft namens Adzinia angestellt und mit entsprechenden Visitenkarten und E-Mail-Adressen ausgestattet. Ihr erstes Hauptbüro befand sich an der 6th Avenue, mit Blick auf die berühmte »Love«-Skulptur auf dem Gehweg der 55th Street.

Doch Amazon fand nie recht Zugang zu der geschlossenen Gesellschaft der New Yorker Werbewelt. Auch wenn das Jahrzehnt von *Mad Men* längst vorüber war – noch immer waren in dieser Branche persönliche Beziehungen und Lunch auf Firmenkosten ausschlaggebend. Leitende Werbemanager waren es gewohnt, ihre Kunden zu Top-Sportevents einzuladen und selbst zu glamourösen Branchenkongressen wie dem jährlichen Cannes Lions International Festival of Creativity an der französischen Riviera zu reisen.

Amazon jedoch weigerte sich in seiner dogmatischen Sparsamkeit, dabei mitzumachen. Selbst auf internationalen Flügen wurden die Mitarbeiter in der Touristenklasse gebucht, sofern sie nicht auf eigene Kosten für ein Upgrade sorgten. »Sobald man mehr als eine bestimmte Summe für ein Flugticket bezahlte, gab es eine Ermahnung«, erfuhr ich von Andrew James, der fünf Jahre als Führungskraft in der Kundenbetreuung tätig war. »Google und Facebook luden ihre Anzeigenkunden zu fürstlichen Partys. Wir waren eindeutig im Nachteil.«

Nur zögerlich baute Amazon sein New Yorker Team an Anzeigenakquisiteuren aus. Probleme löst man nicht mit mehr Leuten, sondern mit mehr Grips – so erschallte es bei Amazon allerorten. Während einer OP1-Sitzung blätterte Jeff Wilke direkt zum Anhang des Dokuments, das vom Anzeigenmarketingteam vorgelegt worden war, und betrachtete skeptisch die geplanten Einstellungen. Dann witzelte er: »Wie viele neue Verkäufer werden wohl nächstes Jahr unseren Executives als Kofferträger dienen?«

Auch anderen Usancen der Branche verweigerte sich das Unternehmen. CEOs und Marketingbosse von Firmen wie Procter & Gamble wollten bei den Firmen, an die ihr Werbeetat ging, ihre Pendants auf Vorstandsebene kennenlernen. Bei Facebook beispielsweise konnte ein großer Anzeigenkunde davon ausgehen, dass er mit Sheryl Sandberg, Chief Operating Officer für das Tagesgeschäft, an einem Tisch sitzen würde. Bezos aber weigerte sich, dieses Spiel mitzuspielen; es gab lediglich ein jährlich stattfindendes Frühstück mit den Anzeigenkunden und Werbeagenturen. Wilke und Jeff Blackburn, im S-Team jahrelang für die Anzeigenabteilung zuständig, zeigten sich ebenso widerstrebend – nur einmal begrüßte Wilke, in seinen blauen Burberry-Blazer gekleidet, den Chief Marketing Officer von Burberry.

2013 schneite ein Senior Executive von Unilevers Marketingabteilung, einem der weltweit größten Produzenten von Konsumgütern, mit einem ganzen Tross Kollegen in Seattle herein, um die wachsende Geschäftsbeziehung zwischen den beiden Unternehmen zu besprechen. Bezos und Wilke weigerten sich, sich mit ihnen zusammenzusetzen. »Sie waren enttäuscht«, sagte Shiven Ramji, der damals bei Amazon leitend in der Online-Werbung tätig war. »Sie waren mit x Leuten und PowerPoint-Präsentationen und Fotos angereist. Wir hatten ein einseitiges Dokument für sie, das all die wunderbaren Dinge auflistete, zu denen wir fähig waren.«

Doch auch wenn Bezos sich nicht persönlich mit den Anzeigenkunden traf, wirkte er unübersehbar im Hintergrund. In den ersten Jahren des Anzeigengeschäfts wollte er jede große Werbekampagne einer Analyse unterziehen – besonders die bildschirmfüllenden Farborgien auf dem 2011 herausgebrachten Kindle Fire Tablet. Auch Jeff Blackburn und Paul Kotas, der zu jener Zeit als Software-Ingenieur die technischen

Aspekte des Anzeigengeschäfts managte, analysierten persönlich einen Teil der Anzeigenkampagnen. Ihre strikten Standards und ihre Eigenheit in puncto Ästhetik trieben sowohl Amazons Executives für Online-Werbung als auch die Anzeigenkunden selbst regelmäßig die Wände hoch. Doch Blackburn und Kotas hatten gute Gründe: Amazon wollte auf keinen Fall das Vertrauen der Kunden zerstören, und zugleich sollte das Online-Geschäft – zu jener Zeit die Gelddruckmaschine des Konzerns – nicht geschädigt werden. Nicht selten beschränkte sich ihre Reaktion auf ein einziges Wort: nein.

Nein, Anzeigenkunden durften in ihren Annoncen keine vagen Versprechungen machen.[196] Nein, sie durften keine Ausrufezeichen verwenden, das käme einem Anschreien der Kunden gleich. Nein, sie durften keine grellen Farben verwenden, denn das könnte die Shopper irritieren. Nein, Fotos mit zu viel nackter Haut waren ebenfalls tabu. Und so weiter und so fort.

Enttäuscht wurden die Anzeigenkunden auch im Hinblick auf Datenanalysen zur Demografie der Website-Kunden, wie sie sie von Silicon-Valley-Unternehmen gewohnt waren. Nein, sie bekamen keinen Zugang zu Amazons Nutzerdaten wie Alter, Ethnizität und Einkaufsgewohnheiten. Nein, Amazon würde Firmen wie Adobe und Acxiom nicht gestatten, die Effektivität ihrer Annoncen mit Softwaretags von Drittanbietern nachzuverfolgen, wie sonst im Internet Usus. Die Anzeigenkunden müssten sich mit den diesbezüglichen Rückmeldungen von Amazon begnügen.

Einige der in der Abteilung Anzeigenmarketing ausgefochtenen Kämpfe sind legendär. An einem Feiertagswochenende legte Paul Kotas gegen einen bestimmten Blauton in einer Marketingkampagne der Ford Motor Company sein Veto ein, weil ihn die Displaywerbung zu sehr an eine »Werbebeilage« erinnerte. Amazon ließ auch den Mobilfunknetzbetreiber T-Mobile wissen, sein Logo in dem als Markenzeichen eingetragenen Magenta-Ton sei viel zu aufdringlich. Sony Pictures erfuhr, das Banner für den James-Bond-Film *Skyfall* verletze die Direktive gegen Waffendarstellungen auf der Website. Das Studio zeigte Amazon daraufhin quasi den Finger, erinnert sich eine Führungskraft aus dem

Anzeigenmarketing: »Was ist James Bond schon ohne die Knarre? Ganz ehrlich – ein Nobody.«

Amazon fand sich dennoch in etlichen dieser Auseinandersetzungen kompromissbereit und gestattete letztendlich auch 007 sein Markenzeichen, die Pistole – mit der Begründung, sie sei ja auf niemanden konkret gerichtet. Bei den Anzeigenkunden jedoch entstand der Eindruck, Amazon sei arrogant und unzugänglich. »Zu Beginn der Geschäftsbeziehung empfing uns jeder mit warmem Händedruck, am Ende waren sie uns leid«, sagte Steve Susi, der fünf Jahre als Creative Director bei Amazon verbrachte.

In dieser Sturheit machte sich Amazons Ambivalenz gegenüber Displaywerbung bemerkbar, dazu seine zutiefst verankerte Überzeugung, das Kundenvertrauen dürfe nie und nimmer, auf welche Weise auch immer, missbraucht werden – eine völlig andere Unternehmensphilosophie als bei Silicon-Valley-Firmen wie Facebook. Für Bezos hatte während der ersten Phase von Amazons Ausflug in die Werbewelt die Unantastbarkeit des Kundenerlebnisses absoluten Vorrang vor jeglichen Geschäftsbeziehungen oder minimalen Bilanzverbesserungen.

Hinzu kam ein gewisser Argwohn gegenüber allen Annoncen, die den Kunden mit einem Klick von Amazon fort- und einem anderen Kaufportal zuführen könnten. Jahrelang bot das Anzeigenmarketingteam einen Service namens Product Ads an, über den Händler wie Nordstrom und Macy's ihre Artikel auf dem Amazon-Portal bewerben konnten. Innerhalb des Unternehmens konnten viele nicht nachvollziehen, dass der Zweck darin bestand, den Kunden eine größere Auswahl und gute Preise zu präsentieren. »Das Einzelhandelsteam riss sich ein Bein aus, um Kundentraffic zu uns zu treiben, und wir hatten nichts Besseres zu tun, als den Traffic wieder fortzulenken«, meinte Colleen Aubrey, Amazons Vice President im Performance-Marketing. »Regelmäßig saß ich in Meetings mit Retail-Verantwortlichen, die uns die Frage stellten: ›Was macht ihr da eigentlich?‹ Und wieder mussten wir es erklären.«

2014 schwand Amazons Begeisterung fürs Annoncenmarketing generell, und man stand kurz davor, die Product Ads aus dem Programm zu nehmen. Die eingefahrenen Ergebnisse waren zwar gut, aber nicht überragend. Das strenge interne Regelwerk und die nicht ansprechbaren CEOs befremdeten die Anzeigenkunden. Die Abteilung kämpfte ununterbrochen um Ressourcen, ihre Verantwortlichen legten regelmäßig Sechzig-Stunden-Wochen ein, zugleich fühlten sie sich missachtet und unter Dauerbeschuss. »Über lange Zeit waren wir in den Miesen, und alle machten uns dafür verantwortlich«, kommentierte eine Führungskraft aus der Anzeigenabteilung.

In jenem Sommer wurde alles umgekrempelt, Paul Kotas wurde zum Senior Vice President befördert und dem gesamten Marketing vorangestellt. Lisa Utzschneider, seit Langem als globale VP für Amazons Anzeigenmarketing verantwortlich und bis dato direkt Jeff Blackburn vom S-Team unterstellt, quittierte sechs Monate später frustriert ihren Job und wechselte zu Yahoo. Amazons noch im Werden begriffenes Anzeigenmarketing lag am Boden.

Kotas war 1999 von D. E. Shaw, dem börsennotierten quantitativen Hedgefonds, bei dem Bezos seine ursprüngliche Idee des Online-Buchhandels entwickelt hatte, zu Amazon gestoßen. Immer wieder erzählte er anderen Mitarbeitern die Geschichte, wie Bezos ihn bereits 1997 rekrutiert habe. Er hatte schon auf gepackten Koffern gesessen, als er es sich anders überlegte und doch bei dem Hedgefonds blieb. Dieser Sinneswandel in letzter Minute hatte ihn Millionen gekostet.

Abgesehen von seinem Musikgeschmack – er stand auf Punk und New Wave – war Kotas vielen Kollegen sehr ähnlich: besessen von Metriken wie der Ladezeit von Annoncen und ein fanatischer Anhänger von Amazon-Führungsprinzipien wie dem Prinzip der Sparsamkeit. »Verraten Sie mir doch, was diese Restaurantquittung auf Ihrer Spesenrechnung macht«, war ein wiederkehrender Refrain bei den Mitarbeitergesprächen. Wenn sich die Führungskräfte der Abteilung für Online-Werbung zu Beginn der Hauptsaison in der Kommandozentrale versammelten, um die Effektivität der vorweihnachtlichen Anzeigenkampagnen zu begutachten, war Kotas oft erbarmungslos: »Wenn auch nur irgendwer meint, er oder sie könnte sich zu Oma unterm Tannenbaum davonmachen, das Telefon ausschalten und unerreichbar bleiben, dann ist das ein gewaltiger Irrtum!«, wies er einem Executive zufolge seine Abteilung einmal an.

Als Kotas die alleinige Leitung der unter Beschuss stehenden Marketingabteilung übernahm, begann sich gerade die mögliche Lösung für deren ewiges Problem abzuzeichnen. Zu jener Zeit hatten Amazons Marketplace-Verkäufe gerade einen Gang höher geschaltet. Drittanbieter – darunter die Anbieter aus China, die gerade ins Netz fluteten – waren erpicht darauf, die Sichtbarkeit ihrer Produkte auf den zunehmend volleren Seiten der Suchresultate zu erhöhen. Die Lösung war offensichtlich: eine Servicegebühr, genau wie sie Google von Website-Betreibern dafür verlangte, dass die Suchmaschine bestimmte Treffer nach oben schob.

Amazons Anzeigenauktion nach Google-Vorbild lief unter »gesponserte Produkte«. Sie gestattete beispielsweise einem Drittanbieter von Bettwäsche, auf eine Werbeplatzierung zu bieten, sobald jemand über Amazons Suchfenster nach »Bettzeug« suchte. Zunächst war derartige Werbung unten auf der ersten Trefferseite platziert; klickte ein Besucher ein solches gesponsertes Suchergebnis an, wurde er zu der Produktseite geführt, und Amazon kassierte eine Gebühr.

Nachdem Amazon die bezahlten Annoncen auf mehr Produktkategorie ausweitete und die Werbung auf die rechte Seite der Website wanderte, neben die Suchergebnisse, wurde es für das Marketingteam zunehmend schwierig, bei der Entwicklung der notwendigen Programmcodes mitzuhalten. Es war ein Auktionssystem für die Suche gefordert, das die Gebote der Inserenten verarbeitete, und dazu ein Tool, das den Werbeerfolg nachverfolgte und die Resultate auslas. Amazons Suchmaschinen-Inserenten der ersten Stunde erinnern sich, dass die frühen Versionen dieser Dienste ziemlich dürftig ausfielen. »Was wir an Berichten über Erfolg oder Misserfolg unserer Anzeigenkampagnen erhielten, war ausgesprochen miserabel«, hatte Jeremy Liebowitz zu berichten, der ehemalige Vice President für das globale Online-Geschäft bei Newell Brands, dem Hersteller von – unter anderem – weitverbreiteten Bürobedarfsartikeln. »Es war fast unmöglich herauszulesen, ob etwas wirklich funktionierte.«

Amazon musste überdies die korrekten semantischen Verbindungen zwischen den Annoncen und konkreten Suchbegriffen herstellen. Google blickte zu dem Zeitpunkt bereits auf zwanzig Jahre Erfahrung mit dem komplexen Gebiet der Suchmaschinenrelevanz zurück; Amazon stand noch fast am Anfang. Jedes Mal, wenn Bezos oder Wilke eine unpassende Annonce sahen, feuerten sie eine E-Mail auf Kotas ab, der sie frustriert an seine Entwickler weiterleitete. Einer seiner Programmierer hatte noch sehr lebendige Erinnerungen an den Aufruhr, den ein Sexspielzeug hervorrief, das als gesponsertes Suchergebnis mitten in einer Suche nach Kinderspielzeug auftauchte.

Diese Art der Werbung war innerhalb von Amazon und sogar innerhalb der Marketinggruppe selbst umstritten. Den Marketing-Executives in New York, L. A. und London, die die übliche Bannerwerbung verkauften, wurden alljährlich aggressive Umsatzvorgaben präsentiert. Nun aber erfuhren ihre Klienten Ablenkung durch eine völlig neue Art, ihren Werbeetat bei Amazon zu investieren. Auch die Software-Ingenieure von A9, dem mit der Suchfunktion betrauten Amazon-Ableger im Silicon Valley, hassten diese neue Suchmaschinenwerbung; ihr Job war es, objektiv gute Produkttreffer in den Suchergebnissen nach oben zu bugsieren, nicht die von meistbietenden Händlern gesponserten Produkte.

Und doch erfüllten die gekauften Platzierungen eindeutig ihren Zweck. Die Website-Besucher unterschieden oftmals nicht zwischen bezahlten und nicht bezahlten Suchergebnissen und klickten sie an. Die diversen Anbieter grummelten zwar über die Kosten, hatten sich jedoch längst an Googles Suchmaschinenwerbung gewöhnt und betrachteten sie auch bei Amazon als eine Möglichkeit, sich gut zu platzieren. 2016 schließlich setzte sich das S-Team mit der steigenden Beliebtheit dieser Art der Werbung und einer Grundsatzfrage auseinander: Sollte man gestatten, dass suchmaschinengenerierte Werbung in der oberen Hälfte der Resultateseite auftauchte, und zwar mit den organischen Treffern der Suche vermischt?

Es entspann sich eine heftige Debatte über die beim ersten Seitenaufruf sichtbare Platzierung »above the fold«, die sich über zahllose Meetings hinzog; dabei wurde das heilige Kundenerlebnis gegen die vielversprechende neue Einnahmequelle ins Feld geführt. So mancher Executive für Online-Werbung argumentierte, Erst- wie Drittanbieter würden von der Produktplatzierung direkt bei den obersten Suchresultaten profitieren. Einzelhandels-Executives sorgten sich, die Kunden könnten sich womöglich von Annoncen zum Kauf verleiten lassen, später angesichts minderwertiger Produkte Ärger verspüren und in Zukunft weniger Geld auf dem Portal lassen.

Doug Herrington, Chef des Nordamerika-Einzelhandels, führte in einer Debatte sogar die Parabel vom Skorpion und dem Frosch an, um die Sache zu verbildlichen. In dieser Geschichte bittet der Skorpion den Frosch, ihn auf dem Rücken über den Fluss zu tragen; auf halbem Wege kann er sich nicht mehr zurückhalten und lässt den Frosch seinen Giftstachel spüren, sodass beider Schicksal besiegelt ist. Dabei verglich Herrington seine Pendants im Marketing mit dem Skorpion – sie meinten es nicht böse, doch es lag in ihrer Natur, das gerechter aufgestellte Feld der echten Suchresultate zu kompromittieren.

Am Ende musste Bezos schlichtend eingreifen. Sein vorhersagbarer Lösungsansatz bestand in einem systematischen Test gesponserter Annoncen oberhalb der Suchresultate, und zwar zunächst beschränkt auf einen geringen Prozentsatz der Suchanfragen. Die Informatiker, die diese Tests durchführten, hatten ihre Umsetzung und die gewonnenen Daten nie als sonderlich verlässlich eingeschätzt, doch die Resultate erwiesen sich als ziemlich konsistent. Gesponserte Werbung an prominenter Stelle ging einher mit einem geringfügigen und doch statistisch signifikanten Rückgang bei der Kundenzahl, die letztlich einen Kaufvorgang beendeten. Eine Langzeitwirkung ließ sich nicht vorhersagen. Der Skorpion tötete den Frosch nicht, er piekste ihn nur – ob sein Stich giftig war, blieb fürs Erste ungewiss.

Während sich ein gewisser Kollateralschaden so gut wie nicht ausschließen ließ – es würden weniger Kunden finden, was sie suchten –, brachten die gesponserten Produkte eigenes Geld ein. Und zwar viel. Und so bestand Bezos' Antwort auf die Frage, ob man den Annoncen bei sämtlichen Suchanfragen eine Platzierung oben auf der Seite gestatten sollte, aus einem einzigen Wort: jawohl. Amazon sollte den Prozentsatz der Suchresultate, die mit gekauften Suchergebnissen kombiniert wurden, weiter erhöhen. Und noch einmal ja: Es sollte auch die Anzahl gekaufter Suchergebnisse auf jeder Seite der Suchresultate erhöhen, selbst wenn dadurch die Klickzahl leicht zurückging.

In der Zeit der Displaywerbung hatte Bezos der Versuchung widerstanden, beim Kundenerlebnis Kompromisse einzugehen. Nun aber votierte er für volle Fahrt voraus – zwar warnte er, man solle es sich mit der Kundschaft nicht verderben, indem man zu viele Annoncen platziere, doch jeglicher negative Langzeiteffekt müsste schon unwahrscheinlich groß ausfallen, um den potenziellen Geldregen mit den dadurch ermöglichten Investitionen zu negieren.

Die Suchmaschinenwerbung wies sämtliche Züge auf, die Bezos am Business liebte. Der Kunde, der sie anklickte, verließ Amazon nicht, sondern wurde zu einer bestimmten Produktseite geleitet, wo er seinen Einkauf tätigte und das Schwungrad weiter antrieb. Nur wenige spesenreitende Mad Men waren notwendig, um es in Gang zu halten, denn das System war größtenteils selbstverwaltend. Und sobald erst die Technik funktionierte, würde die Suchmaschinenwerbung mit gewaltiger Hebelwirkung riesige Geldströme in die Kasse spülen, mit denen Bezos neue Einfälle finanzieren konnte.

»Die Werbung in den Suchresultaten nach oben zu schieben hat uns auf einen ganz neuen Level katapultiert«, sagte ein Informatiker von Amazon, der mit den Annoncen zu tun hatte. »Das Sponsern der Produkte würde bei Weitem nicht das bewirken, was es heute tut, wäre nicht diese Entscheidung gefallen, und Jeff war derjenige, der seine Unterschrift daruntergesetzt hat.«

Als Bezos endlich bereit war, das relativ sachorientierte Ranking den kommerziellen Interessen Amazons zu opfern, kannten die Möglichkeiten keine Grenzen mehr. So hatte Bezos etwa vor einigen Jahren aus Florida eine E-Mail erhalten, in der ein Kunde beschrieb, wie er auf Amazon.com einen Selfiestick kaufen wollte. Es standen Hunderte zur Auswahl, und der Kunde hatte sich nicht entscheiden können; er war daraufhin in einen Laden marschiert, wo ihn ein Verkäufer beraten hatte.

Warum, so wollte der Kunde wissen, konnte Amazon keine Empfehlungen geben?

Das S-Team stellte bereits ähnliche Überlegungen an, als Bezos die E-Mail weiterleitete. Sie wurde in der Einzelhandelsdivision herumgereicht und landete schließlich bei einem Team, das an einer Einkaufsfunktion für Alexa werkelte. Ihre Lösung nannten sie Amazon's Choice: Wenn Alexa die Anweisung bekam, ein unbestimmtes Produkt aus einer umfangreichen Kategorie zu bestellen, griff Amazon's Choice auf Basis von Variablen wie Kundenbewertungen, Preis und Liefergeschwindigkeit einige wenige Produkte zur Empfehlung heraus.

Der Spracheinkauf via Alexa erfreute sich schon bald wachsender Beliebtheit, und ab 2016 war in den Suchresultaten das eine oder andere gesponserte Produkt gut sichtbar mit dem Prädikat Amazon's Choice versehen. Zwar blieb dessen Bedeutung eher unklar[197] – Amazon sparte sich Erläuterungen, wie die jeweilige Auszeichnung zustande gekommen war, immerhin schien sie für die Kunden bis zu einem gewissen Grad die Rolle des Verkaufsberaters zu erfüllen. Dennoch migrierten die Käufer zu den Produkten, die mit dieser Empfehlung versehen waren[198] und deren Verkäufe sich einem unparteiischen Bericht zufolge verdreifachten. So überrascht es kaum, dass die Marketplace-Anbieter – wenn sie nicht nachgerade versuchten, das System mit selbst erstellten positiven Beurteilungen auszutricksen – das Prädikat unbedingt käuflich erwerben wollten. Von Amazons Executives verlautete jedoch, es sei nicht zu kaufen. »Wir haben ihnen gesagt, so kompliziert sei das gar nicht«, erklärte Assaf Ronen, ein Vice President im Spracheinkauf. »Nehmt eure besten Produkte, verkauft sie für wenig Geld und macht die Kunden glücklich.«

Doch Amazon's Choice diente dem Unternehmensinteresse auch noch auf andere Weise. Die Arbeitsgruppen, die Eigenmarkenprodukte entwickelten, verlangten lautstark nach der Auszeichnung, wenn sie sie an konkurrierenden Artikeln entdeckten – etwa an einer Batterie von Duracell anstatt an ihrem eigenen Amazon-Basics-Produkt. Und wieder flammten heiße interne Diskussionen auf, diesmal zwischen den Markenteams und den A9-Suchmaschinenprogrammierern; selbst Paul Kotas und das Anzeigenmarketingteam meldeten sich mit dem Argument zu Wort, prominent platzierte Hausmarken schadeten den Inserenten und dem Image der Auszeichnung obendrein. Dennoch konnten etliche von Amazons Eigenmarkenprodukten das Prädikat gewinnen, was ihnen einen weiteren Vorteil gegenüber der Konkurrenz in den Suchresultaten verschaffte. Einer Reportage über Amazon's Choice im *Wall Street Journal* aus dem Jahr 2019 zufolge hatten 540 Artikel der Eigenmarke Amazon Basics die Empfehlung erhalten[199] – keine andere Marke hielt da mit.

Natürlich beschwerten sich die Drittanbieter verärgert, wenn sie die Empfehlung an einer Amazon-Eigenmarke entdeckten. Amazons Juristen – die europäischen Kartellbehörden hatten gerade Google wegen seiner vergleichbaren Praxis, eigene Angebote in den Suchresultaten zu bevorzugen, ins Visier genommen – konnten die Praxis gar nicht rasch genug eindämmen, dass es den Markenverantwortlichen nicht doch peinlich wurde. »Für viele im Team war es einfach nicht die feine Amazonier-Art«, meinte JT Meng, ein früherer Manager aus der Konsumgüterabteilung. »Einfach unsere eigene Empfehlung auf die Produkte zu kleben, obgleich wir sie nicht zwingend verdient hatten, war weder kunden- noch wettbewerbsorientiert.«

Die Suchergebnisse hatten sich von einem schlichten, durch Algorithmen bestimmten Produkt-Ranking zu einem überladenen Schaufenster voller gekaufter Anzeigen, Amazon's-Choice-Stickern, wortreicher Empfehlungen von Drittanbieter-Websites und Amazon-Eigenmarken entwickelt. In manchen Produktkategorien erschienen nur noch zwei natürliche Suchergebnisse auf einer ganzen Seite voller Treffer.[200] Amazon-Partner und Drittanbieter konnten sich nun nicht mehr darauf verlassen, dass ihre Produkte auf die gewohnte Art als Suchmaschinentreffer den Kunden ins Auge fielen, und öffneten umso bereitwilliger ihre Portemonnaies, um noch mehr Geld bei der Suchmaschinenwerbung zu lassen. Ein fraktionsübergreifender Bericht des Kartell-Unterausschusses des US-Abgeordnetenhauses sollte später rügen, Amazon mache es nachgerade erforderlich, dass »Anbieter die Marketingangebote des Unternehmens in Anspruch nehmen, um Verkäufe zu realisieren«, da die Verbraucher meist nicht über die erste Seite der Suchergebnisse hinausschauten.[201]

2017 hatten die Einkünfte aus gesponserten Produkten endgültig solche aus Displayannoncen wie Bannerwerbung überrundet und sollten diese bald weit hinter sich lassen. In diesem Jahr erreichten in Amazons Ertragsrechnung die Umsätze der Kategorie »Diverses« (der früher die AWS-Gewinne zugerechnet waren), wo das Unternehmen die Werbeeinkünfte parkte, 4,65 Milliarden Dollar – ein Sprung von 58 Prozent gegenüber dem Vorjahr. Amazon hatte im eigenen Hinterhof eine wahre Goldgrube aufgetan.

Doch zunächst einmal musste Bezos dafür sorgen, dass das Einzelhandelsgeschäft die Gewinne aus dem Geschäft mit gesponserter Werbung nicht sogleich wieder verschlang. Indem er im Rahmen der OP1-Reviews im Herbst 2017 darauf bestand, Amazons ältestes Geschäft habe endlich auf eigenen Füßen zu stehen, ohne sich mit Werbeeinnahmen aufzuhübschen, erzwang Bezos eine 180-Grad-Wende gegenüber der langjährigen Haltung. Die alles dominierende Jagd nach Erträgen und immer größeren Marktanteilen wich der Jagd nach Gewinn. Die Direktive, in allen Ecken und Winkeln des Unternehmens Setzlinge zu pflanzen, wich dem Gedanken, ab sofort zählten nur noch die größten Bäume, und diese hatte nicht selten Bezos selbst gepflanzt. Andere mit hohem Preissticker versehene Initiativen wurden besser beschnitten.

Im Lauf der nächsten paar Monate geschah bei Amazon etwas, was in der Geschichte des Unternehmens nur selten vorkam: Man trat den Rückzug an. In den USA wie in Großbritannien schloss man die Ticketing-Dienste für Konzerte und andere Events.[202] Das Unternehmen bremste die Einführung eines Dienstes mit Namen Amazon Restaurants in neuen Städten, wo dieser mit Start-ups wie Grubhub, DoorDash und – in Großbritannien – Deliveroo hätte konkurrieren sollen; zwei Jahre später machte man ihn ganz dicht. Außerdem strich man die Investitionen in den darbenden chinesischen Marketplace,[203] der hoffnungslos hinter Alibaba und JD.com zurücklag und 2019 ebenso für immer die Pforten schloss.

Schließlich fror Amazon die Neueinstellungen in der Einzelhandelsdivision fast vollkommen ein. Jahrelang hatte es so gut wie keine Beschränkung bei der Einstellung talentierter Mitarbeiter gegeben. Amazons Belegschaft allein in Seattle war 2017 auf über 40.000 angewachsen – von gerade mal 5000 sieben Jahre zuvor.[204] Im Verlauf des nächsten Jahres stagnierte die Zahl effektiv. »Wir kamen einfach zu dem Schluss«, sagte Jeff Wilke, »dass es nach all den Jahren rasanter Investitionen in die Fixkosten mehr Sinn ergab, wenn wir da ein Jahr oder so kürzer traten, den Zuwachs ordneten und mehr auf Effizienz achteten.«

Als probiere man einen neuen Anzug an, versuchte man es zum ersten Mal mit Profitabilität – jahrelang ein Fremdwort für das Unternehmen. Die Executives aus dem Einzelhandelsgeschäft sollten sich die Beziehungen mit großen Marken wie Coca-Cola und Unilever vornehmen, um noch bessere Konditionen für Produkte mit hohen Transportkosten – Trinkwasserkanister etwa – herauszuschlagen.[205] Um die kommerziellen Prioritäten des Unternehmens geradezurücken, wandte man sich einmal mehr der Suchmaschine zu und experimentierte damit, auch die Profitabilität eines Artikels in jenen Algorithmus einzubeziehen, der darüber entschied, ob einem Produkt das Prädikat »Amazon's Choice« zustand. Auch bei der bereits laufenden »Initiative autonomes Fahren«,[206] die im Einzelhandelsbereich die Manager durch Software ersetzen sollte, schaltete man einen Gang höher und dirigierte Markenanbieter auf der Amazon-Website zu Tools, über die sie selbst ihre Werbung platzieren und die Umsätze managen konnten, ohne dafür Amazon-Mitarbeiter zu beanspruchen. Nach wie vor bot das Unternehmen seinen größten Drittanbietern eine Vorzugsbehandlung – nur berappten diese fortan dafür.

Inmitten dieser Neuausrichtung fand Bezos eine weitere Möglichkeit, seine Fixkosten zu reduzieren, sein Organigramm zu verflachen und seinem ganz persönlichen Schreckgespenst zu entgehen: dass Amazon zum faden »Tag-zwei-Unternehmen« geraten könne. Er gab eine firmenweite Direktive heraus. (»Das macht er natürlich ständig, und die Leute rennen dann immer gleich los wie Ameisen, auf die einer mit dem Gummihammer eindrischt«, wie der ehemalige Amazon-Informatiker Steve Yegge 2011 in einem Blog-Posting schrieb.)[207] Von nun an benötigte jeder Amazon-Manager, dem bisher vorrangig andere Manager unterstellt gewesen waren, ein Minimum von sechs ihm direkt verantwortlichen Mitarbeitern.

So harmlos dies klingen mag – die im Unternehmen unter dem Begriff »Leitungsspanne« bekannte Direktive hatte firmenintern die Wirkung einer Neutronenbombe. Hochrangige Manager mit nur drei, vier oder fünf direkten Untergebenen waren gezwungen, sich in ihrem Bereich umzusehen und Untergebenen Mitarbeiter auszuspannen, um wenigstens sechs direkte Befehlsempfänger unter sich zu haben, was wiederum anderen die notwendige Zahl an Untertanen entzog. So wirkte die Direktive nach unten weiter; Executives, die langsam, aber sicher auf der Suche nach Verantwortung Amazons Managementleiter nach oben geklettert waren, mussten nun feststellen, dass ihnen der weitere Aufstieg verwehrt war.

Bei vielen Mitarbeitern stellte sich durch diese organisatorische Neuordnung das altbekannte Gefühl ein, der Unternehmenskultur wohne eine, wenn auch inoffizielle, Grausamkeit inne; man kannte es noch aus den Tagen des Stack-Rankings. Während einige Divisionen wie etwa AWS sich von der Direktive ausgenommen sahen, traf sie andere umso härter. Executives in der Sparte Einzelhandel berichten, dass 10 bis 20 Prozent ihrer Kollegen, ihrer direkten Untergebenen und damit ihrer Rolle als Manager beraubt, im Zuge dieser drastischen Umschichtung entweder zu Wachstumssparten wie AWS und Alexa überwechselten oder schlicht ihren Hut nahmen.

»Unter dem Gesichtspunkt der Organisationsmoral hätte man das vermutlich nicht schlechter angehen können«, sagte Stan Friedlander, ein ehemaliger Chefkaufmann in Amazons Schuh- und Bekleidungssparte, dem seine zehn Jahre beim Unternehmen ansonsten durchaus gefallen hatten. »Bei den meisten anderen Großunternehmen werden in so einem Fall Freistellungen angekündigt«, sagte er. »Man kann dann dabeibleiben oder das Trennungsgeld nehmen. Bei Amazon haben sie bis zum heutigen Tag nichts dazu gesagt, wie viele Leute sie loswerden wollten, was zu einer Kultur der Angst geführt hat, die ihnen wahrscheinlich lieber ist.«

Diese informelle Reorganisation im Stil einer Reise nach Jerusalem erlaubte es Amazon, intern wie extern dem Stigma zu entgehen, man nehme Entlassungen vor. Und bewerkstelligt wurde sie unter dem Deckmäntelchen, organisatorisches Dickicht lichten und Bezos' Kampf gegen die »Tag-zwei-Stasis« unterstützen zu wollen. Es war ein für Bezos typischer Schachzug – brillant und irgendwie grausam. Zur selben Zeit, da er die Direktive herausgab, verordnete er seinem S-Team ein neuzehnminütiges YouTube-Video von Bain & Company mit dem Titel »Founder's Mentality«.[208] Es ging darin um die Ausmerzung von Bürokratie, das Primat der Kundenstimme im täglichen Entscheidungsprozess und darum, sich die Denke und Motivation eines aufmüpfigen Start-ups zu bewahren. »Wachstum ist paradox; so generiert Wachstum Komplexität, und Komplexität wiederum ist der lautlose Killer des Wachstums«, sagt in diesem Video James Allen, der Direktor von Bain.

Etliche Executives vermuteten hinter den disruptiven Schritten noch etwas anderes und versuchten, Bezos' Gedankengänge zu ergründen. Einige spekulierten, dass er sich gern als den einzigen Risikonehmer des Unternehmens sah und das Gefühl hatte, seine Führungskräfte investierten zu viel aufs Geratewohl. Ein langjähriger Executive, der nach dem Sesselrücken den Hut genommen hatte, sagte mir, seine »beste These« sei die, Bezos wolle »L. A. erobern«, und sein Marsch auf die Profitabilität sei ein Versuch, das expandierende Risikoinvestment in Amazon Studios und eigene TV-Shows und Filme zu finanzieren. Andere äußerten die Ansicht, Bezos habe sich angesichts der zum Großteil aus Aktienpakten bestehenden Vergütungen womöglich Sorgen um die Wirkung eines stagnierenden Papiers gemacht und wisse sehr gut, dass er sich mit schwarzen Zahlen lieb Kind an der Wall Street machen könne.

Falls das tatsächlich sein Gambit war, so funktionierte es ausgezeichnet. Nach den aufwühlenden OP1-Reviews und der Direktive zur »Leitungsspanne« vom Herbst 2017 verlangsamte sich der Personalzuwachs, und Amazons Gewinnspanne im Einzelhandelsbereich nahm zu. Zeitgleich knackte die Prime-Mitgliedschaft die 100-Millionen-Marke, und die rasante Expansion der AWS-Sparte setzte sich fort. Infolgedessen machte Amazons Nettogewinn – der Jahresprofit – einen Satz von drei Milliarden Dollar im Jahr 2017 auf zehn Milliarden im Folgejahr, was die Investoren nachgerade in Raserei versetzte. Amazons Aktienwert erreichte schwindelnde Höhen. Die Marktkapitalisierung des Unternehmens schoss bis Ende 2017 über 550 Milliarden Dollar hinaus und lag Ende 2018 bei 730 Milliarden Dollar.

Und das hatte natürlich tiefgreifende Auswirkungen. Das Privatvermögen altgedienter Mitarbeiter, die sich seit Jahren zum Teil durch Aktien vergütet sahen, ging durch die Decke. Langjährige Amazon-Investoren sahen sich für ihre Treue fürstlich belohnt. Und im Herbst 2017 schließlich überrundete Jeff Bezos endlich auch Bill Gates im Wettlauf um den Titel der reichsten Person der Welt.[209] Inflationskorrigiert sollte er bald reicher sein als Gates auf dem Höhepunkt seines Microsoft-Windows-Monopols und reicher auch als Sam Walton in der Ära seiner unangefochtenen Vormachtstellung im US-Einzelhandel.

Selbst für Bezos, der bereits zwei Jahrzehnte im Blickpunkt der Öffentlichkeit verbracht hatte, ging mit diesem Titel ein nie gekanntes Maß an Bewunderung von seinesgleichen und investigativer Neugier seitens der Medien einher. »Der Tag, an dem man Jeff zur reichsten Person der Welt erklärte, war der Tag, von dem an diese Phrase in jeden ersten Absatz jeden Artikels über Amazon Einzug hielt«, so Jay Carney. Und Josh Weinstein, der Freund aus Highschool-Tagen, der Bezos zum Zuhause seiner Kindheit in Miami begleitet hatte, meinte dazu: »Diese Geschichte, also dass er die reichste Person der Welt war, veränderte die Art, wie andere ihn sahen. Er sah sich plötzlich in einer anderen Welt.«

Der Architekt dieses Wandels war Bezos selbst. Indem er die Goldgrube der Suchmaschinenwerbung entdeckte und dann darauf bestand, dass sein Unternehmen die Werbung nicht zur Krücke geraten ließ, indem er zugleich gegen den wachsenden Wasserkopf seiner Bürokratie ankämpfte, stieß er die Tür zur vielleicht fruchtbarsten Wachstumsperiode in Amazons Geschichte auf. Zumindest im erdgebundenen Business hatte er die absolute Vorherrschaft über seine Konkurrenz errungen, sowohl im Bereich des Einzelhandels als auch der Technologie.

Kapitel 11:

Gradatim Ferociter[210]

Ein Jahr bevor Bezos gegen die Bürokratie innerhalb des Amazon-Konzerns zu Felde zog, fand auf der sechsten Etage des neu eröffneten Day-One-Turms eine Serie ungewöhnlicher Meetings statt. Während einiger Wochen im Herbst 2016 machten sich Executives von Bezos' Raumfahrtunternehmen Blue Origin einer nach dem anderen gegen Mittag auf den halbstündigen Weg von Blue Origins Firmensitz in Kent, Washington, nach Downtown Seattle. Der Anlass? Ein ungewöhnliches Lunch-Meeting unter vier Augen, um mit ihrem Gründer zu besprechen, woran das sechzehn Jahre alte Raumfahrt-Start-up krankte.

Gemessen am strahlendem Erfolg des Amazon-Konzerns und der eindrucksvollen Wiederbelebung der *Washington Post* war Blue Origin der Nachzügler in Bezos' wachsendem Erfolgsimperium. Das ambitionierte Raumfahrtprogramm, das Touristen suborbitale Flüge mit der wiederverwendbaren Rakete *New Shepard* ermöglichen sollte, geriet immer wieder in Verzug und verlor zwei unbemannte Raketen bei feurigen Explosionen – im makaberen Raketentechniker-Jargon als »rasche unplanmäßige Zerlegungen« bezeichnet. Ein noch ambitionierteres Projekt, um mit der viel größeren Trägerrakete *New Glenn* Touristen und Frachtstücke ins All zu transportieren, steckte noch in den Kinderschuhen.

Inzwischen machte SpaceX, das zwei Jahre nach Blue Origin gegründete private Raumfahrtunternehmen des Tesla-Mitbegründers Elon Musk, bedeutende Fortschritte und Geschichte. Seine zuverlässige *Falcon-9*-Rakete transportierte regelmäßig kommerzielle und militärische Satelliten ins All und war gerade mit einem Versorgungsflug zur Internationalen Raumstation ISS beauftragt worden. Im April landete ein *Falcon-9*-Booster[211] auf einer Drohnenplattform im Atlantik. Es war eine hervorragende technische Leistung und betonte den scharfen Kontrast zwischen den beiden Raumfahrtunternehmen und ihren milliardenschweren Geldgebern.

Jetzt verbrachte Bezos einen Teil seines Amazon-Arbeitstags damit, den Problemen bei Blue Origin auf den Grund zu gehen. Im Lauf der Lunchtreffen, von denen einige bis zu zwei Stunden dauerten, versuchten Blue-Executives, ihren Eigentümer aufzuklären. Sie klagten über schlechte interne Kommunikation, zeitraubende Meetings und schwer nachvollziehbare Investitionsentscheidungen. Ein Ingenieur verglich das Unternehmen mit einem potemkinschen Dorf, hinter dessen geschäftiger Fassade sich eine dysfunktionale Unternehmenskultur verbarg. Ein anderer drohte mit Kündigung, wenn die Probleme nicht umgehend in Angriff genommen würden.

Viele der Blue-Mitarbeiter, die mit Bezos zu Mittag aßen, waren zurückhaltend, wenn man auf den Grund der Probleme zu sprechen kam. Sie deuteten vorsichtig an, dass Bezos die Mitarbeiterzahl beschränkte und gleichzeitig die Ziele des Unternehmens immer höher steckte. Da sie fürchteten, dass Bezos ihre Berichte weitertragen könnte, sprachen sie nicht gern über den Mann, der die Firma in seinem Namen leitete: Präsident Rob Meyerson, der schon seit dreizehn Jahren für Blue arbeitete.

Nichtsdestotrotz hörte Bezos aufmerksam zu, machte sich Notizen und schien zu verstehen, was los war. Nach den Mittagsgesprächen teilte er Meyerson mit, er wolle nach etwas Ausschau halten, das es in Blue Origins Geschichte bislang noch nie gegeben hatte, und zwar nach einem Chief Executive Officer. Bezos bat Susan Harker, Amazons Vice President of Recruiting, die Suche zu leiten, bei der man auch auf Gwynne Shotwell zuging, die dynamische leitende Geschäftsführerin von SpaceX, die jedoch sofort ablehnte und meinte, ein Wechsel zu Blue Origin würde »nicht gut aussehen«, wie ein Zeuge des Gesprächs berichtete.

Blue Origins Suche nach einem CEO zog sich über ein Jahr hin. Meyerson half bei den Bewerbungsgesprächen, und seine Kollegen fragten sich, ob er sich so viel Zeit ließ, um seinen Job zu schützen, oder ob Bezos sich nicht entscheiden konnte. Schließlich führte man intensivere Gespräche mit Bob Smith, Leiter der Abteilung mechanische Systeme und Bauteile bei Honeywell Aerospace und ehemaliger Geschäftsführer bei United Space Alliance, einem Unternehmen, das das eingestellte Space-Shuttle-Programm der NASA unterstützt hatte.

Wie Bezos war auch Smith ein Apollo-Kind und hatte in seiner Kindheit amerikanische Astronauten bestaunt, die auf dem Mond herumspazierten. Im Laufe eines Jahres gab es zig Gespräche zwischen ihm und den Blue-Origin-Executives, und später erinnerte er sich daran, wie er zum Spaß gefragt hatte: »Wollt ihr euch auch meine Zahnarztunterlagen anschauen?«

Ein Jahr nach seinen Treffen mit den Blue-Mitarbeitern im Day-One-Turm, als Bezos gerade Bill Gates überholt hatte und zum reichsten Mann der Welt geworden war, bekam Smith im August 2017 den Job. Es gab keine offizielle Ernennung und wenig Trara in der Presse. Aber Bezos' Erwartungen an Smith waren eindeutig: Er sollte eine leistungsschwache Forschungs- und Entwicklungsorganisation in ein erwachsenes, ausgereiftes Unternehmen verwandeln, das die Unterstützung und den Wagemut des reichsten Menschen der Welt verdiente. Blue Origin »hatte wirklich einen einschneidenden Wendepunkt erreicht«, drückte Bob Smith es später in einem Interview aus. »Es war an der Zeit, größere Türen zu durchschreiten.«

Jeff Bezos' Leidenschaft für die Raumfahrt gehörte für die Öffentlichkeit zum prägenden Bestandteil seiner illustren Biografie. Als Kind hatte er die Sommerferien immer im Süden von Texas verbracht, wo sein pensionierter Großvater Lawrence Preston Gise eine Ranch besaß. In den Fünfziger- und Sechzigerjahren hatte er für die Atomenergiekommission gearbeitet und sich mit Raumfahrttechnik und Raketenabwehrsystemen beschäftigt. Gise vererbte dem Enkelsohn seine Leidenschaft für den Weltraum. Bezos verbrachte die Sommerferien bei seinem Großvater, schaute fasziniert zu, wie die *Apollo*-Raketen starteten, verschlang die Science-Fiction-Bände der örtlichen Bibliothek und träumte davon, dass die Zukunft der Menschheit im All liegen würde. Oft erzählte er, wie sein Großvater, den jeder »Pop« nannte, ihm beigebracht hatte, auf seine eigenen Fähigkeiten zu vertrauen. Zusammen impften sie Rinder, reparierten Windmühlen und machten einen alten Bulldozer wieder einsatzbereit. In seiner Abschlussrede an der Miami Palmetto Senior Highschool entwarf Bezos die Vision, die durch Überbevölkerung und Umweltverschmutzung entstandenen Probleme zu lösen, indem man Millionen von Menschen in erdumkreisenden Raumstationen unterbrachte.

Im Jahr 2000 nutzte Bezos sein gewaltiges Vermögen aus Amazons Erfolgen, um seinen Träumen zu folgen. Er gründete Blue Origin – der Name bezieht sich auf den blauen Planeten, die Geburtsstätte des Menschen – mit einer Hypothese, die sich bald als falsch erwies: dass für signifikante Fortschritte im Weltraum Alternativen zu Flüssigkeitsraketen nötig seien. In den ersten Jahren wirkte Blue mehr »wie ein Club als wie ein Unternehmen«,[212] wie der Journalist Steven Levy später in *Wired* schrieb, ein Thinktank, in dem sich bekannte Größen wie der Schriftsteller Neal Stephenson und der Wirtschaftshistoriker George Dyson über radikale und unerprobte Möglichkeiten austauschten, ins All zu reisen.

2003 hatte Bezos den Kurs gewechselt und die Effizienz des konventionellen Flüssigantriebs anerkannt. Statt Raketen neu zu erfinden, konzentrierte sich die Firma darauf, die Baukosten der Raketen zu senken, indem man sie wiederverwendbar machte. In diesem Jahr stellte Bezos Meyerson ein, einen NASA-Veteranen, der sechs Jahre für das erfolglose Raumfahrt-Start-up Kistler Aerospace gearbeitet hatte. Der ernste, introvertierte Ingenieur mit keinerlei C-Level-Führungserfahrung begann als leitender Systemingenieur der *New Shepard*. Aber Bezos, der bereits einen anspruchsvollen Vollzeitjob hatte, konnte nicht jede Entscheidung genehmigen und wollte, dass Blue schneller vorankam. So ernannte er Meyerson, kurz nachdem er ihn eingestellt hatte, zum Programmleiter und Präsidenten des kleinen Unternehmens.

Bezos konnte zwar nicht jedes Detail bei Blue Origin überwachen, aber er konnte die Mechanismen ausarbeiten – ein Innovationssystem, das die Angestellten anleitete, Prioritäten zu setzen und ihre Arbeit zu organisieren. Im Juni 2004 schrieb er ein Achthundert-Wörter-Memo mit dem informellen Titel »The Welcome Letter«, das bis heute neuen Blue-Angestellten als Teil ihres Einstellungspakets überreicht wird und nie zuvor öffentlich gezeigt wurde.

»Wir sind ein kleines Team mit dem Ziel, eine dauerhafte menschliche Präsenz im Weltall zu ermöglichen«, begann Bezos und drückte seinen ursprünglichen Wunsch aus, die Mitarbeiterzahl des Unternehmens auf unter 70 zu begrenzen. »Blue wird dieses langfristige Ziel geduldig und Schritt für Schritt verfolgen.« Er umriss, dass alle sechs Monate »mit metronomartiger Regelmäßigkeit« neue Modelle seiner Raketen entwickelt werden sollten, und prophezeite, dass das Unternehmen seinen Schwerpunkt nach und nach auf ein bemanntes Raumfahrzeugprogramm verlagern werde, »das Blues Organisation und Potenzial vorantreiben wird«. Er zog eine Grenze zwischen diesen Plänen und hypothetischeren, längerfristigen Vorhaben wie dem Bau eines Raumschiffs, um den Mond zu besuchen, und ermahnte die Angestellten, sich auf die anstehenden Aufgaben zu konzentrieren und systematisch zu arbeiten.

»Wir wurden auf einem unerforschten Berg abgeworfen, ohne Landkarte und mit geringer Sichtweite«, schrieb er. »Bleibt nach dem Start nicht stehen. Klettert in gleichmäßigem Tempo weiter. Seid wie eine Schildkröte, nicht wie ein Hase. Haltet die Kosten auf einem vertretbaren Level. Geht von flachen bis monoton steigenden Ausgaben aus.« Er versicherte den Angestellten, ihm sei klar, dass es kostspielig sei, Blue persönlich zu finanzieren. »Ich akzeptiere, dass Blue Origin nicht die Erwartungen eines vernünftigen Investors auf Kapitalrendite oder einen typischen Investitionshorizont erfüllen wird«, schrieb er. »Es ist für den Seelenfrieden der Blue-Mitarbeiter wichtig zu wissen, dass ich nicht überrascht oder enttäuscht sein werde, wenn diese Voraussage sich bestätigt.«

Das von Bezos unterschriebene Dokument hatte innerhalb von Blue denselben heiligen Unantastbarkeitsstatus wie Amazons erster Brief an die Aktionäre, und bei den jährlichen Mitarbeiterversammlungen nahmen die Blue-Beschäftigten regelmäßig Bezug darauf. Bezos fasste die zentrale Aussage des Willkommensbriefes in dem lateinischen Firmenmotto *Gradatim Ferociter* zusammen: »Schritt für Schritt, aber fest entschlossen.«

Er entwarf auch ein kunstvolles Wappen, das zwei auf der Erde stehende Schildkröten darstellt, die sehnsuchtsvoll zu den Sternen über einer geflügelten Sanduhr aufblicken – ein Symbol für die Vergänglichkeit der Zeit.

Der Willkommensbrief, der bei Blue Origin immer präsent war, diente als eine Art Leuchtfeuer in der Nacht, als stumme Botschaft an andere Enthusiasten im Unternehmen, die davon träumten, die Grenzen des Weltalls zu öffnen, während Bezos Blue Origin in den Mantel der Verschwiegenheit hüllte. Alle neuen Mitarbeiter wurden aufgefordert, das Memo zu lesen und darüber nachzudenken; mögliche Jobkandidaten sollten sogar Essays über ihre Leidenschaft für Blue Origins Mission schreiben und wurden abgelehnt, wenn ihre Begeisterung nicht hingebungsvoll genug klang.

In den mittleren Nullerjahren weckte Bezos' Interesse am Weltall die Aufmerksamkeit eines weiteren prominenten Raumfahrtfans: Elon Musk, der 2002 mit demselben Ziel SpaceX gegründet hatte, nämlich wirtschaftlichere, wiederverwendbare Raketen zu entwickeln und den Weltraum zu erobern. Bezos und Musk trafen sich zwei Mal, um über ihre gemeinsame Obsession zu reden, einmal in San Francisco und kurz darauf in Seattle, diesmal in Begleitung ihrer Ehefrauen MacKenzie und Justine. Die beiden Paare aßen in einem Restaurant in der Innenstadt, und dann zeigten Jeff und MacKenzie ihren Besuchern Blues erste Geschäftsräume, die sich in einem Lagerhaus befanden. Ein damaliger Mitarbeiter erinnerte sich, dass er zuvor alle Angestellten nach Hause geschickt und sämtliche Hinweise auf ihre Arbeit weggeräumt hatte.

In vielerlei Hinsicht war SpaceX damals der Gegenpol von Blue Origin. Finanziert durch Seed-Investments von Musk und eine Reihe von Risikokapitalgebern strebte SpaceX von Anfang an entschlossen nach Rentabilität, indem man mit etablierten Luft- und Raumfahrtgiganten um Regierungsaufträge kämpfte, kommerzielle Satelliten und militärische Hardware ins All zu transportieren. Bezos' Pläne für Blue waren langfristiger. Er beabsichtigte, die Firma aus eigener Tasche zu finanzieren, und wollte für *New Shepard* Technologien entwickeln, die später in ehrgeizigere Missionen in die Umlaufbahn und darüber hinaus integriert werden konnten. »Baut nicht nur ein Weltraumfahrzeug, baut ein Unternehmen auf, das Raumfahrzeuge baut«, hatte Bezos in seinem Willkommensbrief geschrieben.

Musk erzählte mir später, dass er »es cool fand, dass Jeff Blue Origin gegründet hatte und dass es jemand anderen gab mit enormen Ressourcen und ähnlichen philanthropischen Zielen für den Weltraum«. Er beschrieb die Atmosphäre bei ihren ersten Treffen als freundlich und erinnerte sich an eine technische Diskussion mit Bezos über die Vorteile der von Blue geplanten Treibstoffkombination, die Wasserstoffperoxid beinhaltete, eine Flüssigverbindung aus Wasserstoff und Sauerstoff, die sich bei Sonneneinstrahlung schnell zersetzt und eine Explosion auslösen kann. »Peroxid ist prima, bis du irgendwann zurückkommst, und dein Fahrzeug ist verschwunden und deine Testanlage ebenfalls«, warnte Musk. Aber Bezos handelte nach dem Rat seines damaligen leitenden Antriebstechnikers William Kruse, der zuvor beim Luft- und Raumfahrtunternehmen TRW beschäftigt gewesen war. Kruse favorisierte die nichtkryogenen Eigenschaften von Wasserstoffperoxid und die Tatsache, dass es mit einer bereits vorhandenen Turbopumpe genutzt werden konnte, was kaum zusätzlichen technischen Aufwand erforderte.

Nach Bezos' Auffassung ermöglichte die Arbeit mit bereits existierenden Bauelementen, die Blue-Origin-Ingenieurteams klein zu halten und schnell voranzukommen – Prinzipien, die im Willkommensbrief erläutert wurden. Er glaubte, dass Beschränkungen Innovationen vorantrieben, und er wollte Weltraumfahrzeuge im gleichen Tempo wie Softwareprojekte entwickeln, neue Ideen in stark iterative Prozesse integrieren und so viele Standardtechnologien wie möglich nutzen. Die Methode funktionierte gut bei Internetunternehmen wie Amazon, wo Störungen leicht behoben werden konnten. Doch in einem Raumfahrtunternehmen mit knappen Ressourcen führte sie immer wieder dazu, dass sich Fehler in Systeme einschlichen, die dann aufwändige Tests nötig machten.

2011 startete Blue Origin ein Testfahrzeug auf Bezos' gut 121 Hektar großer Ranch im Westen von Texas. An diesem Augusttag brachte ein simpler Softwarefehler die Rakete vom Kurs ab und zwang ein eingebautes Sicherheitssystem, den Flug in einer Höhe von knapp 14.000 Metern abzubrechen. Bewohner der 50 Kilometer entfernten Stadt Van Horn[213] wurden Zeugen einer »raschen unplanmäßigen Zerlegung«. Das Unternehmen sorgte dafür, dass kein Video veröffentlicht wurde, und bestätigte den Zwischenfall erst, als die Medien Nachforschungen anstellten. »Nicht das Ergebnis, das wir uns gewünscht haben,[214] aber wir haben das hier angefangen, weil wir hart im Nehmen sind«, schrieb Bezos auf dem Blog der Blue-Origin-Website.

Zu dem Zeitpunkt hatte Blue bereits mit der Neuentwicklung von *New Shepard* begonnen, verzichtete auf Musks Warnung hin auf Wasserstoffperoxid und entschied sich für eine neue, effizientere Treibstoffkombination aus flüssigem Sauerstoff und flüssigem Wasserstoff. Das Unternehmen bewarb sich auch versuchsweise um Regierungsaufträge und erhielt 25 Millionen Dollar als Prämie für die ersten beiden CCDev-Phasen, ein Programm aus der Obama-Zeit, um Angebote privater Unternehmen zu akquirieren, die Astronauten zur Internationalen Raumstation bringen sollten. Doch die strengeren Bestimmungen der dritten Phase, die im Winter 2012 beschlossen wurden, forderten von teilnehmenden Unternehmen, innerhalb von drei Jahren ein komplettes Orbital-Raumfahrzeug zu bauen.

Um bei diesem Wettstreit mithalten zu können, hätte Bezos einige Prinzipien des Willkommensbriefes über den Haufen werfen müssen – zum Beispiel den Wunsch, das Unternehmen nicht zu groß werden zu lassen und »Schritt für Schritt« vorzugehen. Blue konzentrierte sich noch immer in erster Linie auf *New Shepard* und beschloss, auf die Teilnahme am Programm zu verzichten. Zusammen mit Boeing bekam SpaceX den Auftrag[215] und verdiente damit einen Anfangsbatzen von 440 Millionen Dollar. Jahre später, nachdem die staatliche Aufsichtsbehörde ein Audit des Programms veröffentlicht hatte, aus dem hervorging, dass SpaceX insgesamt 7,7 Milliarden Dollar[216] für das Projekt erhalten hatte, vergaß Bezos jene frühen Gespräche, und ein ehemaliger Kollege erinnerte sich daran, dass er fragte: »Warum haben wir uns nicht darum beworben?« Auf den Kommentar angesprochen, teilte Blue mit, dass Bezos seine Entscheidung, auf eine Bewerbung zu verzichten, niemals infrage gestellt habe.

Als Ergebnis dieser unterschiedlichen Vorgehensweisen wurde SpaceX schnell um vieles größer. Als Blue 2013 seinen zweihundertfünfzigsten Mitarbeiter einstellte, hatte SpaceX schon 2750 Angestellte und schickte bereits unbemannte Raumfahrzeuge[217] zur Internationalen Raumstation. Blue konzentrierte sich noch immer auf *New Shepard,* während SpaceX den Zwischenschritt komplett übersprungen hatte, suborbitale Raketen zu bauen, um Touristen ins All zu befördern. Bezos hielt diesen Zwischenschritt für notwendig, damit Menschen sich an die Idee der Raumfahrt gewöhnten – eine Grundvoraussetzung zum Erreichen seines ultimativen Zieles, die Weichen für eine Zukunft zu stellen, in der Millionen von Menschen im All leben und arbeiten würden.

Bezos und Musk hatten zwar ähnliche Weltraumambitionen, aber unterschiedliche Unternehmensphilosophien. Musks häufig geäußertes Ziel war es, den Mars zu kolonisieren und die Menschheit zu einer »multiplanetaren Spezies«[218] zu machen, als eine Art Versicherung gegen Katastrophen auf der Erde. Bezos glaubte dagegen, »dass von allen Planeten des Sonnensystems die Erde bei Weitem der beste war« und dass die Senkung der Transportkosten für den Zugang zum All der richtige Weg sei, große, lebendige Populationen auf Raumstationen zu etablieren, wodurch man Solarenergie sammeln und wertvolle Rohstoffe auf dem Mond gewinnen konnte. Bezos glaubte, dass kommende Generationen durch Bevölkerungswachstum und steigenden Energieverbrauch gezwungen wären, Ressourcen zu rationieren, was zu einer stagnierenden Gesellschaft führen würde. »Wir reisen ins All, um die Erde zu retten«,[219] erklärte er auf Twitter.

Es lag auf der Hand, dass Blue Origin und SpaceX unweigerlich auf einen Wettstreit zusteuerten. Sie würden nicht nur um Regierungsaufträge, Talente und Ressourcen konkurrieren, sondern auch um den Beifall und die Aufmerksamkeit der weltraumbegeisterten Öffentlichkeit und der Presse. 2013 war die Freundschaftlichkeit der ersten Treffen von Musk und Bezos verschwunden und wurde ersetzt durch die zunehmende Rivalität zwischen zwei erfolgreichen, willensstarken und selbstgefälligen Unternehmern.

Bei einem offenkundigen Versuch, seinen Rivalen auszubremsen, protestierte Blue Origin im September 2013 gegen den Plan von SpaceX,[220] den historischen NASA-Startkomplex 39A anzumieten, das Zuhause des Apollo-Programms. Als Antwort auf Blues Rechtsgesuch schrieb Musk in einer E-Mail an *Space News*: »Es ist wahrscheinlicher, dass wir Einhörner im Feuerschacht tanzen sehen«,[221] als dass Blue Origin in den nächsten fünf Jahren eine Rakete baue, die an die ISS andocken könne. Blues Protest schlug fehl, und später sicherte es sich den kleineren Startkomplex 36, was zu höheren Sanierungskosten führte. 2014 stritten die beiden Unternehmen über ein fragwürdiges Blue-Origin-Patent für Raketenlandungen auf einem Drohnenschiff. SpaceX erhob Einspruch gegen das Patent und gewann.[222]

Bezos machte sich Gedanken über SpaceX und die Gründe für dessen wachsenden Erfolg. Musks Unternehmen finanzierte sein schnelles Wachstum durch den Verkauf seiner Startdienstleistungen; vielleicht konnte Blue ja etwas Ähnliches machen und gleichzeitig seinen »Schritt-für-Schritt«-Kurs beibehalten, um ins All zu gelangen. Nachdem Russland 2014 die Krim annektiert hatte, ergab sich eine Gelegenheit: Die United Launch Alliance (ULA)[223] – eine Partnerschaft zwischen den Raumfahrtabteilungen von Lockheed Martin, Boeing und dem damaligen führenden Startdienstleister des US-Militärs – erklärte, man werde nach einem amerikanischen Triebwerklieferanten suchen, falls man keine weiteren Raketentriebwerke aus Russland beziehen könne. Blue-Executives boten ULA ihr neues, mit Flüssigerdgas betriebenes Triebwerk BE-4 zum Verkauf an, das Blue Origin für den *New-Glenn*-Orbitalbooster entwickelt hatte.

ULAs Mutterkonzerne wollten unbedingt vermeiden, einem zukünftigen Konkurrenten wie SpaceX zu helfen, der mit ihnen um lukrative Aufträge für Satellitenstarts kämpfen würde. Bezos telefonierte mit Executives beider Unternehmen und konnte sie offenbar überzeugen. Blue Origin behauptete sich gegenüber ULAs größtem Triebwerklieferanten Aerojet Rocketdyne und erhielt den Zuschlag, was am 17. September 2014 bestätigt wurde. Doch Blue Origin sollte sich als wankelmütiger Geschäftspartner erweisen.

Im April des folgenden Jahres startete Blue zum ersten Mal einen Prototypen der *New-Shepard*-Crewkapsel auf Bezos' Ranch. Vollgestopft mit Erinnerungsstücken der Mitarbeiter wie Spielzeug, Visitenkarten und Schmuck erreichte die Kapsel als Teil eines internen Programms namens »Fly Your Stuff« in einer Höhe von gut 100 Kilometern über dem Meeresspiegel die Kármán-Linie und damit die Schwerelosigkeitszone, trennte sich von der Rakete und schwebte, von ihren drei Fallschirmen getragen, zurück auf die Erde. Doch statt sanft auf dem Erdboden zu landen, kam es durch einen Druckabfall im Hydrauliksystem des wiederverwendbaren Boosters bei der feurigen Landung zu einer weiteren »raschen unplanmäßigen Zerlegung«.

»Wir haben immer mehr aus unseren Fehlern gelernt als aus unseren Erfolgen«, sagte der langjährige Blue-Origin-Executive Gary Lai. »Rückblickend betrachtet hätte man den M1-Fehlschlag durch korrekte Messprüfungen vermeiden können.« Andere Kollegen erinnerten sich daran, dass Bezos frustriert geklungen hatte. »Machen wir kluge Fehler oder peinliche, dumme Fehler?«, fragte er während der Unfallanalyse.

Doch im November 2015 vollbrachte Blue Origin in seinem vielleicht glorreichsten Moment schließlich eine Meisterleistung. Das Testfahrzeug erreichte den Weltraum, und der Booster, dessen Raketen auf dem Wüstenboden aufschlugen, landete in einer Staubwolke auf dem Landeplatz und blieb vertikal. Im Kontrollzentrum brachen alle in Jubel aus, und »jegliche Etikette war vergessen«, sagte Gary Lai.

Nachdem die Kapsel mit den Fallschirmen sicher gelandet war, erschien ein überschwänglicher Bezos mit Cowboyhut und der nach Lais Worten »größten Champagnerflasche, die ich jemals gesehen habe«. Und statt den Korken herauszuziehen, zog er ein großes Messer aus der Hosentasche und schlug damit den Flaschenkopf ab. »Ich hatte Tränen in den Augen. Es war wirklich das Wundervollste, was ich je erlebt habe«, sagte Bezos, als er mit den Mitarbeitern anstieß. »Das hier ist ein riesiger Meilenstein, aber es ist nicht das Ende, es ist der Anfang. Das hier ist der Beginn von etwas Unglaublichem. Es ist ein wirklich großer Tag, nicht nur für Blue Origin, sondern für unsere gesamte Zivilisation. Ich glaube, dass man sich an das, was wir heute geschafft haben, noch in Tausenden von Jahren erinnern wird, und ihr könnt alle wirklich stolz auf euch sein.«

SpaceX hatte inzwischen mit einem Lowtech-System begonnen und konzentrierte sich erneut auf Wiederverwendbarkeit. Einen Monat später, nach der ersten erfolgreichen Landung des ersten eigenen wiederverwendbaren Boosters von SpaceX,[224] schickte Bezos seinem Rivalen die ironische Twitter-Nachricht:[225] »Willkommen im Club!«

Doch der genetische Unterschied zwischen den beiden Unternehmen führte dazu, dass Blues Vorteil nicht von Dauer sein würde. Zur Zeit des geglückten Starts hatte Blue etwa 400 Mitarbeiter, die sich hauptsächlich auf *New Shepard* konzentrierten sowie auf längerfristige Planungen für das junge New-Glenn-Programm und das BE-4-Triebwerk.

Währenddessen hatte SpaceX bereits 4000 Mitarbeiter, wuchs mit großem Tempo weiter und konzentrierte sich ausschließlich auf orbitale Missionen. Blue war auf Bezos' Finanzmittel angewiesen, während die SpaceX-Rechnungen zum größten Teil von Uncle Sam, den Steuerzahlern und anderen Kunden bezahlt wurden.

Mit anderen Worten, es ging hier nicht um eine Fabel: Die Schildkröte jagte einem wirklichen Hasen hinterher, und wie nicht anders zu erwarten, sollte der Hase gewinnen.

Trotz dieser Kämpfe waren die Blue-Origin-Mitarbeiter, genau wie ihre Kollegen bei Amazon, fast religiös darauf geprägt, den Aspekt des Wettbewerbs zu ignorieren und sich auf die derzeitige Aufgabe zu konzentrieren. Das fiel nicht allzu schwer, da ihr Unternehmen Bezos' gewaltiges Vermögen im Rücken hatte. Von außen wirkte ihre Zentrale in einem Industriegebiet in Kent eher unscheinbar: eine weitläufige, knapp 28.000 Quadratmeter große ehemalige Fabrik,[226] in der Boeing früher Bohrkronen für den Bau des Eurotunnels gefertigt hatte. Doch das Innere des Gebäudes war in einen Spielplatz für Weltraumfans verwandelt worden, mit unzähligen Artefakten und Science-Fiction-Romanen, die Bezos im Lauf der Jahre persönlich angeschafft hatte.

Die Privatsammlung spiegelte die gesamte Reise der Menschheit ins All. Es gab einen Helm aus der Mercury-Ära der NASA, einen Druckanzug, wie er von Sojus-Kosmonauten getragen wurde, und eine Hitzeschutzkachel aus einem Space Shuttle. In einem Lichthof stand ein *Enterprise*-Modell der ersten *Star-Trek*-Filme. Daneben prangte eine zweistöckige Nachbildung des Steampunk-Raumschiffs aus Jules Vernes Roman *Von der Erde zum Mond*. Ein Leonardo da Vinci zugeschriebenes Zitat zierte eine der Wände: »Wenn du das Fliegen einmal erlebt hast, wirst du für immer mit himmelwärts gerichteten Augen auf Erden wandeln, denn dort bist du gewesen, und dort wird es dich immer wieder hinziehen.«

Auf der nordwestlichen Seite des Gebäudes befand sich ein kleiner Park mit dem Namen »The Secret Garden« nach dem Roman von Frances Hodgson Burnett, in dem sich die Angestellten in den Pausen entspannen konnten. Ein Koikarpfenteich, ein Spazierweg, eine Outdoor-Küche und ein Smoker waren eingebettet zwischen Obstbäumen und Blaubeerbüschen, die den dahinter liegenden Betondschungel vergessen ließen. An einer der Parkbänke war eine Gedenktafel mit dem Namen Elizabeth Korrell angebracht worden – Bezos' ehemalige Business-Managerin und private Anwältin, die 2010 mit 42 Jahren an Krebs gestorben war.

Korrell hatte sich immer vom Scheinwerferlicht ferngehalten und nur ein einziges Mal traurige Berühmtheit erlangt: Am 6. März 2003 waren sie und Bezos bei Cathedral Mountain im Westen von Texas auf Grundstückssuche gewesen, als ihr Hubschrauber beim Startversuch von einer heftigen Windböe erfasst wurde und in einen seichten Fluss stürzte.[227] Korrell erlitt Rückenwirbelbrüche, während Bezos mit ein paar harmlosen Kratzern davonkam. Die wichtigste Lektion, die er aus dem Unfall gelernt hatte, lautete, »Hubschrauber wenn irgend möglich zu meiden«,[228] wie er in einem Interview betonte.

Bezos und Korrell fanden schließlich in der Nähe von Van Horn ein passendes Gelände und tätigten einige Käufe über nach berühmten Entdeckern benannte[229] Holding-Gesellschaften. Bezos wollte einen ähnlichen texanischen Rückzugsort wie die Ranch seines Großvaters, wo er so viele prägende Sommerwochen verbracht hatte. Bezos' Ranch sollte gleichzeitig auch als Blue-Origin-Außenstelle und Raketenstartplatz dienen.

Ein Jahrzehnt später bot die Ranch den Blue-Ingenieuren eine luxuriöse Wohlfühloase. Das Anwesen verfügte neben Pool, Terrasse und Grillanlage auch über ein Hochleistungsteleskop, mit dem man in wolkenlosen texanischen Nächten die Sterne bestaunen konnte. Tagsüber erkundeten sie manchmal mit Strandbuggys das Ranchgelände; abends lud Bezos zum Dinner ein. In seiner Gartenbar, die er »Parpie's Bar« genannt hatte nach dem Spitznamen, den sein Vater Mike Bezos von seinen Enkelkindern bekommen hatte, servierte er kostspielige Spirituosen. Immer wenn eine sündhaft teure Flasche Scotch geleert war, ließ er sie von allen Gästen signieren.

Nach diesen Auszeiten kehrten sie in die Realität zurück und in ein Unternehmen, das verstörende Widersprüche aufwies. Bezos setzte immer ehrgeizigere Ziele, während er die Mittel, um sie zu erreichen, auf ein Minimum beschränkte. Über längere Phasen begrenzte er die Zeit, die er im Unternehmen verbrachte, auf gelegentliche Samstagsbesuche mit hochtechnischen Programmanalysen, bei denen er mit Raketentechnikern und Aerodynamikern diskutierte und seine Angestellten beeindruckte. Er liebte die Zusammenarbeit mit den Ingenieuren und wollte eine sichtbare Rolle bei den wichtigsten Systemarchitektur- und Designentscheidungen spielen. Doch viele Details der täglichen Abläufe regelte er lieber auf unsichtbare Weise via E-Mail mit Rob Meyerson.

Dieser Führungsstil brachte den Präsidenten des Unternehmens in eine schwierige Lage. Meyerson agierte als Bezos' Verbindungsmann, verfügte jedoch nicht über dessen eindrucksvolle Autorität; darüber hinaus hatte er auch mit Bezos' widersprüchlichen Anweisungen zu kämpfen, Einsparungen vorzunehmen und gleichzeitig Mitarbeiter einzustellen, mit deren Hilfe die steigenden Ambitionen des Unternehmens erfüllt werden sollten. Meyerson führte konfliktgeladene Montagsbesprechungen mit seinen direkten Untergebenen, die er oft kritisierte, weil sie nicht schnell genug arbeiteten, sodass sie frustriert und unmotiviert von dannen zogen. Wie häufig berichtet wurde, misstrauten sie ihm und glaubten, dass er sich ständig Notizen für seine Berichte an Bezos machte und wie eine Art Zerrspiegel zwischen ihnen und ihrem obersten Boss stand.

All die internen Spannungen führten 2016 zu einer Serie erbitterter Streitereien. Die Stimmung war im Keller, und aus Enttäuschung über den mangelnden Fortschritt ließ Bezos einige der provokanteren Managementgewohnheiten und seine berüchtigten Wutausbrüche, die er bei Amazon unterdrückt hatte, bei Blue Origin wieder aufleben. Bei einem Technologie-Meeting im Februar 2016 attackierte er den *New-Shepard*-Systemarchitekten Greg Seymour, der seit zwölf Jahren im Unternehmen beschäftigt war, mit vernichtenden Kommentaren. Seymour war ohnehin schon seit Längerem unzufrieden gewesen und kündigte noch in der folgenden Nacht via SMS.

Später in diesem Sommer tadelte Bezos auch Meyerson und andere Senior Executives, als sie ihm einen Budgetplan von über 500 Millionen Dollar vorlegten, was weit mehr war, als er gedacht hatte. Sie hatten versucht, die zu erwartenden Kosten großer Projekte wie der Raketen- und Antriebsfabriken für *New Glenn* bei ihren Berechnungen einzukalkulieren. Bezos, der damals auf etwa 45 Milliarden Dollar geschätzt wurde, war schockiert. »Das gebe ich nicht aus«, klagte er. »Bei dieser Summe hättet ihr mich mitten in der Nacht anrufen und informieren sollen!«

Im Willkommensbrief hatte Bezos versprochen, dass er nicht überrascht oder enttäuscht sein würde, wenn das Unternehmen nach seiner Investition nicht gleich Rendite einbringen würde. Doch jetzt schien er beides zu sein. Nachdem er lange Zeit auf seine üblichen Mittwochsbesuche verzichtet hatte, kam er nun wieder jede Woche für ein paar Stunden ins Blue-Gebäude, um mit Bereichsleitern zu sprechen und die steigenden Ausgaben und die ständigen Probleme besser nachvollziehen zu können. Da Blue seiner Meinung nach durch langwierige Entscheidungsprozesse behindert wurde, erschien er auch häufiger zur Mittagszeit in der Cafeteria. Alle konnten auf ihn zugehen und ihn um eine schnelle Entscheidung bei Komplikationen oder neuen Ideen bitten, vorausgesetzt, sie hatten ein einseitiges Papier vorbereitet, auf dem Probleme und mögliche Lösungen dargelegt wurden.

Im Herbst 2016 kam es schließlich zu einer peinlichen Begebenheit. Die American Astronomical Society ernannte Meyerson zum Gewinner ihres Space Flight Awards, der einmal im Jahr »einem Preisträger, der durch seine Leistungen und Erfolge maßgeblich zum Fortschritt« der Raumforschung beigetragen hatte, verliehen wurde. Als Bezos die Auszeichnung bei einem Management-Meeting bekanntgab, applaudierte niemand. Fast wie auf Kommando schauten die Blue-Executives nach unten. »Okay, vielleicht muss ich es noch einmal wiederholen, es handelt sich um einen sehr renommierten Preis«, sagte Bezos. Im Raum blieb es still. Alle schäumten vor Wut über ihre internen Streitereien, die gähnende Kluft zwischen ihren Ressourcen und ihren Ambitionen und die regelmäßige Kränkung ihrer kollektiven Ehre durch SpaceX.

Das war der Moment, in dem Bezos beschloss, einen nach dem anderen der Blue-Executives ins Amazon-Gebäude zum Lunch einzuladen.

Als Blue Origin seine Suche nach einem CEO begann, der im Unternehmen »operative Spitzenleistungen wie bei Amazon« einführen sollte, änderte Bezos seine Ansichten über die Führung von Blue und verwarf einige der Leitprinzipien, die das Wachstum der Firma begrenzt hatten. Er rückte ab von der »metronomartigen, schrittweisen Herangehensweise«, die er im Willkommensbrief beschrieben hatte, und schwor Blue auf eine Serie ehrgeiziger paralleler Projekte ein. Er verwarf auch die Vorgabe, dass die Ausgaben des Unternehmens »flach bis monoton steigend« sein sollten, und veranlasste eine umfangreiche Anhebung des Budgets. Als er im April 2017 auf dem Space-Symposium in Colorado Springs erklärte, dass er jährlich Amazon-Anteile in Höhe von einer Milliarde Dollar verkaufen werde,[230] um Blue Origin zu finanzieren, waren die Angestellten sprachlos, denn es war das erste Mal, dass sie davon hörten.

Wie bei vielen Kurswechseln, die Bezos bei Amazon vornahm, so etwa seine Forderung, dass der Einzelhandelsbereich ohne Werbung Profite generieren sollte, konnten die Blue-Mitarbeiter seine plötzliche Kehrtwendung nur schwer nachvollziehen. Die einzig mögliche Antwort war diejenige, die ihnen ins Gesicht starrte: Der Hase hatte die Schildkröte überholt. Bezos erkannte die Notwendigkeit einer Strategieänderung, wenn Blue jemals Aufträge von der Regierung und von kommerziellen Unternehmen generieren wollte, um sein Wachstum zu finanzieren und Elon Musk und SpaceX einzuholen.

Über zehn Jahre lang war Blue darauf fixiert gewesen, zahlenden Passagieren eine elfminütige Spaßreise zum Rand des Weltalls anbieten zu können. Doch nach dem fünften erfolgreichen *New-Shepard*-Testflug im Oktober 2016 blieb das suborbitale Raumfahrzeug über ein Jahr lang am Boden. Stattdessen wurden Aufmerksamkeit und Ressourcen auf ein Raumfahrzeug gelenkt, das Bezos als *New Shepards* großen Bruder bezeichnete.

In diesem Herbst präsentierte das Unternehmen *New Glenn* der Öffentlichkeit[231] und stellte bis zum Ende des Jahrzehnts einen Jungfernflug in Aussicht – ein Versprechen, das nicht eingelöst werden sollte. Entwürfe für *New Glenn* zeigten, dass sie mehr Triebkraft haben würde als *Falcon 9* und ihr klobigerer Zwilling *Falcon Heavy* von SpaceX. Sie war auch dazu ausgerüstet, Nutzlasten wie kommerzielle und militärische Satelliten in hohe, geosynchrone Umlaufbahnen zu transportieren – genau der Markt, an dem Blue gegenüber ULA-Chefs keinerlei Interesse bekundet hatte.

»ULA-Executives fühlten sich belogen und betrogen«, sagte George Sowers, der ehemalige wissenschaftliche Leiter und Vizepräsident der ULA. Führungskräfte beider Unternehmen redeten nicht mehr miteinander; die Spannungen waren so groß, dass sie beim jährlichen Space-Symposium grußlos aneinander vorbeigingen. Später bestritt Blue, dass seine Executives ihren ULA-Kontaktleuten aus dem Weg gegangen waren. Die Story, die ULA-Executives von Blue-Angestellten schließlich zu hören bekamen, lautete, dass Bezos frustriert sei, weil Elon Musk seine Weltraumträume vom Staat finanziert bekomme und er bei diesem Deal auch mitmischen wolle.

Um beim Wettbewerb um diese lukrativen Aufträge mitzuhalten und »für Versuchsreihen bezahlt zu werden«, wie Bezos es Kollegen gegenüber ausdrückte, schloss Blue Startdienstleistungsverträge mit Satellitenbetreibern ab, darunter das französische Eutelsat, das kanadische Telesat und das britische OneWeb. Und als die U.S. Air Force die nächste Phase des Wettbewerbs einläutete, um die Entwicklung von Startsystemen anzukurbeln, die Satelliten zum Schutz der nationalen Sicherheit in den Orbit bringen konnten, fasste Bezos folgenden Beschluss: Blue Origin sollte zu einem der wichtigsten Wettbewerber werden und nicht nur ein Triebwerklieferant für die anderen Teilnehmer sein. Blue gelang es schließlich, einen Startdienstleistungsvertrag über 500 Millionen Dollar zu ergattern,[232] zusammen mit Northrop Grumman und ULA.

Blue verhielt sich jetzt unverhohlen opportunistisch. Nachdem Donald Trump den Präsidentschaftswahlkampf gewonnen und erklärt hatte, es sei sein Ziel, Amerikaner bis 2024 zurück auf den Mond zu bringen, erarbeiteten Blue-Executives ein siebenseitiges Dokument, das einen lunaren Transportservice zum Shackleton-Krater am Südpol des Mondes umriss, wodurch der Weg zur Schaffung dortiger menschlicher Lebensräume geebnet werden sollte. »Es ist an der Zeit, dass Amerikaner auf den Mond zurückkehren[233] – diesmal um zu bleiben«, schrieb Bezos in einer E-Mail an die *Washington Post*, nachdem die Zeitung eine Kopie des Dokuments erhalten hatte. Aus dieser Idee sollte sich ein weiteres großes Projekt namens Blue Moon entwickeln.

Während sich Blue Origins Betätigungsfeld erweiterte, wurde Bezos zum öffentlichen Verkünder der Unternehmensmission und seiner eigenen Vision von einer bemannten Raumfahrt. Seine ursprüngliche Überzeugung, dass Blue seine Ziele nicht in der Öffentlichkeit zur Sprache bringen sollte, bevor sie erreicht waren, war Schnee von gestern. Im August, auf der EAA AirVenture Show in Oshkosh, Wisconsin, einer jährlichen Veranstaltung für Luft- und Raumfahrtenthusiasten, präsentierte er die fertige *New-Shepard*-Kapsel. Sie hatte sechs Liegesitze, die vor einem 1,1 Meter hohen, bruchsicheren Sichtfenster platziert waren, um einen besseren Blick auf die Erdkrümmung und das gewaltige Ausmaß des Weltalls zu ermöglichen. »Das All verändert die Menschen«, sagte Bezos zu seinen Zuhörern, während einige Apollo-Veteranen sich die Kapsel anschauten. »Immer wenn man mit … Leuten redet, die im All gewesen sind, erzählen sie, wie wunderschön die Erde von dort oben aussieht, und wie zerbrechlich sie ist unter dem dünnen Schutzschild der Erdatmosphäre. Das lehrt einen wirklich, sein Zuhause zu lieben.«

Ein Blue-Executive erzählte dem Publikum, dass man plane, in ein bis zwei Jahren zahlende Passagiere ins All zu bringen. Auch diesen Termin würde Blue Origin nicht einhalten.

Um diese parallelen Vorhaben zu verfolgen, stieg Blues Mitarbeiterzahl 2017 auf über 1000, um sich bis 2018 zu verdoppeln. Ein Teil dieser Mitarbeiter kam von Musks Unternehmen. Der vernichtende Branchenscherz, wonach »Blue der Country-Club ist, den man besucht, nachdem man sich bei SpaceX abgerackert hat«, hätte Bezos rasend gemacht, wenn er ihm zu Ohren gekommen wäre. Dem Unternehmen gelang es auch, auf Raketenproduktionsstätten in Cape Canaveral und Huntsville, Alabama, Fuß zu fassen. Es war Aufgabe des neuen CEO Bob Smith, dieses immense Wachstum zu verarbeiten und das Unternehmen professioneller zu machen.

Smith stellte erfahrene Executives von Raytheon ein, der Luft- und Raumfahrtabteilung von Rolls-Royce, Boeing, Lockheed Martin, Northrop Grumman und anderen renommierten Traditionsunternehmen. SpaceX-Executives legten gegenüber diesen Firmen eine herablassende Haltung an den Tag und machten sie für die jahrzehntelange Stagnation der Raumfahrtentwicklung verantwortlich. Blue Origin teilte diese Bedenken nicht, denn das Unternehmen musste »tun, was alle Unternehmen tun müssen, nämlich für solide Finanzen und gute HR-Prozesse sorgen und [Leitungskräfte] einstellen, die wissen, wie man Angestellte führt und große Teams zusammenstellt«, erklärte Bob Smith. »All diese Dinge waren notwendige Schritte, die wir gehen mussten, um regelmäßige Personenflüge zu ermöglichen.«

Durch den Zustrom professioneller Manager fühlten sich viele langjährige Angestellte, die im Secret Garden umherspaziert waren und ihre Erfolge in Parpie's Bar in Texas gefeiert hatten, zurückgesetzt und verließen Blue Origin. Rob Meyerson blieb und war offiziell verantwortlich für den Bereich »Innovative Entwicklungsprogramme«, hatte jedoch keine Verfügungsgewalt und keine direkten Untergebenen. Als Bezos seine Aufmerksamkeit auf Smith richtete und wieder einmal auf regelmäßige Besuche in der Firma verzichtete, fühlte Meyerson sich beiseitegeschoben. Ende 2018 verließ er Blue Origin, da er das Gefühl hatte, dass der neue CEO ihn nicht länger wollte.

Im Willkommensbrief hatte Bezos vorausgesagt, dass Blue Origin seine umfangreichen Investitionen mit Renditen belohnen würde. »Ich erwarte, dass Blue auf einer sehr langfristigen Basis, vielleicht erst in mehreren Jahrzehnten, zu einem autarken Unternehmen wird, Profite macht und Renditen bringt«, schrieb er. »Es wird nur ungewöhnlich lange dauern.«

Doch während er in der Öffentlichkeit für Blue Origin missionierte, begann er, das Unternehmen weniger als Hobby oder weiteres Geschäftsfeld, sondern eher als eine Art langfristiges philanthropisches Vermächtnis darzustellen. »Ich bin von Jahr zu Jahr überzeugter, dass Blue Origin, das Weltraumunternehmen, die wichtigste Arbeit ist, die ich tue«, sagte er im Mai 2018 bei einem Bühnengespräch mit Mathias Döpfner, CEO des Mediengiganten Axel Springer. »Ich mache diese Arbeit, weil ich glaube, wenn wir sie nicht tun, werden wir am Ende eine stagnierende Zivilisation haben, was ich sehr demoralisierend finde. Ich will nicht, dass die Urgroßenkel meiner Urgroßenkel in einer stagnierenden Zivilisation leben müssen.«[234]

Die Bestimmung seiner Generation sei es, die Transportkosten ins Weltall zu senken und dieselben kreativen Kräfte zu entfesseln, die das goldene Zeitalter des Internets eingeläutet hatten. Sein Ziel sei es, dass eines Tages eine Billion Menschen im Sonnensystem auf solarbetriebenen Raumstationen leben und arbeiten würden.

Inspirationsquelle für dieses hochfliegende Ziel war einer von Bezos' Lieblingsweltraumpionieren, der verstorbene Physiker Gerard K. O'Neill. Es war auch ein nützliches Ziel für einen der reichsten Menschen der Welt, dessen Beiträge zum Gemeinwohl ständig beobachtet und kritisiert wurden. Statt als Online-Handelsmogul mit einem kostspieligen Hobby zu gelten, glänzte Bezos als großer Unternehmer, der der Menschheit ein grandioses Geschenk machte.

Die philanthropische Botschaft war neu für viele seiner langjährigen Blue-Origin-Mitarbeiter. Sie half auch dabei, die offenkundige Realität zu verschleiern, dass Blue noch zwanzig Jahre nach seiner Gründung um seine Existenz kämpfte. Im Frühjahr 2021 hatte es immer noch keinen einzigen Touristen über die Kármán-Linie gebracht und war noch nie ins All vorgestoßen. Dies waren unbequeme Tatsachen, und Bezos' Rivale Elon Musk, der ebenfalls seine Aktivitäten im Weltall als Möglichkeit sah, die Menschheit zu inspirieren und möglicherweise vor dem Aussterben zu bewahren, ließ keine Gelegenheit aus, darauf hinzuweisen.

»Ich habe großen Respekt vor jedem, der eine Rakete ins All geflogen hat«, sagte Musk, als er im September 2019 seine neue 50 Meter hohe SpaceX-Starship-Rakete präsentierte, und verpasste Blue damit einen Seitenhieb. Einige Wochen später sprach Gwynne Shotwell bei einem Interview deutlichere Worte. »Sie sind zwei Jahre älter als wir und haben noch nicht einmal den Orbit erreicht«, sagte sie. »Sie bekommen jedes Jahr eine Milliarde Dollar zur Verfügung gestellt.«[235]

Auf seiner Website beharrte Blue Origin: »Wir befinden uns nicht in einem Wettrennen, und es wird viele Player bei diesem menschlichen Vorhaben geben, in den Weltraum vorzudringen, um der Erde zu helfen.« Doch der Kontrast zwischen den beiden Unternehmen war niemals krasser. 2020 flog SpaceX bei seiner hundertsten Mission Menschen zur Internationalen Raumstation und etablierte sich als weltweit führendes Raketenunternehmen. Musk, der während des Börsenhochs der Tesla-Aktie 2021 Bezos zeitweise den Rang als reichster Mensch der Welt abgelaufen hatte, industrialisierte den Weltraum und hatte keine Scheu, das Ganze als Wettbewerb zu betrachten. »Konkurrenz ist eine gute Sache und keine schlechte«, sagte er zu mir. »Die Olympischen Spiele wären ziemlich langweilig, wenn alle sich unterhakten und gemeinsam die Ziellinie überquerten.«

Blue blieb verschwiegen und kämpfte mit den Fehlfunktionen, die Bezos in sein Erbgut eingeschleust hatte, der ansonsten bei fast allem, was er begonnen hatte, erfolgreich gewesen war. Die durchaus unterhaltsamen Streitereien zwischen den beiden Tycoons fanden kein Ende. Es ging um ihre Mondpläne, um die Frage, ob Amazon die Pläne von SpaceX kopiert hatte, eine Gruppe von niedrig fliegenden Satelliten zu starten, und um Amazons Kauf des autonomen Fahrzeugunternehmens Zoox, das sich eines Tages gegen Tesla durchsetzen könnte.

Musk und Bezos wiesen viele Ähnlichkeiten auf – beide waren sie unermüdlich, konkurrenzbewusst und besessen von ihrem Selbstbild. Doch Musk suchte das Scheinwerferlicht, entwickelte eine Art Personenkult in seinen Unternehmen und bei seinen Fans, inszenierte sich bei Tesla-Events auf der Bühne und teilte sich unbesonnen (und häufig rücksichtslos) auf Twitter mit. Er scheute sich auch nicht, intimste Details seines Privatlebens, wie seine Beziehung mit der Musikerin Grimes, mit seinen Followern zu teilen.

Bezos war dagegen zurückhaltender. In der Öffentlichkeit folgte er immer einem sorgfältig vorbereiteten, perfekt einstudierten Skript und bemühte sich, Systeme und Werte bei Blue Origin in den Mittelpunkt zu stellen und nicht seine eigenen streng geregelten zeitlichen Ressourcen und seine Reputation. Und er war weitaus zurückhaltender mit der Preisgabe privater Details als Musk.

Doch die Geheimhaltung solcher Details wurde immer schwieriger. Im Juli 2018 führte Blue Origin auf Bezos' Ranch den neunten Testflug der *New Shepard* durch. Nach dem erfolgreichen Start wurde das Budget durch eine weitere Ausgabe belastet – es handelte sich um die Kosten für die Dienste eines Unternehmens namens Black Ops Aviation, das von Bezos den Auftrag erhalten hatte, Flugaufnahmen für einen außergewöhnlichen Werbespot zu erstellen: eine Super-Bowl-Werbung für Blue Origin.

Die Gründerin von Black Ops war beim Start an Bezos' Seite: die attraktive ehemalige Fernsehmoderatorin Lauren Sanchez. Es war eine weitere unbegreifliche Wendung, denn wie alle wussten, hegte Jeff Bezos eine tiefe Abneigung gegen Hubschrauber.

Teil III

Unbesieg-
barkeit

31. Dezember 2018

Jahresnettoumsatz:	232,89 Milliarden Dollar
Voll- und Teilzeitbeschäftigte:	647.500
Marktkapitalisierung zum Jahresende:	734,41 Milliarden Dollar
Jeff Bezos' Nettovermögen zum Jahresende:	124,93 Milliarden Dollar

Kapitel 12:
Betriebslizenz

Anfang 2018 liefen die einzelnen Fäden von Jeff Bezos' privaten Interessen und Amazons geschäftlichen Triumphen schließlich zusammen und erzeugten das Bild eines Unternehmens und seines Gründers auf einem strahlenden Weg nach oben. Weltweit besaßen Millionen von Menschen einen Amazon Echo[236] und holten sich damit Amazon von der Türschwelle ins Haus hinein, während die virtuelle Assistentin Alexa den Anbruch des Zeitalters der reibungslosen Sprachsteuerung verhieß. Der Amazon Go-Store ohne Registrierkassen hatte endlich in Seattle seine Tore geöffnet und sollte schon bald in anderen größeren Städten der USA aufmachen. In dem kostspieligen Rennen um die Vorrangstellung im Online-Handel in Indien duellierte sich das Unternehmen auf Augenhöhe mit der zu Walmart gehörenden Firma Flipkart. In Hollywood hatte sich Amazon mit Erfolgsserien wie *The Marvelous Mrs. Maisel* und *Fleabag* als Teil einer revolutionären neuen Welle profiliert und Videostreaming als weitere Einnahmequelle für das florierende Prime-Ökosystem etabliert.

In seinem ursprünglichen Online-Geschäft hatte sich Amazon die ungebremste Wucht des chinesischen Kapitalismus zunutze gemacht, um seinen durch externe Anbieter bestückten Marketplace auszuweiten, den Kauf von Whole Foods Market abgeschlossen und ein Transportnetz für die letzte Meile entwickelt, welches das Wachstum des Unternehmens unterstützte und seine Abhängigkeit von Paketlieferfirmen und staatlichen Postdiensten verringerte. AWS blieb der Hauptmotor des Unternehmens für Cashflow und Gewinn, doch hatte Amazon auch noch eine zweite Geldquelle aufgebaut: ein lukratives Online-Werbegeschäft.

Selbst mit einer Belegschaft von knapp 600.000 Mitarbeitern – fast zwei Drittel davon in den Logistikzentren – war Amazon Anfang 2018 nach wie vor erfinderisch und bewies enorme Hebelwirkung auf seine Fixkosten. Für diese einzigartige Kombination und dafür, dass das Unternehmen scheinbar nicht den Gesetzen der organisatorischen Schwerkraft unterlag, welche die meisten Großunternehmen behinderte, belohnten sie die Investoren in diesem Juni mit einem Börsenwert, der zum ersten Mal 800 Milliarden Dollar überstieg. Und der Aktienpreis stieg weiter.

Bezos ließ all diese Rädchen selbstständig weiterlaufen und kehrte nur gelegentlich und meist ohne Vorwarnung zu ihnen zurück, um provokante neue Ideen vorzubringen, Kosten zu deckeln und auf die wachsende Bürokratie einzudreschen. Im Stillen dokterte er am Geschäftsmodell und der technischen Ausrüstung der *Washington Post* herum, überwachte die neue Geschäftsführung bei Blue Origin und begeisterte sich daran, Testflüge der *New-Shepard*-Rakete von seiner Ranch in West-Texas zu starten. Aufgrund des öffentlichen Drucks, etwas von seinem Vermögen abzugeben, das inzwischen 100 Milliarden überschritten hatte, dachte er außerdem über wohltätige Zwecke nach. Und wie immer lag ihm Amazons langfristige Zukunft am Herzen – nicht nur die aufsehenerregenden Neuerungen, zu denen das Unternehmen imstande war, sondern auch die Frage, wo es diese erschaffen sollte.

Zur Eröffnung der Spheres, dreier miteinander verbundener Gewächshäuser aus Glas und Stahl, bestückt mit einer üppigen Pracht aus Tropenpflanzen, künstlichen Bächen und Aquarien, empfing Bezos am 29. Januar 2018 Journalisten, politische Schwergewichte wie den Gouverneur des Staates Washington Jay Inslee und weitere Gäste auf dem Amazon-Firmencampus in der Innenstadt von Seattle. Dies markierte den Höhepunkt einer achtjährigen Reise.[237] Zu ihrem Beginn hatte Amazon von der dem Microsoft-Mitbegründer Paul Allen gehörenden Firma Vulcan Inc. elf flache Gebäude im South-Lake-Union-Viertel gemietet im Glauben, sie würden in der absehbaren Zukunft für das Wachstum des Unternehmens ausreichen. Bezos war der Ansicht, ein dynamischer, urbaner Campus würde dazu beitragen, Amazon für die begehrten jungen IT-Leute attraktiv zu machen und sie bei der Stange zu halten. Doch anders als erwartet wuchs die Belegschaft nicht langsam, sondern schoss jährlich um 30 bis 60 Prozent in die Höhe, flankiert von der raschen Expansion des Amazon-Geschäftsmodells, und die sechsstöckigen Häuser in South Lake Union platzten bald aus allen Nähten.

2012 kaufte Amazon der Vulcan den gesamten Campus ab und dazu noch weitere drei Häuserblocks in der Nähe, um einen Komplex von Bürohochhäusern zu planen. Im Oktober desselben Jahres hatte Bezos Gelegenheit zu einem Rundgang durch den Firmensitz von Ferrari in Maranello. Seit jeher empfänglich für die Spleens und Gebräuche anderer Firmen, ließ er sich vielleicht von den Innengärten in der Fabriketage des Luxusautobauers inspirieren und entwickelte anschließend eine radikale Idee für Amazons neue Konzernzentrale.

»Alexa, eröffne die Spheres«, sagte Bezos bei der Einweihung, als er vor der versammelten Menge auf einem Podium stand. »Okay, Jeff«, antwortete die körperlose Stimme von Alexa, die der Sängerin Nina Rolle aus Boulder gehörte, während ein Ring an der blau beleuchteten, mit Nebeldüsen bestückten Kuppeldecke die unzähligen exotischen Pflanzen und Bäume mit Wasser zu besprühen begann. Belegschaft und Gäste applaudierten, während Bezos in sein unverwechselbares bellendes Lachen ausbrach.

Doch nicht alle waren in Feierlaune. Als in jenem Januar 2018 die Spheres eröffnet wurden, arbeiteten 45.000 Amazon-Beschäftigte in Seattle,[238] und das Unternehmen belegte etwa ein Fünftel der gesamten erstklassigen Büroflächen der Stadt. Neue Hotels, Restaurants und Baustellen breiteten sich in einem bereits dicht bebauten Stadtkern aus. Amazon hatte den unkonventionellen Charakter seiner Heimatstadt verändert, die einst als Industriestadt und als Heimat alternativer Trends wie Grunge-Musik und Mode gegolten hatte.

Sämtliche Nachteile des Städtewesens im 21. Jahrhundert hatten diese rasanten Veränderungen begleitet. Historische Viertel mit einem reichhaltigen Kulturerbe wie der überwiegend schwarze zentrale Distrikt knapp 5 Kilometer östlich von Amazons Sitz hatten sich in erschreckendem Tempo gentrifiziert. Die durchschnittliche Miete für Einzimmerwohnungen stieg laut der National Low Income Housing Coalition in Seattle zwischen 2013 und 2017 um 67 Prozent.[239] Der Verkehr auf der Autobahn I 5 stadteinwärts sowie über die Brücken nach West-Seattle und in die östlichen Vororte kam in der Stoßzeit regelmäßig zum Erliegen. Infolge strenger Regelungen bezüglich der Nutzung von Grundstücken und Widerstands aus der Bevölkerung gegen den Bau neuer Sozialwohnungen verloren Familien mit niedrigem Einkommen ihr Zuhause, und Obdachlosigkeit wurde auf den Straßen Seattles zu einer beklemmenden Alltagserscheinung.

Die meisten Vertreter der Stadt stimmen darin überein, dass Seattle darauf unvorbereitet war und nicht schnell genug Gegenmaßnahmen ergriff. »Was uns in der Stadtverwaltung verblüfft hat, waren Ausmaß und Tempo von Amazons Wachstum«, sagte Stadtrat Tim Burgess, der 2017 kurzzeitig Bürgermeister von Seattle war. »In vieler Hinsicht war die Stadt dafür nicht gewappnet.« Maud Daudon, die frühere Vorsitzende der Handelskammer von Seattle, sagte, die Stadt sei von Amazons Aufstieg »als Kommune zwangsläufig ein bisschen kalt erwischt worden. Es war einfach eine derart massive Umwälzung.«

Die gleiche Dynamik spielte sich etwa 1300 Kilometer weiter südlich im Silicon Valley ab, wo der Widerwille langjähriger Anwohner gegenüber den durch Firmen wie Google und Facebook ausgelösten Veränderungen umgangssprachlich als »Techlash« bezeichnet wurde. In Seattle war es dann eben ein »Amazonlash«.

Die mit dem Verlauf des unaufhaltsamen Firmenwachstums beschäftigten Manager und Angestellten waren leichte Angriffsziele. Im Gegensatz zu älteren Firmen wie Microsoft und Boeing spendete Amazon praktisch nichts[240] an lokale Wohltätigkeitsorganisationen wie den regionalen Ortsverband von United Way und verdoppelte nicht einmal die Spendenbeiträge seiner Mitarbeiter. (Amazon widersprach dieser Darstellung und erklärte, die Firma »hat lokale Initiativen in Seattle lange unterstützt«.) Bezos schien lieber jeden Cent in neue Produktlinien zu stecken oder für die Kunden die Preise zu senken. Die Kommunikation zwischen Amazon und seiner Heimatstadt beschränkte sich auf gestelzte E-Mails zwischen John Schoettler, Amazons langjährigem Immobilienchef, und Beamten vom Stadtplanungsamt. Im Gegensatz zu anderen illustren Persönlichkeiten wie Bill und Melinda Gates oder Eddie Vedder, dem Frontmann von Pearl Jam, war Jeff Bezos weitgehend unsichtbar und spielte praktisch keine Rolle in der Stadt.

Getroffen von Kritik durch die *Seattle Times* und andere lokale Medien, dass Amazon keinerlei Engagement in Bezug auf wohltätige Zwecke in der Stadt zeige, begann das Unternehmen 2016 nach Möglichkeiten zur Mitwirkung zu suchen. Schoettler setzte sich als Erster dafür ein, ein früheres Travelodge-Hotel auf einem Grundstück des Unternehmens einer einheimischen Nonprofit-Organisation namens Mary's Place zu schenken, die sich um obdachlose Frauen und Kinder kümmerte. Als das Hotel abgerissen wurde, verlegte Amazon das Hilfsprojekt in ein nahe gelegenes Days Inn und reservierte später in einem seiner neuen Bürogebäude acht Etagen dafür. Im gleichen Jahr unterstützte Amazon auch eine Vereinigung, die mithilfe einer Wählerinitiative erfolgreich dafür eintrat, mit Geldern in Höhe von 54 Milliarden Dollar eine Stadtbahn und andere öffentliche Verkehrsmittel in der Region zu erweitern.

Bezos wusste um diese Initiativen, sagten Amazon-Mitarbeiter, die damit befasst waren. Manche glaubten, er habe sie unterstützt, weil sie Amazon zu einem besseren Image verhalfen und nur einen relativ geringen finanziellen und zeitlichen Aufwand erforderten. Typischerweise konzentrierte er sich aufs Geschäft und war vor allem an Transaktionen interessiert, wenn es um gesellschaftliches Engagement ging. Interne Unternehmensdokumente empfahlen, dass man genug tun solle, um »die Betriebslizenz«[241] zu behalten – das Unternehmenskonzept, das sich auf die Akzeptanz der Öffentlichkeit gegenüber einem Unternehmen, seinen Mitarbeitern und seinem Geschäftsgebaren bezieht.

Jahrzehntelang war diese dauerhafte Übereinkunft zwischen Unternehmen und den Kommunen, in denen sie ansässig waren, relativ stabil geblieben. Ein Unternehmen konnte Arbeitsplätze schaffen, seine Steuern bezahlen und ein Mindestmaß an Dienst an der Gemeinschaft leisten und ansonsten in aller Ruhe seinen Geschäften nachgehen. Doch im

21. Jahrhundert rückte die Beziehung zwischen Städten und den ausufernden globalen Mischkonzernen in ihrer Mitte in den Fokus bohrender Fragen. Was kostete es die Öffentlichkeit, wenn Städte Unternehmen mit Steuererleichterungen und geschenkten Grundstücken lockten? Wie konnten Unternehmen verlässliche Partner ihrer Kommunen werden? Und wenn es die Regierungen nicht schafften, hartnäckige Probleme wie Einkommensungleichheit und Armut zu lösen, inwieweit waren dann die Unternehmen dafür verantwortlich, einzugreifen und sie zur Rede zu stellen?

In Seattle wurde die Unternehmensverantwortung durch Kshama Sawant verkörpert, eine selbst ernannte marxistische Sozialistin, die 2014 in den Stadtrat von Seattle gewählt wurde. Sawant und ihre Verbündeten regten einen ganzen Katalog von Zusatzsteuern an, die Amazon zwingen sollten, für die negativen Auswirkungen seines Wachstums zu bezahlen. Der frühere Bürgermeister Tim Burgess sagte: »Ihre Wahl war ausschlaggebend für den Wandel von Tonlage und Art des öffentlichen Diskurses.«

Im Juni 2017 unterstützte Sawant zusammen mit anderen einen Gesetzentwurf, der eine Erhöhung der Einkommensteuer um 2,25 Prozent für Personen vorschlug, die mehr als 250.000 Dollar im Jahr verdienten.[242] Amazon-Mitarbeiter sagten, die Maßnahme, die einstimmig vom Stadtrat verabschiedet, jedoch erfolgreich vor Gericht angefochten und nie umgesetzt wurde, habe Bezos' Aufmerksamkeit erregt, der sich sonst wenig um Lokalpolitik scherte. Später im selben Jahr lancierte Sawant eine »Kopfsteuer«,[243] die Firmen abhängig von der Zahl ihrer Mitarbeiter vor Ort eine neue Abgabe auferlegen würde. Die Idee wurde abgeschmettert, sollte aber im Lauf der folgenden Jahre immer wieder auftauchen. Infolgedessen fühlten sich Amazon-Mitarbeiter zunehmend unwillkommen in einer Stadt, die lange von Boom-und-Pleite-Zyklen geplagt worden war, ein Zustand, den ein berühmtes Plakat aus den Siebzigerjahren prägnant auf den Punkt brachte: »An die letzte Person, die SEATTLE verlässt: Mach das Licht aus.«

Zur gleichen Zeit stellte ein weiterer Faktor eine schwere Belastung für Bezos' langfristige Pläne dar: Obwohl Amazon gerade neue Büroräume baute, ging dem Unternehmen in Seattle allmählich der Platz aus. Seit 2018 traten Monat für Monat Tausende neue Mitarbeiter in die Dienste des Unternehmens. Angestellte, die in Bürogebäuden wie Doppler und Day One arbeiteten, erinnerten sich an eine so eklatante Raumknappheit, dass manche Kollegen einen Schreibtisch im Flur bekamen. Die Firmenevents waren Massenveranstaltungen, und 2018 konnte Amazon das alljährliche Sommerpicknick erstmals nicht mehr auf dem CenturyLink Field abhalten.[244] Es waren jetzt einfach zu viele Beschäftigte.

Auch die Rekrutierung neuer Mitarbeiter wurde schwieriger. Das Unternehmen konnte einfach nicht noch wesentlich mehr Menschen – Ingenieure, aber auch Anwälte, Betriebswirtschaftler und Personaler – dazu bewegen, in die raue Gegend voller Nebel und Regenwolken im pazifischen Nordwesten zu ziehen. Für die nächste Wachstumsphase würde Amazon sich woanders umsehen müssen.

Eine im August 2016 erstellte Studie hatte diesen unvermeidlichen Schritt bereits erwogen. Das Dokument mit dem hochtrabenden Titel »Update zur Initiative der Immobilienstandortwahl, Standortwahl für einen Amazon-Campus in Nordamerika« war von leitenden Mitgliedern des Amazon-Teams für Unternehmensentwicklung verfasst worden. Es beschrieb die relativen Vorzüge und die verfügbare Menge an IT-Leuten in fünfundzwanzig Städten, darunter Dallas, New York und Washington, D. C., wo Amazon etwa 20.000 Mitarbeiter finden könnte und über die Effizienz einer großen Zweigniederlassung verfügen würde.

Das Dokument und die anschließende Diskussion des S-Teams waren der erste Schritt auf einem provokanten neuen Weg – dem Nachlassen von Amazons Abhängigkeit von seiner Heimatstadt. Ein Jahr später, im September 2017, sollten verblüffte städtische Beamte in Seattle genau wie alle anderen aus den Medien erfahren, dass Amazon ein zweites Hauptquartier aufzubauen plante.

Dem Vernehmen nach war das Projekt, das als HQ2 bekannt werden sollte, Bezos' geistiges Kind. Der Gründer von Amazon hatte durchaus registriert, dass der Staat Washington ein Bündel von Anreizen im Wert von 8,7 Milliarden Dollar autorisiert hatte, um Boeing dazu zu bringen, sein Großraumflugzeug 777X in Washington zu bauen.[245] Ihm entging auch nicht, dass Elon Musk Teslas geplante Fabrik für Lithiumionenakkumulatoren mit dem magischen Namen »Gigafactory« belegte und dann einen Staat gegen den anderen ausspielte, ehe er ein Gelände östlich von Reno, Nevada, wählte und Steuererleichterungen im Wert von 1,3 Milliarden Dollar kassierte. Musk beteiligte sich persönlich an der Suche und setzte bei Treffen mit Gouverneuren und Begehungen möglicher Standorte sein unvergleichliches Charisma ein. Nach Ablauf des Verfahrens hatte Nevada Tesla das größte Bündel von Steuererleichterungen in der Geschichte des Bundesstaats offeriert und dem Unternehmen praktisch erlaubt, zehn Jahre lang steuerfrei zu operieren.[246]

Man muss Amazon zugutehalten, dass es Seattle oder den Staat Washington nie um Steuererleichterungen gebeten oder solche erhalten hat. Doch jetzt fiel Bezos ein, dass es Amazon mit seinen gut bezahlten Jobs und seinem Ruf als Innovator auch gelingen müsste, von einer ähnlich wirtschaftsfreundlichen Region ein dickes Anreizbündel zu bekommen. Amazons Entwicklungsteam wurde angewiesen, »einen nachhaltigen Vorteil für uns ausfindig zu machen« – nicht nur geldwerte Leistungen, die das Unternehmen vielleicht rasch aufgebraucht hätte, sondern eine Stadt, die bereit sein könnte, ihnen exklusive und dauerhafte Steuererleichterungen zu gewähren.

Wie gewohnt waren Bezos' Ansprüche hoch und sein Geduldsfaden dünn. Als sich Amazon beispielsweise im Januar 2017 Steuervergünstigungen in Höhe von 40 Millionen Dollar sicherte, um für die Dauer von fünfzig Jahren ein Luftdrehkreuz am Flughafen Cincinnati/Northern Kentucky zu mieten, versandte Bezos jene enttäuschte E-Mail, in der er sich fragte, warum Musk eine besondere »Superkraft« für das Anhäufen von Steuererleichterungen besaß. Und wie das *Wall Street Journal* später berichtete, wurde Amazons Team für wirtschaftliche Entwicklung ein Ziel des S-Teams übertragen, und zwar eine Milliarde Dollar an jährlichen Steuervergünstigungen zusammenzutragen.[247]

Die kühnste Idee für das An-Land-Ziehen solcher Steuervergünstigungen stammte natürlich wieder von Bezos selbst. Im Lauf des Sommers 2017 sann er über die Schlussfolgerungen aus der Studie der Abteilung für wirtschaftliche Entwicklung vom Vorjahr, die sich verändernde politische Stimmung in Seattle und den gewaltigen Erfolg nach, den Tesla, Boeing und das taiwanesische Unternehmen Foxconn dabei gehabt hatten, sich bei bundesstaatlichen und kommunalen Regierungen Steuervergünstigungen zu sichern.[248] Und er verfiel auf eine sehr Bezos-typische Idee – eine Novität in ihrer kompletten Umkehr der traditionellen Art, wie Unternehmen lokale Behörden umwarben.

Statt zahlreiche Büros in mehreren Städten aufzumachen oder diskret mit einem Ort über eine Niederlassung zu verhandeln, sollte Amazon nun die Absicht verkünden, eine zweite Konzernzentrale einzurichten – ein Pendant zu seinem Stammsitz in Seattle. Dann sollte das Unternehmen die Standortsuche auf alle Großstädte in Nordamerika ausdehnen und sie in den Wettbewerb um etwa 50.000 Arbeitsplätze und Investitionen in Höhe von fünf Milliarden Dollar über einen Zeitraum von fünfzehn Jahren treten lassen. Dieses Verfahren könne, laut Bezos, das herausstellen, was die Kommunen von der Firma haben wollten, anstelle dessen, was ihre Kritiker an ihr fürchteten. »Zum Teil war es ein Cheerleader-Auftritt«, sagte ein Mitglied des HQ2-Teams, das sich wie viele andere Beteiligte aus Angst vor Vergeltung nicht offiziell äußern wollte. »Wer wollte uns haben? Das würde sich während des Verfahrens von selbst ergeben.«

Um das Projekt in Gang zu bringen, setzten Mitglieder der Teams für Öffentlichkeitsarbeit und wirtschaftliche Entwicklung ein sechsseitiges Dokument auf, von dem sich vieles in der Pressemitteilung und der HQ2 RFP (Angebotsanfrage) niederschlug, die Amazon am 7. September 2017 veröffentlichte.[249] In der Angebotsanfrage wurde nicht nur der Wunsch des Unternehmens nach einer Metropolregion mit über einer Million Einwohnern, einer wirtschaftsfreundlichen Umgebung sowie Zugang zu qualifizierten Fachkräften und Transportnetzen dargelegt, sondern auch präzise beschrieben, was nötig war, um den Wettbewerb zu gewinnen: das Wort »Anreiz« oder »Anreize« kam einundzwanzig Mal darin vor, flankiert von der Erklärung, dass Formen der Steuererleichterung »ausschlaggebende Faktoren für den Entscheidungsprozess« sein würden und ein wettbewerbsfähiges Angebot vielleicht sogar erfordern könne, dass Regionen spezielle Gesetze verabschieden müssten.

Diese unverblümte Ausdrucksweise fanden manche geschmacklos. Nach der Veröffentlichung gingen bei Mike Grella, einem in Washington, D. C., ansässigen Mitarbeiter in Amazons Team für wirtschaftliche Entwicklung, der Standorte für AWS-Datenzentren ausfindig machen sollte, Anrufe von ihm persönlich bekannten städtischen Beamten aus dem ganzen Land ein. Die Angebotsanfrage sowie die Vorstellung, dass Amazon ein privates Verfahren in aller Öffentlichkeit abwickeln wollte, wo es unberechenbaren politischen Kräften und der öffentlichen Meinung ausgesetzt wäre, hatten sie erschreckt.

Doch dann passierte etwas Komisches: »Zuerst waren sie alle empört«, sagte Grella. »Und dann fügten sie sich ausnahmslos.«

Die Ankündigung von Amazons HQ2-Initiative löste einen Medienrummel aus. In den zwei Wochen danach brachten Medienunternehmen laut der Datenbank LexisNexis mehr als 800 Artikel und Kommentare über den Wettbewerb. Lokalzeitungen bewerteten die Chancen ihrer Stadt, und altgediente Amazon-Beobachter schlossen Wetten ab.[250] Die *New York Times* prophezeite, dass Denver das Rennen machen würde, indem sie »den Lifestyle und die Bezahlbarkeit der Stadt, gepaart mit ausreichend IT-Leuten von den in der Region angesiedelten Universitäten«[251] ins Feld führte. Das *Wall Street Journal* entschied sich für Dallas.[252] Führungskräfte von Amazon favorisierten Boston, berichtete *Bloomberg News*.[253]

Es gab auch ein paar andere Meinungen. Der Kongressabgeordnete Ro Khanna aus dem Silicon Valley twitterte, dass Hightech-Unternehmen nicht »bei Städten in meinem Bezirk oder anderswo um Steuererleichterungen bitten sollten. Sie sollten lieber in die Kommunen investieren.«[254] In einer Kolumne der *Los Angeles Times* wurde das Verfahren »arrogant, naiv und mehr als ein kleines bisschen zynisch«[255] genannt. Doch wie Bezos gehofft hatte, waren die Reaktionen meist positiv und erhellend. Während Kritiker der Hightech-Industrie in Seattle und im Silicon Valley die Rolle der Hightech-Giganten bei der Beschleunigung von Gentrifizierung und Obdachlosigkeit anprangerten, lechzten andere Städte danach, sie zu sich zu holen. Das Ergebnis war ein beispielloses öffentliches Gerangel um die einmalige Chance auf ein Füllhorn hoch bezahlter Jobs und dringend benötigter wirtschaftlicher Aktivität.

Bis zum Einsendeschluss am 19. Oktober 2017 gingen insgesamt 238 Vorschläge ein. Städte wie Detroit, Boston und Pittsburgh legten ihren Bewerbungen Videos bei, in denen sie ihre Reize mit erhebender Musik und Spezialeffekten wie aus einem iMovie anpriesen. Ein von der Region Tampa-St. Petersburg produzierter Werbefilm enthielt Ausschnitte aus einem fröhlich im Sand ausgetragenen Beachvolleyball-Match; Dallas brüstete sich unter anderem mit »Würze«, »Vibe« und »Margaritas«. Wenig fotogene städtische Beamte in Anzügen und Krawatten traten vor die Kamera und richteten unterwürfige Worte an Amazon.

Ein paar Städte griffen zu ausgefalleneren Maßnahmen. Birmingham, Alabama, stellte in der Stadt verteilt drei riesige Pappkartons auf und bat die Einwohner, Selfies damit zu machen und sie in den sozialen Netzwerken zu posten. Der Bürgermeister von Kansas City kaufte 1000 Produkte auf Amazon.com und ließ sie alle mithilfe von Superlativen über seine Stadt bewerten.[256] Das kanadische Calgary besprühte die Gehsteige in Seattle mit Graffiti und hängte in der Nähe der Büros von Amazon ein 60 Meter langes rotes Transparent auf, auf dem stand: »Wir wollen nicht behaupten, dass wir für euch gegen einen Bären kämpfen würden … aber wir würden es tun.«[257] Stonecrest in Georgia, ein gut 30 Kilometer östlich von Atlanta gelegener Vorort, bot an, sich in »Amazon« umzubenennen. Tucson, Arizona (Einwohnerzahl 2019: 545.000), wollte der Firma einen 7 Meter hohen Saguarokaktus zukommen lassen, den diese dann einem Museum schenkte. Und so weiter und so fort.

Viele Vertreter von Stadtverwaltungen erklärten, ihnen bliebe nichts anderes übrig, als ihren Wählern zu demonstrieren, dass sie um eine derart lukrative Beute rangen. »Meiner persönlichen Ansicht nach liegt die Zukunft der Arbeit einzig und allein in Hightech, und wenn man daran nicht in irgendeiner Form teilhat, ist man wirtschaftlich komplett abgehängt«, sagte Ryan Smith, ein leitender Mitarbeiter im Büro für wirtschaftliche Entwicklung des Gouverneurs von Nevada, der an der gescheiterten Bewerbung von Las Vegas beteiligt war.

Die Bewerbungen wurden an ein kleines Team aus etwa einem halben Dutzend Führungskräften aus den Abteilungen für Personal, Öffentlichkeitsarbeit, Public Policy und wirtschaftliche Entwicklung in Amazons Niederlassungen in Seattle und Washington weitergeleitet. Jahrelang war Amazons Anwesenheit in der US-Hauptstadt kaum wahrzunehmen gewesen. Das Policy-Team belegte eine Etage in einem heruntergekommenen Washingtoner Reihenhaus, über einem Büro, in dem zwei Lobbyisten für die Cherokee Nation ihrer Arbeit nachgingen. Die Mitarbeiter mussten sich eine einzige Toilette teilen und ein VPN nutzen, um Zugang zum Amazon-Network zu bekommen. Amazons Engagement für Regierungsbeziehungen war so gering ausgeprägt, dass Jay Carney, als er für die Obama-Regierung tätig war, sagte, er habe »nie jemanden von Amazon gesehen, kein einziges Mal, nicht einmal, als wir nach Seattle gefahren sind, um Spenden zu sammeln«.

Nachdem Carney 2015 als Senior Vice President für globale Unternehmensangelegenheiten zu Amazon gestoßen war, begann das Washingtoner Team direkt an ihn zu berichten und bekam mehr Ressourcen. Amazon war gerade in ein modernes Bürogebäude an der New Jersey Avenue 601 gezogen, gegenüber der Juristischen Fakultät der Georgetown University. Das Unternehmen bekam jede Menge Aufmerksamkeit vonseiten der Regierung. Nun konnte es sich nicht mehr vor aller Augen verstecken.

Obwohl Carney in Washington angesiedelt war, reiste er häufig nach Seattle, daher wurde das Büro von Brian Huseman geleitet, Vice President bei Public Policy und früherer Strafverfolger beim Justizministerium. Huseman, der aus Oklahoma stammte, war eine polarisierende Gestalt und bei seinen Bürokollegen als gewiefter innenpolitischer Player bekannt. Im Herbst 2017, als das HQ2-Verfahren begann, plante er minuziös Amazons Teilnahme an einer festlichen Veranstaltung in Washington, wo Bezos von der Human Rights Campaign den National Equality Award verliehen bekam.

Huseman gestaltete auch die Innenräume von Amazons Büros in Etage neun, sodass sich die Aufzüge zu einem Empfangsbereich hin öffneten, der von einer Wand aus alten Türschreibtischen umstanden war – ein Symbol für Amazons Sparsamkeit. Weiter hinten im Flur gab es einen Raum für öffentliche Veranstaltungen, ausgerüstet mit einem Kiva-Roboter, dem Prototyp einer Paketauslieferungsdrohne und Videobildschirmen, auf denen in Endlosschleife Clips aus Produktionen der Amazon Studios liefen. In einem anderen Flur und hinter einer Personenschleuse befanden sich die nüchternen, im Amazon-Stil eingerichteten Büros. Einer dieser Räume ließ sich nur mit einem speziellen Schlüssel öffnen und war für das HQ2-Team reserviert, damit sie dort ihren geheimen Tätigkeiten nachgehen konnten. Die Fenster waren mit Zeitungspapier abgeklebt. Wenn jemand dabei ertappt wurde, wie er hineinzuspähen versuchte, wurde er der Security gemeldet.

In den Wochen nach dem Eintreffen der ersten HQ2-Angebote arbeitete das Team in Washington zwölf Stunden am Tag, sechs bis sieben Tage die Woche, und begutachtete die Flut der Bewerbungen. Irgendwann geriet das Ganze in Gefahr, gefährlich beliebig zu werden, bis ein Gruppenmitglied seine Kollegen daran erinnerte, dass sie objektive Kriterien entwickeln und alle greifbaren Daten dem S-Team übermitteln mussten. Sie nahmen sich noch einmal die Angebotsanfrage vor und erstellten Tabellen, die die verschiedenen Faktoren gegeneinander abwogen, wie zum Beispiel die Einwohnerzahl, die Anzahl der vor Ort vorhandenen Absolventen von MINT-Studiengängen, die Beschäftigtenzahlen und das Bruttosozialprodukt der betreffenden Region.

Die Bemühungen waren stark von Idealismus durchdrungen. Mitglieder des HQ2-Teams glaubten ernsthaft, dass jede Stadt die Chance hatte zu siegen. Irgendwann schrieben alle auf ein Blatt, welche Städte ihrer Meinung nach in die engere Wahl kommen würden, und legten es in einen Umschlag, der anschließend zugeklebt wurde. Holly Sullivan, Amazons eloquente und gut vernetzte Leiterin der Abteilung für wirtschaftliche Entwicklung, kam dem richtigen Ergebnis am nächsten. »Wir glaubten wirklich, wir würden am wichtigsten Projekt der wirtschaftlichen Entwicklung innerhalb einer Generation arbeiten und das Leben von Hunderttausenden verändern«, sagte jemand aus dem HQ2-Team.

Anfang Januar präsentierten Sullivan und Finanzdirektor Bill Crow sämtliche Daten und Bewerbungen dem S-Team. Kollegen zufolge soll

Bezos, der sich der Verantwortung sehr wohl bewusst war, jedem Kandidaten einen ernsthaften Blick zu widmen, die Bewerbungen aller 238 Regionen durchgelesen haben. Es dauerte Stunden.

Als sie sich anschickten, am 18. Januar 2018 die zwanzig Finalisten zu verkünden, reichten Mitarbeiter, die am HQ2-Projekt beteiligt waren, mehrere Vorschläge dafür ein, wie man die Shortlist enthüllen könnte. Eine Idee aus dem Public-Relations-Team war, die Spannung dadurch zu steigern, dass man jede Stunde eine neue Stadt bekanntgab, doch dagegen legte Bezos sein Veto ein. Vielleicht hatte er begriffen, dass Amazon nicht noch mehr tun musste, um die bereits beträchtliche Aufmerksamkeit zu erhöhen, die HQ2 ganz von allein in der Öffentlichkeit erzeugte – oder dass die politischen Winde, die das Verfahren umwehten, ohnehin bereits allzu unberechenbar waren.

In den Tagen, bevor die Finalisten verkündet wurden, teilten die Leute vom HQ2-Team die Liste mit den über zweihundert Städten, die es nicht geschafft hatten, unter sich auf, riefen bei den lokalen Beamten an und bereiteten sie auf die schlechten Nachrichten vor. Die meisten fragten nach dem Warum und zeigten sich enttäuscht aufgrund der vielen Zeit und der Ressourcen, die sie in die gescheiterte Bewerbung investiert hatten. Die Amazon-Mitarbeiter reagierten mit einem Datenschwall. *»Ihre Metropolregion hat nur 375.000 Einwohner, und von denen besitzen lediglich 10 Prozent einen höheren Studienabschluss«*, lautete eine typische Erklärung. *»Sorry, da sind einfach nicht genug Arbeitskräfte auf dem Markt.«* Die Vertreter der meisten Städte stimmten darin überein, dass Amazons Herangehensweise gewissenhaft war und vor allem Holly Sullivan mehr Zeit als nötig dafür aufwendete, Fragen zu beantworten und Beziehungen zu retten, die sich für das Unternehmen in der Zukunft noch als hilfreich erweisen könnten.

Nachdem Amazon die Shortlist bekannt gegeben hatte, was allein in dieser Woche weitere 1400 Artikel in den Medien nach sich zog, machte sich das HQ2-Team auf die Reise. Eine Gruppe von zwölf Mitarbeitern, angeführt von Sullivan und Immobilienchef John Schoettler, war von Februar bis Ende April fast ununterbrochen unterwegs und tingelte mit nur wenigen Wochen Ruhezeit auf drei separaten Exkursionen durch Städte an der Westküste, im Süden und an der Ostküste. Sie reisten auf Amazon-Art in der Economy-Class von Linienflügen oder mit Bussen, fingen am frühen Morgen an und hörten spätnachts wieder auf.

Die Städte wurden ein paar Tage im Voraus von ihrem Besuch verständigt und erhielten nur wenig mehr Informationen, als dass Amazon die von ihnen vorgeschlagenen Grundstücke besuchen und etwas über die in der Stadt vorhandenen Fachkräfte und das Bildungssystem erfahren wollte.[258] Manche waren besser vorbereitet als andere. Eric Garcetti, der Bürgermeister von L. A., beeindruckte die Amazon-Truppe mit einer dynamischen Präsentation und einem Frühstück mit den Präsidenten der lokalen Universitäten. In Nashville trafen die Amazon-Manager mit dort ansässigen Musikern zusammen. In Dallas unternahmen die Stadtoberen mit der Gruppe eine Straßenbahnfahrt mit der historischen M-Linie entlang der Sehenswürdigkeiten der Innenstadt und luden sie dann zu einem Abendessen in einem Country-Western-Restaurant im hippen Uptown-Viertel ein. »Das Amazon-Team war sehr authentisch hinsichtlich seiner Interessen«, sagte Mike Rosa, der Senior Vice President der Dallas Regional Chamber. »Manche der Verfasser von Artikeln, in denen es hieß: ›Das war alles nichts als Schwindel‹, waren nicht im selben Raum wie ich. Sie waren so authentisch, wie es bei jedem anderen Projekt der Fall war, an dem ich beteiligt war.«

Von Seattle aus blieb Bezos weiter interessiert und engagiert, auch wenn er sich im Gegensatz zu Elon Musk mit seiner Gigafactory im Hintergrund hielt. HQ2 löste ganz von allein ein Mediengewitter aus, und er wollte nicht, dass seine eigene Sichtbarkeit – und der Anblick seines enormen Reichtums – von dem ihm wichtigeren Fokus auf der Schaffung von Arbeitsplätzen und Investitionen in die Gemeinschaft ablenkte. Kollegen berichteten, dass Sullivan von Bezos und anderen Mitgliedern des S-Teams regelmäßig E-Mails bekam, in denen sie nach Einzelheiten über die Grundstücksbesichtigungen und die Vorschläge der Städte gefragt wurde. Bei einem Aufenthalt in Seattle saß sie mit Bezos im 6. Stock des Day-One-Turms und wartete in gespanntem Schweigen auf seine Fragen, während er Ordner voller Bewerbungen durchblätterte.

Für Bezos war die HQ2-Suche nicht nur ein Thema von drängendem Interesse für die Zukunft seines Unternehmens, sondern ein PR-Spektakel, das mittlerweile einen langen Schatten über jeden seiner öffentlichen Auftritte warf. Im April fuhr er nach Dallas, um am George W. Bush Presidential Center's Forum on Leadership an der Southern Methodist University zu sprechen. Auf der anschließenden Cocktailparty kam der Bürgermeister von Dallas, Mike Rawlings, auf ihn zu und setzte alles auf eine Karte. »Hören Sie mal«, sagte er, »wir sind die richtige Stadt für Sie.« Bezos hielt sich bedeckt und sagte nur, dass er von Freunden, die dort lebten, viel Gutes über die Stadt gehört habe. »Er strahlte eine gewisse Zurückhaltung aus, die mir kein gutes Gefühl gab«, berichtete mir Rawlings später.

Das Team schloss seine Städtebesuche noch im selben Monat ab und erstellte für das S-Team ein sechsseitiges Schriftstück mit seinen Ergebnissen und Empfehlungen. Im Zuge meiner Recherchen konnte ich dieses Dokument zusammen mit zwei weiteren zentralen HQ2-Dokumenten einsehen. Im Juni 2018 verfasst, unterteilte das erste Schriftstück die zwanzig Finalisten in drei Gruppen: unbrauchbar, heiß umstritten und erste Riege. Austin, Columbus, Denver, Indianapolis, Miami, Montgomery County in Maryland, Newark und Pittsburgh landeten allesamt in der ersten Kategorie und fielen heraus, vor allem weil sie zu klein waren und weder über die erforderliche Infrastruktur noch die benötigten Arbeitskräfte verfügten. Darüber hinaus hatte das Team durch seine Besuche und die Analyse der öffentlichen Meinung den Eindruck gewonnen, dass Austin und Denver Amazon feindlich gesinnt sein könnten. »Bei unseren Besuchen stellte sich deutlich heraus, dass Austin und Denver das Projekt nicht so stark unterstützten wie andere Orte«, schrieben sie. Pittsburgh »erholt sich noch immer von wirtschaftlich schweren Zeiten«. Newark wurde in Bausch und Bogen abgelehnt, weil qualifizierte Tech-Leute aus New York »dort nicht arbeiten wollen würden«.

Atlanta, Boston, Los Angeles, Nashville, Toronto und Washington fielen in die Kategorie »heiß umstritten«. Die HQ2-Gruppe nannte hohe Kosten und hohe Steuern als Minuspunkte für Boston und Toronto. Sie beschrieben die Verkehrsüberlastung in Atlanta als ebenso problematisch wie den jüngst erfolgten Beschluss der Gesetzgeber Georgias, die Steuerbefreiung für den Einkauf von Flugzeugbenzin für Delta Air Lines zu kippen. Grund dafür war die umstrittene Entscheidung der Fluglinie, Mitgliedern der National Rifle Association nach dem Schulmassaker von Parkland, Florida, keine Rabatte mehr zu gewähren.[259] Amazon fand den Beschluss des Staates Georgia, eine Firma für ihre politischen Werte zu bestrafen, beunruhigend.

In dem Schriftstück hieß es außerdem: »Wir alle hatten hohe Erwartungen an Nashville, doch die Stadt ist für eine Investition von unserer Größe nicht bereit.« Über Los Angeles hieß es: »Es ist die Stadt mit den meisten Staus der Welt, besitzt keine geografische Vielfalt, und außerdem ist Kalifornien kein wirtschaftsfreundlicher Staat.«

Zur ersten Riege zählten Chicago, Dallas, New York City, Nord-Virginia, Philadelphia und Raleigh. Obwohl es diese Orte am wärmsten empfahl, äußerte das HQ2-Team doch auch Bedenken. Sie fürchteten, dass es bei einer Wahl des geografisch isolierten Dallas schwieriger werden könnte, hoch qualifizierte Kräfte anzuwerben. New York City war am kostspieligsten, was lokale Steuern, Angestelltengehälter und Immobilienpreise anging, und da es dort so viele andere große Arbeitgeber gab, »könnten wir unsere Präsenz nicht so zu unserem Vorteil nutzen wie an anderen Orten«. Nord-Virginia war zwar wirtschaftsfreundlich, galt aber nicht gerade als Nährboden für Hightech-Experten und war auch nicht besonders preiswert.

Abschließend empfahl das HQ2-Team dem S-Team, die Endrunde der Städte weiter einzudampfen, damit das Unternehmen mit gewählten Vertretern der Städte sprechen und sich die besten Grundstücke sichern könne. Es sprach sich dafür aus, den Sieger am 7. September zu verkünden, dem ersten Jahrestag der Suchankündigung. »Unser Ziel bei diesem nächsten HQ2-Meilenstein ist es, weiter positive Presse zu bekommen und den Ruf unseres Unternehmens zu stärken, aber gleichzeitig unseren Kritikern keine unnötige Munition in die Hand zu geben oder der Wahrnehmung Vorschub zu leisten, dass es sich hier um eine überkandidelte Reality-Show handelt«, hieß es in dem Dokument, bevor nach Monaten des Reisens, der Geschäftsessen, der Spekulation und des

Verhandelns drei überraschende Finalisten empfohlen wurden: Chicago, Philadelphia und Raleigh. »Diese Städte verfügen zwar nicht über die größte Konzentration an qualifizierten IT-Leuten, doch wir glauben, dass sie die Voraussetzungen für den Ausbau eines Mitarbeiterpools in unseren vielen Geschäftsbereichen besitzen«, schloss das Schriftstück.

Solche Schriftstücke präsentieren bei Amazon allerdings lediglich Optionen und Empfehlungen; sie markieren den Beginn des Beratungsprozesses, nicht sein Ende. Bezos und das S-Team setzten sich im selben Monat in Seattle mit der Leitung von HQ2 zusammen, lasen schweigend das Dokument und vertieften sich dann in eine vielstündige Diskussion, die den Verlauf des gesamten Projekts verändern sollte.

Raleigh, North Carolina, war unternehmerfreundlich, hatte geringe Lebenshaltungskosten und wenig Verkehr, war jedoch zu klein für Amazons wachsende Bedürfnisse. In Chicago standen die einzelnen Verwaltungsorgane häufig in Konflikt miteinander, und Stadt wie Bundesstaat wurden von Kreditagenturen regelmäßig als finanziell instabil eingestuft. Philadelphia war nicht gerade eine Keimzelle für IT-Spezialisten, und wie sich jemand später erinnerte, machte AWS-Chef Andy Jassy bei dem Meeting seine Abneigung gegen die Stadt geltend, die der erbitterte Rivale seiner Lieblings-Footballmannschaft war, der New York Giants, und ließ durchblicken, dass er und seine Mitarbeiter niemals dort hinziehen wollen würden. Jassy meinte das vermutlich nur scherzhaft, doch manche Mitglieder des HQ2-Teams, die gerade monatelange Kleinarbeit geleistet und mit Zahlen jongliert hatten, äußerten sich später verärgert darüber, dass das Verfahren nun den willkürlichen persönlichen Vorlieben hochrangiger Führungspersönlichkeiten unterworfen wurde.

Die HQ2-Manager verließen das Meeting mit einer radikal anderen Shortlist als derjenigen, die sie vorgeschlagen hatten. In dem zweiten Schriftstück, das ich einsehen konnte und das im August erstellt worden war, sann das Team über seinen Beschluss aus der Sitzung vom Juni nach, fünf Orten genauer auf den Zahn zu fühlen: Dallas, Los Angeles, New York City, Nord-Virginia und Nashville. Damit waren die drei Topbewerber aus dem Rennen, die das HQ2-Team empfohlen hatte, doch das Schriftstück empfahl, noch einmal über Chicago nachzudenken, allerdings nur, »um potenzielle negative Reaktionen zu minimieren, falls Chicago in dem Verfahren nicht weiter nach vorne rücken sollte«.

Die Prioritäten bei der HQ2-Suche hatten sich verschoben. Die Jagd nach dem umfassendsten Anreizbündel war von einem Interesse an den größten Städten, den besten Möglichkeiten zur Mitarbeiterrekrutierung und dem freundlichsten politischen Umfeld abgelöst worden. Das war kein Zufall. Denn zur gleichen Zeit, als die Manager an ihrer Shortlist feilten, verschlechterten sich Amazons Beziehungen zu seiner Heimatstadt rapide.

In Seattle hatten Kshama Sawant und der links orientierte Stadtrat erneut eine Kopfsteuer vorgeschlagen, die sogenannte Personalstundensteuer, die großen Arbeitgebern bis zu 500 Dollar pro Beschäftigtem abverlangen und insgesamt bis zu 86 Millionen Dollar einbringen sollte, um Problemen wie Obdachlosigkeit und dem Mangel an bezahlbaren Wohnungen entgegenzuwirken. Es war eine drakonische Maßnahme: Im Vergleich dazu hatte Chicago fast dreißig Jahre lang eine geringfügige Kopfsteuer von vier Dollar pro Arbeitnehmer verlangt, ehe Bürgermeister Rahm Emanuel nachwies, dass diese für Arbeitsplatzverluste verantwortlich war, und den Stadtrat davon überzeugte, sie abzuschaffen.

Sollte der im April 2018 eingebrachte Vorschlag angenommen werden, würde sich Amazons lokale Steuerschuld um 22,5 Millionen Dollar pro Jahr erhöhen,[260] zusätzlich zu den 250 Millionen Dollar, die das Unternehmen bereits an bundesstaatlichen und lokalen Steuern entrichtete. Das wäre zwar nur ein Bruchteil von Amazons Gewinn von zehn Milliarden Dollar im Jahr 2018, doch es war die feindselige Haltung, die zählte. Seattle bewegte sich auf eine Doppelbesteuerung von Unternehmenseinkommen und Belegschaft zu, was unter anderem deshalb erforderlich wurde, weil Washington einer von sieben US-Bundesstaaten ohne persönliche Einkommensteuer ist (eine Tatsache, die Bezos und andere Amazon-Größen im Lauf der Jahre enorm begünstigt hatte). Amazon fand, die Firma bezahle bereits eine Menge an kommunalen Steuern, und wenn die Stadt ihr Geld nicht auf die richtige Weise ausgab und dafür, die drängendsten Probleme anzugehen, dann war dies kaum Amazons Schuld.

Nach dem Kopfsteuervorschlag setzte sich Bezos mit John Schoettler in Verbindung und wies die Immobilienabteilung an, den Bau von »Block 18« zu stoppen,[261] einem 17-stöckigen Hochhaus in der Nähe von Day One, und den größten Teil des 75.000-Quadratmeter-Gebäudes unterzuvermieten, das Amazon am nahe gelegenen Rainier Square errichtet hatte, statt selbst dort einzuziehen. Laut einer mit den Berechnungen vertrauten Person prognostizierte das Immobilienteam, dass der Umzug die Firma über 100 Millionen Dollar kosten würde (obwohl dieselbe Person sagte, dass das Unternehmen später bei der Transaktion etwa kostendeckend arbeitete). Doch Bezos erklärte, das sei ihm egal: Amazon würde in einer Stadt, die die Firma nicht haben wollte, nicht gedeihen.

Gleichzeitig erließ Bezos eine weitere interne Anordnung: Er begrenzte Amazons Belegschaft in Seattle auf etwa 50.000 Mitarbeiter. Amazon, das bereits über 19 Prozent der erstklassigen Büroflächen der Stadt belegte,[262] sollte diesen Personalabbau binnen zwölf Monaten bewerkstelligen. Danach müssten die Manager innerhalb des Unternehmens ihr Mehr an Mitarbeitern auf Amazon-Niederlassungen in anderen Städten verlagern. Schoettler und das Immobilienteam beeilten sich, der neuen Forderung nachzukommen. Da Amazon nur eine Viertelstunde entfernt etwa 700 Leute beschäftigte, nämlich auf der anderen Seite des Lake Washington in Bellevue – einer wohlhabenden Schlafstadt vor den Toren Seattles, die sich damals mit opportunistischen Werbekampagnen an lokale Firmen wandte –, beschloss die Führungsriege von Amazon, dass das in Seattle abgebaute Personal dorthin wechseln könne, und nannte als Zielvorgabe den Umzug von 20.000 Mitarbeitern. Noch im Herbst unterschrieb Amazon einen Mietvertrag in Bellevue für das 20-stöckige Hochhaus, in dem früher das Online-Reisebüro Expedia seinen Hauptsitz gehabt hatte.[263]

Auch wenn der Personalabbau nie öffentlich bekannt gegeben wurde, machte Amazon jedoch den Schritt, die Baumaßnahmen an Block 18 einzustellen und den Rainier Square Tower unterzuvermieten, offensiv publik. Dies war ein Machtspiel, eine kraftstrotzende Demonstration von Amazons Einfluss in seiner Heimatstadt sowie der Unternehmensmaxime »Das Kapital geht dorthin, wo es willkommen ist, und bleibt dort, wo man es gut behandelt«.[264] »Ich habe das als einen ungewöhnlich starken Schachzug eines Unternehmens empfunden, das eine solche Entscheidung nicht leichtfertig trifft«, sagte Maud Daudon, die frühere Vorsitzende der Seattle Metropolitan Chamber of Commerce.

Doch die Stadtoberen vernahmen die Botschaft klar und deutlich. Im Mai wurde die Kopfsteuer von 480 Dollar pro Beschäftigtem auf eine Abgabe von 275 Dollar pro Beschäftigtem gesenkt, ein Kompromiss, von dem sie irrigerweise glaubten, er sei für Amazon akzeptabel. Die Steuer wurde vom Stadtrat einstimmig verabschiedet, woraufhin Amazon spontan 25.000 Dollar für einen Ausschuss bereitstellte, der die Entscheidung vom November kippen sollte. Andere in Seattle ansässige Firmen wie Starbucks und Vulcan sowie im Familienbesitz befindliche Lieblinge wie die Fastfoodkette Dick's Drive-In leisteten ebenfalls einen Beitrag und schlossen sich gegen die neue Steuer zusammen.

Nun wandte sich die Allgemeinheit bei Wählerbefragungen gegen den Stadtrat und stellte sich an die Seite ihrer lokalen Unternehmen und größten Arbeitgeber; die verblüfften Stadträte sahen sich urplötzlich ausmanövriert. Als sich herauskristallisierte, dass das Referendum gegen die Steuer genug Unterschriften erhalten würde, um zur Abstimmung zu kommen und wahrscheinlich angenommen zu werden, vollzog der Stadtrat eine schmachvolle Kehrtwendung und hob seine eigene Steuer mit sieben zu zwei Stimmen auf.[265] Jenny Durkan, die Bürgermeisterin von Seattle, die das Gesetz über die Kopfsteuer unterzeichnet hatte, besiegelte nun dessen Aufhebung.[266]

Doch das waren nicht die einzigen Fehleinschätzungen in dieser Angelegenheit. Bezos und andere Amazon-Manager sahen nichts als einen Stadtrat, der von unternehmensfeindlichen linken Politikern gekapert worden war. Sie schienen weder zu begreifen noch sich darum zu scheren, dass die sich wandelnde öffentliche Meinung in Seattle symptomatisch für etwa Größeres war: Widerstand gegen Hightech-Firmen und die umwälzenden Veränderungen, die sie in den Städten auslösten. Das war der sogenannte Techlash, der außerhalb des Sichtfelds von Amazons gut bezahlter Führungsriege anrollte. Ihre Unfähigkeit, diese Strömungen zu erkennen, sollte gravierende Folgen haben.

Nachdem Bellevue zum unmittelbaren Ausweichquartier für die wachsende Belegschaft bestimmt worden war, zogen manche Amazon-Manager den Schluss, dass das HQ2 nun noch größer sein müsse als ursprünglich vorgesehen und höchstwahrscheinlich schneller aus dem Boden gestampft werden müsse als anfangs erwartet. Als das 17-seitige Dokument vom August verfasst wurde, konzentrierten sich das HQ2- und das S-Team auf New York City und Crystal City, Nord-Virginia – Regionen, von denen sie glaubten, sie könnten die bevorstehende Expansion unterbringen. »Wenn Kosten und Wirtschaftsklima die Hauptfaktoren sind, dann empfehlen wir Nord-Virginia als optimalen Standort. Wenn das Vorhandensein qualifizierter Fachkräfte vor Ort ausschlaggebend ist, dann empfehlen wir New York City«, hieß es in dem Schriftstück.

Das HQ2-Team prognostizierte, dass beide Städte politisch aufgeschlossen wären – selbst wenn sich Amazon für Long Island City in Queens entscheiden sollte, etwas abseits der Geschäftswelt Manhattans gelegen, eine einstmals raue Industriegegend, die sich in den letzten fünfzehn Jahren mit verstörender Geschwindigkeit gentrifiziert hatte. »Wir besitzen die Unterstützung des Staates und haben eng mit dem Direktor für wirtschaftliche Entwicklung des Staates New York zusammengearbeitet, der ein enger Vertrauter von Gouverneur [Andrew] Cuomo ist«, stand in dem Dokument. »Bürgermeister [Bill] de Blasio wird sich zwar nicht als ausgesprochener Befürworter des Projekts erweisen und steht Großunternehmen im Allgemeinen kritisch gegenüber, doch wir glauben, dass er eine Entscheidung für New York City begrüßen würde.«

Wie bereits zuvor war das Dokument lediglich der Ausgangspunkt für eine Diskussion des S-Teams. Und als HQ2-Manager in jenem September die Besprechung verließen, verblüfften sie ihre Kollegen mit der Entscheidung der Führungsriege. Bezos und das S-Team hatten entschieden, das HQ2 zwischen New York City und Nord-Virginia aufzuteilen und ein kleineres »Operations Center of Excellence« in Nashville einzurichten. Amazon hatte ein ganzes Jahr mit der Suche nach einem Einzelstandort zugebracht, doch angesichts des Bedarfs an qualifizierten Leuten sowie Bezos' Vorgabe, dass Amazon in erster Linie außerhalb von Seattle expandieren solle, wäre eine einzige Niederlassung nicht mehr genug. Wie es jemand aus dem HQ2-Projekt ausdrückte: »Ich konnte es nicht fassen, aber dann irgendwie doch. Es ist eben Amazon, und manchmal ist es einfach absurd.«

Diese Entscheidung brachte Amazons firmeninterne Meinungsmacher in Bedrängnis. Mehr als ein Jahr lang hatten sie die zynischsten Auslegungen des HQ2-Verfahrens ebenso aggressiv zurückgewiesen wie jegliche Mutmaßungen darüber, dass es in Bezug auf eines der doppelten Machtzentren an der Ostküste nicht mit rechten Dingen zugegangen sei. Jetzt würde Amazon diesen Pessimismus rechtfertigen: Eines der reichsten Unternehmen der Welt, geleitet vom reichsten Menschen der Welt, weitete seine Anwesenheit in die Polit- und Finanzhauptstädte aus – Städte, in denen Jeff Bezos luxuriöse Privatanwesen besaß. Was das Ganze noch peinlicher machte, war, dass Amazons Aktien am Dienstagmorgen, dem 4. September, je 2050 Dollar wert waren – und damit den Börsenwert des Unternehmens über die gewaltige Schwelle von einer Billion Dollar trieben, ehe der Aktienkurs wieder sank.[267]

Das dritte HQ2-Dokument, das ich einsehen konnte, stammte vom Oktober 2018 und widmete sich dieser Herausforderung, indem es Optionen darlegte, wie man die Entscheidung bekannt geben und dabei den potenziellen Wirbelsturm negativer Reaktionen umschiffen könne. Man begriff, dass »die Ankündigung den landesweiten Nachrichtenzyklus dominieren wird, ganz egal, was wir tun«, und rechnete damit, dass »gut informierte Kritiker« Amazon womöglich vorwerfen würden, sein Versprechen gebrochen zu haben, nur eine einzige Stadt als Pendant zu Seattle auszuwählen.

Zu diesen mutmaßlichen Kritikern zählten die Interessengruppe Good Jobs First, die sich für Unternehmens- und Regierungsverantwortung in der Unternehmensentwicklung einsetzte, sowie das Institute for Local Self-Reliance, das die Interessen von Kommunen und Kleinunternehmen gegenüber Handelsketten und Mischkonzernen vertrat. Namentlich erwähnt wurde auch der NYU-Professor Scott Galloway, der HQ2 als »Hunger-Games-Schönheitswettbewerb«[268] angeprangert hatte, dessen Ausgang dadurch vorbestimmt sei, »wo Jeff sich gern öfter aufhalten möchte,[269] ich tippe auf die Metropolregion New York City«, genau wie Lina Khan, die einen Artikel für das *Yale Law Journal* schrieb, in dem sie Amazon wettbewerbsfeindliches Verhalten vorwarf und die amerikanischen Kartellgesetze als hoffnungslos veraltet bezeichnete.[270]

Verhängnisvollerweise versäumte es das Dokument, die progressiven Politiker im New Yorker Stadtrat zu erwähnen oder die charismatische Kandidatin der Demokraten für das Repräsentantenhaus, die in jenem Herbst in New Yorks 14. Wahlbezirk antrat – Alexandria Ocasio-Cortez. »Da wir diese Ankündigung als Gelegenheit erachten, zu beweisen, dass Amazon ein positiver Investor in die Gemeinschaft ist und ein Beschäftigungsmotor und ein guter kommunaler Partner, halten wir es für wichtig, die Redezeit unserer Kritiker zu begrenzen … die, wie wir glauben, schon mit den Hufen scharren, damit sie unsere Ankündigung dazu benutzen können, um ihre eigenen Ziele zu verfolgen«, hieß es in dem Schriftstück.

Das Unternehmen offenbarte die Sieger wenige Wochen später, morgens am Dienstag, den 13. November. »Amazon entscheidet sich für New York City und Nord-Virginia als neue Firmensitze«, trompetete die Pressemitteilung.[271] Merkwürdigerweise fehlte sowohl in der Ankündigung als auch in den Themen der Amazon-Sprecher jegliche Erwähnung der Abkürzung »HQ2«. Bei einer Firma mit einem Boss, der über jedes Wort in jedem Dokument endlos brütete, konnte das kein Zufall sein; Amazon versuchte offenbar, einige seiner eigenen Verlautbarungen der letzten vierzehn Monate zu vernebeln.

Wie erwartet, erhob sich ein Sturm der Entrüstung vonseiten der enttäuschten anderen Finalisten. Jetzt erkannten sie, dass Amazon die Machtkorridore und verfügbaren IT-Leute der bevölkerungsreichsten Metropolen über andere in der ursprünglichen Angebotsanfrage hervorgehobene Aspekte gestellt hatte, wie etwa Lebenshaltungskosten, geografische Vielfalt und den Umfang der Anreizbündel. Holly Sullivan rief den Bürgermeister von Dallas, Mike Rawlings, persönlich an, um ihm die schlechte Nachricht zu überbringen. Die finanziellen Anreize von Dallas und dem Staat Texas hatten sich zusammen auf 1,1 Milliarden Dollar belaufen, was erheblich mehr war als die 573 Millionen an Barzuwendungen, die Arlington County und Virginia boten, allerdings nicht ganz so viel wie das Lockangebot von Stadt und Staat New York mit 2,5 Milliarden an Steuerfreibeträgen und Rabatten. Außerdem war es um ungefähr 40 Prozent billiger, in Dallas zu bauen als an der Ostküste – was aber letztlich alles keine Rolle gespielt hatte. »Helfen Sie mir mal auf die Sprünge – warum haben Sie uns das alles aufgebürdet, wenn Sie eigentlich von vornherein nur das im Sinn hatten?«, warf Rawlings Sullivan verärgert an den Kopf.

Die Stadtoberen in den Verliererstädten hatten noch andere Gründe für Zynismus. Auf einer im März 2019 in Salt Lake City abgehaltenen Konferenz für wirtschaftliche Entwicklung sollten etwa 300 Anwesende Zeugen werden, wie Holly Sullivan spontan erwähnte, dass sie während des Verfahrens regelmäßig Rücksprache mit Stephen Moret gehalten habe, dem Chef der Virginia Economic Development Partnership. »Es hat mich gefreut, wie freimütig sie aussprach, dass sie regelmäßige Unterredungen mit ihm über das Projekt geführt hat«, erklärte jemand aus dem Publikum, der die Bemerkung mitgehört hatte. Doch das »warf wirklich Fragen über die wahre Offenheit dieses Unterfangens auf«.

In Arlington County jubelten Moret und andere kommunale Bedienstete über ihren Sieg. Doch in New York und im Stadtbezirk Queens erhob sich sofort Opposition unter lokalen Vertretern der Stadt, die außen vor geblieben und nun von der Neuigkeit überrascht worden waren. Stadtratssprecher Corey Johnson gab eine Erklärung ab, in der er Amazon, den Gouverneur und den Bürgermeister dafür abkanzelte, die Stimme der Bevölkerung übergangen und den Stadtrat von den Verhandlungen ferngehalten zu haben.[272] Jimmy Van Bramer, der stellvertretende Stadtratsvorsitzende, veröffentlichte ein gemeinsames Statement zusammen mit Staatssenator Michael Gianaris, in dem sie fälschlicherweise behaupteten, dass die Steueranreize, mit denen man Amazon angelockt hatte, einmalig seien. »Wir sind Zeugen eines zynischen Spiels, in dem

Amazon New York dazu übertölpelt hat, einer der reichsten Firmen der Welt unerhörte Massen von Steuergeldern in den Rachen zu werfen«, schrieben sie und ignorierten damit die größeren Brocken, die Boeing, Foxconn und andere in anderen Bundesstaaten bekommen hatten.

Die frisch gewählte Ocasio-Cortez meldete sich ebenfalls zu Wort: »Wir bekommen den ganzen Tag Anrufe und Anfragen von Bürgern aus Queens«, twitterte sie.[273] »Amazon ist ein milliardenschweres Unternehmen. Der Gedanke, dass es zu einer Zeit, wo unsere U-Bahn immer maroder wird und unsere Kommunen MEHR Investitionen brauchen statt weniger, Hunderte Millionen Dollar an Steuererleichterungen bekommen soll, ist für die Anwohner hier extrem beunruhigend.«

Als es sich darauf vorbereitete, dieser Kritik zu begegnen, erlebte das HQ2-Team die nächste böse Überraschung. Ihre Kollegen aus dem Immobilienteam, so mussten sie erfahren, hatten in der allerletzten Minute in den »Vorvertrag« mit beiden Städten eine Klausel eingeschmuggelt, in der von ihnen gefordert wurde, beim Beschaffen der erforderlichen Flugrechte sowie der Genehmigungen für Bau und Betrieb eines Hubschrauberlandeplatzes behilflich zu sein.

Laut einer E-Mail, die ein Amazon-Anwalt Anfang des Monats an den Direktor der Empire State Development Corporation geschrieben hatte, sollte dieser idealerweise »auf dem Gelände« liegen, aber falls nicht, dann »in annehmbarer Entfernung« zu den Büroflächen der Firma.[274] Amazon würde für sämtliche Kosten aufkommen. Beide Städte, seit dem 14-monatigen HQ2-Wettbewerb bereits gewohnt, den Wünschen des Tech-Giganten nachzukommen, hatten eingewilligt, einen weiteren zu erfüllen.

Die lokalen Medien griffen diese neue Forderung rasch auf und machten sich darüber lustig (»Lösegeld für Queens«, plärrte die *New York Post* vom 14. November mit einer Illustration von Bezos, wie er mit Geldsäcken in der Hand aus einem Hubschrauber hängt).[275] Mitglieder des Amazon-HQ2-Teams waren verwirrt: Das Unternehmen besaß überhaupt keine Hubschrauber. Die plastische Vorstellung von betuchten Internet-Managern, die über verstopfte Innenstadtstraßen und überfüllte U-Bahn-Waggons hinwegschwebten, war entsetzlich. Schon allein der Gedanke war *un-amazonisch*. Sparsamkeit – und die damit einhergehende Bescheidenheit – war eines der vierzehn geheiligten Führungsprinzipien.

Einige Mitarbeiter wandten ein, dass die Hubschrauberlandeplätze eine schreckliche Idee seien, bekamen jedoch zu hören, dass die Bitte von ganz oben käme und unverzichtbar sei. »Der Hubschrauberlandeplatz war das Schlimmste, was sie überhaupt fordern konnten«, klagte Mitchell Taylor, Bischof der Kirche Center of Hope International in Long Island City und ein Unterstützer von HQ2. »Warum muss man das groß herausposaunen? Man hätte einfach später einen Heliport einrichten können.«

Die Amazon-Mitarbeiter waren genauso perplex wie ihre Kollegen bei Blue Origin, als eine Firma namens Black Ops Aviation und deren Mitbegründerin, die frühere Fernsehfrau Lauren Sánchez, auf einmal bei Starts der *New-Shepard*-Rakete in West-Texas auftauchten, um Werbefilme für das geheimnisvolle Raumfahrtunternehmen zu drehen. Falls sich nicht etwas ganz Grundlegendes geändert hatte, so waren großspurige Auftritte, bei denen man aus der Luft in ein Firmenbüro einschwebte, nicht gerade Jeff Bezos' Stil.

Im Kielwasser der peinlichen HQ2-Ankündigung und des Aufruhrs um den Heliport explodierte die Opposition von unten gegen Amazons geplante Ausbreitung in Long Island City. Beflügelt von ihrem Wahlsieg wandte sich das Team von Alexandria Ocasio-Cortez dieser neuen Sache zu. Man organisierte Proteste in lokalen Kirchen; Freiwillige zogen durch die Straßen und verteilten Flugblätter, auf denen die Anwohner davor gewarnt wurden, dass die gleichen Kräfte der Gentrifizierung und Vertreibung, die sich Seattles bemächtigt hatten, nun auch Queens verändern würden.

Amazon traf das völlig unvorbereitet. Das Unternehmen hatte sich für Geheimhaltung entschieden statt für Außenwirkung und für Autonomie statt dafür, erfahrene Firmen für Öffentlichkeits- und Lobbyarbeit einzuschalten, um möglichen negativen Reaktionen entgegenzuwirken. Als Neulinge im hemdsärmeligen New Yorker Politzirkus waren die

Amazon-Manager der irrigen Annahme aufgesessen, dass Unterstützung von Cuomo, de Blasio und anderen Verbündeten ausreichte, um zu triumphieren. »New York war von dem Moment an verloren, als sie es verkündeten«, sagte Tom Stringer, der Leiter der Standortwahl bei der Wirtschaftsberatungsfirma BDO.

Nach dem ersten Schock bemühte sich Amazon, eine bürgernahe Zustimmungskampagne zu entwickeln. Sie engagierten die Politikberatungs- und Kommunikationsfirma SKDK sowie den Lobbyisten Mark Weprin, einen früheren Stadtrat von Queens. Und sie hatten eine absolut optimistische Botschaft – nämlich dass Amazon im Lauf von fünfzehn Jahren bis zu 40.000 Arbeitsplätze in eine ehemalige Industriebrache am Wasser bringen würde; dass die Steuerermäßigungen lediglich Rabatte auf die öffentlichen Einnahmen seien, die Amazon generieren würde, und dass viele dieser Anreize im Rahmen eines städtischen Programms zugunsten der Förderung der wirtschaftlichen Entwicklung in den Stadtbezirken der Peripherie sogar vorgeschrieben seien.[276]

Doch das waren vernunftgeprägte Argumente, und der Kampf um New York eskalierte allmählich zu einem Kampf der Gefühle, in dem eine Bevölkerung, die unter dem Eindruck stand, dass ihre Stadt, ihre Wohnungen und ihre öffentlichen Transportnetze bereits aus allen Nähten platzten, und die über das zunehmende Wohlstandsgefälle verärgert war, gegen das Gespenst eines abwesenden Monopolisten und den reichsten Menschen der Welt antreten musste.

Bei einer Anhörung vor dem Stadtrat im Dezember bekam Amazon die erste Gelegenheit, sich seinen Kritikern zu stellen. Mindestens ein Berater wollte Jay Carney ins Rennen schicken, da er glaubte, dass dieser als früheres Mitglied der Obama-Regierung den lokalen Demokraten sympathisch wäre. Doch Amazon lehnte das ab, da man fand, das würde das Spektakel noch vergrößern. Statt Carney sollte Brian Husemann, der Vice President of Public Policy, zusammen mit Holly Sullivan auftreten.

Die beiden bereiteten sich in Amazons Niederlassung in Washington, D. C., auf die Anhörung vor. Sullivan war dynamisch und schlagfertig, doch die Berater fürchteten, dass Husemann zugeknöpft und arrogant wirkte. Er bestand darauf, seine einleitenden Worte selbst zu verfassen, darunter die abgenutzte Amazon-Phrase: »Wir sind stolz darauf, das kundenorientierteste Unternehmen der Welt zu sein.« Die Berater baten ihn, den Satz zu streichen – der Stadtrat wollte wissen, was Amazon für den Bezirk tun konnte, nicht für den Planeten. Doch er bestand darauf.

Die Anhörung am 12. Dezember 2018 war ein Desaster. Drei Stunden lang wechselten sich Angehörige des Stadtrats dabei ab, die beiden in Bezug auf alles in die Zange zu nehmen, angefangen dabei, warum der reiche Tech-Gigant Steueranreize brauchte, bis hin zum Verkauf von Gesichtserkennungstechnologie durch AWS an die Einwanderungs- und Zollbehörde. Ein paar Breitseiten wurden auch auf sie abgefeuert. »Warum brauchen Sie einen Heliport?«, fragte Corey Johnson, der Sprecher des Stadtrats irgendwann. Nachdem Husemann ausweichend geantwortet hatte, fuhr Johnson ihn an: »Begreifen Sie eigentlich, wie abgehoben das für normale New Yorker ist?!« Unterdessen entfalteten wütende Demonstranten auf dem Balkon Anti-Amazon-Transparente (»Amazon liefert Lügen!«) und jubelten.

Nach der desaströsen Sitzung konzentrierte sich Amazon wieder auf die Methoden des altmodischen Straßenwahlkampfs. Holly Sullivan und ihr langjähriger Kollege aus der Bundeshauptstadt, der sanftmütige und introvertierte Direktor der Public-Policy-Abteilung Braden Cox, klapperten ganz Queens ab und trafen sich mit Bürgerinitiativen und Lokalbeamten. Schoettler lud zwanzig Inhaber von Kleinbetrieben zum Abendessen in ein italienisches Restaurant in Long Island City ein.[277] Die Firma schickte ihre Unterstützer zu Protestveranstaltungen und machte Umfragen, die zeigten, dass die Mehrheit der Bevölkerung den Plan unterstützte. In den Briefkästen der Bewohner von Queens landeten Flugblätter mit den Worten »Ein gutes neues Jahr wünschen Ihnen Ihre zukünftigen Nachbarn von Amazon«, in denen die zu erwartenden Jobs, die Ausbildungsplätze und die Steuereinnahmen betont wurden, die Amazon generieren würde.

Doch als sich die Debatte ins neue Jahr hinein ausdehnte, verschmolz sie allmählich mit einem anderen und potenziell gefährlichen Thema: Gewerkschaften. New York City war schlicht und einfach eine Gewerkschaftsstadt. Amazon hatte sich in seinen Logistikzentren mit Händen und Füßen gegen sämtliche Versuche gewerkschaftlicher Organisation gewehrt, und Bezos hatte gegenüber David Niekerk, dem Vice President der Personalabteilung, erwähnt, dass eine unzufriedene und verhärtete Arbeiterschaft eine der größten Gefahren für das Unternehmen darstelle.

Doch Amazon verfügte sogar über gewerkschaftliche Unterstützung in der Stadt: die einflussreichen Gewerkschaften für Bau und Gewerbe, die das Unternehmen auch in Seattle unterstützten und deren Mitglieder die neuen Gebäude errichten würden. Andere Gewerkschaften, denen es in den letzten zehn Jahren nicht gelungen war, die Arbeiter in den Whole-Foods-Supermärkten und den Amazon-Logistikzentren zu organisieren, sahen allerdings ihre Chance gekommen. Amazon befand sich jetzt auf ihrem Terrain.

Obwohl das alles nicht viel mit den hoch qualifizierten Fachkräften zu tun hatte, die sich in Amazons neuen Büros tummeln würden, änderte dies nichts. Ein dynamischer politischer Kampf nahm nun Fahrt auf und wurde zum Selbstläufer.

Eine zweite, den Plänen von Amazon in Queens gewidmete Anhörung vor dem Stadtrat fand am 30. Januar 2019 statt. Mit verkrampfter und missmutiger Miene übernahm Huseman den größten Teil der Wortbeiträge und äußerte eine verklausulierte Drohung. »Wir möchten in eine Kommune investieren, in der man uns haben will«, erklärte er dem Stadtrat. Dann ließen Huseman und Sullivan weitere drei Stunden mit zermürbenden Fragen und launigen Anekdoten über die historische Bedeutung von Gewerkschaften für New York City über sich ergehen.

Schließlich stellte Corey Johnson, der Sprecher des Stadtrats, eine pointierte Frage: Würde sich Amazon zu Neutralität verpflichten, wenn seine Arbeiter in New York City sich organisieren wollten?

»Wir respektieren das Recht aller Beschäftigten, sich entsprechend staatlicher und einzelstaatlicher Gesetze zu organisieren, wenn sie das wünschen«, war die juristische Standardklausel, die Huseman hätte zitieren sollen – doch er tat es nicht.

Stattdessen polterte er los: »Nein, dem würden wir nicht zustimmen«, und die Schlacht war verloren. Als Bürgermeister Bill de Blasio bei einer

Pressekonferenz später am selben Tag zu dem Thema befragt wurde, tönte er: »Willkommen in New York City.[278] Wir sind eine Gewerkschaftsstadt.« Und fügte hinzu: »Es wird enormen Druck auf Amazon geben, gewerkschaftliche Organisation zuzulassen, und ich werde einer derjenigen sein, die diesen Druck ausüben.«

Am 8. Februar meldete die *Washington Post*, dass das Unternehmen seine Pläne für New York überdenke.[279] »Die Frage ist, ob es sich lohnt, wenn die Politiker in New York das Projekt nicht wollen, vor allem nachdem die Menschen in Virginia und in Nashville so aufgeschlossen waren«, erklärte eine anonyme Quelle, bei der es sich höchstwahrscheinlich um jemanden aus der Public-Relations-Abteilung von Amazon handelte, gegenüber der Zeitung.[280]

Vor Ort in Queens wurden die Leute von Amazons HQ2-Team und deren Lobbyisten im Unklaren gelassen und glaubten, ein Vertragsabschluss stünde unmittelbar bevor. Am 13. Februar trafen sich Huseman, Sullivan und Braden Cox im Büro des Gouverneurs mit Vertretern mehrerer Gewerkschaften, um die Grundlage für ein Übereinkommen auszuarbeiten, das es Amazon-Arbeitern in New York City gestatten würde, »faire Abstimmungen«[281] darüber abzuhalten, ob sie sich gewerkschaftlich organisieren wollten. Bürgermeister de Blasio sollte später sagen: »Es hatte den Anschein, als ginge etwas voran.«

Dann, am Morgen des Valentinstags, am 14. Februar, hielten Cox und andere Amazon-Mitarbeiter eine Präsentation und beantworteten Fragen von Mitgliedern des im Großen und Ganzen wohlwollend gesinnten HQ2-Beratungsgremiums der Kommune im Brewster Building in Queens. Anwesend waren auch leitende Mitarbeiter von Bürgermeister und Gouverneur, ebenfalls nichts ahnend.

Hinterher, in der U-Bahn auf dem Rückweg nach Manhattan, gingen bei Mitgliedern der Amazon-Truppe Textnachrichten ein, in denen sie davon unterrichtet wurden, dass das Unternehmen soeben seiner PR-Firma SKDK gekündigt hatte. Das war seltsam. Etwa eine Viertelstunde später liefen ihre Smartphones heiß. Amazon hatte verkündet, den Plan, einen Bürokomplex in Long Island City zu bauen, nicht weiter zu verfolgen.

Jay Carney rief de Blasio und Cuomo an, um ihnen die Nachricht zu überbringen. Ihre Reaktionen unterschieden sich sowohl am Telefon als auch später in der Öffentlichkeit: Der Bürgermeister tobte vor Enttäuschung, während der Gouverneur versuchte, um eine zweite Chance zu feilschen. Am 15. meldete sich ein wütender de Blasio im lokalen Radiosender WNYC und schimpfte, Amazons Schritt sei »respektlos gegenüber den Menschen von New York City … Aus heiterem Himmel einen Anruf zu bekommen: ›Tschüs … wir nehmen jetzt unseren Ball und gehen nach Hause‹ – das ist absolut unangemessen. So etwas habe ich noch nie erlebt.«[282]

Obwohl Carney ihn davon abzuhalten versuchte, rang Cuomo darum, den Deal zu retten. Achtzig Geschäftsleute, Gewerkschaftsführer und Politiker unterzeichneten einen ganzseitigen Brief an das Unternehmen, eine unterwürfige Entschuldigung, mit der sie um eine zweite Chance bettelten und die als Anzeige in der *New York Times* erschien. »Wir wissen, dass die öffentliche Debatte, die auf die Ankündigung des Projekts auf Long Island City erfolgte, grob und nicht besonders freundlich war«, hieß es da. »In New York sind die Meinungen klar – und manchmal auch harsch. Für uns ist das ein Teil des Charmes von New York!« Angeblich telefonierte Cuomo auch mit Bezos, doch der war nicht umzustimmen.[283]

Viele bekamen ihr Fett weg. Bürgermeister und Gouverneur hatten Amazon nach Queens gelockt, ohne sich die Unterstützung der lokalen Politiker zu sichern. Doch die Lokalpolitiker waren auch nicht ohne Schuld; sie hatten den Widerstand auf der falschen Behauptung begründet, Amazon bekäme ein unmoralisches Geschenk von 2,5 Milliarden Dollar statt eines Rabatts auf die erheblichen Steuerzahlungen, die das Unternehmen im Lauf von zwanzig Jahren leisten würde. Sie spielten auch mit den tief verwurzelten Ängsten, dass der Charakter einer geliebten Gegend und der angrenzenden Viertel sich verändern werde. Doch ein großer Teil von Long Island City war bereits vor Jahren gentrifiziert worden, und die meisten günstigen Mietwohnungen in der Gegend und den angrenzenden Vierteln unterlagen entweder der Mietpreisbindung oder gehörten großen Sozialwohnungsgenossenschaften, deren Mieter vor steigenden Mieten geschützt waren. Die Alternative zu steigenden Wohnungspreisen ist auch selten Stagnation; meist sind es sinkende Wohnungspreise, geringere Lebenshaltungskosten und Hoffnungslosigkeit. Indem man Amazon ablehnte, entging einem Stadtbezirk in Randlage, in dem bereits eine radikale Umwälzung im Gang war, ein wirtschaftlicher Schub, der indirekt auch seinen ärmeren Bewohnern hätte zugutekommen können.

Doch auch die Amazon-Manager mussten Kritik für das Debakel einstecken. Unerfahren in der Kampfkunst der Lokalpolitik von New York City zählten sie auf den Rückhalt durch zwei hohe Beamte, die meist überhaupt nicht miteinander auskamen, darunter ein Bürgermeister, dessen Unterstützung für das Projekt »praktisch schon besiegelte, dass der Rest des Stadtrats sich dagegenstellen würde«, wie Carney später zugab.

Darüber hinaus waren ihre Synapsen durch fünfzehn Monate des Bettelns – vonseiten der Städte und ihrer eigenen Kollegen – während des HQ2-Verfahrens deformiert worden. Bezos und sein S-Team malten sich aus, sie würden als stolze Eroberer empfangen, und waren vollkommen naiv in New Yorks Fangstricke aus Regelungen, Gewerkschaftspolitik und Bürgerbeteiligung getappt. Es schien ihnen herzlich egal zu sein, was man brauchte, um in New York City eine »Betriebslizenz« zu erhalten. Und im Gegensatz zu Elon Musk, der die Suche nach dem Standort für seine Gigafactory persönlich geleitet hatte, war Bezos in dem öffentlichen Verfahren unsichtbar geblieben und hatte versucht, seine Absichten unter Verschluss zu halten – obwohl er alles minuziös aus der Ferne steuerte und die Journalisten ohnehin seine persönlichen Vorlieben errieten, indem sie sein Privatflugzeug im Auge behielten, um zu sehen, welche der HQ2-Kandidatenstädte er wohl besuchte.[284]

Typischerweise hielt sich Amazon auch bedeckt hinsichtlich der Gründe für seinen Rückzug, sondern führte Widerstand vonseiten lokaler Politiker und deren Wählerschaft ins Feld. »Die Entscheidung, sich bei diesem speziellen Projekt von New York City abzuwenden, beruhte in Wirklichkeit auf der Frage: ›Hatten wir die langfristige politische Unterstützung?‹«, wie Holly Sullivan auf der Konferenz 2019 sagte. »Wir bekamen mehr und mehr das Gefühl, dass wir sie nicht hatten.«

Doch einer der speziellen Knackpunkte war natürlich die Erwähnung von Gewerkschaften, die bei Jeff Bezos und seinen Kollegen die gleiche Abwehrreaktion ausgelöst hatte, die sie schon während des gesamten Zeitstrahls von Amazons Bestehen an den Tag gelegt hatten – im Jahr 2000 in einem Callcenter in Seattle, 2013 in deutschen Logistikzentren und zuletzt in Frankreich, zu Beginn der tödlichen Covid-19-Pandemie. In all diesen Fällen, wenn gewerkschaftliche Organisation und Arbeiterstreiks aufs Tapet kamen, kappte Amazon entweder seine Erweiterungspläne in der entsprechenden Region, machte vorübergehend dicht oder schloss die Niederlassung ganz. Trotzdem beharrte Amazon später darauf, dass Bedenken wegen gewerkschaftlicher Organisation nichts mit dem Rückzug des Unternehmens aus New York zu tun gehabt hätten.

Intern folgte bei Amazon nur wenig Selbstreflexion auf das Fiasko von New York City. Das D.C.-Team verfasste kein »Fehlerprotokoll« – wie es häufig der Fall ist, wenn Bezos zum Teil selbst für einen Fehler verantwortlich ist. Brian Huseman schaffte es irgendwie, nicht dafür zur Rechenschaft gezogen zu werden, dass er durch seine Stümperei die Zustimmung der Anwohner in Queens verspielt hatte, und behielt seinen Posten. Holly Sullivan, die unangefochtene Heldin des Verfahrens, wurde zur Leiterin der globalen Entwicklung und später zum Vice President befördert. Nur der sanftmütige Braden Cox schien Federn lassen zu müssen; bei einer Umstrukturierung verlor er schlagartig die meisten seiner direkten Untergebenen und verließ kurz darauf die Firma. Viele seiner Kollegen waren der Meinung, dass man ihn zu Unrecht zum Sündenbock gemacht hatte.

In den Folgejahren erweiterte Amazon seine Büroflächen im Stadtteil Hudson Yards in Midtown Manhattan[285] und verkündete sein Vorhaben, weitere 2000 Mitarbeiter in New York City einzustellen – erheblich weniger als die einst für Long Island City eingeplanten 40.000. Das Unternehmen wuchs auch in Städten wie Bellevue, Austin, Dallas, Denver, Phoenix und San Diego – jedoch weder in Seattle noch in Queens. Nachdem sie ein selbst fabriziertes Desaster durchlitten hatte, stürzte sich die Firma wieder auf ihre Geschäfte. Online-Käufe, Cloud Computing und Prime-Videostreams schienen von den unerwarteten Widrigkeiten, die plötzlich auf Amazon zurollten, völlig unberührt zu bleiben. Das war die eigentliche Lehre aus der HQ2-Saga: Amazon kam der Unbesiegbarkeit gefährlich nahe.

Kapitel 13:
Komplikationen

Jeff Bezos verspätete sich. Es war der 14. Februar 2019, und das S-Team traf sich zum ersten Mal, seit die schockierende Enthüllung die Runde um den Globus gemacht hatte – der reichste Mann der Welt hatte eine Liebesbeziehung mit einer verheirateten früheren Fernsehmoderatorin und würde sich von der Frau scheiden lassen, mit der er seit fünfundzwanzig Jahren verheiratet war. Erst an diesem Morgen hatte Amazon öffentlich das Ende seiner Pläne verkündet, einen Teil seiner zweiten Hauptniederlassung in Long Island City zu bauen. Als die Führungsriege am frühen Nachmittag auf ihren säumigen Boss wartete, herrschte im Besprechungsraum im sechsten Stock des Day-One-Turms eine noch erwartungsvollere Unruhe als sonst.

Schließlich kam Bezos herein und setzte sich auf seinen Platz in der Mitte des Haupttischs. Er griff nach dem sechsseitigen Schriftstück, das dort für ihn bereitlag, hob den Blick und musterte die Anwesenden. »Wer glaubt, er hätte eine härtere Woche hinter sich als ich, soll die Hand heben«, sagte er und löste die Spannung, indem er als Erster zu lachen begann. Seine Kollegen verfielen abermals in erwartungsvolles Schweigen. Bezos war ein Meister darin, einzelne Lebensbereiche voneinander abzuschotten; seine Fähigkeit, die verschlungenen Fäden seines Privat- und Berufslebens getrennt zu halten, war unerreicht. Doch jetzt hatten sich diese Fäden verheddert. Er musste das ansprechen, was ohnehin alle wussten.

»Nur um für Klarheit zu sorgen«, begann er langsam, wie zwei Personen berichten, die seine Äußerungen gehört haben, »ich hatte eine Beziehung zu dieser Frau. Doch die Geschichte wird völlig falsch und verzerrt dargestellt. MacKenzie und ich haben wie erwachsene Menschen vernünftig darüber geredet. Ihr geht es gut. Den Kindern geht es gut. Für die Medien ist es ein gefundenes Fressen. Das ist alles sehr lästig, daher danke ich euch dafür, dass ihr euch aufs Geschäftliche konzentriert.«

Damit griff Bezos nach dem Schriftstück, das neue Ziele hinsichtlich der Beschäftigtenzahl in sämtlichen Unternehmensbereichen darlegte, und demonstrierte damit, dass es an der Zeit war, sich wieder der Arbeit zuzuwenden.

Manche Kollegen haben seine kurze Rede als bemerkenswert in Erinnerung – als einen Moment, in dem Bezos sich zwar nicht für einen Skandal entschuldigte, den er selbst vor die Tore von Amazon geholt hatte, es jedoch trotzdem fertigbrachte, ein Gefühl von Demut und Dankbarkeit zu vermitteln.

Trotzdem fiel es vielen Amazon-Managern und anderen Mitarbeitern schwer, einfach so darüber hinwegzugehen. Bezos hatte stets verlangt, dass Amazon-Leute sich diskret und tadellos benahmen. Er riss Schriftstücke entzwei und verließ Räume, wenn Angestellte hinter den Erwartungen zurückblieben. Indem er so leichtsinnig eine außereheliche Affäre angefangen hatte, dass sie erst zum Futter für eine schlüpfrige Doppelseite im *National Enquirer* wurde und dann eine heiße Story, um die sich sämtliche Medien rissen, hatte er gegen seine eigenen hohen Ansprüche verstoßen. Dutzende aktueller und früherer Amazon-Manager sollten später sagen, dass sie überrascht und enttäuscht von Bezos' Affäre waren. Ihr unfehlbarer und rechtschaffener Boss hatte eben doch menschliche Schwächen.

Die Neuigkeit hätte auch eine Erklärung für die etwas sonderbaren jüngsten Veränderungen in seinem Verhalten bieten können. Bezos war im Lauf des vergangenen Jahres immer seltener in den Büros in Seattle anzutreffen gewesen; OP1-Besprechungen verzögerten sich oder wurden verschoben, und für langjährige Stellvertreter wurde es immer schwieriger, einen Termin bei ihm zu bekommen. Er verbrachte mehr und mehr Zeit auf Reisen, wie Kollegen aufgefallen war, und tauchte im November mit einer Vorankündigung von nur wenigen Stunden in der Niederlassung von Ring in Santa Monica auf, dem smarten Türklingel-Start-up, das Amazon im Februar 2018 gekauft hatte.

Dazu kamen die unerklärlichen Heliports, die Amazon für die neue Niederlassung in Long Island City und Nord-Virginia gefordert hatte. Amazons PR-Leute behaupteten, die Heliports in New York City wären »nützlich für bestimmte Events, wie den Empfang von Würdenträgern«. Doch zufälligerweise war Bezos' neue Freundin Lauren Sánchez Hubschrauberpilotin, und er hatte selbst bereits Flugstunden genommen. Seine persönliche Holdinggesellschaft Poplar Glen LLC hatte laut der Datenbank der FAA Aircraft Registration sogar zur gleichen Zeit mindestens einen Hubschrauber von der Firma Bell Textron gekauft.

Die Neuigkeit von Bezos' bevorstehender Scheidung schien auch für ein anderes ungelöstes Rätsel von Belang zu sein. Wenige Wochen bevor Jeff und MacKenzie ihre Trennung publik gemacht hatten, begannen die Rechts- und die Finanzabteilung von Amazon, die größten institutionellen Aktionäre anzusprechen und sie zu fragen, ob sie die Schaffung einer zweiten Klasse von Amazon-Aktien unterstützen würden, die zu einem niedrigeren Kurs ausgegeben und weniger Stimmrechte umfassen würden. Solche Zwei-Klassen-Aktienstrukturen, wie sie bei Facebook und Googles Muttergesellschaft Alphabet Usus sind, können letztlich dazu führen, dass sich die Stimmrechte bei ihren Gründern konzentrieren und diesen in Fragen der Unternehmensführung die letzte Entscheidungsgewalt sichern, selbst wenn sie nur einen kleinen Prozentsatz der Aktien besitzen. Amazon war zehn Jahre vor seinen Geschwistern im Silicon Valley an die Börse gegangen, noch bevor solche Unterteilungen in Aktien der A- und der B-Klasse in Mode gekommen waren.

Als Amazon diese Bitte äußerte, waren die Aktionäre ebenso verblüfft wie viele Anwälte und Finanzexperten der Firma. Warum sollte sich ein so verehrter Firmenchef mehr Kontrolle über sein eigenes Unternehmen sichern müssen? Sein Einfluss beruhte nicht auf seinem Eigentumsanteil von 16 Prozent, sondern auf fünfundzwanzig Jahren prophetischer Erfindungsgabe, strategischer Voraussicht und diszipliniertem Management. Es bestand kaum die Gefahr, dass ein besonders engagierter Investor sich Amazon-Aktien einverleiben und dann andere Großinvestoren dafür gewinnen könnte, gravierende Umwälzungen zu unterstützen – wie etwa AWS und die Einzelhandelssparten abzuspalten –, wie es so erfolgreich bei Firmen wie eBay und Whole Foods Market geschehen war.

Amazon gab an, man habe Anfang 2018 diese Neuordnung untersucht, und erklärte, man erwäge die Veränderung, um Mitarbeitern der Logistikzentren Aktien zukommen lassen zu können. Diese mussten die Aktien, die sie bekommen hatten, oft verkaufen, um ihren steuerlichen Verpflichtungen nachzukommen. Amazon sagte auch, es könne eine zweite Aktienklasse gebrauchen, um Ankäufe zu tätigen, ganz ähnlich wie Warren Buffett bei Berkshire Hathaway. Doch manche Investoren, die Ende 2018 davon hörten, fanden das Argument sonderbar und wenig überzeugend. Amazon hatte soeben erst verkündet, Lagerarbeitern nach der Erhöhung des Stundenlohns auf 15 Dollar keine Aktien mehr zuzugestehen; außerdem ließ ein streng reguliertes Umfeld vermuten, dass das Unternehmen in absehbarer Zeit keine großen Neuanschaffungen tätigen würde. »Verglichen mit den typischen Amazon-Argumenten war das fadenscheinig und wurde nicht nachdrücklich betont«, sagte ein Investor, der den Braten roch und sich mit anderen zusammenschloss, um sich zu widersetzen. »Es verwirrte uns alle ziemlich.«

Doch nachdem Bezos die Neuigkeit von seiner Scheidung getwittert hatte, legte sich die Verwirrung bei vielen von Amazons eigenen Managern und Aktionären, die von dem Aktienplan gehört hatten. Obwohl Amazon diese Interpretation bestritt und sie als irreführend bezeichnete, verbreiteten sich folgende Mutmaßungen: Man hatte das Gefühl, dass es bei dem Plan ganz und gar nicht darum ging, Arbeiter mit Aktien zu versorgen, sondern darum, dass Bezos angesichts einer kostspieligen Scheidungsvereinbarung, die seinen Anteil an der Firma letztlich auf 12 Prozent reduzieren würde, die volle Kontrolle über das Unternehmen behielt.

Kontrolle – genau das war es, was Bezos in den stürmischen letzten Monaten verloren hatte. Zum ersten Mal in seiner Laufbahn wurde er von Widersachern und den Konsequenzen seines eigenen Verhaltens in die Enge getrieben. Neben der offenbar nahtlos in den Beginn einer neuen Beziehung übergehenden Auflösung seiner Ehe kämpfte Bezos mit einem berechnenden Hollywood-Manager, der seine vertraulichsten Textnachrichten vermarkten wollte, einem billigen Revolverblättchen, das darauf aus war, ihn zu demütigen, und gierigen Medien, die das ganze Drama lustvoll aufsogen und den reichsten Menschen der Welt demontieren wollten. Auf der anderen Seite des Planeten spielte noch Mohammed bin Salman mit hinein – der saudi-arabische Kronprinz, der Bezos wegen der Berichterstattung der *Washington Post* über den Mord an dem Oppositionellen Jamal Khashoggi grollte und laut manchen Experten für Internetsicherheit vermutlich Bezos' Handy gehackt hatte.

Die ganze Episode – schlüpfrig und verrucht und völlig untypisch für einen Mann, der zwanzig Jahre lang von seiner Frau und seiner Familie geschwärmt hatte – passte besser in einen Groschenroman als in die Wirtschaftsschinken, zu denen Amazon inspirierte. Außerdem bedeutete es Bezos' bisher größte Herausforderung: Die Sache stellte nicht nur die erprobte Fähigkeit seiner Firma infrage, ein Mediennarrativ zu formen, sondern auch seinen persönlichen Charakter und sein außerordentliches Talent dafür, sich aus der Patsche zu ziehen.

Am Firmensitz in Seattle zog sich die Planungsbesprechung bis in den frühen Abend hinein. Gestresste Finanzexperten huschten aus dem Raum heraus und wieder hinein und verteilten Tabellenkalkulationen. Bezos war vielleicht nicht in der Lage, den Wirbel in der Boulevardpresse zu kontrollieren, die genüsslich seine Liebeseskapaden mit Lauren Sánchez breittrat, doch er konnte den Mitarbeiterzuwachs in sämtlichen Geschäftsbereichen von Amazon kontrollieren.

Als die Sonne über den Olympic Mountains unterging und einen goldenen Schimmer über den Besprechungsraum breitete, begannen die Manager allmählich verstohlene Blicke auf ihre Smartphones zu werfen und Nachrichten ihrer besseren Hälften zu beantworten. Um 19:30 Uhr ergriff schließlich Senior Vice President Jeff Blackburn das Wort und sprach aus, was jeder dachte: »Hey, Jeff, wie lange wird die Besprechung schätzungsweise noch dauern? Viele von uns haben heute noch was vor.« Schließlich war Valentinstag.

»Ach, natürlich«, sagte Bezos lachend. »Das habe ich ganz vergessen.«

Jahrelang hatte Bezos die Geschichte über das Kennenlernen und die Ehe mit MacKenzie Bezos (geborene Tuttle) mit seiner öffentlichen Persona verwoben. In Reden scherzte er regelmäßig darüber, wie er als Junggeselle auf der Suche nach einer Frau gewesen sei, die gerissen genug wäre, »um mich aus einem Gefängnis in einem Dritte-Welt-Land herauszuholen«, als könnte sich Bücherwurm MacKenzie, Schriftstellerin und Anglistin mit einem Uni-Abschluss aus Princeton, eines Tages mit einem Dietrich zwischen den Zähnen vom Dach eines venezolanischen Gefängnisses abseilen. In einem Interview aus dem Jahr 2014 sagte er: »Meine Frau behauptet, sie mag mich noch immer. Ich hinterfrage das nicht groß«,[286] und brüstete sich damit, dass er jeden Abend den Abwasch mache, was laut eigener Aussage »das Sexyste ist, was ich tue«.[287] Im öffentlichen Gespräch mit seinem Bruder Mark bei der Summit LA-Konferenz von 2017[288] zeigten sie ein Foto des jungen Paars von 1994, wie es sich auf die historische Autofahrt nach Seattle vorbereitete, die zur Gründung von Amazon.com führte.

Während Bezos und seine Berater das Bild eines hingebungsvollen Ehemanns und Vaters modellierten, entwickelten er und seine Frau unterschiedliche Interessen und ein diametral voneinander abweichendes Verlangen nach öffentlicher Aufmerksamkeit. In den Jahren nach der Gründung von Amazon Studios fühlte sich Bezos sichtlich hingezogen zur Energie und Dynamik Hollywoods; er wohnte den Golden Globes und der Oscar-Verleihung bei, tauchte bei Filmpremieren in Hollywood auf und gab jedes Jahr im Dezember eine Weihnachtsparty im palastartigen Anwesen der Familie in Beverly Hills, hoch über dem Sunset Strip.

Auch reiste er regelmäßig allein nach Washington, wo er an Treffen des Alfalfa Clubs teilnahm, bei denen sich die Ostküstenelite versammelte, und gab Salon-Dinner für die Führungsriege der *Washington Post*, Regierungsvertreter und andere Größen. Diese fanden in den exklusiven Nebenräumen angesagter Washingtoner Restaurants statt, während die 2500-Quadratmeter-Villa der Familie im Kalorama-Viertel, das ehemalige Textilmuseum, umfassenden Renovierungsarbeiten unterzogen wurde.[289] Je erfolgreicher er wurde, desto mehr stand er in diesen Räumen voller Prominenter im Mittelpunkt. Bei Gesellschaften mussten oft

Kollegen eingreifen und unwillkommene Störer abfangen oder diskret entfernen.

Auf jeden Fall genoss Bezos das Rampenlicht. Er schlüpfte gleichsam aus einem Kokon und war nun nicht mehr der spindeldürre Tech-Nerd aus Seattle mit dem dröhnenden Lachen, sondern ein elegant gekleideter Mann mit dem Körperbau eines Privattrainers und einem exorbitanten Reichtum und Ruhm, der selbst in den allerersten Kreisen der Hauptstadtelite ehrfürchtig bewundert wurde.

MacKenzie begleitete ihren Ehemann zu manchen dieser Anlässe, war jedoch laut eigener Aussage kein geselliger Mensch. »Cocktailpartys sind manchmal anstrengend für mich«, gestand sie der Illustrierten *Vogue*. »Die kurzen Gespräche, noch dazu eines nach dem anderen – das ist nicht gerade meine Lieblingsbeschäftigung.«[290] Freunde sagten, beide Elternteile hingen sehr an ihren vier Kindern und hielten sie vom schädlichen Einfluss des Berühmtseins und eines eklatant zur Schau getragenen Reichtums fern.

Damals gingen MacKenzies Bemühungen, auf wichtige Anliegen lautstark hinzuweisen, nicht über ein zartes Flüstern hinaus. 2013 gründete sie eine Wohltätigkeitsgesellschaft namens »Bystander Revolution«, deren Webseite »praktische, von einem Team entwickelte Ratschläge über einfache Methoden anbietet, mit denen man als Einzelperson gegen Mobbing vorgehen kann«. Auf der Seite gab es Videobeiträge von Prominenten wie Monica Lewinsky, Demi Lovato, Michael J. Fox und Dr. Ruth Westheimer. Gavin de Becker, ein renommierter Sicherheitsberater, Bestsellerautor und enger Freund der Familie Bezos, fügte ein paar seiner eigenen Erkenntnisse hinzu, unter anderem einen Beitrag, in dem die universellen Warnsignale dafür beschrieben werden, dass sich ein Jugendlicher zum Amokläufer entwickeln könnte. Um das Projekt zum Laufen zu bringen, sicherte sich MacKenzie die Hilfe der Outcast Agency, einer der zahlreichen für Amazon tätigen PR-Firmen aus dem Silicon Valley.

Leute, die an der Kampagne mitarbeiteten, haben MacKenzie als bescheiden und entspannt in Erinnerung, aber auch extrem auf den Schutz ihrer Privatsphäre bedacht. Sie wollte so wenig wie möglich von sich selbst und vom immer größer werdenden Ruhm ihres Mannes in die Neugründung einbringen. Vielleicht wurde Bystander Revolution deshalb kaum in der Presse erwähnt, als die Organisation 2014 die Arbeit aufnahm, und die Sache kam nie richtig in Schwung. Zwei Jahre später schickte die Organisation ihren letzten Tweet hinaus, und ihre Webseite wurde seitdem praktisch nicht mehr aktualisiert. Journalisten, die über MacKenzie schreiben wollten, mussten darauf zurückgreifen, die »mit der Öffentlichkeit konfrontierten Introvertierten«[291] aus ihren beiden Romanen zu analysieren, wie es der *New Yorker* einst formulierte, sowie die Schilderung in einem Fernsehinterview aus dem Jahr 2013,[292] wie sie sich als 23-jährige wissenschaftliche Mitarbeiterin bei D. E. Shaw in Bezos' dröhnendes Lachen verliebt (»Es war Liebe auf das erste Hören«) und nach nur dreimonatiger Beziehung mit ihm verlobt habe.

2018 war Bezos bereits mit Lauren Sánchez liiert, wie juristische Dokumente später belegten, während er gleichzeitig den Schein einer intakten Ehe aufrechterhielt. In jenem April fuhr die Familie Bezos noch zu MacKenzies Geburtstag nach Norwegen und logierte in einem Eishotel; er postete ein kurzes Video von einer Fahrt mit dem Hundeschlitten auf Twitter, in dem er fröhlich kichert.[293] »Es war wirklich ein unglaublicher Urlaub«, sagte er später auf der Bühne einem Interviewer. »Wir haben alles in dreieinhalb Tagen untergebracht. Es war sagenhaft.«[294] Ein paar Monate später gründete das Paar den mit zwei Milliarden Dollar ausgestatteten Bezos Day One Fund,[295] eine Wohltätigkeitsorganisation, die Obdachlosigkeit bekämpfen und Vorschulen in unterprivilegierten Vierteln einrichten sollte.

Im Oktober richteten sie ein weiteres Event der Veranstaltungsreihe Campfire aus, der alljährlichen Kombination aus Familientreffen und Konferenz im Four Seasons Resort in Santa Barbara – dem Event, das Bezos gern als »den Höhepunkt seines Jahres« bezeichnete. Abermals wurden die Gäste und ihre Angehörigen mit Privatflugzeugen eingeflogen, alles auf Kosten von Amazon, und in ihren Hotelzimmern mit extravaganten Geschenken bedacht. In jenem Jahr präsentierte der Autor Michael Lewis sein neues Buch über die Präsidentschaft von Trump, *Erhöhtes Risiko,* Jane Goodall sprach über den Klimawandel, und Richterin Ruth Bader Ginsburg stieß per Satellit dazu. Maria Toorpakai Wazir, eine pakistanische Sportlerin, faszinierte die Anwesenden mit ihrem Erfahrungsbericht darüber, wie sie sich sechzehn Jahre lang als Junge ausgeben musste, um auf Wettkampfniveau Squash zu spielen. Am letzten Abend erklommen Jeff Tweedy, Dave Matthews, Jon Bon Jovi, St. Vincent und andere Festgäste die Bühne und jammten.

Die Gäste, die die beiden persönlich kannten, erlebten Bezos und MacKenzie an diesem Wochenende ganz normal und liebevoll im Umgang miteinander. Doch wer kann wirklich wissen, was innerhalb der privaten Bereiche einer Ehe abläuft? Zwei Monate später fehlte MacKenzie bei der alljährlichen Weihnachtsparty der Amazon Studios in Bezos' Villa in Beverly Hills. An seiner Seite erschien stattdessen Lauren Sánchez mitsamt ihrem älteren Bruder Michael.

Sánchez, damals 48 Jahre alt, war ein extrovertierter Wirbelwind. Als Ehefrau von Patrick Whitesell, dem mächtigen Chef der Endeavor-Talentagentur, kannte sie die meisten der etwa 200 Gäste auf der Party persönlich, darunter Matt Damon, Brad Pitt, Barbra Streisand, Katy Perry, Jennifer Lopez und Alex Rodriguez. Einige von ihnen waren auch auf ihrer von Stars wimmelnden Hochzeit mit Whitesell im Jahr 2005 zu Gast gewesen.

Überschwänglich und kurvenreich und mit dem Hang, beim Betreten eines Raumes jeden darin zu umarmen, fühlte sich Sánchez unter den gleißenden Lichtern von Städten wie Los Angeles, New York und Washington wie ein Fisch im Wasser. In vieler Hinsicht war sie das Gegenteil von MacKenzie. Sollte Bezos jemals in Venezuela im Gefängnis sitzen, würde Lauren wahrscheinlich hineinspazieren, sämtliche Wachleute bezirzen und wenigstens einen davon überreden, die Zellentür freiwillig aufzuschließen.

Genau wie Bezos war Sánchez in Albuquerque, New Mexico, geboren. Ihre Familien kannten sich nicht, doch das Paar sollte später all den zufälligen Überlappungen zwischen ihren Verwandten nachspüren, wie zum Beispiel bei der Bank of New Mexico, wo Jackie und Mike Bezos sich kennengelernt hatten und wo einst auch jemand aus Laurens Verwandtschaft gearbeitet hatte. Sánchez' Vater Ray leitete eine lokale

Flugschule namens Golden Airways und besaß zehn Flugzeuge. Ihre Mutter Eleanor hatte ebenfalls eine Pilotenlizenz und war in Sánchez' Kindheit bei einem Flugzeugabsturz schwer verletzt worden, als sie mit einem Fluglehrer Stalls übte und der Motor sich nicht mehr starten ließ.

Ihre Eltern ließen sich scheiden, als Sánchez acht Jahre alt war, was das Ende einer Ehe voller Streitereien bedeutete, die durch gegenseitige Untreuevorwürfe zerstört worden war. Lauren und ihre älteren Brüder Paul und Michael zogen zu ihrer Mutter, die noch drei weitere Male heiratete und einen sprunghaften Berufsweg einschlug, bei dem sie einmal stellvertretende Vizebürgermeisterin von Los Angeles und später Verwaltungsmitarbeiterin an der Columbia University war. Lauren war Legasthenikerin und tat sich in der Schule schwer, wurde jedoch bald als Model bekannt und 1987 zur Miss Junior America New Mexico gekrönt. Nach der Highschool besuchte sie die University of Southern California,[296] die sie ohne Abschluss verließ, um beim Fernsehen Karriere zu machen.

Ende der Neunzigerjahre wurde Sánchez Mitarbeiterin des auf mehreren Sendern laufenden Klatschmagazins *Extra* und dann Moderatorin des Morgenmagazins *Good Day LA* auf Fox. Später moderierte sie die erste Staffel der beliebten Reality-TV-Show *So You Think You Can Dance* und spielte ein paar Cameorollen in größeren Filmen (sie ist die Nachrichtenreporterin in der 91. Minute von *Fight Club)*. Im Lauf der Jahre löste sie mindestens drei Verlobungen wieder auf und bekam einen Sohn mit dem NFL-Footballspieler Tony Gonzalez, bevor sie Whitesell heiratete, den Superagenten aus Hollywood, und mit ihm einen Sohn und eine Tochter bekam.

Dem Vernehmen nach lernte Bezos Lauren Sánchez durch Whitesell kennen und traf sie 2016 bei der Party seiner Amazon Studios wieder, als sie den Film *Manchester by the Sea* feierten. Nachdem ihre Ehe ins Wanken geraten war, fand sie in Bezos einen Gleichgesinnten, der ihre Liebe zum Fliegen teilte.[297] Der genaue Beginn ihrer Liebesbeziehung ist unklar, doch seit Anfang 2018 drehte ihre Hubschrauberfirma Black Ops Aviation Dokumentarfilme für Blue Origin und postete sie auf YouTube.

Im März 2018 lud Bezos Lauren nach Palm Springs zur dritten jährlichen MARS-Konferenz ein,[298] sein ausschließlich geladenen Experten für Raumfahrt, künstliche Intelligenz und Robotik offenstehendes Symposium. MacKenzie nahm nicht daran teil, während Laurens Stimme im Hintergrund eines Videoclips zu hören ist, in dem Bezos auf der Veranstaltung gegen einen japanischen Roboter Tischtennis spielt.[299]

Ein paar Wochen später erzählte Lauren ihrem Bruder Michael, dass sie ihn ihrem neuen Freund vorstellen wolle. Im April aßen sie gemeinsam im Hearth & Hound zu Abend, einem hippen Restaurant in West-Hollywood, begleitet von Michael Sánchez' Mann und zwei weiteren Freunden. Michael saß Bezos gegenüber und verstand sich auf Anhieb mit dem Amazon-Chef. Allerdings beunruhigte es ihn, wie unverhohlen die beiden ihre Zuneigung zueinander demonstrierten, in Sichtweite eventueller Paparazzi, während beide noch mit ihren jeweiligen Ehepartnern verheiratet waren.

Rückblickend betrachtet führte Bezos die Beziehung mit erstaunlichem Desinteresse gegenüber Reaktionen der Öffentlichkeit. Er nahm Lauren auch zusammen mit ihrer Mutter und ihrem Bruder mit nach Seattle,[300] wo er ihnen eine VIP-Tour durch die Spheres spendierte, und nach Washington, D. C., wo er ihr die Druckerpressen der *Washington Post* zeigte. Sie war beim neunten Start der *New Shepard* im Sommer dabei und arbeitete an der Produktion eines zweiminütigen Inspirationsvideos für Blue Origin mit, in dem Luftaufnahmen der Rakete zu sehen waren, begleitet von einem der seltenen Voice-over-Kommentare von Bezos persönlich, in dem er salbungsvoll über die Mission von Blue Origin philosophiert, im Hintergrund begleitet von dem Song »Your Blue Room« von U2 und Brian Eno. »Der menschliche Forscherdrang steckt tief in uns allen«, tönt er zu Beginn des Videos.[301]

Im Spätsommer 2018 wurde es Michael Sánchez angesichts der Unverfrorenheit des Paares immer mulmiger. Michael war ein attraktiver, schwuler Trump-Anhänger und guter Amateur-Tennisspieler mit einer Vorliebe für Gucci-Brillen mit Doppelsteg, dessen Karriere ganz anders verlaufen war als die seiner Schwester. Nachdem er bei der Talentagentur ICM Partners in Hollywood und dann in Verkauf und Marketing bei MTV gearbeitet hatte, gründete er Axis Management,[302] eine Talent- und PR-Agentur, die eine Reihe rechtslastiger Nachrichtenleute und Reality-TV-Stars vertrat. 2007 gründete er zusammen mit einem Partner Dead of Winter Productions und produzierte den Horrorfilm *Killer Movie* (der bei Rotten Tomatoes eine Zustimmungsquote von 19 Prozent bekam). In dem Film spielte seine Schwester eine kleine Rolle als Fernsehreporterin Margo Moorhead. Nachdem der Film gefloppt war, verklagte ihn einer der Geldgeber und behauptete, Michael schulde ihm Geld. Um sein Vermögen zu schützen, erklärte sich Michael Sánchez 2010 für bankrott; in seinen öffentlichen Unterlagen hieß es, dass er seiner Schwester 165.000 Dollar schulde.

Michael stritt sich jahrelang über finanzielle Angelegenheiten mit seiner Schwester, und sie brachen immer wieder den Kontakt ab. Aber Michael war auch Trauzeuge bei Laurens Hochzeit mit Whitesell und wurde Pate ihres Sohnes. Als sie begann, heimlich Textnachrichten und intime Fotos mit Bezos auszutauschen, leitete sie dessen Nachrichten oft an Michael weiter. Die Geschwisterbeziehung war, gelinde gesagt, ungewöhnlich.

Doch all das spielte sich weit außerhalb von Bezos' Gesichtsfeld ab. Er war hingerissen von der abenteuerlustigen Lauren und neigte von Natur aus weder zu Verfolgungswahn noch dazu, allen von vornherein zu misstrauen – erst recht nicht dem Bruder seiner neuen Geliebten. »Es ist besser, zunächst zu vertrauen und dann herauszufinden, dass du dich geirrt hast, als ständig anzunehmen, dass die Leute dich über den Tisch ziehen wollen«, lautete einem Freund zufolge mehr oder weniger seine Maxime.

Im Lauf des Sommers 2018, als die Liebesbeziehung zwischen Bezos und Sánchez enger wurde, begannen die Redakteure des *National Enquirer* damit, Bezos' Privatleben unter die Lupe zu nehmen. Das notorisch voyeuristische Boulevardblatt, das schon seit den Fünfzigerjahren seine Quellen für sensationellen Klatsch bezahlte, blickte auf mehrere katastrophale Jahre zurück. Nicht genug damit, dass die Einzelverkäufe abnahmen, hatte der Verlagschef mit dem unseligen Namen David Pecker

(»Pimmel«) das Blatt angewiesen, Geschichten über die außerehelichen Eskapaden seines Freundes Donald Trump »aufzukaufen und totzuschweigen«, eine Praxis, die die Muttergesellschaft des *Enquirers,* American Media Inc. (AMI), in die bodenlosen Abgründe der Trump-Skandale gezogen hatte. Sein Stellvertreter, Chefredakteur Dylan Howard,[303] der alle vierzig Medienprodukte von AMI unter sich hatte, darunter auch *RadarOnline, Men's Journal* und *Us Weekly,* war überdies vom *New-Yorker*-Autor Ronan Farrow öffentlich attackiert worden, weil er versucht hatte, Frauen zu diskreditieren, die den in Ungnade gefallenen Filmmogul Harvey Weinstein beschuldigten.

Howard war ein kleiner, stämmiger 36-jähriger Australier und schrieb mit spitzer Feder erbarmungslos über die Heucheleien und Peinlichkeiten amerikanischer Prominenter. Als journalistische Größe hinter solchen Boulevard-Knallern wie Mel Gibsons mitgeschnittenen antisemitischen Tiraden und Arnold Schwarzeneggers außerehelichem Kind war es Howards naturgegebenes Anliegen, seine Arbeit zu schützen und vermeintliche Rivalen zu bekämpfen. Als die *Washington Post* aggressiv über AMIs Aufkauf- und Totschweigeprobleme berichtete, autorisierte der erboste Howard voller Enthusiasmus einen scharfen Blick auf das Leben ihres reichen Besitzers.

Laut einer E-Mail,[304] die im Spätsommer von der Nachrichtenredaktion der Firma an AMI-Reporter ging, sollte ein Recherchestrang darin bestehen, Bezos' Beziehung zur Familie seines biologischen Vaters Ted Jorgensen auf den Grund zu gehen, insbesondere der Frage, warum der Amazon-Boss sie nicht kontaktiert hatte, als Jorgensen 2015 im Sterben lag. Von einer außerehelichen Affäre war in dem Memo nicht die Rede.

Was am Tag darauf geschah, lässt sich nur schwerlich als reiner Zufall abtun. Aber wie auch immer man die unfassbaren Ereignisse interpretiert, die im Lauf des nächsten Jahres ans Licht kamen, es finden sich Unmengen solcher Zufälle in den unzähligen Interviewabschriften, gespeicherten E-Mails und Textnachrichten sowie anderen Unterlagen, die sich später in der Myriade von Zivil- und Strafsachen ansammeln sollten, welche zur zentralen Hinterlassenschaft des ganzen Theaters wurden.

Am Montag, den 10. September, schrieb Michael Sánchez eine E-Mail an Andrea Simpson, eine in L. A. ansässige AMI-Reporterin. Sánchez und Simpson waren eng befreundet; er schickte ihr regelmäßig Neuigkeiten über seine Klienten, wie etwa die eintägige Rückkehr seiner Schwester als Moderatorin zu *Extra* im selben Monat,[305] und einmal hatten sie sich aus einer Laune heraus gemeinsam tätowieren lassen (der Spruch auf seinem Unterarm lautete *»Je suis la tempête«*).

In seiner Mail schrieb Michael Sánchez, er habe einen heißen Tipp für Simpson. Ein Freund von ihm, so meinte er, arbeite für einen bekannten »Bill-Gates-Typen«, der verheiratet sei und eine Affäre mit einer »verheirateten Schauspielerin aus der zweiten Riege« habe. Dieser Freund, so schrieb Sánchez, besitze kompromittierende Fotos des Paares, verlange aber eine sechsstellige Summe für die Exklusivmeldung. Sánchez behauptete, als Mittelsmann zu fungieren.

Simpson und ihre Herausgeber in New York konnten über die Identität des geheimnisvollen Liebespaars nur rätseln. In E-Mails, die später im Rahmen eines Verfahrens veröffentlicht wurden, das Michael Sánchez vor dem Bezirksgericht in L. A. gegen AMI anstrengte, spekulierten die Journalisten über Männer wie Evan Spiegel, Mark Zuckerberg und Michael Dell. Wochenlang hielt Sánchez sie hin und versuchte, seine ursprüngliche Preisforderung in die Höhe zu treiben, indem er die Möglichkeit ins Spiel brachte, dass die Story auch in einem britischen Boulevardblatt erscheinen könnte. Anfang Oktober steigerte er die Spannung, als er sich mit Simpson traf und ihr Textnachrichten und Fotos zeigte, auf denen die Gesichter unkenntlich gemacht waren. Doch die Klatschreporterin hatte ohnehin den richtigen Riecher. »Einfach von der Optik und vom Körper her glaube ich, es könnte Jeff Bezos sein«, schrieb sie ihren Chefs in New York.

Am 18. Oktober rief Sánchez schließlich bei Dylan Howard an und enthüllte, dass der »Bill-Gates-Typ«[306] tatsächlich der Amazon-Boss war. Sánchez und AMI schlossen daraufhin einen Vertrag, der ihm eine Auszahlung von etwa 200.000 Dollar[307] zusicherte – die höchste Summe, die der *National Enquirer* jemals für eine Geschichte bezahlt hatte. In dem Vertrag hieß es, der *Enquirer* werde jede erdenkliche Sorgfalt aufwenden, um Sánchez' Anonymität zu wahren und seine Identität als Quelle für den Exklusivbericht geheim zu halten.

Den Namen der »verheirateten Schauspielerin aus der zweiten Riege« enthüllte Sánchez vorerst nicht, doch der *Enquirer* brauchte nicht lange, um ihn herauszufinden. Dylan Howard schickte Fotografen los, die Bezos' Privatjet verfolgen sollten, und befand sich gerade auf der Fernsehmesse MIPCOM in Cannes, als er Fotos vom Amazon-Boss und Lauren Sánchez bekam, wie sie aus seiner Gulfstream G650ER aussteigen.

Am 23. Oktober flog Michael Sánchez nach New York, aß mit Howard und James Robertson zu Abend, einem weiteren Redakteur vom *Enquirer*, und bestätigte, was sie bereits wussten.[308] Er zeigte ihnen auch einen Speicherstick mit einer Reihe von Textnachrichten, die Bezos seiner Schwester gesandt hatte, sowie mehreren privaten Fotos, die die beiden ausgetauscht hatten. Er deutete an, dass er ihnen später noch ein expliziteres »Selfie« zeigen könne, das Bezos an Lauren Sánchez geschickt hatte. Howard, Robertson und Simpson sollten hinterher vor dem Bundesgericht unter Strafandrohung wegen Meineids übereinstimmend aussagen, dass Michael Sánchez die einzige Quelle des ganzen kompromittierenden Materials gewesen sei, das sie während der Recherchen erhalten hatten.

In den tristen Büroräumen von AMI an der Südspitze Manhattans, einem fensterlosen Irrgarten aus offenen Schreibtischen, umhüllt von einer durch jahrelangen Stellenabbau und Skandale toxisch gewordenen Atmosphäre, wurde die Bezos-Story freudig aufgenommen. Dylan Howard glaubte, sie könne den angeschlagenen Ruf der Publikation aufbessern, die einst die widerwillige Bewunderung rivalisierender Prestigemedien erfahren hatte, nachdem sie weltexklusiv über die kleinen Sünden von Figuren wie Tiger Woods und John Edwards berichtet hatte. »Das ist eine großartige Story. Es ist eine *Enquirer*-Story«, schwärmte Howard gegenüber einem Kollegen, als er gefragt wurde, warum sie eine Persönlichkeit aus der Geschäftswelt verfolgten, die für die promibesessenen Leser des Boulevardblatts vermutlich von begrenztem Interesse wäre. »Damit blicken wir hinter die vergoldete Fassade der Berühmten und Superreichen; das ist genau das, wofür wir stehen sollten.«

Doch während das Blatt an der Bezos-Story arbeitete, wurde David Pecker nervös. Die Firma hatte 2010 Gläubigerschutz beantragt und war aufgrund des Ankaufs von Zeitschriften wie *In Touch* und *Life & Style* hoch verschuldet. Ein Versuch, Kapital aus dem Königreich Saudi-Arabien an Land zu ziehen, um ein Angebot für den Kauf des Magazins *Time* zu finanzieren, schlug fehl, und Anthony Melchiorre, der fotoscheue Chef des Haupteigners der Firma, des in New Jersey ansässigen Hedgefonds Chatham Asset Management, hatte Angst vor allem, was die Medienfirma erneut in juristische Schwierigkeiten bringen könnte.

In jenem September hatte AMI wegen Vorwürfen, die Firma habe versucht, negative Geschichten über Donald Trump aufzukaufen und dann totzuschweigen, mit dem Justizministerium eine Vereinbarung über den Verzicht auf Strafverfolgung unterzeichnet. In der Vereinbarung mussten sich die Firmenchefs verpflichten, mit den Ermittlungen des FBI gegen den Trump-Anwalt Michael Cohen zu kooperieren und in Zukunft mit unbestechlicher Redlichkeit zu agieren. So war auch dafür gesorgt, dass die Firma noch jahrelang vom aufmerksamen Blick der Staatsanwälte begleitet werden würde. Ein Verstoß gegen die Vereinbarung hätte für AMI den finanziellen Ruin bedeuten können.[309]

Pecker, ein launischer Boss, der seine Arbeit zum großen Teil von seinem Smartphone aus erledigte, während er zwischen seinem Haus in Connecticut und dem Büro in New York City pendelte, schwankte zwischen Begeisterung für die Bezos-Story und Angst vor ihr. Einen Entwurf zu dem Artikel bezeichnete er als »das beste Stück Journalismus, das der *Enquirer* je gebracht hat«, und tönte in einer E-Mail an die Herausgeber, dass »jede Seite eines Artikels ein weiterer Todesstoß für Bezos sein sollte«, wie jemand berichtete, der Einblick in die nachfolgenden strafrechtlichen Ermittlungen hatte. Doch Pecker hatte auch panische Angst davor, vom reichsten Menschen der Welt verklagt zu werden,[310] noch dazu wegen einer Story von geringem Interesse für die auf Hollywood fixierten Leser des Blatts. Er verlangte, dass die Story »zu hundert Prozent wasserdicht« sein müsse, und war sich unschlüssig darüber, wann beziehungsweise ob sie die Sache überhaupt veröffentlichen sollten.

Anfang November geriet Pecker noch mehr aus der Fassung, als er erfuhr, dass Dylan Howard und Cameron Stracher, AMIs Justiziar, eine ungewöhnliche Klausel in Michael Sánchez' Vertrag eingefügt hatten, der zufolge er sein Honorar im Voraus bekommen sollte, noch bevor die Story veröffentlicht worden war. Jetzt saß Pecker in der Zwickmühle: Wenn sie die Story nicht brachten oder sie woanders zuerst erschien, hätten sie einen Haufen Geld verschleudert und die Firma einer weiteren Anschuldigung wegen »Aufkaufens und Totschweigens« ausgesetzt. Nachdem Pecker beim Lunch im Cipriani Wall Street in Lower Manhattan wütend über Stracher hergefallen war,[311] verließ der altgediente Anwalt das Restaurant und kündigte praktisch auf der Stelle. Das bedeutete die Beförderung für seinen erst kürzlich eingestellten Stellvertreter Jon Fine, der – ein weiterer unfassbarer Zufall – zuvor neun Jahre lang bei Amazon gearbeitet hatte.

Den restlichen Herbst über bastelte der *Enquirer* mit Michael Sánchez' Hilfe an der Story. Er mailte dem Blatt eine Auswahl privater Fotos und Textnachrichten des Paares und versicherte Dylan Howard, dass die beiden nichts von den Recherchen wüssten, als sich der Herausgeber fragte, ob Bezos und Lauren Sánchez ihnen die Story womöglich gezielt untergeschoben hatten. Sánchez gab dem Blatt auch einen Tipp bezüglich der Reisepläne des Paares; und als er am 30. November in der Felix Trattoria in Venice, Kalifornien, mit den beiden zu Abend aß, saßen zwei Reporter an Tischen in der Nähe, und die Fotografen des Boulevardblatts knipsten heimlich ein Bild nach dem anderen.

Was das versprochene explizite Selfie von Bezos anging, gab sich Sánchez ausweichend. Er erklärte sich bereit, es Howard Anfang November in L. A. zu geben, sagte dann aber die Verabredung ab. Ein paar Wochen später, am 21. November, nachdem ihm die *Enquirer*-Redakteure zugesetzt hatten, willigte er schließlich ein, es Andrea Simpson zu zeigen, während Howard und James Robertson über FaceTime von New York aus zusehen würden.

Die Medien, die meisten Beobachter und selbst seine eigene erweiterte Familie verurteilten Sánchez später für diesen krassen Verrat. Doch zumindest seiner eigenen Logik nach – verzerrt durch bitteren Groll und jahrelange Streitigkeiten mit seiner Schwester sowie die dysfunktionale Dynamik einer komplexen Familie – glaubte Michael Sánchez allen Ernstes, er würde den *Enquirer* clever manipulieren.

Seine Schwester und Bezos führten ihre Beziehung völlig offen, und es war nur eine Frage der Zeit, bis ihre Familien und der Rest der Welt davon erfuhren. Er versuchte, »die 747 sanft zu landen«,[312] wie er es später formulierte, indem er auf die delikate Frage anspielte, ob das Paar wohl Gelegenheit bekäme, zuerst die jeweiligen Ehepartner zu informieren, die Scheidung einzureichen und ihre Beziehung dann der Öffentlichkeit zu präsentieren. »Alles, was ich getan habe, diente dem Schutz von Jeff, Lauren und meiner Familie«, schrieb mir Sánchez später in einer E-Mail. »Ich würde niemals jemanden verkaufen.« Er glaubte auch, dass seine Quellenvereinbarung mit AMI es der Medienfirma verbiete, die peinlichsten Elemente des Materials zu verwenden, das er ihnen geliefert hatte.

Diese Rechtfertigung klang hohl, doch zumindest in einer Hinsicht schien Sánchez die reine Wahrheit zu sprechen. Später sagte er gegenüber FBI-Ermittlern für den Southern District von New York aus, dass er nie ein explizites Foto von Bezos besessen habe. Bei dem Treffen mit der *Enquirer*-Reporterin Andrea Simpson am 21. November, das Dylan Howard via FaceTime aus New York verfolgt und aufgezeichnet hatte, hatte ihnen Sánchez nämlich gar kein Bild von Bezos gezeigt, sondern ein anonymes Foto von männlichen Genitalien, das er der schwulen Escort-Website Rent.men entnommen hatte.

Am Montag, den 7. Januar 2019, schickten *Enquirer*-Redakteure zwei Textnachrichten an Jeff Bezos und Lauren Sánchez, die mit einem einzigen brisanten Satz begannen: *»Ich schreibe Ihnen, um Sie um ein Interview über Ihre Liebesaffäre zu bitten.«* Die ganze Tortur, die sich zur gleichen Zeit abspielte, als auch die HQ2-Saga in New York ihr unseliges Ende fand,[313] näherte sich nun ebenfalls dem Kulminationspunkt, angefacht von einem halben Dutzend Leuten, die ihrerseits ineinander verstrickte Beziehungen hatten und komplexe Absichten verfolgten.

Nach einem vermutlich recht heftigen Schreck ließ die Reaktion des Paares nicht lange auf sich warten. Lauren Sánchez wandte sich an die

Person, die ihr am nächsten stand und die dreisten Finten der Boulevardpresse am besten kannte: ihren Bruder. Mitten in der Krise schlug Michael Sánchez unschuldig vor, er könne seine Beziehungen zu Redakteuren des *Enquirers* spielen lassen, um in Erfahrung zu bringen, was für Material sie besaßen. Nachdem er einen Vertrag über 25.000 Dollar im Monat mit seiner Schwester abgeschlossen hatte, um ihr beim Umgang mit dem hereinbrechenden Wahnsinn zu helfen, rief er Dylan Howard an, erklärte ihm, dass er als Vertreter seiner Schwester agiere, und schlug vor, nach New York zu kommen, um sich über die Berichterstattung des Blatts (deren Inhalte er natürlich selbst geliefert hatte) zu informieren. Indem er sich auf die zugesicherte Vertraulichkeit vonseiten AMIs verließ, spielte Michael Sánchez jetzt beide Seiten gegeneinander aus.

Unterdessen zog Bezos seinen langjährigen Sicherheitsberater Gavin de Becker sowie den seit Langem für de Becker tätigen, in L. A. ansässigen Entertainment-Anwalt Marty Singer ins Vertrauen. Frühmorgens am Mittwoch, den 9. Januar, wies Bezos, um der Story zuvorzukommen, in aller Eile die schockierten Mitarbeiter in Amazons Public-Relations-Abteilung an, die Nachricht vom Ende seiner Ehe über seinen offiziellen Twitter-Kanal zu veröffentlichen: »Wir möchten alle von einer Veränderung in unserem Leben informieren«, begann das Statement. »Wie unsere Familie und enge Freunde wissen, haben wir nach einer langen Phase liebevollen Nachdenkens und versuchsweiser Trennung beschlossen, uns scheiden zu lassen und unser gemeinsames Leben als Freunde fortzusetzen.«[314]

In New York musste Dylan Howard zusehen, wie ihm der Knüller seines Lebens entglitt.[315] Obwohl der *Enquirer* montags erschien, überredete er David Pecker, eine elfseitige Print-Sonderauflage zu genehmigen, und postete die erste Story des Blatts noch am Abend online. »Verheirateter Amazon-Boss Jeff Bezos lässt sich wegen Affäre mit Ehefrau von Filmmogul scheiden«, plärrte die Schlagzeile. Am selben Abend sandte Michael Sánchez heimlich eine Textnachricht an Howard, in der er sich für Bezos' Tweet und einen nachfolgenden Artikel in der *New York Post* entschuldigte, und fügte hinzu: »Danke, dass Sie bereit waren, mit mir zu arbeiten, auch wenn diese Ärsche nicht wollten.«

Der Artikel im *Enquirer* sollte nicht nur Bezos' außereheliche Beziehung bloßstellen, sondern ihn auch demütigen. So wurde nicht nur die Vertraulichkeitsklausel in dem Vertrag mit Michael Sánchez umgangen, indem aus den privaten Textnachrichten zitiert und einige der intimen Fotos beschrieben wurden, sondern bizarrerweise auch »Tante Kathy« ins Feld geführt – die Exfrau des Bruders von Bezos' biologischem Vater –, die Jeff Bezos das letzte Mal gesehen hatte, als er zwei Jahre alt war. Zudem bediente sich der Artikel jeder Beleidigung aus dem Arsenal der Boulevardpresse wie etwa »schwerreicher Liebesbetrüger«, »dreister Fremdgänger« und so weiter.

Heftigkeit und Tonfall des Artikels veranlassten Gavin de Becker und andere Beobachter, sich zu fragen, ob politische Ziele des Präsidenten hinter den Recherchen stecken könnten. Donald Trump, vor der strafrechtlichen Verfolgung Michael Cohens ein Freund und Verbündeter Peckers, wütete auf Twitter regelmäßig gegen die *Washington Post* und beschuldigte Amazon, keine angemessenen Steuern zu bezahlen und den U.S. Postal Service zu überlasten. Der dreimal verheiratete Trump heizte Bezos' jüngste Zwangslage per Twitter weiter an:[316]

> **Donald J. Trump**
> @realDonaldTrump
>
> Wirklich traurig, dass Jeff Bozo von einem Konkurrenten bloßgestellt wurde, dessen Berichterstattung, soweit ich weiß, wesentlich akkurater ist als die seiner Lobbyisten-Zeitung, der Amazon Washington Post.
>
> 5:45 PM · Jan 13, 2019

Trotz der Verdächtigungen, dass seine Motive politisch sein könnten, spielte der *Enquirer* seine Karten weiter aus, indem er quer über all seine Medienprodukte hinweg zusätzliche Details über Bezos und Sánchez und ihren Austausch privater Textnachrichten verbreitete.[317] Schließlich handelte Michael Sánchez einen vorübergehenden Waffenstillstand aus: Er forderte AMI auf, keine neuen Artikel mehr zu veröffentlichen, und gab im Gegenzug ihren Paparazzi exklusiven Zugang zu Lauren Sánchez, als sie mit zwei Freundinnen über den Santa Monica Airport spazierte. Der Artikel erschien am 14. Januar in *Us Weekly*, zusammen mit abgestandenen Zitaten und der sensiblen Überschrift: »Erste Fotos zeigen Jeff Bezos' Geliebte Lauren Sánchez nach dem Skandal völlig unbeschwert«.[318]

Nachdem der Artikel erschienen war, sandte Michael Sánchez eine private Textnachricht an Dylan Howard, um ihm zu danken. »Das Maß an Kooperation, das Sie und ich innerhalb von vierzehn Tagen aufgebaut haben, wird eines Tages in die Lehrbücher eingehen«, schrieb er. In der Woche darauf schickte Howard eine E-Mail und versicherte ihm, dass seine Anonymität als ursprüngliche Quelle gewährleistet sei. »Die unerzählte Geschichte – wenn man so will – wurde nicht erzählt«, schrieb er. »Die spare ich mir für meinen Grabstein auf.«[319]

Doch der Frieden war nicht von Dauer. Bezos hatte de Becker versichert, »die für die Aufdeckung der Fakten anfallenden Kosten in jeder Höhe« zu übernehmen, um herauszufinden, wie das Blatt an seinen privaten Austausch mit Lauren Sánchez gekommen war.[320] Der in Hawaii ansässige de Becker hatte zwei Regierungen als Präsidentenberater gedient, vier Bücher über die Psychologie der Gewalt verfasst und unzählige Prominente aus Politik und Entertainment beraten. Bezos hatte sein Buch *The Gift of Fear* (dt. *Vertraue deiner Angst*) aus dem Jahr 1997 als eine der ersten Diskussionsgrundlagen für den Leseclub des S-Teams ausgewählt und persönlich dafür gesorgt, dass es in den neuen Amazon-Books-Läden erhältlich war.

Auf jeden Fall war de Becker ein kluger Kopf und ein erfahrener Menschenkenner. Nachdem er mehrmals mit Michael Sánchez telefoniert und einige Textnachrichten mit ihm ausgetauscht hatte, spürte der geübte Rechercheur, dass etwas faul war. Der Bruder von Bezos' neuer Geliebter brüstete sich mit seiner Fähigkeit, Redakteure des *Enquirers* zu manipulieren, trug Verschwörungstheorien über Internetspionage vor und spielte nebenbei auf seine Bekanntschaft mit Gestalten aus der Trump-Welt an wie den in Ungnade gefallenen Politikberater Roger

Stone.[321] Da nichts darauf hindeutete, dass Bezos' Handy gehackt worden wäre, brauchte de Becker nicht lange, um zu der Überzeugung zu gelangen, dass es einen Maulwurf im Bezos-Lager gab und dies in Wirklichkeit genau die Person sein könnte, die sich am eifrigsten als Helfer anbot.

Um seinen Verdacht publik zu machen, wandte sich de Becker an eine freundschaftlich gesinnte Publikation: an das von Barry Diller, einem Freund von Bezos, geführte Medienunternehmen *Daily Beast*. In einem Artikel vom 31. Januar gab das *Daily Beast* preis, dass de Becker Michael Sánchez als potenziellen Übeltäter ausfindig gemacht habe.[322] Vielleicht schoss er etwas über das Ziel hinaus, als er die peinliche Lage seines Klienten als Teil einer größeren Verschwörung beschrieb, dabei Verbindungen zwischen den Ermittlungen des *Enquirer* zu Präsident Trump und dessen Kampagne gegen die *Washington Post* herstellte und in dem Artikel erklärte, dass »deutliche Anhaltspunkte auf politische Motive hinwiesen«.[323]

Hiermit erreichte die Geschichte die nächste Stufe der Absurdität. De Beckers Unterstellung, dass hinter dem Boulevarddrama eine politische Verschwörung stecke – was im goldenen Trump-Zeitalter ja nur allzu glaubwürdig war –, erhöhte den Druck auf den *National Enquirer.* David Pecker, der Boss von AMI, klagte, bereits das Gerücht, das Blatt könne in ein solches Komplott verstrickt sein, könne dessen Vereinbarung über den Verzicht auf Strafverfolgung mit dem Southern District von New York gefährden. Der Hauptgeldgeber von AMI, der undurchsichtige Anthony Melchiorre von Chatham Asset Management,[324] hatte enorme Angst davor, dass Bezos AMI verklagen könne und seine eigenen Investoren, zu denen publicityscheue Pensionsfonds zählten, womöglich beim leisesten Hauch eines neuen Skandals ihr Geld aus dem Hedgefonds abziehen könnten.

Pecker und Melchiorre flehten Dylan Howard an, die Sache zu *regeln* – den Streit mit dem Bezos-Lager beizulegen und eine Bestätigung darüber zu beschaffen, dass die Recherchen nicht politisch motiviert waren und der *Enquirer* keine illegalen Mittel benutzt hatte, um die Story an Land zu ziehen. Zu seinem Glück verband Dylan Howard eine persönliche Beziehung mit Marty Singer, einem der Anwälte, die Bezos engagiert hatte, um ihn in der Angelegenheit zu vertreten. Die beiden wurden immer wieder beim gemeinsamen Besuch von Sportveranstaltungen gesehen und lagen regelmäßig im Clinch über die endlosen Enthüllungen, die der *Enquirer* am laufenden Band über Singers berühmte Mandanten brachte. Howard aß tatsächlich gerade in New York City mit Singer und dem Filmregisseur Brett Ratner zu Abend, als der Anwalt telefonisch gebeten wurde, an Bezos' Vertretung in dem eskalierenden Drama mitzuwirken.

Irgendwie trug ihre lockere Freundschaft dann doch zum Ruin des Boulevardredakteurs bei. Im Lauf der ersten Februarwoche machten sich Howard und Singer an ihr altbekanntes Ritual und versuchten, ein Ende der medialen Feindseligkeiten zwischen dem *Enquirer* und dem Bezos-Lager auszuhandeln. Howard bat den Anwalt, Bezos und de Becker zu der Einsicht zu bewegen, dass es sich nicht um eine politische Vernichtungskampagne handelte, und versprach, keine weiteren abträglichen Beiträge mehr zu veröffentlichen. Singer wollte genau wissen, welche unveröffentlichten Textnachrichten und Bilder der *Enquirer* besaß. Howard war auf der Hut: Er vermutete, dass der Anwalt versuchte, ihm eine Bestätigung für die Identität seiner anonymen Quelle zu entlocken.

Die Diskussion verschärfte sich weiter durch die Aussicht, dass die *Washington Post* kurz davorstand, einen Artikel über den Skandal zu veröffentlichen, der infrage stellen würde, ob die Enthüllung »nur deftiger Klatsch oder eine politische Vernichtungskampagne« war.[325] David Pecker fürchtete, dass eine weitere solche Unterstellung in einer der angesehensten Zeitungen der Welt seiner Vereinbarung über den Verzicht auf Strafverfolgung ein Ende machen werde. Abermals bedrängte er Howard, die Angelegenheit zu bereinigen. Und so gab Howard schließlich nach und legte seine Karten auf den Tisch.

In einer E-Mail, die er am Nachmittag des 5. Februar an Singer sandte, schrieb der AMI-Chefredakteur: »Da die *Washington Post* beabsichtigt, unbelegte Gerüchte über den ursprünglichen Bericht des *National Enquirer* zu veröffentlichen, möchte ich Ihnen die Fotos beschreiben, an die wir durch unsere Recherchen gelangt sind.« Sodann listete Howard die neun privaten Fotos auf, die Bezos und Lauren Sánchez ausgetauscht hatten. Es waren die Bilder, die sie mit ihrem Bruder geteilt und die dieser dann an den *Enquirer* weitergegeben hatte.

Mit unangebrachter Großtuerei und lodernd vor verletztem Stolz, weil sein Boulevardtriumph schlechtgemacht wurde, erwähnte Howard noch ein weiteres Foto: das Unter-der-Gürtellinie-Selfie, das er über FaceTime bei dem Treffen zwischen Michael Sánchez und Andrea Simpson gesehen hatte. Howard konnte nicht wissen, dass er sich mit dem anonymen Foto brüstete, das Michael Sánchez von Rent.men kopiert hatte. »Es würde keinem Redakteur Freude machen, diese E-Mail zu versenden«, schloss Howard. »Ich hoffe, die Vernunft siegt – und zwar bald.«

Doch Vernunft war Mangelware. Die *Post* veröffentlichte ihren Artikel noch am selben Abend. Darin nannte de Becker abermals Sánchez als den möglichen Missetäter und äußerte den Vorwurf, dass der Verrat »politisch motiviert« sei. Auch Michael Sánchez sprach mit den Reportern der *Post* und bekämpfte die Vorwürfe damit, dass er wahllos weitere Falschinformationen streute. Er deutete fälschlicherweise an, dass de Becker selbst die Nachricht von der Affäre durchgestochen haben könnte, und veranlasste die *Post* (und später auch andere Blätter) dazu, zu berichten, dass der *Enquirer* im Lauf des Sommers 2018 begonnen habe, über die Affäre zu recherchieren – Monate vor seiner ersten Kontaktaufnahme (dafür gibt es allerdings keine Beweise).

Nachdem der Artikel veröffentlicht worden war, rief Pecker bei Dylan Howard an, um ihm zu sagen, dass der Hedgefonds-Manager Melchiorre »vor Wut koche«, und bedrängte Howard abermals, dem Wahnsinn ein Ende zu machen. Nun begann Howard direkt übers Telefon mit Bezos' Vertreter zu verhandeln, dem mit allen Wassern gewaschenen de Becker. Alle beide waren argwöhnisch und auf der Hut und zeichneten die Gespräche auf.

Howard hatte allen Grund zur Vorsicht. »Ich empfehle meinen Klienten, den Erpresser mit seiner Schäbigkeit zu konfrontieren, da ihn das in die Defensive bringt«, hatte de Becker in seinem Bestseller *The Gift of Fear* (dt. *Vertraue deiner Angst*) geschrieben. »Ich fordere die Opfer auf, immer wieder zu fragen: ›Ich verstehe nicht, worauf Sie hinauswollen‹, bis der Erpresser es klar und deutlich sagt.« Den Transkriptionen der Gespräche zufolge, die mir später beschrieben wurden, schien de Becker genau das zu versuchen. »Dann werden Sie also diese Fotos veröffentlichen, wenn wir keine schriftliche Bestätigung abgeben?«, fragte er Howard.

Howard versuchte, keine derart explizite Drohung auszusprechen, kam dem Abgrund aber dennoch näher, indem er weiter auf das Recht des Blatts pochte, das Material zu veröffentlichen. »Daraus lässt sich in keiner Weise irgendeine Form von Erpressung konstruieren!«, warf er dem erfahrenen Ermittler irgendwann an den Kopf. »Es ist im Interesse beider Parteien, zu einer Einigung zu gelangen, angesichts der vielen Rechtsansprüche, die durch den Raum geistern.«

Howard und de Becker schienen voranzukommen. Am 6. Februar sandte Jon Fine, der neue stellvertretende Leiter der Rechtsabteilung von AMI – der hastig eingesetzte Nachfolger von Cameron Stracher und ziemlich unvertraut mit der machiavellistischen Hölle von Rechtsstreitigkeiten im Dunstkreis des Boulevards –, die vorgeschlagenen Vereinbarungsbedingungen per E-Mail an Marty Singer. AMI würde einwilligen, nichts von den unveröffentlichten Fotos oder Textnachrichten zu veröffentlichen oder zu teilen, wenn Bezos und seine Repräsentanten sich der Firma anschlossen und gemeinsam mit ihr die Behauptung zurückwiesen, dass die »Berichterstattung [des *Enquirer*] in irgendeiner Weise von externen Kräften, seien sie politischer oder anderer Natur, angestiftet, diktiert oder beeinflusst wurde«.[326]

Die E-Mail ließ sich ohne Weiteres als erpresserisch auffassen. Am 7. Februar erklärte Bezos seinen Beratern, dass er genau wisse, was er tun werde. Er schrieb einen Essay mit über 1000 Wörtern, betitelt »Nein danke, Mr. Pecker«, und übermittelte ihn Jay Carney bei Amazon, der erstaunt die Brauen hob, als er ihn zum ersten Mal las, während er mit Kollegen in einer Chime-Videokonferenz saß. Dann ließ er ihn auf die Online-Publikationsplattform *Medium* hochladen.

Bezos fügte seinem Posting sämtliche E-Mails von Jon Fine und Dylan Howard hinzu und schrieb:

> Gestern ist mir etwas Ungewöhnliches passiert.[327] Eigentlich war es nicht nur ungewöhnlich, sondern eine richtige Premiere. Ich bekam ein Angebot, das ich nicht ablehnen konnte. Zumindest dachten das die Top-Leute beim *National Enquirer*. Ich bin froh, dass sie das dachten, denn das verleitete sie dazu, alles schriftlich niederzulegen.

Im Anschluss schilderte Bezos AMIs juristische Verstrickungen mit der Regierung Trump und ihre gescheiterten Versuche, eine Investition der Regierung Saudi-Arabiens an Land zu ziehen – einer weiteren Regierung, die der Berichterstattung der *Washington Post* feindlich gegenüberstand. Dass er der Besitzer des Blatts war, schrieb Bezos, »kompliziert das Ganze für mich. Es ist unvermeidlich, dass gewisse Personen, über die die *Washington Post* berichtet, dem Trugschluss unterliegen, ich sei ihr Feind.« Er fügte außerdem hinzu, dass er es nicht bereue, die Zeitung gekauft zu haben, »eine kritische Institution mit einer kritischen Mission« und »etwas von den Dingen, auf die ich am stolzesten sein werde, wenn ich neunzig bin und auf mein Leben zurückblicke. Falls ich das Glück habe, so alt zu werden.«

Dieses erhabene Gefühl hatte selbstverständlich weder etwas damit zu tun, dass er ein Jahr lang offen eine außereheliche Beziehung geführt hatte, noch mit der berechnenden Niedertracht des Bruders seiner Freundin, noch mit den verzweifelten Bemühungen von AMI, einem Wust politischer Verdächtigungen zu entkommen. Doch wie das Reynolds-Pamphlet, das Alexander Hamilton in den 1790er-Jahren verfasste und in dem er seine Gegner der Erpressung bezichtigte, als er mit Vorwürfen über eine ehebrecherische Affäre konfrontiert wurde, war das Posting auf *Medium* ein Meisterstück in Public Relations. Bezos stilisierte sich zum teilnahmsvollen Verteidiger der Presse und Gegner der »AMI seit Langem anhaftenden Reputation, journalistische Privilegien als Waffen einzusetzen, sich hinter gewichtigen Schutzvorkehrungen zu verschanzen und die Grundsätze und Ziele von wahrem Journalismus zu ignorieren«.[328]

Ob Bezos wusste oder auch nur vermutete, dass die Drohung des *Enquirer*, ein explizites Foto zu veröffentlichen, substanzlos war, ist unklar.

Für interessierte Leser, die in seliger Unkenntnis der hinter den Kulissen ablaufenden Machenschaften lebten, war Bezos ein tapferer Held, der sich aufrecht den hinterhältigen Taktiken von Donald Trumps Verbündeten in der Boulevardpresse entgegenstellte und dabei todesmutig peinliche Fotos von sich selbst als Kollateralschaden in Kauf nahm. »Bezos stellt Pecker bloß«, erklärte die *New York Post* in einer denkwürdigen Schlagzeile, während sich die Sympathien der Öffentlichkeit in diesem Schlamassel augenblicklich auf seine Seite verlagerten.

Als das Posting am Nachmittag des 7. Februar auf *Medium* veröffentlicht wurde, blockte Gavin de Becker Dylan Howard ab, der ihn mittels Textnachrichten nach einem Update über die Reaktion des Bezos-Lagers auf AMIs Angebot bedrängte. Schließlich versetzte ihm der renommierte Sicherheitsberater den Todesstoß, indem er dem Chefredakteur des Boulevardblatts schrieb: »Wie Sie vermutlich sehen, bin ich hinsichtlich Ihres Vorschlags auf Widerstand gestoßen.«

Dylan Howard geriet noch heftiger unter Beschuss. David Pecker schaltete auf Schadensbegrenzung und versuchte, sein Unternehmen in seiner prekären rechtlichen und finanziellen Lage aufrechtzuerhalten, indem er für das ganze Debakel seinen Chefredakteur verantwortlich machte. Er entfernte Howard aus seiner Position und gab ihm die eher dekorative Rolle eines Senior Vice President für Unternehmensentwicklung, in der er nur noch wenige redaktionelle Aufgaben hatte. Howard verließ AMI, als sein Vertrag ein Jahr später auslief.

»Ich habe für eine Geschichte, die hundertprozentig wahr war, das größte Opfer gebracht«, erklärte Howard, als ich ihn nach seinen Erinnerungen an die Story fragte, ehe er hinzufügte, dass der laufende Rechtsstreit es ihm unmöglich mache, sich näher darüber zu äußern. »Man hat mich mit dem unbelegten Vorwurf besudelt, ich hätte es aus politischen Gründen getan.«

Bezos' Essay ruinierte nicht nur Howards Karriere bei AMI, sondern griff auch die nach wie vor ungeklärte Frage auf, wie das Blatt an seine privaten Textnachrichten und Fotos gekommen war, und stiftete damit weitere Verwirrung. Bezos spielte in seinem Posting geschickt darauf an, dass AMIs Entrüstung hinsichtlich der Ermittlungen zu den Quellen der Story »jetzt noch nachvollziehbarer« sei und dass »die Saudi-Verbindung einen besonders wunden Punkt getroffen zu haben scheint«.

Gavin de Becker ging diesen Behauptungen in einem Artikel nach, den er im März für das *Daily Beast* schrieb. Er wies auf AMIs verzweifelte Versuche hin, sich vom Vorwurf zu befreien, in eine politische Verschwörung verstrickt zu sein, und deutete an, dass irgendwo in dem ganzen Elend eine weitere Schicht Wahrheit verborgen sein müsse. »Unsere Ermittler und mehrere Experten sind zu dem Schluss gekommen, dass die Saudis mit hoher Wahrscheinlichkeit Zugriff auf Bezos' Handy hatten und private Informationen ausgelesen haben«, schrieb er. »Zum jetzigen Zeitpunkt ist unklar, in welchem Umfang AMI über die Einzelheiten unterrichtet war, wenn überhaupt.«[329]

Zuerst waren Pecker und seine Kollegen mit dem Vorwurf konfrontiert, im Namen von Donald Trump zu handeln; jetzt unterstellte man ihnen, mit den Saudis unter einer Decke zu stecken. Während Howard kaltgestellt und im Urlaub in Mexiko war, sah sich die Firma nicht mehr an ihre Vertraulichkeitszusage gegenüber Michael Sánchez gebunden. »Fakt ist, dass es Michael Sánchez war, der den *National Enquirer* am 10. September 2018 auf die Affäre aufmerksam gemacht und im Lauf von vier Monaten sämtliche Materialien für unsere Recherchen geliefert hat«, hieß es in einem Statement des Unternehmens. »Seine anhaltenden Versuche, unsere Arbeitsweise zu diskutieren und diese sowie seine Rolle dabei nach außen falsch darzustellen, entbinden uns von jeglicher Pflicht zur Vertraulichkeit.«[330]

Doch AMIs Enthüllungen hatten wenig Gewicht, vor allem nachdem seine Führungsriege so eklatant über die Vorwürfe hinsichtlich der Methode »Aufkaufen und Totschweigen« in Bezug auf Trump gelogen hatte. Hinweise auf eine internationale Verschwörung blieben bestehen – vor allem aufgrund der absurden Wahrheit, dass es die saudi-arabische Regierung auf Bezos abgesehen hatte.

Genau wie andere US-amerikanische Geschäftsleute hatte auch Bezos Anfang 2018 eine persönliche Beziehung zu Mohammed bin Salman aufgebaut, als der junge saudische Kronprinz sich für eine Liberalisierung des religiös konservativen Landes zu engagieren und dieses von seiner Abhängigkeit von Erdöleinnahmen befreien zu wollen schien. Bezos traf noch im selben Jahr auf der Frühlingsrundreise des saudischen Prinzen durch die USA mit ihm zusammen, wobei sie ihre WhatsApp-Nummern austauschten. Im Lauf der nächsten Monate blieben sie über WhatsApp in Verbindung und debattierten Amazons Pläne, bis zu zwei Milliarden Dollar für den Aufbau von AWS-Rechenzentren in Saudi-Arabien auszugeben.[331] In jenem Mai schickte der Kronprinz eine verschlüsselte Videodatei an Bezos, die ein Werbevideo zu enthalten schien, das die niedrigen Breitbandpreise in Saudi-Arabien anpries. Bezos befremdete die Nachricht, die auf Arabisch gehalten war. »Super Zahlen, tolles Video«, antwortete er schließlich.

Wenige Monate später, am 2. Oktober, befand sich Bezos in Washington, wo er den Samuel J. Heyman Spirit of Service Award entgegennahm, umgeben von Kollegen von der *Washington Post*. Mitten während des Festakts beugte sich der Verleger Fred Ryan zu Bezos hinüber, flüsterte ihm zu, dass er eine wichtige Neuigkeit habe, und schrieb diese auf einen Zettel: Ein paar Stunden früher am selben Tag hatte Jamal Khashoggi, ein Kolumnist, der in Beiträgen für die *Post* Mohammed bin Salmans schlimme Wandlung zum Autoritarismus kritisiert hatte, in Istanbul das saudi-arabische Konsulat aufgesucht, um eine Heiratserlaubnis zu besorgen, und war nicht wieder herausgekommen. Bezos las die Notiz und flüsterte zurück: »Sagen Sie mir Bescheid, wenn ich irgendwie helfen kann.«

Im Lauf der nächsten Wochen recherchierte die *Post* hartnäckig über den grausigen Mord an Khashoggi, während ihre Kommentatoren die saudische Regierung verurteilten und von US-Firmen verlangten, dass sie ihre Geschäftsverbindungen mit Saudi-Arabien kappten. Genau wie andere Wirtschaftsbosse sagte Bezos seine Teilnahme an bin Salmans Future Investment Initiative ab, dem alljährlichen Event mit dem Beinamen »Davos in der Wüste«.[332] Seltsamerweise hörte bin Salman jedoch nicht auf, Bezos Textnachrichten zu senden, unter anderem eine WhatsApp-Nachricht, in der er auf Bezos' eheliche Probleme anzuspielen schien, die im Herbst 2018 noch unter Verschluss waren. »Mit einer

Frau zu streiten ist wie das Lesen einer Software-Lizenzvereinbarung«, schrieb bin Salman, begleitet vom Bild einer Brünetten, die eine vage Ähnlichkeit mit Lauren Sánchez besaß. »Letztlich muss man alles ignorieren und ›Ich stimme zu‹ anklicken.«

Gleichzeitig attackierte eine von bin Salmans Regime eigens zu diesem Zweck organisierte Twitter-Armee Bezos im Internet, indem sie Abbildungen und Videos postete, die ihn als Rassisten und Feind Saudi-Arabiens bezeichneten und zu einem Boykott von Amazon und seinem Tochterunternehmen Souq.com aufriefen.

> عادل جابر
> @aadelljaber
>
> Wir als Saudis werden es niemals akzeptieren, am Morgen von der Washington Post attackiert zu werden, nur um am Abend auf Amazon und Souq.com einzukaufen! Seltsam, dass alle drei Unternehmen demselben Juden gehören, der uns am Tag attackiert und uns am Abend Waren verkauft!
>
> 12:20 PM · Nov 4, 2018

Anfang 2019, als sein Kampf mit dem *Enquirer* offen ausbrach, sollte Bezos (der kein Jude ist) noch mehr Grund zu der Annahme haben, dass sein Handy gehackt worden war. Am 16. Februar, nachdem Bezos seinen Verdacht in Bezug auf Saudi-Arabiens Verstrickung in die ganze Affäre geäußert hatte, sandte bin Salman erneut eine Textnachricht an Bezos, auf Englisch und voller Fehler: »Jeff, alles was Sie hören oder erzählt werden, ist unwahr und es ist Frage der Zeit biss Sie die Wahrheit kennen. Es gibt nichts gegen Sie oder amazon von mir oder Saudi-Arabien.«

Daraufhin veranlasste de Becker, dass Bezos' iPhone X untersucht wurde. In seinem Bericht kam Anthony Ferrante, ein langjähriger Kollege von de Becker und der frühere Direktor für die Abwehr von Cyberattacken des Nationalen Sicherheitsrats, zu dem Schluss, dass das

Werbevideo über Breitbandpreise, das bin Salman im Vorjahr an Bezos geschickt hatte, wahrscheinlich eine Kopie von Pegasus enthielt, einer fast unsichtbaren, von einer israelischen Firma namens NSO Group entworfenen Malware. Nachdem das Schadprogramm aktiviert worden war, so stellte Ferrante fest, erhöhte sich das Datenvolumen, das von Bezos' Smartphone ausging, um etwa 3000 Prozent.

Einige renommierte Experten für Datensicherheit stellten Ferrantes Schlussfolgerungen aufgrund des Fehlens konkreterer kriminaltechnischer Beweise infrage. Die massive »Datenexfiltration« von Bezos' iPhone, die Ferrante dokumentiert hatte, fiel zufälligerweise mit Bezos' Austausch von Textnachrichten und persönlichen Videos mit Lauren Sánchez zusammen. Trotzdem berichtete das *Wall Street Journal*, dass dem Kronprinzen nahestehende saudische Regierungsbeamte davon wussten, dass Bezos' Smartphone angegriffen werden solle.[333] In einem von den Menschenrechtsermittlern der Vereinten Nationen Agnes Callamard und David Kaye 2020 vorgelegten Bericht wurde »mit mittlerer bis hoher Sicherheit«[334] bestätigt, dass die Saudis die Handys von Bezos und anderen Persönlichkeiten aus Politik und Presse gehackt hatten, was Teil eines breiteren Bestrebens war, die Kontrolle über die mediale Berichterstattung über die saudische Regierung zu erlangen.

Hatte bin Salmans Regierung von Bezos' Beziehung zu Lauren Sánchez erfahren und dem *National Enquirer* einen Tipp gegeben oder sogar die Informationen ergänzt, die das Blatt von Michael Sánchez bekam? Die Möglichkeit schien halbwegs einleuchtend, wenn man scharf genug hinsah. David Pecker hatte einst erfolglos saudische Investoren umworben, damit sie AMI den Kauf der Zeitschrift *Time* finanzierten. Um ihre Aussichten zu verbessern, hatten AMI-Manager im Vorfeld der USA-Reise des Kronprinzen sogar ein kriecherisches 97-seitiges Hochglanzmagazin mit dem Titel *The New Kingdom* produziert. Doch zumindest aus meiner Sicht gibt es derzeit keine eindeutigen Beweise für die Hypothese, dass die Saudis das Boulevardblatt auf Bezos' Affäre aufmerksam gemacht hätten, sondern lediglich eine Nebelbank aus sich überschneidenden Ereignissen, schwachen Verbindungen zwischen weit voneinander entfernt agierenden Figuren und weiteren sonderbaren Zufällen.

Für Bezos und seine Berater allerdings, die sich nach wie vor darum bemühten, die peinlichen Vorgänge um seine Scheidung ins Positive zu verkehren, bedeutete eine solche Wolke der Ungewissheit zumindest eine Ablenkung von der unappetitlicheren und komplizierteren Wahrheit.

Als sich im Lauf des Jahres 2019 der ganze Aufruhr legte, traten Bezos und Lauren Sánchez immer öfter gemeinsam in der Öffentlichkeit auf. Im Juli besuchten sie die Konferenz von Allen & Company in Sun Valley, Idaho, wo sie Größen wie Warren Buffett, Tim Cook und Mark Zuckerberg trafen. Ein paar Tage später verfolgten sie aus der königlichen Loge in Wimbledon das Finale der Herren und saßen drei Reihen hinter Prinz William und Kate Middleton. Im August amüsierten sie sich im westlichen Mittelmeer auf der Superjacht von Film- und Musikmogul David Geffen.[335] Sie reisten auch zu einem vom Luxusdesigner Brunello Cucinelli ausgerichteten Treffen von Topunternehmern nach Solomeo in Italien und fuhren mit der Megajacht von Barry Diller und Diane von Fürstenberg nach Venedig. Dabei wurde Bezos wiederholt in schicken farbenfrohen Schwimmshorts mit Oktopusmuster fotografiert und löste ungewollt einen Modetrend aus.[336]

Zwei Jahrzehnte lang hatte sich Bezos nahezu ausschließlich auf Amazon und seine Familie fokussiert, während für Blue Origin und die Raumfahrt nur schmale Reste seiner Zeit übrig blieben. Doch sein enormer Reichtum, seine unersättliche Neugier auf interessante Menschen und sein Hunger nach neuen Erfahrungen, verknüpft mit seiner neuen Beziehung zu Lauren Sánchez, hatten ihn eindeutig verändert. Ganz offenbar genoss er die Begleiterscheinungen seines außergewöhnlichen Erfolgs. Auf Leute, die unverhältnismäßig viel Zeit damit verbracht hatten, ihn zu beobachten, wirkte er energiegeladen und glücklich.

Seine Scheidung von MacKenzie wurde im Juli 2019 rechtskräftig. Sie bekam 19,7 Millionen Amazon-Aktien im Gesamtwert von etwa 38 Milliarden Dollar. Zur Scheidungsregelung gehörte auch, dass er die Stimmrechte über ihre Aktienanteile behielt, allerdings nicht mehr, nachdem sie diese verkauft oder verschenkt hätte – einer der Gründe dafür, wie Investoren spekuliert hatten, dass Amazon im Vorjahr die Schaffung einer zweiten Klasse von Aktien ergründet hatte.

MacKenzie behielt auch die Häuser der Familie in Seattle und L. A. und unterzeichnete The Giving Pledge, eine Verpflichtung, im Lauf ihres Lebens mehr als die Hälfte ihres Reichtums zu verschenken. Über das Jahr 2020 verteilt spendete sie über sechs Milliarden Dollar an Organisationen wie Tafeln, Bürgerinitiativen und historisch schwarz geprägte Colleges und postete einen persönlichen Essay über ihre Motive – ein Kurswechsel gegenüber ihrem zögerlichen Versuch, Jahre zuvor Bystander Revolution zum Laufen zu bringen. Zudem änderte sie ihren Namen zu MacKenzie Scott – dem Mittelnamen, mit dem sie aufgewachsen war.

Michael Sánchez zog unterdessen mit seinem Mann nach San Francisco. Seine gesamte Familie redete nicht mehr mit ihm, abgesehen von seiner Mutter Eleanor. In zwei separaten Verleumdungsverfahren vor dem Bezirksgericht von L. A. verklagte er AMI, Bezos und Gavin de Becker und verlor nahezu jeden weiteren Prozess, als die Fakten allmählich ans Licht kamen. Anfang 2021 forderten Bezos und de Becker das Gericht auf, Sánchez zu zwingen, 1,7 Millionen Dollar an Anwaltsgebühren zu bezahlen; allerdings senkte das Gericht die Summe später auf 218.400 Dollar. Und im Southern District von New York ermittelten Bundesstaatsanwälte wegen Bezos' in seinem *Medium*-Essay erhobener Behauptung, er sei von AMI erpresst worden, nachdem sie den Artikel im *National Enquirer* veröffentlicht hatten. Die Beweise müssen jedoch dürftig gewesen sein, denn die Staatsanwaltschaft ließ die Sache offenbar sang- und klanglos fallen, ohne jemals Anklage zu erheben.

Bezos wandte sich rasch neuen Ufern zu. Im Oktober tauchte er unerwartet vor dem ehemaligen saudischen Konsulat in Istanbul auf, um der Ermordung Jamal Khashoggis vor genau einem Jahr zu gedenken.[337] Gavin de Becker kümmerte sich um die aufwendigen Sicherheitsmaßnahmen. Bezos saß neben Hatice Cengiz, Khashoggis Verlobter, und umarmte sie während der Zeremonie. »Genau hier, wo Sie auch jetzt stehen, haben Sie stundenlang die Straße beobachtet, sind auf und ab gegangen und haben gewartet, doch er kam einfach nicht mehr heraus.

Es ist unvorstellbar«, sagte er. »Sie sollen wissen, dass wir Sie beide in unseren Herzen behalten. Wir sind da.«[338]

Die Reise auf potenziell gefährliches Terrain war ein weiterer Beleg für die Angestellten der *Washington Post*, dass ihr Besitzer für ihren Journalismus einstehen würde, was auch immer es ihn persönlich kostete. Es war auch ein direkt auf Bezos' Feind Mohammed bin Salman gerichteter Pfeil.[339]

Während solch dramatische Gesten im kollektiven Gedächtnis an die Stelle des Skandals traten, konnten Bezos' Kollegen bei Amazon nur zusehen und sich fragen: Gehörte ihr Boss noch zu ihnen oder bereits zu einer anderen Dimension aus Reichtum, Glamour und internationalen Machenschaften? Mittlerweile schien er genauso häufig in der Presse aufzutauchen wie im Büro. Er kaufte historische Kunstwerke[340] und schnappte sich für 165 Millionen Dollar David Geffens 3,6 Hektar großes Anwesen in Beverly Hills,[341] ein Rekordpreis für eine kalifornische Immobilie. Außerdem sprach er im Februar 2020 in Begleitung von Lauren Sánchez mit Emmanuel Macron über den Klimawandel und vergnügte sich mit ihr und anderen Promis beim Super Bowl in Miami – er erklomm sogar die DJ-Kanzel in einem beliebten Nachtclub. Was konnte die Zukunft ihrem Gründer noch bieten?

Eine Antwort auf diese Frage fand sich in der Werft des niederländischen Custom-Jachtbauers Oceanco. Dort, vor den Toren Rotterdams, nahm eine neue Schöpfung im Geheimen Gestalt an: ein 127 Meter langer Dreimastschoner, über den praktisch nichts bekannt war, nicht einmal in den diskreten Gefilden der Luxusjachtbranche – außer dass das Boot nach seiner Fertigstellung eine der schnittigsten Segeljachten der Welt sein würde. Oceanco baute für dieselben elitären Kunden auch noch eine Begleitjacht, die ausdrücklich in Auftrag gegeben und gebaut worden war, um – Sie haben's erraten – einen Heliport zu beherbergen.

Trotz allem, was geschehen war, hatte Bezos' Rüstung der Unbesiegbarkeit nur leichte Schrammen abbekommen. Doch nun drohten die größten Herausforderungen für Amazon in seiner 25-jährigen Geschichte: eine erste Salve von seinen Feinden in den USA und der Europäischen Union, im Bestreben, die gewaltige Marktmacht des Unternehmens einzudämmen, flankiert von der Covid-19-Pandemie, welche die gesamte Weltwirtschaft an den Rand eines kläglichen Zusammenbruchs bringen sollte.

Kapitel 14:

Tag der Abrechnung

In dem Jahr nach dem hässlichen Presserummel um Jeff und Lauren setzte sich Amazons kometenhafter Aufstieg fort. Sein Marktwert näherte sich langsam der Eine-Billion-Dollar-Grenze, da verkündete das Unternehmen ein Upgrade seiner Liefergarantie für Prime-Kunden von zwei Tagen auf die Zustellung am nächsten Tag, was Online-Shopping attraktiver machte denn je.[342] Nachdem seine Scheidung von MacKenzie im Juli 2019 rechtskräftig wurde, sank Bezos' Reinvermögen von 170 Milliarden auf 110 Milliarden Dollar. Angesichts des anhaltenden Höhenflugs der Amazon-Aktie freilich blieb ihm nicht nur der Titel der reichsten Person der Welt erhalten, auch sein Kontostand hatte sich binnen zwölf Monaten wieder mehr als erholt.[343] Sein persönliches Vermögen war nun größer als das Bruttoinlandsprodukt Ungarns; es war sogar größer als der Börsenwert von General Motors.

Trotz dieser Übermacht blieb der Tag der Abrechnung in einer Hinsicht dennoch nicht aus. Amerikaner und Europäer neigen im Allgemeinen durchaus dazu, die geschäftlichen Triumphe ihrer pfiffigsten Unternehmer zu feiern. Sie sind jedoch auf der anderen Seite auch von Natur aus skeptisch, was große, zugeknöpfte Konzerne anbelangt, und gegenüber Superreichen können sie schon mal ausgesprochen gehässig werden, besonders wenn die Einkommenskluft geradezu groteske Dimensionen annimmt.

Und so zeitigte der doppelte Anstieg von Jeff Bezos' Vermögen auf der einen und Amazons Börsenwert auf der anderen Seite eben nicht nur Beifall für eine wirtschaftliche Leistung von historischem Ausmaß, sondern auch einen unverhältnismäßigen Zorn. In den letzten Jahren von Amazons bestem Jahrzehnt dämmerte vielen, dass das System manipuliert sein könnte, dass Konsumenten und kleinere Firmen sich Amazons gnadenlosem Griff nicht mehr zu entziehen vermochten und das Unternehmen im Verein mit anderen Tech-Riesen die ganze Wirtschaft verschlang. So begannen denn auf beiden Seiten des Atlantiks skeptische Politiker jeder Couleur, die Macht Amazons und seiner großen Tech-Geschwister Google, Facebook und Apple unter die Lupe zu nehmen. Das resultierte in mehreren Kampagnen, ihr ungezügeltes Wachstum an die Kandare zu nehmen. Wenn auch noch keineswegs die Entscheidungsschlacht um die Tech-Riesen und ihren tiefgreifenden Einfluss, so war es doch zumindest eine erste Salve in einem aufziehenden Krieg.

Jeff Bezos sagte, der prüfende Blick könne ihm nur recht sein, ohne freilich das Geringste gegen die drakonische Wucht von Amazons Geschäftspraktiken zu unternehmen. »Große Einrichtungen egal welcher Art sollten einer Prüfung unterzogen und inspiziert werden«, sagte er dem Private-Equity-Milliardär David Rubinstein 2018 anlässlich eines Interviews im Washingtoner Economic Club. »Das ist nichts Persönliches, es ist das, was wir als Gesellschaft wollen.« Es hörte sich fast so an, als wäre er bereit, jedes erdenkliche Ergebnis zu akzeptieren: »Wir sind findig genug, um uns nicht am Dienst am Kunden hindern zu lassen, ganz gleich, welche Reglements man verkünden oder was auch immer dabei herauskommen wird.«[344]

Privat freilich bereitete Bezos schon mal eine weniger entgegenkommende Antwort auf den zunehmenden »Techlash« vor. Im Herbst 2019 lasen das S-Team und Amazons Board Marc Levinsons *The Great A&P and the Struggle for Small Business in America*.[345] Das Buch des Wirtschaftshistorikers zeichnet Aufstieg und Niedergang von Amerikas erster Lebensmittelkette des 20. Jahrhunderts nach und schildert sowohl deren strategische Ziellosigkeit nach dem Tod ihrer Gründer als auch den jahrzehntelangen Kreuzzug populistischer Politiker und entschlossener Kartellrechtler gegen sie. Die Kampagne gegen A&P, so das Fazit des Buches, sei größtenteils politischer Art gewesen. Getragen hätten sie die geballten Beschwerden Tausender kleiner Läden in Familienbesitz und deren Lieferanten – und nicht zuletzt die ungewöhnliche Passivität des Unternehmens, als die ersten kritischen Stimmen laut wurden.

Obwohl A&P für seine hemdsärmeligen Methoden gegenüber Zulieferern und den brutalen Preiskampf gegenüber der Konkurrenz bekannt war – der Gedanke, das Unternehmen habe sein eigenes Todesurteil letztlich dadurch unterschrieben, weder auf seine Kritiker zu reagieren noch die Nachfolge seiner Gründer zu planen, schien sowohl bei Bezos als auch bei seinen Executives großen Anklang zu finden. »Die Lehre daraus war, sich auf keinen Fall ablenken zu lassen von dem Tamtam da draußen. So kommt das nun mal. Das lässt sich nicht vermeiden«, sagte David Zapolsky, Senior Vice President und Justitiar des Unternehmens. »Unsere Gesellschaft reagiert eben so auf große Institutionen.«

Amazon konnte nicht ignorieren, was da kam. Als sich sowohl die öffentliche als auch die politische Meinung gegenüber Big Tech merklich zu verändern begann, sah sich das Unternehmen bei den Vorwahlen 2020 einer Riege größtenteils antagonistischer Demokraten gegenüber. Außerdem wurde es mit einer Kampagne für die Aufstockung der Löhne in den Logistikzentren und der Kontroverse um die verschwindend geringe Körperschaftsteuer konfrontiert, die Amazon in Europa wie in den USA bezahlte. Zudem warf Präsident Trump, ein Intimfeind von Jeff Bezos und seiner *Washington Post*, dem Unternehmen die Unbilligkeit seines Deals mit der US-Bundespost vor; darüber hinaus intrigierte er mutmaßlich gegen die Bewerbung der AWS um den sogenannten JEDI-Vertrag, einen lukrativen Deal um das Hosting der Pentagon-Daten in der Cloud.

Und um alldem die Krone aufzusetzen, veröffentlichte nach einer 16-monatigen Untersuchung des Wettbewerbs in der digitalen Wirtschaft der Kartellrechtsunterausschuss des Repräsentantenhauses einen vernichtenden 450-seitigen Bericht über einschlägige Verstöße nicht nur Amazons, sondern auch anderer Tech-Unternehmen. Unter anderem warf der Bericht Amazon vor, seine dominierende Position im Online-Einzelhandel ausgenutzt, sich wettbewerbsfeindlicher Akquisitionen schuldig gemacht und kleine Drittanbieter in seinen Marktplace gezwungen zu haben. Fazit der Untersuchung: Amazon sollte zerschlagen werden wie seinerzeit die Eisenbahn- und Telekommunikationskartelle.

Senior Vice President Jay Carney verteidigte das Unternehmen mit der ihm eigenen Aggressivität. »Ich sehe da herzlich wenig«, sagte er über den Bericht des Untersuchungsausschusses, »was für mich große Glaubwürdigkeit hat.« Die Rechtswissenschaftlerin Lina Khan jedoch, die als Beraterin des Ausschusses dem Bericht mit die Richtung gegeben und deren Artikel im *Yale Law Journal* über die Wiederbelebung der Anti-Trust-Gesetzgebung überhaupt erst die intellektuelle Grundlage für die Untersuchung im Kongress geliefert hatte, wies jeden Vorwurf einer politisch motivierten Untersuchung zurück. Mit ihren gerade mal 31 Jahren war sie bereits eine von Amazons glaubwürdigsten Gegnerinnen. In einem Interview sagte sie mir, Amazon könne »jedem, der auf seine Plattform angewiesen ist, die Konditionen diktieren, und nutzt zunehmend seine Macht, über die ganze Wirtschaft hinweg Sieger und Verlierer zu küren. Wenn Informationsvorteile und Verhandlungsmacht derart zugunsten eines einzigen Players geneigt sind, der so einseitig alle Regeln bestimmt, dann sprechen wir nicht länger von einem ›Markt‹ im eigentlichen Sinn.«

Während Politiker und Kommentatoren Amazon noch mit solchen rhetorischen Granaten beschossen, nahm die Größe der globalen Kommunikations- und Policy-Division des Unternehmens geradezu explosionsartig zu. 2015, zur Zeit des vielbeachteten Exposés in der *New York Times*, zählte die globale PR- und Policy-Gruppe 250 Mitglieder; Ende 2019 war sie – zusammen mit dem Unternehmen – auf fast 1000 Personen angewachsen. Die erweiterte Division umfasste ein »schnelles Eingreifteam«; dieses sollte Tag und Nacht die Berichterstattung verfolgen und die eintreffenden Anfragen nach Dringlichkeit sortieren. »Wir sind sowohl Markenbotschafter als auch Markenschützer«, lautete einer der sakrosankten Grundsätze der Abteilung – Prinzipien, die in Absprache mit dem S-Team ersonnen wurden und Entscheidungsgrundlage für die Mitarbeiter waren. »Auch auf die Gefahr hin, uns im einen oder anderen Fall Missverständnissen auszusetzen, reagieren wir schnell, energisch und öffentlich, um falsche oder irreführende Informationen über

Amazon richtigzustellen, sei es in der Presse, in den Berichten von Analysten oder bei Gesetzgebern.«

Die Quelle dieser nachgerade obsessiven Sensibilität gegenüber Amazons Darstellung in der Öffentlichkeit war natürlich Jeff Bezos selbst. Mitarbeiter erschauerten beim bloßen Gedanken an seine Fähigkeit, seiner Ansicht nach unrichtige Artikel oder Analysen aufzuspüren und diese dann zirkulieren zu lassen, um sein PR-Team zu fragen: Warum habt ihr da nicht nachdrücklicher reagiert? Bezos' langjähriger PR-Mann Drew Herdener hielt das Kommunikationsteam an, »jeden Grashalm« umzudrehen, noch nicht einmal die kleinsten Fakten und subtilsten Anspielungen zu übersehen, wenn man sie irgendwie für inkorrekt und einer Antwort würdig hielt. Als dann der Zeitgeist sich gegen die großen Tech-Unternehmen zu richten begann und Amazon immer wieder Gegenstand politischer Debatten war, stand das Unternehmen in den Startlöchern und war bereit, auf Kritik am Unternehmen vehement – wenn auch nicht immer besonnen – zu reagieren.

Eine der ersten Gegnerinnen des Unternehmens war die Senatorin aus Massachusetts Elizabeth Warren, ehedem Harvard-Professorin und Schrecken der Wall Street, die sich nach der großen Rezession erfolgreich für das Consumer Financial Protection Bureau – eine Behörde zum finanziellen Schutz der Verbraucher – starkgemacht und dann bei dessen Aufbau mit Hand angelegt hatte. 2016 sorgte Warren mit einer Rede vor dem links gerichteten Washingtoner Thinktank New America für einen Weckruf: Der Wettbewerb in der amerikanischen Wirtschaft liege im Sterben, erklärte sie; große Tech-Unternehmen wie Amazon und Google nutzten ihren Status als dominante Plattformen, um Kunden in Richtung ihrer eigenen Produkte und Dienste zu manövrieren.

Warren nahm die Sache wieder auf, als sie sich als Präsidentschaftskandidatin der Demokraten aufstellen ließ. Im März 2019 veröffentlichte sie auf der Website *Medium* einen Artikel mit dem aggressiven Titel »So können wir Big Tech zerschlagen«.[346] In diesem führte sie ins Feld, dass Tech-Unternehmen zu mächtig seien, und riet, sie zur Aufgabe ihrer größten Akquisitionen zu zwingen – in Amazons Fall Whole Foods Market und Zappos.

In dem Artikel und in einer folgenden Podiumsdiskussion auf CNN warf Warren Amazon vor, eine monopolistische Macht über den Online-Handel auszuüben und Drittanbieter auszubooten, indem es unter seinem eigenen Label Versionen ihrer populärsten Produkte anbot. (Wie wir bereits gesehen haben, hatten Mitarbeiter von Amazons Private-Label-Group tatsächlich gegen eine – nicht eben streng verfolgte – Anweisung verstoßen, die ihnen die Einsicht in Verkaufsdaten unabhängiger Händler verbot.) »Man ist entweder der Schiedsrichter eines Baseballspiels und betreibt eine ehrliche Plattform, oder man spielt selbst mit«, sagte Warren auf CNN. »Das heißt, man hat entweder ein Geschäft, oder man hat ein Team im Spiel. Aber beides, Schiedsrichter sein und ein Team im Spiel haben, das ist nicht drin.«[347]

Am Tag nach der Podiumsdiskussion mit Warren auf CNN konterte Amazon über seinen offiziellen Twitter-Account. Das Unternehmen behauptete, nur einen kleinen Teil des gesamten Einzelhandels (online *und* offline) zu kontrollieren, und bestritt ausbeuterische Praktiken seines Private-Label-Business, das ohnehin nicht so groß sei wie allgemein angenommen:

> **Amazon News**
> @amazonnews
>
> Wir benutzen die Daten individueller Anbieter nicht für die Einführung von Private-Label-Produkten (die nur 1 % des Umsatzes ausmachen). Und Seller werden auch nicht »kaputtgemacht«, sie machen Jahr für Jahr Rekordumsätze. Außerdem ist Walmart viel größer; Amazon macht nicht einmal 4 % des amerikanischen Einzelhandels aus.

Zudem griff Warren, im Schulterschluss mit anderen demokratischen Präsidentschaftskandidaten, einen eben erschienenen Bericht des Institute on Taxation and Economic Policy auf, demzufolge Amazon 2018 von der Bundesregierung einen Steuerfreibetrag von 129 Millionen Dollar erhalten habe – und das trotz eines Gewinns von 11,2 Milliarden Dollar. In gewiefter Anwendung steuerlicher Gesetzgebung kam Amazon darüber hinaus aufgrund seiner wachsenden Zahl von Logistikzentren und seines steigenden Börsenwerts in den Genuss von Steuervorteilen. Das Unternehmen hatte die zu zahlende Bundeskörperschaftsteuer durch die Ausstattungskosten für seine Lieferkette und die im Rahmen ihrer Vergütung an Mitarbeiter ausgegebenen Aktien erfolgreich ausgeglichen; darüber hinaus hatte man noch die aus seinem immensen F&E-Budget erwachsenen Steuergutschriften genutzt.[348]

Diese Manöver traten, wenn auch durch und durch legal, eine neue Welle von Angriffen auf das Unternehmen los. »Ich habe nichts gegen Amazon«, twitterte Joe Biden, der künftige Kandidat der Demokraten, am 13. Juni, »aber kein Unternehmen, das Milliardengewinne einfährt, sollte einen geringeren Steuersatz zahlen als Feuerwehrleute und Lehrer. Wir müssen Arbeit belohnen, nicht Reichtum.«

Die Hüter von Amazons Ruf schossen noch am selben Tag per Tweet zurück:

> **Amazon News**
> @amazonnews
>
> Wir haben seit 2016 2,6 Mrd. $ an Körperschaftsteuer bezahlt. Wir bezahlen jeden geschuldeten Cent. Die vom Kongress gemachten Steuergesetze sollen Unternehmen zu Investitionen in die amerikanische Wirtschaft anhalten. Das haben wir. 200 Mrd. $ Investitionen seit 2011 & 300.000 US-Jobs. VP Bidens Beschwerde betrifft wohl eher die Steuergesetze als Amazon.

Während er seinen Kommunikationsteams auf der einen Seite Kampfgeist einbläute, riet Bezos ihnen auf der anderen Seite zu überlegen, ob sie in der einen oder anderen Angelegenheit nicht lieber zurückrudern sollten. »Was ich bei Amazon lehre und predige, ist, im Fall einer Kritik erst einmal in den Spiegel zu schauen und zu überlegen, ob an der Kritik nicht was dran ist«, sagte er 2018 in einem Live-Interview in Berlin. »Wenn die Kritik berechtigt ist, ändere dich. Leg dich nicht quer.«[349]

Dieser Strategie bediente Amazon sich Ende 2018, als einer der vehementesten Kritiker des Unternehmens, Vermonts Senator Bernie Sanders, seine übliche Tiraden gegen Bezos' Reichtum durch eine scharfe Verurteilung der Löhne in Amazons Logistikzentren ergänzte. Er enthüllte darauf, was er theatralisch als »Stop BEZOS«-Vorlage bezeichnete (»Stop Bad Employers by Zeroing Out Subsidies«, Stoppt schlechte Arbeitgeber durch die Streichung von Subventionen). Die Vorlage sah eine zusätzliche Besteuerung von Unternehmen auf der Basis des auf Lebensmittelmarken angewiesenen Anteils ihrer Beschäftigten vor.

Anstatt wieder in Verteidigungsstellung zu gehen oder die Vorlage einfach zu ignorieren, die in einem von den Republikanern kontrollierten Senat ohnehin keine Chance gehabt hätte, berief Bezos ein Meeting des S-Teams ein, um über die Entlohnung der Arbeiter zu beraten. Diese variierte von Bundesstaat zu Bundesstaat, aber einige der Beschäftigten verdienten gerade mal zehn Dollar die Stunde, also nur etwas mehr als den bundesweit vorgeschriebenen Mindestlohn von 7,25 Dollar.[350] Das S-Team diskutierte einige Vorschläge von Operationschef Dave Clark, so etwa die leichte Anhebung des Stundenlohns von 12 auf 13 Euro. Bezos entschied sich jedoch für den aggressivsten der Vorschläge, und man hob den Einstiegslohn durch die Bank auf 15 Dollar an. Er kompensierte die zusätzlichen Ausgaben zum Teil dadurch, dass er zusätzliche Einkommensquellen für die Arbeiter strich, so etwa Gratifikationen in Form von Aktien und kollektive Boni, die man Beschäftigten auf Basis der Gesamtleistung der jeweiligen Einrichtung gab.

Es war ein taktisch brillanter Zug. Amazon hatte die Beschäftigten seiner Logistikzentren über die Jahre hinweg beobachtet und festgestellt, dass die Mehrzahl von ihnen von Scheck zu Scheck lebte und lieber sofort etwas auf dem Konto hatte, als in Aktien bezahlt zu werden.

Indem er die Gratifikation mittels Aktien abschaffte, hatte Bezos nicht nur einen Teil der Lohnerhöhung ausgeglichen, sondern obendrein einen weiteren Anreiz für unproduktive oder unzufriedene Arbeiter der untersten Ebene eliminiert, länger als ein paar Jahre beim Unternehmen zu bleiben.

Die Lohnerhöhung stellte zudem viele von Amazons Kritikern zufrieden, machte die harte Arbeit in den Logistikzentren attraktiver für Bewerber und versetzte das Unternehmen darüber hinaus noch in die Lage, sich für eine Anhebung des Mindestlohns auf Bundesebene starkzumachen, was sich seine weniger betuchten Konkurrenten kaum leisten konnten. Einigen von Amazons Executives freilich schien das tugendhafte Geprotze mit der Lohnerhöhung schlicht unaufrichtig. »Wir beschlossen, es sei an der Zeit, mit gutem Beispiel voranzugehen, das heißt Löhne zu zahlen, die nicht mehr wettbewerbsfähig waren«, schrieb Bezos in seinem Aktionärsbrief im selben Jahr.[351] Seine Kollegen wussten nur zu gut, dass Bezos nicht wirklich mit gutem Beispiel voranging, sondern einfach die Zeichen der Zeit zu lesen verstand, in diesem Fall die wachsende Kritik an seinem Unternehmen aus den Reihen der Politiker sowie der Presse an den Hungerlöhnen für die Arbeiter in den Logistikzentren. Bezos' Masche, auf Probleme nur dann zu reagieren, wenn sich die Proteste in der Öffentlichkeit häuften, sollte sich bald wiederholen.

Nach Bekanntgabe der Lohnerhöhung versuchte Bernie Sanders Bezos anzurufen, um ihm zu danken. Als man den Senator stattdessen mit Carney verband (»eine häufige Enttäuschung, fürchte ich«, sagte Carney), bedankte er sich eben bei dem Mann aus dem S-Team und befragte ihn zu Berichten, denen zufolge einige der fest angestellten Arbeiter nach dem neuen Lohnschema womöglich weniger verdienen würden.[352] Carney versicherte ihm, dass keiner der Arbeiter schlechter dastehen würde als zuvor.

Die Erklärung schien Sanders zufriedenzustellen, der sich daraufhin großzügig zwei Monate lang mit seiner Kritik an Amazon zurückhielt, bevor er dem Unternehmen wieder auf Twitter zuzusetzen begann, weil es keine Bundeskörperschaftsteuer bezahlte.[353] Es war die neue Realität für Amazon in einer Zeit, in der sich sein Börsenwert nach und nach auf die Eine-Billion-Dollar-Marke zuschob: ein endloser Beschuss von links wie von rechts.

Während seiner vierjährigen Amtszeit hielt Donald Trump mit seiner ebenso blinden wie rasenden Verachtung für Amazon, Jeff Bezos und seine Zeitung, die *Washington Post*, nicht hinterm Berg. Regelmäßig schimpfte er auf Twitter und in Interviews über Amazons Steuerpraktiken (»Amazon kann sich in steuerlicher Hinsicht alles erlauben«)[354] und über seine Vernichtung des Einzelhandels (»Überall leiden in den USA darunter Städte und Staaten – viele Jobs gehen verloren!«);[355] und dann war da noch die – nicht sehr einleuchtende – Behauptung, man setze die *Post* zur Durchsetzung seiner politischen Agenda ein (»Meiner Ansicht nach ist die *Washington Post* nichts weiter als ein teurer [das Blatt verliert ein Vermögen] Lobbyist für Amazon«). Über die Hintergründe für Trumps Animosität gegen Bezos wurde weithin spekuliert; für so manchen Amateurpsychologen rührte sie zum einen daher, dass Bezos ein Medienunternehmen besaß, zum anderen lag es für sie einfach daran, dass sein Reichtum den des Präsidenten um ein Vielfaches überstieg.

Seit seinem #sendDonaldtospace-Tweet vom Dezember 2015 hatte Bezos auf seine Berater gehört und einfach nicht mehr auf Angriffe aus dem Weißen Haus reagiert. Zurückzuschießen, so sagte Jay Carney später, sei völlig überflüssig gewesen, schließlich hätten die meisten neutralen Reporter auch so gewusst, dass Trumps Argumente haltlos und nur von seinem rasenden Zorn auf die Berichterstattung der *Post* motiviert waren. »Dass wir gelegentlich vom Präsidenten angegriffen wurden«, sagte er, »hatte so gut wie nichts mit Amazon, sondern einzig und allein damit zu tun, dass Jeff eine unabhängige Zeitung gehört.«

Aber einige Punkte aus dem Dauerbeschuss des Präsidenten konnte Amazon dann doch nicht ignorieren. Ende 2017 begann Trump, regelmäßig Amazons Vertrag mit der amerikanischen Post zu kritisieren, und warf dem Unternehmen vor, für die Paketzustellung nicht genug zu bezahlen – Amazon koste den Steuerzahler mit anderen Worten Geld.

Donald J. Trump
@realDonaldTrump

Warum macht der United States Postal Service, der jedes Jahr viele Milliarden Dollar verliert, während er Amazon und anderen so wenig für die Zustellung ihrer Pakete berechnet, Amazon immer reicher und die Post dümmer und ärmer? Sollte VIEL MEHR verlangen!

Wie bei so vielen von Trumps Vorwürfen war es auch in diesem Fall schwierig, einen wahren Kern aus dem Schwall von Fehlinformationen herauszufiltern. Der U.S. Postal Service deckt seine Kosten durch Porto und andere kostenpflichtige Dienstleistungen. Dass die Behörde seit Jahren rote Zahlen schrieb, lag größtenteils an einer Auflage des Kongresses, Pensionen und Ruhestandsbeiträge für die Krankenfürsorge im Voraus zu bezahlen.[356] Abgesehen davon hatte Amazons Vertrag mit der Post, wie auch ähnliche Zustellungsdeals der Post mit UPS und FedEx, schon vom Gesetz her profitabel zu sein.[357]

Trotz dieser Fakten war Trump der festen Ansicht, die Post würde sich wieder erholen, wenn sie von Amazon mehr verlangte. Berichten der *Washington Post* zufolge drängte er bei der damaligen Postministerin Megan Brennan mehrere Male auf eine Verdoppelung von Amazons Tarifen.[358] Brennan wies darauf hin, dass über Tarife ein unabhängiger Ausschuss entscheide und die Paketzustellung bei der Post der Bereich mit der rasantesten Zuwachsrate sei. Darüber hinaus vernachlässigte die Logik des Präsidenten einen kritischen Faktor: Hob die Post ihre Tarife über angemessene Marktpreise hinaus an, würde Amazon die Zustellung nur umso schneller auf seine eigene wachsende Logistik umstellen, und die Post stünde noch schlechter da als zuvor.

Trump setzte schließlich eine Taskforce zur Überprüfung der Zustellungstarife ein, die Ende 2018 eine bescheidene Anhebung der Tarife empfahl, die freilich bei Weitem nicht dem entsprach, was er sich erhofft hatte. In dieser Hinsicht war Amazon also dem Zorn des Präsidenten mit einem blauen Auge entkommen. In einer anderen jedoch kam Trumps Vendetta gegen Jeff Bezos und die *Washington Post* das Unternehmen ziemlich teuer zu stehen.

Kurz nach Trumps Amtsantritt kam die Führungsspitze des amerikanischen Militärs zu dem dringlichen Schluss, dass die ebenso ausladende wie fragmentierte technologische Infrastruktur des Verteidigungsministeriums einer Generalüberholung bedurfte. Trumps damaliger Verteidigungsminister Jim Mattis brach deshalb im Sommer 2017 zu einer Tournee an die Westküste auf, um sich einschlägigen Rat bei den CEOs der großen Tech-Unternehmen zu holen; so traf er sich denn mit Sundar Pichai und Sergey Brin von Google; außerdem sprach er mit Jeff Bezos. Letzterer twitterte ein Foto von sich und dem Verteidigungsminister bei einem Gespräch auf einem Korridor von Day One.[359]

Mattis brachte von seiner Reise die Überzeugung mit, dass moderne Technologien das Wesen des Krieges von Grund auf ändern würden und die entsprechenden Technologien in die Cloud zu verlegen seien. Er beauftragte einen Lenkungsausschuss, dieses Ziel zu verfolgen, und dieser kam nach eingehenden Überlegungen zu dem Schluss, sich statt der sonst beim Staat üblichen Matrix aus Dienstleistern und Mittelsmännern für einen einzigen Cloud-Provider zu entscheiden. Dahinter standen nicht nur Sicherheitserwägungen, sondern auch die bessere Verfügbarkeit der Daten für die Truppe im jeweiligen Einsatzgebiet.

Die Ausschreibung des Vertrags, dem man den sinnträchtigen Namen JEDI – für Joint Enterprise Defense Infrastructure – gab, erfolgte im Juli 2018; sein Wert belief sich auf etwa zehn Milliarden Dollar über einen Zeitraum von zehn Jahren. Ein derart lukrativer und prestigeträchtiger Deal auf dem heiß umkämpften Gebiet des Enterprise Computing machte JEDI auf der Stelle zum heiß begehrten Gewinn einer der erbittertsten Schlachten in der Geschichte des öffentlichen Beschaffungswesens. »Ich hätte mir nie im Leben träumen lassen, in welchem Maß die Politik sich da einmischen würde«, sagte Teresa Carlson, die in Kentucky gebürtige ehemalige Sprachpathologin, die bei AWS Vice President des für den öffentlichen Sektor zuständigen Geschäftsbereichs ist und entsprechend für die Steuerung von Amazons Gebot zuständig war. »Auf ein solches Verhalten war ich schlicht nicht gefasst.«

Fast vom ersten Augenblick an stand der Prozess unter dem Zeichen einer erbitterten Rankünе. Nachdem sie sich die technischen Spezifikationen von JEDI angesehen hatten, stand für viele Tech-Unternehmen fest, dass für das Projekt eigentlich nur einer infrage kam, und zwar AWS. Nicht nur hatten die Amazon Web Services 2018 einen Anteil am Cloud-Markt von 47,8 Prozent, sie genossen seit 2013, mit anderen Worten seit dem Cloud-Deal mit der CIA, auch sicherheitstechnisch bereits einen hohen Grad an Unbedenklichkeit. Nichtsdestoweniger legten neun Tech-Unternehmen – darunter Microsoft, IBM und SAP America – gemeinsam Beschwerde ein, weil der Prozess ihrer Ansicht nach Amazon von vornherein begünstigte. Im Schulterschluss arbeitete ihre Lobby in Kongress und Pentagon auf ein mehrfaches Splitten des Auftrags hin.[360]

Eines der Unternehmen, nämlich Oracle, ging sogar noch weiter. Ganz im ebenso bombastischen wie antagonistischen Stil seines Gründers Larry Ellison verklagte Oracle das Verteidigungsministerium. Die Klage bezweifelte die Legalität eines Zuschlags zugunsten eines einzigen Bieters und säte Zweifel an der Unantastbarkeit des Verfahrens. Überdies machte sie geltend, dass mehrere Angehörige des Verteidigungsministeriums entweder für Amazon gearbeitet oder dem Unternehmen in einer beratenden Rolle gedient hätten; man unterstellte mit anderen Worten eine unlautere Einflussnahme auf den JEDI-Vertrag. Unabhängig davon begann in Washington ein geheimnisvolles 33-seitiges Dossier die Runde zu machen; diesem zufolge hätte ein unangemessenes Netz persönlicher und beruflicher Beziehungen zwischen Vertretern des Verteidigungsministeriums und Amazon-Executives die Integrität des Verfahrens unterminiert. Aman verfolgte den Ursprung des Dossiers zwar zurück auf RosettiStarr, eine Washingtoner Privatdetektei, aber für den größten Teil der Beobachter trug es die unverkennbare Handschrift von Oracle.[361]

In seiner Prüfung der Klage räumte der General Accountability Office die eine oder andere kleine Unredlichkeit ein, erklärte diese aber für unbedeutend und bügelte Oracles Klage ab. Oracle ging in die nächste

Instanz, eine Eskalation, die dem Unternehmen im Lauf der nächsten paar Jahre eine Reihe unwürdiger juristischer Niederlagen bescheren sollte. In einer Hinsicht jedoch hatte der Kreuzzug Erfolg. Das Submissionsverfahren um JEDI wurde zu einer in den Medien breitgetretenen Schlammschlacht, die unweigerlich die Aufmerksamkeit eines weit schrecklicheren Gegners erregte, und das war Donald Trump.

Am 3. April 2018 brachte Risikokapitalgeber Peter Thiel Oracles Co-CEO Safra Catz mit zu einem Dinner ins Weiße Haus. Catz, eine Republikanerin mit Parteiausweis, die bereits 2016 in Trumps Übergangsteam mitgewirkt hatte und später eine der großen Spenderinnen bei seiner Kampagne zur Wiederwahl werden sollte, erklärte Trump, dass der JEDI-Deal Amazon geradezu auf den Leib geschneidert schien.[362] Trump hatte zugehört und sich einem Bericht von *Bloomberg News* zufolge für einen fairen Wettbewerb ausgesprochen.[363]

Als im Oktober des Jahres die endgültigen Gebote fällig waren, schied schließlich Alphabet aus dem Wettbewerb aus.[364] Man verfüge für einige Aspekte des Projekts nicht über die nötigen Sicherheitszertifikate, erklärte man, außerdem vertrage sich das Projekt nicht mit den Werten des Unternehmens. Im Vorfeld dieser Entscheidung hatten Google-Mitarbeiter öffentlich dagegen protestiert, der US-Regierung die Macht ihrer KI-Technologien zur Verfügung zu stellen.

Falls Amazonianer ähnliche Bedenken gehabt haben sollten, so hüteten sie sich, diese angesichts von Bezos' offenem Engagement für den Vertrag mit dem Pentagon zum Ausdruck zu bringen. »Wenn große Tech-Unternehmen dem US-Verteidigungsministerium den Rücken kehren, dann wird das problematisch für unser Land«, sagte Bezos in einer Ansprache vor dem Verteidigungsforum in der Reagan Library im kalifornischen Simi Valley.[365]

Schließlich reichten vier Unternehmen ihre Gebote ein. Zwei von ihnen, Oracle und IBM, schieden bereits in der ersten Runde im April 2019 aus, sodass nur noch Amazon und Microsoft übrig waren. Während Trump in diesem Frühjahr Bezos zu jedem Thema – von der Post bis hin zur Steuervermeidung – mit Tweets eindeckte, arbeitete man bei AWS mit Hochdruck an der Bereitstellung der notwendigen Ressourcen für den Fall, dass man den Zuschlag bekam. Man konnte sich dort jedoch der Befürchtung nicht erwehren, dass ihre Bemühungen von vornherein zum Scheitern verurteilt waren. »Wir haben mehrmals darüber gesprochen, dass Trump das nie und nimmer zulassen würde«, sagte ein Executive aus der AWS-Führungsriege, der jedoch anonym bleiben wollte.

Im Juli 2019 wurde Trump im Rahmen einer gemeinsamen Pressekonferenz mit dem Ministerpräsidenten der Niederlande nach der umstrittenen JEDI-Ausschreibung gefragt. »Welche ist das, die mit Amazon?«, antwortete er. »Also, ich bekomme ungeheure Beschwerden wegen des Vertrags zwischen dem Pentagon und Amazon. Es heißt, dass um den nicht im offenen Wettbewerb geboten wurde … Einige der größten Unternehmen der Welt beschweren sich darüber … verschiedene Unternehmen wie Microsoft und Oracle und IBM.«[366]

Wenige Stunden später verstärkte der Sohn des Präsidenten, Donald Trump jun., das unschöne Bild eines von Politik beeinflussten Ausschreibungsverfahrens durch einen Tweet: »Sieht ganz so aus, als könnten die zwielichtigen und möglicherweise korrupten Praktiken von @Amazon und Gebotsfeind Bezos sich jetzt womöglich rächen.«[367]

Der endgültige Zuschlag sollte im August erfolgen, aber nach Trumps Bemerkung setzte sein neuer Verteidigungsminister Mark Esper das Verfahren fürs Erste aus, um den sich häufenden Beschwerden über Interessenkonflikte nachzugehen.[368] Danach hing der Zuschlag weitere 85 Tage in der Luft. Inmitten dieser Verzögerungen zog sich Esper, dessen Sohn bei IBM arbeitete, wegen Befangenheit zurück, und die Angelegenheit geriet langsam, aber sicher zur Farce.[369]

Am 29. Oktober schließlich gab das Pentagon den Sieger bekannt und krönte damit effektiv einen neuen Spitzenreiter im eben aufkommenden Cloud-Geschäft mit dem Staat: Microsoft. Der gesamte unternehmenstechnologische Sektor war fassungslos über das Resultat, und die meisten Medienkanäle behandelten es nachgerade als Störfall. Teresa Carlson von AWS sagte, sie hätte sich gegen ein solches Resultat gewappnet, aber einige ihrer Mitarbeiter gestanden ihre Enttäuschung später offen ein. »Wir hatten eine Unmenge Arbeit in den Ausschreibungsprozess investiert«, sagte ein anonymer AWS-Executive. Es hörte sich fast an wie ein Echo der Enttäuschung über die Verluste bei der Ausschreibung um HQ2. »Wir haben endlos geschuftet, nachts und an den Wochenenden. Es war ein harter Schlag.«

Selbst Microsoft-CEO Satya Nadella schien einzuräumen, dass bei dem unerwarteten Sieg politische Erwägungen eine Rolle gespielt haben könnten. »Für mich ist das, wenn überhaupt, darauf zurückzuführen, dass Microsoft sich immer aus der Politik herausgehalten und sich ganz auf die Bedürfnisse des Kunden konzentriert hat«, sagte er der Tech-News-Site *GeekWire*.[370]

Amazon reichte denn auch prompt Klage beim zuständigen Bundesgericht ein, womit das Unternehmen eine weitere Runde komplexer Rechtsstreitigkeiten eröffnete, die zur Zeit meiner Arbeit an diesem Buch über ein Jahre später noch anhängig sind. Zu seiner Rechtfertigung behauptete das Pentagon, Microsoft habe einfach das wirtschaftlichere Gebot eingereicht. Aber die AWS-Executives waren von der Überlegenheit ihrer Technologie derart überzeugt, dass für sie die Möglichkeit, Microsoft hätte den Zuschlag aufgrund seiner Meriten bekommen, schlicht undenkbar war; da musste Politik mit im Spiel sein. Dabei handelte es sich allerdings um den harten Kern der Gläubigen; dieselben Leute hatten 2019 ein spärlich besuchtes Beinahe-Desaster von einem Musikfestival anlässlich der jährlichen re:Invent-Konferenz namens Intersect zum stürmischen Erfolg erklärt. Man war bei AWS offensichtlich sehr von sich überzeugt.

»Wir sind der beste Partner dafür«, sagte mir Jassy nach dem Verlust von JEDI. »Bei genauer Bewertung der Optionen wird recht deutlich, dass wir viel größere Kompetenzen und viel mehr Erfahrung haben nach all unserer Arbeit mit den Nachrichtendiensten.«

Ungesagt blieb bei alldem, dass Amazons ausufernde Geschäftsbereiche sowie Bezos' persönliches Imperium und sein Reichtum den Möglichkeiten von Amazons profitabelster Wachstumsdivision langsam, aber sicher asymptotische Grenzen zu setzen begannen. So, wie Amazons Konkurrenz im Einzelhandel –Walmart und Target – AWS mieden und das auch von ihren Lieferanten verlangten, konnte man sich durchaus vorstellen, dass Trump im Pentagon nachgeholfen hatte, damit nicht etwa ein bedeutender Auftrag der öffentlichen Hand an einen erklärten politischen Gegner ging.[371] Immerhin hatte Bezos mit dem Ankauf der renommiertesten politischen Zeitung der Vereinigten Staaten einen impulsiven und rachsüchtigen Mann gegen sich aufgebracht, der vier turbulente Jahre lang der mächtigste Mann der Welt gewesen war. Somit präsentierte man hiermit Amazon den wahren Preis für die *Washington Post* – sie hatte das Unternehmen allem Anschein nach zehn Milliarden Dollar gekostet.

Ende der Neunzigerjahre hatten die Rechtsabteilungen vieler Tech-Unternehmen eine wichtige Lehre aus dem Kartellrechtsverfahren gegen Microsoft gezogen, nicht zuletzt auch aus den belastenden E-Mails, eidesstattlichen Erklärungen und Gesprächsnotizen, die dabei als Beweismittel vorgelegt wurden. Amazons Executives mussten ein rigoroses Compliance- und Wettbewerbstraining absolvieren, bei dem sie lernten, wie sie auf diverse Szenarien zu reagieren hätten, um nicht dieselben Fehler zu machen wie Microsoft. Wann immer sie zum Beispiel Kollegen über Preisabsprachen oder sonstige Mauscheleien sprechen hörten, so erzählten Amazonianer aus internen Sitzungen, waren sie angewiesen, »die nächste Tasse Kaffee im Raum umzustoßen«, aufzustehen und vernehmlich zu protestieren.

David Zapolsky, früher Staatsanwalt in Brooklyn, heute ein energischer, vehement um den Schutz seines Unternehmens bemühter Wirtschaftsanwalt, legte bei der Vorbereitung der Amazonianer auf das prüfende Auge eines Richters sogar noch eins drauf. Zapolskys Ansicht nach »spielt Sprache im Gesetz eine große Rolle«, und nachdem er 2012 Amazons Justitiar geworden war, begann er eine Liste anstößiger Wörter zu führen, die er weder in internen Dokumenten noch in Diskussionen benutzt sehen wollte – sie hing in seinem Büro an der Wand. So sollten Mitarbeiter das Wort »Markt« ausschließlich dann verwenden, wenn ausdrücklich dabeistand, um welchen Markt es sich handelte; dasselbe galt für den Begriff »Plattform«, die ihm vage eine ferne, allmächtige Autorität über Unternehmen zu suggerieren schien. Weitere Begriffe an seiner Wand waren »beherrschend«, »Big Data« und für ihn besonders enervierender Business-Jargon wie »nachhaken« oder »ins Bild setzen«.

Wörter spielten eine Rolle, predigte Zapolsky am laufenden Band; sie hätten Macht, und die falschen Wörter ließen sich gegen Amazon ins Feld führen. »Die Begriffe sind nicht hilfreich, und das gilt doppelt, wenn sie bei Regulierungsbehörden Mode werden«, sagte Zapolsky, »weil sie tatsächlich Schaden anrichten können.«

Dieser Rat sollte sich geradezu als Vorausahnung erweisen. Als zu Trumps Druck auf das Unternehmen 2020 auch noch der der demokratischen Kandidaten kam, wurde Amazon durch Rechtstheoretiker, Gesetzgeber und Regulierer noch einer ganz anderen Sorte von Musterung unterzogen. Sie versuchten, Amazon illegale wettbewerbsfeindliche Praktiken nachzuweisen, und forderten, mit dem Unternehmen genauso zu verfahren wie mit den beängstigenden Monopolisten der Vergangenheit, zum Beispiel Standard Oil, U. S. Steel und AT&T.

Es war Lina Khan, die diesen Streit in erster Linie angefacht hatte. Sie hatte 2017, im letzten Jahr ihres Jurastudiums in Yale, im *Yale Law Journal* einen 93-seitigen Artikel mit dem Titel »Amazon's Antitrust Paradox« veröffentlicht.[372] Der Aufsatz stellte die jüngste Geschichte laxer Durchsetzung des Kartellrechts in den Vereinigten Staaten infrage und forderte die Behörden auf, den E-Commerce-Riesen genauer unter die Lupe zu nehmen. Für sie war Amazon ein Paradespiel dafür, wie die gegenwärtige Gesetzgebung »an der Architektur von Marktmacht auf dem Marktplatz des 21. Jahrhunderts vorbeigeht«. Da er mit der zunehmenden Kritik an Amazons Steuermoral und dem Umgang des Unternehmens mit unabhängigen Verkäufern sowie der eben aufkommenden Kritik an Big Tech zusammenfiel, traf der Artikel nicht nur einen Nerv – er trat zweifelsohne eine Bewegung los.

Niemand hätte angesichts ihres Hintergrunds vermutet, dass ausgerechnet Khan einmal eine jahrzehntelange Kartellrechtspraxis infrage stellen sollte.[373] Das älteste Kind pakistanischer Eltern, die in die USA auswanderten, als sie gerade mal elf Jahre alt war, hatte am Williams College als Hauptfach politische Theorie belegt; ihre Abschlussarbeit schrieb sie über einen Klassiker der Philosophie aus dem Jahre 1958: Hannah Arendts *Vita Activa oder Vom täglichen Leben* – eine Untersuchung des Einflusses moderner Technologien auf die Demokratie.

Nach ihrem Abschluss 2010 ging Khan zu New America, wo Elizabeth Warren zum ersten Mal ihren bahnbrechenden Anti-Tech-Vortrag halten sollte, und arbeitete dort mit Barry Lynn, einem Senior Fellow und erfolgreichen Autor mit kritischen Ansichten über die Macht moderner Monopole. Eine der ersten Aufgaben, die Lynn Khan zuwies, war ein Bericht über die Geschichte von Amazons erstem und dominierendem Markt: die Buchbranche.

Einige Jahre später verfolgte Khan denselben skeptischen journalistischen Ansatz bei ihrem Artikel für das *Yale Law Journal*. Den Titel für ihren Aufsatz borgte sie von Robert Borks *The Antitrust Paradox*, einem bahnbrechenden Buch aus dem Jahre 1978, in dem er die These vertrat, dass Regulierungsbehörden die Marktmacht nur dann beschneiden sollten, wenn sie zu höheren Verbraucherpreisen führen könnte. Khan setzte dem nüchtern entgegen, dass dieser an der Wohlfahrt des Verbrauchers ausgerichtete Standard für die konsolidierende Wirkung des Internets und ein Unternehmen wie Amazon schlicht nicht geeignet war, das skrupellos Preise *senkte*, um Mitbewerber zu ruinieren und Marktanteile anzuhäufen – eine Strategie, bei der man zwar ständig Geld verlor, die aber nichtsdestoweniger von geduldigen Investoren unterstützt wurde.

Der Aufsatz stellte nicht nur Amazon infrage, sondern einen ganzen regulatorischen Status quo. Vor dem Hintergrund des rasanten Wachstums von Amazon und anderen Tech-Riesen wurde er in politischen Kreisen zur Pflichtlektüre, nicht nur in Washington, sondern auch in Brüssel. Politiker begannen ihn in Interviews zu zitieren[374] und drängten auf ein »Überdenken des Anti-Trust-Begriffs«, um nicht nur Preiseffekte zu betrachten, sondern auch die Wirkung marktbeherrschender Unternehmen auf Arbeiter, Löhne und kleine Unternehmen. Ein Kritiker von Khans Aufsatz sprach spöttisch von »Hipster-Anti-Trust«.[375] Der Spitzname, der nicht notwendigerweise abwertend zu sehen ist, blieb bestehen.

Khans Artikel blieb auch in Seattle nicht unbemerkt. Sechs Monate nach seinem Erscheinen rief David Zapolsky eines Tages aus heiterem Himmel Barry Lynn von New America an, er sei gerade mit einem Policy-Team von Amazon in Washington und würde sich gern mit ihm treffen. Lynn lud Khan dazu ein, die in dem Sommer zufällig in der Stadt war, und darüber hinaus noch Jonathan Kanter, einen Kartellrechtsanwalt und ehemaligen Juristen der Bundeshandelskommission.

Das einstündige Meeting bei New America verlief durchaus herzlich. Zapolsky versicherte den Anwesenden, dass es sich bei Amazon keineswegs um ein Monopol handle, schließlich kontrolliere das Unternehmen nur einen kleinen Teil des globalen Einzelhandels mit seinem Jahresumsatz von 24 Billionen Dollar. Außerdem machte er eine positive Wirkung des Unternehmens sowohl auf den Wettbewerb als auch auf kleinere Unternehmen geltend. Er fragte seine Kritiker, was Amazon ihrer Ansicht nach anders machen sollte, und forderte sie auf, sich doch bitte einfach an ihn zu wenden, sollte ihnen zu Ohren kommen, dass das Verhalten des Unternehmens Probleme verursache – vermutlich anstatt ihre Kritik in geharnischten juristischen Fachartikeln oder feindseligen Interviews mit Journalisten zu formulieren. »Es war ein surrealer Augenblick zwischen Leuten, die sich auf Jahre hinaus mit gezogenen Revolvern gegenüberstehen sollten«, sagte Kanter.

Wie sich herausstellte, hatte Zapolsky ihnen eine Information unterschlagen, die sich in den Augen seiner Widersacher besonders ominös ausnehmen sollte. Am nächsten Tag, dem 16. Januar 2017, gab Amazon die Übernahme von Whole Foods Market bekannt. Die Bundeshandelskommission nickte die Fusion nach gerade mal 68 Tagen Beratung ab. Es war dies ein deutlicher Hinweis darauf, dass die Regulierer erst noch zu überzeugen waren, sowohl von Khans Artikel als auch von Barry Lynns unerbittlicher Kritik an Big Tech.[376]

Langsam, aber sicher sickerten Khans und Lynns provokante Ansichten über die Macht der Tech-Riesen jedoch auch ins Denken der Regulierer ein. Ein Jahr später leitete die dynamische EU-Wettbewerbskommissarin Margrethe Vestager eine Untersuchung ein, um festzustellen, ob Amazon die Daten seiner unabhängigen Seller nicht etwa in unlauterer Weise zum Vorteil seiner Private-Label-Produkte nutzte.[377] Ein Jahr danach, im Mai 2019, folgte man in den USA ihrem Beispiel. Makan Delrahim, Staatssekretär im Justizministerium, und Joseph Simons, der Vorsitzende der Bundeshandelskommission, begannen mit einer Untersuchung der vier großen Tech-Unternehmen. Das Justizministerium wollte sich Google und Apple ansehen, während die Bundeshandelskommission sich Amazon und Facebook vornahm.[378]

Nur wenige Jahre zuvor als innovative und wertschöpferische Kraft gefeiert, sahen die großen Tech-Unternehmen sich jetzt in einer beispiellosen Bewegung der staatlichen Neugier ausgesetzt. Inmitten dieser Welle wandte sich der demokratische Abgeordnete für Rhode Island David N. Cicilline an Lina Khan. Der ehemalige Strafverteidiger hatte bereits zuvor den Unterausschuss für Kartell-, Handels- und Verwaltungsrecht aufgefordert, Amazons Erwerb von Whole Foods unter die Lupe zu nehmen. Jetzt, als frischgebackener Vorsitzender eben dieses Unterausschusses, hatte er die Parole ausgegeben, »große Tech-Unternehmen zur Verantwortung zu ziehen«.[379] Khan hatte ihr Jurastudium abgeschlossen und war eine Zeit lang als Legal Fellow bei der Handelskommission tätig gewesen. Cicilline fragte sie, ob sie interessiert wäre, bei der bislang größten staatlichen Untersuchung der unantastbaren Wirtschaftsmacht der großen Tech-Unternehmen als Beraterin zu fungieren.

Khan zögerte nicht einen Augenblick. Die überparteiliche Untersuchung des Wettbewerbs in digitalen Märkten wurde im Juni 2019 angekündigt und sollte sich über sechzehn zermürbende Monate ziehen. Die größtenteils von Cicilline und Khan geleitete Untersuchung hatte eine ganze Reihe schier unmöglicher Hindernisse zu überwinden: das Amtsenthebungsverfahren gegen Präsident Trump vor dem Plenum des Justizausschusses im Repräsentantenhaus, das Ausscheiden des ranghöchsten Republikaners Doug Collins aus dem Justizausschuss wegen seiner bevorstehenden Senatskandidatur und schließlich das Chaos, das sein Ersatzmann Jim Jordan anrichtete: Der Kongressabgeordnete für Ohio war besessen von dem Gedanken, über die Macht der Monopole hinaus auch noch die antikonservative Tendenz in den sozialen Netzwerken unter die Lupe zu nehmen. Und dann kam Anfang 2010 die Covid-19-Pandemie, die die Welt auf den Kopf stellte und die Ermittler zur monatelangen Arbeit aus der Ferne zwang.

Trotz dieser enormen Widrigkeiten gelang dem Unterausschuss eine ausführliche und provokative Untersuchung der Art und Weise, wie

Tech-Riesen Macht an sich brachten und dann daran festhielten. Von Amazon forderte man Einsicht in die gesamte interne Kommunikation in Bezug auf Akquisitionen, Preisgestaltung und die Regeln für seinen Drittanbieter-Marketplace. Der Ausschuss veröffentlichte später eine Fülle dieser Dokumente. Sie enthüllten, dass Amazons Executives bereits 2009 Strategien entwarfen, ihr Windelgeschäft mit Verlust zu betreiben, nur um die Firma in die Knie zu zwingen, die Diapers.com betrieb; auf dieselbe Weise verfuhr man 2018 im Fall von Ring, der Firma, die online Türglocken verkaufte – und das nicht etwa deren Technologie wegen, sondern allein, um sich eine marktbeherrschende Position zu sichern.

Im Januar 2020 berief der Unterausschuss ein Hearing in Boulder, Colorado, ein und hörte dort aus erster Hand, warum die Beziehung so vieler Marken und Seller mit dem E-Commerce-Riesen so angespannt war. David Barnett, Gründer einer Firma namens PopSockets, die schmucke Griffe zum bequemeren Halten von Smartphones und Tablets herstellt, sagte aus, dass Amazon den Wildwuchs von Nachahmungen auf der Site duldete, die seine Produkte weit unter dem vereinbarten Preis verkauften. Als er in dem Versuch, seine Preise selbst zu gestalten, aus der Großhandelsbeziehung mit Amazon auszusteigen versuchte, um sich als unabhängiger Anbieter auf dem Marketplace zu etablieren, versagte man ihm das und verbannte PopSockets von der Site. »Jeff Bezos kann unmöglich wissen, wie sich diese Sparte verhält«, sagte Barnett mir später. »Wenn er das wüsste, würde er eingreifen und dem ein Ende machen.«

Eines von Cicillines Zielen war die ganze Untersuchung über klar: Bezos und die anderen Tech-Bosse zur Aussage vor den Kongress zu zwingen, und das unter Eid. Amazons Policy-Executives freilich hatten eindeutig nicht die Absicht, ihren CEO derselben öffentlichen Abreibung auszusetzen, wie Mark Zuckerberg sie mehrmals über sich ergehen ließ. Sie reagierten auf die Einladung des Unterausschusses an Bezos nicht mit einer unterzeichneten Antwort des CEO, sondern mit einer von Brian Huseman, Vice President für Public Policy, der bei dem HQ2-Fiasko federführend gewesen war. »Wir sind bereit, dem Ausschuss den geeigneten Amazon-Executive zugänglich zu machen, um sich zu diesen wichtigen Sachverhalten zu äußern«, schrieb Huseman ausweichend.[380]

Hinter den Kulissen versuchte Lanny Breuer, ehemaliger Chef des Bereichs Strafsachen im Justizministerium unter Barack Obama und Partner bei Covington & Burling, einer Anwaltskanzlei, die unter anderem für Amazon tätig war, auf demokratische Ausschussangehörige einzuwirken, um Bezos das Rampenlicht zu ersparen. Lina Khan sagte mir später, man habe Amazons Haltung als »rücksichtslos aggressiv und, ehrlich gesagt, ungehörig gegenüber Gesetzgebern« empfunden. Sie verglich sie ziemlich unvorteilhaft mit Googles angemessenerer Vorgehensweise, die das Unternehmen sich im Lauf zehnjähriger Erfahrungen mit staatlicher Aufmerksamkeit zugelegt hatte.

Schließlich drohte eine überparteiliche Gruppe von Gesetzgebern Bezos mit einer Vorladung. Man berief sich dabei auf einen Artikel im *Wall Street Journal*, der Aussagen von Angestellten aus dem Private-Label-Bereich zitierte, denen zufolge sie interne Daten von Drittanbietern zum Start von Produkten unter Amazons eigenem Label benutzt hätten. Nate Sutton, einer von Amazons Anwälten, hatte zuvor vor dem Ausschuss unter Eid ausgesagt, dass es solche Praktiken nicht gebe.[381] Entsprechend verlangten die Gesetzgeber jetzt, dass Bezos sich sowohl zu diesem Verhalten äußerte als auch zu der Frage, ob Sutton einen Meineid geschworen hatte. Es ließ sich also nicht mehr vermeiden; Bezos würde zum ersten Mal selbst vor dem Kongress aussagen müssen.

Inmitten der Pandemie kamen Amazons Policy- und Kommunikations-Executives aus ihrer jeweiligen Quarantäne, um ihrem CEO in seinem Büro im Day-One-Turm bei den Vorbereitungen auf das Hearing zur Seite zu stehen. Jay Carney bezeichnete diese Sitzungen als »einen der Höhepunkte meines Jahres, was die Arbeit angeht«, nicht nur weil er seine Kollegen wieder mal persönlich zu sehen bekam, sondern auch weil der von Natur aus neugierige Bezos tatsächlich erfahren wollte, wie sich der bevorstehenden Herausforderung am besten zu stellen sei. Immerhin machte man ihm diese Premiere insofern leicht, als die vier CEOs zu ihrer Aussage nicht tatsächlich von Fotografen umschwärmt in einem überfüllten Saal auf dem Capitol Hill zu erscheinen hatten, da eine Befragung per Videokonferenz angesetzt war.

Das Hearing am 29. Juli 2020 fand sowohl in den Vereinigten Staaten als auch in Europas Hauptstädten reges Interesse. »Unsere Gründer wollten sich nicht vor einem König beugen, noch sollten wir uns vor den Kaisern der Online-Wirtschaft beugen«, sagte Cicilline in seinen einleitenden Bemerkungen, während Lina Khan in himmelblauem Blazer und Maske rechts hinter ihm stand. Bezos, der von seinem Schreibtisch in Seattle aus zugeschaltet war, nutzte sein einleitendes Statement zu einer eleganten Huldigung seiner Eltern und des Vertrauens, das die Kundschaft in Amazon hatte, wies aber auch gleich darauf hin, dass angesichts der Größe des Einzelhandels ausreichend Platz für Wettbewerb sei.

Von da an glitt das Hearing ins Chaos ab. Über fünf Stunden lang bombardierten die Abgeordneten Jeff Bezos, Sundar Pichai, Mark Zuckerberg und Tim Cook mit Fragen und sprangen wahllos zwischen Problemen hin und her, die jeweils nur eines der vier Unternehmen betrafen. Anstatt sich ausführlichere Antworten, und seien es auch nur vorgefertigte Textbausteine, tatsächlich anzuhören, fielen den CEOs trotz des engen zeitlichen Rahmens immer wieder Ausschussmitglieder mit theatralischen politischen Statements ins Wort. Darüber hinaus kaprizierten sich einige Republikaner immer wieder auf die der Tech-Branche unterstellte antikonservative Tendenz und sprengten damit den thematischen Rahmen. Zu allem Überfluss wohnte Bezos einer technischen Panne wegen nach seiner Eingangserklärung dem Hearing die erste Stunde über nur als Zuschauer bei.[382]

Nach Beseitigung der technischen Probleme freilich schossen die Ausschussmitglieder sich auf Bezos ein. Er sah sich zu Themen bestürmt, zu denen er sich nie hatte öffentlich äußern müssen. So sprach man ihn auf die gefälschte Ware auf dem Marketplace an, auf die Enthüllungen über seinen Preiskrieg gegen Diapers.com aus dem *Allesverkäufer*[383] und auf Amazons Einstellung gegenüber Kleinverlegern, die mehr als deutlich geworden war, als man sich zum »Geparden« erklärte und einem internen Verhandlungsvorhaben den Namen »Gazellenprojekt« gab. Wie von Amazons Rechtsabteilung seit Langem befürchtet, setzte man jetzt unbedachte Worte und Wendungen als Waffe gegen das Unternehmen ein.

Vor allem jedoch konzentrierten die Gesetzgeber sich auf die am besten sichtbare Illustration von Amazons möglicherweise wettbewerbsfeindlichem Verhalten: seinen Marketplace für Drittanbieter und die Flut von Klagen verärgerter Seller. Bezos wirkte durchaus ernst bei seinen Antworten, schien aber doch schlecht vorbereitet und nicht in der Lage (oder nicht willens), mit etwas anderem als mit firmeninternen Aphorismen zu reagieren. Ehemalige Amazon-Executives verglichen seinen Auftritt später mit denen zahlloser Angestellter, die sich wochenlang vorbereitet und nach Kräften bemüht hatten, um dann unter den bohrenden Fragen eines gestrengen, aggressiven S-Teams dennoch den Schwanz einzuziehen.

Pramila Jayapal, Kongressabgeordnete aus Seattle und eine erklärte Kritikerin Amazons, war die Erste, die Bezos die zentrale Frage stellte: Durchschnüffelten Angestellte von Amazon die privaten Verkaufsdaten seiner Seller?[384] »Es ist ein Süßwarenladen, jeder hat Zugang zu allem, wenn er will«, zitierte sie die Aussage eines ehemaligen Angestellten gegenüber dem Ausschuss.[385]

»Wir haben gewisse Sicherheitsvorkehrungen eingerichtet. Wir bilden die Leute in Sachen Richtlinien aus. Wir erwarten von den Leuten, sich an diese Richtlinien genauso zu halten wie an jede andere«, sagte Bezos. Er wusste mit an Sicherheit grenzender Wahrscheinlichkeit, dass die Richtlinien nicht wirklich durchgesetzt wurden und verzweifelte Angestellte sich nicht darum scherten, wenn es um das Erreichen rigoroser interner Benchmarks ging. Er räumte jedoch ein, er könne Jayapal »nicht garantieren, dass es nie zu einem Verstoß gegen die Richtlinien kam«. Die Ergebnisse einer internen Untersuchung der Angelegenheit, so versicherte er, stünden noch aus. »Dass wir überhaupt solche Richtlinien haben, ist freiwillig«, fügte er hinzu. »Ich glaube nicht, dass ein anderer Einzelhändler solche Richtlinien hat.«

Cicilline fragte ihn, wie ein kleiner Seller aus dem Bekleidungssektor den Verkauf auf Amazon mit einer Drogensucht hatte vergleichen können. »Sir, ich habe großen Respekt für Sie und diesen Ausschuss«, antwortete ihm Bezos. »Aber ich bin mit dieser Beschreibung ganz und gar nicht einverstanden … Es war eine innerhalb des Unternehmens ausgesprochen kontroverse Entscheidung, Drittanbieter auf unsere Produktdetailseiten einzuladen, unsere wirklich wertvollste Verkaufsplattform. Wir taten das in der Überzeugung, dass es besser für die Verbraucher wäre, dass es für den Kunden besser wäre, eine derartige Auswahl zu haben.«

Die Abgeordnete Lucy McBath aus Georgia formulierte die Frage anders: »Hätte Amazon nicht die Monopolmacht über diese Verkäufer, glauben Sie, sie würden in einer Beziehung bleiben, die von Einschüchterung, Angst und Panik geprägt ist?«

»Bei allem Respekt, Frau Abgeordnete«, erwiderte Bezos, bevor er sich wieder unterbrochen sah. »Ich akzeptiere die Prämisse dieser Frage nicht. So führen wir unser Geschäft nicht. Im Gegenteil, wir arbeiten hart daran, unseren Sellern fantastische Tools zur Verfügung zu stellen, und deshalb haben sie auch Erfolg.«

Während Lina Khan zusammen mit anderen aus dem Kongressteam im Sommer 2020 an ihrem Resümee arbeitete, machte ich mir so meine Gedanken über das wahre Ausmaß von Amazons Beliebtheit bei den Zehntausenden von Sellern auf seinem überfüllten Marketplace. Dem Beweismaterial zufolge, das verstimmte Händler dem Unterausschuss präsentierten, nahm Amazon sich fast wie ein Comic-Schurke aus, der Anbieter einschüchterte, ihre Daten stahl, sie wahllos von der Site verbannte und ihren Lebensunterhalt und damit letztlich auch ihr Leben bedrohte.

Als Antwort darauf führten Amazons Executives ins Feld, hinter dem Vorwurf weitverbreiteter Zwietracht stünden lediglich Einzelfälle; die meisten der unabhängigen Händler, die 60 Prozent aller physischen Produkte auf Amazon verkauften, machten ein blühendes Geschäft. »Wo immer Sie eine in die Millionen gehende Grundgesamtheit haben, werden Sie unschwer ein paar Unzufriedene finden«, sagte David Zapolsky. Er räumte zwar ein, dass es zu einigen dieser Einzelfälle aufgrund von Fehlern des Unternehmens gekommen sei, sagte aber, dass hinter den meisten Fällen unzufriedene Seller stünden, die eben »nicht die Gewinne machen, die sie ihrer Meinung nach machen sollten«.

Anstelle einer Art magischen, allumfassenden Umfrage zur Einschätzung der tatsächlichen Stimmung unter Amazons Sellern beschloss ich, mich anderweitig umzuhören, nicht bei dem deutlich vernehmbaren Häuflein bekannter Antagonisten in der Seller-Community, sondern bei Amazons Verbündeten – den Händlern, die sich früher für Amazon starkgemacht hatten. Während der Kongress noch über den wahren Charakter von Bezos' Imperium beriet, wollte ich in Erfahrung bringen, was sie von Amazons unaufhaltsam Grenzen sprengendem Online-Handel hielten und ob das Unternehmen seinen Pflichten als fairer und verantwortungsbewusster Hausherr tatsächlich nachkam.

Paul Saunders hatte zwei Mal, 2017 und dann noch einmal 2018, auf dem Capitol Hill ausgesagt, beide Male im Rahmen einer Kampagne, die zeigen sollte, wie vorteilhaft Amazon für kleine Geschäftsleute sei. Saunders, der bei den US Marines gedient hatte, agierte wie deren fleischgewordenes Motto *Semper fidelis*, als er den Gesetzgebern gegenüber Amazon wiederholt dafür pries, eLuxury, seinem kleinem Geschäft für qualitativ hochwertige Haushaltswaren in Evansville, Indiana, auf die Beine geholfen zu haben. »Amazon wird so oft verteufelt«, sagte er einer Gruppe hochrangiger Staatsbediensteter anlässlich einer privaten Diskussion über Amazons wirtschaftliche Wirkung. »Wenn Amazon nicht wäre, hätte ich womöglich kein Geschäft aufbauen können, das fünfundsiebzig Leute beschäftigt, an Stadt und Bund Millionen Steuern abführt und erheblich in die soziale Sicherheit seiner Angestellten investiert.«

Als ich Saunders 2020 erreichte, hatten seine Ansichten sich geändert. Ständig steigende Gebühren und zunehmend teure, aber obligatorische Eigenwerbung auf Amazon hatten seine Gewinne ausgehöhlt; Produkte von AmazonBasics erschienen bei den Suchergebnissen im direkten Wettbewerb neben den seinen; und schließlich hatten ausländische Verkäufer mit geringeren Kosten und Steuerverpflichtungen, fragwürdigen Kundenbesprechungen und erkennbar ruchlosen Geschäftspraktiken es schier unmöglich gemacht, im Wettbewerb zu bestehen. Treue Seele, die er nun mal war, rang Saunders zunächst mit sich, mir gegenüber seine Bedenken zu äußern, und sprach Amazon-Executives in der Hoffnung auf Hilfe wiederholt darauf an. Als er sich schließlich bereit erklärte, schickte er mir Auszüge aus einem sechsseitigen, ganz im Amazon-Stil gehaltenen Dokument, das er den Executives des Unternehmens – darunter Vice President Doug Herrington – vorgelegt hatte.

Aus dem Schreiben sprachen die Nöte eines frustrierten Geschäftspartners. Es enthielt zahlreiche Vorschläge, was Amazon für das Wohlergehen seiner Seller tun könnte, die schließlich zum Erfolg des Unternehmens beigetragen hatten, und kam dann zu folgendem Schluss: »Ich habe weit mehr getan, ›als die Pflicht es verlangt‹, um Amazon und Ihren Kunden ein vertrauenswürdiger und effektiver Partner zu sein. Leider sieht es zunehmend ganz so aus, als teile Amazon diese Philosophie womöglich nicht, schon gar nicht in Bezug auf seine Drittanbieter.«

Einige Monate nach diesen Meetings – an der Situation hatte sich kaum etwas geändert – verlegte Saunders einen großen Teil seines Geschäfts zu vertrauenswürdigeren Partnern wie Walmart, Target, Wayfair und Overstock, wo eLuxury dann wieder zu wachsen begann. Er war so enttäuscht wie überrascht darüber, dass Amazon nicht prompt einschreiten wollte, um Gaunern das Handwerk zu legen und Verkäufer wie Käufer zu schützen. »Ich glaube wirklich und weiß aus erster Hand, dass da viele Amazonianer mit mir einer Meinung sind: Amazon weiß genau, was für ein Saustall der Marketplace ist«, sagte er mir, »nur dass sie keine Ahnung haben, wie sie das wieder hinkriegen sollen.«

Wendell Morris ging da weitgehend mit ihm konform. Der Gründer des in Santa Monica beheimateten Geschäfts YogaRat war einer der ersten Seller auf Amazon, die Yoga-Matten und Yoga-Handtücher anboten; später nahm er noch Strandtücher und Mikrofaserdecken ins Angebot. Hergestellt wurde seine Ware in China. 2014 war er einer der ersten Amazon-Seller, die Jeff Bezos namentlich in einem seiner weithin gelesenen Aktionärsbriefe lobte. »Das Schöne an Amazon ist, dass jemand sagen kann: ›Ich möchte ein Geschäft aufmachen‹, und dann kann er zu Amazon gehen und tatsächlich ein Geschäft aufmachen«, hatte Bezos Morris zitiert. »Man braucht kein Gebäude zu mieten, und anfangs braucht es noch nicht einmal Angestellte. Man kann alles allein machen. Und das habe ich denn auch.«

Als ich schließlich mit Morris sprach, hatte er wie Saunders seine Meinung geändert. 2016, als YogaRat sieben Leute beschäftigte, begann er unerklärlicherweise aus Amazons Suchergebnissen zu verschwinden. Er telefonierte stundenlang mit jemandem vom Kundendienst in Indien und schrieb Bezos flehentliche E-Mails. Er sah seine Suchergebnisse schließlich wieder auftauchen, aber nie wieder auf den Positionen, die er zuvor gehabt hatte, das heißt ganz oben. Ein Jahr später wurde sein Seller-Account gesperrt, da einige der Fotos in seinen Suchergebnissen gegen Amazons Richtlinien über die Darstellung von Personengruppen auf Produktfotos verstießen. Morris räumte den Irrtum ein, zeigte mir jedoch, dass zahlreiche andere Seller ebenfalls gegen diese Richtlinien verstießen, ohne bestraft zu werden. Irgendjemand, vermutlich ein Konkurrent, hatte ihn sich ausgesucht und Amazons zuständiges Team auf ihn aufmerksam gemacht.

Während Morris noch dabei war, seinen Account zurückzubekommen, hatten ihn andere Seller mit derselben Ware an der Spitze der Suchergebnisse abgelöst. YogaRat hat sich davon nicht mehr erholt. Morris führt sein Geschäft mittlerweile allein mit seiner Frau, sieht sich aber vor enormen Herausforderungen. Ständig muss er sich gegen Nachahmerprodukte aus Übersee zur Wehr setzen, die seine Designs kopieren, und dann tauchen Rezensionen seiner Produkte mysteriöserweise in den Suchergebnissen von Konkurrenten auf. Aus seinen Anrufen bei Amazons Kundendienst hat er den Schluss gezogen, dass deren primäre Metrik darauf achtet, wie schnell sie die Leute abfertigen. Früher selbst ein begeisterter Yogi, mag Morris heute fast schon keine Yoga-Matte mehr sehen.

»Ich bin ja wirklich für Wettbewerb, aber ich habe mein Geschäft nicht aufgezogen und bei Amazon verkauft, um als Dünger für Amazons Wachstum zu dienen, während man mich unterpflügt und zerstört«, sagte er. »Es ist offensichtlich, dass das einer ganzen Menge Seller passiert, und ich halte das nicht für richtig. Was Amazon da macht, ist wie eine Einladung zum Essen an Thanksgiving, bei der man sich an den Tisch setzt und dann merkt, dass man der Truthahn ist.«

Stephan Aarstol und seine Firma Tower Paddle Boards schafften es im April 2016 in Bezos' Aktionärsbrief (wobei sein Name sowohl in diesem als auch später in Bezos' gesammelten Schriften *Invent & Wander* mit »Stephen« wiedergegeben ist). Als Unternehmer mit einem denkwürdigen Auftritt in der TV-Show *Shark Tank* hatte es Aarstol auf der Höhe seines Erfolgs auf zehn Angestellte gebracht und verkaufte aufblasbare Paddle Boards im Wert von über 11.000 Dollar am Tag. Im Lauf der Jahre erwies er sich für Amazon als wertvolles Versuchskaninchen. Er fand Aufnahme in ein neues Programm, bei dem Amazon Marken exklusiv vertrieb, solange sich diese bereit erklärten, ausschließlich über Amazon zu verkaufen; außerdem lieh er sich mit der Ware in den Logistikzentren als Sicherheit bei Amazon Geld für den Ausbau seiner Firma. »Sein Geschäft hat mittlerweile mit das schnellste Wachstum in San Diego, nicht zuletzt dank einer kleinen Hilfe von Amazon Lending«, wie Bezos schrieb.

Für Aarstol kam der Wendepunkt kurz darauf. Plötzlich überschwemmten Hunderte von Paddle-Board-Verkäufern mit beliebigen Namen wie XYLove und FunWater vor allem aus China die Site und begannen mit Tower um den Absatz zu konkurrieren. Einige dieser Seller verschafften sich dabei auf betrügerische Weise das wertvollste Gut der Site, nämlich positive Kundenrezensionen, die einem Produkt zu den oberen Plätzen bei den Suchergebnissen verhelfen.

Aarstol versuchte es mit Werbung auf Amazon, um seine Sichtbarkeit zu erhöhen, was jedoch seine Gewinnspannen untergrub. In den Jahren nach der lobenden Erwähnung in Bezos' Aktionärsbrief ging seine Belegschaft von zehn auf drei Leute und sein Umsatz von vier Millionen Dollar jährlich auf weniger als anderthalb Millionen zurück. »Amazon schert sich einen Dreck um Marken«, sagte Aarstol, der sein Geschäft 2020 so gut wie völlig von Amazon abgezogen hat und sich auf den Verkauf über die eigene Website konzentriert. »Ob du lebst oder stirbst, ist denen egal.«

Im selben Aktionärsbrief hatte Bezos auch Bernie Thompsons Firma Plugable Technologies lobend hervorgehoben; ihn zitierte er mit der Aussage, seine Ware en gros in Amazons Logistikzentren in Europa und Asien liefern zu können »verändert das Paradigma«. Thompson hatte jahrelang mit chinesischen Anbietern konkurriert; er war der Seller, der sich mal hatte sagen lassen müssen: »Bernie, tut mir leid, aber ich werde an dir vorbeirauschen.« Gesagt hatte ihm das Steven Yang, der ansonsten eher manierliche Gründer von Anker, einem chinesischen Elektronikunternehmen.

Trotz dieses ominösen Versprechens und im Gegensatz zu den anderen ehemaligen Verbündeten Amazons, mit denen ich sprach, ging es Plugable nach wie vor gut. Thompson hatte sich der Flut identischer Produkte von AmazonBasics erwehrt, indem er die Preise niedrig, aber die Qualität auf hohem Niveau hielt. Außerdem lancierte er ständig neue Artikel, wenn die alten Standard geworden waren. Nichtsdestoweniger konnte sich Thompson der Befürchtung nicht erwehren, dass Amazon seine Suchergebnisse jederzeit aushebeln könnte. Mitte 2019 zog Thompson Nutzen aus seinem geschäftlichen Ansehen bei Amazon und erhielt eine Audienz in Seattle, wo er eine 21-seitige PowerPoint-Präsentation hielt, in der er seine Abhängigkeit von dem Unternehmen umriss und damit auch die Gefahr, vor der er sich sah, wenn Produkte völlig willkürlich von der Website verschwanden. Die Lösung, so hieß es auf einer seiner Folien fast flehentlich, sei »keine Überraschungen« und »weniger Ungewissheit«.[386]

Doch Thompsons Bitte stieß auf taube Ohren. Angesichts einer monatlich in die Tausende gehenden Schwemme neuer Seller auf dem Marketplace hatte Amazons Kontrollpersonal keine Chance, und die von ihnen eingesetzten automatischen Systeme wurden von den Gaunern rasch ausgehebelt. An einem Sonntag im Juli, nur wenige Monate nach seiner PowerPoint-Präsentation, verschwand Thompsons Topseller von der Site: eine Dockingstation für Laptops, die für 40 Prozent seines Umsatzes verantwortlich war.

Sie tauchte zwar vier Tage später wieder in den Suchergebnissen auf, nachdem ihm 100.000 Dollar Umsatz verloren gegangen waren – aber auch dann nur, weil Thompson Amazon eine Jahresgebühr von 60.000 Dollar für einen Premiumdienst gezahlt hatte, der ihm die Aufmerksamkeit eines Account-Managers garantierte. Was sich »irgendwie nach organisierter Schutzgelderpressung« anhöre, sagte er. Er hat nie herausgefunden, warum sein Laptop-Dock blockiert worden war.

Die Geschichten der einstigen Amazon-Verbündeten unterstrichen die Probleme, die dem Unterausschuss des Kongresses vorlagen. Vor Jahren hatte Jeff Bezos seinem Marketplace-Team die simple Anweisung erteilt, alle Hindernisse für den Verkauf auf Amazon auszuräumen, alle Schranken für den grenzüberschreitenden Handel zu beseitigen und alle Probleme mit innovativer Technologie und automatisierten Systemen anstelle kostspieliger menschlicher Arbeitskraft anzugehen. Eines der Resultate dieser Anweisung war die Explosion eines Billigsortiments, das nicht zuletzt für das historisch beispiellose Wachstum von Amazons Online-Handel verantwortlich war. Ein anderes freilich waren die umschichtenden Kräfte der Globalisierung, die Seller aus dem Westen vernichteten und für eine Dynamik sorgten, die nicht nur den Schutz geistigen Eigentums, sondern auch die Verhinderung von Betrug und die Schlichtung von Streitigkeiten so gut wie unmöglich machte.

Amazon wusste um diese Probleme, verschleierte sie jedoch mit der gnadenlosen Rhetorik seiner Kommunikationsmaschinerie, der zufolge man ein Freund des Unternehmers war. »Drittanbieter lassen uns Erstanbieter ziemlich alt aussehen«, schrieb Bezos in seinem Aktionärsbrief von 2019. Amazons Marktplatz sei so erfolgreich, dass er Amazons eigenes Online-Business in den Schatten stelle. Ein TV-Werbespot mit dem Titel »Supporting Small Business«, der in diesem Jahr Amerikas Wohnzimmer überflutete, zeigte den Beginn des Arbeitstags in einer Tischlerei.[387] Aber wie viele Amazon-Seller wohl wissen, hat das Kunsthandwerk auf der Künstlerplattform Etsy weit bessere Chancen als an Amazons brutaler, gnadenlos kapitalistischer Front.

Bezos saß fernab von diesem Schlachtfeld. »Das Unternehmen war so komplex geworden, dass es einfach keinen Sinn für ihn hatte, sich über sämtliche Details auf dem Laufenden zu halten«, sagte James Thompson, ein ehemaliger Marketplace-Angestellter, der mittlerweile als Chief Strategy Officer für den E-Commerce-Consultant Buy Box Exports tätig ist. »Aber er sollte wissen, dass gegen einige der hehren Grundsätze von Amazon massiv verstoßen wird.«

Seinen endgültigen Bericht veröffentlichte der Kartellrechtsausschuss am 6. Oktober 2020.[388] Er enthielt 450 Seiten Anschuldigungen und vernichtende Schlussfolgerungen über missbräuchliche Praktiken bei Amazon, Google, Facebook und Apple. Lina Khan und ihre Kollegen hatten überzeugend dargelegt, dass die großen Tech-Plattformen willkürlich und rein auf ihr eigenes Interesse bedacht über unseren politischen Diskurs bestimmen, über unser finanzielles Leben und das Wohlergehen zahlloser kleiner Firmen – und dass das Versäumnis, sie zu regulieren, eine gefährliche Absage an die Verantwortung des Staates darstellt.

»Unsere Untersuchung lässt keinen Zweifel an der offensichtlichen und zwingenden Notwendigkeit, dass Kongress und Kartellbehörden einschreiten, um den Wettbewerb wiederherzustellen«, schrieb Cicilline in einer gemeinsamen Erklärung mit dem Vorsitzenden des Rechtsausschusses Jerry Nadler.[389] Als Abhilfe schlug der Bericht unter anderem die Aufspaltung Amazons und der anderen Tech-Unternehmen vor, um Interessenkonflikte zwischen den einzelnen Geschäftszweigen auszuschließen, wie etwa zwischen Amazons Online-Store und dem Marketplace für Drittanbieter sowie zwischen E-Commerce und den AWS.

Während neutrale Gesetzgeber und akademische Kartellforscher ohne persönliches Interesse an der erbitterten politischen Schlacht sich mit einigen dieser Prinzipien einverstanden erklärten, hielten andere die Maßnahmen für übertrieben. Mit der Aufteilung des Unternehmens wäre ihrer Ansicht nach weder Amazons Sellern oder Partnern noch dem Kunden gedient, und für die Schließung von Private-Label-Sortimenten wie AmazonBasics gab es juristisch ohnehin keinen Grund. Immerhin untersuchten Einzelhändler schon seit The Great A&P, was sich gut verkaufte, schufen Hausmarken zu niedrigeren Preisen und stellten ihrer Kundschaft mehr Auswahl in die Regale.

Außerdem hatte der Bericht seine liebe Mühe damit, Amazon eine Monopolstellung nachzuweisen, der zufolge gewisse Verhaltensweisen nach amerikanischem Gesetz illegal wären. Der meistzitierte Datensammler der Branche, eMarketer, veranschlagte Amazons Anteil am amerikanischen Online-Geschäft auf 38,7 Prozent.[390] Der Erfolg der Websites von Walmart und Target oder des kanadischen Anbieters Shopify, der für Marken Websites zum Direktverkauf an den Kunden entwickelt, widersprach darüber hinaus der Ansicht, Amazon habe die Branche in einer

Art Würgegriff. (Nur Amazons absolute Vormachtstellung auf dem amerikanischen Buchmarkt sowie bei E-Books, 2018 geschätzte 42 respektive 89 Prozent, verdiente einen näheren Blick.[391]) »Obzwar es keinen einzigen Online-Verkäufer gibt, der Amazon gleichkäme, würde man sich nach konventionellem Kartellrecht schwertun, einen Bereich zu finden, in dem Amazon eine Monopolstellung hat«, sagte Jay Himes, ehemaliger Leiter der Kartellrechtsabteilung bei der New Yorker Staatsanwaltschaft.

Der Bericht wies jedoch dem Staat genügend Möglichkeiten auf, sich dem Problem von Amazons Marktmacht ohne einen langwierigen Kartellrechtsprozess zu stellen wie im Fall von AT&T in den Siebziger- und Microsoft in den Neunzigerjahren. So könnten zum Beispiel Regulierer Amazons Verträge mit Sellern unter die Lupe nehmen und das Unternehmen daran hindern, sie zu bestrafen, wenn sie anderswo zu einem billigeren Preis anbieten. Außerdem könnten sie Sellern die Möglichkeit einer Sammelklage gegen Amazon zurückgeben und den gegenwärtigen Klauseln einen Riegel vorschieben, die ihnen ein langwieriges geheimes Schiedsverfahren aufzwingen. Darüber hinaus schlug der Bericht dem Kongress vor, die Bedingungen zu verschärfen, unter denen große Tech-Unternehmen grünes Licht für Fusionen bekämen, sodass marktbeherrschende Firmen selbst kleinere Akquisitionen würden melden und überdies aufzeigen müssen, dass sie »zum Dienst am öffentlichen Interesse nötig« sind.

Es wird in dem Bericht zwar nicht erwähnt, doch die Gesetzgeber könnten darüber hinaus zur Verhinderung eines Chaos wie dem auf Amazons Marketplace den berüchtigten Paragrafen 230 des Communications Decency Act ändern, der gegenwärtig Internetanbieter wie Amazon von der Verantwortung für die Rechtsverstöße seiner User befreit. Änderungen am Paragrafen 230 könnten Amazon für den Verkauf von betrügerischen oder unsicheren Produkten auf seinem Marketplace für Drittanbieter zur Verantwortung ziehen. Außerdem könnten Regulierer Amazon zwingen, Seller anhand ihrer Steuernummer zu verifizieren oder zur Sicherheit die Hinterlegung einer Kaution zu verlangen, die bei einem Hinweis auf Betrug einbehalten würde (Alibabas Website Tmall hält es so). Für erhebliche Hindernisse auf dem Weg zum Amazon-Seller zu sorgen würde das Spielfeld im Wettbewerb wieder ebnen, dessen Neigung gegenwärtig Player aus China favorisiert.

Diese Abhilfen jedoch berücksichtigen gerade mal den offensichtlichsten Teil von Amazons mutmaßlichem Fehlverhalten. Der Unterausschuss warf Amazon etwas weit Schwerwiegenderes vor: mit den Gewinnen aus AWS und Werbung den Online-Handel zu subventionieren, die Preise von Konkurrenten zu unterbieten und den Eintritt in andere Märkte zu finanzieren, um weitere digitale Plattformen anzuhäufen. Nur beweisen konnte der Bericht diesen Vorwurf nicht; er bedauerte, dass Amazon »es versäumte, die finanziellen Daten beizubringen, die dem Unterausschuss eine unabhängige Einschätzung erlaubt hätten«.[392]

Und eben das ist die schwierigste Herausforderung, vor der sich Kartellrechtler sehen. Um ihre Forderung für eine Aufteilung Amazons zu begründen, werden sie Fragen beantworten müssen, die zu verschleiern Amazon sich bemerkenswerte Mühe gibt. Wie sieht die Verzahnung seiner diversen Komponenten aus? Wie bewertet man die tatsächliche Profitabilität einzelner Geschäftsbereiche, wenn man einen Teil ihrer Kosten über die Abo-Gebühren von Diensten wie Amazon Prime finanziert? Ist es wettbewerbsfeindlich, wenn Amazon diese Gebühren anhebt – oder wenn es seine Marktposition zu verbessern versucht, indem es sie abschafft, so wie das Unternehmen es 2019 machte, als es die 15 Dollar Monatsbeitrag für die Lebensmittelzustellung aufhob?[393]

»Es gibt auf der ganzen Welt kein Unternehmen, das komplexer und für Außenseiter schwieriger zu verstehen wäre als Amazon«, sagte Kurt Zumwalt, der fünfzehn Jahre lang Amazons Finanzdirektor war, bevor er 2019 ging. »Es handelt sich hier nicht um das typische Unternehmenskonglomerat wie Berkshire Hathaway oder General Electric. Fast jeder Aspekt Amazons fußt auf dem behutsamen Ausbau der Kundenbeziehung. Die Stärke des Geschäftsmodells ergibt sich aus der Summe seiner sich selbst verstärkenden Geschäfte und Dienste, ermöglicht wird sie durch Technologie von Weltrang, operative Exzellenz und einen rigorosen Kontroll- und Messprozess.«

Für den Augenblick war die bis dato medienträchtigste Untersuchung von Amazons Macht vorbei, auch wenn dem Unternehmen mit Sicherheit weiterer Ärger ins Haus stand. »Wenn die E-Mails von Executives eines Unternehmens eine Geschichte erzählen, während sie der Öffentlichkeit eine andere anzudrehen versuchen, zahlen sich solche Bemühungen der Realitätsverleugnung für ein Unternehmen traditionell selten aus«, sagte Lina Khan, die auf Präsident Bidens Wunsch Anfang 2021 einen der fünf Commissioner-Posten bei der Bundeshandelskommission übernehmen sollte. In Europa warf EU-Kommissarin Margrethe Vestager Amazon die Schädigung des Wettbewerbs durch den unlauteren Einsatz sensibler Daten von Drittanbietern zur Förderung des Verkaufs eigener Produkte vor.[394] Der Fall könnte sich über Jahre hinziehen und zu einer ähnlich hohen Geldbuße führen, wie sie von der EU gegen Google verhängt wurde.

Bezos schien alles recht zu sein, was da kommen würde; er ließ sogar durchblicken, dass das Verfahren unterm Strich Amazons Ansehen neuen Glanz verleihen könnte.[395] »Eine der unbeabsichtigten Folgen der Regulierung ist oft die, dass sie letztlich zugunsten der Marktführer wirkt«, sagte er anlässlich einer Veranstaltung in Berlin. »Nun, Amazon ist zu diesem Zeitpunkt ein Marktführer, also sollte ich vielleicht froh darüber sein. Aber das wäre ich nicht, weil man sich für die Gesellschaft, so denke ich, eigentlich einen kontinuierlichen Fortschritt wünscht.« Er fügte hinzu: »Das sind schwierige Fragen. Und wir werden sie nicht beantworten, auch nicht in einigen Jahren. Ich denke, dass das noch eine ganze Weile dauern wird.«

Diese ungewisse Zukunft hängt von vielen Faktoren ab: von einem Machtwechsel im US-Kongress; von der Beschäftigung mit dem Verhalten anderer Tech-Unternehmen wie Google und Facebook sowie von der öffentlichen Stimmung gegenüber Bezos und Amazon. Immerhin brachte das Unternehmen, bei allem Argwohn gegenüber der zunehmenden Macht von Big Tech und Amazon über die westlichen Ökonomien, 2020 in gewissem Sinne eine Erlösung – indem es während des unbarmherzigen Wütens der Covid-19-Pandemie Millionen von unter Quarantäne gestellten Haushalten auf aller Welt einen Rettungsanker bot.

Kapitel 15:

Pandemie

Die jüngsten Herausforderungen schienen für Amazon weiter nichts als Bodenschwellen zu sein. Der HQ2-Fehlschlag, der Skandal in Bezos' Privatleben, der entgangene JEDI-Vertrag sowie die Kämpfe mit Donald Trump und den Kartellbehörden – all das konnte Amazons unaufhaltsamen Aufstieg kaum bremsen. Jeff Bezos und sein Weltreich schienen zumindest momentan völlig unberührt von den Naturgesetzen der Wirtschaft zu agieren, die das Wachstum großer Unternehmen verlangsamten, ihre Handlungsfähigkeit einschränkten und das Urteilsvermögen unermesslich reicher Führungskräfte trübten.

Natürlich tauchten neue Hindernisse auf, doch Amazon umschiffte sie gekonnt. Am 20. September 2019 verließen Tausende Amazon-Beschäftigte ihre Schreibtische, um sich an der Seite von IT-Leuten und Studenten aus der ganzen Welt in einem von der jugendlichen Aktivistin Greta Thunberg organisierten Klimastreik zu verbünden. In Seattle versammelten sie sich um 11:30 Uhr vor den Spheres und hielten Schilder in die Höhe: »Amazon, lasst uns die Messlatte anheben, nicht die Temperatur« und »Kein AWS für Öl und Gas«, während sie verlangten, dass das Unternehmen sein Ziel hinterfragen müsse, immer mehr Auswahl, schnellere Lieferung und Kundenzufriedenheit anzustreben, ohne die Kosten für die Umwelt in Betracht zu ziehen.

Einen Tag zuvor hatte Jeff Bezos auf einer Pressekonferenz in Washington das Klimaschutzversprechen »Climate Pledge« vorgestellt und versprochen, dass Amazon bis 2040 seine Kohlendioxidemissionen auf

Netto-Null reduzieren werde, also zehn Jahre vor den ehrgeizigsten Zielen des Pariser Klimaabkommens. Unternehmen wie Verizon, Microsoft und Mercedes-Benz sollten sich der Initiative anschließen, zudem kaufte Amazon die Namensrechte für eine neue Sportarena in Seattle und nannte sie »Climate Pledge Arena«.

Weltweit berichteten die Medien über die Protestaktion der Beschäftigten, und das in einem weit positiveren Tonfall als über die vagen und ehrgeizigen Versprechen von Amazons Climate Pledge. Der Kontrast läutete das Aufkommen einer neuen Form von politischer Macht ein, die von den Mitarbeitern der Tech-Firmen ausgeübt wurde und nicht von ihren allmächtigen Firmenbossen. Diese gefährliche Opposition innerhalb der eigenen Reihen abzuwehren sollte für Amazon während der unerwarteten Belastungen des bevorstehenden Jahres zu einer der größten Herausforderungen werden. Allerdings legte sich das Interesse an Amazons erheblichem CO_2-Ausstoß bald wieder. Die Firma hatte der Welt ja versichert, dass sie etwas dagegen zu tun gedachte.

Bezos selbst schwebte in sicherem Abstand über jeglicher Kritik an Amazon und seinem Einfluss auf die Gesellschaft und den ganzen Planeten. Im November fand sich die Elite aus Medien und Politik zu einer festlichen Veranstaltung in der Smithsonian National Portrait Gallery in der Bundeshauptstadt ein, um die Neuerwerbungen in deren Sammlung von Porträts verdienstvoller amerikanischer Bürger zu würdigen. Bezos, einer der sechs Geehrten, brachte eine große Entourage mit, darunter Angehörige des Amazon-Vorstands, leitende Mitarbeiter der *Washington Post,* seine Eltern, seine Kinder und seine Freundin Lauren Sánchez.

In seiner Rede brachte Bezos einige seiner Standardelemente unter, wie etwa Witze über das Fire Phone und seine verspätete Erkenntnis in den Anfängen von Amazon, dass sie sich lieber Packtische besorgen sollten, statt die Bücher kniend auf dem Fußboden versandfertig zu machen. Das Publikum lachte mit. Doch es war die außergewöhnliche Einführungsrede seines ältesten Sohnes Preston, der eine Facette des Milliardärs beschrieb, die der Allgemeinheit vermutlich unbekannt war:

In meiner Erinnerung war ich etwa acht Jahre alt, saß in der Küche und sah ihm dabei zu, wie er langsam ein Stück Draht um einen Nagel wickelte. Dann nahm er die Drahtenden und hielt sie an eine Batterie. Direkt danach führte er den Nagel an ein Metallstück, und sie blieben aneinander haften. Ich muss schwer beeindruckt ausgesehen haben, als er ein Whiteboard aus dem Keller holte und versuchte, mir, einem Achtjährigen, so gut es ging die absolute Magie zu erklären, die einem Nagel magnetische Kräfte verleihen kann … Diese Erinnerung ist deshalb etwas so Besonderes für mich, weil er mir vielleicht schon ein Dutzend Mal zuvor gezeigt hatte, wie das funktioniert. Doch dieses eine Mal blieb es hängen … Es war diese liebevolle Fürsorge, dieses freudige Streben nach Wissen und die geduldige Beharrlichkeit, die das ermöglicht haben. Das sind die Eigenschaften, die ich an meinem Dad liebe. Das ist es, was ihn so besonders macht. Und ich hoffe, genau wegen dieser Qualitäten wird man sich eines Tages an ihn erinnern.

Bezos wirkte aufrichtig gerührt. »Jetzt muss ich mich erst mal ein bisschen fassen«, sagte er, nachdem er ans Rednerpult getreten war. »Ich wusste nicht, was Preston sagen würde. Er wollte es mir vorher nicht verraten. Es sollte eine Überraschung für mich sein.« Es war ein spontaner Moment für einen Vater und Business-Titanen, der normalerweise anstrebte, jeden öffentlichen Auftritt im Voraus schriftlich niederzulegen und durchzuspielen.

Zwei Monate später sollte Bezos eine weitere Gelegenheit haben, sein öffentliches Profil zu pflegen, das sich auf interessante und unerwartete Art entwickelte. Mitte Januar 2020 besuchte er Indien, seine erste Reise in das Land seit seiner Public-Relations-Aktion im Jahr 2014, als er oben auf einem Lastwagen einen riesigen Scheck präsentiert hatte. Seit damals hatte sich vieles verändert. Auf dieser Tour posierten Bezos und Lauren Sánchez vor dem Tadsch Mahal, bezeugten ihren Respekt am Grab von Mahatma Gandhi und erschienen in modischer indischer Abendkleidung zu einer Premiere von Prime Video in Mumbai. Amazon war seit fünf Jahren in Indien präsent, doch Bezos behauptete immer wieder, dass die Firma dort noch in den Startlöchern stehe. »Dieses Land hat etwas Besonderes«, sagte Bezos zu seinem Senior Vice President und früheren technischen Berater Amit Agarwal auf der Bühne eines Amazon-Gipfels für unabhängige Anbieter. »Dies wird das Jahrhundert Indiens werden.«

Doch diesmal waren sein typischer Techno-Optimismus und seine »geduldige Beharrlichkeit«, wie Preston Bezos es genannt hatte, nicht annähernd so willkommen. Verbände lokaler Geschäftsinhaber protestierten gegen seine Ankunft, nannten ihn einen »Wirtschaftsterroristen« und schwenkten Transparente, auf denen es hieß: »Jeff Bezos, hau ab!« Zwei Tage vor seiner Ankunft hatte die indische Wettbewerbskommission eine neue Überprüfung wettbewerbswidriger Rabatte bei Amazon und seinem größten Rivalen angekündigt, dem zu Walmart gehörenden Unternehmen Flipkart. Gleichzeitig attackierten Regierungsminister Bezos wegen Artikeln in seiner Zeitung, der *Washington Post,* über die Verfolgung religiöser und ethnischer Minderheiten in Indien. Premierminister Narendra Modi lehnte eine Begegnung mit Bezos rundheraus ab, und viele Beobachter glaubten, die Regierung stehe stillschweigend hinter den Bestrebungen zum Aufbau eines Internethandels von Mukesh Ambani, der reichsten Person Indiens und dem Boss des immer weiter wachsenden Telekommunikations- und Einzelhandelskonzerns Reliance Industries.

Dennoch schien nichts von den hartnäckigen Herausforderungen in Indien oder anderswo Amazons Unternehmensleistung im Ganzen zu beeinträchtigen. Am 30. Januar, nachdem Bezos in die USA zurückgekehrt war, legte das Unternehmen einen sagenhaften Geschäftsbericht vor. Die Zusicherung, Prime-Mitglieder einen Tag nach Eingang ihrer Bestellung zu beliefern statt nach zwei Tagen, hatte die Verkäufe gewaltig hochschnellen lassen, und die anhaltende Performance von AWS sowie die nachhaltige Leistung des Werbegeschäfts, der Goldgrube im eigenen Garten, hatten 3,3 Milliarden Dollar Gewinn abgeworfen, weit über den Erwartungen der Wall Street. Amazon verkündete zudem, dass es mittlerweile weltweit 150 Millionen Prime-Mitglieder gab,[396] ein Plus von 100 Millionen gegenüber dem Vorjahr, und dass das Unternehmen etwa 800.000 Personen beschäftige, womit es seine Stellung als zweitgrößter privater Arbeitgeber in den Vereinigten Staaten behaupten konnte, übertroffen lediglich von Walmart.

Im Anschluss an die Veröffentlichung der Quartalszahlen trieben die Investoren den Preis von Amazon-Aktien in die Höhe; der Börsenwert des Unternehmens überschritt die magische Schwelle von einer Billion Dollar und sollte sich wenige Wochen später dauerhaft auf dieser Höhe einpendeln. Es hatte fast den Anschein, als könnte die ganze Geschichte hier ein Ende nehmen – Jeff Bezos' Reinvermögen betrug atemberaubende 124 Milliarden Dollar, und Amazons Aura der Unbesiegbarkeit wirkte unangreifbarer denn je. Doch genau in diesem Moment erblickten die Führungskräfte zum ersten Mal den mythologischen schwarzen Schwan – das seltene und unvorhergesehene Verhängnis –, der seine Schwingen über der verwüsteten Landschaft ausbreitete, die schon bald für das Jahr 2020 stehen sollte.

Dr. Ian Lipkin, der Epidemiologe von der Columbia University, bekannt als »Meistervirusjäger«, nachdem er den Ausbruch des West-Nil-Virus Ende der Neunzigerjahre und die SARS-Epidemie im Jahr 2003 zurückverfolgt hatte, besaß genug Erfahrung, um beunruhigt zu sein. Auf einer Chinareise im Januar sah er in Peking und Guangzhou verlassene Straßen und leere Geschäfte, während die Krankenhäuser einen Ansturm von Patienten erlebten. Das neue, hoch ansteckende Coronavirus, das die Krankheit Covid-19 auslöste, war dem Vernehmen nach auf einem offenen Markt für Fleisch, Fisch und Meeresfrüchte in der Stadt Wuhan ausgebrochen und hatte sich binnen Wochen über das Land ausgebreitet.

Am 5. Februar, dem Tag, nachdem er mit dem letzten Direktflug von Peking nach Newark zurückgekehrt war und sich in seiner Wohnung an Manhattans Upper West Side in Quarantäne begeben hatte, bekam Lipkin einen Anruf von Katie Hughes, einer langjährigen Managerin für Gesundheit und Sicherheit bei Amazon. Genau wie andere US-Firmen hatte auch Amazon die Reisen seiner Mitarbeiter nach und von China eingeschränkt, doch nun beobachtete man die Ausbreitung des Virus in Italien, wo Amazon etliche Lagerhäuser und Frachtverteilzentren unterhielt. Hughes fragte Lipkin, ob er Amazon helfen könne, die Risiken für das Unternehmen zu analysieren und den heraufziehenden Sturm zu überstehen.

Lipkin war Prime-Mitglied und bewunderte das Unternehmen, auch wenn er dessen Auswirkungen auf kleinere Händler bedauerte und versuchte, so oft wie möglich in Läden vor Ort einzukaufen. Er wusste auch genug über die neue Infektion, um zu erkennen, dass die Amazon-Beschäftigten, falls seine schlimmsten Befürchtungen zutrafen, einer großen Gefahr gegenüberstanden. Andere Firmen konnten schließen und ihre Beschäftigten nach Hause schicken. Amazons Hunderte Logistikzentren mit ihren unzähligen Mitarbeitern weltweit hatten das Potenzial, als Petrischalen für ein ansteckendes Virus zu fungieren, während das Lieferpersonal tagaus, tagein mit der Allgemeinheit in Kontakt kam. Lipkin willigte ein, als Berater zu fungieren.

In regelmäßigen Online-Gesprächen mit den Amazon-Teams für Personalentwicklung und das operative Geschäft erteilte Lipkin im Februar 2020 Ratschläge zu allem, angefangen damit, wie man Oberflächen in den Lagerhäusern gründlich säubert und die Luft mit sogenannten MERV-13-Filtern reinigt, bis hin zu der Anordnung, Masken und Handschuhe zu tragen und an jedem Standort Stationen zum Messen der Körpertemperatur einzurichten. »Diese Leute orientieren sich an Mathematik und Technologie, und wenn man ihnen einen Vorschlag macht, der streng wissenschaftlich und evidenzbasiert ist, setzen sie ihn um«, sagte Lipkin. »Die Kostenfrage hat nie eine Rolle gespielt, was ich nicht von jeder Gruppe sagen kann, für die ich gearbeitet habe.«

Am 27. Februar sprach Lipkin per Video mit dem gesamten S-Team. Er berichtete Bezos und den anderen Führungskräften von seinen jüngsten Reisen durch China und schilderte die Gefahren, die auf Amazon-Mitarbeiter zukommen könnten. Obwohl es noch einige Wochen dauern sollte, bis die Trump-Regierung den landesweiten Notstand erklärte und der epidemiologische Fachjargon Eingang in den Wortschatz vieler Amerikaner fand, schienen die Amazon-Manager bereits recht gut informiert zu sein. Sie stellten ihm gezielte Fragen nach der Inkubationszeit des Virus und seinem R-Null-Potenzial, also der Zahl von Personen, die von einem einzigen Individuum angesteckt werden können. Lipkin erinnerte sich nicht daran, was Bezos gefragt hat, doch er meinte: »Ich habe den Mann noch vor Augen. Er sah ziemlich fit aus.«

Am Tag nach der Videokonferenz des S-Teams mit Lipkin stellte Amazon jegliche nicht unbedingt erforderliche Reisetätigkeit seiner Mitarbeiter ein.[397] Nachdem am 4. März ein Angestellter der Niederlassung in Seattle mit dem Virus diagnostiziert worden war, bot die Firma den Büroangestellten an, zwei Wochen lang von zu Hause aus zu arbeiten,[398] und verlängerte dann mehrmals die Frist für die Rückkehr ins Büro, ehe schließlich alle angewiesen wurden, für den Rest des Jahres zu Hause zu bleiben.[399] Eine Woche später strich Amazon sämtliche persönlich geführten Bewerbungsgespräche[400] und ging mit den meisten Bewerbern zu virtuellen Gesprächen über, bei denen die hauseigene Videokonferenz-Software Amazon Chime verwendet wurde. Diese Schritte wiesen auf eine tiefe Kluft sowie eine der größten Herausforderungen für Amazon hin: Das Unternehmen gestattete Büroangestellten den Übergang zu sicherer Arbeit im Homeoffice, während es seine Lagermitarbeiter als unerlässlich für den Geschäftsbetrieb erachtete und sie damit einem größeren Risiko aussetzte.

Ab Anfang März traf sich eine Untergruppe des S-Teams jeden Nachmittag um 16 Uhr nach Seattler Zeit per Video, um Amazons Umgang mit der Krise zu besprechen. Geleitet wurden die Treffen von der Personalchefin Beth Galetti, flankiert von Jeff Wilke, Andy Jassy, dem Verantwortlichen für das operative Geschäft Dave Clark und Bezos. Normalerweise investierte der Amazon-Boss seine Zeit in Projekte, deren Potenzial sich erst etliche Jahre später entfalten sollte, doch nun richtete er den Blick konzentriert auf die dringenden Anforderungen der Gegenwart. Er stellte Fragen, machte Bemerkungen und initiierte Brainstormings darüber, wie man mithilfe von Technologie die Mitarbeiter schützen und gleichzeitig die steigende Nachfrage der unter Quarantäne gestellten Kunden decken könne.

Außerdem erhöhte er seine eigene Sichtbarkeit. »Liebe Amazonianer«, schrieb er in einem Brief an die ganze Firma am 21. März. »Auf einmal läuft nicht mehr alles wie gewohnt,[401] denn wir leben in einer Zeit mit großen Belastungen und voller Ungewissheit. Es ist aber auch eine Zeit, in der unsere Arbeit von zentraler Bedeutung ist … Die Menschen verlassen sich auf uns.« Der Brief skizzierte einige der bei Amazon früh eingeleiteten Maßnahmen für den Gesundheitsschutz, darunter häufigere Reinigungsarbeiten und die Versuche, trotz allgemeiner Knappheit Masken für die Beschäftigten zu besorgen. Er kündigte auch an, dass Amazon 100.000 Mitarbeiter in den Lagerhäusern einstellen und den Stundenlohn vorübergehend um zwei Dollar anheben würde, gepaart mit einer Erhöhung der Überstundenvergütung und der Gewährung unbezahlten Urlaubs für unbegrenzte Zeit. »Ich fokussiere meine Zeit und meine Gedanken momentan voll und ganz auf Covid-19 und darauf, wie Amazon seiner Rolle am besten gerecht werden kann«, schrieb er.

Nachdem er viele seiner täglichen Aktivitäten jahrelang unter Verschluss gehalten hatte, ging er jetzt offensiv damit an die Öffentlichkeit. Am 26. März postete er auf Instagram ein Foto von sich selbst, wie er auf seiner Farm in West Texas per Videochat mit Tedros Adhanom Ghebreyesus plauderte, dem Generaldirektor der Weltgesundheitsorganisation.[402] Am nächsten Tag konnte man ihn auf einem Bild bewundern, auf dem er mit Jay Inslee sprach, dem Gouverneur des Bundesstaats Washington.[403] Am 8. April twitterte Amazon ein Video, in dem man den CEO mit Maske und hochgekrempelten Hemdsärmeln durch ein Logistikzentrum und einen Whole-Foods-Laden in der Nähe von Dallas spazieren sah[404] – das erste Mal seit Jahren, dass er sich in einem Lagerhaus umgesehen hatte, wie mehrere Mitarbeiter aus dem operativen Geschäft bestätigten. Gleichzeitig ließ er seine Mittwochsbesprechungen bei der *Washington Post* und bei Blue Origin ausfallen. Die dortige Führungsriege erklärte, in der Frühphase der Pandemie hätten sie ihn wochenlang nicht zu Gesicht bekommen.

Bezos' gesteigerte öffentliche Sichtbarkeit war zum Teil der Schritt eines Firmenchefs, der in angespannten Zeiten Führungsqualitäten demonstrieren wollte. Als sich das Virus weiter ausbreitete, folgte die Angst. Die Fehlzeiten in den Logistikzentren schossen nach oben; manchen Schätzungen zufolge erschienen 30 Prozent der Amazon-Beschäftigten nicht mehr zur Arbeit,[405] da sie selbst an Covid erkrankt waren oder von Kollegen, Freunden oder Verwandten gehört hatten, die sich die Krankheit zugezogen hatten, und daher fürchteten, sie könnten die nächsten sein.[406] Diesmal würden die langfristigen Ziele des Climate Pledge keinen Ausweg bieten. Amazon musste gleichzeitig mit hohen Fehlzeiten und einer explodierenden Kundennachfrage zurechtkommen und im Handumdrehen viele der lange eingeschliffenen Abläufe in der riesigen Lieferkette von Amazon verändern.

In dieser Hinsicht befand sich Amazon in einer beneidenswerten Lage. Dave Clark, der ehemalige Musiklehrer mit der Brille, hatte sich als einzigartiges Talent dafür erwiesen, große, komplexe Systeme zu entwickeln wie das Netzwerk von Lagerhäusern mit ihren Kiva-Robotern und die hauseigene Transportabteilung Amazon Logistics, die mittlerweile weltweit für fast die Hälfte[407] und in den USA für zwei Drittel[408] aller Amazon-Lieferungen verantwortlich war. Wenn man mit Lieferketten Kriege gewann, wie es in dem alten Militärsprichwort hieß, dann hatte Bezos einen der erfahrensten Generäle der Welt an seiner Seite.

Bis zum 4. April hatten Clark und sein Team, Lipkins Rat entsprechend, Fiebermessstationen in den Logistik-, den Sortier- und den Frachtverteilzentren eingerichtet. Anstatt die verbreiteten Infrarotthermometer zu benutzen, die man in der Hand halten musste und bei deren Verwendung daher in Schutzkleidung gehüllte Mitarbeiter den Beschäftigten beim Betreten der Gebäude in nächster Nähe hätten gegenübertreten müssen, gab Amazon Millionen für den Ankauf von Wärmebildkameras aus, die dann an den Eingängen platziert wurden, um die Mitarbeiter aus der Distanz auf Fieber zu testen. Die Manager bestellten auch gewaltige Mengen an Masken und arbeiteten sich durch Hunderte E-Mails von Anbietern, die alle aus der plötzlichen Not der Geschäftswelt Profit schlagen wollten. »Auf einmal schien jeder einen Cousin oder Onkel, eine Tante oder Freundin der Familie zu haben, der oder die im Besitz einer Maskenfabrik in China war«, erinnerte sich Clark.

Um seine Vorräte aufzustocken, sah sich Amazon auch in seinen eigenen Hallen um und nahm die 3-D-Drucker aus seinem Prime-Air-Drohnenlabor wieder in Betrieb, um Plastikvisiere herzustellen.[409] Amazon gab an, man habe bis Anfang April Millionen Masken an die Mitarbeiter verteilt und spende N95-Masken an medizinisches Personal im Pandemieeinsatz.[410] »Es war eine verrückte Zeit«, sagte Clark. »Jeder Tag dauerte mindestens eine Woche.«

In der ganzen Aufregung sah sich das Unternehmen gezwungen, entgegen seinen gut eingespielten Wachstumsinstinkten zu handeln. Man zog Werbeaktionen zum Mutter- und Vatertag ebenso zurück[411] wie die Empfehlungen auf der Amazon-Website, die den Kunden anzeigten, was andere mit ähnlicher Einkaufshistorie gekauft hatten. Zudem wurde der Prime Day auf den Herbst verschoben, um den Druck von den Lagern zu nehmen. Auch wurde angekündigt, über einige kritische Wochen im Frühjahr hinweg lediglich »Artikel des täglichen Bedarfs, medizinische Güter und andere stark nachgefragte Produkte«[412] von externen Händlern zu akzeptieren, die an Amazons Versandprogramm für Drittanbieter, Fulfillment by Amazon (FBA), teilnahmen.

Dieses Verbot verärgerte einige von FBA abhängige Anbieter und löste Vorwürfe aus, wonach die Firma sich selbst unfaire Vorteile verschaffe, indem sie weiter ihre eigenen Lagerbestände an nicht lebenswichtigen Waren verkaufte, wie zum Beispiel Hängematten und Aquarien. (Amazon räumte später gegenüber dem Kartellausschuss ein, dass es ein Fehler gewesen war, diese Waren zu verkaufen.)[413] Das Verbot blieb bis Mitte April bestehen, als Amazon bekannt gab, weitere 75.000 Mitarbeiter einstellen zu wollen, um der gestiegenen Nachfrage gerecht zu werden.[414]

Clarks größte Herausforderung bestand darin, dass die Beschäftigten in den Logistikzentren, die für maximale Effizienz und nicht für strenges Abstandhalten angelegt sind, nicht zu eng beieinander stehen durften. Teams, die mit der Durchsetzung der neuen Richtlinie beauftragt waren, 1,80 Meter Distanz zueinander zu wahren, marschierten durch die Lagerhallen und überprüften die Einhaltung der Abstände und der Maskenpflicht, während Reinigungskräfte in Schutzanzügen in den Logistikzentren Desinfektionsspray in Krankenhausqualität versprühten. Doch die meisten von Amazons Lösungen waren technologischer Natur. Die Robotik-Gruppe entwickelte ein System namens »Proxemics«, um Aufzeichnungen der Sicherheitskameras an den Standorten zu analysieren und die Abstände zwischen den Mitarbeitern zu messen. Das

System benutzte KI-Algorithmen, um Problembereiche zu identifizieren und für die Geschäftsführer detaillierte Berichte darüber zu erstellen, wie gut sich ihre Häuser schlugen. Mit einem anderen Programm namens »Distance Assistant«[415] verteilte Amazon zusätzliche Kameras und Bildschirme in den Lagerhallen, um die Beschäftigten im Vorübergehen zu kontrollieren. Gingen Arbeiter zu eng nebeneinander, wurden ihre Bilder auf dem Monitor mit roten Kreisen umrandet.

Nicht alles, was die operative Abteilung bei Amazon ausprobierte, hat funktioniert. Ein autonomer Wagen, der durch die Gänge der Whole-Foods-Supermärkte fahren und die Regale mit desinfizierendem UV-Licht bestrahlen sollte, wurde beispielsweise wieder abgeschafft, nachdem Beamte der Gesundheitsbehörde zu dem Schluss gekommen waren, dass eine Übertragung des Virus über die Oberflächen von Lebensmitteln kein ernsthaftes Risiko darstellte. Ein weiteres Projekt, mit dem der Sauerstoffgehalt von Beschäftigten der Logistikzentren mithilfe von Pulsoxymetern gemessen werden sollte, konnte nicht zuverlässig ermitteln, ob jemand an Covid-19 erkrankt war, und wurde ebenfalls aufgegeben, genau wie der Versuch, den Aufenthaltsort der Beschäftigten innerhalb der Lagerhäuser[416] mithilfe ihrer privaten Smartphones und des WLAN-Netzes im jeweiligen Gebäude nachzuverfolgen.

Dr. Ian Lipkin hatte mit dem S-Team über die Dringlichkeit von Schnelltests gesprochen, um das Problem der asymptomatisch Erkrankten anzugehen, die infiziert zur Arbeit kommen und unwissentlich die Krankheit weiter verbreiten. Während die USA mit einem bedenklichen Engpass an Covid-19-Tests rangen und Amazon außerstande war, sich ein eigenes Kontingent zu besorgen, verfügte Bezos, dass Amazon selbst Tests produzieren solle – obwohl das Unternehmen bisher keine Erfahrung auf dem Gebiet besaß. Er agierte »in der realen Welt, also dort, wo es keinen Impfstoff gibt und in absehbarer Zeit bestimmt auch keinen geben wird«, sagte Jay Carney.

Das daraus entstandene Projekt bekam den Namen »Ultraviolet«. Jeff Wilke leitete das Unterfangen, für das sowohl in Amazons Lab126-Büros in Sunnyvale, Kalifornien, als auch am Drehkreuz in Louisville, Kentucky, kurzerhand Räume zu medizinischen Labors umfunktioniert wurden. Zahlreiche Gesundheitsexperten, Wissenschaftler und Beschaffungsspezialisten verließen ihre angestammten Arbeitsplätze und machten sich im Team daran, eine gigantische hauseigene Testeinrichtung aufzubauen. Bis zum Herbst hatten Tausende Beschäftigte in Amazon-Logistikzentren in dreiundzwanzig Staaten[417] freiwillig zehn Sekunden lang in jedem Nasenloch einen Abstrich genommen und ihn an eines der beiden Labore geschickt. Das Unternehmen gab an, täglich Tausende von Tests in 650 Niederlassungen vorzunehmen.[418]

»Falls Sie Amazon-Aktien haben, setzen Sie sich lieber hin, weil wir jetzt klotzen statt kleckern«, schrieb Bezos zur Veröffentlichung der Quartalsgewinne des ersten Vierteljahrs im April und prognostizierte, dass die Firma im Lauf des Sommers im Zusammenhang mit Covid-19 Milliardensummen ausgeben werde. »Um die Kunden zu versorgen und die Mitarbeiter zu schützen, wenn sich diese Krise noch weitere Monate hinzieht, braucht man Können, Demut, Einfallsreichtum und Geld.« Amazon sollte später angesichts der nicht verstummenden Kritik, die dem Unternehmen entgegenschlug, sowohl auf diese große Investition verweisen als auch auf seine umfassenden Bemühungen, den Gefahren der Pandemie zu begegnen. »Wir haben getan, was wir konnten, und uns so viel Orientierungshilfe geholt wie irgend möglich«, sagte Personalchefin Beth Galetti.

Jay Carney fügte hinzu: »Wenn eines Tages sowohl die frühe als auch die langfristige Geschichte geschrieben wird, wird sich wahrscheinlich herausstellen, dass kein Unternehmen von unserer Größe sich stärker, schneller und besser engagiert hat als Amazon. Waren wir perfekt? Nein, ganz und gar nicht.«

Während Covid-19 in den Vereinigten Staaten und in Europa wütete, schlossen viele niedergelassene Einzelhändler ihre Tore, und dringend benötigte Artikel des täglichen Bedarfs wie Toilettenpapier und Desinfektionsmittel verschwanden aus den Regalen der Läden, die noch geöffnet hatten. Paradoxerweise bekamen Amazon und andere Online-Händler durch diese Flutwelle aus Ungewissheit und Angst Auftrieb. Jetzt war es sicherer, zu Hause zu bleiben und aus dem bequemen und relativ virenfreien eigenen Wohnzimmer heraus per Mausklick einzukaufen. Die Online-Bestellungen schossen in die Höhe, und selbst die hinterherhinkenden Bereiche des Amazon-Imperiums wie Amazon Fresh und der Lebensmittel-Lieferservice von Whole Foods legten kräftig an Umsatz zu. Ein Analyst erklärte, Covid-19 habe so ähnlich gewirkt, als hätte man »Amazon ein Wachstumshormon gespritzt«.[419]

Abermals wurden Amazons Leistungen sofort von Kritik begleitet. Die Firma konnte so viele Schutzmaßnahmen bereitstellen, wie den Managern einfielen, für ein paar Monate lang die Einstiegsgehälter erhöhen und vorübergehend die Überstundenvergütungen aufstocken. Doch um weiter seine Kunden beliefern zu können, musste das Unternehmen seine Mitarbeiter Gefahren aussetzen, selbst wenn ein Teil der Gefahr darin bestand, zwischen seiner Wohnung und dem Arbeitsplatz bei Amazon zu pendeln.

Dies bestätigte sich im März, als mindestens fünf Amazon-Beschäftigte in Italien und Spanien an dem Virus erkrankten.[420] Im Lauf der nächsten Wochen wurden Fälle in Amazon-Niederlassungen quer über die Vereinigten Staaten bekannt. Ich habe Dave Clark gefragt, ob je darüber diskutiert wurde, diesen tödlichen Widerspruch aufzulösen, indem man Niederlassungen schloss oder den Service ganz einstellte. »Wir haben bestimmte Häuser und verschiedene Weltregionen in Betracht gezogen«, sagte er. »Aber die Menschen mussten irgendwie an diese Waren kommen, vor allem in der ersten Zeit.«

Das verärgerte viele Lagerarbeiter, genau wie ihre Gewerkschaften, die Amazon schon lange als eingefleischten Gegner betrachteten. Mitte April verklagte die französische Gewerkschaft Solidaires Unitaires Démocratiques Amazon vor einem Pariser Gericht und forderte, das Unternehmen solle seine sechs Logistikzentren in Frankreich schließen. Das Gericht entschied, dass Amazon seinen Service auf grundlegende Dinge wie medizinische Produkte und Nahrungsmittel beschränken oder für jeden Verstoß mit einer Strafe von 1,1 Millionen Dollar rechnen müsse.

Das war leichter gesagt als getan, da Beschäftigte in dem weit verzweigten Netzwerk womöglich aus Versehen Waren versenden könnten, die den neuen Regeln nicht entsprachen. Amazons Team für das operative Geschäft in Frankreich kalkulierte, dass sich die Verbindlichkeiten auf über eine Milliarde Dollar summieren könnten. Schließlich kam direkt aus Seattle die Anordnung, die Logistikzentren in Frankreich zu schließen. Der Richterspruch in Verbindung mit der Androhung empfindlicher Strafen »machte die Entscheidung nicht allzu schwer«, sagte Clark.

Die französischen Logistikzentren sollten einen Monat lang geschlossen bleiben[421] und viel böses Blut verursachen. Anne Hidalgo, die Bürgermeisterin von Paris, forderte einen Amazon-Boykott zugunsten lokaler Geschäfte, während der französische Kulturminister polterte: »Amazon überfrisst sich.[422] Wir sollten es nicht auch noch füttern.«

Der Kampf forderte auch innerhalb des Unternehmens seinen Tribut. Die Teams für das operative Geschäft in Europa hatten sich jahrelang darum bemüht, Amazon als vertrauenswürdigen Arbeitgeber zu etablieren. Jetzt hatten manche Manager das Gefühl, dass abgehobene, zentralisierte Entscheidungen ihrer Tausende Kilometer entfernten Kollegen in Seattle diese Mühen untergruben. Mitten während der Auseinandersetzungen in Frankreich verließ Roy Perticucci, der langjährige Vice President von Amazons EU-Geschäft, von heute auf morgen das Unternehmen, bald gefolgt von weiteren Führungskräften aus seinem Team.

Heftige Kritik kam auch von den auf Stundenbasis Beschäftigten in den USA. Obwohl das Unternehmen versuchte, soziale Distanz zu verordnen, waren Lagerhallen und Pausenräume nach wie vor voller Menschen, wie man auf Fotos und in Videos erkennen konnte, die die Beschäftigten in den sozialen Netzwerken posteten. Die Lösungen der Firma waren ineffektiv, so lauteten die Vorwürfe, und man priorisiere Verkaufszahlen über Sicherheit. Die Arbeiter eines Logistikzentrums im südkalifornischen Riverside County beanstandeten, dass man sie erst Tage nach der Berichterstattung in der lokalen Presse über Infektionen informiere und die Spender für Händedesinfektionsmittel häufig leer seien.[423] Beschäftigte in anderen Logistikzentren und an Transportdrehkreuzen beschwerten sich darüber, dass sie zu Beginn ihrer Schichten ein einziges Desinfektionstuch[424] bekämen, mit dem sie ihre Arbeitsplätze oder Fahrzeuge säubern könnten.

Diese schweren Vorwürfe waren zwar anekdotisch, gaben jedoch der Möglichkeit Raum, dass Amazons Versuche, in der Frühzeit der Pandemie die Risiken für die Beschäftigen zu begrenzen, lückenhafter waren, als die Führungskräfte zugeben wollten. Bei IND9, einem mehr als 55.000 Quadratmeter großen Lagerhaus südlich von Indianapolis, beschwerten sich die Beschäftigten darüber, dass man anfangs Duschvorhänge aus Plastik, die leicht Risse bekamen, als provisorische Trennwände zwischen den eng nebeneinander liegenden Annahmestationen aufhängte (und sie erst Wochen später durch Plexiglastrennwände ersetzte). Bei CMH1, einem knapp 80.000 Quadratmeter großen Logistikzentrum östlich von Columbus, Ohio, entfernte die Geschäftsführung einige der zahlreichen Mikrowellengeräte, was ein gut gemeinter Versuch sein sollte, die Abstände zu vergrößern. Beschäftigten zufolge führte dies jedoch lediglich dazu, dass sich die Leute um die verbliebenen Geräte drängten. Bei DEN3, einem riesigen Lagerhaus am Freeway I-25 in Colorado, waren Reinigungsprodukte wie Desinfektionsmittel für Hände und Flächen bis weit in den Mai hinein Mangelware, und die Beschäftigten wurden angewiesen, im von ihnen so bezeichneten »Land der Schäden«, einer Fläche für nicht mehr versandfähige ausgemusterte Ware, nach Ersatz zu suchen.

Da viele Beschäftigte Amazons Angebot nutzten, unbegrenzten unbezahlten Urlaub zu nehmen, erklärten die Beschäftigten im Logistikzentrum SDF9 in Shepherdsville, Kentucky, dass das Gebäude in den ersten Wochen der Pandemie leerer gewirkt habe als sonst. Doch als dieses zeitlich befristete Angebot am 1. Mai auslief, obwohl die Zahl der Fälle in den USA weiter ungebremst anstieg, wurde es voller in den Hallen, da die Abstandsregeln, etwa anhand von Markierungen auf dem Fußboden, mit denen die Wege durch die Gänge gesteuert werden sollten, nicht mehr so streng befolgt wurden. »Es ist irgendwie beängstigend«, sagte einer der SFD9-Beschäftigten. »Manche halten sich nicht an die Richtlinien.«

Niemand engagierte sich mehr für die Anprangerung dieser Zustände als ein Assistant Manager namens Chris Smalls aus dem JFK8-Logistikzentrum auf Staten Island. Die Beschäftigten bei JFK8 hatten bereits bewiesen, dass sie nicht davor zurückschreckten, den Mund aufzumachen und sich zu organisieren, unterstützt von denselben Gewerkschaften, die sich Amazons HQ2-Campus in Long Island City widersetzt hatten. Anfang März kehrten Beschäftigte bei JFK8 von einer Fortbildungsreise aus Seattle zurück, einem frühen Virus-Hotspot, und zeigten nach und nach Anzeichen einer Infektion, behauptete Smalls. Die Geschäftsführung des Logistikzentrums nahm dies anscheinend nicht zur Kenntnis und organisierte am 12. März in geschlossenen Räumen eine Veranstaltung für die Mitarbeiter, bei der es einen DJ und ein Gewinnspiel gab, um die Anwesenden zu motivieren, sich für verschiedene Amazon-Bezugsgruppen anzumelden.

Wenig später wurden Abstandsregelungen verhängt, doch anfangs wies man die Beschäftigten an, nur etwa einen Meter Abstand zu halten, wie es in den Richtlinien des Centers for Disease Control (CDC) seinerzeit hieß.[425] Smalls glaubte überdies, dass andere Vorgaben, wie etwa sich nicht in Gruppen mit mehr als zehn Personen zu versammeln, angesichts der teambasierten Arbeitsweise in dem Lagerhaus unmöglich einzuhalten waren. Seit mittlerweile fünf Jahren bei JFK8 beschäftigt, nahm er sich nun frei und trat bei seinen Vorgesetzten dafür ein, das Logistikzentrum vorübergehend zu schließen, um es einer gründlichen Reinigung zu unterziehen.

Am 24. März kehrte Smalls zur Arbeit zurück und nahm an einer fest vereinbarten, regelmäßigen Besprechung teil. Führungskräfte informierten die Gruppe über den ersten bestätigten Covid-19-Fall bei JFK8, und zwar bei einem Beschäftigten, der das Gebäude seit mehr als zwei Wochen nicht mehr betreten hatte. Smalls forderte, das Logistikzentrum müsse geschlossen und desinfiziert sowie alle Beschäftigten bei voller Lohnfortzahlung nach Hause geschickt werden. Seine Vorgesetzten lehnten ab. Smalls sah dies ganz anders und »sagte so vielen Leuten wie möglich Bescheid, als ich mich auf den Weg zum Ausgang machte«, wie er erklärte.

In den folgenden Tagen erhob Chris Smalls Beschwerde bei der Stadt, dem Staat und dem Center for Disease Control (CDC). Obwohl er zugab, Kontakt zu einem infizierten Kollegen gehabt zu haben, kehrte er ins Logistikzentrum zurück und organisierte Sit-ins. Am Samstag, den 28. März, eröffnete ein Vorgesetzter Smalls, er werde in bezahlten »Quarantäneurlaub« geschickt und solle zu Hause bleiben. Trotzdem organisierte er am darauf folgenden Montag – genau auf eine Mittagspause abgestimmt – eine Demonstration vor dem Lagerhaus und informierte die Presse. Die Demonstranten, die zum Teil eng beieinanderstanden und ihre Masken unterm Kinn hängen hatten, hielten Schilder hoch, auf denen stand: »Jeff Bezos, hörst du uns?«, und: »Alexa, schick uns nach Hause!« Amazon-Mitarbeiter und Reporter streamten die Kundgebung live.

»Ich wollte den Leuten Angst machen«, sagte Smalls. »Immer mehr Leute haben begriffen, dass die Lage beängstigend ist, dass wir nicht wissen, womit wir es zu tun haben.« Wenige Stunden später wurde er entlassen – vordergründig, weil er gegen die Anweisung, zu Hause zu bleiben, verstoßen hatte, doch in seinen Augen, weil er versucht hatte, »für etwas einzutreten, was richtig ist«.[426]

Das anschwellende Public-Relations-Problem[427] für Amazon verschärfte sich noch, als ein paar Tage später *Vice News* ein Memo aus dem S-Team veröffentlichte, das ihnen zugespielt worden war und in dem führende Manager diskutierten, wie man mit Smalls umgehen solle, der schwarz war und dessen Einwände gegen Amazons Sicherheitsvorkehrungen in den Medien eine Menge Wirbel machten. »Er ist nicht intelligent oder wortgewandt, und wenn sich die Presse jetzt auf den Streit zwischen ihm und uns stürzen will, bringt uns das in eine wesentlich stärkere PR-Position, als wenn wir einfach nur zum x-ten Mal erklären, wie wir unsere Beschäftigten zu schützen versuchen«, sagte David Zapolsky, Amazons sprachbewusster Chefjustiziar, laut den Besprechungsnotizen. »Macht ihn zum interessantesten Teil der Story, und falls möglich, macht ihn zum Gesicht der gesamten Gewerkschafts-/Organisations-Bewegung.«

Zapolsky, der angab, er habe damals nicht gewusst, dass Smalls schwarz war, entschuldigte sich später höchst wortreich für die Bemerkung und schickte sogar eine E-Mail an seine Mitarbeiter, in der er Unterstützung für die Black-Lives-Matter-Bewegung äußerte, die nach dem Mord an George Floyd im Mai desselben Jahres Fahrt aufgenommen hatte. »Ich hätte nie zulassen dürfen, dass meine Gefühle mit mir durchgehen«, sagte er zu mir. »Ich hätte niemals eine derartige Charakterisierung für einen Amazon-Mitarbeiter benutzen sollen. Ich bereue es zutiefst.«

Doch der Widerstand des Unternehmens gegen alles, was auch nur nach gewerkschaftlicher Organisation roch, trat jetzt massiv öffentlich zutage, noch dazu auf zynische und ziemlich fragwürdige Weise. In den Folgemonaten wurden durch weitere Medienberichte zwei Stellenanzeigen von Amazon für Geheimdienstanalysten öffentlich bekannt,[428] die »Drohungen mit gewerkschaftlicher Organisation« innerhalb der Logistikzentren ausfindig machen sollten, sowie das Vorhandensein von Heatmaps in den Whole-Foods-Märkten, die jeden Laden anhand von Variablen wie Personalfluktuation, ethnischer Diversität und Sicherheitsverstößen einstufte, um potenzielle gewerkschaftsfreundliche Stimmungen auszumachen.

Ausschlaggebend für die Opposition in den Logistikzentren war, in welcher Form Amazon seine Mitarbeiter über Infektionen an den jeweiligen Standorten informierte. In der ersten Zeit der Pandemie war die Abteilung für interne Kommunikation überfordert und tat sich schwer damit, ein Protokoll dafür zu erarbeiten, wie man die Beschäftigten über Infektionen unterrichten sollte. Die Debatte innerhalb der Kommunikationsteams kreiste darum, welcher Grad an Sicherheit bezüglich einer – mutmaßlichen oder durch Testergebnis bestätigten – Infektion einen Großalarm unter den Beschäftigten zur Folge haben solle. Dies war keine belanglose Frage, da es ein paar Tage dauern konnte, bis die erforderlichen Dokumente vorlagen, was den Beginn des Quarantäneurlaubs für die jeweilige Person und die Benachrichtigung ihrer Kollegen verzögern würde. Die Leute jedoch über reine Verdachtsfälle zu informieren könnte unnötige Beunruhigung oder gar Panik auslösen.

Schließlich einigte sich das Team auf einen Plan, dem zufolge sämtliche Beschäftigten in einem Haus erst nach der Bestätigung durch einen Test anhand von Textnachrichten und automatisierten Anrufen verständigt werden sollten. Weiteres Kopfzerbrechen verursachte die Frage, wie viel über die Position der positiv getesteten Person und deren Schicht in der Niederlassung preisgegeben werden sollte, ohne deren Privatsphäre zu verletzen oder Gerüchte und Spekulationen in den sozialen Netzwerken anzuheizen. Das Team verabschiedete einen Plan, bei dem Aufzeichnungen der Überwachungskameras an den Standorten verwendet wurden, um Kontakte nachzuvollziehen. Beschäftigte, die in engem Kontakt mit der infizierten Person gestanden hatten, erhielten anschließend von der Personalabteilung Anweisungen dafür, wie sie sich bei voller Lohnfortzahlung zu Hause in Quarantäne begeben konnten.

Dies war eine vernünftige Lösung unter herausfordernden Umständen, doch allein die Menge von Fällen unter der Amazon-Belegschaft im Frühjahr 2020 löste weitere Verwirrung und Frustration unter den Beschäftigten aus. Sie beschwerten sich darüber, dass man ihnen nicht genau mitteilte, wie viele Infektionen es gab, und ihnen nicht genug Informationen zukommen ließ, um ihr eigenes Infektionsrisiko abzuschätzen. Ein an den Gesprächen über die Benachrichtigungsrichtlinien beteiligter Beschäftigter verglich es damit, »eine ganze Schiffsflotte zu bauen, während man den Atlantik überqueren will«.

Das Fehlen verlässlicher Daten über Infektionsfälle animierte einige Beschäftigte dazu, nach klassischer Amazon-Manier die Lücke selbst zu füllen. Jana Jumpp, eine 59-jährige Mitarbeiterin im SDF8-Logistikzentrum im Süden von Indiana, hörte zu Beginn der Pandemie auf zu arbeiten und verbrachte ihre Zeit damit, sich in inoffizielle Facebook-Gruppen für Beschäftigte von Amazon-Logistikzentren zu vertiefen und nicht gemeldete Fälle und Gerüchte zu sammeln, um ihre Kollegen auf dem Laufenden zu halten.

Im Mai gab Jumpp der CBS-Sendung *60 Minutes* ein Interview über ihre Bemühungen, die Falldaten, die Amazon nicht herausgeben wollte, nachzuverfolgen und zu veröffentlichen.[429] Der Beitrag, zu dem auch ein Interview mit Chris Smalls gehörte, war schonungslos, vor allem hinsichtlich der Weigerung des Unternehmens, irgendwelche Angaben zu den Infektionsraten in den Logistikzentren zu machen. Dave Clark musste sich allein der unbeugsamen Lesley Stahl stellen und erklärte freundlich, dass die Gesamtzahl aller Covid-19-Fälle wenig hilfreich sei, da Amazon glaube, dass sich die meisten Beschäftigten in ihrem privaten Umfeld angesteckt hätten, nicht am Arbeitsplatz.

Doch im Herbst vollzog Amazon aufgrund des steigenden Drucks einen Kurswechsel. Das Unternehmen berichtete, dass etwa 20.000 seiner 1,3 Millionen exponiert tätigen Beschäftigten positiv beziehungsweise vermutlich positiv auf Covid-19 getestet worden seien.[430] Es führte jedoch ins Feld, dass die Präventivmaßnahmen diese Zahl deutlich unter das Niveau gesenkt hätten, das ausgehend von den Infektionsraten in den jeweiligen Kommunen zu erwarten gewesen wäre. Es merkte auch an, dass kein einziger Konkurrent entsprechende Daten veröffentlicht habe oder unter ähnlich heftigen Beschuss von Behördenvertretern und Medien geraten sei.[431]

Trotzdem wurde Jana Jumpp genau wie Chris Smalls und die Gründer von Amazon Employees for Climate Justice (Amazon-Beschäftigte für Klimagerechtigkeit) gekündigt. Amazon entließ außerdem Katie Doan,[432] eine Angestellte bei Whole Foods, die Coronavirus-Fälle in den Supermärkten der Kette verfolgt hatte, Bashir Mohamed,[433] einen somalischen Mitarbeiter eines Logistikzentrums in Minnesota, der mehr Gesundheitsschutzmaßnahmen verlangt hatte, und Courtney Bowden, eine Beschäftigte aus Pennsylvania,[434] die Anstecker verteilt hatte, auf denen bezahlter Urlaub für Teilzeitbeschäftigte gefordert wurde.

Das Unternehmen behauptete steif und fest, es habe sich nicht an diesen Mitarbeitern gerächt, weil sie den Mund aufgemacht hatten. In jedem Fall führten Amazon-Sprecher eine interne Vorschrift an, die verletzt worden sei, wie etwa Abstandsregeln oder Bestimmungen, wonach es ohne Erlaubnis der Firma verboten war, mit den Medien zu sprechen. Doch das war unglaubwürdig. Hatten Jeff Bezos und seine Kollegen bereits seit Jahren gereizt auf Kritik von außen reagiert, schienen sie es nun völlig unerträglich zu finden, wenn diese aus dem Unternehmen selbst kam. Es war, als fürchteten sie, ein aufrührerischer Funken aus ihren eigenen Reihen könne die seit Langem schwelende Rebellion einer unzufriedenen und aktivistischen Belegschaft nun endlich ausbrechen lassen.

Tim Bray konnte nicht mehr guten Gewissens bei Amazon bleiben. Fünf Jahre lang hatte Bray, ein Software-Entwickler, der meist einen klassischen Filzhut trug und einer der Schöpfer der einflussreichen Auszeichnungssprache XML war, als Vice President und leitender Ingenieur bei AWS gearbeitet und gehörte zur Kaste der Technik-Hohepriester, die man zur Rettung problematischer Projekte heranzog. Bray wurde von Freunden aus der progressiven Linken angegangen: Wie konnte er bei einer Firma bleiben, die straflos Whistleblower feuerte und den Anschein erweckte, als sei ihr die Sicherheit ihrer Belegschaft herzlich egal?

Letztlich konnte er nicht. Anfang Mai quittierte Bray seinen Job und stellte einen beißenden Kommentar auf seine private Website, in dem er erklärte, dass die Entlassungen ungerecht gewesen seien und Amazons achtloser Umgang mit seiner Belegschaft einen Fehler im Erbgut des Unternehmens aufzeige. »Whistleblower zu feuern ist weder eine Nebenwirkung makroökonomischer Kräfte noch unerlässlich für das Funktionieren freier Märkte«, schrieb er.[435] »Es ist ein Beleg für eine toxische Ader, die sich durch die Unternehmenskultur zieht. Ich will dieses Gift weder ausschenken noch selbst trinken.«

Ich sprach ein paar Monate später per Videokonferenz mit Bray, der sich im Homeoffice auf seinem Motorboot in Vancouver aufhielt. Er zeigte sich reumütig, was seinen Verzicht auf den guten Job und den Stapel Aktienoptionen für Mitarbeiter betraf, nahm jedoch die Flut von Postings in den sozialen Netzwerken für bare Münze, in denen Beschäftigte unsichere Arbeitsbedingungen anprangerten. Er sagte, die Entlassungen engagierter Mitarbeiter hätten ihn tief getroffen. »Dass Whistleblower gefeuert wurden, ging einfach einen Schritt zu weit«, sagte er. »Ich fand es rein ethisch völlig inakzeptabel. Das kann man als Firma nicht mehr einfach damit wegerklären, dass man streng nach den Regeln spielt. Damit konnte ich nicht leben.«

Während des kurzen Medientumults wegen Brays Posting auf seinem Blog hatte Amazons PR-Abteilung Reporter diskret auf eine Gegendarstellung hingewiesen, die von Brad Porter, einem anderen leitenden Software-Ingenieur bei Amazon, auf LinkedIn gepostet worden war.[436] Porter stellte Brays Unterstellung infrage, dass das Unternehmen bei der Umsetzung von Sicherheitsmaßnahmen schleppend vorgegangen sei, und widersprach dessen Behauptung, dass die Firma ihre Beschäftigten wie Waren behandele, die man aufbraucht und dann wegwirft. »Wenn wir wollen, dass sich Menschen dafür entscheiden, bei Amazon zu arbeiten, um dabei zu helfen, Pakete zu den Kunden zu bringen, dann ist Aufgabe Nummer eins, diese wertvollen Mitarbeiter davon zu überzeugen, dass man tagaus, tagein alles tut, um ihre Sicherheit zu gewährleisten«, schrieb er.

Doch Porters Entgegnung ging genau wie Amazons Reaktion auf die Kritik an seinem Umgang mit Covid-19 an den zentralen Elementen von Brays Gewissensentscheidung vorbei. Bray glaubte, die Aussagen der engagierten Mitarbeiter spiegelten eine verständliche Angst in einer beklemmenden Zeit wider. Doch in seiner reflexhaften Abwehrhaltung sah Amazon keine normalen Menschen mit ehrlichen Anliegen mehr, sondern die unsichtbare Hand seiner Gegnerschaft wie etwa gewerkschaftlich organisierter Gruppierungen. »Manchmal ist es bei dem ganzen Getöse schwer zu sagen, ob es unsere Mitarbeiter sind, die sich äußern, oder ob es welche von diesen bezahlten externen Gruppierungen sind, die, na ja, alles aufbauschen«, sagte Dave Clark zu mir. »Es gibt Leute, die uns lieben, ganz egal, was wir tun, und es gibt Leute, die uns einfach nicht leiden können, ganz egal, was wir tun.«

Bray brachte auch ein gewichtiges Argument vor, das nicht nur Amazon betraf, sondern die USA als Ganzes und deren Versäumnis, die verwundbarsten Arbeitskräfte des Landes zu schützen. Er war zu der Überzeugung gelangt, dass Beschäftigte und Vertragsnehmer bei Amazon und anderen Firmen dringend erhöhten gesetzlichen Schutz durch die Regierung benötigten.

In vielen europäischen Ländern verfügen beispielsweise Arbeitsstätten ab einer gewissen Größe über gesetzlich vorgeschriebene Betriebsräte, die unabhängig von den Gewerkschaften sind, den Beschäftigten jedoch bei größeren Umgestaltungen in ihren Firmen ein Mitspracherecht zusichern. So etwas fehlt in den USA, wo drastische Veränderungen für das Leben der Arbeiter Tausende von Kilometern entfernt getroffen werden können. Wenn den Betroffenen das nicht passt, haben sie keine andere Wahl, als zu kündigen und sich einen anderen Job zu suchen – oder öffentlich zu protestieren und ihre Entlassung zu riskieren.

Andere reiche Länder haben Mindestlöhne, von denen man leben kann, und von der Regierung vorgeschriebene Sozialleistungen wie

Lohnfortzahlung im Krankheitsfall und bezahlte Elternzeit, Gleichbehandlungsregelungen für Teilzeitbeschäftigte sowie eine Begrenzung der Arbeitszeit. In den USA, wo der staatlich festgesetzte Mindestlohn bei lächerlichen 7,25 Dollar die Stunde stagnierte, galt dergleichen bei vielen Abgeordneten und einigen Firmenmanagern als unbezahlbarer Luxus und Belastung für die Wettbewerbsfähigkeit US-amerikanischer Firmen. Infolgedessen wurden viele Beschäftigte in der Covid-19-Krise alleingelassen, klammerten sich an ihre monatliche Gehaltszahlung und die vom Arbeitgeber abhängige Krankenversicherung, wenn sie denn überhaupt eine hatten, fürchteten um ihre Jobs und hatten keine andere Wahl, als ihr Leben und die Sicherheit ihrer Familien aufs Spiel zu setzen.

»Amazon ist das Symptom eines größeren Problems«, erklärte Bray auf seinem Motorboot. »Ich möchte Firmen das Gleiche sagen wie meinen Kindern: ›Spielt fair miteinander!‹ Aber das wird nicht funktionieren. Wir brauchen Regelwerke. Wenn es einem widerstrebt, wie die Leute in den Lagerhäusern behandelt werden, muss es Vorschriften geben, die das verhindern. Wir leben in einem Umfeld, in dem es vollkommen legal ist, Fließbandarbeiter wie Dreck zu behandeln«, fuhr er fort. »Und deshalb passiert das auch. Denn wenn du es nicht machst, macht es dein Konkurrent.«

Ende 2020, als Covid-19 weiter auf der ganzen Welt und besonders in den USA seinen tödlichen Tribut forderte, kehrte Amazon zu einer neuen Normalität zurück. Es war an der Zeit, Bilanz zu ziehen.

Mitten in der allgemeinen Misere des Jahres 2020 war Amazon paradoxerweise aufgeblüht. Trotz seiner erheblichen Investitionen in Covid-19-Tests und -Sicherheitsmaßnahmen verzeichnete das Unternehmen sein profitabelstes Jahr aller Zeiten,[437] und seine jährlichen Einnahmen stiegen um 37 Prozent auf über 380 Milliarden Dollar. Als im Herbst eine neue Infektionswelle über die USA und Europa schwappte und die Logistikzentren mehr Arbeitskräfte denn je einstellten, beschäftigte Amazon erstmals eine Million Voll- und Teilzeitmitarbeiter.[438]

Während Videokonferenzen und Distanzunterricht Geschäftsreisen und persönliche Interaktion ersetzten, schnellte die Nutzung von AWS, einem zentralen Bestandteil der unsichtbaren Infrastruktur des Internets, in die Höhe. Zu Hause festsitzende Kunden interagierten häufiger mit Alexa und wandten sich an die sprachgesteuerte Assistentin, um in der endlosen Isolation Trost zu finden. Prime Video prosperierte, landete Hits wie die brutale Superheldenserie *The Boys* und die Komödie *Borat Anschluss Moviefilm* und etablierte die Amazon Studios weiter an vorderster Front der Hollywood-Avantgarde, zusammen mit Netflix und aufstrebenden Konkurrenten wie Disney+.

Ende des Jahres konnte sich Amazon mit einem Börsenwert von 1,6 Billionen Dollar brüsten, während Jeff Bezos' Reinvermögen mehr als 190 Milliarden Dollar betrug. Sein Reichtum war während der Pandemie um über 70 Prozent gestiegen. Dies war eine atemberaubende Leistung und zugleich ein krasser Kontrast gegenüber der durch das Virus ausgelösten wirtschaftlichen Verwüstung und Not unter den Beschäftigten der Amazon-Logistikzentren. Das Spielfeld der globalen Wirtschaft, das sich ohnehin bereits zugunsten von Amazon und den anderen Technologiegiganten geneigt hatte, war nun noch steiler in ihre Richtung gekippt, während kleinere und lokale Betriebe reihenweise untergingen.

Im Day-One-Turm in Seattle neigte sich eine Ära dem Ende zu. Im Januar hatte Jeff Wilke, der für das Endkundengeschäft zuständige 53-jährige CEO, Bezos mitgeteilt, dass er sich im Lauf des nächsten Jahres zurückziehen wolle. Doch als die Pandemie immer heftiger wütete, erklärte er seinem Boss, er solle sich erst einmal keine Sorgen wegen seines Ausscheidens machen. »Ich bleibe hier, bis wir wirklich sicher sein können, dass die Firma stabil ist, und begriffen haben, in was für einer Welt wir agieren«, erklärte er. Im August war er zuversichtlich, dass Amazon das Schlimmste überstanden hatte, und gab seinen Rückzug bekannt.

Wilke hatte das Logistiknetzwerk während der Internetblase entworfen, am Tiefpunkt der Geschichte des Unternehmens, und dann die einzelnen Dienste in Amazons immer weiter wachsendem Internetgeschäft kontrolliert. Überdies galt er weithin als Befürworter der humaneren Elemente in der scharfkantigen Unternehmenskultur. »Jeffs Vermächtnis und Einfluss werden noch lange nach seinem Ausscheiden weiterleben«,[439] schrieb Bezos an die Belegschaft. »Er ist einfach einer der Menschen, ohne die Amazon nicht das wäre, was es ist.«

Es überraschte niemanden, dass Wilke Dave Clark zu seinem Nachfolger erklärte. Nach den Triumphen, Amazon Logistics aufgebaut und die Coronaviruskrise bewältigt zu haben, wurde Clark unter Bezos zum CEO für das globale Endkundengeschäft ernannt und sollte im Januar 2021 einen Brief an die neue Regierung von Joe Biden[440] schreiben, in dem er Amazons Hilfe bei der Verteilung von Impfstoff anbot. Clarks Nachfolgern im operativen Geschäft, deren Instinkte nicht in ähnlicher Weise durch die chaotischen Abläufe in den Logistikzentren während Amazons Frühzeit geschärft waren, sollte es überlassen bleiben, die sich immer weiter verzweigenden Geschäftsbereiche mit einer Mischung aus leidenschaftsloser Effizienz und Empathie für die Mühen der an vorderster Front stehenden Belegschaft zu managen.

Viele andere langjährige Manager nahmen ebenfalls leise ihren Abschied – entweder weil sie von der vielen Arbeit erschöpft oder bereits über die Maßen reich waren oder weil sie die anregendere Atmosphäre einer kleineren Firma reizte. Unter denjenigen, die ihren Hut nahmen, befand sich auch der Amazon-Veteran Jeff Blackburn, der zweiundzwanzig Jahre lang im Dienst des Unternehmens gestanden und als Senior Vice President die Amazon Studios und die prächtig gedeihende Werbeabteilung geleitet hatte. Eine neue Garde stand bereit, zu der mehrere Neulinge im S-Team zählten, unter ihnen Christine Beauchamp von Amazon Fashion, Colleen Aubrey aus der Werbesparte und Alicia Boler Davis aus dem operativen Geschäft.[441] Zusammen mit Beth Galetti begannen sie schließlich die Konturen einer erweiterten Führungsriege aus fünfundzwanzig Personen umzugestalten, der es jahrelang auffallend an geschlechtlicher und ethnischer Diversität gefehlt hatte.

Was Bezos betraf, so konnte er, nachdem Amazons Reaktion auf die Pandemie weitgehend geregelt war, endlich neue Pläne auf den Weg bringen. Im Februar 2020 hatte er sich verpflichtet, im Rahmen einer neuen philanthropischen Stiftung namens Bezos Earth Fund Gelder in Höhe von zehn Milliarden Dollar an Wissenschaftler, Aktivisten und Klimaschützer zu spenden, was jedoch durch die Covid-19-Krise verzögert wurde. In der Zwischenzeit verblüffte MacKenzie Scott[442] die Welt der Wohltätigkeit, indem sie im Eilverfahren fast sechs Milliarden Dollar nicht zweckgebundener Zuschüsse an verschiedene schwarze Colleges sowie Gruppen spendete, die für die Rechte von Frauen und LGBTQ-Personen eintraten, und dann eine neue Ehe mit dem Chemielehrer Dan Jewett aus Seattle einging, der ebenfalls den Giving Pledge unterzeichnete. Der Kontrast zu den gerade erst einsetzenden philanthropischen Bemühungen ihres Exmannes war enorm.

Im Herbst 2020 begannen Bezos und Lauren Sánchez Videokonferenzen mit Klima- und Naturschutzgruppen abzuhalten. Die Leiter dieser Organisationen sagten, die beiden hätten kluge Fragen gestellt und ernsthaft um Rat dafür gebeten, wie sie einen sinnvollen Beitrag leisten könnten. Nachdem sie einen weiteren Kreis von Non-Profit-Organisationen angesprochen hatten, darunter auch kleinere Bürgerinitiativen, die sich für Zwecke einsetzten wie den Schutz von einkommensschwachen Wohnvierteln vor Umweltverschmutzung, könnten sie über die Reaktion verwundert gewesen sein: Manche dieser Gruppierungen misstrauten Bezos' Geld und wollten sich nicht allzu eng mit dem Boss eines Unternehmens einlassen, das den Ruf hatte, seine Beschäftigten schlecht zu behandeln.

Ein Begünstigter, die Organisation NDN Collective, die sich für die Schaffung nachhaltiger Lösungen zugunsten indigener Völker einsetzt, nahm vom Bezos Earth Fund zwölf Millionen Dollar entgegen und veröffentlichte hinterher eine erstaunliche Erklärung, in der es unter anderem hieß: »Wir wollen nicht darum herumreden, dass Amazon und insbesondere Jeff Bezos wegen ungerechter Arbeitsbedingungen, Rettungsschirmen für Unternehmen und dafür, direkt zum Klimawandel beizutragen, zu Recht kritisiert wurden.«[443] Andere Basisbewegungen bestanden darauf, im Verhältnis gleichberechtigt mit den großen Umweltinitiativen behandelt zu werden, die Spenden in Höhe von 100 Millionen Dollar erhielten, wie etwa der Environmental Defense Fund und das World Resources Institute. Fünf solcher Organisationen für Umweltgerechtigkeit sollten insgesamt 151 Millionen Dollar erhalten.

Ein paar Gruppierungen gingen allerdings noch weiter und forderten, dass Bezos Klimaorganisationen unterstützte, die zugleich für faire

Arbeitsbedingungen eintraten. Als einige dieser Gespräche schwieriger und kontroverser wurden, als er vielleicht erwartet hatte, bat Bezos Patty Stonesifer, die seit langen Jahren dem Amazon-Vorstand angehörte und früher CEO bei der Bill and Melinda Gates Foundation gewesen war, sich einzuschalten. Umweltgruppen erinnern sich daran, wie sie das Verfahren in jenem Herbst übernahm und dazu betrug, Organisationen wie den Climate and Clean Energy Equity Fund sowie den Hive Fund for Climate and Gender Justice in die Liste von Begünstigten einzubinden, die von Bezos' Freigiebigkeit profitieren sollten. Sie beendete auch behutsam den Dialog mit Gruppen wie dem NAACP Environmental and Climate Justice Program, dessen Vertreter sich nicht davon abbringen ließen, Arbeitnehmerrechte als zentralen Bestandteil von Klimagerechtigkeit zu betrachten.

Die Ankündigung der ersten 791 Millionen Dollar an Spenden aus seinem Earth Fund am 16. November 2020 bewies, dass Bezos seine legendäre Intelligenz und sein kolossales Vermögen endlich für die größte Herausforderung seiner Generation einsetzte. Obwohl manche Umweltinitiativen seine besten Absichten mit Skepsis begleitet hatten, wollte er nach einem Leben, das außergewöhnlich erfolgreich verlaufen war, seine Handlungsweise nicht verändern.

Diese Haltung galt auch für seine minuziöse Kontrolle der neuesten und vielversprechendsten Bestrebungen bei Amazon, während sein öffentlicher Einfluss weiter wuchs. Genau wie er die Projekte vorangetrieben hatten, aus denen später Alexa und die Amazon-Go-Supermärkte hervorgehen sollten, trug er auch zur Entwicklung von Projekt Kuiper bei, einem ehrgeizigen Plan, Satelliten ins All zu schießen, die Menschen auf der ganzen Welt Highspeed-Internetverbindungen zur Verfügung stellen sollten. Amazons Zehn-Milliarden-Dollar-Projekt war eine direkte Herausforderung für das von Elon Musks Unternehmen SpaceX bereits stationierte Starlink-Satellitensystem. Die beiden Firmen stritten sich vor den Behörden um Anteile des Radiospektrums und niedrigere Erdumlaufbahnen, wo die Signale am stärksten sind; zwei der reichsten Menschen der Welt lieferten sich abermals ein spektakuläres Wettrennen.

In ähnlicher Weise kontrollierte Bezos weiter Amazons Position auf dem grob vier Billionen schweren US-Markt für Medizinprodukte. Dazu gehörte Amazon Pharmacy, ein über längere Zeit herangereifter Dienst, mit dem Amazon-Kunden Rezepte online einlösen konnten und den die Firma in jenem November öffentlich vorgestellt hatte, als Covid-19 in den USA wütete. Andere Elemente ihrer Dienste im Gesundheitsbereich waren der im August 2020 vorgestellte, dem Fitbit ähnliche Fitnesstracker Halo sowie Amazon Care,[444] ein auf einer Smartphone-App basierender Dienst, der Amazon-Beschäftigten im Bundesstaat Washington virtuelle Arztbesuche ermöglichte und den Amazon in der Folgezeit auf andere Firmen ausdehnte. Bezos sah in der Gesundheitsfürsorge ein enormes Potenzial für Umwälzung und Innovation und traf sich regelmäßig mit einer geheimen Gruppe innerhalb der Firma, der sogenannten Grand Challenge, deren Zweck es war, Ideen auf diesem Gebiet zu entwickeln und umzusetzen.

Bezos machte weiterhin mit Feuereifer erfolgversprechende neue Geschäftsfelder ausfindig, die das bereits solide Vermögen seines Unternehmens beträchtlich steigern könnten. Zudem räumte er zentralen Stellvertretern wie Andy Jassy und Dave Clark weitere Befugnisse über die angestammten Geschäftsbereiche ein. Und am 2. Februar 2021 gab Amazon in einer historischen Verlautbarung bekannt, dass Bezos auch etwas anderes räumen würde: seinen Posten als CEO.[445] Neben seinem Quartalsbericht gab das Unternehmen bekannt, dass Bezos im weiteren Verlauf des Jahres den Übergang zum Executive Chairman vollziehen und die Rolle des Vorstandschefs an Andy Jassy übergeben werde, den langjährigen Chef von AWS, der vor langer Zeit Bezos' erster hauptberuflicher Technischer Berater gewesen war. Der Schritt markierte einen offiziellen Führungswechsel bei Amazon und das offensichtliche Ende einer der legendärsten Erfolgsgeschichten der modernen Wirtschaft. Im Lauf von zweieinhalb Jahrzehnten hatte Bezos aus der Idee, über ein neues Medium namens Internet Bücher zu verkaufen, mithilfe von Erfindergeist, dem vorurteilsfreien Einsatz von Technologie und dem rücksichtslosen Streben nach Einfluss ein weltweites Imperium aufgebaut, das einen Gesamtwert von mehr als 1,5 Billionen Dollar besaß.

Die wenigsten aktuellen und früheren Kollegen zeigten sich von der Nachricht besonders erstaunt. Bezos hatte sich bereits seit Jahren immer weiter zurückgezogen und seine Zeit für seine vielfältigen Interessen außerhalb von Amazon verwendet. Sie erwogen auch den Einfluss seiner Lebensgefährtin und fragten sich, ob er nun zusammen mit Lauren Sánchez mehr einem Lebensstil des extravaganten Müßiggangs auf ihren luxuriösen Anwesen und schon bald auf ihrer grandiosen Segeljacht frönen würde.

Bezos hatte noch einen anderen Grund, sich aus der Spitzenposition herauszumanövrieren: CEO von Amazon zu sein würde schon bald weit weniger amüsant werden. Man musste komplizierte, alternde Geschäftssparten überwachen wie den Amazon Marketplace mit seiner Masse von unzufriedenen Anbietern, die sich permanent über Betrug und Wettbewerbsverzerrung beschwerten, dazu das Amazon-Logistiknetzwerk mit über einer Million einfachen Arbeitern, von denen ein Teil sich lautstark bemerkbar machte und für höhere Löhne und bessere Arbeitsbedingungen eintrat. Diese Akteure neigten dazu, ihre Wut auf Amazons Boss zu richten und ihn für Probleme persönlich verantwortlich zu machen. Daneben lauerten ähnlich unangenehme Regulierungsfragen in Washington und Brüssel. Mit dem 53-jährigen Jassy setzte Bezos einen disziplinierten Leader ein, den er minuziös in seiner ungewöhnlichen Art der Unternehmensführung ausgebildet hatte, der sich in der Öffentlichkeit zu bewegen wusste und der Amazons politischen Gegnern eine etwas bescheidenere Zielscheibe bot. Bezos' ehemaliger Technischer Berater hatte sich umfassend bewiesen, indem er Amazons profitabelsten Bereich aufgebaut und geleitet hatte, und er besaß die nötige Bandbreite für einen immer anspruchsvoller werdenden Job.

»Als CEO von Amazon trägt man eine enorme Verantwortung, die einen restlos fordert. Wenn man eine derartige Verantwortung hat, ist es schwer, seine Aufmerksamkeit auf etwas anderes zu richten«, schrieb Bezos in einer E-Mail an die Mitarbeiter.[446] »Als Exec Chair werde ich mich weiter für wichtige Belange von Amazon engagieren, aber auch die nötige Zeit und Energie haben, mich um den Day One Fund, den Bezos Earth Fund, Blue Origin, die *Washington Post* und all meine anderen

Leidenschaften zu kümmern. Ich hatte noch nie mehr Energie, und es geht hier nicht um den Ruhestand.«

Jeff Bezos' Mission war es gewesen, Stagnation zu vermeiden und Amazon als »Day-One«-Unternehmen mit einer innovativen Kultur und soliden Gebräuchen zu erhalten, das ihn überdauern würde. »Amazon ist nicht zu groß, um zu scheitern«, warnte er die Beschäftigten einst bei einer Mitarbeiterversammlung. »Ja, ich prophezeie sogar, dass Amazon eines Tages scheitern wird. Amazon wird bankrottgehen. Wenn ihr euch große Unternehmen anschaut, so haben sie Lebensspannen von etwas mehr als dreißig Jahren, nicht von mehr als hundert Jahren.«

Ab sofort liegt es weitgehend in Andy Jassys Händen, diese düstere Gefahr abzuwenden. Zu den größten Herausforderungen für den neuen CEO wird zählen, den innersten Kreis an erfahrenen Führungskräften des Unternehmens zusammenzuhalten, auch wenn Amazons Aktienkurs stagnieren sollte, für Motivation und Zufriedenheit bei der immer weiter wachsenden Belegschaft in den Lagerhäusern zu sorgen und der drohenden Beaufsichtigung durch Regulierungsbehörden innerhalb und außerhalb der USA zu begegnen. Dieser eskalierende Kampf, der eines Tages in einer Kartellklage der US-Regierung gegen Amazon kulminieren könnte, ist noch längst nicht ausgefochten.

Doch mit seinen vierzehn geheiligten Führungsprinzipien, den ineinander verzahnten Geschäftsbereichen und seinem überwältigenden Schwung hatte Bezos sowohl Jassy als auch das Unternehmen allem Anschein nach darauf vorbereitet, auch nach seinem Abgang weiter prächtig zu gedeihen. In dieser Hinsicht war sein Lebenswerk, zumindest was Amazon betraf, offenkundig getan.

Allerdings fehlte nach wie vor eine endgültige Antwort auf die ewige Frage, die auch jetzt noch nicht abschließend geklärt werden kann: Ist es besser für die Welt, wenn es Amazon gibt?

Oder vielleicht ist es nach Amazons Entwicklung zu einem Billionen-Dollar-Imperium und Jeff Bezos' Eingang in die Annalen der Wirtschaftsgeschichte gar nicht mehr sinnvoll, diese Frage zu stellen. Amazon ist mittlerweile untrennbar mit unserem Leben und unseren Gemeinschaften verwoben, es gewinnt durch die Annehmlichkeit, von zu Hause aus bestellen zu können, immer mehr Kunden und stellt damit alle außer den wendigsten lokalen Einzelhändlern vor unüberwindbare Herausforderungen. Es erinnert an Bezos' alten Spruch über Türen, die nur in eine Richtung aufgehen, und Schwingtüren, sowie an unwiderrufliche Entscheidungen nach Art der ersteren. Vor langer Zeit sind wir durch eine solche Tür vom Typ eins getreten und damit hinein in die von Technologie bestimmte Gesellschaft, die in weiten Teilen von Jeff Bezos und seinen Kollegen entworfen und geformt wurde. Was auch immer man von dem Unternehmen und dem Mann halten mag, die gemeinsam ein so großes Stück unserer wirtschaftlichen Realität im dritten Jahrzehnt des 21. Jahrhunderts kontrollieren – jetzt gibt es kein Zurück mehr.

Danksagung

Anfang 2018 begann ich mit den Recherchen für dieses Buch und schrieb es dann 2020 während der Covid-19-Pandemie. Wie so vieles andere in dieser herausfordernden Zeit konnte ich es nur mit der Unterstützung und dem Wissen von Freunden, Verwandten und Kollegen, denen ich zutiefst dankbar bin, erfolgreich zu Ende bringen.

Stephanie Frerich bei Simon & Schuster war mir eine versierte Lektorin, die nie davor zurückschreckte, schwierige Fragen zu stellen, hölzerne Passagen umzuformulieren und den gesamten Text auf Kurs zu halten. Sie hat das Buch unendlich viel besser gemacht. Emily Simonson, Elisa Rivlin, Jackie Seow, Matthew Monahan, Samantha Hoback und Lisa Erwin haben dazu beigetragen, es trotz eines vorgezogenen Veröffentlichungstermins rechtzeitig unter Dach und Fach zu bringen. Jonathan Karp, Dana Canedy, Richard Rhorer, Kimberly Goldstein, Stephen Bedford, Marie Florio, Larry Hughes und die verstorbene Carolyn Reidy haben immer an dieses Buch geglaubt und traten für eine uneingeschränkte Auseinandersetzung mit seinem mächtigen Gegenstand ein.

Meine Agentin, Pilar Queen von UTA, war mir eine unermüdliche Fürsprecherin und Beraterin. Sie hat mich sanft dazu gedrängt, mich abermals dem von rasanten Veränderungen geprägten Thema Amazon und Jeff Bezos zuzuwenden, und wurde dann eine begeisterte Unterstützerin und eine der ersten Leserinnen. Ich bin ihr zu großem Dank verpflichtet.

Lindsay Gellman hat wertvolle Hilfe bei den Recherchen geleistet, ergänzt durch Unterstützung beim Überprüfen von Fakten zusammen mit dem genau und schnell arbeitenden Team aus Lindsay Muscato, Rima

Parikh und Jeremy Gantz. Diana Suryakusuma half mir bei den Fotos. Sämtliche Fehler sind allein mir zuzuschreiben. Dank auch an Chris Oster und Halle Gordon von Amazon dafür, dass sie zahlreiche Interviews ermöglicht und unzählige Fakten bereitgestellt haben.

Bei *Bloomberg News* danke ich John Micklethwait, Reto Gregori und Heather Harris, die dieses Projekt mit Feuereifer unterstützt und meinen zeitweisen Rückzug aus unserem Tagesgeschäft verständnisvoll aufgenommen haben. Ich bin enorm stolz darauf, *Bloombergs* Team für globale Technologie anzugehören; Tom Giles, Jillian Ward, Mark Milian, Peter Elstrom, Edwin Chan, Giles Turner, Molly Schuetz, Alistair Barr und Andy Martin sind sagenhafte Partner, die eine Gruppe von fünfundsechzig hoch qualifizierten Technologiejournalisten auf der ganzen Welt leiten. Joel Weber, Kristin Powers und Jim Aley von der *Bloomberg Businessweek* waren mir zuverlässige Verbündete; Max Chafkin hat mich während des Schreibprozesses mit viel gutem Rat und schwarzem Humor versorgt.

Meine *Bloomberg*-Kollegen Mark Gurman, Austin Carr, Ellen Huet, Josh Brustein, Dina Bass, Priya Anand, Ian King, Nico Grant, Kartikay Mehrotra, Anne Vandermey, Naomi Nix, Tom Metcalf, Jack Witzig, Brody Ford und Devon Pendleton sind alle auf meine regelmäßigen Hilfeersuchen eingegangen. Sarah Frier und Emily Chang standen stets mit Motivation und Ermunterung bereit. Saritha Rai half mir, Amazons Geschichte in Indien nachzuverfolgen, und Kapitel 3 basiert zum Teil auf einer Titelgeschichte, die wir gemeinsam für die *Bloomberg Businessweek* verfasst haben. Ashlee Vance war mir ein treuer Freund und Komplize.

Zu besonderem Dank verpflichtet bin ich den *Bloomberg*-Reportern Spencer Soper und Matt Day und dem Redakteur Robin Ajello, deren Arbeit in den Fußnoten dieses Buchs reichlich vertreten ist. Sie lieferten mir unverzichtbares Feedback und einen Schatz an profundem Wissen über Amazon. Gemeinsam arbeiten wir gerade an einer Audioversion der Amazon-Geschichte im Rahmen der Podcast-Reihe *Foundering* von Bloomberg Technology, produziert von Shawn Wen. Bitte halten Sie danach Ausschau.

Anne Kornblut, Matt Mosk, Adam Piore, Sean Meshorer, Ethan Watters, Michael Jordan, Fred Sharples, Ruzwana Bashir, Adam Rogers, Daniel McGinn und Charles Duhigg schenkten mir in diversen schwierigen Augenblicken Freundschaft und Unterstützung. Nick und Chrysta Bilton stellten mir bei mehreren Reisen nach Los Angeles großzügig ihre Gastfreundschaft zur Verfügung; Nick und Emily Wingfield taten das Gleiche in Seattle. Steven Levy steht mir seit vielen Jahren als kluger Ratgeber und wertvoller Freund zur Seite.

Ich habe das enorme Glück, über eine große und hilfsbereite Familie zu verfügen, darunter meine Brüder Brian Stone und Eric Stone, Dita Papraniku Stone und Becca Zoller Stone, Luanne Stone, Maté Schissler und Andrew Iorgulescu sowie Jon und Monica Stone. Mein Vater Robert Stone ist mein aufmerksamster Leser und diente mir als Testperson für die Gedanken in diesem Buch. Meine Mutter Carol Glick schenkte mir bedingungslose Liebe, Rat und die angemessene Menge an Besorgnis hinsichtlich der Ausmaße des Unterfangens. Meine Großmutter Bernice Yaspan ist mit ihren 103 Jahren nach wie vor eine passionierte Leserin, und es war eines meiner persönlichen Ziele, ihr diesen Band in die Hände zu legen.

Meine Töchter Isabella Stone, Calista Stone und Harper Fox erfüllen mich Tag für Tag mit außerordentlichem Stolz. Während der Pandemie auf ihre Resilienz bauen zu können machte es mir relativ leicht, ein weiteres Buch zu schreiben. Doch natürlich wäre das nicht einmal ansatzweise möglich gewesen ohne die Liebe, die Geduld und den unermüdlichen Zuspruch meiner Frau Tiffany Fox.

Anmerkungen

1 Matt Day, »Amazon Tries to Make the Climate Its Prime Directive«, Bloomberg, 21. September 2020, https://www.bloomberg.com/news/features/2020-09-21/amazon-made-a-climate-promise-without-a-plan-to-cut-emissions (16. Januar 2021).

2 Amazon Employees for Climate Justice, »Open Letter to Jeff Bezos and the Amazon Board of Directors«, Medium, 10. April 2019, https://amazonemployees4climatejustice.medium.com/public-letter-to-jeff-bezos-and-the-amazon-board-of-directors-82a8405f5e38 (18. Januar 2021).

3 Der Artikel »Meaningful Innovation Leads, Launches, Inspires Relentless Amazon Visitor Improvements« war der Anlass für das von einem der Amazon-Executives geprägte Akronym milliravi: »a significant mathematical error of a million dollars or more«. Siehe dazu Brad Stone, Der Allesverkäufer: Jeff Bezos und das Imperium von Amazon. Frankfurt: Campus, 2019, 2. erweiterte Auflage.

4 »Billionaires: March 2011«, Forbes, 9. März 2011, https://web.archive.org/web/20110313201303if_/http://www.forbes.com/profile/jeff-bezos (17. Januar 2021).

5 Nicole Brodeur, »Neighbors Talking About Amazon«, Seattle Times, 12. Januar 2012, https://www.seattletimes.com/seattle-news/neighbors-talking-about-amazon/ (17. Januar 2021).

6 Senator Elizabeth Warren, »Here's How We Can Break Up Big Tech«, Medium, 8. März 2019, https://medium.com/@teamwarren/heres-how-we-can-break-up-big-tech-9ad9e0da324c (17. Januar 2021).

7 Katarzyna Niedurny, »Kariera Głosu Ivony. ›Wsiadam do windy i słyszę jak mówię »piętro pierwsze«‹« (»Ivonas Stimmenkarriere. ›Ich trete in den Aufzug und höre mich sagen »erster Stock«‹«), Onet Wiadomości, 4. Januar 2019, https://wiadomosci.onet.pl/tylko-w-onecie/jacek-labijak-o-karierze-glosu-jacek-w-syntezatorze-mowy-ivona/kyht0wl (19. Januar 2021).

8 Eugene Kim, »The Inside Story of How Amazon Created Echo, the Next Billion-Dollar Business No One Saw Coming«, Business Insider, 2. April 2016, https://www.businessinsider.com/the-inside-story-of-how-amazon-created-echo-2016-4 (19. Januar 2021).

9 David Baker, »William Tunstall-Pedoe: The Brit Taking on Apple's Siri with ›Evi‹«, Wired UK, 8. Mai 2012, https://www.wired.co.uk/article/the-brit-taking-on-siri (19. Januar 2021).

10 Mike Butcher, »Sources Say Amazon Acquired Siri-Like Evi App For $26M – Is A Smartphone Coming?«, TechCrunch, 17. April 2013, https://techcrunch.com/2013/04/17/sources-say-amazon-acquired-siri-like-evi-app-for-26m-is-a-smartphone-coming/ (19. Januar 2021).

11 James Vlahos, »Amazon Alexa and the Search for the One Perfect Answer«, Wired, 18. Februar 2018, https://www.wired.com/story/amazon-alexa-search-for-the-one-perfect-answer/ (19. Januar 2021).

12 Nikko Ström, »Nikko Ström at AI Frontiers: Deep Learning in Alexa«, Slideshare, 14. Januar 2017, https://www.slideshare.net/AIFrontiers/nikko-strm-deep-learning-in-alexa (19. Januar 2021).

13 Amazon. Techniques for mobile deceive charging using robotic devices. U.S. Patent 9711985, registriert am 30. März 2015, https://www.freepatentsonline.com/9711985.html (19. Januar 2021).

14 Jeff Bezos, »2018 Letter to Shareholders«, Amazon, 11. April 2018, https://www.aboutamazon.com/news/company-news/2018-letter-to-shareholders (19. Januar 2021).

15 Austin Carr, »The Inside Story of Jeff Bezos's Fire Phone Debacle«, Fast Company, 6. Januar 2015, https://www.fastcompany.com/3039887/under-fire (19. Januar 2021).

16 Charles Duhigg, »Is Amazon Unstoppable?«, New Yorker, 10. Oktober 2019, https://www.newyorker.com/magazine/2019/10/21/is-amazon-unstoppable (19. Januar 2021).

17 Matt Day, Giles Turner und Natalia Drozdiak, »Amazon Workers Are Listening to What You Tell Alexa«, Bloomberg, 10. April 2019, https://www.bloomberg.com/news/articles/2019-04-10/is-anyone-listening-to-you-on-alexa-a-global-team-reviews-audio?sref=dJuchiL5 (19. Januar 2021).

18 Joshua Brustein, »The Real Story of How Amazon Built the Echo«, Bloomberg, 19. April 2016, https://www.bloomberg.com/features/2016-amazon-echo/ (19. Januar 2021).

19 Mario Aguilar, »Amazon Echo Review: I Just Spoke to the Future and It Listened«, Gizmodo, 25. Juni 2015, https://gizmodo.com/amazon-echo-review-i-just-spoke-to-the-future-and-it-1672926712 (19. Januar 2021).

20 Kelsey Campbell-Dollaghan, »Amazon's Echo Might Be Its Most Important Product in Years«, Gizmodo, 6. November 2014, https://gizmodo.com/amazons-echo-might-be-its-most-important-product-in-yea-1655513291 (19. Januar 2021).

21 Brustein, »The Real Story«.

22 David Pierce, »Review: Google Home«, Wired, 11. November 2016, https://www.wired.com/2016/11/review-google-home/ (19. Januar 2021).

23 Todd Bishop, »Amazon Bringing Echo and Alexa to 80 Additional Countries in Major Global Expansion«, GeekWire, 8. Dezember 2017, https://www.geekwire.com/2017/amazon-bringing-echo-alexa-80-additional-countries-major-global-expansion/ (19. Januar 2021).

24 Shannon Liao, »Amazon Has a Fix for Alexa's Creepy Laughs,« Verge, 7. März 2018, https://www.theverge.com/circuitbreaker/2018/3/7/17092334/amazon-alexa-devices-strange-laughter (19. Januar 2021).

25 Jeff Bezos in einem Interview mit Charlie Rose, Charlie Rose, 34:40, 16. November 2012, https://charlierose.com/videos/17252 (19. Januar 2021).

26 John Markoff, »How Many Computers to Identify a Cat? 16,000«, New York Times, 25. Juni 2012, https://www.nytimes.com/2012/06/26/technology/in-a-big-network-of-computers-evidence-of-machine-learning.html (19. Januar 2021).

27 Jacob Demmitt, »Amazon's Bookstore Revealed? Blueprints Provide New Clues About Mysterious Seattle Site«, GeekWire, 12. Oktober 2015, https://www.geekwire.com/2015/amazons-bookstore-revealed-blueprints-provide-new-clues-about-mysterious-seattle-site/ (19. Januar 2021).

28 Brad Stone und Matt Day, »Amazon's Most Ambitious Research Project Is a Convenience Store«, Bloomberg, 18. Juli 2019, https://www.bloomberg.com/news/features/2019-07-18/amazon-s-most-ambitious-research-project-is-a-convenience-store?sref=dJuchiL5 (19. Januar 2021).

29 Laura Stevens, »Amazon Delays Opening of Cashierless Store to Work Out Kinks,« Wall Street Journal, 27. März 2017, https://www.wsj.com/articles/amazon-delays-convenience-store-opening-to-work-out-kinks-1490616133 (19. Januar 2021); Olivia Zaleski und Spencer Soper, »Amazon's Cashierless Store Is Almost Ready for Prime Time«, Bloomberg, 15. November 2017, https://www.bloomberg.com/news/articles/2017-11-15/amazon-s-cashierless-store-is-almost-ready-for-prime-time?sref=dJuchiL5 (19. Januar 2021).

30 Shara Tibken und Ben Fox Rubin, »What It's Like Inside Amazon's Futuristic, Automated Store«, CNET, 21. Januar 2018, https://www.cnet.com/news/amazon-go-futuristic-automated-store-seattle-no-cashiers-cashless/ (19. Januar 2021).

31 Amazon behandelt die Kosten für den Betrieb von AWS als Teil seiner F&E-Ausgaben. Siehe Rani Molla, »Amazon Spent Nearly $23 Billion on R&D Last Year – More Than Any Other U.S. Company«, Vox, 9. April 2018, https://www.vox.com/2018/4/9/17204004/amazon-research-development-rd (19. Januar 2021).

32 Spencer Soper, »Amazon Will Consider Opening Up to 3,000 Cashierless Stores by 2021«, Bloomberg, 19. September 2018, https://www.bloomberg.com/news/articles/2018-09-19/amazon-is-said-to-plan-up-to-3-000-cashierless-stores-by-2021?sref=dJuchiL5 (19. Januar 2021).

33 Sebastian Herrera und Aaron Tilley, »Amazon Opens Cashierless Supermarket in Latest Push to Sell Food«, Wall Street Journal, 25. Februar 2020, https://www.

wsj.com/articles/amazon-opens-cashierless-supermarket-in-latest-push-to-sell-food-11582617660?mod=hp_lead_pos10 (19. Januar 2021).

34 Jeff Bezos, »2015 Letter to Shareholders«, https://www.sec.gov/Archives/edgar/data/1018724/000119312515144741/d895323dex991.htm (19. Januar 2021).

35 Robin Ajello und Spencer Soper, »Amazon Develops Smart Shopping Cart for Cashierless Checkout«, Bloomberg, 14. Juli 2020, https://www.bloomberg.com/news/articles/2020-07-14/amazon-develops-smart-shopping-cart-for-cashierless-checkout?sref=dJuchiL5 (19. Januar 2021).

36 Im September 2018 fuhr ich mit meiner Kollegin Saritha Rai nach Indien, um Amazon.in und Flipkart in Bangalore zu besuchen. Dieses Kapitel basiert in Teilen auf unserer Reportage »Amazon Wants India to Shop Online, and It's Battling Walmart for Supremacy«, Bloomberg Businessweek, 18. Oktober 2018, https://www.bloomberg.com/news/features/2018-10-18/amazon-battles-walmart-in-indian-e-commerce-market-it-created (19. Januar 2021). In Teilen stütze ich mich auf Big Billion Start-up: The Untold Flipkart Story von Mihir Dalal (New Delhi: Pan Macmillan India, 2019). Am 3. August 2019 interviewte ich Juan Carlos García, den früheren CEO von Amazon Mexico, der sich später den Strafverfolgungsbehörden durch Untertauchen entzog.

37 Nicholas Wadhams, »Amazon China Unit Closes Vendor After Report of Fake Cosmetics«, Business of Fashion, 20. März 2014, https://www.businessoffashion.com/articles/technology/amazon-china-unit-closes-vendor-report-fake-cosmetics (19. Januar 2021).

38 Arjun Kharpal, »Amazon Is Shutting Down Its China Marketplace Business. Here's Why It Has Struggled«, CNBC, 18. April 2019, https://www.cnbc.com/2019/04/18/amazon-china-marketplace-closing-down-heres-why.html (19. Januar 2021); und Felix Richter, »Amazon Has Yet to Crack the Chinese Market«, Stastista, 22. Februar 2017, https://www.statista.com/chart/8230/china-e-commerce-market-share/ (19. Januar 2021).

39 Mihir Dalal, Big Billion Start-up: The Untold Flipkart Story (New Delhi: Pan Macmillan India, 2019), S. 101.

40 »Amazon.in Goes Live – 5th June 2013«, YouTube-Video, 2:38, gepostet durch Amit Deshpande, 11. März 2016, https://www.youtube.com/watch?v=TFUw6OyugfQ&feature=youtu.be&ab_channel=AmitDeshpande (19. Januar 2021).

41 Jay Green, »Amazon Takes Cowboy Tactics to ›Wild, Wild East‹ of India«, Seattle Times, 3. Oktober 2015, https://www.seattletimes.com/business/amazon/amazon-takes-cowboy-tactics-to-wild-wild-east-of-india/ (19. Januar 2021).

42 Mihir Dalal und Shrutika Verma, »Amazon's JV Cloudtail Is Its Biggest Seller in India«, Mint, 29. Oktober 2015, https://www.livemint.com/Companies/RjEDJkA3QyBSTsMDdaXbCN/Amazons-JV-Cloudtail-is-its-biggest-seller-in-India.html (19. Januar 2021).

43 Dalal, Big Billion Start-up, S. 163.

44 Sunny Sen und Josey Puliyenthuruthel, »Knock on Wood, India Is Shaping Up Like Our Businesses in Japan, Germany, the UK and the US«, Business Today, 26. Oktober 2014, https://www.businesstoday.in/magazine/features/amazon-ceo-jeff-bezos-sachin-bansal-binny-bansal/story/211027.html (19. Januar 2021).

45 »Amazon CEO Jeff Bezos Meets PM Narendra Modi«, India TV, 4. Oktober 2014, https://www.indiatvnews.com/business/india/narendra-modi-jeff-bezos-amazon-ceo-flipkart-e-commerce-14744.html (20. Januar 2021).

46 Carolina Ruiz, »MercadoLibre busca alianzas con minoristas en México« (»MercadoLibre wünscht sich unternehmerische Bündnisse in Mexiko«), El Financiero, 11. Oktober 2014, https://www.elfinanciero.com.mx/tech/mercado-libre-busca-alianzas-con-competidores-en-mexico (20. Januar 2021).

47 James Quinn, »Jeff Bezos ... Amazon Man in the Prime of His Life«, Irish Independent, 19. August 2015, https://www.independent.ie/business/technology/news/jeff-bezos-amazon-man-in-the-prime-of-his-life-31463414.html (20. Januar 2021).

48 Schätzung von Amazons Google-Ausgaben für 2015 durch Andy Taylor, Director of Research bei Tinuiti.

49 Daina Beth Solomon, »Amazon Becomes Mexico's Top Online Retailer in 2017: Report«, Reuters, 15. Dezember 2017, https://www.reuters.com/article/us-mexico-retail/amazon-becomes-mexicos-top-online-retailer-in-2017-report-idUSKBN1E92ID (20. Januar 2021).

50 Jon Lockett, »Ex-Amazon Mexico CEO on the Run in the US After Wife's Mysterious Murder ... Months After ›Battering Her‹«, The Sun, 12. Dezember 2019, https://www.thesun.co.uk/news/10538850/amazon-boss-shooting-mexico-fugitive/ (20. Januar 2021).

51 Aditi Shrivastava, »How Amazon Is Wooing Small Merchants With Its ›Chai Cart‹ Programme«, Economic Times, 21. August 2015, https://economictimes.indiatimes.com/small-biz/entrepreneurship/how-amazon-is-wooing-small-merchants-with-its-chai-cart-programme/articleshow/48565449.cms (20. Januar 2021).

52 »Modi in US: 10 Things PM Said at US-India Business Council«, Financial Express, 8. Juni 2016, https://www.financialexpress.com/india-news/modi-in-us-10-things-pm-said-at-us-india-business-council/277037/ (20. Januar 2021).

53 Ibid.

54 Malavika Velayanikal, »It's Official: Flipkart's App-Only Experiment with Myntra Was a Disaster«, Tech in Asia, 28. März 2016, https://www.techinasia.com/flipkart-myntra-app-only-disaster (20. Januar 2021).

55 Jon Russell, »New E-commerce Restrictions in India Just Ruined Christmas for Amazon and Walmart«, TechCrunch, 27. Dezember 2018, https://techcrunch.com/2018/12/27/amazon-walmart-india-e-commerce-restrictions/ (20. Januar 2021).

56 Saritha Rai und Matthew Boyle, »How Walmart Decided to Oust an Icon of India's Tech Industry«, Bloomberg, 15. November 2018, https://www.bloomberg.com/news/articles/2018-11-15/how-walmart-decided-to-oust-an-icon-of-india-s-tech-industry?sref=dJuchiL5 (20. Januar 2021); sowie Saritha Rai, »Flipkart Billionaire Breaks His Silence After Walmart Ouster«, Bloomberg, 4. Februar 2019, https://www.bloomberg.com/news/articles/2019-02-05/flipkart-billionaire-breaks-his-silence-after-walmart-ouster?sref=dJuchiL5 (20. Januar 2021).

57 »Flipkart Founder Sachin Bansal's Wife Files Dowry Harassment Case«, Tribune, 5. März 2020, https://www.tribuneindia.com/news/nation/flipkart-founder-sachin-bansals-wife-files-dowry-harassment-case-51345 (20. Januar 2021).

58 Vindu Goel, »Amazon Users in India Will Get Less Choice and Pay More Under New Selling Rules«, New York Times, 30. Januar 2019, https://www.nytimes.com/2019/01/30/technology/amazon-walmart-flipkart-india.html (20. Januar 2021).

59 Manish Singh, »India's Richest Man Is Ready to Take On Amazon and Walmart's Flipkart«, TechCrunch, 31. Dezember 2019, https://techcrunch.com/2019/12/30/reliance-retail-jiomart-launch/ (20. Januar 2021).

60 Steve Ballmer in einem Interview mit Charlie Rose, Charlie Rose, 48:43, 21. Oktober 2014, https://charlierose.com/videos/28129 (20. Januar 2021).

61 Werner Vogels, »A Decade of Dynamo: Powering the Next Wave of High-Performance, Internet Scale Applications«, All Things Distributed, 2. Oktober 2017, https://www.allthingsdistributed.com/2017/10/a-decade-of-dynamo.html (20. Januar 2021); »Dynamo: Amazon's Highly Available Key-Value Store«, https://www.allthingsdistributed.com/files/amazon-dynamo-sosp2007.pdf (20. Januar 2021).

62 »Jeff Bezos' Risky Bet«, Bloomberg Businessweek, 13. November 2006, https://www.bloomberg.com/news/articles/2006-11-12/jeff-bezos-risky-bet (20. Januar 2021).

63 »Maintaining a Culture of Builders and Innovators at Amazon«, Gallup, 26. February 2018, https://www.gallup.com/workplace/231635/maintaining-culture-builders-innovators-amazon.aspx (20. Januar 2021).

64 Ben Thompson, »The AWS IPO«, Stratechery, 6. Mai 2015, https://stratechery.com/2015/the-aws-ipo/ (20. Januar 2021).

65 Jon Russell, »Alibaba Smashes Its Record on China's Singles' Day with $9.3B in Sales«, TechCrunch, 10. November 2014, https://techcrunch.com/2014/11/10/alibaba-makes-strong-start-to-singles-day-shopping-bonanza-with-2b-of-goods-sold-in-first-hour/ (20. Januar 2021).

66 Karen Weise, »The Decade Tech Lost Its Way«, New York Times, 15. Dezember 2019, https://www.nytimes.com/interactive/2019/12/15/technology/decade-in-tech.html (20. Januar 2021).

67 Ibid.

68 Mark Wilson, »You're Getting Screwed on Amazon Prime Day«, Fast Company, 12. Juli 2019, https://www.fastcompany.com/90374625/youre-getting-screwed-on-amazon-prime-day (20. Januar 2021).
69 Matt Krantz, »Amazon Just Surpassed Walmart in Market Cap«, USA Today, 23. Juli 2015, https://www.usatoday.com/story/money/markets/2015/07/23/amazon-worth-more-walmart/30588783/ (20. Januar 2021).
70 Taylor Soper, »A Good Day: Macklemore Performs for Amazon Employees After Company Crushes Earnings«, GeekWire, 24. Juli 2015, https://www.geekwire.com/2015/a-good-day-macklemore-performs-for-amazon-employees-after-company-crushes-earnings/ (20. Januar 2021).
71 Jodi Kantor und David Streitfeld, »Inside Amazon: Wrestling Big Ideas in a Bruising Workplace«, New York Times, 15. August 2015, https://www.nytimes.com/2015/08/16/technology/inside-amazon-wrestling-big-ideas-in-a-bruising-workplace.html (20. Januar 2021).
72 Jay Carney, »What the New York Times Didn't Tell You«, Medium, 19. Oktober 2015, https://medium.com/@jaycarney/what-the-new-york-times-didn-t-tell-you-a1128aa78931 (20. Januar 2021).
73 John Cook, »Full Memo: Jeff Bezos Responds to Brutal NYT Story, Says It Doesn't Represent the Amazon He Leads«, GeekWire, 16. August 2015, https://www.geekwire.com/2015/full-memo-jeff-bezos-responds-to-cutting-nyt-expose-says-tolerance-for-lack-of-empathy-needs-to-be-zero/ (20. Januar 2021).
74 Diego Piacentini im Gespräch mit dem Autor; Georges Guyon de Chemilly im Gespräch mit dem Autor.
75 »Amazon Ranks #2 on Forbes World's Best Employers List«, Amazon, 20. Oktober 2020, https://www.aboutamazon.com/news/workplace/amazon-ranks-2-on-forbes-worlds-best-employers-list (20. Januar 2021).
76 Glenn Kessler, »Trump's Claim That He ›Predicted Osama bin Laden‹«, Washington Post, 7. Dezember 2015, https://www.washingtonpost.com/news/factchecker/wp/2015/12/07/trumps-claim-that-he-predicted-osama-bin-laden/ (20. Januar 2021).
77 Tim Stenovic, »Donald Trump Just Said If He's Elected President Amazon Will Have Problems«, Business Insider, 26. Februar 2016, https://www.businessinsider.com/donald-trump-says-amazon-will-have-such-problems-2016-2 (20. Januar 2021).
78 Vgl. Jill Abramson, Merchants of Truth (New York: Simon & Schuster, 2019) bezüglich weiterer Probleme der Washington Post, bevor Jeff Bezos die Zeitung kaufte und Änderungen vornahm.
79 Ibid., 256.
80 Matthew Cooper, »Fred Hiatt Offered to Quit Jeff Bezos's Washington Post«, Yahoo News, 5. November 2013, https://news.yahoo.com/fred-hiatt-offered-quit-jeff-bezoss-washington-post-123233358-politics.html (20. Januar 2021).

81 Craig Timberg und Paul Farhi, »Jeffrey P. Bezos Visits the Post to Meet with Editors and Others«, Washington Post, 3. September 2013, https://www.washingtonpost.com/lifestyle/style/jeffrey-p-bezos-visits-the-post-to-meet-with-editors-and-others/2013/09/03/def95cd8-14df-11e3-b182-b3bb2eb474c_story.html (20. Januar 2021).
82 Dan Kennedy, »The Bezos Effect: How Amazon's Founder Is Reinventing The Washington Post – and What Lessons It Might Hold for the Beleaguered Newspaper Business«, Shorenstein Center on Media, Politics and Public Policy, 8. Juni 2016, https://shorensteincenter.org/bezos-effect-washington-post/ (20. Januar 2021).
83 Abramson, Merchants of Truth, 262.
84 Mathias Döpfner, »Jeff Bezos Reveals What It's Like to Build An Empire ...«, Business Insider, 28. April 2018, https://www.businessinsider.com/jeff-bezos-interview-axel-springer-ceo-amazon-trump-blue-origin-family-regulation-washington-post-2018-4 (20. Januar 2021).
85 Justin Ellis, »By Building Partnerships with Other Newspapers, the Washington Post Is Opening Up Revenue Opportunities«, Nieman Lab, 7. April 2015, https://www.niemanlab.org/2015/04/congratulations-toledo-blade-reader-on-your-subscription-to-the-washington-post/(20. Januar 2021).
86 »CBS: Jeff Bezos Talks Washington Post Growth (VIDEO)«, Washington Post, 24. November 2015, https://www.washingtonpost.com/pr/wp/2015/11/24/cbs-jeff-bezos-talks-washington-post-growth-video/&freshcontent=1/?outputType=amp&arc404=true (20. Januar 2021).
87 Ken Doctor, »On the Washington Post and the ›Newspaper of Record‹ Epithet«, Politico, 3. Dezember 2015, https://www.politico.com/media/story/2015/12/on-the-washington-post-and-the-newspaper-of-record-epithet-004303/ (20. Januar 2021); und Frank Pallotta, »WaPo's ›New Publication of Record‹ Claim Draws NYT Shots«, CNN, 25. November 2015, https://money.cnn.com/2015/11/25/media/washington-post-new-york-times-paper-of-record/ (20. Januar 2021).
88 Steven Mufson, »Washington Post Announces Cuts to Employees' Retirement Benefits«, Washington Post, 23. September 2014, https://www.washingtonpost.com/business/economy/washington-post-announces-cuts-to-employees-retirement-benefits/2014/09/23/f485981a-436d-11e4-b437-1a7368204804_story.html (20. Januar 2021).
89 Jeff Bezos interviewt von Marty Baron, »Jeff Bezos Explains Why He Bought the Washington Post«, Washington Post Video, 4:00, 18. Mai 2016, https://www.washingtonpost.com/video/postlive/jeff-bezos-explains-why-he-bought-the-washington-post/2016/05/18/e4bafdae-1d45-11e6-82c2-a7dcb313287d_video.html (20. Januar 2021).
90 Benjamin Wofford, »Inside Jeff Bezos's DC Life«, Washingtonian, 22. April 2018, https://www.washingtonian.com/2018/04/22/inside-jeff-bezos-dc-life/ (20. Januar 2021).

91 Gerry Smith, »Bezos's Washington Post Licenses Its Publishing Technology to BP«, Bloomberg, 25. September 2019, https://www.bloomberg.com/news/articles/2019-09-25/bezos-s-washington-post-licenses-its-publishing-technology-to-bp (20. Januar 2021).
92 Joshua Benton, »The Wall Street Journal Joins the New York Times in the 2 Million Digital Subscriber Club«, Nieman Lab, 10. Februar 2020, https://www.niemanlab.org/2020/02/the-wall-street-journal-joins-the-new-york-times-in-the-2-million-digital-subscriber-club/ (20. Januar 2021).
93 Marissa Perino, »The Most Outrageous Splurges of Tech Billionaires, from Richard Branson's Private Island to Jeff Bezos' $65 Million Private Jet«, Business Insider, 15. Oktober 2019, https://www.businessinsider.com/elon-musk-bill-gates-jeff-bezos-tech-billionaire-wildest-purchases-2019-10 (20. Januar 2021); und Marc Stiles, »Costco Just Sold a $5.5M Boeing Field Hangar to Jeff Bezos«, Puget Sound Business Journal, 22. Oktober 2015, https://www.bizjournals.com/seattle/blog/techflash/2015/10/costco-just-sold-a-5-5-boeing-field-hangar-to-jeff.html (20. Januar 2021).
94 Rick Gladstone, »Jason Rezaian Travels to U.S. on Washington Post Owner's Plane«, New York Times, 22. Januar 2016, https://www.nytimes.com/2016/01/23/world/middleeast/rezaian-family-departs-germany-us.html (20. Januar 2021).
95 Wofford, »Jeff Bezos's DC Life«.
96 Pete Hammond, »Pete Hammond's Notes on the Season: AFI Narrows the Race; ›La La‹ Hits L.A.; Jeff Bezos Throws a Party ›By The Sea‹; Tom Ford Chows Down«, Deadline, 8. Dezember 2016, https://deadline.com/2016/12/pete-hammonds-notes-on-the-season-afi-narrows-the-race-la-la-hits-l-a-jeff-bezos-throws-a-party-by-the-sea-tom-ford-chows-down-1201867352/ (20. Januar 2021); und »Jeff Bezos and Matt Damon's ›Manchester by the Sea‹ Holiday Party«, IMDb, www.imdb.com/gallery/rg2480708352/?ref_=rg_mv_sm (20. Januar 2021).
97 Rebecca Johnson, »MacKenzie Bezos: Writer, Mother of Four, and High-Profile Wife«, Vogue, 20. Februar 2013, https://www.vogue.com/article/a-novel-perspective-mackenzie-bezos (20. Januar 2021).
98 Peter Bart, »Peter Bart: Amazon's Jeff Bezos Taking Aim at Hollywood«, Deadline, 9. Dezember 2016, https://deadline.com/2016/12/jeff-bezos-hollywood-plan-amazon-manchester-by-the-sea-peter-bart-1201867514/ (20. Januar 2021).
99 Mathew Ingram, »Here's Why Comcast Decided to Call a Truce with Netflix«, Fortune, 5. Juli 2016, https://fortune.com/2016/07/05/comcast-truce-netflix/ (20. Januar 2021).
100 Cecilia Kang, »Netflix Opposes Comcast's Merger with Time Warner Cable, Calls It Anticompetitive«, Washington Post, 21. April 2014, https://www.washingtonpost.com/news/the-switch/wp/2014/04/21/netflix-opposes-comcasts-merger-with-time-warner-cable-calls-it-anticompetitive/ (20. Januar 2021).

101 Shalini Ramachandran, »Comcast to Sell Cable, Internet Service Through Amazon«, Wall Street Journal, 21. März 2016, https://www.wsj.com/articles/comcast-to-sell-cable-internet-service-through-amazon-1458596971 (20. Januar 2021).
102 Joel Keller, »Inside Amazon's Open-Source Original Content Strategy«, Fast Company, 8. März 2013, https://www.fastcompany.com/1682510/inside-amazons-open-source-original-content-strategy (20. Januar 2021).
103 Jenelle Riley, »Amazon, ›Transparent‹ Make History at Golden Globes«, Variety, 11. Januar 2015, https://variety.com/2015/tv/awards/amazon-transparent-make-history-at-golden-globes-1201400485/ (20. Januar 2021).
104 Eugene Kim, »Amazon's $250 Million Bet on Jeremy Clarkson's New Show Is Already Starting to Pay Off«, Business Insider, 21. November 2016, https://www.businessinsider.com/amazon-250-million-bet-on-the-grand-tour-paying-off-2016-11 (20. Januar 2021).
105 Kim Masters, »Amazon TV Producer Goes Public with Harassment Claim Against Top Exec Roy Price (Exclusive)«, Hollywood Reporter, 12. Oktober 2017, https://www.hollywoodreporter.com/news/amazon-tv-producer-goes-public-harassment-claim-top-exec-roy-price-1048060 (20. Januar 2021); und Stacy Perman, »Roy Price, Ousted from Amazon Over Sexual Harassment Claims, Is Ready to Talk«, Los Angeles Times, 23. November 2020, https://www.latimes.com/entertainment-arts/business/story/2020-11-23/amazon-studios-roy-price-sexual-harassment-responds-me-too (20. Januar 2021).
106 Michelle Castillo, »Netflix Plans to Spend $6 Billion on New Shows, Blowing Away All But One of Its Rivals«, CNBC, 17. Oktober 2016, https://www.cnbc.com/2016/10/17/netflixs-6-billion-content-budget-in-2017-makes-it-one-of-the-top-spenders.html (20. Januar 2021).
107 Nathan McAlone, »Amazon Will Spend About $4.5 Billion on Its Fight Against Netflix This Year, According to JP Morgan«, Business Insider, 7. April 2017, https://www.businessinsider.com/amazon-video-budget-in-2017-45-billion-2017-4 (20. Januar 2021).
108 Mark Bergen, »Amazon Prime Video Doesn't Compete with Netflix Because Viewers Will Just Pick Both«, Vox, 31. Mai 2016, https://www.vox.com/2016/5/31/11826166/jeff-bezos-amazon-prime-video-netflix (21. Januar 2021).
109 Brandon Carter, »Djokovic Cancels His Amazon Docuseries«, Baseline, 28. November 2017, http://baseline.tennis.com/article/70627/novak-djokovic-calls-amazon-documentary (20. Januar 2021).
110 Ben Fritz und Joe Flint, »Where Amazon Is Failing to Dominate: Hollywood«, Wall Street Journal, 6. Oktober 2017, https://www.wsj.com/articles/where-amazon-is-failing-to-dominate-hollywood-1507282205 (21. Januar 2021).
111 Ibid.
112 Masters, »Amazon TV Producer Goes Public«.
113 Spencer Soper, »Amazon's Clever Machines Are Moving from the Warehouse to Headquarters«, Bloomberg, 13. Juni 2018, https://www.bloomberg.com/news/

articles/2018-06-13/amazon-s-clever-machines-are-moving-from-the-warehouse-to-headquarters (22. Januar 2021).

114 Vidhi Choudary, »Wish, Shopping App for Less Affluent Consumers, Files $1.1B IPO«, TheStreet, 7. Dezember 2020, https://www.thestreet.com/investing/wish-shopping-app-files-for-1point1-billion-ipo (25. Januar 2021).

115 Priya Anand, »Wish, the Online Dollar Store, Is Losing Momentum Before IPO«, Bloomberg, 15. Dezember 2020, https://www.bloomberg.com/news/articles/2020-12-15/wish-the-online-dollar-store-is-losing-momentum-before-ipo (25. Januar 2020).

116 Greg Bensinger, »Shopping App Wish Lands $50 Million Financing Round«, Wall Street Journal, 27. Juni 2014, https://www.wsj.com/articles/BL-DGB-36173 (25. Januar 2021).

117 Siehe Priya Anand, »Wish, the Online Dollar Store, Is Losing Momentum Before IPO«, Bloomberg, 15. Dezember 2020, https://www.bloomberg.com/news/articles/2020-12-15/wish-the-online-dollar-store-is-losing-momentum-before-ipo (25. Januar 2020)

118 Autoreninterview mit Peter Szulczewski, 26. Juni 2019. Szulczewski erzählte Forbes eine andere Version dieser Geschichte und versuchte darauf, die Widersprüche zu klären. Siehe Parmy Olson, Forbes, »Meet the Billionaire Who Defied Amazon and Built Wish, the World's Most-Downloaded E-Commerce App«, 13. März 2019, https://www.forbes.com/sites/parmyolson/2019/03/13/meet-the-billionaire-who-defied-amazon-and-built-wish-the-worlds-most-downloaded-e-commerce-app/#ff927bd70f52 (25. Januar 2021).

119 Ryan Petersen, »Introducing Ocean Freight by Amazon: Ecommerce Giant Has Registered to Provide Ocean Freight Services«, Flexport.com, 14. Januar 2016, https://www.flexport.com/blog/amazon-ocean-freight-forwarder/ (25. Januar 2021).

120 E-Mail vom 22. Januar 2015, abgeschickt von Sebastian Gunningham, als Zeugenaussage dem House Judiciary Subcommittee on Antitrust vorgelegt, 6. August 2020, https://judiciary.house.gov/uploadedfiles/00185707.pdf (25. Januar 2021).

121 Nick Statt, »How Anker Is Beating Apple and Samsung at Their Own Accessory Game«, The Verge, 22. Mai 2017, https://www.theverge.com/2017/5/22/15673712/anker-battery-charger-amazon-empire-steven-yang-interview (25. Januar 2021).

122 Dave Bryant, »Why and How China Post and USPS Are Killing Your Private Labeling Business«, EcomCrew, 18. März 2017, https://www.ecomcrew.com/why-china-post-and-usps-are-killing-your-private-labeling-business/ (25. Januar 2021 via https://web.archive.org).

123 Alexandra Berzon, »How Amazon Dodges Responsibility for Unsafe Products: The Case of the Hoverboard«, Wall Street Journal, 5. Dezember 2019, https://www.wsj.com/articles/how-amazon-dodges-responsibility-for-unsafe-products-the-case-of-the-hoverboard-11575563270 (25. Januar 2021).

124 Alana Semuels, »When Your Amazon Purchase Explodes«, Atlantic, 30. April 2019, https://www.theatlantic.com/technology/archive/2019/04/lithium-ion-batteries-amazon-are-exploding/587005/ (25. Januar 2021).
125 Ari Levy, »Birkenstock Quits Amazon in US After Counterfeit Surge«, CNBC, 20. Juli 2016, https://www.cnbc.com/2016/07/20/birkenstock-quits-amazon-in-us-after-counterfeit-surge.html (25. Januar 2021).
126 Pamela N. Danziger, »Amazon, Already the Nation's Top Fashion Retailer, Is Positioned to Grab Even More Market Share«, Forbes, 28. Januar 2020, https://www.forbes.com/sites/pamdanziger/2020/01/28/amazon-is-readying-major-disruption-for-the-fashion-industry/?sh=7acace9267f3 (25. Januar 2021).
127 Jeffrey Dastin, »Amazon to Expand Counterfeit Removal Program in Overture to Sellers«, Reuters, 21. März 2017, https://www.reuters.com/article/us-amazon-com-counterfeit-idUSKBN16S2EU (25. Januar 2021).
128 John Herrman, »All Your Favorite Brands, from BSTOEM to ZGGCD«, New York Times, 11. Februar 2020, https://www.nytimes.com/2020/02/11/style/amazon-trademark-copyright.html (25. Januar 2021).
129 Jeff Bezos, »2018 Letter to Shareowners«, AboutAmazon.com, 11. April 2019, https://www.aboutamazon.com/news/company-news/2018-letter-to-shareholders.
130 Charlie Wood, »The Trump Administration Blacklisted 5 Overseas Amazon Websites as ›Notorious Markets‹ and Amazon Says It's Political Bullying«, Business Insider, 30. April 2020, https://www.businessinsider.com/us-blacklists-five-amazon-websites-as-notorious-markets-2020-4 (25. Januar 2020).
131 Sarah Perez, »To Fight Fraud, Amazon Now Screens Third-Party Sellers Through Video Calls«, TechCrunch, 27. April 2020, https://techcrunch.com/2020/04/27/to-fight-fraud-amazon-now-screens-third-party-sellers-through-video-calls/ (25. Januar 2020).
132 «Chinese Sellers Outnumber US Sellers on Amazon.com«, Marketplace Pulse, 23. Januar 2020, https://www.marketplacepulse.com/articles/chinese-sellers-outnumber-us-sellers-on-amazoncom (25. Januar 2021).
133 Jenny Leonard, »Amazon's Foreign Domains Cited by U.S. as Helping Counterfeiters«, Bloomberg, 29. April 2020, https://www.bloomberg.com/news/articles/2020-04-29/ustr-lists-amazon-s-foreign-domains-in-counterfeiting-report (25. Januar 2021).
134 Brad Stone, »Whole Foods, Half Off,« Bloomberg, 29. Januar 2015, https://www.bloomberg.com/news/articles/2015-01-29/in-shift-whole-foods-to-compete-with-price-cuts-loyalty-app (24. Januar 2021).
135 David Kesmodel und John R. Wilke, »Whole Foods Is Hot, Wild Oats a Dud – So Said ›Rahodeb‹«, Wall Street Journal, 12. Juli 2007, https://www.nytimes.com/2007/07/12/business/12foods.html (24. Januar 2021).
136 John Mackey, Conscious Capitalism (Boston: Harvard Business Review Press, 2013), S. 22.

137 Heather Haddon und David Benoit, »Whole Foods Faces Specter of Long Investor Fight«, Wall Street Journal, 12. Mai 2017, https://www.wsj.com/articles/whole-foods-faces-specter-of-long-investor-fight-1494581401 (24. Januar 2021).
138 Spencer Soper und Craig Giammona, »Amazon Said to Mull Whole Foods Bid Before Jana Stepped In«, Bloomberg, 11. April 2017, https://www.bloomberg.com/news/articles/2017-04-11/amazon-said-to-mull-bid-for-whole-foods-before-jana-stepped-in (24. Januar 2021).
139 Greg Bensinger und Laura Stevens, »Amazon, in Threat to UPS, Tries Its Own Deliveries«, Wall Street Journal, 24. April 2014, https://www.wsj.com/articles/amazon-tests-its-own-delivery-network-1398360018 (24. Januar 2021).
140 Mark Rogowsky, »Full-Court Express: Google Expands Its Delivery Service, Puts Heat on Amazon«, Forbes, 14. Oktober 2014, https://www.forbes.com/sites/markrogowsky/2014/10/14/faster-google-expands-its-same-day-delivery-service-into-new-markets-presses-amazon/?sh=1b199d1a5e34 (24. Januar 2021).
141 »Google: Amazon Is Biggest Search Rival«, BBC, 14. Oktober 2014, https://www.bbc.com/news/technology-29609472 (24. Januar 2021).
142 »Private Label Today: Private Label Popular Across Europe«, PLMA International, 2020, https://www.plmainternational.com/industry-news/private-label-today (24. Januar 2021).
143 Greg Bensinger, »Amazon to Expand Private-Label Offerings – from Food to Diapers«, Wall Street Journal, 15. Mai 2016, https://www.wsj.com/articles/amazon-to-expand-private-label-offeringsfrom-food-to-diapers-1463346316 (24. Januar 2021).
144 Julie Creswell, »How Amazon Steers Shoppers to Its Own Products«, Wall Street Journal, 23. Juni 2018, https://www.nytimes.com/2018/06/23/business/amazon-the-brand-buster.html (24. Januar 2021).
145 Dana Mattioli, »Amazon Scooped Up Data from Its Own Sellers to Launch Competing Products«, Wall Street Journal, 23. April 2020, https://www.wsj.com/articles/amazon-scooped-up-data-from-its-own-sellers-to-launch-competing-products-11587650015 (24. Januar 2021).
146 Todd Bishop, »Amazon's Treasure Truck Launch Message Was a Screw-Up – Another Misstep in Bungled Rollout«, GeekWire, https://www.geekwire.com/2015/amazon-announces-treasure-trucks-launch-two-months-after-mysterious-delay/ (24. Januar 2021).
147 »Amazon Treasure Truck Bursts into Flames in West Philadelphia Parking Lot«, CBS Philly, 3. Mai 2018, https://philadelphia.cbslocal.com/2018/05/03/west-philadelphia-parking-lot-fire-amazon-treasure-truck/amp/ (24. Januar 2021).
148 Roberto A. Ferdman, »I Tried to Figure Out How Many Cows Are in a Single Hamburger. It Was Really Hard«, Washington Post, 5. August 2015, https://www.washingtonpost.com/news/wonk/wp/2015/08/05/there-are-a-lot-more-cows-in-a-single-hamburger-than-you-realize/ (24. Januar 2021).

149 Kurt Schlosser, »Hungry for Further Exploration, Jeff Bezos Eats Iguana and Discusses How to Pay for Space Travel«, GeekWire, 12. März 2018, https://www.geekwire.com/2018/hungry-exploration-jeff-bezos-eats-iguana-discusses-pay-space-travel/ (24. Januar 2021).

150 Stefany Zaroban und Allison Enright, »A Look Inside Amazon's Massive and Growing Fulfillment Network«, Digital Commerce 360, 2. August 2017, https://www.digitalcommerce360.com/2017/08/02/amazon-jobs-day-a-look-inside-amazons-massive-and-growing-fulfillment-network/ (24. Januar 2021).

151 Ronald Orol, »Whole Foods CEO John Mackey: Meeting Amazon Was Like ›Falling in Love‹«, The Street, 5. März 2018, https://www.thestreet.com/investing/stocks/whole-food-ceo-john-mackey-says-meeting-amazon-was-like-falling-in-love-14509074 (24. Januar 2021).

152 Sinead Carew und David Randall, »Whole Foods Shares Keep Rising in Bidding War Speculation«, Reuters, 19. Juni 2017, https://www.reuters.com/article/us-usa-stocks-wholefoods-idUSKBN19A22J (24. Januar 2021).

153 Abha Bhattarchai, »Whole Foods Places New Limits on Suppliers, Upsetting Some Small Vendors«, Washington Post, 5. Januar 2018, https://www.washingtonpost.com/business/economy/whole-foods-places-new-limits-on-suppliers-upsetting-some-small-vendors/2018/01/05/7f58b466-f0a1-11e7-b390-a36d-c3fa2842_story.html (24. Januar 2021).

154 »Amazon's Deal Making Threatened by D.C. Scrutiny«, Wall Street Journal, 3. Juli 2019, https://www.wsj.com/articles/amazons-deal-making-threatened-by-d-c-scrutiny-11562146205 (24. Januar 2021).

155 Laura Stevens, »Amazon Puts Whole Foods, Delivery Units Under Bezos Lieutenant«, Wall Street Journal, 9. November 2017, https://www.wsj.com/articles/amazon-puts-whole-foods-rapid-delivery-businesses-under-veteran-executive-1510236001 (24. Januar 2021).

156 »How Amazon's Largest Distribution Center Works«, YouTube-Video, gepostet von Bloomberg Quicktake, 26. November 2012. https://www.youtube.com/watch?v=bfFsqbIn_3E (23. Januar 2021).

157 Tweet von Dave Clark, gepostet am 6. September 2019, https://twitter.com/davehclark/status/1169986311635079168 (23. Januar 2021).

158 Spencer Soper, »Inside Amazon's Warehouse«, Morning Call, 18. September 2011, https://www.mcall.com/news/watchdog/mc-allentown-amazon-complaints-20110917-story.html (23. Januar 2021).

159 Spencer Soper, »The Man Who Built Amazon's Delivery Machine«, Bloomberg, 17. Dezember 2019, https://www.bloomberg.com/news/articles/2019-12-17/amazon-holiday-shopping-the-man-who-makes-it-happen (23. Januar 2021).

160 Chris Welch, »Amazon's Robot Competition Shows Why Human Warehouse Jobs Are Safe for Now«, The Verge, 1. Juni 2015, https://www.theverge.com/2015/6/1/8698607/amazon-robot-picking-challenge-results (23. Januar 2021).

161 »Meet Amazon's New Robot Army Shipping Out Your Products«, Bloomberg Technology Video, 2:10, 1. Dezember 2014, https://www.bloomberg.com/news/videos/2014-12-01/meet-amazons-new-robot-army-shipping-out-your-products (23. Januar 2021).

162 Will Evans, »How Amazon Hid Its Safety Crisis«, Reveal, 29. September 2020, https://revealnews.org/article/how-amazon-hid-its-safety-crisis/; und United States Department of Labor, »Amazon Fulfillment Center Receives $7k Fine«, 12. Januar 2016, https://www.osha.gov/news/newsreleases/region3/01122016 (23. Januar 2021).

163 Spencer Soper, »The Man Who Built Amazon's Delivery Machine«, Bloomberg, 17. Dezember 2019, https://www.bloomberg.com/news/articles/2019-12-17/amazon-holiday-shopping-the-man-who-makes-it-happen (23. Januar 2021).

164 Devin Leonard, »Will Amazon Kill FedEx?«, Bloomberg, 31. August 2016, https://www.bloomberg.com/features/2016-amazon-delivery/ (23. Januar 2021).

165 Amrita Jayakumar, »Amazon, UPS Offer Refunds for Christmas Delivery Problems«, Washington Post, 26. Dezember 2013, https://www.washingtonpost.com/business/economy/amazon-ups-offer-refunds-for-christmas-delivery-problems/2013/12/26/c9570254-6e44-11e3-a523-fe73f0ff6b8d_story.html (23. Januar 2021).

166 Cecelia Kang, »Amazon to Deliver on Sundays Using Postal Service Fleet«, Washington Post, 13. November 2013, https://www.washingtonpost.com/business/technology/amazon-to-deliver-on-sundays-using-postal-service-fleet/2013/11/10/e3f5b770-48c1-11e3-a196-3544a03c2351_story.html (23. Januar 2021).

167 David Weil, The Fissured Workplace (Harvard University Press, 2014). Ausführlicher behandelt Weil diese Ideen in »Income Inequality, Wage Determination and the Fissured Workplace«, in After Picketty (Harvard University Press, 2017), S. 209.

168 Jason Del Rey, »Amazon Buys Thousands of Its Own Truck Trailers as Its Transportation Ambitions Grow«, Vox, 4. Dezember 2015, https://www.vox.com/2015/12/4/11621148/amazon-buys-thousands-of-its-own-trucks-as-its-transportation (24. Januar 2021).

169 Ángel González, »Amazon Sues Target-Bound Former Logistics Executive Over ›Confidential‹ Info«, Seattle Times, 22. März 2016, https://www.seattletimes.com/business/amazon/amazon-sues-target-bound-former-logistics-executive/ (24. Januar 2021).

170 Raymond Chen, »Microspeak: Cookie Licking«, Microsoft-Blogpost, 1. Dezember 2009, https://devblogs.microsoft.com/oldnewthing/20091201-00/?p=15843 (24. Januar 2021).

171 Mary Schlangenstein, »FedEx CEO Calls Amazon Challenge Reports ›Fantastical‹«, Bloomberg News, 17. März 2016, https://www.ttnews.com/articles/fedex-ceo-calls-amazon-challenge-reports-fantastical (24. Januar 2021).

172 Alan Boyle, »First Amazon Prime Airplane Debuts in Seattle After Secret Night Flight«, GeekWire, 4. August 2016, https://www.geekwire.com/2016/amazon-prime-airplane-seafair/ (24. Januar 2021).
173 Jeffrey Dastin, »Amazon Starts Flexing Muscle in New Space: Air Cargo«, Reuters, 23. Dezember 2016, https://www.reuters.com/article/us-amazon-com-shipping-insight/amazon-starts-flexing-muscle-in-new-space-air-cargo-idUSKBN14C1K4 (24. Januar 2021).
174 Randy Woods, »Amazon to Move Prime Air Cargo Hub to Cincinnati«, Air Cargo World, 1. Februar 2017, https://aircargoworld.com/news/airports/amazon-to-move-prime-air-cargo-hub-to-cincinnati/ (24. Januar 2021).
175 Jason Del Re, »Amazon Is Building a $1.5 Billion Hub for Its Own Cargo Airline«, Vox, 31. Januar 2017, https://www.vox.com/2017/1/31/14462256/amazon-air-cargo-hub-kentucky-airport-prime-air (24. Januar 2021).
176 Spencer Soper, »Behind Amazon's HQ2 Fiasco: Jeff Bezos Was Jealous of Elon Musk«, Bloomberg, 3. Februar 2020, https://www.bloomberg.com/news/articles/2020-02-03/amazon-s-hq2-fiasco-was-driven-by-bezos-envy-of-elon-musk (24. Januar 2021).
177 Christian Farr, »Former Amazon Driver Acquitted in Death of 84-Year-Old Woman«, NBC5, 1. August 2019, https://www.nbcchicago.com/news/local/former-amazon-driver-acquitted-in-death-of-84-year-old-pedestrian/127151/ (24. Januar 2021).
178 Caroline O'Donovan und Ken Bensinger, »Amazon's Next-Day Delivery Has Brought Chaos and Carnage to America's Streets – But the World's Biggest Retailer Has a System to Escape the Blame«, BuzzFeed, 31. August 2019, https://www.buzzfeednews.com/article/carolineodonovan/amazon-next-day-delivery-deaths (24. Januar 2021).
179 Patricia Callahan, Caroline O'Donovan und Ken Bensinger, »Amazon Cuts Contracts with Delivery Companies Linked to Deaths«, ProPublica/BuzzFeed News, 11. Oktober 2019, https://www.propublica.org/article/amazon-cuts-contracts-with-delivery-companies-linked-to-deaths (24. Januar 2021).
180 Patricia Callahan, »His Mother Was Killed by a Van Making Amazon Deliveries. Here's the Letter He Wrote to Jeff Bezos«, ProPublica, 11. Oktober 2019, https://www.propublica.org/article/his-mother-was-killed-by-a-van-making-amazon-deliveries-heres-the-letter-he-wrote-to-jeff-bezos (24. Januar 2021).
181 Jacob Demmitt, »Confirmed: Amazon Flex Officially Launches, and It's Like Uber for Package Delivery«, GeekWire, 29. September 2015, https://www.geekwire.com/2015/confirmed-amazon-flex-officially-launches-and-its-like-uber-for-package-delivery/ (24. Januar 2021).
182 Rachel Premack, »The Family of a Pilot Who Died in This Year's Amazon Air Fatal Crash Is Suing Amazon and Cargo Contractors Claiming Poor Safety Standards«, Business Insider, 19. September 2019, https://www.businessinsider.com/amazon-atlas-air-fatal-crash-pilots-sue-2019-9 (24. Januar 2021).

183 Gabrielle Coppola, »Amazon Orders 20,000 Mercedes Vans to Bolster Delivery Program«, Bloomberg, 5. September 2018, https://www.bloomberg.com/news/articles/2018-09-05/amazon-orders-20-000-mercedes-vans-to-bolster-delivery-program (24. Januar 2021).
184 Erica Pandey, »Amazon, the New King of Shipping«, Axios, 27. Juni 2019, https://www.axios.com/amazon-shipping-chart-fedex-ups-usps-0dc6bab1-2169-42a8-9e56-0e85c590eb89.html (24. Januar 2021).
185 Jim Tankersley, »Trump Said Amazon Was Scamming the Post Office. His Administration Disagrees«, New York Times, 4. Dezember 2018, https://www.nytimes.com/2018/12/04/us/politics/trump-amazon-post-office.html (24. Januar 2021).
186 Paul Ziobro, »UPS to Start 7-Day Delivery to Juggle Demands of Online Shopping«, Wall Street Journal, 23. Juli 2019, https://www.wsj.com/articles/ups-to-start-7-day-delivery-to-juggle-demands-of-online-shopping-11563918759 (24. Januar 2021); und Paul Ziobro, »UPS and Teamsters Discuss Two-Tier Wages, Sunday Deliveries«, Wall Street Journal, 9. Mai 2018, https://www.wsj.com/articles/ups-and-teamsters-discuss-two-tier-wages-sunday-deliveries-1525860000?mod=article_inline (24. Januar 2021).
187 Thomas Black, »FedEx Ends Ground-Delivery Deal with Amazon«, Bloomberg, 7. August 2019, https://www.bloomberg.com/news/articles/2019-08-07/fedex-deepens-pullback-from-amazon-as-ground-delivery-deal-ends?sref=dJuchiL5 (24. Januar 2021).
188 Paul Ziobro, »Fred Smith Created FedEx. Now He Has to Reinvent It«, Wall Street Journal, 17. Oktober 2019, https://www.wsj.com/articles/fred-smith-created-fedex-now-he-has-to-reinvent-it-11571324050 (24. Januar 2021).
189 Spencer Soper und Thomas Black, »Amazon Cuts Off FedEx Ground for Prime Holiday Shipments«, Bloomberg, 16. Dezember 2019, https://www.bloomberg.com/news/articles/2019-12-16/amazon-cuts-off-fedex-ground-for-prime-shipments-this-holiday?sref=dJuchiL5 (24. Januar 2021).
190 Spencer Soper, »Amazon Will Spend $800 Million to Move to One-Day Delivery«, Bloomberg, 25. April 2019, https://www.bloomberg.com/news/articles/2019-04-25/amazon-will-spend-800-million-to-move-to-one-day-delivery (24. Januar 2021).
191 Amazon-Mitarbeiter, »Ultrafast Grocery Delivery Is Now FREE with Prime«, Amazon-Blog, 29. Oktober 2019, https://www.aboutamazon.com/news/retail/ultrafast-grocery-delivery-is-now-free-with-prime (24. Januar 2021).
192 Chris Spargo, »No Delivery Drones Needed: Amazon Founder Jeff Bezos Flashes His $81bn Smile While Canoodling with His Wife During Some Real-World Shopping at Historic Italian Market«, Daily Mail, 11. Mai 2017, https://www.dailymail.co.uk/news/article-4497398/Amazon-founder-Jeff-Bezos-vacations-Italy.html (24. Januar 2021).
193 Nick Wingfield, »Jeff Bezos Wants Ideas for Philanthropy, So He Asked Twitter«, New York Times, 15. Juni 2017, https://www.nytimes.com/2017/06/15/technology/jeff-bezos-amazon-twitter-charity.html (24. Januar 2021).

194 Ian Servantes, »Amazon CEO Jeff Bezos Is Now Buff; Internet Freaks Out«, Men's Health, 17. Juli 2017, https://www.menshealth.com/trending-news/a19525957/amazon-jeff-bezos-buff-memes/ (24. Januar 2021).

195 Michael Learmonth, »Advertising Becomes Amazon's Newest Low-Price Weapon«, Ad Age, 8. Oktober 2012, https://adage.com/article/digital/advertising-amazon-s-newest-low-price-weapon/237630 (24. Januar 2012).

196 Steve Susi, Brand Currency: A Former Amazon Exec on Money, Information, Loyalty, and Time (Lioncrest Publishing, 2019) sowie persönliches Interview mit dem Autor.

197 David Carnoy, »How Is ›Amazon's Choice‹ Chosen? Amazon Won't Say«, CNET, 21. März 2018, https://www.cnet.com/news/do-humans-choose-what-products-get-amazons-choice/ (24. Januar 2021).

198 Monica Nickelsburg, »US Lawmakers Raise Questions About ›Misleading‹ Amazon's Choice Recommendations«, GeekWire, 12. August 2019, https://www.geekwire.com/2019/us-lawmakers-raise-questions-misleading-amazons-choice-recommendations/ (24. Januar 2021).

199 Shane Shifflett, Alexandra Berzon und Dana Mattioli, »›Amazon's Choice‹ Isn't the Endorsement It Appears«, Wall Street Journal, 22. Dezember 2019, https://www.wsj.com/articles/amazons-choice-isnt-the-endorsement-it-appears-11577035151 (24. Januar 2021).

200 Juozas Kaziukėnas, »Amazon Demotes Organic Results in Search«, Marketplace Pulse, 30. Oktober 2019, https://www.marketplacepulse.com/articles/amazon-search-demotes-organic-results (24. Januar 2021).

201 »Investigation of Competition in Digital Markets: Majority Staff Reports and Recommendations«, 2020, https://judiciary.house.gov/uploadedfiles/competition_in_digital_markets.pdf (24. Januar 2021).

202 Andy Malt, »Amazon Tickets to Close«, Amazon-Blog, 22. Februar 2018, https://completemusicupdate.com/article/amazon-tickets-to-close/ (25. Januar 2021).

203 »Amazon Is Preparing to Close a Chinese E-Commerce Store«, Bloomberg, 17. April 2019, https://www.bloomberg.com/news/articles/2019-04-17/amazon-is-said-to-prepare-closing-of-chinese-e-commerce-store?sref=dJuchiL5 (25. Januar 2021).

204 Mike Rosenberg und Angel González, »Thanks to Amazon, Seattle Is Now America's Biggest Company Town«, Seattle Times, 23. August 2017, https://www.seattletimes.com/business/amazon/thanks-to-amazon-seattle-is-now-americas-biggest-company-town/ (25. Januar 2021).

205 Laura Stevens, Sharon Terlep und Annie Gasparro, »Amazon Targets Unprofitable Items, with a Sharper Focus on the Bottom Line«, Wall Street Journal, 16. Dezember 2018, https://www.wsj.com/articles/amazon-targets-unprofitable-items-with-a-sharper-focus-on-the-bottom-line-11544965201 (25. Januar 2021).

206 Spencer Soper, »Amazon's Clever Machines Are Moving from the Warehouse to Headquarters«, Bloomberg, 13. Juni 2018, https://www.bloomberg.com/news/articles/2018-06-13/amazon-s-clever-machines-are-moving-from-the-warehouse-to-headquarters?sref=dJuchiL5 (25. Januar 2021).
207 Staci D. Kramer, »The Biggest Thing Amazon Got Right: The Platform«, Gigaom, 12. Oktober 2011, https://gigaom.com/2011/10/12/419-the-biggest-thing-amazon-got-right-the-platform/ (25. Januar 2021).
208 Bain & Company, »Founder's Mentality and the Paths to Sustainable Growth«, YouTube, 10. September 2014, https://www.youtube.com/watch?v=Rp4RCIfX66I (25. Januar 2021).
209 Tom Metcalf, »Jeff Bezos Passes Bill Gates to Become the World's Richest Person«, Bloomberg, 27. Oktober 2017, https://www.bloomberg.com/news/articles/2017-10-27/bezos-seizes-title-of-world-s-richest-person-after-amazon-soars (25. Januar 2021).
210 Für dieses Kapitel dienten zwei Bücher als wertvolle Quellen: Christian Davenport, The Space Barons: Elon Musk, Jeff Bezos, and the Quest to Colonize the Cosmos (New York: PublicAffairs, 2018), und Tim Fernholz, Rocket Billionaires: Elon Musk, Jeff Bezos, and the New Space Race (New York: Houghton Mifflin Harcourt, 2018).
211 Loren Grush, »SpaceX Successfully Lands Its Rocket on a Floating Drone Ship for the First Time«, The Verge, 8. April 2016, https://www.theverge.com/2016/4/8/11392138/spacex-landing-success-falcon-9-rocket-barge-at-sea (24. Januar 2021).
212 Steven Levy, »Jeff Bezos Wants Us All to Leave Earth – for Good«, Wired, 15. Oktober 2018, https://www.wired.com/story/jeff-bezos-blue-origin/ (24. Januar 2021).
213 Clare O'Connor, »Jeff Bezos' Spacecraft Blows Up in Secret Test Flight; Locals Describe ›Challenger-Like‹ Explosion«, Forbes, 2. September 2011, https://www.forbes.com/sites/clareoconnor/2011/09/02/jeff-bezos-spacecraft-blows-up-in-secret-test-flight-locals-describe-challenger-like-explosion/?sh=6cde347836c2 (24. Januar 2021).
214 Jeff Bezos, »Successful Short Hop, Setback, and Next Vehicle«, Blue Origin, 2. September 2011, https://www.blueorigin.com/news/successful-short-hop-setback-and-next-vehicle (24. Januar 2021).
215 Jeff Fouse, »NASA Selects Boeing and SpaceX for Commercial Crew Contracts«, SpaceNews, 16. September 2014, https://spacenews.com/41891nasa-selects-boeing-and-spacex-for-commercial-crew-contracts/ (24. Januar 2021).
216 Nasa Office of Inspector General, »Audit of Commercial Resupply Services to the International Space Station«, Bericht Nr. IG-18-016, 26. April 2018, S. 4, https://oig.nasa.gov/docs/IG-18-016.pdf (24. Januar 2021).
217 Jonathan Amos, »SpaceX Lifts Off with ISS cargo«, BBC, 8. Oktober 2012, https://www.bbc.com/news/science-environment-19867358 (24. Januar 2021).

218 Elon Musk, »Making Humans a Multi-Planetary Species«, Mary Ann Liebert, Inc, New Space 5 Nr. 2 (2017): S. 46, https://www.liebertpub.com/doi/10.1089/space.2017.29009.emu (24. Januar 2021).

219 Jeff Bezos, Tweet, 3. Februar 2018, 9:30, https://twitter.com/jeffbezos/status/959796196247142400?lang=en (24. Januar 2021).

220 Alan Boyle, »Bezos' Blue Origin Space Venture Loses Protest over NASA's Launch Pad«, NBC News, 12. Dezember 2013, https://www.nbcnews.com/science/bezos-blue-origin-rocket-venture-fails-stop-nasas-launch-pad-2D11736708 (24. Januar 2021).

221 Dan Leone, »Musk Calls Out Blue Origin, ULA for ›Phony Blocking Tactic‹ on Shuttle Pad Lease«, SpaceNews, 25. September 2013, https://spacenews.com/37389musk-calls-out-blue-origin-ula-for-phony-blocking-tactic-on-shuttle-pad/ (24. Januar 2021).

222 Todd Bishop, »Jeff Bezos' Blue Origin Dealt Setback in Patent Dispute with SpaceX over Rocket Landings«, GeekWire, 5. März 2015, https://www.geekwire.com/2015/jeff-bezos-blue-origin-dealt-setback-in-patent-dispute-with-spacex-over-rocket-landings/ (24. Januar 2021); und Todd Bishop, »Blue Origin's Rocket-Landing Patent Canceled in Victory for SpaceX«, GeekWire, 1. September 2015, https://www.geekwire.com/2015/blue-origins-rocket-landing-patent-canceled-in-victory-for-spacex/ (24. Januar 2021).

223 Armin Rosen, »Elon Musk's Aerospace Argument Just Took a Hit«, Business Insider, 17. Juni 2014, https://www.businessinsider.com/ula-wont-buy-rocket-engines-from-russia-anymore-2014-6 (24. Januar 2021).

224 Loren Grush, »Spacex Successfully Landed Its Falcon 9 Rocket After Launching It to Space«, The Verge, 21. Dezember 2015, https://www.theverge.com/2015/12/21/10640306/spacex-elon-musk-rocket-landing-success (24. Januar 2021).

225 Jeff Bezos, Tweet, 21. Dezember 2015, 20:49, https://twitter.com/jeffbezos/status/679116636310360067?lang=en (24. Januar 2021).

226 Eric Berger, »Behind the Curtain: Ars Goes Inside Blue Origin's Secretive Rocket Factory«, Ars Technica, 9. März 2016, https://arstechnica.com/science/2016/03/behind-the-curtain-ars-goes-inside-blue-origins-secretive-rocket-factory/ (24. Januar 2021).

227 Christian Davenport, The Space Barons: Elon Musk, Jeff Bezos, and the Quest to Colonize the Cosmos (New York: PublicAffairs, 2018), S. 11–13.

228 Alan Deutschman, »Inside the Mind of Jeff Bezos«, Fast Company, 1. August 2004, https://www.fastcompany.com/50541/inside-mind-jeff-bezos-4 (24. Januar 2021).

229 Mylene Mangalindan, »Buzz in West Texas Is About Jeff Bezos and His Launch Site«, Wall Street Journal, 10. November 2006, https://www.wsj.com/articles/SB116312683235519444 (24. Januar 2021).

230 Spencer Soper, »Bezos Sells $1 Billion a Year in Amazon Stock for Space Project«, Bloomberg, 5. April 2017, https://www.bloomberg.com/news/artic-

les/2017-04-05/bezos-hopes-big-windows-will-give-space-tourism-a-boost (24. Januar 2021).

231 Chris Bergin und William Graham, »Blue Origin Introduce the New Glenn Orbital LV«, NASASpaceFlight.com, 12. September 2016, https://www.nasaspaceflight.com/2016/09/blue-origin-new-glenn-orbital-lv/ (24. Januar 2021).

232 Sandra Erwin, »Air Force Awards Launch Vehicle Development Contracts to Blue Origin, Northrop Grumman, ULA«, SpaceNews, 10. Oktober 2018, https://spacenews.com/air-force-awards-launch-vehicle-development-contracts-to-blue-origin-northrop-grumman-ula/ (24. Januar 2021).

233 Christian Davenport, »An Exclusive Look at Jeff Bezos' Plan to Set Up Amazon-Like Delivery for ›Future Human Settlement‹ of the Moon«, Washington Post, 2. März 2017, https://www.washingtonpost.com/news/the-switch/wp/2017/03/02/an-exclusive-look-at-jeff-bezos-plan-to-set-up-amazon-like-delivery-for-future-human-settlement-of-the-moon/ (24. Januar 2021).

234 Döpfner, »Jeff Bezos Reveals«.

235 Michael Sheetz, »SpaceX President Knocks Bezos' Blue Origin: ›They Have a Billion Dollars of Free Money Every Year‹«, CNBC, 25. Oktober 2019, https://www.cnbc.com/2019/10/25/spacex-shotwell-calls-out-blue-origin-boeing-lockheed-martin-oneweb.html (24. Januar 2021).

236 Sarah Perez, »39 Million Americans Now Own a Smart Speaker, Report Claims«, TechCrunch, 12. Januar 2018, https://techcrunch.com/2018/01/12/39-million-americans-now-own-a-smart-speaker-report-claims/ (26. Januar 2021).

237 Eric Pryne, »Amazon to Make Giant Move to South Lake Union«, Seattle Times, 22. Dezember 2007, https://www.seattletimes.com/business/amazon-to-make-giant-move-to-south-lake-union/ (25. Januar 2021).

238 Matt Day, »Humans of Amazon: Meet Some of the People Behind Seattle's Tech Juggernaut«, Seattle Times, 8. März 2018, https://www.seattletimes.com/business/amazon/humans-of-amazon-meet-some-of-the-people-behind-seattles-tech-juggernaut/ (25. Januar 2021); und Rosenberg und González, »Thanks to Amazon«.

239 Robert McCartney, »Amazon in Seattle: Economic Godsend or Self-Centered Behemoth?«, Washington Post, 8. April 2019, https://www.washingtonpost.com/local/trafficandcommuting/amazon-in-seattle-economic-godsend-or-self-centered-behemoth/2019/04/08/7d29999a-4ce3-11e9-93d0-64dbcf38ba41_story.html (25. Januar 2021).

240 Amy Martinez und Kristy Heim, »Amazon a Virtual No-Show in Hometown Philanthropy«, Seattle Times, 31. März 2012, https://www.seattletimes.com/business/amazon-a-virtual-no-show-in-hometown-philanthropy/ (25. Januar 2021).

241 Will Kenton, »Social License to Operate (SLO)«, Investopedia, 23. August 2019, https://www.investopedia.com/terms/s/social-license-slo.asp (25. Januar 2021).

242 Phuong Le, »Seattle Approves New Income Tax for Wealthy Residents«, AP, 10. Juli 2017, https://apnews.com/article/d747b2eef95449c3963bb62f9736ef93 (25. Januar 2021).
243 »A Close Look at the Proposed Head Tax«, Seattle City Council Insight, 30. Oktober 2017, https://sccinsight.com/2017/10/30/close-look-proposed-head-tax/ (25. Januar 2021).
244 Taylor Soper, »Amazon Cancels Huge Summer Picnic and Post-Holiday Party as Seattle Employee Count Swells, Plans New Post-Prime Day Concert«, GeekWire, 13. Juni 2018, https://www.geekwire.com/2018/amazon-cancels-huge-summer-picnic-holiday-party-seattle-employee-count-swells-plans-new-prime-day-celebration-concert/ (25. Januar 2021).
245 Reid Wilson, »Washington Just Awarded the Largest State Tax Subsidy in U.S. History«, Washington Post, 12. November 2013, https://www.washingtonpost.com/blogs/govbeat/wp/2013/11/12/washington-just-awarded-the-largest-state-tax-subsidy-in-u-s-history/ (25. Januar 2021).
246 Jason Hidalgo, »Art of the Tesla Deal: How Nevada Won a Gigafactory«, Reno Gazette Journal, 16. September 2014, https://www.rgj.com/story/news/2014/09/13/art-tesla-deal-nv-won-gigafactory/15593371/ (25. Januar 2021).
247 Shayndi Raice und Dana Mattioli, »Amazon Sought $1 Billion in Incentives on Top of Lures for HQ2«, Wall Street Journal, 16. Januar 2020, https://www.wsj.com/articles/amazon-sought-1-billion-in-incentives-on-top-of-lures-for-hq2-11579179601 (25. Januar 2021).
248 Watchdog News, »Foxconn Chooses Wisconsin for Manufacturing Plant, Says 13,000 Jobs Will Be Created«, Center Square, 26. Juli 2017, https://www.thecentersquare.com/wisconsin/foxconn-chooses-wisconsin-for-manufacturing-plant-says-13-000-jobs-will-be-created/article_9a65242e-869a-5867-9201-4ef7b49fb2aa.html (25. Januar 2021).
249 Amazon, 7. September 2017, https://images-na.ssl-images-amazon.com/images/G/01/Anything/test/images /usa/RFP_3._V516043504_.pdf.
250 Spencer Soper, »Amazon Weighs Boston in Search for Second Headquarters«, Bloomberg, 12. September 2017, https://www.bloomberg.com/news/articles/2017-09-12/amazon-is-said-to-weigh-boston-in-search-for-second-headquarters (25. Januar 2021).
251 Emily Badger, Quoctrung Bui und Claire Cain Miller, »Dear Amazon, We Picked Your New Headquarters for You«, New York Times, 9. September 2017, https://www.nytimes.com/interactive/2017/09/09/upshot/where-should-amazon-new-headquarters-be.html (25. Januar 2021).
252 Laura Stevens, Sean McDade und Stephanie Stamm, »Courting a Giant«, Wall Street Journal, 14. November 2017, https://www.wsj.com/graphics/amazon-headquarters/ (25. Januar 2021).
253 Soper, »Amazon Weighs Boston«.

254 Tony Romm, »Amazon's Pursuit of Tax Credits to Build a New Corporate Headquarters Is Getting Early Pushback«, Vox, 7. September 2017, https://www.vox.com/2017/9/7/16268588/amazon-tax-credits-ro-khanna-opposition (25. Januar 2021).

255 Michael Hiltzik, »Column: Memo to Civic Leaders: Don't Sell Out Your Cities for Amazon's New Headquarters«, Los Angeles Times, 12. September 2017, https://www.latimes.com/business/hiltzik/la-fi-hiltzik-amazon-hq-20170911-story.html (25. Januar 2021).

256 Natasha Bach, »Kansas City's Mayor Reviewed 1,000 Products on Amazon to Promote His HQ2 Bid«, Fortune, 12. Oktober 2017, https://fortune.com/2017/10/12/amazon-hq2-kansas-city/ (25. Januar 2021).

257 Shannon Liao, »The Eight Most Outrageous Things Cities Did to Lure Amazon for HQ2«, The Verge, 19. Oktober 2017, https://www.theverge.com/2017/10/19/16504042/amazon-hq2-second-headquarters-most-funny-crazy-pitches-proposals-stonecrest-new-york (25. Januar 2021).

258 Laura Stevens, Shibani Mahtani und Shayndi Raice, »Rules of Engagement: How Cities Are Courting Amazon's New Headquarters«, Wall Street Journal, 2. April 2018, https://www.wsj.com/articles/rules-of-engagement-how-cities-are-courting-amazons-new-headquarters-1522661401?mod=article_inline (25. Januar 2021).

259 Richard Fausset, »Georgia Passes Bill That Stings Delta over N.R.A. Position«, New York Times, 1. März 2018, https://www.nytimes.com/2018/03/01/business/delta-nra-georgia.html (25. Januar 2021).

260 Monica Nickelsburg, »Amazon Suspends Construction in Seattle While the City Considers a New Tax on Its Biggest Businesses«, GeekWire, 2. Mai 2018, https://www.geekwire.com/2018/amazon-suspends-construction-seattle-city-considers-new-tax-biggest-businesses/ (25. Januar 2021); und Matt Day, »Amazon Paid $250 Million in Washington State and Local Taxes for 2017, Source Says«, Seattle Times, 9. Mai 2018, https://www.seattletimes.com/business/amazon/amazon-paid-250-million-in-washington-state-and-local-taxes-in-2017-source-says/ (25. Januar 2021).

261 Matt Day und Daniel Beekman, »Amazon Issues Threat over Seattle Head-Tax Plan, Halts Tower Construction Planning«, Seattle Times, 2. Mai 2018, https://www.seattletimes.com/business/amazon/amazon-pauses-plans-for-seattle-office-towers-while-city-council-considers-business-tax/ (25. Januar 2021).

262 Rosenberg und González, »Thanks to Amazon«.

263 Matt Day, »Amazon Confirms Major Office Lease in Bellevue, Will Occupy Former Expedia Headquarters«, Seattle Times, 21. August 2018, https://www.seattletimes.com/business/amazon/amazon-confirms-major-office-lease-in-bellevue-will-occupy-former-expedia-headquarters/ (25. Januar 2021).

264 Richard Karlgaard, »Capital Goes Where It's Welcome«, Forbes, 18. Mai 2009, https://www.forbes.com/sites/digitalrules/2009/05/18/capital-goes-where-its-welcome/?sh=36ede97353d4 (25. Januar 2021).

265 McCartney, »Amazon in Seattle«.

266 Daniel Beekman, »About-Face: Seattle City Council Repeals Head Tax Amid Pressure from Businesses, Referendum Threat«, Seattle Times, 12. Juni 2018, https://www.seattletimes.com/seattle-news/politics/about-face-seattle-city-council-repeals-head-tax-amid-pressure-from-big-businesses/ (25. Januar 2021).

267 Brad Stone, »At $1 Trillion, Amazon Is Still Not Its Stock Price«, Bloomberg, 4. September 2018, https://www.bloomberg.com/news/articles/2018-09-04/at-1-trillion-amazon-is-still-not-its-stock-price (25. Januar 2021).

268 Scott Galloway, »Professor Scott Galloway on Amazon HQ2 and Why It's Time to Break Up Big Tech«, SupplyChain 24/7, 25. Januar 2018, https://www.supplychain247.com/article/professor_scott_galloway_on_amazon_hq2_break_up_big_tech (25. Januar 2021).

269 Ibid.

270 Lina M. Khan, »Amazon's Antitrust Paradox«, Yale Law Journal 126, Nr. 3 (2017), https://www.yalelawjournal.org/note/amazons-antitrust-paradox (25. Januar 2021).

271 »Amazon Selects New York City and Northern Virginia for New Headquarters«, Amazon, 13. November 2018, https://www.aboutamazon.com/news/company-news/amazon-selects-new-york-city-and-northern-virginia-for-new-headquarters (25. Januar 2021).

272 Corey Johnson, Tweet, 13. November 2018, 11:40 Uhr, https://twitter.com/CoreyinNYC/status/1062384713535537152 (25. Januar 2021).

273 Alexandria Ocasio-Cortez, Tweet, 12. November 2018, 23:40 Uhr, https://twitter.com/AOC/status/1062203458227503104 (25. Januar 2021).

274 Chris Sommerfeldt und Michael Gartland, »NY Officials Went to Great Lengths to Get Amazon a Helicopter Pad in Queens Despite Fear of Local Pushback: Emails«, New York Daily News, 16. April 2020, https://www.nydailynews.com/news/politics/ny-amazon-queens-helipad-emails-20200416-3oi2fwjzpzhmn-cfzalhqre5aru-story.html (25. Januar 2021).

275 Ron Dicker, »Jeff Bezos and Amazon Make Off with Sky-High Perks on New York Post Cover«, HuffPost, 14. November 2018, https://www.huffpost.com/entry/jeff-bezos-amazon-new-york-post-cover_n_5bec4243e4b044bbb1ab8738 (25. Januar 2021).

276 »Industrial & Commercial Abatement Program«, NYC Department of Finance, https://www1.nyc.gov/site/finance/benefits/benefits-industrial-and-commercial-abatement-program-icap.page (25. Januar 2021).

277 Siehe J. David Goodman, »Amazon Has a New Strategy to Sway Skeptics in New York«, New York Times, 29. Januar 2019, https://www.nytimes.com/2019/01/29/nyregion/amazon-new-york-long-island-city.html (25. Januar 2021).

278 J. David Goodman, »Amazon's New York Charm Offensive Includes a Veiled Threat«, New York Times, 30. Januar 2019, https://www.nytimes.com/2019/01/30/nyregion/amazon-queens-nyc-council.html (25. Januar 2021).

279 Robert McCartney, Jonathan O'Connell und Patricia Sullivan, »Facing Opposition, Amazon Reconsiders N.Y. Headquarters Site, Two Officials Say«, Washington Post, 8. Februar 2019, https://www.washingtonpost.com/local/virginia-politics/facing-opposition-amazon-reconsiders-ny-headquarters-site-two-officials-say/2019/02/08/451ffc52-2a19-11e9-b011-d8500644dc98_story.html (25. Januar 2021).
280 Ibid.
281 Josh Eidelson und Dina Bass, »Amazon Was Holding Talks Wednesday to Make NYC Deal Happen«, Bloomberg, 14. Februar 2019, https://www.bloomberg.com/news/articles/2019-02-14/amazon-was-holding-talks-wednesday-to-make-nyc-deal-happen?sref=dJuchiL5 (25. Januar 2021).
282 Jillian Jorgensen, »De Blasio Fumes at Amazon and Skeptics of Dashed Deal for HQ2 in Long Island City«, New York Daily News, 15. Februar 2019, https://www.nydailynews.com/news/politics/ny-pol-deblasio-amazon-hq2-20190215-story.html (25. Januar 2021).
283 J. David Goodman, »Andrew Cuomo Speaks with Jeff Bezos, Hints of ›Other Ways‹ to Clear Path for Amazon's Return«, New York Times, 28. Februar 2019, https://www.nytimes.com/2019/02/28/nyregion/amazon-hq2-nyc.html (25. Januar 2021).
284 Jonathan O'Connell und Andrew Ba Tran, »Where Bezos's Jet Flies Most – and What It Might Say About Amazon's HQ2 Winner«, Washington Post, 2. November 2018, https://www.washingtonpost.com/business/where-bezoss-jet-flies-most--and-what-it-might-say-about-amazons-hq2/2018/11/02/792be19a-de16-11e8-b3f0-62607289efee_story.html (25. Januar 2021).
285 Vgl. »Amazon Creating 3,500 Jobs in Tech Hubs Across the U.S.«, Business Facilities, 21. August 2020, https://businessfacilities.com/2020/08/amazon-creating-3500-jobs-in-tech-hubs-across-the-u-s/ (25. Januar 2021).
286 Henry Blodget, »I Asked Jeff Bezos the Tough Questions – No Profits, the Book Controversies, the Phone Flop – and He Showed Why Amazon Is Such a Huge Success«, Business Insider, 13. Dezember 2014, https://www.businessinsider.com/amazons-jeff-bezos-on-profits-failure-succession-big-bets-2014-12 (25. Januar 2021).
287 Ibid.
288 Jeff Bezos in conversation with Mark Bezos, »Amazon CEO Jeff Bezos and Brother Mark Give a Rare Interview About Growing Up and the Secrets to Success«, Summit LA17, 54:55, 14. November 2017, https://summit.co/videos/amazon-ceo-jeff-bezos-and-brother-mark-give-a-rare-interview-about-growing-up-and-secrets-to-success-3nBiJY03McIIQcgcoe2aUe (25. Januar 2021).
289 Benjamin Wofford, »Inside Jeff Bezos's DC Life«, Washingtonian, 22. April 2018, https://www.washingtonian.com/2018/04/22/inside-jeff-bezos-dc-life/ (25. Januar 2021).
290 Rebecca Johnson, »MacKenzie Bezos: Writer, Mother of Four, and High-Profile Wife«, Vogue, 20. Februar 2013, https://www.vogue.com/article/a-novel-perspective-mackenzie-bezos (25. Januar 2021).

291 Katy Waldman, »The Idealized, Introverted Wives of MacKenzie Bezos's Fiction«, New Yorker, 23. Januar 2019, https://www.newyorker.com/books/page-turner/the-idealized-introverted-wives-of-mackenzie-bezos-fiction (25. Januar 2021).

292 Jonah Engel Bromwich und Alexandra Alter, »Who Is MacKenzie Scott?«, New York Times, 12. Januar 2019, https://www.nytimes.com/2019/01/12/style/jeff-bezos-mackenzie-divorce.html (25. Januar 2021).

293 Jeff Bezos, Twitter-Video, 22. April 2018, 16:34 Uhr, https://twitter.com/JeffBezos/status/988154007813173248 (25. Januar 2021).

294 Döpfner, »Jeff Bezos Reveals«.

295 Sara Salinas, »Amazon's Jeff Bezos Launches a $2 Billion ›Day One Fund‹ to Help Homeless Families and Create Preschools«, CNBC, 13. September 2018, https://www.cnbc.com/2018/09/13/bezos-launches-day-one-fund-to-help-homeless-families-and-create-preschools.html (25. Januar 2021).

296 Adrian Gomez, »Celebrity Buzz Centers on 2 ABQ Natives«, Albuquerque Journal, 11. Januar 2019, https://www.abqjournal.com/1267508/celebrity-buzz-centers-on-2-abq-natives.html (25. Januar 2021).

297 Sara Nathan, »Lauren Sanchez's Brother Tells All on Bezos Romance: ›This Was Real‹«, Page Six, 30. März 2019, https://pagesix.com/2019/03/30/this-was-real-lauren-sanchezs-brother-tells-all-on-bezos-romance/ (25. Januar 2021).

298 Daniel Terdiman, »At Amazon's MARS Conference, Jeff Bezos Plots the Future with 200 (Very) Big Brains«, Fast Company, 23. März 2018, https://www.fastcompany.com/40547902/at-amazons-mars-conference-jeff-bezos-plots-the-future-with-200-very-big-brains (25. Januar 2021).

299 MIT Technology Review, Twitter-Video, 20. März 2018, 18:57 Uhr, https://twitter.com/techreview/status/976231159251324928?lang=en (25. Januar 2021).

300 Keith Griffith und Jennifer Smith, »Jeff Bezos and Lover Lauren Sanchez ›Made Out Like Teenagers‹ in Hollywood Hotspot at Table Next to Michael Sanchez ›Just Days After Their Spouses Discovered Affair‹«, Daily Mail, 12. Januar 2019, https://www.dailymail.co.uk/news/article-6583895/Jeff-Bezos-lover-reportedly-like-teenagers-Hollywood-restaurant-Felix.html (25. Januar 2021).

301 »Millions of People Living and Working in Space«, YouTube-Video, 1:57, gepostet von Blue Origin, 15. Oktober 2018, https://www.youtube.com/watch?v=KMdpdmJshFU&feature=emb_logo&ab_channel=BlueOrigin (25. Januar 2021).

302 David Ng, Stacy Perman und Richard Winton, »Who Is Michael Sanchez? Low-Level Hollywood Manager Is a Pivotal Figure in Bezos-Pecker Storm«, Los Angeles Times, 13. Februar 2019, https://www.latimes.com/business/hollywood/la-fi-ct-michael-sanchez-20190213-story.html (26. Januar 2021).

303 Gary Baum, »Dylan Howard's Hollywood Reboot: Why Are So Many A-Listers Working with a Tabloid Henchman?«, Hollywood Reporter, 3. Februar 2020, https://www.hollywoodreporter.com/features/why-are-a-listers-working-dylan-howard-1275651 (26. Januar 2021).

304 Lachlan Markay, »Emails Tell the Inside Story of How the Enquirer Got Jeff Bezos' Nudes«, Daily Beast, 3. Juli 2020, https://www.thedailybeast.com/emails-tell-the-inside-story-of-how-the-enquirer-got-jeff-bezos-nudes (26. Januar 2021).
305 »TV Reunion! Emmy Winner Lauren Sanchez Returns to Host ›Extra‹ This Thursday«, Radar Online, 11. September 2018, https://radaronline.com/exclusives/2018/09/tv-reunion-emmy-winner-lauren-sanchez-returns-to-host-extra/ (26. Januar 2021).
306 Markay, »Emails«.
307 Joe Palazzolo and Michael Rothfeld, The Fixers: The Bottom-Feeders, Crooked Lawyers, Gossipmongers, and Porn Stars Who Created the 45th President (New York: Random House, 2020), S. 351–356.
308 »Declaration of Dylan Howard, James Robertson and Andrea Simpson in Support of Defendants' Special Motion to Strike«, in Michael Sanchez v. American Media, Inc, S. 4, Zeile 19.
309 Brief an Charles Stillman und James Mitchell vom Staatsanwalt des Southern District von New York, 20. September 2018, https://www.justice.gov/usao-sdny/press-release/file/1119501/download (26. Januar 2021).
310 Michael Rothfeld, Joe Palazzolo und Alexandra Berzon, »How the National Enquirer Got Bezos' Texts: It Paid $200,000 to His Lover's Brother«, Wall Street Journal, 18. März 2019, https://www.wsj.com/articles/how-the-national-enquirer-got-bezos-texts-it-paid-200-000-to-his-lovers-brother-11552953981 (26. Januar 2021).
311 Ibid.
312 Evan Real, »Lauren Sanchez's Brother Speaks Out About Involvement in Jeff Bezos Affair Leaking«, Hollywood Reporter, 14. Februar 2019, https://www.hollywoodreporter.com/news/lauren-sanchezs-brother-speaks-involvement-jeff-bezos-affair-leaking-1186817 (26. Januar 2021).
313 Marc Fisher, Manuel Roig-Franzia und Sarah Ellison, »Was Tabloid Exposé of Bezos Affair Just Juicy Gossip or a Political Hit Job?«, Washington Post, 5. Februar 2019, https://www.washingtonpost.com/politics/was-tabloid-expose-of-bezos-affair-just-juicy-gossip-or-a-political-hit-job/2019/02/05/03d2f716-2633-11e9-90cd-dedb0c92dc17_story.html (26. Januar 2021).
314 Jeff Bezos, Tweet, 9. Januar 2019, 9:17 Uhr, https://twitter.com/JeffBezos/status/1083004911380393985 (26. Januar 2021).
315 Fisher, Roig-Franzia und Ellison, »Tabloid Exposé«.
316 Matthew Yglesias, »Donald Trump's Twitter Feud with Amazon, Explained«, Vox, 4. April 2018, https://www.vox.com/policy-and-politics/2018/4/4/17193090/trump-amazon-feud (26. Januar 2021).
317 Dylan Howard, James Robertson und Andrea Simpson, »Bezos Shared Wife's Pillow Talk with Mistress, Boasted About U2's Bono«, National Enquirer, 12. Januar 2019, https://www.nationalenquirer.com/celebrity/jeff-bezos-shared-wifes-pillow-talk-with-mistress-lauren-sanchez/ (26. Januar 2021).

318 »First Photos Show Jeff Bezos' Girlfriend Lauren Sanchez Carefree After Scandal«, Us Weekly, 14. Januar 2019, https://www.usmagazine.com/celebrity-news/pictures/lauren-sanchez-steps-out-after-news-of-jeff-bezos-affair-pics/ (26. Januar 2021).
319 Erklärung von Dylan Howard.
320 Jeff Bezos, »No Thank You, Mr. Pecker«, Medium, 7. Februar 2019, https://medium.com/@jeffreypbezos/no-thank-you-mr-pecker-146e3922310f (26. Januar 2021).
321 Fisher, Roig-Franzia und Ellison, »Tabloid Exposé«.
322 Lachlan Markay und Asawin Suebsaeng, »Bezos Launches Investigation into Leaked Texts with Lauren Sanchez That Killed His Marriage«, Daily Beast, 30. Januar 2019, https://www.thedailybeast.com/bezos-launches-investigation-into-leaked-texts-with-lauren-sanchez-that-killed-his-marriage (26. Januar 2021); und Lachlan Markay und Asawin Suebsaeng, »Bezos' Investigators Question Michael Sanchez, Brother of Mistress Lauren Sanchez, in National Enquirer Leak Probe«, Daily Beast, 13. Februar 2019, https://www.thedailybeast.com/bezos-investigators-question-the-brother-of-his-mistress-lauren-sanchez-in-national-enquirer-leak-probe (26. Januar 2021).
323 Markay und Suebsaeng, »Bezos' Investigators«.
324 Gerry Smith und Elise Young, »New Jersey Officials Press National Enquirer's Hedge-Fund Owner over Bezos Feud«, Bloomberg, 12. Februar 2019, https://www.bloomberg.com/news/articles/2019-02-12/n-j-officials-press-enquirer-s-hedge-fund-owner-over-bezos-feud?sref=dJuchiL5 (26. Januar 2021); und Katherine Burton, Sridhar Natarajan und Shahien Nasiripour, »As N.J. Cuts Hedge Fund Ties, Chatham Shows That Can Take Years«, Bloomberg, 11. Juni 2019, https://www.bloomberg.com/news/articles/2019-06-11/as-n-j-cuts-hedge-fund-ties-chatham-shows-that-can-take-years?sref=dJuchiL5 (26. Januar 2021).
325 Fisher, Roig-Franzia und Ellison, »Tabloid Exposé«.
326 Bezos, »No Thank You«.
327 Ibid.
328 Ibid.
329 Gavin de Becker, »Bezos Investigation Finds the Saudis Obtained His Private Data«, Daily Beast, 31. März 2019, https://www.thedailybeast.com/jeff-bezos-investigation-finds-the-saudis-obtained-his-private-information (26. Januar 2021).
330 Siehe »National Enquirer Says Saudis Didn't Help on Bezos Story«, Daily Beast, 31. März 2019, https://www.thedailybeast.com/national-enquirer-says-saudis-didnt-help-on-bezos-story (26. Januar 2021).
331 Katie Paul, »Exclusive: Apple and Amazon in Talks to Set Up in Saudi Arabia – Sources«, Reuters, 28. Dezember 2017, https://www.reuters.com/article/us-saudi-tech-exclusive/exclusive-apple-and-amazon-in-talks-to-set-up-in-saudi-arabia-sources-idUSKBN1EM0PZ (26. Januar 2021); und Bradley Hope und

Justin Scheck, Blood and Oil: Mohammed Bin Salman's Ruthless Quest for Global Power (New York: Hachette, 2020).
332 Marc Fisher und Jonathan O'Connell, »The Prince, the Billionaire and the Amazon Project That Got Frozen in the Desert«, Washington Post, 27. Oktober 2019, https://www.washingtonpost.com/politics/the-prince-the-billionaire-and-the-amazon-project-that-got-frozen-in-the-desert/2019/10/27/71410ef8-eb9c-11e9-85c0-85a098e47b37_story.html (26. Januar 2021).
333 Justin Scheck, Bradley Hope und Summer Said, »Saudi Prince Courted Amazon's Bezos Before Bitter Split«, Wall Street Journal, 27. Januar 2020, https://www.wsj.com/articles/saudi-prince-courted-amazons-bezos-before-bitter-split-11580087674 (26. Januar 2021).
334 Marc Fisher, »U.N. Report: Saudi Crown Prince Was Involved in Alleged Hacking of Bezos Phone«, Washington Post, 22. Januar 2020, https://www.washingtonpost.com/politics/un-ties-alleged-phone-hacking-to-posts-coverage-of-saudi-arabia/2020/01/22/a0bc63ba-3d1f-11ea-b90d-5652806c3b3a_story.html (26. Januar 2021); und Jared Malsin, Dustin Volz und Justin Scheck, »U.N. Suggests Bezos' Phone Was Hacked Using Saudi Crown Prince's Account«, Wall Street Journal, 22. Januar 2020, https://www.wsj.com/articles/u-n-experts-say-hacking-of-bezoss-phone-suggests-effort-to-influence-news-coverage-11579704647 (26. Januar 2021).
335 Ben Feuerherd, »Jeff Bezos and Lauren Sanchez Get Cozy on Mega Yacht in Italy«, Page Six, 31. August 2019, https://pagesix.com/2019/08/31/jeff-bezos-and-lauren-sanchez-get-cozy-on-mega-yacht-in-italy/ (26. Januar 2021).
336 Priya Elan, »Dress Like a Tech Bro in Kaftan, Sliders, Gilet ... and Jeff Bezos's Shorts«, The Guardian, 2. November 2019, https://www.theguardian.com/fashion/2019/nov/02/jeff-bezos-shorts-tech-bro-fashion (26. Januar 2021).
337 Bill Bostock, »Jeff Bezos Attended a Vigil at the Saudi Consulate Where Washington Post Writer Jamal Khashoggi Was Murdered One Year Ago«, Business Insider, 2. Oktober 2019, https://www.businessinsider.com/jeff-bezos-visit-saudi-consulate-istanbul-khashoggi-murder-anniversary-2019-10 (26. Januar 2021).
338 »Washington Post Owner Jeff Bezos Attends Khashoggi Memorial in Istanbul«, Daily Sabah, 2. Oktober 2019, https://www.dailysabah.com/turkey/2019/10/02/washington-post-owner-jeff-bezos-attends-khashoggi-memorial-in-istanbul (26. Januar 2021).
339 Ibid.
340 Eileen Kinsella, »Jeff Bezos Reportedly Spent More Than $70 Million on a Kerry James Marshall and a Record-Shattering Ed Ruscha at Auction Last Fall«, Artnet, 6. Februar 2020, https://news.artnet.com/market/jeff-bezos-art-collector-1771410 (26. Januar 2021).
341 Katy McLaughlin und Katherine Clarke, »Jeff Bezos Buys David Geffen's Los Angeles Mansion for a Record $165 Million«, Wall Street Journal, 12. Februar

2020, https://www.wsj.com/articles/jeff-bezos-buys-david-geffens-los-angeles-mansion-for-a-record-165-million-11581542020 (26. Januar 2021).

342 Spencer Soper, »Amazon Will Spend $800 Million to Move to One-Day Delivery«, Bloomberg, 25. April 2019, https://www.bloomberg.com/news/articles/2019-04-25/amazon-will-spend-800-million-to-move-to-one-day-delivery?sref=dJuchiL5 (25. Januar 2021).

343 Jack Witzig, Berber Jin und Bloomberg, »Jeff Bezos's Net Worth Hits a New High After Recovering Losses from Divorce«, Fortune, 2. Juli 2020, https://fortune.com/2020/07/02/jeff-bezos-net-worth-new-high-amazon-shares-divorce/ (25. Januar 2021).

344 Transkript des Economic Club of Washington, D. C., Interview, 13. September 2018, https://www.economicclub.org/sites/default/files/transcripts/Jeff_Bezos_Edited_Transcript.pdf (25. Januar 2021).

345 Marc Levinson, The Great A&P and the Struggle for Small Business in America (New York: Hill and Wang, 2011).

346 Elizabeth Warren, »Here's How We Can Break Up Big Tech«, Medium, 8. März 2019, https://medium.com/@teamwarren/heres-how-we-can-break-up-big-tech-9ad9e0da324c (25. Januar 2021).

347 »This Is Why Warren Wants to Break Up Big Tech Companies«, CNN, 23. April 2019, https://www.cnn.com/videos/politics/2019/04/23/elizabeth-warren-amazon-google-big-tech-break-up-town-hall-vpx.cnn (25. Januar 2021).

348 Richard Rubin, »Does Amazon Really Pay No Taxes? Here's the Complicated Answer«, Wall Street Journal, 14. Juni 2019, https://www.wsj.com/articles/does-amazon-really-pay-no-taxes-heres-the-complicated-answer-11560504602 (25. Januar 2021).

349 Döpfner, »Jeff Bezos Reveals«.

350 Abha Battarai, »Amazon Is Doling Out Raises of As Little as 25 Cents an Hour in What Employees Call ›Damage Control‹«, Washington Post, 24. September 2018, https://www.seattletimes.com/business/amazon/amazon-raises-starting-wage-for-its-workers-to-15-an-hour (25. Januar 2021).

351 Jeff Bezos, »2018 Letter to Shareholders«, 11. April 2019, https://www.aboutamazon.com/news/company-news/2018-letter-to-shareholders (25. Januar 2021).

352 Krystal Hu, »Some Amazon Employees Say They Will Make Less After the Raise«, Yahoo! Finance, 3. Oktober 2018, https://finance.yahoo.com/news/amazon-employees-say-will-make-less-raise-174028353.html (25. Januar 2021).

353 Bernie Sanders, Tweet, 27. Dezember 2019, https://twitter.com/BernieSanders/status/1210602974587822080 (25. Januar 2021).

354 »Amazon ›Getting Away with Murder on tax‹, says Donald Trump«, Reuters, 13. Mai 2016, https://www.theguardian.com/us-news/2016/may/13/amazon-getting-away-with-on-tax-says-donald-trump (25. Januar 2021).

355 Donald Trump, Tweet, 16. August 2017, https://www.thetrumparchive.com/?searchbox=%22many+jobs+being+lost%21%22 (26. Januar 2021).
356 »Be Careful What You Assume«, United States Postal Service Office of the Inspector General, 16. Februar 2015, https://www.uspsoig.gov/blog/be-careful-what-you-assume (25. Januar 2021).
357 Eugene Kiely und D'Angelo Gore, »Trump's Amazon Attack«, FactCheck.org, 5. April 2018, https://www.factcheck.org/2018/04/trumps-amazon-attack/ (25. Januar 2021).
358 Damian Paletta und Josh Dawsey, »Trump Personally Pushed Postmaster General to Double Rates on Amazon, Other Firms«, Washington Post, 18. Mai 2018 (25. Januar 2021).
359 Jeff Bezos, Tweet, 10. August 2017, https://twitter.com/JeffBezos/status/895714205822730241 (25. Januar 2021).
360 Naomi Nix, »Amazon Has Plenty of Foes in Pentagon Cloud Deal«, Bloomberg, 26. Juni 2018, https://www.bloomberg.com/news/articles/2018-06-26/amazon-foes-in-pentagon-cloud-deal-are-said-to-include-sap-csra?sref=dJuchiL5 (25. Januar 2021).
361 Naomi Nix, »Inside the Nasty Battle to Stop Amazon from Winning the Pentagon's Cloud Contract«, Bloomberg, 20. Dezember 2018, https://www.bloomberg.com/news/features/2018-12-20/tech-giants-fight-over-10-billion-pentagon-cloud-contract (25. Januar 2021).
362 Brian Schwarz, »Top CEOs Ramp Up GOP Donations as Biden Threatens to Scale Back Corporate Tax Cuts«, CNBC, 27. Juli 2020, https://www.cnbc.com/2020/07/27/top-ceos-give-big-to-gop-as-biden-threatens-to-scale-back-corp-tax-cuts.html (25. Januar 2021).
363 Jennifer Jacobs, »Oracle's Safra Catz Raises Amazon Contract Fight with Trump«, Bloomberg, 4. April 2018, https://www.bloomberg.com/news/articles/2018-04-04/oracle-s-catz-is-said-to-raise-amazon-contract-fight-with-trump?sref=dJuchiL5 (25. Januar 2021).
364 Naomi Nix, »Google Drops Out of Pentagon's $10 Billion Cloud Competition«, Bloomberg, 8. Oktober 2018, https://www.bloomberg.com/news/articles/2018-10-08/google-drops-out-of-pentagon-s-10-billion-cloud-competition?sref=dJuchiL5 (25. Januar 2021).
365 Mike Stone, »Jeff Bezos Says Amazon Wants to Work More with the Pentagon«, Reuters, 7. Dezember 2019, https://www.reuters.com/article/us-usa-pentagon-amazon/amazon-ceo-says-wants-to-work-more-with-pentagon-idUSKBN1YB0JL (25. Januar 2021).
366 »President Trump Meeting with Prime Minister of the Netherlands«, C-SPAN, 18. Juli 2019, https://www.c-span.org/video/?462777-1/president-trump-meets-dutch-prime-minister-mark-rutte (25. Januar 2021).
367 Siehe Donald Trump jun., Tweet, 18. Juli 2019, https://twitter.com/DonaldJTrumpJr/status/1151905489472630785 (25. Januar 2021).

368 Billy Mitchell, »JEDI Complaints Under Review by New Defense Secretary«, Fed-Scoop, 1. August 2019, https://www.fedscoop.com/jedi-mark-esper-review-congress-complaints/ (25. Januar 2021).
369 Frank Konkel und Heather Kuldell, »Esper Recuses Himself from JEDI Cloud Contract Review«, NextGov.com, 22. Oktober 2019, https://www.nextgov.com/it-modernization/2019/10/esper-recuses-himself-jedi-cloud-contract-review/160782/ (25. Januar 2021).
370 Monica Nickelsburg und Todd Bishop, »Satya Nadella: Staying Out of Politics, Focusing on Tech, Helped Microsoft Win Pentagon Cloud Contract«, GeekWire, 1. November 2019, https://www.geekwire.com/2019/satya-nadella-staying-politics-focusing-tech-helped-microsoft-win-pentagon-cloud-contract/ (26. Januar 2021).
371 Jay Greene und Laura Stevens, »Wal-Mart to Vendors: Get Off Amazon's Cloud«, Wall Street Journal, 21. Juni 2017, https://www.wsj.com/articles/wal-mart-to-vendors-get-off-amazons-cloud-1498037402?mod=e2tw (26. Januar 2021).
372 Lina Khan, »Amazon's Antitrust Paradox«, Yale Law Journal 126, Nr. 3 (2017), S. 710–805.
373 David Streitfeld, »Amazon's Antitrust Antagonist Has a Breakthrough Idea«, New York Times, 7. September 2018, https://www.nytimes.com/2018/09/07/technology/monopoly-antitrust-lina-khan-amazon.html (26. Januar 2021).
374 Alexis C. Madrigal, »A Silicon Valley Congressman Takes On Amazon«, Atlantic, 19. Juni 2017, https://www.theatlantic.com/technology/archive/2017/06/ro-khanna-amazon-whole-foods/530805/ (26. Januar 2021).
375 Kostya Medvedovsky, Tweet, 19. Juni 2017, https://twitter.com/kmedved/status/876869328934711296 (26. Januar 2021).
376 Brent Kendall und Heather Haddon, »FTC Approves Whole Foods-Amazon«, Wall Street Journal, 23. August 2017, https://www.wsj.com/articles/whole-foods-shareholders-approve-merger-with-amazon-1503498623 (26. Januar 2021).
377 Adam Satariano, »Amazon Dominates as a Merchant and Platform. Europe Sees Reason to Worry«, New York Times, 19. September 2018, https://www.nytimes.com/2018/09/19/technology/amazon-europe-margrethe-vestager.html (26. Januar 2021).
378 David McLaughlin, Naomi Nix und Daniel Stoller, »Trump's Trustbusters Bring Microsoft Lessons to Big Tech Fight«, Bloomberg, 11. Juni 2019, https://www.bloomberg.com/news/articles/2019-06-11/trump-s-trustbusters-bring-microsoft-lessons-to-big-tech-fight?sref=dJuchiL5 (26. Januar 2021).
379 »Cicilline to Chair Antitrust Subcommittee«, 23. Januar 2019, https://cicilline.house.gov/press-release/cicilline-chair-antitrust-subcommittee (26. Januar 2021).
380 Kim Lyons, »Nadler Calls Amazon Letter to Judiciary Committee ›Unacceptable‹«, The Verge, 16. Mai 2020, https://www.theverge.com/2020/5/16/21260981/nadler-amazon-bezos-seller-judiciary (26. Januar 2021).

381 Lauren Feiner, »Amazon Exec Tells Lawmakers the Company Doesn't Favor Own Brands over Products Sold by Third-Party Merchants«, CNBC, 16. Juli 2019, https://www.cnbc.com/2019/07/16/amazon-tells-house-it-doesnt-favor-own-brands-in-antitrust-hearing.html (26. Januar 2021).
382 Laura Hautala, »Tech Titans Face Video Glitches in Congressional Testimony«, CNET, 29. Juli 2020, https://www.cnet.com/news/tech-titans-face-video-glitches-in-congressional-testimony/ (26. Januar 2021).
383 Brad Stone, Der Allesverkäufer: Jeff Bezos und das Imperium von Amazon (Frankfurt: Campus Verlag, 2013).
384 David McCabe, »One of Amazon's Most Powerful Critics Lives in Its Backyard«, New York Times, 3. Mai 2020, https://www.nytimes.com/2020/05/03/technology/amazon-pramila-jayapal.html (26. Januar 2021).
385 Die Zitate aus dem Anti-Trust-Hearing vom 29. Juli 2020 gegen Big Tech stammen aus dem offiziellen Transkript; siehe https://www.rev.com/blog/transcripts/big-tech-antitrust-hearing-full-transcript-july-29 (27. Februar 2021).
386 Karen Weise, »Prime Power: How Amazon Squeezes the Businesses Behind Its Store«, New York Times, 20. Dezember 2019, https://www.nytimes.com/2019/12/19/technology/amazon-sellers.html (26. Januar 2021).
387 »Supporting Small Businesses«, YouTube-Video, 0:30, »amazon«, 5. Oktober 2020, https://www.youtube.com/watch?v=4qwk2T8-SRA&ab_channel=amazon (26. Januar 2021).
388 Justizausschuss des Repräsentantenhauses, »Judiciary Antitrust Subcommittee Investigation Reveals Digital Economy Highly Concentrated, Impacted by Monopoly Power«, 6. Oktober 2020, https://judiciary.house.gov/news/documentsingle.aspx?DocumentID=3429 (26. Januar 2021).
389 Ibid.
390 »Amazon Remains the Undisputed No. 1«, eMarket, 11. März 2020, https://www.emarketer.com/content/amazon-remains-the-undisputed-no-1 (26. Januar 2021).
391 Matt Day und Jackie Gu, »The Enormous Numbers Behind Amazon's Market Reach«, Bloomberg, 27. März 2019, https://www.bloomberg.com/graphics/2019-amazon-reach-across-markets/?sref=dJuchiL5 (26. Januar 2021).
392 Unterausschuss für Kartell-, Handels- und Verwaltungsrecht des Justizausschusses, »Investigation of Competition in Digital Markets«, Oktober 2020, S. 318.
393 »Ultrafast Grocery Delivery Is Now FREE with Prime«, AboutAmazon.com, 29. Oktober 2019, https://www.aboutamazon.com/news/retail/ultrafast-grocery-delivery-is-now-free-with-prime (26. Januar 2021).
394 Foo Yun Chee, »Europe Charges Amazon with Using Dominance and Data to Squeeze Rivals«, Reuters, 10. November 2020, https://www.reuters.com/article/eu-amazon-com-antitrust/europe-charges-amazon-with-using-its-dominance-and-data-to-squeeze-rivals-idUSKBN27Q21T (26. Januar 2021).
395 Döpfner, »Jeff Bezos Reveals«.

396 Spencer Soper, » Amazon Results Show New Spending Splurge Paying Off; Shares Jump«, Bloomberg, 30. Januar 2020, https://www.bloomberg.com/news/articles/2020-01-30/amazon-holiday-results-crush-wall-street-estimates-shares-surge (26. Januar 2021).
397 Jeffrey Dastin, »Amazon Defers ›Non-essential‹ Moves Even in U.S. as Corporate Travel Bans Spread«, Reuters, 28. Februar 2020, https://www.reuters.com/article/us-china-health-amazon-com/amazon-defers-non-essential-moves-even-in-u-s-as-corporate-travel-bans-spread-idUSKCN20M2TZ (26. Januar 2021).
398 Taylor Soper, »Amazon Changes Coronavirus Plan, Tells Seattle Area Employees to Work from Home until March 31«, GeekWire, 4. März 2020, https://www.geekwire.com/2020/amazon-changes-coronavirus-plan-tells-seattle-area-employees-work-home-march-31/ (26. Januar 2021).
399 Monica Nickelsburg, »Amazon Extends Work from Home Policy to January 2021, Opens Offices with New Safety Measures«, GeekWire, 15. Juli 2020, https://www.geekwire.com/2020/amazon-extends-work-home-policy-january-2021-opens-offices-new-safety-measures/ (26. Januar 2021).
400 Roy Maurer, »Job Interviews Go Virtual in Response to COVID-19«, SHRM, 17. März 2020, https://www.shrm.org/resourcesandtools/hr-topics/talent-acquisition/pages/job-interviews-go-virtual-response-covid-19-coronavirus.aspx (26. Januar 2021).
401 Jeff Bezos, »A Message from Our CEO and Founder«, Amazon, 21. März 2020, https://www.aboutamazon.com/news/company-news/a-message-from-our-ceo-and-founder (26. Januar 2021).
402 Jeff Bezos, Instagram-Post, 26. März 2020, https://www.instagram.com/p/B-NbzviHy5B/ (26. Januar 2021).
403 Jeff Bezos, Instagram-Post, 27. März 2020, https://www.instagram.com/p/B-QSpVsHQcq/?hl=en (26. Januar 2021).
404 Amazon News, Twitter-Video, 8. April 2020, https://twitter.com/amazonnews/status/1248092828070301697?s=20 (26. Januar 2021).
405 Karen Weise und Kate Conger, »Gaps in Amazon's Response as Virus Spreads to More Than 50 Warehouses«, New York Times, 5. April 2020, https://www.nytimes.com/2020/04/05/technology/coronavirus-amazon-workers.html (26. Januar 2021).
406 Benjamin Romano, »Amazon Confirms Covid-Positive Employee in One Of Its Seattle-Area Warehouses«, Seattle Times, 28. März 2020, https://www.seattletimes.com/business/amazon/amazon-confirms-covid-positive-employee-in-one-of-its-seattle-area-warehouses/ (26. Januar 2021).
407 Matt Day, »Amazon Is Its Own Biggest Mailman, Shipping 3.5 Billion Parcels«, Bloomberg, 19. Dezember 2019, https://www.bloomberg.com/news/articles/2019-12-19/amazon-is-its-own-biggest-mailman-delivering-3-5-billion-orders (26. Januar 2021).

408 »Amazon Posts Self-Delivery Record in July, Consultancy Says«, Benzinga, 14. August 2020, https://www.benzinga.com/news/earnings/20/08/17085321/amazon-posts-self-delivery-record-in-july-consultancy-says (26. Januar 2021).

409 Eugene Kim, »Leaked Emails Show Amazon's Drone Delivery Team Is Manufacturing Face Shields for Covid-19 and Crowdsourcing Employee Ideas to Improve Warehouse Safety«, Business Insider, 6. Mai 2020, https://www.businessinsider.com/amazon-drone-delivery-team-is-manufacturing-covid-19-face-shields-2020-5 (26. Januar 2021).

410 »Getting Millions of Masks to Our Employees«, Amazon, 5. April 2020, https://www.aboutamazon.com/news/company-news/getting-millions-of-masks-to-our-employees (26. Januar 2021).

411 Dana Mattioli, »Amazon Retools with Unusual Goal: Get Shoppers to Buy Less Amid Coronavirus Pandemic«, Wall Street Journal, 16. April 2020, https://www.wsj.com/articles/amazon-retools-with-unusual-goal-get-shoppers-to-buy-less-amid-coronavirus-pandemic-11587034800 (26. Januar 2021).

412 »Temporarily Prioritizing Products Coming into Our Fulfillment Centers«, Amazon Services Seller Forums, März 2020, https://sellercentral.amazon.com/forums/t/temporarily-prioritizing-products-coming-into-our-fulfillment-centers/592213 (26. Januar 2021).

413 »Investigation of Competition in Digital Markets«, S. 270, https://www.documentcloud.org/documents/7222836-Investigation-of-Competition-in-Digital-Markets.html#text/p270 (26. Januar 2021); sowie Adi Robertson und Russel Brandom, »Congress Releases Blockbuster Tech Antitrust Report«, The Verge, 6. Oktober 2020, https://www.theverge.com/2020/10/6/21504814/congress-antitrust-report-house-judiciary-committee-apple-google-amazon-facebook (26. Januar 2021).

414 Dana Mattioli, »Amazon to Expand Shipments of Nonessential Items, Continue Adding Staff«, Wall Street Journal, 13. April 2020, https://www.wsj.com/articles/amazon-seeks-to-hire-another-75-000-workers-11586789365 (26. Januar 2021).

415 Brad Porter, »Amazon Introduces ›Distance Assistant‹«, Amazon, 16. Juni 2020, https://www.aboutamazon.com/news/operations/amazon-introduces-distance-assistant (26. Januar 2021).

416 Mark Di Stefano, »Amazon Drops Pandemic Test to Track Warehouse Workers Through Wi-Fi«, The Information, 30. November 2020, https://www.theinformation.com/articles/amazon-drops-pandemic-test-to-track-warehouse-workers-through-wi-fi (26. Januar 2021).

417 Paris Martineau, »Amazon Quietly Expands Large-Scale Covid Testing Program for Warehouses«, The Information, 24. September 2020, https://www.theinformation.com/articles/amazon-quietly-expands-large-scale-covid-testing-program-for-warehouses (26. Januar 2021).

418 »Update on Covid-19 Testing«, Amazon, 1. Oktober 2020, https://www.aboutamazon.com/news/operations/update-on-covid-19-testing (26. Januar 2021).
419 Matthew Fox, »›Covid-19 Has Been Like Injecting Amazon with a Growth Hormone‹: Here's What 4 Analysts Had to Say About Amazon's Earnings Report as $4,000 Price Targets Start to Roll In«, Business Insider, 31. Juli 2020, https://markets.businessinsider.com/news/stocks/amazon-earnings-wall-street-reacts-blockbuster-report-analysts-stock-price-2020-7-1029456482 (26. Januar 2021).
420 Matt Day, Daniele Lepido, Helen Fouquet und Macarena Munoz Montijano, »Coronavirus Strikes at Amazon's Operational Heart: Its Delivery Machine«, Bloomberg, 16. März 2020, https://www.bloomberg.com/news/articles/2020-03-16/coronavirus-strikes-at-amazon-s-operational-heart-its-delivery-machine?sref=dJuchiL5 (26. Januar 2021).
421 Matthew Dalton, »Amazon Shuts French Warehouses After Court Orders Coronavirus Restrictions«, Wall Street Journal, 16. April 2020, https://www.wsj.com/articles/amazon-shuts-warehouses-in-france-11587036614 (26. Januar 2021); sowie Mathieu Rosemain, »Amazon's French Warehouses to Reopen with 30% Staff – Unions«, Reuters, 18. Mai 2020, https://www.reuters.com/article/health-coronavirus-amazon-france/amazons-french-warehouses-to-reopen-with-30-staff-unions-idINKBN22U27G?edition-redirect=in (26. Januar 2021).
422 Pierre-Paul Bermingham, »Amazon Under Fire in France as Coronavirus Restrictions Hit Rivals«, Politico Europe, 5. November 2020, https://www.politico.eu/article/spotlight-falls-on-amazon-as-french-businesses-are-restricted-by-lockdown-rules/ (26. Januar 2021).
423 Sam Dean, »Fearful of Covid-19, Amazon Workers Ask for State Probe of Working Conditions«, Los Angeles Times, 9. April 2020, https://www.latimes.com/business/technology/story/2020-04-09/fearful-of-covid-19-amazon-workers-ask-for-state-probe-of-working-conditions (26. Januar 2021).
424 Sebastian Herrera, »Fired Amazon Warehouse Workers Accuse Company of Retaliation, Which It Denies«, Wall Street Journal, 14. April 2020, https://www.wsj.com/articles/fired-amazon-warehouse-workers-accuse-company-of-retaliation-which-it-denies-11586891334 (26. Januar 2021); sowie Spencer Soper und Matt Day, »Amazon Drivers Received Single Wipe to Clean Vans Before Shifts«, Bloomberg, 18. März 2020, https://www.bloomberg.com/news/articles/2020-03-18/amazon-drivers-received-single-wipe-to-clean-vans-before-shifts?sref=dJuchiL5 (26. Januar 2021).
425 Benjamin Romano, »Amazon Confirms Seattle-Area Warehouse Employee Has Coronavirus«, Seattle Times, 28. März 2020, https://www.seattletimes.com/business/amazon/amazon-confirms-covid-positive-employee-in-one-of-its-seattle-area-warehouses/ (26. Januar 2021).
426 Josh Eidelson und Luke Kawa, »Firing of Amazon Strike Leader Draws State and City Scrutiny«, Bloomberg, 30. März 2020, https://www.bloomberg.com/

news/articles/2020-03-30/amazon-worker-who-led-strike-over-virus-says-company-fired-him (26. Januar 2021).

427 Paul Blest, »Leaked Amazon Memo Details Plan to Smear Fired Warehouse Organizer: ›He's Not Smart or Articulate‹«, Vice News, 2. April 2020, https://www.vice.com/en/article/5dm8bx /leaked-amazon-memo-details-plan-to-smear-fired-warehouse-organizer-hes-not-smart-or-articulate (28. Februar 2020).

428 Hayley Peterson, »Amazon-Owned Whole Foods Is Quietly Tracking Its Employees with a Heat Map Tool That Ranks Which Stores Are Most At Risk of Unionizing«, Business Insider, 20. April 2020, https://www.businessinsider.com/whole-foods-tracks-unionization-risk-with-heat-map-2020-1?r=US&IR=T (26. Januar 2021); sowie Nick Statt, »Amazon Deletes Job Listings Detailing Effort to Monitor ›Labor Organizing Threats‹«, The Verge, 1. September 2020, https://www.theverge.com/2020/9/1/21417401/amazon-job-listing-delete-labor-organizing-threat-union (26. Januar 2021).

429 »Amazon worker: At least 600 Amazon employees stricken by coronavirus«, CBS, 10. Mai 2020, https://www.cbsnews.com/news/amazon-workers-with-coronavirus-60-minutes-2020-05-10/ (16. Februar 2021).

430 Amazons »Update on Covid-19 Testing«.

431 Amazons »Update on Covid-19 Testing«.

432 Lauren Kaori Gurley, »Whole Foods Just Fired an Employee Who Kept Track of Corona Virus Cases«, Motherboard, 29. März 2020, https://www.vice.com/en/article /y3zd9g/whole-foods-just-fired-an-employee-who-kept-track-of-coronavirus cases (28. Februar 2021).

433 Sarah Ashley O'Brien, »Fear and a firing inside an Amazon warehouse«, CNN, 22. April 2020, https://www.cnn.com/2020/04/22/tech/amazon-warehouse-bashir-mohamed/index.html (28. Februar 2021).

434 Caroline O'Donovan, »This Fired Worker Says Amazon Retaliated Against Her. Now the Company is Facing Charges«, BuzzFeed News, 4. Dezember 2020, https://www.buzzfeednews.com/article/carolineodonovan/amazon-worker-retaliation-coronavirus (16. Februar 2021).

435 Tim Bray, »Bye, Amazon«, Ongoing by Tim Bray, 29. April 2020, https://www.tbray.org/ongoing/When/202x/2020/04/29/Leaving-Amazon (26. Januar 2021).

436 »Response to Tim Bray's Departure ...« LinkedIn, 5. Mai 2020, https://www.linkedin.com/pulse/response-tim-brays-departure-brad-porter/ (26. Januar 2021).

437 Spencer Soper, »Amazon Projects Revenue Signaling Strong E-Commerce Demand«, Bloomberg, 2. Februar 2021, https://www.bloomberg.com/news/articles/2021-02-02/amazon-projects-revenue-signaling-strong-e-commerce-demand (28. Februar 2021).

438 Karen Weise, »Pushed by Pandemic, Amazon Goes on a Hiring Spree Without Equal«, New York Times, 27. November 2020, https://www.nytimes.com/2020/11/27/technology/pushed-by-pandemic-amazon-goes-on-a-hiring-spree-without-equal.html (28. Februar 2021).

439 Annie Palmer, »Jeff Wilke, Amazon's Consumer Boss and a Top Lieutenant to Bezos, Will Step Down in 2021«, CNBC, 21. August 2020, https://www.cnbc.com/2020/08/21/amazons-consumer-boss-jeff-wilke-to-step-down-in-2021.html (26. Januar 2021).
440 Annie Palmer, »Read the full letter Amazon sent to Biden offering to help with Covid-19 vaccines«, CNBC, 20. Januar 2021, https://www.cnbc.com/2021/01/20/amazon-sends-letter-to-biden-offering-to-help-with-covid-19-vaccines.html (28. Februar 2021).
441 Jason Del Ray, »Jeff Bezos finally added 2 more women to Amazon's senior leadership team – joining 19 men«, Recode, 5. Dezember 2019, https://www.vox.com/recode/2019/12/5/20998013/amazon-s-team-leadership-women-jeff-bezos-tech-diversity (28. Februar 2021); Taylor Soper, »Here are the three Amazon execs who just joined Jeff Bezos' elite ›S-team‹ leadership suite«, GeekWire, 21. August 2020, https://www.geekwire.com/2020/three-amazon-execs-just-joined-jeff-bezos-elite-s-team-leadership-suite/ (28. Februar 2021).
442 Sophie Alexander und Ben Steverman, »MacKenzie Scott's Remarkable Giveaway Is Transforming the Bezos Fortune«, Bloomberg, 11. Februar 2021, https://www.bloomberg.com /features/2021-bezos-scott-philanthropy (28. Februar 2021).
443 Nick Tilsen, »Shifting Power and Emboldening Indigenous-Led Climate Solutions: NDN Collective on Bezos Earth Fund Grant«, NDN Collective, 25. November 2020, https://ndncollective.org/shifting-power-and-emboldening-indigenous-led-climate-solutions-ndn-collective-on-bezos-earth-fund-grant/ (26. Januar 2021).
444 Blake Dodge, »Amazon Wants to Provide Medical Care to Workers at Major Companies. Here's an Inside Look at Amazon Care«, Business Insider, 16. Dezember 2020, https://www.businessinsider.com/inside-amazon-care-telehealth-employers-2020-12 (26. Januar 2021).
445 »Amazon.com Announces Financial Results and CEO Transition«, Amazon, 2. Februar 2021, https://ir.aboutamazon.com/news-release/news-release-details/2021/Amazon.com-Announces-Fourth-Quarter-Results (17. Februar 2021).
446 »Email from Jeff Bezos to Employees«, Amazon.com, 2. Februar 2021, https://www.aboutamazon.com/news/company-news/email-from-jeff-bezos-to-employees (10. März 2021).

Register

D

E

F

K

L